国家哲学社会科学成果文库

NATIONAL ACHIEVEMENTS LIBRARY
OF PHILOSOPHY AND SOCIAL SCIENCES

改革开放以来 中国管理学的发展研究

谭力文　刘林青　包玉泽　著

人民出版社

谭力文　经济学博士，武汉大学经济与管理学院企业管理专业教授，教学和科研的主要领域为管理学理论、企业战略管理理论。先后主持国家社科基金重大项目 1 项，国家社科基金、国家自然科学基金项目 4 项，省部级项目多项；独著、主编或与他人合著学术专著、教材 20 余部，发表学术论文 100 余篇；研究成果先后获商务部一等奖 1 项，商务部、湖北省二等奖 3 项，武汉市社会科学优秀成果二等奖 2 项，湖北省教育厅科研奖二等奖 1 项等。《管理学》国家精品课程、国家级精品资源共享课程负责人，湖北省、武汉大学《管理学》教学团队负责人，普通高等教育"十五"国家级规划教材《管理学》主编。主要学术著作有《20 世纪的管理科学》《跨国公司制造和服务外包发展趋势与中国相关政策研究》《管理学学科地图》等。曾获宝钢教育基金会全国优秀教师奖，湖北省师德先进个人，享受国务院政府特殊津贴。

《国家哲学社会科学成果文库》
出版说明

　　为充分发挥哲学社会科学研究优秀成果和优秀人才的示范带动作用,促进我国哲学社会科学繁荣发展,全国哲学社会科学工作领导小组决定自 2010 年始,设立《国家哲学社会科学成果文库》,每年评审一次。入选成果经过了同行专家严格评审,代表当前相关领域学术研究的前沿水平,体现我国哲学社会科学界的学术创造力,按照"统一标识、统一封面、统一版式、统一标准"的总体要求组织出版。

全国哲学社会科学工作办公室
2021 年 3 月

目　　录

第一编　管理学发展的历程

第二编　近现代中国企业管理活动与商学教育

第三编　无形学院：中国管理学知识的创造与"创新扩散"

第五编　中国管理学发展问题的研究与探讨

第六编　结语：为建立具有中国
特色的管理学而努力

CONTENTS

Part II Enterprise Management Activities and Business Education in Modern China

PartIII Invisible Colleges: Production and Innovative Dissemination of Chinese Management Thoughts

Part IV Research on Knowledge Market of Chinese Management Science since Reform and Opening-up

**Part VI   Conclusion: Striving for the Establishment of
Management Science with Chinese Characteristics**

前　言

在国家社科基金重大项目的资助下，经过持续的努力，我们完成了"改革开放以来中国管理学的发展研究"课题的研究工作，以免于鉴定的成绩顺利结项，并在课题结题报告的基础上完成了本书。作为本书的前言，首先概括在研究工作中形成的基本观点，然后根据课题组的课题设计，以及研究过程中的进一步思考和改进，对课题研究工作进行介绍。

一、我们的基本观点

通过课题的研究，我们得出的基本结论是：中国管理学的恢复、重建和快速发展得益于改革开放伟大的事业，是中国历史进程的必然选择；更为具体地讲是中国现代化和社会主义市场经济建设的需要。根据这样的认识，我们首先从历史和理论两个层面对中国管理学进行了研究。在历史层面，我们以时间为"经"，重要人物、著作为"纬"，对管理学思想、理论开展了研究。希望通过我们的研究进一步对管理学发展的基本动力、内在逻辑，特别是对研究的主要问题进行分析、解释和说明。我们认为，管理学发展的基本动力是社会的发展，各类组织的演进；研究的主要问题是人、组织和组织中的人；内在逻辑是研究组织的运行，研究人的思维过程、人对环境的分析与辨识、人的选择、由人建立和由人所构成的组织的维系、发展机理等诸多涉及组织管理活动的内容，因人的原因还存在众多难以被人理解和认识的奥秘与问题（包括对人自己的认识和对组织运行内外环境的把握），这也就决定了研究组织管理的管理学学科存在自我一定的特殊性。这一特殊性既造成了管理学理论现有的复杂与混沌，也决定了我们需要结合这样的特点去认识、把握管理学的科学性，努力地认识管理学理论的科学规律，并在此基础上积极有效地开展管理学理论研究工作，构建管理学理论。

借鉴历史学的研究方法，我们认为中国管理学理论发展可以大致分为三个阶段：（1）根据马克思、雷恩的研究思想与结论，将 1911 年泰罗的著作《科学管理原理》出版作为传统经验管理与现代科学管理的分界点。由于这一时期中国开始进入半殖民地半封建的特殊历史阶段，虽有现代工业的发展，也有一些学校开始商科的教育，但从整体上看，我国没有跟上当时产业革命的世界发展潮流，缺乏现代科学管理思想出现、发展的文化基础，各类组织管理理念、行为变化难有较大的发展。（2）新中国成立后的 1949 — 1978 年。由于历史的原因，这一时期的新中国基本上是在学习与照搬苏联经济建设的模式——计划经济，所以与世界管理学发展的潮流脱节，与管理学研究的学术主体少有联系。（3）1978 年至今是中国管理学恢复、重建和快速发展的时期。不仅学科体系逐渐完善，而且与世界管理学科研和教学模式逐渐同步，国际学术联系日益紧密，但也出现了中国管理学界普遍关注的脱离国情和脱离实践这两个相辅相成的问题。在理论层面，我们结合中国管理学界近一个时期所关注的本土化问题和现有的国情，明确提出了要结合国情和各类组织发展实践情况开展管理学中国化的研究，建设具有中国特色的管理学，并结合这一命题探讨了建设中国特色管理学可以思考与选择的方法。在实际的研究工作中，我们没有简单地将历史的回顾和理论的分析截然分开，而是进行了有机的结合。这些结合主要体现在：中国管理学的发展与中国的国情、历史阶段特征相结合；理论回溯与我们的学术观点相结合；努力实现研究、分析与中国管理学发展阶段的成绩与问题相结合，力图围绕课题拟定的时间窗口、研究对象，对研究目标开展针对性的研究。

在我们的研究工作中，历史的回顾和叙述是对历史的反思，既希望努力揭示 100 多年来管理学研究的本质和精神，也企盼对中国管理学界存在的问题提出我们的看法。理论的回顾和反思更是对历史上重要理论，特别是思想的探索和分析。我们期望通过历史的回顾和理论的梳理，通过对学科发展过程中取得的巨大成绩和问题的分析，寻找到今后一个阶段建设具有中国特色管理学的方向和路径。

二、对课题研究工作目标的认识

根据我们在撰写课题申报书时的思考，以及答辩时专家组的意见，在破题中认识到，课题设计初衷与课题资助方关切的基本对象和主要问题是"中国管理学"，而"改革开放以来"和"发展研究"则是课题研究的时间范围和基本任务。中国管理学：从广义上讲就是研究中国管理问题的学术领域；从狭义上讲是指在研究中国管理问题中具有中国特色的理论，尤其是那些基于中国传统文化和思维模式，具有改革开放以来时代特色的创新理论。① 改革开放以来：这清楚地界定了课题研究的时间窗口。进一步思考，可以将其细分为两个时间段："1978 年到现在"和"未来一段时间"。发展研究："发展"是课题"研究"的基本任务和重心，对中国管理学的发展研究应包括改革开放以来中国管理学发展的历程与现状、中国管理学发展的主要路径和动力机制、中国管理学未来发展的设想和建议。研究"发展"的问题，就是在"研究"工作总结的基础上对中国管理学未来发展的基本目标、努力方向、可选择的路径和手段等方面进行研究与探讨。

三、课题的设计思想

众所周知，虽然人类的管理活动伴随着人类的出现而出现，管理在人类社会发展过程中起到了十分重要的作用，具体体现在大至国家、军队、宗教，小至郡县、氏族、家庭等各类组织的运行管理中。但是，研究人类管理活动的思想、理论、方法上升至科学的层面却是 20 世纪初的事情。在中国，虽然在治国、治军、治家等方面都有令世界瞩目的管理思想、活动与成就，也曾在人类组织管理思想走向科学管理的阶段被人高度关注与频繁介绍，但受限于诸多历史原因，真正认识到管理也是兴国之道，特别是将科学的管理学思想和理论全面地运用于国家治理体系和治理能力现代化的建设、国家的经济发展和企业的生产运营以及各类组织的管理活动中是在改革开放以后。回顾 1978 年改革开放以来的历程，可以十分清晰地看到管理学学科在中国

---

① 本著作中，在没有特别说明的情况下，"中国管理学""中国管理学学科"特指中国大陆地区的管理学和管理学学科。

发展的主线与脉络：科学管理的理论、思想与改革开放历程中的许多新事物一样，有一个全面引进、认真学习、结合实践、解决问题、总结反思、提高水平的螺旋式发展、上升的过程，与此同时，中国的管理学界、实务界也伴随着改革开放的浪潮，特别是现实需要，开始积极探索中国管理学思想体系、理论和方法，认真寻求坚持和完善中国特色社会主义制度、社会主义市场经济条件下的组织管理模式，并取得了一定的成绩和进步。

在中国改革开放以来的 40 多年中，管理思想、理论和方法建设的主要推动力量是政府、实务界和学术界。在改革开放初期，中国的政府、宏观经济管理部门在学习、引进，乃至推进现代科学管理的工作上起到了很大的作用；而伴随着中国社会主义市场经济的发展、企业的转型，企业在推进管理实践和理论前行的工作中发挥的作用越来越明显，成为中国组织管理模式、特色探索的主力军；学术界在培养了大批适应各类组织管理人才，努力为各类组织建言、提供咨询服务的同时，也开展了大量的科学研究工作，经过几代学者的努力，一批成果已经接近或达到了国际管理学界的前沿。在系统回顾现有研究成果的基础上，我们认为，到目前为止，虽然我国的实务界与学术界在组织管理工作的探索、开拓中创造了一些结合中国实际情况的管理方法，但引进、学习、运用、模仿西方先进的管理理论和方法依然是组织管理实践和管理学教学、科研发展的主流；我国一些学者在探索构建有中国特色的管理学理论方面也做了大量探索性的工作，但对中国管理学发展历程进行梳理的研究相对较少，对其研究和现状分析与未来发展路径的研究深度不够，缺乏理论框架的指导；对中国管理学发展历程与未来发展路径也开展了一些研究，但内容上缺乏系统性，方法较为简单，缺乏得到公认，特别是得到实践检验的标志性成果。这也导致在中国管理学的发展探索中尚存在着一些问题：从学术思想上看，对 100 多年来西方发达国家经典理论的学习，特别是结合西方国家社会、政治、经济、技术等发展的文化背景研究管理理论发展的历程、脉络不够，还没有厘清中国管理学与西方管理学之间究竟是否存在重大的差异，人们认知的差异究竟仅存在于看得见、摸得着，可以轻易量化的情景因素之中，还是存在于更为深层，并不易乃至不能量化的价值、文化层面之下。从理论体系上看，各种理论也还没有说清楚中西双方的管理理论究竟是科学层面的差异，还是艺术和道德上的差别，理论体系之间究竟是相互包容、相互依存，还是相互矛盾、相互排斥。从研究的成果看，也还少见用科学的方法证实、验证或说明，并由此得出能使人信服的结论：在中国（或华人圈），组织（国家、企业）成功的根本原因就来自于各种（或某种）与中国传统价值观念相关的理论和思想。我们在长期的研究中已经发现，受数千年自然条件、社会发展和历史文化的影响，中国人具有与西方社会迥异的文化传统和心理行为特征，这自然会成为构建中国特色的发展模式，乃至管理学的思想、理论、方法的基础。当今我们已有这样的基本共识，中国实行改革开放以来取得的中华民族历史上的伟大进步，其最大的成功之处就在于中国创造了一种适合自己政治和经济特色，乃至传统文化的发展模式。可以肯定地说，在这其中，中国传统的管理思想，以及改革开放以来引进的各种管理思想、理论和方法及其结合中国国情的研究、创造和运用都是中国取得巨大进步的重要原因，这些因素就往往隐含在伴随着中国改革开放的"摸着石头过河""渐进式改革""深圳特区""浦东模式""首钢经验""邯钢经验"等宏微观的指导思想、具体运行模式之中。

在现实中，我们发现，虽然诸多的管理实践和学术成果起到了丰富中国管理学理论、思想的作用，但也出现了无法回避，并逐渐被中国管理学界重视的影响学科、学术研究发展的一些问题：如在学习西方（特别是美国）科学管理思想、理论和方法时如何结合中国的国情，在注重科学研究的过程中，如何根据管理学学科的研究特点，结合实践开展真正有效的研究，又如何摒弃改革开放以来逐渐加重的"浮躁"心态对学术界的影响，发扬"宁坐板凳十年冷，不让文章一篇空"的中国学术界优良传统；在回顾中应该怎样将中国历史上"诸子百家"的思想进行选择或融合，使之指导、帮助今日中国管理学发展或融入今日中国管理学的主流思想体系中；如何摒弃流行了数千年的中国传统管理思想中最为明显，并具有封建社会特点的"人治"和"治人"思想，实现与现代管理理论中人本思想与法治的对接；如何将中国传统管理思想中更多与国家的治理、方略相关联的"富国之学"，与现代管理学理论更多涉及微观的"治生之学"实现科学的衔接，都还是在各种研究中需要思考且尚未逾越的鸿沟，更是在继承和发扬中国传统管理思想过程中存在的升华、扬弃不易的困难，甚至是一些由制度等各种因素形成的长期困扰中国管理学发展的窘迫问题。

四、课题的研究设计与本书的基本结构

根据什么理论入手研究？又根据什么理论框架进行研究？是课题研究设计必须思考的问题。对此，我们认为在选择过程中需要注意的是：符合经典、规范的研究思想与方法；满足课题设计者、立项方的初衷和要求；以及我们对课题设计的思考。根据前述的分析和以上的思考，特别是我们认为中国改革开放以来最大的变化体现在政治、经济、社会和科学技术上引起的中国社会文化的变革。我们选择了世界著名管理思想史研究者丹尼尔·雷恩（Daniel A. Wren）提出的管理思想发展的研究模式，将中国管理学的发展投射到"经济—社会—政治—科技"四个维度分析和研究的文化背景中（见图 0-1），并由此上溯至中国近代史管理思想的分析与研究。

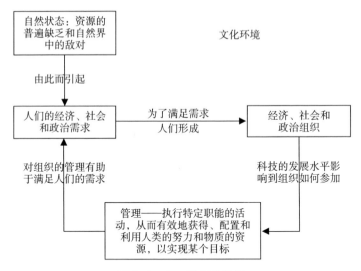

图 0-1　人、管理及组织

资料来源：［美］丹尼尔·A. 雷恩、阿瑟·G. 贝德安：《管理思想史（第六版）》，中国人民大学出版社2012 年版。

参考雷恩的分析框架，我们围绕前述的研究设计、工作目标、研究路径开展了研究工作。围绕我们的研究初衷"在系统回顾与总结改革开放事业发展巨大变化，结合管理科学知识演进的基本逻辑与管理知识传播的市场特点，结合中外管理思想的演变与特色的基础上，研究中国管理学发展的历程

与现状，分析中国管理学发展过程中存在的问题，为中国管理学的进一步发展与加强对实践工作的指导提供思想，提高中国管理学界在世界上学术话语权"，在后续的研究工作中我们发现，在之前的考虑与安排中还需要结合当前对学科建设的要求，以及中国管理学界自我的认识，结合管理学本土化工作的开展与深入，必须对建设中国特色管理学进行深入的分析和探讨，也就是说，在研究和探讨"发展研究"问题时，必须将建设具有中国特色的管理学学科作为课题研究和探讨的重点目标与主要方向。根据研究之初的准备和后续研究的思考，形成了我们研究工作的逻辑框架（见图0-2），并以此为基础形成了我们的结题报告，以及后续完善的书稿。

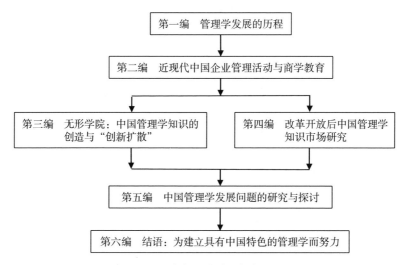

图 0-2　本书研究的逻辑框架图

　　本书第一编是管理学发展的历史回顾，结合 20 世纪初期科学管理思想的出现，介绍科学管理思想出现的背景，以及部分代表人物的学术思想和理论回顾，从这些经典中分析管理学走向科学化过程中的体系特点，存在的主导研究逻辑，在总结的基础上为中国管理学的发展提供可以借鉴的坐标系和便于比对的路径。

　　第二编是结合中外管理学界的基本判断——人类组织管理的理论是在 19 世纪末至 20 世纪初逐渐走向科学，对近现代中国企业管理活动与管理思想、商学、管理学发展历程的回顾，在简略的回顾和介绍之后，重点结合中国管理学的教育情况进行分析与总结，并在此基础上总结这一阶段中国管理学发展历程中取得的成绩及对存在问题进行分析和探讨。

第三编是对知识理论发展过程中学术共同体（如无形学院）问题的研究。通过研究不仅回顾了无形学院在学科发展过程中的作用，还结合中国管理学学科发展较为典型的案例分析了学术共同体在学科发展中的作用与意义。

第四编是对管理学学科发展过程中有一定特殊性的知识传播渠道——管理知识市场的研究。在研究工作中结合管理知识的市场传播问题，对管理知识的创新、管理知识的时尚特点，以及重要的传播渠道管理咨询机构进行了探讨，结合全面质量管理在中国的引入、学习和传播过程，分析了管理学理论或管理时尚在中国学习、借鉴过程中自我特色形成的相关问题。

第五编总结了课题研究过程中课题组形成的一部分观点、看法及相关探讨。重点是围绕中国管理学的发展问题，研究和探讨了中国管理学界十分关注的科学研究工作道路选择问题，结合"接着讲"的问题，研究了中国特色的管理理论创新路径探析问题；结合"康庄大道"（中国管理理论）和"羊肠小道"（管理的中国理论）的划分，研究了中国管理问题研究的道路选择问题；并着重结合马克思主义中国化这一大背景、大方向，以及中国革命时期、社会主义革命与建设时期的经验，在研究和探讨的基础上提出了我们对建立中国特色管理学的看法与意见。

第六编是结语部分，通过对前面五编研究工作的总结，结合世界上著名管理学家的生平、成长道路，以及在研究工作中形成的中国特色管理学建构的分析框架，对建立具有中国特色的管理学学科的相关问题与工作提出了我们的思考和建议。

五、创新点与工作难点

在课题申报时我们对自己的工作结果，也就是课题准备实现的研究创新点进行了思考和规划，并结合我们在开展研究工作中发现和形成的新思考进行了必要的修改和完善。

创新点之一：针对中国管理学存在的问题，在整体上构建了开展中国管理学研究的分析框架和研究范式。在深入研究、系统分析世界及中国管理学发展历程和现状，管理学理论发展和演变的基本规律和中国改革开放成功经验等多方面问题的基础上，按照规范的研究模式开展研究，深入探讨中国管理学存在的现实问题，希望能够遵循管理学研究工作的特点，体现科学的精神。

创新点之二：研究目标和研究导向清晰和明确。根据课题申报时的设计，评审组和课题开题时各位专家的意见，结合现代科学管理与传统经验管理的重大差异，系统性地考虑了我们需要和应该开展的研究工作，在关注中国的传统、文化，中国特色社会主义发展中大国特征的同时，也关注当今世界流行的各种研究范式，努力探索"以我为主，博采众长，融会贯通，自成一家"的中国管理学发展之路。

创新点之三：结合新时代中国特色社会主义时代特征，结合当前学科建设和发展的要求，对如何将管理学建设成为具有中国特色学科的问题进行了探讨。

我们也对研究工作的不易和难点进行了深刻的思考，这既是我们工作中的困难、障碍，也是我们需要去不断克服，争取有所突破的问题所在。

难点之一：中国数千年文化对中国管理学理论体系构建的影响分析。中国管理学的构建离不开中国的文化与历史，数千年来，各种思想（如春秋战国时代的诸子百家思想），各种组织（政府、宗教、军队）的管理思想、方法在过去和现在都一直在对中国管理学理论、思想体系，乃至学者和组织的管理人员的价值观产生重要的影响，但在研究工作中如何结合中国改革开放的现实问题，特别是结合发展社会主义市场经济，融入世界，推进法治的重大改革过程中既注意学习、借鉴和吸收，又实现扬弃、升华和分离，实现科学地概括、抽象和提炼影响中国管理学理论体系的关键因素是一项艰巨的工作。

难点之二：改革开放取得的巨大成功与中国管理学思想理论和科学方法发展的关联分析。中国改革开放的巨大成功无疑与中国经济发展历程中宏微观管理模式，以及渗透在各类组织管理模式中的管理思想密切相关。在课题研究中，如何界定中国改革开放的巨大成功与中国管理学思想、理论和方法之间的关系，从中寻找带有规律性的理论要素，分离和界定"摸着石头过河"的探索性改革实践成果与中国管理学思想体系中思想、理论相关联的要素，为今后的改革开放工作提供思想理论指导，为中国管理学的发展提供可循的思路和路径无疑也构成了课题研究的又一难点。

难点之三：探索中国管理学科学的思想理论体系与研究方法。应该说，对改革开放以来中国管理学发展研究的重要工作是通过科学的研究方法，解决和回答诸如"中国管理学发展处于十字路口"，"A theory of Chinese management versus a Chinese theory of management"此类的问题。这类问题的回答不仅仅是中国管理学界理论上的探讨与学术上的争论，而且关系着中国管理学学科发展道路的选择，关系着中国今后经济发展中宏微观管理模式的选择、发展理性思考等问题。因此，如何在颇为混沌的管理学丛林中厘清科学的路径，回答理论与实践中迫切需要解决的问题也构成了本课题最为重要和必须开展研究的难点问题。

虽然我们在研究工作中作出了持续的努力，围绕课题研究工作的进展在有关"中国管理学"的多个学术会议上与参会者进行了交流，结合我们的中期研究成果发表了一些论文，也在一定程度上得到了管理学界同仁们的认同。但我们也深深知道，作为一个既有回顾性、总结性，又有思考性、前瞻性的基础性理论研究课题，面对中外管理学界"丛林"般的争议，要想得到管理学界同仁们的认可是不易的。我们现在奉上的著作只是我们的研究工作中的阶段性的认知与思考，只能是抛砖引玉，希望得到管理学界同仁们的批评、建议，让我们携手努力，为中国管理学的发展，为具有中国特色管理学的发展贡献力量。

第一编

管理学发展的历程

正如朱镕基在 1996 年所讲的："今天到了要大力提倡改善中国的管理和发展中国的管理科学的时候了。……现在确实需要强调管理科学和管理教育也是兴国之道。"① 管理学在中国得到全面的认可和发展应该是 20 世纪 70 年代改革开放以后的事情，为结合这一历史过程，了解和把握管理学理论发展的基本脉络和经验，本编将首先回顾 20 世纪初期以来管理学发展的历史过程，介绍并分析管理学理论研究的核心问题与主导逻辑，并结合历史的过程探讨管理学在西方发达国家发展的基本经验。结合这一历史过程，全面回顾和介绍人类将管理活动上升为科学的过程与特点。

---

① 朱镕基：《管理科学，兴国之道》，见《朱镕基讲话实录》第二卷，人民出版社 2011 年版，第305 页。

第　一　章

管理学发展的历史回顾

　　人类在地球上出现后，作为并不强大的生物，为了抵御大自然的危险，抗击敌对势力的侵扰，保卫自己的领地、家园，实现自我的生存与发展，最为重要的方法就是组织起来，也就是在这样的组织过程中，逐渐形成了家庭、氏族、国家、宗教、军队等多种组织形式，随之而出现的就是组织管理活动的产生。显然的事实是，人类的管理活动几乎伴随着人类的出现而出现，但人类的管理活动作为一种知识，特别是一种知识体系，上升为一门科学却是 20 世纪初期的事情。这是为什么呢？对我们管理学科有什么启示呢？这是我们在研究工作中必须首先关注和回答的问题。

第一节　20 世纪之前的管理活动

　　管理学界有这样的基本共识：科学管理的思想，特别是其理论体系的构建、完善是 20 世纪的伟大事件。英国学者斯图尔特·克雷纳（Stuart Crainer）就讲过："诚然，管理到 20 世纪才步入成熟期，但如果要说 20 世纪之前不存在管理，未免太过于愚蠢。自从文明的曙光降临，人类就在实践管理。只不过，在过去的 100 年里，它得到了认识、分析、监控和传授，逐渐定下型来。20 世纪，是管理的世纪。"① 中国学者也有相同的共识："关

---

① ［英］斯图尔特·克雷纳：《管理百年》，中国人民大学出版社 2013 年版，第 7—8 页。

于管理的思想虽然由来已久，但在西方成为系统的管理理论，则公认是在19世纪末到20世纪初。"①

一、20世纪之前的管理

人类有组织的活动和人类的管理活动有着悠久的历史，但在产业革命之前的人类组织形式和管理活动主要体现在宗教活动、军队管理和国家施政上，且主要的传授方法以经验传授（形式上为师父带徒弟这样的"人传人""手把手"的传授方式）为主。应该肯定的是，这些组织管理依据的一些原则与当今组织的管理存在较大的差异，但这些组织管理活动所体现的思想、方法依然还是当今管理理论研讨和管理实践活动中不可或缺的瑰宝。

人们经常举例说明的实例有，《圣经》中记载摩西的岳父耶罗斯向摩西传授为更好地实施领导，要注意分层管理、授权实施。也可以在建立于公元2世纪的罗马天主教会的组织结构中看到，教会的最高权力集中在罗马，权力机构由社区教士、主教、大主教、枢机主教和教皇等组成，且在近两千年中，这种结构基本上没有变化。这也是一个组织中集权与分权、层级划分和职能设计的实例。

又如，古罗马从一个小城市发展成为一个世界帝国，其统治延续了几个世纪。而罗马帝国的巩固，主要依靠的是严格的体制与权力层次，以及与各军政机构之间的具体分工。且罗马帝国在法制和分权制方面的思考与设置，为现代社会的法律体系建设、立法与司法的分权制树立了典范。

古代中国在治国、治军等方面都得到世界上很多学者很高的评价："很可能早在公元前1000年，远远早于孔子时代，中国的官僚制度就已经全面发展起来。……还有证据表明，中国人早在公元元年就对劳动分工及组织的部门化形式非常熟悉，刻在一个饭碗上的一段铭文显示，该饭碗是在一个朝廷工厂中制造出来的。而在该工厂，工匠之间出现了高度专业化的劳动分工。该工厂分为三个部门：会计、安全及生产。这样的人工制品使我们了解到历史悠久的管理实践。"② 当时在国家管理上中国是走在世界前列的，政

---

① 马洪：《国外经济管理名著丛书》前言，中国社会科学出版社1982年版，第2页。

② ［美］丹尼尔·A. 雷恩、阿瑟·G. 贝德安：《管理思想史（第六版）》，中国人民大学出版社2012年版，第16—17页。

府在很早就开始了"车同轨，书同文，行同伦"的制度建设，举全国之力修长城、铸兵器、开运河，捍卫国家安全，促进经济发展。其中不乏严格与科学的管理，并通过卓越的管理活动创造了迄今都令世人惊讶的中华文明。

对于人类组织，特别是国家的兴旺与衰败的原因，中国的先哲们都进行过深入探讨与研究，甚至揭示了其本质。如战国末期的荀子在《王制》中就生动地写道："水火有气而无生，草木有生而无知，禽兽有知而无义；人有气、有生、有知亦且有义，故最为天下贵也。力不若牛，走不若马，而牛马为用，何也？曰：人能群，彼不能群也。人何以能群？曰：分。分何以能行？曰：义。故义以分则和，和则一，一则多力，多力则强，强则胜物。"荀子直白地告诉人们，人能超越牛马，战胜万物的根本原因在于人能"群"——组织起来，而人能建立、维护"群"生存、有效、发展的基本条件——在于组织中"分"（分工合作、分配利益之意）与"义"（公正合宜的道理，正义）的实行。

这里所说的维系组织的"义"与"分"的推行和实施就是管理实施的重要原则，这已十分接近20世纪发展起来的科学管理的重要思想与基本道理了。

以上的实例告诉我们，在人类开始出现时，人类各种组织类型的管理活动就已经萌芽了。也就是说，为了克服稀缺的经济资源、凶恶的敌对势力和严酷的自然环境给自身带来的威胁，我们的先辈顺应当时构建的各类组织的特点，逐步开始了经济、政治、军事、宗教等社会组织的管理工作。因为有了"群"的组织活动，能有效地帮助当时无论是体力还是能力各方面都相对弱小的人类抵御、战胜凶恶的毒蛇猛禽和严酷的自然环境，乃至敌对势力侵略，以促进稀缺资源的分配、使用，有效捍卫自己生存的领地、家园，管理思想也就自然地随之产生和发展了。

二、对20世纪之前人类管理活动的基本认识与评价

虽然这些自发产生的管理实践活动，或先哲总结的思想与经验帮助了人类各类组织的发展，也成为现今可以借鉴与参考的管理思想和方法，但囿于当时的历史条件，特别是较为落后的生产力，以及伴随产生的落后的生产关系带来的政治、科学、技术等文化环境的制约，人类在组织的管理思想与方法等方面存在诸多的问题。马克思在《资本论》中就很好地揭示了资本主义社会之前人类管理活动的特点和存在的问题："古代的亚洲人、埃及人、伊特鲁里亚人等等的庞大建筑，显示了简单协作的巨大作用。'在过去的时代，这些亚洲国家除了民用的和军事的开支以外，还有剩余的生活资料，可以用于华丽的或实用的建筑。这些国家可以指挥几乎全部非农业人口的手臂，而对这些剩余生活资料的惟一支配权又完全属于君主和僧侣，所以它们有能力兴建那些遍布全国的宏伟纪念物……""亚洲任何一个君主国的非农业劳动者，除了自己个人的体力以外，很少能贡献什么，但是他们的数量就是他们的力量，而指挥这些群众的权力，就产生出这些巨大的建筑。正是由于劳动者赖以生活的那些收入都集中在一个人或少数人的手里，才使这一类事业成为可能。'""在古代世界、中世纪和现代的殖民地偶尔采用的大规模协作，以直接的统治关系和奴役关系为基础，大多数以奴隶制为基础。相反，资本主义的协作形式一开始就以出卖自己的劳动力给资本的自由雇佣工人为前提。"① 雷恩也说道："在早期管理思想中，占据统治地位的是反商业、反成就和很大程度上反人性的文化价值观。当人们被生活地位和社会身份束缚，当君主通过中央命令实施统治，当人们被要求不考虑个人在现世的成就而要等待来时的更好命运，工业化是不可能出现的。在工业革命之前，经济和社会基本上是停滞不前的，而政治价值观是由某个中央权威作出的单方决定。虽然出现了一些早期的管理理念，但它们在很大程度上是局域的。组织可以依靠君权神授、教义对忠诚信徒的号召以及军队的严格纪律来进行管理。在这些非工业的情境下，没有或几乎没有必要创造一种正式的管理思想体系。"②

马克思的分析、雷恩的结论不仅深刻地揭示了早期管理思想中基本的特点和存在的问题，也清晰地说明了产业革命之后出现的科学管理与之前管理活动的本质差别，而且在管理思想史的研究中起到了历史性的断代作用。注意管理思想演变的历史过程，认识发展过程中的本质差别，并以此对人类管

① ［德］马克思：《资本论》第一卷，人民出版社2004年版，第387—388页。
② ［美］丹尼尔·A.雷恩、阿瑟·G.贝德安：《管理思想史（第六版）》，中国人民大学出版社2012年版，第27—28页。

理思想、理论和方法进行时代的区分，对于管理学思想、理论与学科发展的研究，特别是对于中国管理学科的发展、管理学界的研究工作都具有十分重要的理论意义与现实意义。

第二节　科学管理思想的出现

一、科学管理思想出现的历史背景

14世纪中叶在意大利兴起、16世纪在欧洲盛行的文艺复兴运动提倡人文主义的精神，肯定人的价值和尊严，倡导个性解放，反对愚昧迷信的神学思想，对长期禁锢人们的神学思想产生了巨大的冲击，为科学的发展、生产力的解放创造了条件。18世纪下半叶，英国率先出现了工业革命。科学作为生产力，推动着各行业迅猛的发展。特别是蒸汽机、内燃机、电动机的广泛使用，从根本上改变了工业的生产模式和生产组织形式。机器的广泛使用，不仅大大地提高了生产效率，而且使传统的工业生产组织形态——作坊，一跃发展成为适应大规模机器生产的组织形式——工厂。以市场为导向，需要以谋求利润作为生存重要条件的经济类组织工厂的运行机制，以现代工业大机器生产为特征的工厂管理，都对传统的管理方法提出了挑战。这也是雷恩研究过的问题，他认为，彼此互动和相互促进的新教改革产生的新教伦理，立宪政府出现的公民与国家新关系的自由伦理，和以建立市场导向经济的市场伦理改变了有关公民、工作和利润的文化价值观，而正是这种文化价值观的变化为管理研究创造了新的环境。如工厂如何利用良好的经营和管理才能通过市场竞争谋求利润，给投资者以回报；在成千上万的人们聚集在一个工厂工作的时候，如何有效地进行分工、调度和实施管理，又如何缓解或解决资产阶级（管理者）与工人阶级（被管理者）之间巨大的阶级矛盾和利益冲突；在高速的生产过程中，如何保证生产的连续性、节奏性和均衡性；在产量越来越大的情况下，如何保证产品的质量、标准化；又如何在生产过程、技术标准、产品规格实现标准化后，实现人与工作的规范统一等诸多问题，都摆在了工厂劳资双方，主要是管理者的面前。工厂，这类新型的社会组织形式，需要依靠市场竞争获取自我生存和发展的经济类组织，能够简单地照搬或使用人类在几千年自我发展过程中建立起来的宗教、军队和国家的管理思想和方法吗？雷恩回答了这个问题："正在兴起的工厂制度所提出的管理问题同以前所碰到的问题完全不同。天主教会能够按照教义和信徒的虔诚来组织和管理它的财产；军队能够通过严格的等级纪律和权力结构管理大批的官兵；政府机构可以不必对付竞争或获取利润而展开工作。可是，新工厂制度下的管理人员却不能使用上述任何一种办法来确保各种资源的合理使用。"① 雷恩的总结十分有意义，第一，他十分明确地指出了科学管理思想产生的背景是对管理思想有着重要影响的文化环境发生了变化，更为具体地讲，是人类面对产业革命出现的新型组织形式——工厂，并由工厂管理的问题带来人们对管理问题新的思考；第二，他十分清晰地讲清了一个道理：人类建立的组织都有管理工作，但各类组织在管理过程中依据的核心理念存在着重大的差异，也就是说，每类组织在管理工作中凭借的原则和方法会有不同。如，宗教管理凭借的是"教义"和"虔诚"，体现在精神上；军队管理依靠的是"等级"和"权力"，体现在纪律上；而政府管理缺乏"竞争"和不需要"利润"，会更多地体现在政治层面上。社会发展的现实问题向人类提出了挑战，人类也为回答现实的问题，开始了对适应新型社会组织——工厂（也称为企业、公司）管理工作的研究。

与当时社会文化变革和进步形成巨大反差的是，作为当时世界上最为发达的国家英国和后起的美国来讲，"英国从一个农业国向工业社会的转变意味着当时不存在管理阶级，或者用现代术语来讲，不存在职业经理人群体。第一，当时不存在有关进行管理的常用知识体系。……培训不容易被一般化。一位管理者，在某个特定行业中获得培训，将被束缚在该行业；为了转移到另一个行业，他需要学习新的技能。第二，当时不存在关于管理行为的普遍准则，也不存在一套关于管理者应该如何行事的统一期望和要求"②。美国是稍稍后起，在19世纪后半叶发展起来的发达国家。到19世纪末至20世纪初，美国完成了工业革命，并成为世界第一大强国。但"当时美国工业的特点是：不断提高的技术，持续成长的市场，劳动者的不满，以及管理

---

① ［美］丹尼尔·A. 雷恩：《管理思想的演变》，中国社会科学出版社2000年版，第49页。
② ［美］丹尼尔·A. 雷恩、阿瑟·G. 贝德安：《管理思想史（第六版）》，中国人民大学出版社2012年版，第38页。

知识的匮乏，因此美国各个行业中的大小企业都热切渴望获得更好的方法来制造和销售产品"①。

强烈的社会需要，以及文艺复兴引发的人们对科学精神的崇拜和追求，寻求科学的方法解决工厂的管理问题，自然成为当时人们的选择。这应该是人类管理对象研究重点转移，开始用寻求科学管理取代经验管理全新起点的历史文化背景。这也是后人所总结的："工业化属于 19 世纪，而管理属于 20 世纪。"② 管理学发展的历史进程存在多种划分方法，下面根据国内多采用的马洪先生的"西方经济管理理论各学派的形成基本分为三个阶段"的划分方法加以介绍。

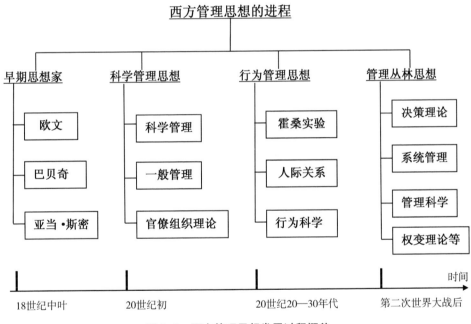

图 1-1　西方管理思想发展过程概貌

资料来源：作者整理。

① ［美］丹尼尔·A. 雷恩、阿瑟·G. 贝德安：《管理思想史（第六版）》，中国人民大学出版社 2012 年版，第 116 页。

② ［英］斯图尔特·克雷纳：《管理百年》，中国人民大学出版社 2013 年版，第 9 页。

二、科学管理思想的出现

科学管理思想的出现，与随之而来的管理相关概念的确立、理论体系的构建是诸多学者、实践者共同努力、大胆探索的结果，但在这些人中作出巨大贡献，并在管理思想史中受到人们普遍关注的主要有弗雷德里克·温斯洛·泰罗、朱尔斯·亨利·法约尔和马克斯·韦伯。

1. 弗雷德里克·温斯洛·泰罗

弗雷德里克·温斯洛·泰罗（Frederick Winslow Taylor）18 岁因眼疾而在哈佛大学法学院辍学，去工厂成为学徒，后在钢铁厂当了一名普通工人。经过夜校的学习，泰罗完成了自己的大学学业，并通过自己的努力，在很短的时间内成为一名高层管理人员。基层工人的经历使泰罗十分了解当时美国企业中存在的问题，并对他的管理思想产生了重要的影响。1911 年，泰罗的著作《科学管理原理》（*The Principles of Scientific Management*）在美国出版，标志着科学管理思想的出现，也是管理思想史上将人类的管理走向科学管理的时代定在 20 世纪初期的主要原因。

工人出身的泰罗对当时美国工厂存在的主要问题有着十分清楚和深刻的认识，他认为当时工厂管理中存在的第一个问题是雇主与工人之间严重的阶级对立："工人对雇主的超过其他一切的要求是高工资；而雇主所要求于工人的，则以制造过程中的低廉劳动成本为最重要"[1]；"这些人中的绝大多数都相信雇主和雇员的根本利益是冲突的"[2]。对于有过工人经历的泰罗来讲，在他所希望倡导和推行的科学管理工作中首先发现和希望解决的问题是雇主与雇员之间在分配问题上的尖锐矛盾。这正如德鲁克在数十年后所讲的："促使泰罗开始对劳动进行研究的是他对资本家和工人之间增长的相互仇恨感到震惊。这种仇恨在 19 世纪后期开始增长起来。换句话说，泰罗看到了马克思、迪斯雷利、俾斯麦、亨利·詹姆斯所看到（的问题）。"[3]

泰罗发现的第二个问题是工厂生产环节存在的管理问题："各行各业几

---

① ［美］F. W. 泰罗：《科学管理原理》，中国社会科学出版社 1984 年版，第 34 页。

② ［美］F. W. 泰罗：《科学管理原理》，中国社会科学出版社 1984 年版，第 157 页。

③ ［美］彼得·德鲁克：《从资本主义到知识社会》，载［美］达尔·尼夫主编：《知识经济》，珠海出版社 1998 年版，第 49 页。

乎仍在沿用的单凭经验行事的低效办法，使我们的工人浪费了他们大部分劳动。"① "工人的技术不是从书本学来的，而是从实际中——像一百年前一样——学来的。学徒通过观察他人的工作来学习，模仿最好的技术工人的方法，并且通过观察他人的工作来学习。……他们是通过手和眼来学，很少从书本上来学。"② 泰罗发现了与大生产需要的科学管理相矛盾、相冲突的现场管理的随意性和仅凭经验的生产技能传授方式。

人们一般认为这两个问题不存在什么相关性，但泰罗却发现了这两个问题的密切关系："管理技术的定义是'确切知道要别人干什么，并注意他们用最好经济的方法去干'。没有简单扼要的定义可以充分说明一项技术，而雇主和工人的关系无疑是这项技术的最重要部分。"③ 深刻地理解这一句话，对于全面理解泰罗的管理思想，了解科学管理的本质极其重要。雷恩曾讲到，泰罗警示大家，不能把管理的机制误当成管理的本质，一些视为"效率专家"的人正在损害科学管理的名誉。科学管理思想的哲学基础"建立在双方共同利益的基础上，共有四项原则：第一，发展真正的科学；第二，科学地挑选工人；第三，工人的科学教育和发展；第四，管理者与工人之间亲密、友好的合作"④。

"科学管理"（scientific management）一词是泰罗根据他人的建议提出的。泰罗对科学管理思想的解释是："科学管理的实质是在一切企业或机构中的工人们的一次完全的思想革命——也就是这些工人，在对待他们的工作责任，对待他们的同事，对待他们的雇主的一次完全的思想革命。同时，也是管理方面的工长、厂长、雇主、董事会，在对他们的同事、他们的工人和对所有的日常工作问题责任上的一次完全的思想革命。没有工人与管理人员双方在思想上的一次完全的革命，科学管理就不会存在。"并指出："这个伟大的思想革命就是科学管理的实质。"⑤ 泰罗对劳资双方完全思想革命的

---

① ［美］F. W. 泰罗：《科学管理原理》，中国社会科学出版社 1984 年版，第 161 页。

② ［美］F. W. 泰罗：《科学管理原理》，中国社会科学出版社 1984 年版，第 242 页。

③ ［美］F. W. 泰罗：《科学管理原理》，中国社会科学出版社 1984 年版，第 32 页。

④ ［美］丹尼尔·A. 雷恩、阿瑟·G. 贝德安：《管理思想史（第六版）》，中国人民大学出版社 2012 年版，第 113 页。

⑤ ［美］F. W. 泰罗：《科学管理原理》，中国社会科学出版社 1984 年版，第 238 页。

解释是："在科学管理中，劳资双方在思想上要发生的大革命就是：双方不再把注意力放在盈余分配上，不再把盈余分配看作是最重要的事情。他们将注意力转向增加盈余的数量上，使盈余增加到使如何分配盈余的争论成为不必要。他们将会明白，当他们停止互相对抗，转为向一个方向并肩前进时，他们的共同努力所创造出来的盈利会大得惊人。他们会懂得，当他们用友谊合作、互相帮助来代替敌对情绪时，通过共同努力，就能创造出比过去大得多的盈余。完全可以做到既增加工人的工资也增加资方的利润。先生们，这就是构成走上科学管理轨道第一步的伟大思想。"①

泰罗还介绍了科学管理的另一重要思想："然而，双方对'盈余'的思想态度的改变，只不过是科学管理下的伟大思想的一部分而已。后面，我还要指出这个思想革命中的其他内容。这里另一个思想转变对科学管理的存在是绝对重要的。那就是：无论工人还是工长，双方都必须承认，对工厂内的一切事情，要用准确的科学研究和知识来代替旧式的个人判断或个人意见。这包括每项工作所采用的方法和完成每项工作所需要的时间。"结合自己的分析，泰罗认为："因此，在一切企业中，劳资双方必须实现这样的思想态度的改变：双方合作尽到生产最大盈利的责任；必须用科学知识来代替个人的见解或个人的知识经验。否则，就谈不上科学管理。这就是科学管理的两个绝对需要具备的要素。"②"诸种要素——不是个别要素——的结合，构成了科学管理。它可以概括如下：科学，不是单凭经验的方法。协调，不是不和。合作，不是个人主义。最高的产量，取代有限达到产量。发挥每个人最高的效率，实现最大的富裕。"③ 这是泰罗对科学管理思想精髓、本质全面的概括和阐述。

从以上的介绍中可以清楚地看到，泰罗所提出和倡导的科学管理思想是顺应人类社会发展的变化，在新的文化框架中，面对人类新型组织——工厂管理工作的要求，借助科学的思想和方法所创造的全新的管理理论体系，是对数千年来传统管理的理念、思想和方法的彻底颠覆，是一次伟大的创新性破坏。

---

① ［美］F. W. 泰罗：《科学管理原理》，中国社会科学出版社 1984 年版，第 239—240 页。
② ［美］F. W. 泰罗：《科学管理原理》，中国社会科学出版社 1984 年版，第 240 页。
③ ［美］F. W. 泰罗：《科学管理原理》，中国社会科学出版社 1984 年版，第 221 页。

泰罗在其论著中还涉及管理的原则、工资的改革、工具的研究、工人的挑选、"磨洋工"的分析等问题，从分析的思路、实验的设计、具体的步骤、解决的方案看，都是围绕他的科学管理思想展开的。例如，泰罗在伯利恒钢铁公司介绍科学管理思想时，就曾经通过合理地挑选工人，科学和严格的激励与安排，将搬运生铁工人的搬运量从 12.5 吨提高到 47.5 吨。为研究最佳的金属切削工作，他前后进行了 26 年的实验，对 80 万磅的金属进行了切削，实验记录大约为 30000—50000 次。在《科学管理原理》一书中，我们可以看到泰罗精心设计的各种推进管理工作的方案、计算公式和现场记录的表格，这些都是泰罗科学推进、推行管理工作中科学思想的具体体现，当然，这只是泰罗推行其科学思想的一些具体工作，若能把握泰罗对科学管理思想全面的阐述，就能够更好地理解他对人类管理理论的伟大贡献，也才能更好地理解他及人们提出和公认的科学管理思想中"科学"两字的深刻含义。

人们对泰罗的科学管理思想作出了很高的评价。"弗雷德里克·W. 泰罗是管理思想史发展过程中的一位核心人物。""泰罗的成果在当时是，现在仍然是，革命性的。当初他播撒的种子已经遍地开花，芳香满天下。""在管理思想的发展进程中，泰罗犹如一颗北极星，为所有那些追随其脚步，将专业的管理引入工厂并且用事实替代主观判断的人指明方向。"①

对泰罗作出很高和准确评价的德鲁克，在 1990 年预感到人类一个新的时代——知识社会即将出现时，曾系统地回顾了人类知识运用的历史过程，他认为，虽然泰罗与马克思、迪斯雷利、俾斯麦等人一样，看到资本家与工人的矛盾与冲突，"但他也看到了他们没有看到的事情：冲突不是必要的。他开始着手提高工人的生产率，以使他们挣更多的钱"。德鲁克再一次肯定和明确了泰罗管理思想的哲学基础："泰罗的动机不是效率，不是为所有者创造利润。到他临死的时候，他仍然坚持生产率的主要受益人必须是工人，而不是所有者。他的主要动机是创造一个所有者和工人、资产阶级和无产阶级在生产率上有着共同利益的社会，能建立一种将知识应用于劳动

① ［美］丹尼尔·A. 雷恩、阿瑟·G. 贝德安：《管理思想史（第六版）》，中国人民大学出版社 2012 年版，第 116 页。

的和谐关系。"① 德鲁克还评价到，泰罗认为劳动可以被研究、被分析，可以被分解为一系列简单的动作，而每一个动作就必须以正确的方式、以最恰当的时间和使用最好的工具，而最大的贡献就在于建立在此基础上的工人培训。德鲁克分析到，在泰罗将知识应用于劳动之后，美国的生产率几乎开始以每年 3.5%—4% 的速度上升，18 年左右就可以增长一倍。德鲁克推算，从泰罗推行科学管理开始，生产效率在所有发达的先进国家增长了近 50 倍。相对于生产力的发展，人们购买力也增强了近 25 倍。社会的进步还体现在工作时间的缩短上。由于生产效率增加了 50 倍，发达国家工人一年的工作时间美国工人大约为 1850 小时，德国工人最多是 1600 小时，而在 1910 年，工人的工作时间不少于 3000 小时，他们一小时的生产效率是 80 年前的 50倍。与此同时，工人的收入大幅度提高，到 1990 年，美国、德国、日本的工人，一周工作 40 个小时，一年的税后工资收入可达到 45000 美元，"这大约是今天美国便宜小汽车价格的 8 倍"。② 泰罗用科学取代经验的做法大大缩短了培养合格工人的时间，这在第二次世界大战中发挥了积极的作用。例如，过去美国工厂中手把手、以师傅带徒弟的经验传授为特征的培训，训练一个合格的工人需要几年的时间，但在按照泰罗工作研究中获取的科学培训方法，只需要 60—90 天就能够将手拿锄头的农民，甚至家庭主妇培养成一流的工人。在第二次世界大战期间，美国工厂的男性员工大批参军到前线以后，科学的训练方式很快将大批的新员工（主要是家庭主妇）培训成了合格的工人，满足了军火生产的需要。"这一点，比其他任何因素都更好地解释了为什么美国能形成强大的军备生产，最终打败日本和德国。"③ 除美国之外，泰罗的科学管理思想在苏联、法国、瑞典、加拿大等国也得到传播，并取得了成功。德鲁克还认为，现代历史上所有的早期经济力量——英国、美国、德国——是通过新技术的领先而出现的。第二次世界大战以后的经济

① ［美］彼得·德鲁克：《从资本主义到知识社会》，载［美］达尔·尼夫主编：《知识经济》，珠海出版社 1998 年版，第 49 页。

② ［美］彼得·德鲁克：《从资本主义到知识社会》，载［美］达尔·尼夫主编：《知识经济》，珠海出版社 1998 年版，第 54 页。

③ ［美］彼得·德鲁克：《从资本主义到知识社会》，载［美］达尔·尼夫主编：《知识经济》，珠海出版社 1998 年版，第 53 页。

力量首先是日本，之后是韩国、中国台湾地区、中国香港地区、新加坡，它们所有的成功都归结于泰罗式的培训。它迅速使得这些仍然主要是前工业社会和低工资劳动力国家和地区的生产力达到世界最先进的水平。在第二次世界大战后的数十年间，泰罗式培训成为经济发展的一个真正发动机。对于泰罗的巨大贡献，德鲁克将泰罗推行的科学管理原理与思想视为知识进展的第二个变化——知识的生产力革命。

1915 年，泰罗走完了他人生 59 年的历程，由于他在科学管理思想上里程碑式的贡献，崇高的荣誉"科学管理之父"（the Father of Scientific Management）镶刻在了他的墓碑上。

2. 朱尔斯·亨利·法约尔

朱尔斯·亨利·法约尔（Jules Henri Fayol），法国人，1860 年大学毕业后成为矿业工程师，37 岁时被公司聘任为总经理。在法约尔的《工业管理与一般管理》英译本序中，林德尔·福恩斯·厄威克（Lyndall Fownes Urwick）介绍到，法约尔先后担任过基层、总管和总经理的职务，并致力于普及自己构建的管理理论。法约尔与泰罗一样，被人们视为来自于实践的管理学家。由于他的工作主要在管理岗位，所以他对企业管理工作的关注主要是对管理实践进行总结、抽象与提升，最为重要的是管理概念、知识体系的构建、原则的界定，在管理思想史上被誉为管理一般理论的构建者。法约尔关注到了随着企业规模的扩大，管理职能逐渐成为一种特殊的工作，但在企业运行中，日显重要的管理工作却经常遭到人们的忽视。他尖锐地指出："管理对企业活动的影响没有被人们完全理解，而专业的技术知识'会被有缺陷的管理程序彻底毁掉'"；"对企业来说，一位管理能力出色而技术知识平庸的领导人往往比一位技术能力出色而管理能力平庸的领导人要有用的多"。[1] 从这里可以知道，法约尔发现了管理职能与其他职能工作的不同，也揭示了管理能力与职业能力在人身上存在着差异。

法约尔的理论贡献主要体现在他的著作《工业管理与一般管理》（Administration Industrielle et Générale）中。在书中，法约尔开篇就对企业中的管

---

[1]　[美] 丹尼尔·A. 雷恩、阿瑟·G. 贝德安：《管理思想史（第六版）》，中国人民大学出版社2012 年版，第 164 页。

理活动与其他活动进行了区分，他认为，不论大小，企业的运行由技术、商业、财务、安全、会计和管理活动组成，但他强调："前五组活动我们很熟悉，几句话就足以区分各组的范畴，而管理活动需要更多地说明和解释。"① 法约尔认为，管理不属于技术职能所包含的权限，而是"负责建立社会组织，协调和调和各方面的力量和行动"，这些活动组成了管理职能，"而管理的职权和范围没有很好地确定"。② 法约尔对企业的管理职能的内涵进行了描述："管理，就是实行计划、组织、指挥、协调和控制；计划，就是探索未来、制定行动计划；组织，就是建立企业的物质和社会的双重结构；指挥，就是使其人员发挥作用；协调，就是连接、联合、调和所有的活动及力量；控制，就是注意是否一切都按已制定的规章和下达的命令进行。""管理职能与其他五个职能显然不一样。"③ 法约尔还结合自己的观察与分析，对企业中不同层级的工作人员的六种能力需求进行了区分，他的结论是："在各类企业里，下属人员的主要能力是具有企业特点的职业能力，而较上层的领导人的主要能力是管理能力。对管理知识的需要是普遍的。"④

法约尔对管理职能的本质和特点进行了深刻、准确的揭示，这是在管理学学科中的人们容易忽视的重要问题，即管理究竟管什么，管理职能与其他职能究竟有无不同："管理职能只是作为社会组织的手段和工具。其他职能涉及原料和机器，而管理职能只是对人起作用。"⑤ "在管理方面，没有什么死板和绝对的东西，这里全部是尺度问题。我们在同样的条件下，几乎从不使用同一原则，因为应当注意到各种可变的条件，同样也应该注意到人的不同和注意许多其他可变的因素。"⑥ "由机智和经验合成的掌握尺度的能力是一个管理人的主要才能之一。"⑦ 法约尔还为企业的管理工作提出了 14 条原则：劳动分工、权力与责任、纪律、统一指挥、统一领导、个人利益服从整体利益、人员的报酬、集中、等级制度、秩序、公平、人员的稳定、首创

---

① ［法］H. 法约尔：《工业管理与一般管理》，中国社会科学出版社 1982 年版，第 2 页。
② ［法］H. 法约尔：《工业管理与一般管理》，中国社会科学出版社 1982 年版，第 4—5 页。
③ ［法］H. 法约尔：《工业管理与一般管理》，中国社会科学出版社 1982 年版，第 5 页。
④ ［法］H. 法约尔：《工业管理与一般管理》，中国社会科学出版社 1982 年版，第 12 页。
⑤ ［法］H. 法约尔：《工业管理与一般管理》，中国社会科学出版社 1982 年版，第 22 页。
⑥ ［法］H. 法约尔：《工业管理与一般管理》，中国社会科学出版社 1982 年版，第 22 页。
⑦ ［法］H. 法约尔：《工业管理与一般管理》，中国社会科学出版社 1982 年版，第 23 页。

精神、人员的团结，并认为："管理原则可以有很多，并无限度。所有的加强社会组织或便利发挥作用的管理规章和程序都属于原则，至少只要经验证明其够得上这个高度评价时，它就属于原则。事物状态的变化可以引起规章的变化，因为后者是由前者决定的。"①

教育的实现是一个学科走向成熟、走向科学的重要标志之一。法约尔在布道管理思想时就认为："管理能力可以也应该像技术能力一样首先在学校里，然后在车间里得到。"② 并认为"管理教育应该普及：在小学里是初级的，在中学里稍广阔一些，在高等学校里应是很发展的"③。法约尔当时就清醒地认识到了目前依然让管理学界困惑的问题，管理教育缺失的原因是缺乏有关的管理理论，并认为在管理理论中"并不缺乏个人提出的理论。但是，由于缺少普遍接受的理论，每个人都自以为拥有最好的方法，在工厂、军队、家庭和国家中，我们到处可以看到在同一原则的名义下极为矛盾的实际做法"。"因此，重要的是尽快建立一种理论。"④ 法约尔还结合自己工作的实际对数学在管理中的作用进行了较为深入的探讨。

从上面的介绍中可以深刻地体会到，法约尔在发现管理职能从工厂各类管理职能中分离出来的现实，以及其重要性的同时，已经开始对管理职能的内涵、本质、特点及原则进行了深入、抽象和一般性的研究，并发现了因管理一般理论的"缺失"和过于"个性化"而影响到了管理教育普及的问题。我们看到，也就是在法约尔的努力下，他所提出的管理构成的要素已经成为之后人们编写管理教材的基本框架，他也成为"运营学派"的创始人。由于在管理学一般理论上的贡献，法约尔得到了管理学界高度的评价。L. 厄威尔认为："作为一个管理学的哲理家和作为一个国务活动家，他在本国和很多其他欧洲国家的思想史上留下的影响并不逊于弗雷德里克·温斯洛·泰罗给美国遗下的影响。"⑤ 克雷纳在总结百年以来管理思想发展时赞誉道："法约尔的管理理论——行政管理理论有着惊人的生命力。随着时间的流逝

① ［法］H. 法约尔：《工业管理与一般管理》，中国社会科学出版社 1982 年版，第 23 页。
② ［法］H. 法约尔：《工业管理与一般管理》，中国社会科学出版社 1982 年版，第 18 页。
③ ［法］H. 法约尔：《工业管理与一般管理》，中国社会科学出版社 1982 年版，第 19 页。
④ ［法］H. 法约尔：《工业管理与一般管理》，中国社会科学出版社 1982 年版，第 18—19 页。
⑤ ［法］H. 法约尔：《工业管理与一般管理》，中国社会科学出版社 1982 年版，"序"第 6 页。

和学科的发展，许多雄心勃勃的理论都衰亡了；而法约尔的理论仍是基本正确的。你只要注意到最权威的管理证书名称是'工商管理硕士'（Master of Business Administration）中存在 Administration 这样的字眼，就可以知道法约尔的影响力。""所有早期的管理学思想家的工作成果中，法约尔的思想也许是最经得起时间考验的，也曾经是最被人忽视的。"① 雷恩的评价是："如同管理实践的一名敏锐观察者所写的：'无论人们是否承认，很明显，今天绝大多数管理者在本质上都是法约尔主义者。'因为这个原因，法约尔被尊称为'现代管理之父'。"②

　　法约尔与泰罗是同时代的人物，虽因时代的要求都开始了对企业管理工作的研究，但因国度的不同，人生经历的差别，对管理职能的观察视角有所差异。在工厂基层工人岗位干起的泰罗关注的是工厂里劳资双方尖锐的矛盾，工厂中生产方式的变化，希望通过管理思想与理念的改变，协调劳资双方的矛盾，改进大生产方式下的现场管理，提出和推行了科学管理的思想；而开始从事技术工作，且很快就担任了管理工作的法约尔更多的是在区分管理工作与技术工作和其他职能工作的差别，界定管理工作的本质、特征、内涵、构成要素，完成了管理一般理论的构建，并提出了迄今为止编写任何管理学教材必须遵从的知识体系。泰罗与法约尔各自的贡献正如皮埃尔·莫兰所说的："两个人属于同一时代，19 世纪工业大发展的时代（法约尔，1841—1925；泰罗，1854—1915）。两个人都谈经验，都是工程师，他们都为技术和组织的问题带来了新的解决办法：车间中的机械工具和劳动组织（泰罗），矿产的开发和企业的一般管理（法约尔）。"③"今天，他们（指美国专家——笔者注）承认他是第一位'对管理理论进行综合性陈述'的人。如同他们所解释的，两位伟大的管理理论家差不多是在同一时期建立起他们的理论，一位是从上层建起，那是法约尔；另一位从基层，他是泰罗。"④

----

① ［英］斯图尔特·克雷纳：《管理百年》，海南出版社 2003 年版，第 6 页。
② ［美］丹尼尔·A. 雷恩、阿瑟·G. 贝德安：《管理思想史（第六版）》，中国人民大学出版社 2012 年版，第 173 页。
③ ［法］皮埃尔·莫兰：《亨利·法约尔的现实性或失去的机会》，载［法］H. 法约尔：《工业管理与一般管理》，中国社会科学出版社 1998 年版，"扉页"第 1—2 页。
④ ［法］皮埃尔·莫兰：《亨利·法约尔的现实性或失去的机会》，载［法］H. 法约尔：《工业管理与一般管理》，中国社会科学出版社 1998 年版，"扉页"第 9 页。

3. 马克斯·韦伯

马克斯·韦伯（Max Weber）与泰罗和法约尔是同一时代、在组织理论上有着特殊贡献的德国学者。他研究的主要领域是社会学、政治学，而不在管理学。他在管理学上的贡献主要体现在对资本主义社会的研究、分析中对于组织问题的探索。韦伯在其构建的组织理论中提出了"官僚制度"的组织概念，即是由"官职或职位来进行管理"①，"社会及其组成部分，更多的不是通过契约关系或者道德一致，而是通过权力的行使而被聚集在一起"②。韦伯的组织理论主要由理想的行政组织、权力的分类和理想行政组织的管理制度三个部分构成。③ 十分明显，韦伯的组织理论深受德国的社会文化、行政管理体制的影响。"普鲁士体制有中央集权的详尽物质要求和后勤规划，有无尽繁琐的规则，有严格标准化的操作程序，有对职能管理设计的忠心不二，还把任务分拆成最简单的步骤。"④

被认为贯穿韦伯政治社会学的主导思想是："在最宽泛的意义上，统治乃是社会行动之最重要的要素之一。当然，并非社会行动的每一种形式都揭示了一种统治结构。但是，在形形色色的社会行动中，统治都扮演了一个重要的角色，即使是在乍看上去这种情况并不明显的地方……社会行动的一切领域都无一例外地、深深地受着统治结构的影响。"⑤ 韦伯认为，在组织中，组织的成员服从领导者的机理（韦伯将其称为"统治的基本合法性"）主要有三种类型：传统型（traditional）、超凡个人魅力型（charismatic）和法理型（legal-rational）。其差异体现在组织中服从的基础（见表1—1）。显然，韦伯对官僚组织"统治"的分析与组织运行的机理、权力的来源、权威的形成有关，这也就是为什么韦伯这位社会学的著名学者在管理学理论中有他独特地位的原因。

---

① ［美］丹尼尔·A. 雷恩、阿瑟·G. 贝德安：《管理思想史（第六版）》，中国人民大学出版社2012年版，第173页。

② ［德］马克斯·韦伯：《经济与社会》，载［英］弗兰克·帕金：《马克斯·韦伯》，译林出版社2011年版，第70页。

③ 郭咸纲：《西方管理学说史》，中国经济出版社2003年版，第167—171页。

④ ［英］斯图尔特·克雷纳：《管理百年》，中国人民大学出版社2013年版，第70页。

⑤ ［德］马克斯·韦伯：《经济与社会》，载［英］弗兰克·帕金：《马克斯·韦伯》，译林出版社2011年版，第70页。

表 1-1　统治类型与服从基础比较表

统治类型	服从所要求的基础
传统型	服从我，因为我们的人民一直这样做
超凡个人魅力型	服从我，因为我能改变你们的生活
法理型	服从我，因为我是你们法定的长官

资料来源：[英] 弗兰克·帕金：《马克斯·韦伯》，译林出版社 2011 年版，第 78 页。

　　官僚制度在人们看来是一个贬义词，但雷恩认为，在评价韦伯时应该注意以下四个方面的问题：第一，韦伯使用"官僚制度"这个术语不是讽刺和贬低，而是用来描述最现代、最有效率的组织形式。第二，官僚制度是一种理论，在现实中并不存在。第三，官僚制度是基于法定（legal）的权力，与此对应，还有基于传统（tradition）和超凡魅力（charisma）的权力。法定权力来源于规则与其他控制措施。下属的服从不是某一个人，而是一个职位拥有的非个人化的权力。第四，人们需要有效率地进行组织，这种需求与文化无关。① 官僚制度的优点主要是劳动分工、管理层级、正式选拔、职业定位、正式的规则以及其他控制措施、非个人化提高了组织的效率，缺点是组织有效性的降低、应对变化的困难、部门间的推诿和消极工作的出现。

　　韦伯对管理理论的贡献主要在于他对官僚主义组织体系的研究分析。"实际上，在今天的社会，我们认为理所当然的所有好处——现代医学、现代科学、现代工业——都建立在官僚主义的基础之上。从这个意义上讲，韦伯的观点已经非常成功地经受了时间的检验。……人们认可韦伯对发展官僚制度的原则作出的贡献，尊称他为'组织理论之父'。"②

第三节　行为管理思想的形成

　　组织行为是研究组织中人的心理和行为规律，从而增进组织有效性的科

---

　　①　[美] 丹尼尔·A. 雷恩、阿瑟·G. 贝德安：《管理思想史（第六版）》，中国人民大学出版社 2012 年版，第 173—174 页。

　　②　[美] 丹尼尔·A. 雷恩、阿瑟·G. 贝德安：《管理思想史（第六版）》，中国人民大学出版社 2012 年版，第 176 页。

学。组织由人构成，且人是人类组织中不能再细分的最小单位，组织的管理工作始终都要与人打交道，要集合、协调组织各类的人员去实现组织的目标，因而诸多的管理学理论的研究者自然地会将目光集中到人这样一个组织构成的最为基本的单元主体上。

一、行为管理思想早期的倡导者

在中国历史上，如何理解人、认识人，如何当官、为官，又如何协调民与官之间的关系以维护国家的长盛不衰都有丰富的思想和论述。如在对人性的理解上，有孟子的"性善论"、荀子的"性恶论"和告子的"人性之无分善与不善论"；在为官上，有"为官一任，造福一方"；在对当时最高统治者的提醒上，有"君者，舟也；庶人者，水也。水则载舟，水则覆舟"。这些都体现了行为管理的基本思想。

在西方管理学学科行为管理思想早期的研究中，代表性的人物有欧文、明斯特伯格、福莱特等人。罗伯特·欧文（Robert Owen）曾说道："……你们将发现，我在进行管理的伊始就把人口（劳动大军）看成是……一个由许多部分组成的系统，而把这些部分结合起来，这是我的责任和兴趣所在，因为每一个工人以及每根弹簧、每根杠杆、每个车轮都应有效地合作，以便为工厂主带来最大的钱财收益……那么如果你的极为重要的构造更为奇特的机器（人力资源）给予相同的注意的话，什么样的结果不可以期望取得呢？"[1] 雨果·明斯特伯格（Hogo Munsterberg）是工业心理学的创始人。在他的《心理学与工业效率》一书中主要研究了三个问题：（1）最合适的人；（2）最合适的工作；（3）最理想的效果。研究希望识辨具备最适合从事人们所要做的工作的心理品质的人的必要性；寻找确定在什么样的"心理条件"下才能够从每一个人那里获得最大的、最令人满意的产量；和对人的需要施加符合实际利益的影响的必要性。玛丽·帕克·福莱特（Mary Parker Follett）是公认最早发现应当从个人和群体行为的角度考察组织的学者之一。她认为，组织应该基于群体道德而不是个人主义，个人的潜在能力只有

---

[1]　［美］丹尼尔·A. 雷恩、阿瑟·G. 贝德安：《管理思想史（第六版）》，中国人民大学出版社2012年版，第49页。

通过群体的结合才能得以释放。作为一名管理者，其重要的任务是调和与协调群体的努力，管理者和工作者应把自己看成是合作者。管理者在日常的工作中应当更多地去依靠其自身的知识和专长去领导群众，而不要仅仅去依靠自己的职位和相应的权力。

二、霍桑实验与梅奥教授

霍桑实验（Hawthorne Experiment or Hawthorne Study）是在美国西方电气公司（Western Electric）伊利诺伊州西塞罗的霍桑工厂中所做的一项试验，始于 1924 年。实验设计的主要思想是，希望通过实验检验工作环境与生产效率之间的关系。但实验的结果却出人所料，在实验组和对比组中，两个组的产量似乎与工作环境的变化关系不大。随后，实验人员又对更多的因素对生产率的影响进行了实验，得出的结果依然是与实验者们实验设计的初衷相矛盾，在上述各类因素的正向（或反向）变化过程中，生产效率均有提高。1927 年，西方电气公司邀请哈佛大学从事心理学研究的埃尔顿·梅奥（Elton Mayo）教授参加实验。实验又重复进行，且并一直延续到了 1932 年。在后续的实验中，梅奥教授与参加实验的职工进行座谈，对绕线组织的成员进行了团体行为的测试。通过这些实验、访谈、调查，梅奥教授终于破解了其中的奥秘——人们不仅仅只是关注金钱，他们也希望得到组织的关心与重视，并由此得出了以下的结论：

第一，企业的职工是"社会人"。梅奥的这种看法是对从亚当·斯密开始，直至科学管理阶段理论中的把人视为"经济人"的否定。梅奥曾说过："人是独特的社会动物，只有把自己完全投入到集体之中才能实现彻底的'自由'"。与梅奥一起参与霍桑实验的另一名学者弗里茨·罗特列斯伯格（Frizy Roethlisberger）也认为："一个人是否全心全意地为一个团体服务，在很大程度上取决于他对自己的工作、自己的同事和上级的感觉如何……""——社会承认——我们的社会重要性的明显证明——完全的感觉，这种感觉更多的是来自接受为一个团体的成员，而不是来自银行中存款的金额。"

第二，满足工人的社会欲望，提高工人的积极性，是提高生产率的关键。也就是说，满意的工人才是有生产率的工人。梅奥认为："现代工业的重组，必须建立在'如何实现有效合作'这一知识的基础之上……这是引领霍桑实验的信念。"①

　　第三，组织中实际存在着"非正式组织"。非正式组织是伴随着正式组织的运行而产生的，是正式组织的一些成员，由于工作性质相近，对一些具体问题认识基本一致，在性格、业余爱好以及感情相投的基础上，形成了一些被其他成员共同接受并遵守的行为规则的组织。这类组织联系的纽带是感情，与正式组织的目标和理性往往存在冲突。梅奥发现，非正式组织对组织成员起着两种作用：（1）保护其成员免于遭受内部成员不当行为的伤害；（2）保护其成员免受管理部门的外来干预。但梅奥也认为，非正式组织不应被看成是坏的组织形式，而应看成是正式组织所必需的、相互依存的一个方面，管理人员需要对非正式组织进行正确的引导。

　　第四，组织应发展新的领导方式。在梅奥看来，"当社会变革期间，社会必然诞生具有高度'综合化头脑'的管理者"②。这种新的领导方式是以社会和人群技能为基础的领导方式，并认为，这种领导方式能克服社会的反常状态和社会的解体。因而，新型的领导能力在于，通过对职工满足度的提高而激励职工的"士气"，从而达到提高生产率的目标。

　　梅奥的结论是："只要不考虑人性本质和社会激励的概念还广泛地应用在企业管理上，我们就不可能告别罢工、破坏等行为，这些行为就会成为企业发展的副产品。"③

　　随着管理思想和理论的发展，强调对人的研究的行为管理逐渐成为管理学理论中十分重要的研究领域，并得到了快速的发展。其主要的发展集中在以下研究领域：（1）关于人需求、动机和激励问题的研究。代表性的研究成果有亚伯拉罕·马斯洛（Abraham H. Maslow）的"人类需求层次理论"、赫茨伯格（Frederick Herzber）的"激励因素—保健因素"、斯金纳（Burrhus Frederic Skinne）的"强化理论"和弗鲁姆（Victor H. Vroom）的"期望理论"。（2）关于"人性"问题的研究。代表性的研究成果有麦格雷戈

　　① ［澳］埃尔顿·梅奥：《合作问题》，载［澳］理查德·特拉海尔：《埃尔顿·梅奥——人道主义的倡导者和促进者》，华夏出版社 2008 年版，第 251 页。

　　② ［澳］理查德·特拉海尔：《埃尔顿·梅奥——人道主义的倡导者和促进者》，华夏出版社 2008 年版，第 257 页。

　　③ ［英］斯图尔特·克雷纳：《管理百年》，海南出版社 2003 年版，第 68 页。

（Douglas McGregor）的"X 理论—Y 理论"、阿吉里斯（Chris Argyris）的"不成熟—成熟理论"。（3）关于组织中非正式组织和人与人的关系问题的研究。代表性的研究成果有勒温（Kurt Lewin）的"团体力学理论"、布雷德福（Leland Bradford）等人的"明感性训练方法"。（4）关于组织中领导方式问题的研究。代表性的研究成果有坦南鲍姆（Robert Tannenbaum）和施密特（Warren H. Schmidt）的"领导方式连续统一体理论"、里克特（Rensis Likert）的"支持关系理论"、斯托格第和沙特尔（Ralph M. Stogdill，Carroll L. Shartle）的"双因素模式"、布莱克和穆顿（Robert R. Blake，Jane S. Mouton）的"管理方格法"。

第四节　管理学理论的"丛林时代"

管理学理论的发展在一定程度上受到了第二次世界大战的影响而有所停滞，但随着战后世界较为稳定、持久和平时期的到来、科学技术的发展、企业和各类组织的涌现，管理学理论又进入了迅猛发展的全盛时期，也体现出全新的特点。在第二次世界大战后管理学学科的发展过程中，美国起到了十分特殊的作用，甚至可以认为，美国在管理学学科的发展，乃至管理学理论的构建、管理思想的演进、管理研究方法的发展等各方面都在全世界范围起到引领和指导的作用，这既与美国在第二次世界大战以后成为世界超级强国的政治与经济实力有关，也与战后美国实施的对被战争破坏的西欧各国进行经济援助、协助重建的马歇尔计划，以及冷战的格局有联系，也受到美国经济发展自身的态势和美国商学院发展定位变化的影响。在这里将集中介绍"管理理论丛林"阶段的相关问题，其他问题，特别是第二次世界大战后美国政治、经济、技术等文化因素对管理学学科发展的影响将放在第二编进行介绍。

一、管理理论丛林产生的背景

美国在 19 世纪末至 20 世纪初期就实现了工业化，在第二次世界大战以后就成为世界上最为强大的国家，无论是自然科学的研究，还是社会科学的研究都走在了世界的前列，管理学学科虽不例外，但却更为特殊，甚至可以讲美国引领着管理学理论、教育、研究发展的潮流，在管理学学科的发展中形成了"一统天下"的格局。这正如克雷纳在 1998 年所编著的《终极的管理大师》（*The Ultimate Business Guru*）一书中分析和介绍了世界著名的 50 位管理大师后认为，美国人占压倒性优势，"经理人行业在很大程度上都是美国式的。的确，美国管理模式主宰了整个 20 世纪"①。"管理理论丛林"就是其中十分典型的现象。

"管理理论丛林"（the Management Theory Jungle）来源于哈罗德·孔茨（Harold Koontz）的研究成果，将"管理理论丛林"划分为西方管理理论发展的一个阶段应为马洪先生。马洪先生 1980 年在为中国社会科学出版社出版《国外经济管理名著》所撰写的前言中将西方经济管理理论各学派的形成分为三个阶段：古典管理理论阶段、人际关系—行为科学理论阶段和第二次世界大战以后出现的当代西方管理的一些学派阶段，马洪在第三个阶段所介绍的"一些学派"（列举了 6 个）是根据孔茨 1980 年《再论管理理论的丛林》论文中所介绍的 11 个学派挑选出的，因此人们也就往往会将这一阶段称为"管理丛林阶段"。

二、管理理论丛林

1961 年，孔茨在美国著名的管理学杂志《美国管理学会学报》（*Academy of Management Journal*）上发表了论文《管理理论的丛林》（the Management Theory Jungle），将管理理论发展的情形描述为"管理理论的丛林"。为了让人们能梳理丛林，指明管理理论研究的方向，孔茨认为根据理论丛林源头的主要差别，可以将其分成不同的"学派"（school）。区分工作的目的就是让研究管理的人们不再像一群盲人一样，会在接触同一只大象时出现不同的见解，甚至争论。依据基础理论的差异，孔茨将 20 世纪 60 年代的管理理论分为了 6 大管理理论学派，它们是管理过程学派（the management process school）、经验学派（the empirical school）、人类行为学派（the human behavior school）、社会系统学派（the social system school）、决策理论学派

---

① ［英］斯图尔特·克雷纳：《大师：世界 50 位管理思想家》，万卷出版公司 2005 年版，"引论"第 8 页。

(the decision theory school) 和数理学派 (the mathematical school)。

1980 年，孔茨在《美国管理学会评论》(*Academy of Management Review*) 上发表了论文《再论管理理论的丛林》(The Management Theory Jungle Revisited)，把当时林林总总的重要管理学派分为了 11 个 (见表 1-2)，分别是：经验主义或案例学派 (the empirical or case approach)、人际行为学派 (the interpersonal behavior approach)、群体行为学派 (the group behavior approach)、协作社会系统学派 (the cooperative social system approach)、社会技术系统学派 (the sociotechnical system)、决策理论学派 (the decision theory approach)、系统学派 (the systems approach)、数理或"管理科学"学派 (the mathematical or "management science" approach)、权变或情景学派 (the contingency or situational approach)、经理角色学派 (the managerial roles approach)、运营学派 (the operational approach)。

表 1-2 西方管理理论丛林的主要流派

序号	管理学派	研究对象	研究基础	研究方法	代表人物
1	运营学派	管理过程、管理职能	管理实践活动	注重过程和管理人员职能的研究	法约尔 (H.Fayol)
2	人际行为学派	人际关系	心理学、个体心理学	在实践中研究人的行为	梅奥 (G.E.Mayo)
3	群体行为学派	群体中人的行为、各种群体行为方式	社会学、人类学、社会心理学	在实践中研究组织的行为	麦格雷戈 (D.M.Mc Gregor)
4	经验或案例学派	成功和失败的管理案例	过去的管理过程、实例	经验分析	戴尔 (E.Dale)
5	协作型社会系统学派	管理过程	社会学	管理活动的基础解释，协作理论	巴纳德 (C. I. Barnard)
6	社会技术系统学派	企业中的技术系统和社会系统	工业工程问题	把企业中的技术系统同社会系统结合起来研究	特里司特 (E. L. Trist)
7	系统学派	管理学研究中的系统方法	一般系统理论	系统分析	卡斯特 (F.E.Kast)、罗森茨威克 (J. E. Rosenzweig)
8	决策理论学派	决策问题	消费者选择理论、经济学	模型建构和数量分析	西蒙 (H. A.Simon)、马奇 (J. G.March)

续表

序号	管理学派	研究对象	研究基础	研究方法	代表人物
9	数量或"管理科学"学派	数学模型、程序系统	数学、运筹学	建立数学模型，模拟、求解	伯法（E.S.Buffa）
10	权变或情理学派	管理者所处的环境—情景	权变观点	情景变量与解决方案间的互动	卢桑斯（F.Luthans），菲德勒（F. E. Fiedler）
11	经理角色学派	经理在管理中的角色	经理的实际工作	观察管理者的实际活动，并得出相关结论	明茨伯格（H. Mintzberg）

资料来源：根据 Harold Koontz 的 "The Management Theory Jungle"，"The Management Theory Jungle Revisited" 整理而得。

　　与之前相比，过去的人类行为学派此时分成了基于心理学的人际行为学派和基于社会学、人类学的群体行为学派；由于社会系统学派更加偏重于巴纳德的理论，而改名为协作社会系统学派；管理过程学派改名为运营学派；经验学派更为明确地改名为经验主义或案例学派。需要注意的是，孔茨在近20年后发表的文章中将表示学派的英文单词"school"换成了"approach"，单词的变化反映了孔茨教授对"丛林"分类认识的变化，中国学者在孔茨两篇论文的翻译中也注意了区分，把"school"译为"学派"，而将"approach"译为明显不同，并低于"学派"描述的"观点"一词。①

　　1980 年之后，世界的社会环境和各类组织管理实践都发生了巨大变化，也因此产生了可能更多的理论（或流派），但在孔茨之后几乎没有学者再对管理学流派发展的新现象和新情况进行研究，特别是得到公众普遍认可的划分与总结了。

三、孔茨对"管理理论丛林"形成原因的分析

　　孔茨在研究中介绍的学派已经为中国管理学界所熟悉，但他对美国管理学界出现如此之多的学派原因的分析、不满意及解决的方法却是中国管理学界可能也曾注意，但缺乏深刻理解的，因为中国管理学科的起步与发展的时

---

　　①　张钢选编：《管理学基础文献选读》，浙江大学出版社 2008 年版，第 80—118 页。

间段正逢这个时期，学科发展出现的一些问题与孔茨的分析有相似之处。

孔茨在两篇文章中，分析、介绍了第二次世界大战后美国管理学界出现的"理论丛林"，也探讨了造成"理论丛林"现象的主要原因——学科发展的内外环境的影响因素。从外部影响因素看，孔茨认为，造成"管理理论丛林"的原因主要是"许多训练有素但过于专门化的教师进入我们的大学和学院，他们虽然有很好的学术背景，但对于管理活动的实际任务以及管理者实践中所面对的现实却知之甚少，这种情况的出现，也许使管理理论的丛林变得更加深不可测"。而对美国管理学科出现这一问题产生重要影响的历史事件主要是两个：一个是1959年分别由卡内基基金会和福特基金会资助，对美国管理学科教育的发展方向与路径提交的两份报告。这两份管理学科圈外人研究、并独立完成的研究报告都对当时美国商学院的教育质量问题进行了尖锐的批评，认为商学院在应该教什么和如何教方面不清晰，教育过于强调职业教育，而缺乏让受教育者对未来的职业生涯做好准备。报告的尖锐批评对各个商学院的发展方向和培养模式产生了重大影响，使美国各个大学的商学院都走上了注重科学研究的道路。直接导致了各个商学院的管理者"以最快的速度和极大的热情"引进了来自经济学、数学、心理学、社会学、社会心理学等领域的学者。另一个是由于20世纪60年代为适应社会对管理人才的巨大需求，美国的商学院都进行了快速的扩张，导致经过管理教育和具有管理经验的教师短缺，商学院只能从其他各个专业引进大批的博士毕业生进行补充。

内部的问题主要来自管理学界学者研究工作中自身出现的问题。这主要表现在：（1）语意的丛林（the semantics jungle）：在管理学界的争论中，经常出现的问题来自对关键词汇语义，如什么是组织、管理、决策、领导、沟通等都有不同的理解和解释，出现了语意丛林的现象。（2）作为一种知识体系的管理学定义的差异性（differences in definition of management as a body of knowledge）：由于管理学界对管理都缺乏标准的定义，甚至认为管理学可以无所不包，直接导致了人们很难认定管理学是有用的科学。（3）先验假设（the a priori assumption）：由于管理研究领域的新加入者在研究工作中抛弃了"通用派学者"过去已经确立的结论与分析，加剧了管理理论的混乱。（4）原理的误解（the misunderstanding of principles）：在管理学界，有些人是为了自我的名利而随意否定已经确立的管理原则；有些人把是自明之理、真理的管理普遍原则看为毫无价值的东西；还有一些人抛弃法约尔和其他实践者确立的管理原则，在自己的研究中得出似乎不同，但其中的许多结论却与法约尔通用学派的理论基本一样，差异仅仅在于词句的不同的结论；更有甚者是不顾管理原则的整体框架，而只是抓住在实践中看到的与某一原则的差异进行研究，这样的做法已经遭到了通用学派的批评，他们认为，这样的做法是完全不了解理论的框架结构，缺乏对理论整体的认识和把握。（5）管理学界学者之间缺乏能力或不愿相互理解（the inability or unwillingness of management theorists to understand each other）：结合以上现象的分析，导致管理理论丛林现象的主要原因是管理学界之间不能或不愿相互理解造成的，而其症结可能来自经过训练而形成的职业"壁垒"（professional "walls"），也可能来自学者对侵害自己专业与学术地位的担心，害怕专业与知识的贬值。不管是什么原因，只有认识到专业"壁垒"的存在，只有对自己学派过于钟情的人们去关注其他学派的方法和内容，只有通过学术思想的相互交流和理解，目前的混沌才可能出现有序，这堵墙也才能被打开缺口。

四、孔茨的建议

孔茨的两篇论文更多地是流露出他对管理理论出现学派的丛林，过于杂乱、相互缠绕的现象不满意的看法，也为解决这些问题提出了自己针对性的意见。

孔茨认为，走出管理理论的丛林存在困难，但应该努力清除造成丛林的主要根源，他的建议是：（1）需要定义一种知识体系。"如果一个知识领域陷入误解的泥沼而不能自拔，那么首要的事情就是对这个领域进行界定。"① 而管理领域的界定应该能够反映实践者的活动领域。为此，孔茨给出了他的管理定义："管理就是在正式的组织化群体中通过别人做事情的艺术，也是创造一种环境使这种组织化群体里的人们以个体或协作方式实现群体目标的艺术，同时也是排除绩效障碍的艺术以及有效地达成目标过程中保证最优效

---

① 张钢选编：《管理学基础文献选读》，浙江大学出版社 2008 年版，第 94 页。

率的艺术。"① 他建议，"为了定义这个领域，在我看来，找出那些分析和研究目标的局限性也是必要的。如果我们将整个文化、生命和物质世界都叫做管理研究领域，那么，我们就不可能取得进展⋯⋯"② 孔茨提出应该缩小管理研究的领域，将数学、运筹学、会计、经济理论、社会计量学、心理学这些有价值的工具与管理知识体系中的基本内容加以区分。（2）整合管理学与其他学科。如果承认管理学科有自己的体系，那就可以将一些学科视为管理学科的基础，也可以寻找到与学科有联系和相关的知识体系。在这一方面，孔茨作出了他的努力，他所推崇和认同的管理过程学派（运营学派）就体现出了他的设想。（3）澄清管理语义。管理学界还需要进一步澄清和规范语义，做好这个工作要采纳管理实践者的语义，还需要建立一个委员会来进行语义的规范与澄清工作。（4）愿意提炼并检验基本原则。孔茨结合自己对科学的认识，提出一门科学成熟、有效的标志在于支撑的基本原则具有清晰性和确定性，但由于任何科学都在发展之中，都会有从不成熟到成熟的过程。社会科学与自然科学相比有其特殊性，他认为："关于社会科学的失败主义观点产生的原因，可以追溯到一个对科学活动性质的根本误解上。对科学活动而言，并不是看其在程序和预测能力上，不精确性是否或在多大程度上最终被排除⋯⋯而是看其本身的客观性，也即独立于任何个人直觉判断的关于发现的主体问题，这才是将科学与那些哪怕是卓越的直觉猜测工作区别开来的关键所在⋯⋯然而，一旦新的事实或新的观念被提出来，不管其基础是多么直觉化，它都必须能被任何人所检验和确证。而且，正是这个关键的科学客观性标准而不是任何精确性尺度，才是社会科学所必须遵从的。"③

孔茨在《管理理论的丛林》一文中以这样的话语进行了概括与总结："为了达到对管理理论的澄清，我们不应该忘记下述几条标准：（1）理论应该处理一个可'把握'的知识领域；只要人们企图冥想整个宇宙，知识就不可能取得进步；（2）理论对于提升实践应该是有作用的，实践者及其任务不应该被忽视；（3）理论不应该迷失语义，尤其是那些不能成为实践

① 张钢选编：《管理学基础文献选读》，浙江大学出版社2008年版，第95页。
② 张钢选编：《管理学基础文献选读》，浙江大学出版社2008年版，第95页。
③ 张钢选编：《管理学基础文献选读》，浙江大学出版社2008年版，第97页。

者所理解的毫无用处的行话；（4）理论应该为研究和教学提供方向和效率；（5）理论必须认识到，它只是一个更大的知识和理论世界的组成部分。"①

孔茨的看法具有管理学理论发展阶段性总结的特征，他的许多意见是正确和具有建设性意见的。在费孝通先生的研究中也曾指出："虽则苏洛金对于各家学说的偏见很有批评，但是我们得承认'边缘科学'的性质是不能不'片面'的。着眼于社会现象和地理接触边缘的，自不能希望他会顾到别的边缘。至于很多学者一定要比较哪一个边缘为'重要'，因而发生争论，实在是多余的。从边缘说，关系是众多的，也可以是多边的，偏见的形成是执一废百的结果。社会学从这些'边缘科学'所得的益处，除了若干多余的争论外还有多少，很难下定语，但是对于其他学科却引起了很多新的发展……"② 从中可以体会到，费孝通先生在讨论具有与管理学发展相似的社会学问题时（如"社会科学中最年轻的一门"，"剩余社会科学"等），得出了他自己的结论，就是：边缘—片面—重要—多余；还给出了在这类问题所带来的诸如"除了若干多余的争论外还有多少"的结论。这样的分析应该更有参考意义，可以为管理学的研究工作提供思路。

---

① 张钢选编：《管理学基础文献选读》，浙江大学出版社 2008 年版，第 97 页。
② 费孝通：《乡土中国》，人民出版社 2008 年版，第 115 页。

第　二　章

管理学理论的有关概念与主导逻辑

　　管理学理论目前的杂乱或混沌是管理学学术界面对的最大问题，这不仅妨碍着管理学研究场域、主体的形成，更影响着学科建设、科学研究、教学工作的质量、评估，以及学术队伍的建设。在这一章，首先回顾中外学者对管理学研究中问题的分析与探讨，然后在梳理经典著作和文献的基础上，重点对研究工作中形成的管理学理论的有关概念（第一、二、三节）和主导逻辑（第四节）进行探讨与总结，期盼对厘清管理学理论的基本概念和主要脉络有所帮助，为后续的分析提供参考。

第一节　中外学者对管理学研究中问题的分析

　　组织的管理活动是随着组织规模的逐渐扩大而从组织的工作中分离出来的一种职能，马克思在《资本论》中讲述工厂的协作问题时讲道："一切规模较大的直接社会劳动或共同劳动，都或多或少地需要指挥，以协调个人的活动，并执行生产总体的运动——不同于这一总体的独立器官的运动——所产生的各种一般职能。一个单独的提琴手是自己指挥自己，一个乐队就需要一个乐队指挥。"① 钱德勒在回顾美国企业史时也讲到，管理（administration）是一种可以识别的活动，它不同于真实的产品采购、销售、生

①　［德］马克思：《资本论》第一卷，人民出版社 2004 年版，第 384 页。

产或运输活动，而且在大型工业企业中，经理人员更多的是关注管理，而不是职能工作的业绩。在较小的公司中，同样的经理人或团队采购原材料、销售产成品、监督生产，同样也协调、计划和评估这些各种不同的职能。然而，在较大的公司中，管理通常成为一种专业的全职工作。虽然管理在人类的组织中发挥着重要的作用，正如前面所说，法约尔在构建管理概念和分析框架时就发现了对管理职能界定的困难性："管理职权和范围没有很好地确定"①，"管理活动需要更多地说明和解释"②。从这些描述中就可以知道，管理职能的出现与人类工业化后生产活动的大型化、组织活动的复杂化有关，但也在其理论走向科学的初期，就已经被发现了它在人们认识中的特殊性。

在管理学界，由于多种原因，对管理究竟是科学，还是艺术？究竟是一门独立的学科，还是依附于其他学科理论才能生存的学科？管理学科在科学性上与其他学科的不同究竟是什么原因造成的？是本性使然，还是过于年轻尚未成熟等问题一直存在着争论，且迄今为止并没有明确的结论和使人信服的说法。

如西蒙（Herbert A. Simon）认为："流行的管理原则有一个致命弱点，那就是，它们像谚语那样，总是成对出现。无论对哪个原则来说，我们差不多都能找到一个看来同样有道理、同样可接受的对立原则。虽然这些成对的原则会导致两种截然不同的组织工作建议，可是，管理学理论里却根本不顾这个问题，根本不谈对立原则中究竟哪个适用。"③ 在 20 世纪 40 年代出现的研究结论几乎与法约尔 1916 年的看法完全一致："在工厂、军队、家庭和国家中，我们到处可以看到在同一原则的名义下极为矛盾的实际做法。"④

在 1954 年出版，被德鲁克（Peter F. Drucker）自誉为"第一本真正的'管理'著作"的《管理的实践》中，德鲁克虽然十分肯定地指出："在每个企业中，管理者都是赋予企业生命、注入活力的要素。……企业能否成功，是否长存，完全要视管理者的素质与绩效而定，因为管理者的素质与绩

---

① ［法］H. 法约尔：《工业管理与一般管理》，中国社会科学出版社 1982 年版，第 5 页。
② ［法］H. 法约尔：《工业管理与一般管理》，中国社会科学出版社 1982 年版，第 2 页。
③ ［美］赫伯特·西蒙：《管理行为——管理组织决策过程的研究》，北京经济学院出版社 1988 年版，第 21 页。
④ ［法］H. 法约尔：《工业管理与一般管理》，中国社会科学出版社 1982 年版，第 18 页。

效是企业唯一拥有的有效优势。"① 但他也同时认为："它表明企业管理的技巧、能力和经验是不能被照搬运用到其他机构的。""管理绝不能成为一门精确的科学。""最终检验管理的是企业的绩效。唯一能证明这一点的是成就而不是知识。换言之，管理是一种实践而不是一种科学或专业，虽然它包含这两方面的因素。"②

在高良谋、高静美发表的研究论文《管理学的价值性困境：回顾、争鸣与评论》（以下简称"高文"）中很仔细和全面地梳理了20世纪60年代以来西方学者对管理学研究中存在问题的探讨与分析。高文首先认为："当今的管理领域是一个让人颇为高兴的领域，管理学进入百年的发展历程，实践中管理已然成为推动生产发展的'第四生产力'，学术界大量的理论观点和学派也不断涌现。当今的管理领域同时也是一个让人颇为困惑的领域，百年的发展历程，留给人们的并不完全是清晰的理论架构，统一的研究范式和系统的知识积累，人们对于管理领域的批评之辞仍不绝于耳。"③

高文介绍了西方学者的有代表性的"困惑"与"批评"。"20世纪60年代，Grambsch就曾认为目前管理学界对于所展开的研究并没有很好地加以梳理，学者们的叙述往往流于表面，缺乏思想性与系统性，尽管某些研究已经对管理实践进行了一定的分类和梳理，但却无法使我们成为管理思想上的巨人，这些肤浅的研究结果往往使得我们误入歧途，最终一批所谓的技能得以产生，真正的学科基础却并没有形成。"70年代，"Sayles也批评管理教育并没有发挥其应有的作用，原因之一就在于缺乏一个核心的领域和研究基础，大部分管理教育对于管理的基本问题并没有予以更多的关注和更为深入的思考，而是越来越多地关注一些技术性问题，从某种程度上来说，管理仍是一个'领养儿'"。80年代，"McGuire仍然认为目前管理学理论的状态在过去25年所发生的变化并不让人感到满意，甚至丝毫不比20世纪50年代中期所存在的理论的混沌状态时让人满意"。90年代，"Bedeian通过25年来对管理学相关论文的研究和考证，发现管理学研究者过度追求复杂变量，而忽视了人的行为因素在科学研究中的重要性，研究结论与管理实践的

---

① ［美］彼得·德鲁克：《管理的实践》，机械工业出版社2009年版，第2页。
② ［美］彼得·德鲁克：《管理的实践》，机械工业出版社2009年版，第7—8页。
③ 高良谋、高静美：《管理学的价值性困境：回顾、争鸣与评论》，《管理世界》2011年第1期。

相关度不高，也不关注政策实行者对研究成果的理解和采用"。"进入 21 世纪，管理领域的现状似乎仍无太大的改观，Miller、Vaughan 和 Beverly 等人就认为，管理学界存在几个致命的缺憾，制度上缺乏自我批判机制；概念含糊不清、无法统一；流于时尚，存在着诸多更加严谨学科无法包容的矛盾。McGrath 认为，尽管管理教育和研究呈繁荣趋势，但由于对学术合法性的过分强调，使研究者们过于看重其他传统核心学科，如经济学、社会学、心理学等对于管理学研究的支撑作用，从而忽视了针对管理学作为一门独立学科所涉猎的基本问题以及对管理实践中所产生的现实问题的研究。从某种程度上，我们甚至可以说，管理学作为一门独立学科的价值体现以及管理研究之于管理实践的价值体现都已受到了极大的质疑和挑战！"①

高文对问题产生的原因进行了分析："由于管理研究主体与实践主体之间存在着两分的状况，另一方面，也由于管理学的受用客体正变得日益多元化、复杂化，就使得管理学中存在着学科合法性与实践相关性之间的双重价值困境，而这种困境又具体体现为管理学基本属性定位，跨学科发展以及学科方法的科学化进程与理论匹配等多方面与实践的不相容状况。管理学正面临着发展的多重矛盾和窘境。""这些问题是令管理学界和实业界困惑了多年的难题，似乎今天也仍然无法求解。"②

第二节　现代科学管理与传统经验管理的区别与联系

在我们的研究工作中发现，对管理学学科长期存在的问题必须予以研究和分析，这不仅是学科发展的需要，也是现实需要研究的问题，但要解决一百多年来管理学界有关管理学科本质、性质的争论不是一件容易的事情，几乎也是我们课题研究不易解决的问题。通过课题的研究，我们也发现，如果进一步对管理学的经典著作进行学习、介绍、回顾和梳理，可以对这一问题的解决提供帮助、思考和可循的路径。其中十分重要的工作就是在人类建立

---

① 高良谋、高静美：《管理学的价值性困境：回顾、争鸣与评论》，《管理世界》2011 年第 1 期。
② 高良谋、高静美：《管理学的价值性困境：回顾、争鸣与评论》，《管理世界》2011 年第 1 期。

组织和实现组织管理过程中，对现代科学管理与传统经验管理实现有效的区分。这个问题在前面已经讲过，在这一节为结合新问题的探讨，对现代科学管理与传统经验管理之间的区别与联系进行更为详细的介绍与分析。

一、现代科学管理与传统经验管理

现代科学管理与传统经验管理是我们在课题研究中吸收多人研究成果逐渐形成的概念。这一工作既是为了区分人类在组织管理客观上已经形成的两个不同阶段管理思想的差别，也是对前述问题深入分析的需要，特别是对具有五千年文明史的中国管理思想的研究有着意义。我们知道，依据文化环境变化而发生变化的管理思想是一个从量变到质变的渐变过程，但根据管理学界的共识，在研究工作中我们可以把现代科学管理与传统经验管理在时间上的区分定在泰罗《科学管理原理》出版的 1911 年。若依据《科学管理原理》一书中介绍的思想，现代科学管理思想的出现虽主要体现在工厂的管理中，但更为深刻地体现的是文艺复兴后文化环境发生重大变化的产物，受历史条件的制约，现代科学管理思想虽然存在一些不足与缺陷，但其核心的思想和理念改变了传统经验管理工作中"人治"和"治人"、缺乏法治和道德观念、缺乏科学和规范管理的思想和做法，在管理工作中依靠了科学的方法，从而在一定程度上改善了生产关系，适应了工业大生产条件下生产力发展的需要，体现出了"第四生产力"的作用，促进了社会组织管理水平的提高，社会的进步与发展。

二、马克思对现代科学管理与传统经验管理的认识与区分

马克思在《资本论》中为揭示资本主义工厂中资本家剩余价值获取的过程，对产业革命过程中逐渐出现的工厂与之前工场的生产组织形式进行了十分全面和彻底的比较研究。其研究工作不仅分析了工厂与工场生产中工具的差别，而且揭示了工厂与工场生产组织形式与特点的重大差别、管理工作出现的原因和二重性的问题。为界定现代科学管理与传统经验管理两者的特点与差异提供了研究思路与分析基础，是马克思在阐释工厂管理方面的重大贡献。这对我们研究中国管理学学科的未来发展，乃至建立具有中国特色的管理学学科都有着深刻、重要的指导意义。

　　马克思认为，随着人类生产规模的扩大，人与人之间必然通过协作的形式开展生产活动，"许多人在同一生产过程中，或在不同的但互相联系的生产过程中，有计划地一起协同劳动，这种劳动形式叫作协作"①。"资本主义生产实际上是在同一个资本同时雇用人数较多的工人，因而劳动过程扩大了自己的规模并提供了较大量的产品的时候才开始的。人数较多的工人在同一时间、同一空间（或者说同一劳动场所），为了生产同种商品，在同一资本家的指挥下工作，这在历史上和概念上都是资本主义生产的起点。"②

　　虽然工厂与工场里都存在协作的形式，但马克思注意到了产业革命后机器使用给生产组织形式带来的变化，以及工厂机器大生产与工场手工业的本质区别："生产方式的变革，在工场手工业中以劳动力为起点，在大工业中以劳动资料为起点。因此，首先应该研究，劳动资料如何从工具转化为机器，或者说，机器和手工业工具有什么区别。"③"工具是简单的机器，机器是复杂的工具。""工具的动力是人，机器的动力是不同于人力的自然力。"④"所有发达的机器都由三个本质上不同的部分组成：发动机，传动机构，工具机或工作机。……机器的这一部分——工具机，是 18 世纪工业革命的起点。在今天，每当手工业或工场手工业生产过渡到机器生产时，工具机也还是起点。"⑤"手工业生产在机器基础上的再现只是向工厂生产的过渡，只要机械动力（蒸汽或水）代替人的肌肉来推动机器，工厂生产通常就会出现。"⑥"如果说，在工场手工业中，各特殊过程的分离是一个由分工本身得出的原则，那么相反地，在发达的工厂中，起支配作用的是各特殊过程的连续性。"⑦"机器生产发展到一定程度，就必定推翻这个最初是现成地遇到的、后来又在其旧形式中进一步发展了的基础本身，建立起与它自身的生产方式相适应的新基础。"⑧"大工业发展到一定阶段，也在技术上同自己的手

---

　　①　［德］马克思：《资本论》第一卷，人民出版社 2004 年版，第 378 页。
　　②　［德］马克思：《资本论》第一卷，人民出版社 2004 年版，第 374 页。
　　③　［德］马克思：《资本论》第一卷，人民出版社 2004 年版，第 427 页。
　　④　［德］马克思：《资本论》第一卷，人民出版社 2004 年版，第 428 页。
　　⑤　［德］马克思：《资本论》第一卷，人民出版社 2004 年版，第 429 页。
　　⑥　［德］马克思：《资本论》第一卷，人民出版社 2004 年版，第 529 页。
　　⑦　［德］马克思：《资本论》第一卷，人民出版社 2004 年版，第 437 页。
　　⑧　［德］马克思：《资本论》第一卷，人民出版社 2004 年版，第 439 页。

工业和工场手工业的基础发生冲突。"①

马克思对工厂中出现的与工场发生冲突的新基础的认识是:"在工场手工业和手工业中,是工人利用工具,在工厂中,是工人服侍机器。在前一种场合,劳动资料的运动从工人出发,在后一种场合,则是工人跟随劳动资料的运动。在工场手工业中,工人是一个活机构的肢体。在工厂中,死机构独立于工人而存在,工人被当作活的附属物并入死机构。"②"机器生产的原则是把生产过程分解为各个组成阶段,并且应用力学、化学等等,总之应用自然科学来解决由此产生的问题。这个原则到处都起着决定性的作用。"③"劳动资料取得机器这种物质存在方式,要求以自然力来代替人力,以自觉应用自然科学来代替从经验中得出的成规。在工场手工业中,社会劳动过程的组织纯粹是主观的,是局部工人的结合;在机器体系中,大工业具有完全客观的生产有机体,这个有机体作为现成的物质生产条件出现在工人面前。"④"工人在技术上服从劳动资料的划一运动以及由各种年龄的男女个体组成的劳动体的特殊构成,创造了一种兵营式的纪律。"⑤"随着许多雇佣工人的协作,资本的指挥发展成为劳动过程本身的进行所必要的条件,成为实际的生产条件。现在,在生产场所不能缺少资本家的命令,就像在战场上不能缺少将军的命令一样。"⑥

马克思对工厂"新基础"的深刻分析与认识揭示了管理职能在工厂中分离出现,以及新的特征形成的背景与条件。"正如起初当资本家的资本一达到开始真正的资本主义生产所需要的最低限额时,他便摆脱体力劳动一样,现在他把直接和经常监督单个工人和工人小组的职能交给了特种的雇佣工人。正如军队需要军官和军士一样,在同一资本指挥下共同工作的大量工人也需要工业上的军官(经理)和军士(监工),在劳动过程中以资本的名义进行指挥。监督工作固定为他们的专职。"⑦ 基于这样的认识,马克思给

① [德] 马克思:《资本论》第一卷,人民出版社 2004 年版,第 440 页。
② [德] 马克思:《资本论》第一卷,人民出版社 2004 年版,第 486 页。
③ [德] 马克思:《资本论》第一卷,人民出版社 2004 年版,第 531 页。
④ [德] 马克思:《资本论》第一卷,人民出版社 2004 年版,第 443 页。
⑤ [德] 马克思:《资本论》第一卷,人民出版社 2004 年版,第 488 页。
⑥ [德] 马克思:《资本论》第一卷,人民出版社 2004 年版,第 384 页。
⑦ [德] 马克思:《资本论》第一卷,人民出版社 2004 年版,第 385 页。

出了他对管理职能精准和生动的描述："一切规模较大的直接社会劳动或共同劳动，都或多或少地需要指挥，以协调个人的活动，并执行生产总体的运动——不同于这一总体的独立器官的运动——所产生的各种一般职能。一个单独的提琴手是自己指挥自己，一个乐队就需要一个乐队指挥。"① 在这个对管理工作的描述中虽然没有提到"管理"二字，但应该是管理思想史中最为精彩的定义了，因为这个定义既分析了管理活动从组织职能活动中分离的条件——"规模较大"的"社会活动"；也给出了管理活动的最为本质的特征——"协调个人的活动"；并明确了组织管理活动与组织其他职能活动最为重要的差别——"执行生产总体的运动"，"不同于这一总体的独立器官的运动"。结合前面对管理概念的介绍，真正理解和把握组织管理活动的本质依然是组织管理研究与实践中的重要工作，更是中国管理学界在教学和研究中需要进一步明确和把握的问题。

结合当时对工厂管理问题深入的了解，马克思剖析了资本主义条件下工厂管理的本质："一旦从属于资本的劳动成为协作劳动，这种管理、监督和调节的职能就成为资本的职能。这种管理的职能作为资本的特殊职能取得了特殊的性质。""资本家的管理不仅是一种由社会劳动过程的性质产生并属于社会劳动过程的特殊职能，它同时也是剥削一种社会劳动过程的职能，因而也是由剥削者和他所剥削的原料之间不可避免的对抗决定的。"② "因此，如果说资本主义的管理就其内容来说是二重的，——因为它所管理的生产过程本身具有二重性：一方面是制造产品的社会劳动过程，另一方面是资本的价值增殖过程，——那么，资本主义的管理就其形式来说是专制的。随着大规模协作的发展，这种专制也发展了自己特有的形式。"③ 在工厂中诞生、实现和推行的企业管理活动会大大提高生产活动的效率，压缩体现在价值创造活动中的必要劳动时间，给资本带来更为丰厚的利润。这就是马克思对资本主义社会中管理"二重性"的分析和描述。虽然马克思对资本主义条件下工厂管理活动的分析不一定适应我国现实的国情，但也深刻地提醒了我们，管理工作的两重性是管理活动的重要特征，是组织管理过程中矛盾出现

---

① ［德］马克思：《资本论》第一卷，人民出版社 2004 年版，第 384 页。
② ［德］马克思：《资本论》第一卷，人民出版社 2004 年版，第 384 页。
③ ［德］马克思：《资本论》第一卷，人民出版社 2004 年版，第 385 页。

的根源，如果解决不好，组织的管理活动和工作就会出现偏差、错位，甚至矛盾、对立，影响组织的效率和效果，直至影响到组织的团结与稳定。

值得关注的是，马克思强调了资本主义社会工厂中管理活动"特有的形式"，并与过去，特别是与资本主义之前社会的管理本质进行了比较，以下这段话在前面曾引用过，为更好和更连贯地展现马克思的思想，在这里再进行介绍。马克思认为："古代的亚洲人、埃及人、伊特鲁里亚人等等的庞大建筑，显示了简单协作的巨大作用。'在过去的时代，这些亚洲国家除了民用的和军事的开支以外，还有剩余的生活资料，可以用于华丽的或实用的建筑。这些国家可以指挥几乎全部非农业人口的手臂，而对这些剩余生活资料的惟一支配权又完全属于君主和僧侣，所以它们有能力兴建那些遍布全国的宏伟纪念物……""正是由于劳动者赖以生活的那些收入都集中在一个人或少数人的手里，才使这一类事业成为可能。'亚洲和埃及的国王或伊特鲁里亚的神权政治的首领等等的这种权力，在现代社会已经转到资本家手里，不管他是单个资本家，还是像在股份公司里那样，是结合资本家。"① 马克思还认为："在人类文化初期，在狩猎民族中，或者例如在印度公社的农业中，我们所看到的那种在劳动过程中占统治地位的协作，一方面以生产条件的公有制为基础，另一方面，正像单个蜜蜂离不开蜂房一样，以个人尚未脱离氏族或公社的脐带这一事实为基础。这两点使得这种协作不同于资本主义协作。在古代世界、中世纪和现代的殖民地偶尔采用的大规模协作，以直接的统治关系和奴役关系为基础，大多数以奴隶制为基础。相反，资本主义的协作形式一开始就以出卖自己的劳动力给资本的自由雇佣工人为前提。不过，历史地说，资本主义的协作形式是同农民经济和独立的手工业生产（不管是否具有行会形式）相对立而发展起来的。对农民经济和独立的手工业生产来说，资本主义协作不是表现为协作的一个特殊的历史形式，而协作本身倒是表现为资本主义生产过程所固有的并表示其特征的历史形式。"② 厉以宁先生也说过："近代工业或现代工业不同于古代或中世纪的工业。比如说，古代的希腊、罗马和西亚，古代的中国，以及中世纪的意大利各城

---

① ［德］马克思：《资本论》第一卷，人民出版社 2004 年版，第 387—388 页。
② ［德］马克思：《资本论》第一卷，人民出版社 2004 年版，第 388 页。

邦，都有规模较大的造船业、采矿业和毛纺织业。但在当时，设备不是主要的投资对象，工业的发展同自然科学的进步并没有紧密的联系，有些地方虽然也利用了水力、风力和畜力，但这与工业化过程中使用蒸汽机，后来使用电力作为动力不一样。只有从这个角度看，工业化才是人类社会的一场真正的革命。"①

马克思的认识是深刻的，他强调了资本主义协作过程中所体现的资本属性和自由劳动力特征，也介绍了资本主义社会之前协作的特点，这对于区分人类进入工业化大生产时期协作的形式和内在特点，以及维持协作的管理方法，乃至有效地分析、研究和区分现代科学管理与传统经验管理本质特点，直至这两个阶段的明确划分都是有深刻意义和极大帮助的。

第三节　管理学经典著作中对组织 管理的认识与分析

细读、精读经典的管理学著作一直是我们研究工作中的重要内容，也是我们认为作为学科发展历史较短的中国管理学界必须经历的一个阶段，甚至是今后一段时期中国管理学界依然必须进行的工作。因为只有在细读、精读的过程中才能更清楚地了解管理学的基本概念、理论特征，也才能在快速的学科发展过程中确定学科的发展规律、找准发展方向和路径，以更好地完成我们管理学界应该承担的教学、科研任务，担当必须承担的社会责任。本节在前面介绍了泰罗、法约尔管理思想的基础上，将结合巴纳德、西蒙和德鲁克的研究成果对他们的管理思想进行介绍，希望通过全面的回顾和梳理进一步厘清管理学的基本概念、普适性理论，澄清学界存在的一些问题。

一、巴纳德的《经理人员的职能》

美国人切斯特·I. 巴纳德（Chester I. Barnard）在管理学界也被认为是一位来自实践的管理学家，他从哈佛大学辍学后就在美国的电话电报公司工作，并在担任新泽西贝尔电话公司总裁 17 年后，于 1938 年出版了他的著作

---

① 厉以宁：《中国经济学应加强历史研究和教学》，《人民日报》2017 年 6 月 13 日。

《经理人员的职能》（*The Function of the Executive*）。该书出版后迅速得到了管理学界的好评，如哈佛大学企业战略管理学理论的创始人安德鲁斯（Kenneth R. Andrews）在为该书撰写序言时指出："他的书中首要的贡献是提出了一个全面的组织理论。这一组织理论提供了一个不同于法约尔模式的另一种选择，并考虑到了霍桑实验中电气配线组观察和继电器装配实验室的重大发现。"① "我的论点是，这本书之所以能够存续下去，不仅是由于它出版以后对组织理论文献的影响，而且更重要的是由于它继续提供重要的但不容易得到的洞察力。"② 该书的翻译者孙耀君先生认为："切斯特·巴纳德是西方现代管理学理论中社会系统学派的创始人。他在人群组织这一复杂问题上的贡献和影响，可能比管理思想发展过程中的任何人都更为重要。"③

1. 巴纳德的管理思想——对组织协作中人的认识

在巴纳德的研究中，他首先认为："在有关社会改造的文献中，在所有关注到现代的不安现象的论述中，人们几乎找不到关于正式组织的内容。而正式组织是社会行动主要在其中完成的具体社会过程。这个具体过程即使作为一种社会条件或社会情境的一个因素，也几乎被完全忽略了。"④ 接着巴纳德提出了不同意人们一般认为有组织的努力就会成功，组织的失败是非正常的看法，而指出："但事实上，在正式组织中，或由正式组织进行的成功的协作是非正常的，而不是正常的。日常所看到的，是在无数的失败者之后剩下的成功者。……在人类历史上，显著的事实是，协调的失败，协作的失败，组织的失败，组织的解体、崩坏和破坏。"⑤

巴纳德认为，要研究组织（organization）所面临的问题，就必须回答诸如个人（individual）⑥ 是什么？人（person）是什么意思？人（people）有多大的选择能力或自由意志？⑦ 这样的问题，也就是说，必须从组织构成的

---

① ［美］C.I. 巴纳德：《经理人员的职能》，中国社会科学出版社1997年版，"30周年版导言"第4页。
② ［美］C.I. 巴纳德：《经理人员的职能》，中国社会科学出版社1997年版，"30周年版导言"第12页。
③ ［美］C.I. 巴纳德：《经理人员的职能》，中国社会科学出版社1997年版，"译者的话"第1页。
④ ［美］C.I. 巴纳德：《经理人员的职能》，中国社会科学出版社1997年版，第3页。
⑤ ［美］C.I. 巴纳德：《经理人员的职能》，中国社会科学出版社1997年版，第4—5页。
⑥ 从全书看，"individual"译为"个体"可能更好，为尊重正式出版的译著，本书在下面的叙述中还是用"个人"一词。
⑦ 为更好地理解原文的词义，避免翻译过程可能的失误，在我们的研究中将对一些关键词汇和语句进行英文的标注。

不可再分的最小单元——人开始进行研究，要从人的社会活动基本特征，以及参加组织的目的、动机入手进行分析。"这些观察的重要性可以从下述一点看得很清楚：在讨论协作和组织及其职能有关'个人'这个词的概念的极端差异。一方面，注意到个人是个别的、特定的、独特的、单独的人，有着一个名字，一个地址，一个声誉。另一方面，当注意力转移到整个组织和组织的基层或者由协作完成的成就的综合以及群体中的人时，个人就失去了他的个性。"① 这一认识是巴纳德管理思想中十分重要的观点，也就是巴纳德管理学理论研究的起点和认识，即一个个体的人参与协作后会自觉和不自觉地发生变化，这既是人参与协作的需要，也是组织协作活动的需要，更是组织协作活动的管理人员必须注意的问题。

巴纳德认为，人的行为和活动是人的重要特性，人的行为和活动选择来自个人过去和现在的经验积累与环境因素形成的心理因素，人的自我选择能力是有限的，有限性追求的努力就驱使人实现了自我的目的，人的这些特性就是人的性质所在。"必须向读者强调指出，上面有关人的特性的论述的重要性。它们是本书的基本原理。我认为，随着本书论述的展开，读者将会了解，如果不以人的行为的心理的某些假设为依据，就不可能构建起协作体系（cooperative systems）或组织的理论，也不可能对组织、经理人员或参加组织的其他人的行为作出有意义的说明。以后的各章都是进一步解释这里所讲的内容。"②

为给自己的分析提供帮助，巴纳德用两个英文单词对人与协作的活动状况进行了描述，这就是十分有名的"effectiveness"和"efficiency"，前者被译成"有效性"或"效果"，后者被译为"能率"或"效率"。③ 有效性（效果）是对个人努力后实现自我追求目标程度的衡量，能率（效率）则是对个人努力过程中付出程度的描述。"一项行为如果达到了它特定的客观目标，我们就说它是有效的。如果这项行为达到了目的而又没有产生抵消的消

---

① 　[美] C. I. 巴纳德：《经理人员的职能》，中国社会科学出版社 1997 年版，第 7—8 页。

② 　[美] C. I. 巴纳德：《经理人员的职能》，中国社会科学出版社 1997 年版，第 12 页。

③ 　这两个英文单词在中国社会科学出版社 1997 年的译本中译为有效性和能率；在机械工业出版社 2007 年的译本中译为效果和效率。不同译者对同一英文单词译法的差异是造成中国管理学界出现语义理解差异的又一重要原因。

极后果，我们就讲它是有能率的，不论它是不是有效的。"① 可见，巴纳德为了进一步分析组织中协作的实质，对人的追求、行为和结果进行了明确、恰当的区分，也就是他开展研究工作进行的心理假设。

2. 巴纳德的管理思想——对组织协作的认识

巴纳德认为对协作的分析需要回答的问题有协作为什么有效？什么时候有效？协作过程的目的是什么？限制协作的因素是什么？协作不稳定的原因是什么？协作对参与协作人的追求有什么影响？

前面讲过，作为相对弱小的生物——人类在地球上出现后，为了实现自我的生存与发展，最为重要的方法就是组织起来，以抵御和战胜自然界的种种威胁，维护自我的安全，实现自我的发展，对此巴纳德作出了明确的结论："协作存在的理由就是克服个人能力的限制。"②

人为了弥补自身的弱点需要进行协作，那协作后会出现什么样的情况呢？巴纳德对协作体系中出现的因素和变化进行了分析，这是巴纳德理论中十分关键与精彩的部分。巴纳德认为，在协作体系中人会受到"心理因素"和"社会因素"的影响。心理因素（psychological factors）是："这个词意思是，决定着同其现在环境关联的、个人的历史和现在状况的物的、生物的、社会的各种要素的结合、合成、残余。"③ 社会因素（social factors）是："我们在这里讨论的社会因素只限于以下五项：（1）协作体系中个人之间的相互作用；（2）个人和集体之间的相互作用；（3）作为协作体系影响对象的个人；（4）社会目的与协作的有效性；（5）个人动机和协作的能率。"④

巴纳德分析认为，一个人在参加了协作体系后，因与他人接触和相互作用，就形成了社会的关系；协作关系同时也产生了个人与集体之间的作用，集体作为一个整体会与集体中的每一个人相互作用；正式的协作体系有自己的目标，这是协作的产物，协作体系的目标不是个人的目标，但它会吸引个人加入协作体系，也会对协作体系中个人的行动加以控制。

巴纳德在随后的分析中再一次把"有效性"和"能率"的概念运用到

---

① ［美］C. I. 巴纳德：《经理人员的职能》，中国社会科学出版社1997年版，第17页。
② ［美］C. I. 巴纳德：《经理人员的职能》，中国社会科学出版社1997年版，第20页。
③ ［美］C. I. 巴纳德：《经理人员的职能》，中国社会科学出版社1997年版，第11页。
④ ［美］C. I. 巴纳德：《经理人员的职能》，中国社会科学出版社1997年版，第33页。

了协作体系的分析中。他认为，在协作体系中，成员的目标与协作体系的目标是不同的，"协作的目标显然不是个人的目的"①。若协作体系的目标实现了，就可以认为协作体系是有效的，反之则是无效的，且协作体系中成员的个人努力的有效性将由协作决定。而组织的能率则是协作体系中成员动机满足的程度，"这种能率的惟一决定因素就是个人"。这是巴纳德对经理人员职能分析的重要观点，更是他对协作体系——组织运行成功和失败分析的基础，因为从这里可以看出，在一个协作体系中，对协作体系的有效性和能率判定的角度是不同的，因此也可能存在矛盾，即组织有效性的获得并不一定意味着组织能率的取得，如果这两者出现矛盾、背离或冲突，组织的运行必将出现问题："协作的持续取决于两个条件：（1）协作的有效性；（2）协作的能率。有效性同协作目的的实现有关。协作的目的从性质上讲是社会的和非个人的。能率同个人动机的满足有关，从性质上讲是个人的。有效性的测试是共同目的的实现。有效性是可以衡量的。能率的测试是诱发出足够的个人参加协作的意愿。""协作的存续取决于以下两种相互关联和相互依存的过程：（1）同整个协作体系和环境的关系有关的过程；（2）同满足个人需要的成果的创造和分配有关的过程。""协作的不稳定和失败是由于以上两种过程中任何一种的缺陷或两种过程合起来的缺陷。经理人员的职能在于有效地适应这些过程。"② 经过认真和严密的分析，巴纳德给出了自己认为作为常态的协作失败，即组织失败、解体、崩坏和破坏的结论和原因。

3. 巴纳德的管理思想——对正式组织的认识

在分析协作问题的基础上，巴纳德对协作的产物——组织进行了研究："组织的定义就是：一个有意识地对人的活动或力量进行协调的关系。"③ "正式组织是有意识地协调两个以上的人的活动或力量的一个体系。"④ 巴纳德认为这个定义是他对各类协作体系抽象的描述，也才能"体现人的协作活动的共性的协作体系"。⑤

---

① ［美］C. I. 巴纳德：《经理人员的职能》，中国社会科学出版社 1997 年版，第 34 页。
② ［美］C. I. 巴纳德：《经理人员的职能》，中国社会科学出版社 1997 年版，第 50 页。
③ ［美］C. I. 巴纳德：《经理人员的职能》，中国社会科学出版社 1997 年版，第 59 页。
④ ［美］C. I. 巴纳德：《经理人员的职能》，中国社会科学出版社 1997 年版，第 60 页。
⑤ ［美］C. I. 巴纳德：《经理人员的职能》，中国社会科学出版社 1997 年版，第 59 页。

正式组织是巴纳德自己认为的"本书的中心假设"和"最有用的概念"。在书中正式组织的理论中，他进一步分析到，"一个组织的要素是：(1) 信息交流；(2) 作贡献的意愿；(3) 共同的目的"①。这也是巴纳德根据自我的观察和研究的成果所总结出的经理人员的三个基本职能。

组织成员作贡献的意愿"意味着自我克制，对自己行动控制权的放弃，个人行为的非个人化。其结果是努力的凝聚、结合。其直接的原因是必须'结合'的意向。没有这种意向就不会有对协作做贡献的持久的个人努力"②。从分析中可以看出参加组织的个人与组织存在着目标客观的矛盾和行为可能的对立。巴纳德还认为，在一个组织中，成员的个人意愿的强度存在很大的差异，成员个人意愿是变化的。组织中现实的情况是："现代社会的大多数人对任何一个现存的或可能成立的组织总是处在否定的立场。可能的贡献者中只有一小部分有着积极的贡献意愿。""在任何一个正式的协作体系中，可能的贡献者的贡献意愿总量是不稳定的。这是从所有的正式组织的历史中明显表现出来的事实。"③ 现实的情况导致的结果必然是："协作的意愿首先是诱因同相关的牺牲相比较的净结果；其次是同其他机会提供的实际可以得到的净满足相比较的结果。""这个净结果的衡量则完全是个人的和主观的。因此，组织依存于个人的动机和满足个人的诱因。"④ 巴纳德的分析是他对美国企业以及其他组织的观察和总结，可能存在偏颇，但对人本质的分析与研究提出的这些结论在很大程度上反映了组织运行过程中现实的状况，应该引起组织管理研究者和组织管理者的关注。

共同的目的是协作的前提，也就是一个组织建立的目的。组织的共同目的是协作行为的基础，也与协作意愿同时出现。巴纳德认为，组织目的有以下特点：一个是从协作方面看，组织的目的虽外在于组织的成员，但只有在组织的成员基本认同的情况下，才能成为真正的组织目标；另一个是从主观看，组织的成员对目的的认识仅基于自我对组织的认识，也就是组织给予自己的工作负担和利益之间的比较。"个人动机必然是内在的、个人的、主观

---

① ［美］C. I. 巴纳德：《经理人员的职能》，中国社会科学出版社 1997 年版，第 67 页。
② ［美］C. I. 巴纳德：《经理人员的职能》，中国社会科学出版社 1997 年版，第 68 页。
③ ［美］C. I. 巴纳德：《经理人员的职能》，中国社会科学出版社 1997 年版，第 68 页。
④ ［美］C. I. 巴纳德：《经理人员的职能》，中国社会科学出版社 1997 年版，第 69 页。

的事物。共同目的必然是外在的、非个人的、客观的事物，尽管个人对它的
解释是主观的。"① 巴纳德对共同目的本质的认识进一步阐明了组织管理工
作中必然存在的困难，即如何清醒地认识组织运行中的成员与组织协同的本
质特点与差异，才能更好地在组织中实施科学的管理。

　　信息交流的重要性在对个人意愿和共同目的的分析中就已经得以显现，
这是因为个人的意愿和组织的目的存在于协作体系的两端，为让组织的管理
人员了解组织成员的意愿，组织的成员知晓组织的目的，实现相互的理解和
主客观目标的一致性，必须依靠组织中有效信息的传递。"信息交流技术是
任何一个组织的重要方面，而对许多组织来讲则是一个极为重要的问题。如
果没有恰当的信息交流技术，就不可能采用某些目的作为组织的基础。"②

　　4. 巴纳德的管理思想——正式组织的要素：诱因和权威

　　巴纳德在《经理人员的职能》一书的前言中就讲道："我认为，有关国
家和教会性质的长期思想史妨碍了对组织一般性的探讨。那种思想的核心是
关于权威的起源和性质。其结果是出现了防止接受社会组织基本事实的法律
万能主义。"③ "在组织问题上造成混乱的原因，除了权威问题以外，我要指
出过去一个半世纪经济思想的发展过程，以及早期经济理论的形成中过于轻
易地夸张了人的行为中的经济的一面。"④ "至少我可以肯定：虽然我早就知
道如何在组织中有效地行动，但是直到我过了相当长时间把经济理论和经济
利益放在次要地位（虽然是不可缺少的）以后，我才开始了解组织或组织
中人的行为。我的意思是，不仅在政治组织、教育组织、宗教组织这样一些
非经济组织中还存在着（并且极为重要），而且特别是在企业组织中，除了经
济因素以外也存在着动机、兴趣、过程等非经济因素。"⑤ 这里可以清楚地看
到巴纳德的管理思想受到了霍桑实验结果的影响，那他是怎样在考虑组织的
维系，又是如何在思考组织管理工作中有效地提高组织的有效性与能率呢？

　　巴纳德认为，协作会大大增强人们的力量，但协作需要统一成员的意

---

　　① ［美］C. I. 巴纳德：《经理人员的职能》，中国社会科学出版社 1997 年版，第 71 页。
　　② ［美］C. I. 巴纳德：《经理人员的职能》，中国社会科学出版社 1997 年版，第 73 页。
　　③ ［美］C. I. 巴纳德：《经理人员的职能》，中国社会科学出版社 1997 年版，"作者序言"第 2—3 页。
　　④ ［美］C. I. 巴纳德：《经理人员的职能》，中国社会科学出版社 1997 年版，"作者序言"第 3 页。
　　⑤ ［美］C. I. 巴纳德：《经理人员的职能》，中国社会科学出版社 1997 年版，"作者序言"第 4 页。

愿，形成协作的力量，就必须向他们提供诱因："个人始终是组织中基本的战略因素。不管个人的来历和义务，要使他协作就必须向他提供诱因，否则就没有协作。""诱因不恰当会导致组织解体、组织目的的改变或协作的失败。因此，在所有各种组织中，最强调的任务是提供恰当的诱因以便自己能够存在下去。组织的失败可能绝大多数是由于管理工作在这方面的失误，尽管可能还有理解不恰当或组织缺乏有效性等原因。"[1]

诱因（incentives）在当时不是一个全新的概念，但在管理学理论的发展过程中，由于巴纳德花了很多笔墨来对其构成与作用进行了描述和解释，因此在管理学理论中有其独特的意味与阐释。巴纳德认为，诱因有积极诱因（positive incentives）和消极诱因（negative incentives）之分，组织应该努力提高积极因素，减少消极因素，增加组织成员的纯利益感。与积极诱因和消极诱因相比，更为重要的是客观方面（objective aspects）的诱因和主观方面（subjective aspects）的诱因，客观方面的诱因包括具有积极意义的物质财富和有消极作用的工作时间、条件等，而主观方面的诱因有成员的思想状况、态度等。"一个组织可以或者通过提供客观诱因，或者通过改变人们的思想状况来获得所需的努力以维持自己的存在。在我看来，任何一个组织如果不把这两种方法结合起来使用，实际上就不可能存在。""我们将把提供客观诱因的方法叫做'诱因的方法'，把改变人们主观态度的方法叫做'说服的方法'。"[2]

巴纳德还对诱因和说服的各种方法，以及在产业组织、政治组织和宗教组织中诱因与说服方法的运用进行了十分详尽的介绍，并强调了诱因方法的局限性和说服方法的重要性。其结论是："也许不用再作进一步的解释就可以明白看出，不管是拥有什么目的的各种组织，为了得到和维持所需的贡献，都必须提供一些诱因，并进行某种程度的说服工作。同样清楚的是，除了极少数例外，在获得提供诱因的手段、避免各种诱因之间的冲突、作出有效的说服工作等方面的困难，必然是巨大的；有效而可行的各种诱因同说服工作的恰当结合是一种极为微妙的工作。""诱因方案可能是协作体系中最不稳定的因素，因为外界因素不断地影响着物质诱因的可能性，而人的动机

---

① ［美］C. I. 巴纳德：《经理人员的职能》，中国社会科学出版社 1997 年版，第 110 页。
② ［美］C. I. 巴纳德：《经理人员的职能》，中国社会科学出版社 1997 年版，第 112 页。

同样也是高度可变的，诱因是组织中包含的各种冲突的力量的最后结果。"①
人、环境的可变会导致诱因因素的变化，以致诱因采用手段的变化既是组织
管理人员在日常工作中需要注意的问题，更是引起组织有效性、能率实现与
丧失的重要原因。

权威（authority）被安德鲁斯认为是巴纳德独创，但也是存在着争议的
一个概念。② 巴纳德认为："权威是正式组织中信息交流（命令）的一种性
质，通过它的被接受，组织的贡献者或'成员'支配自己所贡献的行为，
即支配或决定什么是要对组织做的事，什么是不对组织做的事。"③ 权威存
在两个方面的含义，即个人接受命令的主体性，命令被接受的客体性。命令
是否被接受取决于接受命令的人，而不是发命令的人。巴纳德认为，组织中
的人接受权威是有条件的："一个人只有在同时具备以下四个条件时，才会
承认一个命令对他是有权威的。这四个条件是：（1）他能够而且的确理解
了命令；（2）在他作决定时，他认为这个命令同组织目的是没有矛盾的；
（3）在他作决定时，他认为这个命令，整个讲来同他的个人利益是一致的；
（4）他在精神上和肉体上能够执行这个命令。"④

权威在协作体系中承担着维持信息交流的作用。由于在组织中客观存在
着职位的权威（authority of position）和领导的权威（authority of leadership），
成员存在着"无关心领域"（zone of indifference），因而在很大程度上会保
证组织中信息交流的畅通。"权威一方面取决于个人的协作态度，另一方面
取决于组织的信息交流体系。如果没有后者，前者不能维持。如果信息交流
体系传出不恰当的、矛盾的、愚蠢的命令，使得人们不能了解谁是谁，什么
是什么或者失去了有效协调的感觉，即使是最忠诚的贡献者也会离开组
织。""这个信息交流体系或其维持，是正式组织持续存在的一个基本问题
或本质问题。所有同有效性或能率（即组织存在下去的要素）有关的其他
实际问题，都决定于它。我们现在所讨论的信息交流体系，在专门术语中常

---

① ［美］C. I. 巴纳德：《经理人员的职能》，中国社会科学出版社 1997 年版，第 125 页。
② ［美］C. I. 巴纳德：《经理人员的职能》，中国社会科学出版社 1997 年版，"30 周年版导言"第
4—5 页。
③ ［美］C. I. 巴纳德：《经理人员的职能》，中国社会科学出版社 1997 年版，第 129 页。
④ ［美］C. I. 巴纳德：《经理人员的职能》，中国社会科学出版社 1997 年版，第 131 页。

常表达为'权威体系'。"在管理学理论中，权威是有着它特殊含义的一个词汇，它可能被用于组织成员为什么会听从于管理人员的指挥，也可能被解释为一种权力和由此派生的威望，更被解释为行使管理职责的力量，在《经理人员的职能》一书中可以见到巴纳德对权威全面和类似的解释，但将权威解释为正式组织中信息交流的一种性质尚不多见，这可能是安德鲁斯认为这个概念存在一定争议的原因。

5. 巴纳德的管理思想——经理人员的职能

经理人员的职能是本书的书名，也是巴纳德研究和分析的落脚点。作为书中第四篇研究的问题，结合书前面三篇的研究、分析和对管理职能的特征分析，巴纳德提出："经理人员的职能是维系一个协作努力的体系。经理人员的职能是非个人的。""经理人员的职能是，（1）提供信息交流的体系；（2）促成必要的个人努力；（3）提出和制定目标。"[①]

巴纳德认为，在组织信息系统的维护中，经理人员要重视建立和维持信息交流体系的问题，并将其视为经理人员组织管理的首要任务。结合之前维系组织运行的思想和理论，巴纳德从组织构造、人员安排、非正式组织的管理三个方面分析了建立和维护组织信息交流体系的重要性。在促成个人努力的问题上，巴纳德认为主要是负责招募组织成员和维系协作体系的服务工作，工作的主要内容是如何有效地运用诱因和说服方法。在组织的目的与目标的设置问题上，巴纳德强调了组织的实际行动是目的和环境分析决策的结果，通过目标的制定和规定将目标分解，使职务明细化，明确各自的责任，协调一致地开展工作。巴纳德通过自己构建的理论体系和分析框架的严密论证，把自己在实践中发现的问题，并结合当时一系列管理研究的前沿成果，完成了自己对企业经理人员，更是组织管理人员工作的全面描述。

6. 巴纳德的管理思想——对管理学理论的思考与分析

巴纳德在研究经理人员的职能过程中更值得中国管理学界注意的是他对管理学理论，特别是其科学性特点的分析与认识，也是我们在研究过程中最为关注和希望介绍的地方。因为从中可以清楚地看到，在巴纳德的著作中不乏对管理学界长期困惑的一些问题的探索与分析，细细品去还可以察觉巴纳

① ［美］C. I. 巴纳德：《经理人员的职能》，中国社会科学出版社 1997 年版，第 170 页。

德对管理学科的科学属性进行了有意义的探讨。

理论的科学性在于它的广泛适用性，即普适性，结合管理学科的研究，更为具体地讲就是对组织问题的研究能否克服组织的多样性带来的复杂性，从而导致无法实现科学的抽象，开展一般性的研究。

巴纳德应该在这个问题上有所突破。他讲道："本书展开的前提是，这一组织概念是内在于领导和管理者的行为之中的。他们在各种极不相同的协作事业的行动中表现出来的一致性就表明了这点。阐明和发展这一概念，就可以用共同的语言表述不同领域中的经验。"[①] 巴纳德是在《经理人员的职能》的第六章"正式组织的定义"中论证和寻找协作体系的"一致性"，并建立了可用"共同语言"对不同组织进行描述的组织的概念。

巴纳德在这一章首先承认人类的协作体系因建立的目标不同而存在着"极不相同"的各类组织，但他也发现，这些极不相同的协作体系中，高管人员（executives）在行为（conduct）和态度（attitudes）上有许多类似点（many similarities）。"为了对它们进行有效的研究，要求把这些方面同其他方面区别开来并加以说明。我们将把一个共同的方面叫做'组织'（name one common aspect 'organization'）。"[②] 巴纳德认为，造成协作体系多样性的原因有四类：同物的环境方面有关的差异；同社会环境方面有关的差异；同个人有关的差异；其他差异。在对这四类因素进行了透彻的分析后，巴纳德认为，造成协作体系多样性的这四类原因有的"价值不大"，为了便于研究有的可以"舍掉"和"排除"。"考虑一下如果采用一个把物的环境、社会环境、人都排除在外，不作为其构成要素的组织定义，是否真的有用呢？如果这样的话，组织的定义就是，一个有意识的对人的活动或力量进行协调的关系。显然，按照这个定义，各种具体协作体系中同物的环境、环境、人、人对体系作贡献的基础等事物，都被作为外在的事实和因素了。"[③] 排除了这些因素的组织就成为体现人的协作体系活

---

① ［美］C. I. 巴纳德：《经理人员的职能》，中国社会科学出版社 1997 年版，第 60 页。

② ［美］C. I. 巴纳德：《经理人员的职能》，中国社会科学出版社 1997 年版，第 54 页。

③ 这就是说，外在于组织，而并不外在于协作体系。记住我们是在讨论两种体系：（1）包含全部内容的协作体系，其组织要素是人、物的体系、社会体系、组织；（2）组织，它是协作体系的一部分，完全由协作的人的活动组成。

动的共性的协作体系。这样，对于军队、宗教团体、学术团体、制造业、友爱团体等来说，组织就表示着同样的意思，尽管它们在物的环境、社会环境、成员的数量和种类、成员同组织的关系的基础都是很不相同。……而且，这个定义还适用于同现行制度根本不同的制度，例如可以适用于封建社会中的协作。"①

巴纳德对于自己研究的成果作出了这样的评价："如果说这个假说是能够令人满意的，那是由于：（1）这样定义的组织只包含少量的变数，可以有效地进行研究，从而能够适应于广泛的具体情况；（2）这个概念框架同其他体系的关系可以有效而实用地予以系统的阐述。"② 从这个结论和期盼中我们可以看到巴纳德根据科学研究的一般研究规律，把多种多样、十分复杂的协作体系中的多种因素进行了剥离，实现了科学抽象，从而实现了对组织研究的一般化，即科学化。结合前面的研究就可以看出，同样的研究思想、方法与结论在法约尔、孔茨的研究中也曾出现，这些比巴纳德早与晚的研究成果和巴纳德的研究成果一起形成了管理学理论研究中很有特色的主线。这又一次显示了科学研究方法在管理学理论构建中的作用与魅力，也告诉我们，只有这样的抽象和剥离，人们眼中所看到的在各类组织中存在的纷繁复杂的管理学理论才能显示出它的一般性、普适性，更是科学性。

巴纳德在《经理人员的职能》一书第十八章以结论为题总结了他所建立的概念、理论和从分析中得出的基本结论，并从管理学学科的特点与科学性上对自己所建立的理论进行了探讨，以进一步希望自己的研究工作能得到人们的认可。巴纳德认为，由于个人的偏爱、成见、私利和经验的不足，加上环境中物、生物、个人和社会因素的复杂性会使管理人员产生错误的思想方式，从而导致组织失去平衡，"这种不平衡造成的决策错误必然是很大的。这是限制着协作成功的一个一般因素"③。还有就是，由于包含着物的、个人的和社会的因素复杂、抽象的协作体系之间存在很大的差异，而"它们无法进行数量上的比较。整个讲来，这些概念都是新的，目前还无法理解或应用。它们是些理论概念，目前只用于分析和描述协作体系，但那些精于

---

① ［美］C. I. 巴纳德：《经理人员的职能》，中国社会科学出版社 1997 年版，第 59 页。
② ［美］C. I. 巴纳德：《经理人员的职能》，中国社会科学出版社 1997 年版，第 60 页。
③ ［美］C. I. 巴纳德：《经理人员的职能》，中国社会科学出版社 1997 年版，第 224 页。

管理艺术的人和其他一些人在特殊领域中直观地对它们进行考察"①。面对这样复杂的协作体系，巴纳德进一步分析了有关协作体系理论科学性的存在问题。他首先认为，存在两种抽象的知识体系，一个是"完全或者主要同物的因素、生物因素或社会因素有关的体系"，另一个是"横跨或包含两类以上的体系"。"第一种体系的例子是物理科学体系。其中包含着对物质的日常分类和商业分类的许多子体系，生物学体系以及纯理论的社会学体系。第二种体系的例子是：生物化学体系，建筑学体系，工程学体系和其他技术学体系，心理学体系，经济学体系，社会学体系，政治学体系和伦理学体系。"② 在具体地区分了这两种知识体系之后，巴纳德进一步分析到："第一种抽象的体系基本上是科学的体系，同时也是实践的体系。它们并不试图说明协作的现象。除了'错置的具体性（misplaced concreteness）'和对协作问题处理方式的不平衡以外，它几乎没有什么缺陷。第二种抽象体系主要是实践的体系，同时也是科学研究的对象。其中某些体系、特别是叫做'社会的'体系，由于对协作现象有错误的表述和解释，包含着无用甚至有害的后果。这些体系一般都是在没有理解协作体系的性质的基础上发展起来的，因而他们的性质和效用界限常常被人误解。"这是巴纳德在区分两种不同的知识体系之后，对当时协作体系分析存在的错误、无用和有害问题的分析与认识。

在该书第十八章第二节的"组织理论的根本问题"中，巴纳德进一步深入地介绍了他对组织理论科学性的认识。他发现，虽然在当时的美国已经有了一支非常庞大的从事管理工作的队伍，也有不少文献在讨论他们的工作，"但很少有关于他们工作的手段——组织——及相应的技术方面的。更严重的是，没有一个他们用以交换意见的概念框架"③。"这种情况的严重后果是，不平衡地和不恰当地强调某些已经拥有许多知识和恰当用语的领域（如会计和财务技术，以及人事工作和人事措施的某些方面），而忽视那些迄今没有怎么讨论过而同样重要的领域。"巴纳德讲到的重要领域显然就是他自己构建的协作体系和组织方面问题的探讨，但他也发现，在协作体系和

① ［美］C. I. 巴纳德：《经理人员的职能》，中国社会科学出版社 1997 年版，第 224—225 页。
② ［美］C. I. 巴纳德：《经理人员的职能》，中国社会科学出版社 1997 年版，第 225 页。
③ ［美］C. I. 巴纳德：《经理人员的职能》，中国社会科学出版社 1997 年版，第 226 页。

组织问题的研究工作中存在与管理学科应具有的科学性背离的现象，以致管理学科在这方面的研究既失去了本来应用的科学特征，又无法得出科学的结论。"协作体系和组织问题上彻底的科学态度会给管理技术提供一种有用的工具吗？我认为，最终看来会是这样的。这种科学态度的发展对于管理技术和协作的进步是重要的。我的这种信念的依据是，未能考虑到整个情况的全部因素的具体例子很多。之所以未能作全面的考虑，是由于科学专门化导致的思想上的片面化（This failure is promoted by a specialization in *thinking* that arises in part from the essence of organization of the sciences.①）。""对目前经验和以往历史的考虑不能不怀疑，人际关系上完全缺乏正确的判断力是由于科学的历史发展方面的原因。不存在组织科学或协作体系科学，而被叫做社会科学的各种科学显然远落后于物理学和数学（There is no science of organization or of social system; and the development of the sciences called social has clearly lagged far behind those called physical and mathematical.②）。造成这种情况的原因之一是，不恰当地强调治理过程和思想过程两者既是人际关系的因素，又是研究的对象。"③

巴纳德进一步讨论了"技术"与"科学"职能的差异，他认为，"技术的职能是达到具体目的，获得成果，形成情景"。"科学的职能是解释过去的现象、事件、情景。它们的目的不是产生具体的事件、结果或情景，而是说明我们称之为知识的事物。""科学的目的不是要成为一种技术的体系。为了处理具体的事件，需要有大量暂时的、局部的、特殊性的、而不是有一般价值或普遍兴趣的知识。科学的职能不是拥有或提供这些知识，而只是说明具有普遍重要性的知识。"④

在以上概念的界定和认识的基础上，巴纳德结合自己对管理工作的认知进一步对组织的管理活动进行了分析："技术应用上必须的、常识的、日常的、实际的知识，有许多事难用语言表示的，这是技术窍门的问题，可以叫

① Barnard, C. I., *The Functions of the Executive*, Harvard University Press, Cambridge, Massachusetts, U. S., 1968.

② Barnard, C. I., *The Functions of the Executive*, Harvard University Press, Cambridge, Massachusetts, U. S., 1968.

③ ［美］C. I. 巴纳德：《经理人员的职能》，中国社会科学出版社1997年版，第227页。

④ ［美］C. I. 巴纳德：《经理人员的职能》，中国社会科学出版社1997年版，第227页。

做行动的知识。它必须在具体情景中应用。没有比管理技术更不能缺少它的了。只有通过坚持不懈的习惯经验才能获得它。它常常被叫做直觉。"① "协作在目前达到的程度和取得的成功，表明管理技术已经高度发展；但协作在许多方面令人遗憾地受到限制，又表明管理技术还没有得到足够的发展。缺陷似乎主要在于发展不平衡。管理技术在工艺学领域（technological fields）有着高度的发展，在商业性（commercial fields）技术方面也发展得较好，而在人的相互作用和组织的技术方面（the techniques of human interaction and organization）发展得最差。"② "我们不应该欺骗自己，而自认为只要有了协作和组织的科学，或管理技术有了进一步的发展，就可以促进各种社会力量更好地结合或维持现状。协作所依据的伦理理想不仅要求个人的责任能力，而且要求把个人的眼前利益从属于个人的最终利益的公共利益的意愿得到广泛的传播。到底什么有利于个人最终利益、什么有利于公共利益的感觉，都必须由个人以外的条件决定。这些就是社会、伦理和宗教的价值观。它们的普遍传播依赖于智力和灵感两者。要对各种人混杂的世界中综合技术能力作出正确的评价，就需要智力。这种智力可能不是从正式教育培养出来的，而是由协作的经验产生的。为了灌输统一感并形成共同意识，就需要灵感。所需要的不是知识的接受，而是情感的认同。"③ 这样的分析结论可能很难被管理学界接受，因为这似乎在拒绝科学的研究和管理科学知识的传播，而把对组织的管理活动的许多问题推向了经验化、个性化，甚至是难以捉摸的范畴，但若平心静气认真思考，作为长期从事公司高管工作的巴纳德为什么会得出这样的结论，是值得管理学理论界思考的问题。

在《经理人员的职能》一书的结尾，巴纳德进一步表明了自己的研究信念与结论："这样的一个故事的结束，要求表明信念（信仰，faith）。我的信念（确信，believe）是，具有自由意志的人的协作的力量，能够使人自由地协作。他们只有选择在一起工作，才能获得个人的充分发展。只有每个人承担起选择的责任，他们才能进入亲密的合作，并提出比个人行为和协作行为更高的目的。我认为，协作的扩展和个人的发展是相互依存的，它们之

---

① ［美］C. I. 巴纳德：《经理人员的职能》，中国社会科学出版社 1997 年版，第 227—228 页。
② ［美］C. I. 巴纳德：《经理人员的职能》，中国社会科学出版社 1997 年版，第 228 页。
③ ［美］C. I. 巴纳德：《经理人员的职能》，中国社会科学出版社 1997 年版，第 229 页。

间的恰当比例或平衡（a due proportion or balance）是实现人类幸福的必要条件。由于这对整个社会和个人来说都是主观的，我认为这种比例无法由科学来确定，这是一个哲学和宗教的问题（this proportion is I believe science cannot say. It is a question for philosophy and religion.①）。"② 这段话放在书的结尾是重要的，因为这既是巴纳德实践的观察和研究的成果，更是他自己对协作体系（组织）中管理活动特征、科学与技术性的深刻认识、深度把握，即哲学观。

　　虽然孔茨将巴纳德所构建的理论归纳为社会系统学派，但"他的伟大来自他的抽象思考的能力，来自他把理论应用于职业经验的本领，来自他对实践的敏感性和经验。在同时应用理论和实践这两种能力并发展这两者的综合能力方面，我认为没有人能够超过他。由于这些原因，《经理人员的职能》一书从它出版以来一直是专业经理人员写出的有关组织和管理的最能启发人的思想的著作"③。这是安德鲁斯为《经理人员的职能》一书所作的序最后的一段话，我们十分赞同安德鲁斯的评价。作为哈佛大学商学院著名教授、企业战略管理学理论创始者的安德鲁斯的评价是客观的，具有学术的意义。我们也认为，在管理学理论的研究著作中，如此从组织最为基本的单元——人的本性与特征开始研究，如此深入地剖析组织运行成功和失败的原因，如此对管理学理论的科学性特征进行明确的判定，是巴纳德对管理学理论的贡献，更是一位实践者出身的管理学理论家独特的视角和分析，到目前也没有人能够超越巴纳德。这也是我们花大量的篇幅，较为全面地介绍巴纳德的学术思想的原因。

二、西蒙的《管理行为》

　　赫伯特·A. 西蒙（Herbert A. Simon）是美国管理学家，因对"经济组织内的决策过程进行的开创性的研究"，"现代企业经济学和管理学研究大部分基于西蒙的思想"而获得诺贝尔经济学奖，《管理行为：管理组织决策

---

　　①　Barnard, C. I., *The Functions of the Executive*, Harvard University Press, Cambridge, Massachusetts, U. S., 1968.

　　②　［美］C. I. 巴纳德：《经理人员的职能》，中国社会科学出版社 1997 年版，第 231 页。

　　③　［美］C. I. 巴纳德：《经理人员的职能》，中国社会科学出版社 1997 年版，"30 周年版导言"第 12 页。

过程的研究》（*Administrative Behavior*：*A Study of Decision-Making Processes in Administrative Organization*）一书是西蒙获取该奖项的重要研究成果。西蒙对组织、组织的运行机制的研究参考了巴纳德的研究成果，并结合心理学理论对组织的决策过程进行了研究。在以下的介绍、分析中，我们不准备对众人熟知的决策理论进行全面的介绍，主要结合他在组织决策理论的探讨过程中对管理学理论的认识、分析和探索进行研究与介绍。

西蒙认为，自己撰写《管理行为》一书的目的是他发现了管理学理论科学性不足的问题，并希望通过他对组织决策过程的研究，探讨和完善管理学的理论。他认为："在我读过的各类管理型组织的研究著作中，能抓住并用文字记下组织真正本质的寥寥无几；至于能说服我相信，他们可以提出证据正确地推出关于组织效益的结论或组织改良的建议就更少了。""在管理中，我们连说明在管理'实验'中发生了什么现象的本领都很匮乏，保证实验的可重复性就更不用说了。"① 西蒙认为管理学理论的问题是："目前流行的管理原则有一个致命的缺陷，就像谚语一样，管理原则总是成对出现（It is a fatal defect of the current principles of administration that，like proverbs，they occur in pairs.）。无论对哪个原则来说，几乎都能找到另一个看来同样可行、可接受的对立原则。虽然成对的两个原则会提出两种完全对立的组织建议，可是，管理理论里却没有指明，究竟哪个原则才适用。"② "目前对管理的描述肤浅、过于简化、缺乏现实性。"③

西蒙还通过举例分析了组织中专业化、权力位置明确、注意管理幅度和根据目的、过程、顾客和地区组织工作能够提高组织效率这四个被管理学界普遍认同的"管理原则"（principles of administration）后指出："这四条原则都不尽如人意，因为无论在什么情况下，它们都不能在整体上成为一条意义明确的原则，而是一组虽然同样使用于管理状况但却相互排斥的原则。……那些'原则'之所以面临困境，症结在于，它们实际上只是描述

---

① ［美］赫伯特·A. 西蒙：《管理行为（第四版）》，机械工业出版社 2004 年版，"第 1 版前言"第Ⅳ页。

② ［美］赫伯特·A. 西蒙：《管理行为（第四版）》，机械工业出版社 2004 年版，第 26 页。此段原书翻译存在不足，本书作了适当修改。

③ ［美］赫伯特·A. 西蒙：《管理行为（第四版）》，机械工业出版社 2004 年版，第 39 页。

和诊断管理状况的准则（criteria），却被当成了'管理原则'。"① 并认为正确的方法是："本章的举例都充分证明，很多管理分析只有选择了单一准则，将之应用于管理实际状况并提出建议才有效。然而，人们往往忽视这个事实：实际上存在着相互矛盾同样有效的原则，应用这些原则有相同的理由，但却会得出不同的应用结论。管理研究的正确途径，要求识别出所有重要的诊断准则，要求我们用一整套准则去分析每种管理状况，要求我们通过研究搞清楚几条相互排斥的准则所占的权重。"②

《管理行为》一书中更多的篇幅是西蒙结合自己关注的决策问题对管理学理论的特点和本质进行的分析和探讨。他认为："管理理论主要讨论的是，组织应当如何建立和运作才能更有效率地（efficiently）完成任务。"③ "管理理论的首要任务，就是要建立一系列概念，让人们能用这些与该理论相关的术语来描述管理状况。为了能够科学地应用这些概念，它们必须具有可操作性，也就是说，它们的含义必须符合实验观察结果或状况（Their meanings must correspond to empirically observable facts or situations.④）。"⑤ "实际上，不应把效率'原则'（the "principle" of efficience）当成原则，而应该看成定义（definition）：它是'好的'或'正确的'管理行为的一种定义。它并没有阐明应该如何获得最大成就，只是说明，成就最大化是管理活动的宗旨，以及管理理论必须揭示成就最大化成立的条件。"⑥

西蒙认为，管理就是决策，决策是一个过程。由于决策过程存在着价值因素和事实因素的影响，并受到各种条件的限制，因此决策工作的特点是："从某种重要意义上来说，一切决策都是折中的问题。最终选择的方案，只不过是在当时的情况下可以选择的最佳行动方案而已，不可能尽善尽美地实现各种目标。具体的决策环境必然会限制备选方案的内容和数量，从而设定了实现目的的最大可能程度。"⑦ 西蒙在对决策过程分析后指出，管理的原

① ［美］赫伯特·A. 西蒙：《管理行为（第四版）》，机械工业出版社 2004 年版，第 37 页。
② ［美］赫伯特·A. 西蒙：《管理行为（第四版）》，机械工业出版社 2004 年版，第 37—38 页。
③ ［美］赫伯特·A. 西蒙：《管理行为（第四版）》，机械工业出版社 2004 年版，第 39 页。
④ Simon, H. A., *Administrative Behavior* (Fourth Edition), York: The Free Press, 1997.
⑤ ［美］赫伯特·A. 西蒙：《管理行为（第四版）》，机械工业出版社 2004 年版，第 38 页。
⑥ ［美］赫伯特·A. 西蒙：《管理行为（第四版）》，机械工业出版社 2004 年版，第 39 页。
⑦ ［美］赫伯特·A. 西蒙：《管理行为（第四版）》，机械工业出版社 2004 年版，第 4 页。

则会受到执行任务能力和正确制定决策能力的限制，这包括个人受到无意识的技能、习惯、反应能力以及决策的价值观、自我的知识水平等的限制。个人的决策能力还必然受到组织的影响，组织会通过教育工作培养员工对组织的忠诚，引导员工作出对组织有利的决定；还会通过权力机制，强迫员工接受领导作出的决策。在多个制约条件下，其必然的结果就是："个人的种种决策是在'给定条件'的环境中发生的（in an environment of "given"），所谓'给定条件'就是被决策主体当成个人决策所依据的前提条件，行为只能适应这些'给定条件'所设置的限度。"① 这是西蒙对决策过程，也应该就是管理工作过程的描述，即人类的决策必然是在有限条件下作出的具有个人（组织）满意性的决策，难以有最优的决策，很难有超越个人能力制约、超越组织条件限制的管理工作。

西蒙的决策理论是建立在对组织问题分析的基础上，也是通过组织的决策工作探索组织的管理工作，所以在《管理行为》一书中还有大量的篇幅对组织的管理工作和管理理论的特点进行了描述。如他还认为："如果人类具有无限理性的话，那么管理理论就没有存在的意义了。管理理论可能只有一条箴言：始终从所有备选的方案中选择最能实现目标的那个方案。我们需要管理理论的原因，是人类理性实际上是有限度的，而且这些限度并不是静止不变的，而是取决于个人决策所处的组织环境。因此管理的任务就是设计出一种环境，让个人在制定决策时，确实能接近根据组织的目标来评判的理性。"② "管理理论关注的焦点，是人类社会行为中的理性和非理性层面的分界线。管理理论尤其是关于刻意理性和有限理性的理论，也就是关于因为没有寻求最优化的才智，所以退而寻求满意的人类行为的理论。"③ "在实践判断中，道德要素和事实要素通常不能分离得很清楚，管理决策中包含的价值观一般也不是心理和哲学意义上的最终价值观。多数目标和活动的价值都来源于将具有内在价值的目标和行为联系在一起的手段—目的的关系。……做出这样的划分，是因为决策中的事实和道德要素'正确性'的评判准则不同。道德要素的'正确性'只有在人类主观价值上才有意义，而事实论断

---

① ［美］赫伯特·A. 西蒙：《管理行为（第四版）》，机械工业出版社 2004 年版，第 86 页。
② ［美］赫伯特·A. 西蒙：《管理行为（第四版）》，机械工业出版社 2004 年版，第 294 页。
③ ［美］赫伯特·A. 西蒙：《管理行为（第四版）》，机械工业出版社 2004 年版，第 108 页。

中的'准确性'却意味着客观的经验真理。如果两个人对同一个事实问题给出不同的答案，那至少有一个人的答案是错的，但是在道德问题上却并非如此。"① 西蒙还认为，管理学界专家们对决策工作存在的问题是难以解决的："于是有人建议，我们应该将决策问题全部转交给真正了解事实又能明白其内在含义的'专家'处理。不过使用这种技术统治论的方法来解决问题，其谬误很明显。因为多数决策前提都是事实与价值混合在一起，如果我们不能将价值观的选择和决策结果的考虑同时转交给专家，就不可能把决策问题完全转交给专家处理。"② 西蒙还结合美国步兵野战手册中的一段话进行了深层次的分析，并证实了一个实际的现象，由于多数道德命题都混合了事实要素，所以他发现"严格来说无法用科学方法对管理者的决策进行评价"③。

　　西蒙应该注意到了孔茨的研究成果，但他的看法是："科学领域的'学派'之分是一种过时的观念，在管理学和组织理论领域已经没有多大意义。……某一学科的各种理论的确在逐渐发生变化，不过在某个给定时点，只有几种前沿理论属于猜测和争论的焦点。而且科学的进步一般都不需要颠覆重大理论，通常的情形是，在稳定累积的情况下，随着新事实的组合及新现象的出现，不断强化、扩充和修正原有的理论。即使像相对论及量子力学这样伟大的'革命'，也没有取代牛顿力学和马克斯威尔的电磁方程组在物理理论上的关键地位。……在前述各组织理论'学派'的发展过程中，我没发现概念上有任何'巨大突破'，不过倒看到了由于仔细观察和实验，我们不断取得了实质的进步。……我们也可以对最近文献中引进的其他术语进行类似的比较。我强调这种连续比较，是因为管理理论各种术语的数量远远超过了术语指代的新概念的数量，而且空洞的居多，这对学生会造成极为不利的影响，可能把原本非常直接的东西弄得更加混乱。孔子非常重视'正名'，所以我们该多'正名'，而不应该制造许多名目，不管概念用在什么地方，都使用相同的术语。"④

　　正如前面多次讲到的，虽然较大篇幅地引用著名学者的原文会导致成

① ［美］赫伯特·A. 西蒙：《管理行为（第四版）》，机械工业出版社 2004 年版，第 55—56 页。
② ［美］赫伯特·A. 西蒙：《管理行为（第四版）》，机械工业出版社 2004 年版，第 63 页。
③ ［美］赫伯特·A. 西蒙：《管理行为（第四版）》，机械工业出版社 2004 年版，第 52 页。
④ ［美］赫伯特·A. 西蒙：《管理行为（第四版）》，机械工业出版社 2004 年版，第 22—23 页。

果缺乏原创性，但基于中国管理学的发展只有 40 余年的历史过程以及存在的一些问题，我们在研究中深深感到，在过去和当前的一些研究中，很多对管理学基本概念、基本特征和学科规律的理解、认识存在误区，甚至错误，法约尔、西蒙、孔茨等著名学者对管理学理论特征的认识，以及对美国管理学界发展过程中存在的问题的批评与意见并没有被加以注意，甚至存在以讹传讹的现象。"研究者如果不回归元典，只是相互借鉴抄袭的话，是十分可怕的。"① 西蒙在《管理行为》第一版的前言中就写道："我希望本书能对三类人（three groups of persons）发挥作用：首先，从事管理学研究的人（to individuals concerned with the science of administration），他们可以在本书中找到组织刻画和分析的某些可行方法；其次，实际管理者（to practical administrators），他们可以从巴纳德先生的前言所说的第三层次上②，思考管理问题；再次，研究生和大学生（to graduate and undergraduate students），他们可以希望通过对反映了真实管理情景的行为过程进行更周密的研究，来弥补自己课堂知识的不足。"③ 在第四版的导言中西蒙认为："本书的主题是组织。""本书的宗旨就是介绍如何从组织决策过程的角度来理解组织。"④ 在为《管理行为》中译本出版写的前言中，西蒙也讲道："这本书的最大用处恐怕就在于，它能让那些试图对组织进行管理的人们耳聪目明，从而能更好地理解他们在自己周围发现的种种行为，更好地预见他人对自己的行动会做出什么反应。"⑤

三、德鲁克的管理思想

德鲁克是管理学界公认的大师级人物，研究成果十分丰富。他独特的视角、敏锐的目光、结合实际的分析、哲理似的探讨，给后人留下了极其丰富

---

① 《溯回先秦重读元典——武大文学院吴天明教授这 20 年》，《楚天都市报》2016 年 12 月 19 日。
② 巴纳德在为《管理行为》第一版撰写的前言中提到管理理论的"普遍适用性"问题，并得到了西蒙的认可，有关这方面的介绍请见本章第四节。
③ ［美］赫伯特·A. 西蒙：《管理行为（第四版）》，机械工业出版社 2004 年版，"第一版前言"第 X 页。
④ ［美］赫伯特·A. 西蒙：《管理行为（第四版）》，机械工业出版社 2004 年版，"第四版导言"第 VI—VII 页。
⑤ ［美］赫伯特·A. 西蒙：《管理行为——管理组织决策过程的研究》，北京经济学院出版社 1988 年版，前言。

的思想，深受管理理论界，特别是实务界的青睐与追捧。他自己认为："早在 60 年前，我就认识到管理已经成为组织社会的基本器官和功能；管理不仅是'企业管理'，而且是所有现代社会机构的管理器官，尽管管理一开始就将注意力放在企业；我创建了管理这门学科；我围绕着人与权力、价值观、结构和方式来研究这一学科；尤其是围绕着责任。管理学科是把管理当作一门真正的综合艺术。"① 当然，这句话可能在管理学界还难以达成共识，但我们发现，在德鲁克的研究成果中对管理、管理者、管理学科的认识既多，又十分独到和颇有深度，下面结合他三部主要的著作《管理的实践》《管理：使命、责任、实务》和《德鲁克管理思想精要》中的有关内容进行介绍。德鲁克一直认为管理活动在人类社会的发展，特别是在产业革命以后发挥着巨大的作用："在人类发展的历史长河中，管理出现的速度之快和影响范围之大是其他体制无法比拟的。在不到 150 年的时间里，管理就已经改变了世界上发达国家的社会与经济的组织形式。它创造了一种全球性的经济模式，并为各个国家平等参与这种经济制定了新规则。"② "在第一次世界大战前夕，少数思想家开始意识到管理的存在。但是，即使在最先进的国家也没有人与管理打过交道。现在，美国人口统计局提到的'管理与专业人员'已经成为劳动大军中最为庞大的一个团体，占劳动力总数的 1/3 还要多。管理已经成为促成这一转变的主要因素。" "然而在第一次世界大战期间有了很大的转变，大量非技术、前工业时代的劳动力几乎转眼之间就成为了生产者。为了满足这种管理上的需要，美国与英国的企业开始采用弗里德里克·W. 泰罗在 1885 — 1910 年所提出的科学管理理论，大规模地对蓝领工人进行系统培训。它们分析了任务后，使之分解成单个非技术性的操作，而这种操作是很快就能被学会的。在第二次世界大战后，培训又有了进一步的发展，它首先为日本人所应用，20 年后又被韩国人采纳，日本人和韩国人对培训的应用成为了它们国家经济腾飞的基础。"③

在对管理的探讨中，德鲁克认为："管理的基本任务仍然没有改变，依旧是：使人们能为了共同的目标、带着共同的价值观，在适当的组织内，通

① ［美］彼得·德鲁克：《管理的实践》，机械工业出版社 2009 年版，"扉页"第 1 页。
② ［美］彼得·德鲁克：《德鲁克管理思想精要》，机械工业出版社 2008 年版，第 3 页。
③ ［美］彼得·德鲁克：《德鲁克管理思想精要》，机械工业出版社 2008 年版，第 3—5 页。

过培训和开发共同开展工作以及对外界变化做出相应的反应。"① "管理是任务，也是一门学科，但管理也是人的管理。每项管理成就都是管理者所取得的成就，每项管理失败也都是管理者的失败。实施管理的是人，而不是'力量'或'事实'本身。同时，真正决定管理成功或管理失败的，是管理者的愿景、奉献和正直程度。因此，本书强调'管理者也是人'，并力图从人的角度来认识管理者。" "管理也是工作。事实上，管理是现代社会的一种特殊工作，它使现在的社会与以前的社会有所不同。可以说，管理是现代社会的一种特殊工作，它使现代组织可以有效地运作。……不过，虽然管理是一种工作，但它却与其他工作存在差异。与内科医生、工匠或律师的工作不同，管理工作总是在组织中进行的——是在人际关系网络中进行的。"② 在回答管理是什么时，德鲁克总结和归纳了七个要点："管理到底是什么呢？……管理的历史与发展演变——包括其成功的方面与存在的问题——告诉我们，管理最初只建立在为数不多的几条基本原则之上，具体来说就是：1. 管理是人类的管理。其任务是使人与人之间能够协调配合，扬长避短，发挥最大的集体效益。这就是组织的全部含义，也是管理能成为一个关键和决定因素的主要原因。……2. 因为管理涉及人们在共同事业中的整合问题，所以它是被深深地植根于文化之中。……3. 每一个企业都有责任坚定不移地树立一个共同的目标与统一的价值观，如果没有这种责任，企业就会成为一盘散沙，也就谈不上存在企业。……4. 管理必须根据需要与机会的变化而变化，以此促使企业及其成员能够得到更好的发展。……5. 每个企业内部都拥有具备不同技术与知识、从事不同工作的员工。企业必须建立在交流与个人的责任之上。……6. 无论是产品的数量还是净收益或净损失本身，都不足以衡量管理与企业的工作业绩……评估一个组织的状况与业绩也并非只用唯一的标准就能够做到。……7. 最后，对所有企业来讲，我们都应该记住的最重要的一点就是：结果只存在于企业的外部。"③ 科学管理起源于人们对企业管理工作的研究与抽象，但随着科学管理思想与理论的建立，科

---

① ［美］彼得·德鲁克：《德鲁克管理思想精要》，机械工业出版社 2008 年版，第 3 页。

② ［美］彼得·德鲁克：《管理：使命、责任、实务》，机械工业出版社 2006 年版，"前言"第 X—XVIII 页。

③ ［美］彼得·德鲁克：《德鲁克管理思想精要》，机械工业出版社 2008 年版，第 9—10 页。

学管理的思想也广泛地被用在了各类组织的管理工作中，德鲁克对此也有明确的认识："第二次世界大战结束之后，我们开始认识到，管理不再只是局限于企业管理，涉及的领域越来越多。它与努力有联系，这种努力把其他拥有不同知识与技术的人集合在一个组织中。它有必要被应用于所有'第三部门'，如医院、大学、教会、艺术团体和社会服务机构。"

在对管理者工作的分析中，德鲁克认为："管理者的工作之所以如此有趣，完全是因为管理是涵盖了三个方面的整体。我很快就明白，谈管理时必须将三个方面都纳入考虑：第一是成果和绩效，因为这是企业存在的目的；第二必须考虑在企业内部共同工作的人所形成的组织；最后则要考虑外在的社会——也就是社会的影响和社会责任。"① "管理是相对于所有权、地位或权力而独立存在的。它是一种客观的职能，并应该以绩效责任为基础。它是职业性的——管理是一种职能、一门科学、一项要完成的任务，而管理者则是实践这门学科、执行这种职能并完成这种任务的职业人员。"②

德鲁克对于管理学学科的界定、属性有他独到的认识，经常被管理学界用来说明管理学学科属性的权威性解读，也是我们在研究的过程中十分注意的问题。在《管理：使命、责任、实务》一书中谈及管理是一门学科时，德鲁克指出："首先，这就意味着管理人员付之实践的，是管理学，而不是经济学，也不是计量方法和行为科学。相对而言，后面这些都是可供管理人员利用的工具，但它们仅仅是管理者的工作或可供利用的工具的一部分。……管理是一门学科的含义是：有些专门的管理技巧是专门隶属于管理学，而不隶属于任何其他学科的。其中，这类技巧的一个例子就是'组织内部沟通'，另外一个例子是在不确定的情况下做出决策。同时，还包括一种特殊的企业家技巧，即战略规划。"③ "管理学是一种实用（实践）学科，而不是一种纯理论学科。就这一点而言，它可同医学、法律学和工程学相比。它所追求的，不是知识，而是绩效。而且，管理实践也不是普通常识和领导才能的运用，更不是财务技巧的应用。管理实践，必须以知识和责任两

---

① ［美］彼得·德鲁克：《管理的实践》，机械工业出版社 2009 年版，"自序"第 X—XIV 页。
② ［美］彼得·德鲁克：《管理：使命、责任、实务》，机械工业出版社 2006 年版，第 6 页。
③ ［美］彼得·德鲁克：《管理：使命、责任、实务》，机械工业出版社 2006 年版，第 18 页。

者为基础。"① 德鲁克对管理学学科属性更为全面的认识应该出自于《德鲁克管理思想精要》一书，在书中他认为："管理既不是斯诺所说的'人文文化'，也不是他所称的'科学文化'。管理是涉及行动与应用的学科，评价管理的标准应该是成效。这使管理成为了一种技术。""管理就是传统意义上的人文艺术——它之所以被称为'人文'，是因为它涉及知识、自我认识、智慧与领导艺术等基本要素；它之所以被称为'艺术'，是因为管理是一种实践与应用。"② "对于像管理学这样的社会学科来说，基本假设实际上远比自然科学的范式要重要得多。范式也就是主流的一般理论，但对自然界产生不了丝毫影响。不论范式声称太阳绕着地球转，还是说地球围着太阳转，太阳和地球都不会受到它的影响，它们依旧按照它们原有的规律运行。自然科学研究的是客体的行动，而像管理学这样的社会科学，关注的是人和社会机构的行为。因此社会科学工作者往往将该学科的假设作为行为的准则。自然科学的现实——物质世界及其规律都不会发生变化，这一点是非常重要的。但是，社会科学不存在这种'自然规律'，它始终处于不断地变化之中。这就意味着或许昨天还站得住脚的假设，今天就不再有效了，很有可能在瞬间就形成一种误导。"③ 德鲁克介绍了他认为已经在管理学上建立的两种假设：管理原则的基础和管理实践的假设。在论及"管理是企业管理"的问题时，德鲁克得出了一个十分重要的结论："当然，不同的组织有不同的管理方式，毕竟使命决定战略，战略决定组织结构。管理连锁零售店和管理天主教区的方式肯定是不尽相同的，空军基地、医院和软件公司也有不同的管理方式。但是，最大的差异体现在各类组织使用的术语上。然而事实上，这些差异主要应该体现在应用上，而不应该体现在管理原则上。不同组织的任务和挑战也存在着巨大的差异。因此，通过对基本假设的分析，我们总结出第一个结论，管理学只有建立在这个结论的基础上，对它的研究和实践才能结出丰硕的成果。管理是所有组织机构所特有的和独具特色的器官。"④

　　虽然科学管理思想的出现只有 100 多年的历史，但由于随着社会的进

①　[美] 彼得·德鲁克：《管理：使命、责任、实务》，机械工业出版社 2006 年版，第 19 页。
②　[美] 彼得·德鲁克：《德鲁克管理思想精要》，机械工业出版社 2008 年版，第 10—11 页。
③　[美] 彼得·德鲁克：《德鲁克管理思想精要》，机械工业出版社 2008 年版，第 62—63 页。
④　[美] 彼得·德鲁克：《德鲁克管理思想精要》，机械工业出版社 2008 年版，第 64—65 页。

步，各类组织的不断涌现，组织的管理成了现代社会非常重要的社会工作，因此也就出现了众多研究管理的经典著作，在这里虽然仅仅列举了3位管理学大家的经典著作，但可以从中清楚地发现在经典著作中的一般逻辑和主要思想；虽然有挂一漏万的问题存在，但作为研究，也可以清楚地感受到这些经典著作的重要性，更有我们认真学习不可多得的管理学的基础理论与分析逻辑。下面结合以上所介绍的巴纳德、西蒙和德鲁克的管理思想进行分析与归纳，对管理学理论的主导逻辑进行分析。

第四节　管理学理论的主导逻辑

在研究过程中，我们认为，若要解决我国管理学界普遍存在的对学科发展的忧虑和现实的"混沌"现象，很重要的一个方面是要深入和走进自己研究的组织（如企业、政府等）的实际管理工作中，解决理论与实践脱节这一中国管理学界一直在探讨，但并未真正解决的问题；还有一个重要的方面就是要结合社会发展的历史，认真、细心地阅读100多年以来流传下来的管理名著，掌握好我们没有经历过的，却需要解决和知晓的管理思想与理论的发展过程、基础知识和理论体系，才能更好地把握管理学的核心概念、主导逻辑，也才能在更为清晰的背景下和理论体系中有效地开展教学与科研，深入实际，推进中国各类组织的管理工作。

一、管理学理论研究的时代特征

从马克思、泰罗、法约尔、巴纳德、西蒙、孔茨和德鲁克的理论和思想的介绍中可以得出十分明确的结论：组织是人类战胜大自然威胁和抵御敌对势力，维护自我生存和发展的重要手段，组织的管理与维护是人类在自身发展过程中一直在探索、寻求的问题，但人类组织的管理思想走向科学，以及管理的概念、理论体系的构建却是在20世纪初，以1911年《科学管理原理》的出版作为区分现代科学管理与传统经验管理的时间或标志是中外管理学界的共识。

1. 现代科学管理与传统经验管理的差异

现代科学管理思想、理论体系诞生于19世纪末20世纪初，从文化环境看，它的出现有其特殊的历史背景：其一是人类社会的发展，机器的广泛使用，生产规模的迅速扩大，组织（特别是工厂）中管理职能的分离、出现的需要；其二是在文艺复兴反封建反教会神权思想的解放运动，自然研究和科学精神的产物。这在现代科学管理思想、理论和方法中体现得淋漓尽致。

虽然现代科学管理与传统经验管理都体现在对组织的管理工作中，但最为重要的差别是，现代科学管理的核心思想和理念颠覆了传统经验管理工作中的"人治"和"治人"、缺乏法治和道德观念、缺乏科学和规范管理的思想及做法，在管理工作中依靠了科学的方法，从而在较大的程度上改善了组织中管理者与被管理者之间的关系，反映了人类社会进步的需要，体现了工业生产的规律，适应了生产力发展水平的需要，充分发挥了"管理也是生产力"的作用，促进了社会组织管理水平的提高，社会的进步与发展。随着现代科学管理思想在企业管理工作中的成功推行，现代科学管理思想也逐渐在人类各种组织的管理工作中得到了广泛的传播与运用，逐渐形成了组织管理的普适性理论，这在20世纪之后，特别是第二次世界大战后全世界生产力突飞猛进，科学技术快速发展，各类组织取得重大进步中得到了全面的体现。注意传统经验管理思想与现代科学管理思想之间传承、扬弃、升华的必然联系与发展，注意传统经验管理思想与现代科学管理思想之间的重大差异，不仅能增强我们需要努力传播现代科学管理的思想，提升、实现各类组织管理科学化的意识，而且对于生活在具有5000多年历史中国的管理学界的理论研究都有着十分重要和特殊的意义。

2. 管理的二重性问题

管理的二重性问题是马克思发现的资本主义社会工厂管理中特有现象，更是各类组织管理中存在的基本规律和本质问题。马克思对资本主义工厂管理过程的分析与揭露，既反映了他所观察和认知到的剥削现象，也揭示了工厂管理过程中基于剩余价值理论分析的剥削特征。在前面介绍的巴纳德的理论中我们也可以发现组织管理过程中更为一般性的问题，由于组织的管理工作更多体现的是组织的意志，甚至就是组织领导人、领导集团的意愿，因此，在管理工作中必然会出现组织意志与组织成员个人志向不协调，组织领导（集团）的个人意愿与组织成员个人目标不一致的现象。巴纳德从构成组织最小单元——人的生物和社会特征为起点对这个问题的深入探讨揭示出的可能导致组织毁灭的问题，在管理学理论上有着更为一般的意义和解释。

从马克思和巴纳德的研究中可以发现，管理二重性的问题是组织管理工作中普遍存在的现象。马克思揭示了他所观察到的那个时代资本主义社会工厂中管理工作中体现的阶级矛盾与利益导致的"二重性"，而巴纳德揭示了他所自我感受到的组织管理中"有效性"与"能率"的矛盾与冲突产生的"二重性"。比较之中可以看出，马克思所发现的管理"二重性"问题体现的是资本主义社会当时剧烈的阶级矛盾和冲突所产生的组织与组织成员目标间的矛盾与冲突；而在当今，根据我国的现实国情，我国的各类组织中更多的管理问题会出现在组织与组织成员目标的差异而形成的影响组织成功、有效运行的"二重性"上。如对管理工作中普遍存在的二重性问题认识不足，就可能导致一些地区社会矛盾尖锐（如经济发展与百姓生活质量的矛盾、拆迁过程中政府与居民的对立等），企业发展遇到挑战（企业随意排污与影响居民生活环境的矛盾、为控制成本降低工作安全保护和伤害员工利益的问题等）。因此，加强对组织运行过程中普遍存在的二重性问题的认识，关切组织目标和组织成员的共同实现在我国各类组织中依然是一个长期存在，并要积极关注的重要问题。

3. 管理学理论中的普适性问题

管理学目前有无一般性或普适性的理论是管理学界长期争议，而无法统一的一个问题，但在以上的回顾和介绍中我们可以发现，虽然按照孔茨的学派划分，法约尔和他属于管理过程学派，巴纳德属于社会系统学派，西蒙属于决策学派，德鲁克则属于经验主义学派，但他们对管理学理论的研究和探讨都有一个共同的认识：管理是组织运行过程中的一个特殊职能，它是组织发展到一定规模的产物，其主要的功能与作用是负责建立社会组织，协调和调和组织中各方面的力量和行动，作为社会组织的手段和工具的管理职能不与物品打交道，只是对人起作用。依据这样的看法，要寻找到组织管理的一般性理论，第一步需要做的工作是根据以上对管理职能作用和内涵的定义将组织的管理工作和具有组织特色的职能管理工作分离，以实现对组织管理职能的独立研究，为组织管理一般性理论的抽象和构建打下基础；第二步的工作是依据以上划分构建研究维系组织运行的管理学理论。可以看到，无论是马克思对管理活动的精彩描述，还是法约尔首次对管理职能的界定，以及巴纳德、西蒙对组织管理问题的探讨，德鲁克对管理是什么的回答都注意或涉及了这两个问题，并在自己所构建的理论中都十分慎重地对以上两个问题作了明确的划分和充分的解释。也在管理学的教材中得到了反映，如在较为权威的罗宾斯的《管理学》教材中对管理和管理者的定义分别是："管理通过协调和监管他人的工作活动，有效率和有效果地完成工作。""管理者是这样的人，他通过协调和监管他人的活动达到组织目标。他的工作不是取得个人成就，而是帮助他人完成任务。"① 就依据和反映了上述的研究成果。应该承认，组织管理的定义已经十分清晰和明确，在其中已经具有四个关键性的词汇：人、组织、目标与协调，这应该也在中国管理学界形成了共识。这对于中国管理学界了解和明确自己研究的场域、学科的属性、工作的使命、探索的路径和自我提升的品格十分重要，也是建立较为统一的科学研究平台，避免更为混沌局面的出现，促进学科发展重要的条件。我们收集了国内外有代表性的管理学教材，并分析了各自的结构，正如我们所知的结果一样，不管国内外，或者我们所熟悉的管理学门类中的工商管理、管理科学与工程或公共管理，不仅结构基本一样，而且章节也极为相似（见表2-1）。

表 2-1　中外代表性管理学教材的内容分析

教材作者	罗宾斯	周三多	李垣	娄成武
教材名	管理学（第 11 版）	管理学——原理与方法	管理学	现代管理学原理（第三版）
教材特点	美国教材，在国内使用广泛，被认为是较为权威的教材	工商管理类教材，是国内公认的权威教材	普通高等教育"十一五"国家级规划教材，教育部高等学校管理科学与工程类学科教学指导委员会组编	普通高等教育"十一五"国家级规划教材，21世纪公共管理系列教材
出版社	中国人民大学出版社	复旦大学出版社	高等教育出版社	中国人民大学出版社
出版年份	2012	1993	2007	2012

① ［美］斯蒂芬·P. 罗宾斯等：《管理学（第9版）》，中国人民大学出版社2008年版，第6—7页。

续表

教材作者	罗宾斯	周三多	李垣	娄成武
篇章内容	第1篇　管理导论 第1章　管理与组织导论 第2章　理解管理的情境：约束与挑战 第2篇　综合的管理问题 第3章　全球环境中的管理 第4章　对多样性的管理 第5章　对社会责任和道德规范的管理 第6章　对变革和创新的管理 第3篇　计划 第7章　作为决策者的管理者 第8章　计划的基础 第9章　战略管理 第4篇　组织 第10章　基本的组织设计 第11章　适应能力强的组织设计 第12章　人力资源管理 第13章　团队管理 第5篇　领导 第14章　理解个体行为 第15章　管理者与沟通 第16章　激励员工 第17章　作为领导者的管理者 第6篇　控制 第18章　控制导论 第19章　运营管理	第一篇　总论 第一章　人类与管理 第二章　管理思想的发展 第三章　管理的基本原理 第四章　管理的基本方法 第二篇　决策 第五章　决策的前提 第六章　决策的目标与方法 第七章　决策实施的安排—计划 第八章　决策科学的发展 第三篇　组织 第九章　组织结构设计 第十章　人员配备 第十一章　组织力量的整合 第四篇　领导 第十二章　领导者 第十三章　激励 第十四章　沟通 第五篇　控制 第十五章　控制与方法 第十六章　控制技术 第六篇　创新 第十七章　管理的创新职能 结束语　二十一世纪的管理	第一章　管理概论 第二章　管理思想史 第三章　决策 第四章　计划 第五章　组织 第六章　领导 第七章　控制 第八章　技术创新	第1章　绪论 第2章　管理理论 第3章　计划 第4章　人力资源管理 第5章　组织 第6章　领导 第7章　控制 第8章　21世纪管理和管理学的发展趋势

资料来源：作者整理。

从表2-1中可以看到，中外以及中国管理学学科门类中一级学科的管理学教材在内容上虽然存在一些差别，但这些教材基本的理论结构和由此而形成的各个篇章，特别是在"计划（决策）、组织、领导、控制"这四大管理要素上是基本一致的。作为一个可以列为旁证的材料说明，由法约尔依据企业管理活动抽象出的"六大职能"概括了企业的基本活动，而伴随着企业规模扩大（这是产业革命时期的企业发展特征），从职能活动中分离、抽象出的"管理要素"则构成了组织管理的职能，也成为具有普适性特点的管理学理论。

在经典著作的阅读中，我们在原北京经济学院出版社出版的《管理行为——管理组织决策过程的研究》中看到了切斯特·巴纳德为该书第一版撰写的前言，这里谈到了他所关注的管理理论的"普遍适用性"问题。"西蒙教授的这本书，在关于正式组织与管理的社会科学方面，给我们做出了重要的贡献。正如他在本书序里所讲到的，他的目的是要构造一系列适于描述组织，适于刻画管理组织运转方式的工具——一系列概念和术语。""西蒙教授所开发的这些工具，对科学研究来说固然是有益的，但对于一般读者和实际工作者来讲，其主要价值还在于他对组织、管理过程、决策的本质、决策中的价值要素与事实要素等，做出了清晰、深刻和普遍的描述。他在这方面的成功是杰出的。在我这个做过企业经理、政府官员和私人非营利机构领导者而具有广泛经历的人来看，本书道出了我在所有组织中所获得的具有共性的经验，在这个意义上，本书揭示了对一切组织和管理而言皆不可缺少的东西。"① 巴纳德认为："本书所达到的普遍适用性，也意味着其结论的高度抽象性。"为此，他以"对实际工作者"为对象，分析了《管理行为》对"平日忙于具体事务的人们"的作用。

巴纳德认为："把关于组织的经验和知识，区分为三个颇有不同的层次是很有好处的。""第一个层次是有关特定情况下的具体行为的经验和知识。在这个层次上，许多行为有着习惯性，无意识的反应性和适应性。实际上，这类行为假如不是无意的，那么它们大多数会变化、发展，或者失去功效。

①　［美］赫伯特·西蒙：《管理行为——管理组织决策过程的研究》，北京经济学院出版社1988年版，"前言"第34页。

在这个层次上，亲身经验就是老师；我们学会的是实际技能而非知识。"
"第二个层次是特定组织的实践方面的经验。我指的是一个特定组织的结
构、管理策略、规章制度和行为模式。……毫无疑问，一般的经验和知识有
时能让一些人在这种组织里有效地工作，尤其是当他们得到该组织当中年久
资深的人的支持时，更是如此。广言之，关于一个特定组织的有效的实际知
识，只有通过在该组织中实际工作，才可能获得。除非一个人在某种组织里
工作过，否则我们就不能相信他充分理解该组织的行为。""关于组织和管
理的科学知识，永远代替不了特定组织的实际经验。对组织管理者来说，更
一般知识的用处，在于它们给那些主要是以试错或重复性经验为依据的行
为，提供了合理的解释。它们的直接使用是有限的。然而，它们的最终实践
价值是巨大的，使我们眼光敏锐，使我们不放过重要因素，使更普遍的语汇
发挥作用，使行为与文字描述之间的不一致性减少。""至于第三个层次的
知识，本书当然就是一个很好的例子。对此我不想多讲了。但是，那种认为
可以获得有关管理行为（或组织）的普遍知识的信念，有什么依据呢？西
蒙教授没有讲这一点，其他管理者研究者也没有讲这一点，我们仅仅是断定
了或者说是假定了这一点。在这里我只能简短地说说我的这种信念的依据。
西蒙教授的抽象论证在我看来之所以是正确的，是因为它们表达了我在多种
环境中所得到的经验。……这是这样一些经验支持着我的信念：我们可以从
种类繁多的组织当中，找到抽象的结构原理，而且，讲述一般组织的原理，
终将成为可能。"①

　　巴纳德对西蒙理论的介绍不仅是深刻的，而且也从中提炼了他对管理知
识普适性的认识。我们在以上和之前的介绍中已经看到，在对人类组织管理
实践和理论的研究与探索中，已经在组织管理的基本概念、基本特征、基本
职能、基本框架等方面形成了既成熟，也经过实践检验，更被认可的普适性
理论。如马克思对管理活动产生的条件和内涵的描述，提出的"二重性"
原理；泰罗提出的科学管理两个绝对需要具备的要素；法约尔提出的管理职
能的界定和职能构成，管理只是对人起作用，没有死板和绝对的东西，全部

----

　　① ［美］赫伯特·西蒙：《管理行为——管理组织决策过程的研究》，北京经济学院出版社 1988 年
版，"前言"第 35—36 页。

是尺度的问题,十四条管理原则;巴纳德提出的组织失败的结论与原因分析,组织有效性与能率的辩证关系,以及对管理领域普适性的辨析;西蒙提出的管理就是决策,决策是一个过程,决策中存在着事实因素与价值因素,决策的结果只会有满意的结果;德鲁克提出的管理是组织特有和独具特色的工作等应该都是最强有力的证明。

二、管理学理论研究的学科特点分析

客观性、实证性、规范性和概括性是科学研究的主要特点[①],学科的研究结论可以进行重复性检验、学科的知识可以通过教育实现专业人才的培养是该学科是否存在科学性的基本要求。但在管理学的研究工作中却出现了诸多的研究结论很少、很难甚至无法满足以上第一个基本特征和要求的问题,也就很容易得出管理学基本缺乏科学性,进而推演出管理是一门艺术,十分个性化,难有一般性理论的结论;或者认为管理学的发展只有100多年的历史,尚为一门年轻、十分不成熟的学科,真正的科学结论和理论体系的构建还有待时日。应该承认,要解决这个问题,并给出令人信服的结论确实不容易,但我们在课题的研究中发现,如果不对管理学理论研究的特色进行分析,不对这个问题进行探讨,将很难对中国管理学未来的发展进行把握与探索。由于问题的复杂性和共知的难度,我们将在回溯有关这个问题现有研究成果的基础上,结合我们的一些探索性的研究成果进行分析,重点研究管理学理论研究对象的特点,这些特点所决定的管理学理论科学性的特征,以及由管理学理论对象的特点和科学性特征决定的科学方法本质和关注点,抛砖引玉,希望在同仁们的批评和帮助下进行更为深入的研究。

在前面对经典理论的介绍中,可以了解到,由于管理学所研究的组织形态很多,各类组织运行机制、特点又存在很大的差异,所以管理学的研究工作与其他的学科存在着一些差异,注意组织运行和组织管理活动的特色是界定管理学理论研究特色非常重要的工作,也是我们在研究过程中一直加以关注的问题。

---

① 李怀祖编著:《管理研究方法论(第 2 版)》,西安交通大学出版社 2004 年版,第 6—9 页。

我国一般将学科划分为人文社会科学和自然科学，前者通常又称为文科或软科学，后者亦称为理工科，这样的划分基本符合当前世界学科划分的趋势。自然科学在全世界基本上有着规范、统一的研究模式和衡量标准，但人文社会科学由于多种原因却很难在世界范围内建立规范、统一的研究模式和衡量标准。在我国，可能是受外来词汇翻译的影响，也可能是当今人们对科学的崇拜和敬畏，都十分热衷将自己的研究领域、研究方法和研究成果与科学挂钩，也就在自觉和不自觉中将自然科学的研究方法，特别是衡量标准逐渐移植到了人文社会科学之中，从而造成了学科界限逐渐模糊、研究方法随意移植、成果衡量标准一刀切的问题。有许多学者发现了人文社会科学与自然科学之间巨大的差异，也探讨了人文科学与社会科学存在的不同。如有人认为，人文科学在英文中的单词是"humanities"，而"humanities"根本上就不属于"science"，由于研究上的巨大差异，"humanities"还与"science"相对立，这是因为，科学研究探寻的是事实，而人文科学所研究的是人的生存意义、人的价值。事实是客观的存在，而人生存的意义、价值却需要在研究中去挖掘。由于学科之间存在着这样巨大的差别，所以在《简明不列颠百科全书》中文版中将"humanities"译为了既有差别，也较为准确的"人文学科"。[①]

李怀祖在《管理研究方法论》一书中对管理学科的属性进行了较为深入的探讨。书中既强调了科学研究是通过系统观测获取客观知识的方法，虽不尽完美，但也是人们最为精确的求知方法的同时，也强调了"在涉及人的价值观和偏好的领域以及发现新知识的过程，以逻辑思维为主的科学方法迄今还往往无能为力，只能仰仗于运用直觉判断和个人观察力获取知识的思辨法"[②]。并认为思辨研究是与科学研究相抗衡的新知识探索方法。

李怀祖认为，社会科学与自然科学相比有三点差异：第一是研究的现象存在很大的差异，影响的因素很多，因此在研究中不仅需要更多的样本，研究结果的推广范围也较小；第二是研究工作受到更多情境因素的影响；第三是社会科学研究的对象——社会现象不确定性更强。他结合对科学研究、思

---

① 汪信砚：《人文学科与社会科学的分野》，《光明日报》2009年6月16日。
② 李怀祖编著：《管理研究方法论（第2版）》，西安交通大学出版社2004年版，第9页。

辨研究、逻辑思维和形象思维的分析和区分绘制了一个学科定位频谱图（见图2-1），其结论是："自然科学运用科学研究方法和逻辑思维的分量最重，人文学科运用思辨研究方法和直觉判断最多，它们相应位于频谱两端。社会科学可定位于靠近自然科学一侧，而下节将要讨论的管理研究则较接近人文科学。"[1]　基于分析，李怀祖提出，应该注意科学（science）与学科（studies）的差异，管理科学（management science）特指运筹学、应用统计等，而整个管理知识的领域应称为管理学科（management studies）。由于管理研究中会受到管理者的形象思维和管理情境的影响，因此科学研究与思辨研究在管理学科的研究中都会发挥作用，"二战后半个世纪的实践表明，自然科学研究方法在管理领域中的应用已取得显著成效，但并非攻无不克。总的说来，从企业管理视角来看，操作层次应用最为成功，功能层次次之，决策层则收效不大"[2]。因此，"管理研究要分辨哪些管理学科的分支、内容和研究阶段适合应用科学方法，哪些适合思辨方法"[3]。

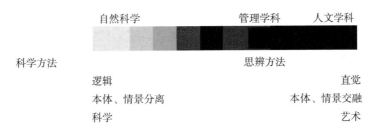

图 2-1　学科定位频谱图

资料来源：李怀祖编著：《管理研究方法论（第 2 版）》，西安交通大学出版社 2004 年版，第 14 页。

三、组织理论与管理学理论

在前面的研究中通过对经典理论的介绍和分析，已经得到了基本的结论：由于组织受建立的目的、运行的特征、依靠的制度和规则等多种因素的影响，呈现出千姿百态的特点，因此要建立组织的理论和组织管理的理论必须进行有效的抽象，抽象出的理论既要反映多样化组织的特性和组织管理活

---

[1]　李怀祖编著：《管理研究方法论（第2版）》，西安交通大学出版社 2004 年版，第 15 页。
[2]　李怀祖编著：《管理研究方法论（第2版）》，西安交通大学出版社 2004 年版，第 16 页。
[3]　李怀祖编著：《管理研究方法论（第2版）》，西安交通大学出版社 2004 年版，第 16 页。

动的共性特征，又要控制研究对象的数量，便于界定和分析。组织理论是对组织运行特征的描述，管理学理论是研究保证组织良好运行的理论，为实现这一目标，必须要做的工作是研究和提炼组织的一般性特征，将有具体组织特性的职能管理理论与管理学理论切割，如在研究企业这个组织的运行中，可以将企业的管理学理论与企业的职能管理理论分割，更为科学的解释就是，组织的管理学理论关注的是人与组织的关系，而组织的职能管理关注的是物与物的优化配置的问题。

1. 组织理论

在《组织理论——理性、自然与开放系统的视角》中，斯科特（W. Richard Scott）与戴维斯（Gerald F. Davis）认为，现在被人们所熟悉的组织形式是产生于17—18世纪的欧洲和美国。组织研究是社会学的一个专业分支，且是一个多学科交叉研究的领域，作为一门学科或理论，形成与成熟在20世纪50年代，并成为组织学。斯科特与戴维斯也发现，组织的形态呈现多样化的特点，但也认为，"大多数分析者将组织视为'个人创造的社会结构，用以支撑对特定集体目标的追求'。基于这一概念，所有的组织都会面临一系列共同的问题：必须定义（和重新定义）其目标，必须吸引参与者为其贡献服务，必须协调和控制这些贡献，必须从环境获取资源和向环境发送产品与服务，必须挑选、培训和更新成员，以及必须做好协调邻里关系的工作"。与此同时，他们也承认在组织理论中也有不同的看法，"差异来自作为研究对象的组织本身、研究者个人背景和研究兴趣，以及分析层次的不同"①。斯科特与戴维斯还从"协同框架"的角度为组织设计了一个可供分析的一般性模型（见图2-2）。

《组织》是依据决策理论探讨组织理论的书籍。书的作者马奇（James G. March）和西蒙认为，组织是偏好、信息、利益或知识相异的个体或群体之间协调的行动的系统。组织理论描述的是促进组织及其成员共同生存的协作冲突、资源调度和行动协调的微妙改变。他们还认为，组织是组织各类成员的集合，也是行为与已识别环境匹配的规则的集合，组织行为受到环境的

---

① ［美］W. 理查德·斯科特、杰拉尔德·F. 戴维斯：《组织理论——理性、自然与开放系统的视角》，中国人民大学出版社2011年版，第24页。

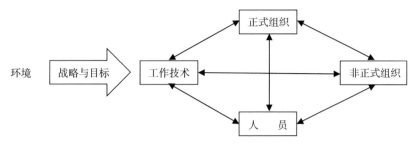

图 2-2　组织的协同目标

资料来源：〔美〕W. 理查德·斯科特、杰拉尔德·F. 戴维斯：《组织理论——理性、自然与开放系统的视角》，中国人民大学出版社 2011 年版，第 24 页。

影响，但马奇和西蒙坚持认为，虽然《组织》在 1993 年再版时比头版发行的 1958 年过去了整整 35 个年头，"就是在这么长的时间里，没有什么事件彻底动摇了组织或组织理论的基础，以至使它们面目全非或严重歪曲"。"比起 20 世纪 50 年代，我们必须更加重视组织研究的数量和质量。不过，我们已经观察到的新现象，或许大多数也是新概念，并不需要付出太大努力就可以放进它们设计的早期框架中。"①　面对第二次世界大战后各种管理技术，包括信息技术的快速发展，马奇与西蒙坚持认为："这些新技术对许多决策有重大影响，例如库存与生产控制或文档与信息管理。但是，它们对组织的整体影响仍有限，因为这些新技术主要应用于以数学方式描述不会产生严重扭曲的情形和公式运算所需数据收集到的情形。""这些新技术主要应用于中层管理和基层管理决策。一般说来，高层经理的工作没有多大变化，尽管信息技术革命频频曝光。许多组织寻求运用现代技术发展新型管理信息系统并为此而努力，但他们建立的系统通常似乎远远不能适应组织的实际决策过程和管理的需要。"②

以上所介绍的虽然仅举出了在组织理论研究领域权威性较强学者的看法，但我们可以了解到组织理论的概况和基本脉络：人类的各类组织建立很早，但研究组织的理论，特别是组织理论的形成却在 20 世纪 50 年代，研究的对象以 17、18 世纪欧洲、美国的组织形式为主；组织的形态很多，但组

---

① 〔美〕詹姆斯·马奇、赫伯特·西蒙：《组织》，机械工业出版社 2008 年版，"再版前言"第ⅩⅧ页。
② 〔美〕詹姆斯·马奇、赫伯特·西蒙：《组织》，机械工业出版社 2008 年版，"再版前言"第Ⅹ页、第ⅩⅣ—ⅩⅤ页。

织的主要特征已经构建成形；研究组织的组织学是社会学的一个分支，由于组织形态各异，组织的研究存在差异，差异形成的原因是研究者选择的研究对象、个人的背景不同，但我们可以发现学者们之间的思想交流、融通，相互的学习、吸收的痕迹；随着社会的发展，特别是信息技术的发展，组织的形态发生了一些，甚至较大的变化，但对已经形成的组织理论影响不大，已有的组织理论依然具有较强的解释性。

2. 组织理论与管理学理论

我们在研究中发现，组织理论与管理学理论虽然有着密切的联系，如都是对人类组织和组织活动的研究，都关注组织运行的机制和维系组织的因素，甚至可以在研究工作中相互借鉴和借用，但从科学研究需要关注的视角、坐标系和方法三个维度，特别是从定义看，它们之间还是存在着重要的差异（见表 2-2）。

表 2-2   组织与管理的相关定义与描述

组　　　织	管　　　理
组织的定义就是，一个有意识地对人的活动或力量进行协调的体系。（巴纳德）	管理的主要目的应该使雇主实现最大限度的富裕，同时也使每个雇员实现最大限度的富裕。（泰罗）
组织是角色和身份的集合，也是相宜行为与已识别环境匹配规则的集合。（马奇、西蒙）	管理就是实施计划、组织、指挥、协调和控制。管理职能只是作为社会组织的手段和工具。其他职能涉及原料和机器，而管理职能只是对人起作用。（法约尔）
组织是意在寻求特定目标且具有高度正式化社会结构的集体。 组织是相互依赖的活动与人员、资源和信息流的汇聚，这种汇聚将不断变迁的参与者同盟联系在一起，而这些同盟则根植于更广泛的物质资源与制度环境。 组织是这样一种集体，其参与者追求多重利益，既有共同的也有不同的，但他们共同认识到组织是一种重要的资源以及保持其永续长存的价值。（斯科特、戴维斯）	并不是组织的所有工作都是管理工作，只有维持组织运营的专门化的工作才是管理工作。（巴纳德） 管理是关于人类的管理。其任务是使人与人之间能够协调配合，扬长避短，发挥最大的集体效益。（德鲁克） 管理是在正式组织中，通过或与人完成任务的艺术，是在这样组织的团体中创造环境的艺术，是在这样组织的团体中能够个人和合作的方式完成组织目标的艺术，是在完成这些工作中消除障碍的艺术，是在有效地达到目标时获取最优效率的艺术。（孔茨）
组织是对人员的一种精心的安排，以实现某些特定的目标。（罗宾斯）	管理通过协调和监督他人的活动，有效率和有效果地完成工作。（罗宾斯）

资料来源：作者整理。

从以上的定义中可以清楚地看到，组织理论与管理学理论存在内容和研究领域交叉的问题，但组织理论研究的主要问题是组织的一般性问题，如组织的类型、组织的结构、结构的影响因素与制度安排、组织资源的有效配置、组织的运行环境、组织机构的设置等问题；而管理学理论研究的更多的是涉及组织运行的有效性和能率的问题，通过人与人、人与组织的协调，通过计划、组织、领导和控制职能工作，为组织的良好运行提供保证。

四、管理学理论的主导逻辑

在前面的分析中主要是对管理学理论的特点进行了分析和讨论，可以看出，在科学管理思想出现后的 100 多年中，管理学理论既取得了重大的发展，其基本的概念、理论框架已经形成，也在指导各类组织的迅猛发展实践过程中得到了充分的检验与验证。在管理学理论研究的过程中，诸多管理学者和实践者都发现管理学理论与诸多学科，特别是与自然科学理论不一致、不吻合的地方，即人们通常所说的存在科学性较弱的问题，但也是在研究过程中，不少学者已经在思考、探索和实践中逐渐发现和总结出了问题产生的原因，也提出了解决的方法，回答的主要问题是，为什么管理学学科中始终在认为、在争论，管理学理论存在着边界不清、缺乏基础理论等其他学科似乎不存在，或很少争议的问题？造成管理学理论较为混沌、复杂，出现"丛林现象"的原因究竟是什么？这应该就是寻找管理学理论科学性是否存在，也就是我们在研究过程中应该需要注意的主导逻辑是什么的问题。

1. 管理学理论研究对象与问题

无论是在对经典理论的回顾，还是在涉及管理学理论问题的分析中可以发现，在管理学理论的研究中始终不能回避的就是人、组织、组织中的人这样的基本问题，而就是在这些必须面对的问题中，可以去探索管理学理论研究的特点，以及主导的逻辑。

人类的发展离不开组织，但组织是否长期维持，以致永恒却是人类在管理活动中至今仍未解决的重大问题，虽然这个十分重要，甚至是管理学研究中应该和必须回答的问题，但却一直是管理学研究者无法把握和给出结论的问题。我们在研究工作中发现，虽然管理学理论中没有这个问题的准确答案，但对人类组织失去有效性和能率，乃至消亡的原因却有深刻的分析。德鲁克回答得十分直白："显然，公司是人为建立的机构，因而不可能长盛不衰。对一个人为建立的机构而言，即使是维持50年或一个世纪的短暂时光也谈何容易，因此，天主教意味深长地指出，它的缔造者是上帝而不是人类。"① 巴纳德对此是分析式的回答："协作的存续取决于以下两种相互关联和相互依存的过程：（1）同整个协作体系和环境的关系有关的过程；（2）同满足个人需要的成果的创造和分配的过程。"②

　　德鲁克的分析讲到了一个他所发现的问题，由于组织是人为自己追求或实现其目标所建立的机构，所以也是人自身的问题导致了组织的毁灭。巴纳德分析时发现，一个组织在发展过程中若出现了组织与它所在环境的不匹配，出现了组织中成员的获得与付出不协调的问题，组织就极可能面对危机。虽然这样的分析似乎十分笼统，甚至十分空泛，但只要结合我们所知的历史，结合我们耳闻目睹的事实就可以感受到这的确揭示了组织成长过程中问题的症结所在，这也正如毛泽东所总结的："革命党是群众的向导，在革命中未有革命党领错了路而革命不失败的。"③ 也表明了研究组织建立、发展、生存的管理学理论研究的焦点必须始终集中在人、组织、组织中的人的分析上。管理学理论的基本内容与特征应该包括：（1）管理学是研究人类群聚（组织）后所形成的一类特有的和维护人类组织社会活动正常开展的理论；（2）管理学研究的主要内容是组织中人类自身的问题；（3）管理学研究的重点是如何解决组织的协调配合，以提高组织的有效性和效率；（4）管理学所必须解决的核心问题是解决组织发展与环境匹配，以及组织成员个人企盼与组织愿景协调的问题。围绕着这些研究的关注点和基本内容，就形成了根据管理流程，或组织工作过程，或管理者日常工作的思考逻辑所构建的"计划—组织—领导—控制"体系。在管理学界不少人认为，不管怎么样，这只是一个分析框架，甚至就是一个工作的流程，不能算作基础理论，但我们需要关注的一个基本问题是，为什么几乎全世界的管理学教材必须按照这个理论体系来编写？我们也可以对应着以上德鲁克、巴纳德的结论和分析，比较管理学教材中所讲述的基本内容是不是一直坚持围绕着"人、组织、组织中的人"在研究与

① ［美］彼得·德鲁克：《公司的概念》，机械工业出版社2006年版，第25页。
② ［美］C.I.巴纳德：《经理人员的职能》，中国社会科学出版社1997年版，第50页。
③ 《毛泽东选集》第一卷，人民出版社1991年版，第3页。

探讨组织的基本问题，特别是管理学中所介绍的四大职能中的计划与控制对应着组织与环境的匹配、管理的问题，而组织与领导对应着组织中成员个人企盼与组织愿景协同、管理的问题，构成管理的四项职能活动形成了前后密切联系，环节丝丝相扣的闭环系统。所以我们认为法约尔所构建的，以管理职能（management functions）（或管理过程（management process））为特点的管理学体系就应该是管理学的基础理论，因为它对应着组织管理工作中所需要关注的关键问题，揭示了在管理过程中需要关注的主要工作。

2. 管理学理论科学性的分析与探讨

管理学理论以人、组织、组织中的人为主要问题开展研究，结合管理人员的工作逻辑和管理工作的基本流程"计划—组织—领导—控制"构建了自己的理论体系，也成为了学习管理学理论必备的知识体系。

但目前在管理学界对此并不十分认同，理由是：第一，这不太像一个严谨的理论体系，如没有严格的推演、论证过程，缺乏基本的数学模型与分析；第二，缺乏准确的基本结论，如什么是最好的计划、什么是最完美的组织、什么是最优秀的领导、什么是最为有效的控制均缺少明确的结论，与这些职能相关的、更为细小的问题也是如此；第三，似乎要得到更为明确的解释必须依靠社会科学的其他理论，如对组织的理解需要借助于社会学、组织学，对组织运行的理解需要运用经济学、生态学，对人的理解需要依靠心理学、人类学等，没有管理学自己所独有的理论与体系。

这些问题在管理学界都是争论很大、很久，且很难说清楚的问题，但正如前述，这样一些涉及学科发展的重要问题不去试图回答而进行回避，似乎与重大课题研究的要求不够吻合，也更难为中国管理学发展路径的探讨打下基础。在本课题的研究过程中，我们在这方面做了较多的工作，先后发表了《论管理学的普适性及其构建》《寻找管理学理论的科学性》等研究成果，并对一些更为具体的问题进行了时间跨度较大的文献分析，如《21世纪以来战略管理理论的前沿与演进——基于SMJ（2001—2012）文献的科学计量分析》《21世纪以来中国组织与管理研究方法的演进与发展趋势——以〈管理世界〉样本为例》，希望从理论、逻辑和趋势等问题上对以上一些问题进行探讨。在课题的研究工作中，我们逐渐形成的看法是：

管理学理论首先要研究和讨论的问题是人的问题，这是因为人在大自然中处于势单力薄的地位才出现了建立组织的需要；构成组织最小且不可再分的单元就是人，因而组织的特性会充分地体现人的生物特征；组织的管理实质上是人对人的管理，因而在管理活动中充满着人与人之间的社会特性，人的生物特征和组织的社会特性有着质的差异和不同。但就是在科学研究的领域可以发现，至今为止，人类已经对自然的规律进行了广泛、深入的探讨与研究，但对我们自己——人了解了多少却依然是一个深不可测的问题。如我们虽然看到，在对人的研究上已经在宏观上对人的肌体、生理、生命起源、生老病死的主要原因都基本了解清楚，也实现了对人的器官、细胞的了解，甚至可以测定人的 DNA，可以实现人的克隆，可以通过各种技术手段对人的微观组织进行研究，但从总体上看，这一系列研究成果还是将人作为物质、客体在进行研究，而对人行为产生的过程、人与组织关系的处理，也就是对人自我思维、自我行为机理与过程的研究，特别是与管理职能有着密切关系、指导人行为的人最为重要的器官——大脑机理却了解不多。一个有说服力的材料就是 2013 年 4 月美国宣布"推进创新神经技术脑研究计划"（简称"脑计划"）的报道。参加该计划的一些科学家曾谈到，人类大脑拥有 1000 亿个神经元和 100 万亿个神经突触，但现在科学家们还不了解任何一个单个机体的大脑工作机制，就连只有 302 个神经元的小虫，目前也无法了解它的神经体系，对大脑工作机制的认知几乎是空白。"脑计划"的研究计划安排为 15 年，但参与研究的科学家认为"也许我们永远无法获得最终答案，一些专家认为，关于'意识'永远无法获知"[1]。

管理学理论的研究者很早就认识到了由于对人一些机理认识的不足给管理工作或管理学理论研究带来的问题。西蒙在分析非程序化决策的传统技术时讲道："制定程序化决策依靠的是较为简单的心理过程，这种心理过程至少在实用水平上可让人理解。这包括习惯、记忆、对事物和符号的简单控制。而制定非程序化决策所依靠的是到目前为止人们尚不了解的心理过程。正由于我们还不了解心理过程，所以有关非程序化决策的理论就显得极为空泛无物，而我们提供的一些实用建议，也只能说在某种程度上有所助益而

---

① 《细说美国"脑计划"：更强调技术创新》，中国经济网，2013 年 4 月 27 日，见 http://intl.ce.cn/sjjj/qy/201304/27/t20130427_24333609.shtml。

已。"　"到现在为止，我们对于如何改进人类制定决策的本领知道得仍然不多。可是我们也观察到有些人这方面的本领比旁的人强些，我们设法雇佣这些人。我们是靠'选拔人才'这一主要技术来作为改进组织的制定复杂决策的本领的。"① 西蒙在谈及这个问题时也高度关注了他十分熟悉和擅长的计算机出现以后对管理，特别是对决策问题的影响和可能发展的趋势，虽然他自己认为他是一个哲学理念上的乐观主义者，发现计算机在模拟人类思维过程方面取得了进步，但他还是发现："在过去十五年中，没有产生什么足以使我在十五年前对计算机技术发展或计算机在企业组织与管理中的应用所做的分析发生实质性变化的东西。"② "不管过去二十年出现的程序化决策制定技术的意义如何重大，不管由于转用更复杂的程序而在减少以前被认为是程序化的领域方面的进步有多大，这些发展对管理决策制定活动的重要部分仍然未加触动。许多，或多数由中层和高层处理的管理问题仍不能顺当地进行数学的处理，也许永远不行。"③ 近一个时期以来，人们在人工智能上取得了重大的发展和进步，如机器人的大规模使用；AlphaGo 连续战胜世界顶尖的围棋高手等都引发了人们更深层次的思考。也就是在这样的讨论中，人们还是依据科学进行了如下的判断："人工智能再强大，也是一种基于大数据的算法，也是人类的一种工具，是要在人类掌控之下运行的。" "说到底，计算机还是在执行人的算法，它做出的判断，都源于人类的判断。" "归根到底，再拟人、再可爱、再聪明的人工智能，其本质上也是'0'和'1'两个数字的不同排列组合。"④

巴纳德、西蒙都发现，在管理人员，特别是高层管理人员中，在管理和决策工作中更多的是在依靠十分个性化的思维方式。巴纳德说："技术应用上必须的、常见的、日常的、实际的知识，有许多是难用语言表示的。这是技术窍门的问题，可以叫做行动的知识。它必须在具体情景中应用。没有比管理技术更不能缺少它的了。只有通过坚持不懈的习惯经验才能获得它。它

---

① ［美］赫伯特·A. 西蒙：《管理决策新科学》，中国社会科学出版社 1982 年版，第 44—45 页。
② ［美］赫伯特·A. 西蒙：《管理决策新科学》，中国社会科学出版社 1982 年版，第 8 页。
③ ［美］赫伯特·A. 西蒙：《管理决策新科学》，中国社会科学出版社 1982 年版，第 53 页。
④ 罗旭：《机器人能与人谈恋爱吗》，《光明日报》2017 年 9 月 14 日。

常常被叫做直觉。"①"要对各种人混杂的世界中综合技术能力做出正确的评价，就需要智力。这种智力可能不是从正式教育培养出来的，而是由协作的经验产生的。"②"'逻辑过程'是指可以用词语或其他符号表示的有意识的思考过程。'非逻辑过程'是指不能用词语表示的，或不是推理的过程，只能通过判断、决定或行为看出来。"③"尽管使决定合理化的习惯很流行，却明显地需要一种推测型的思维，并减少理性化的因素。严格说来，严密的推理不能运用于这类问题的决策上。运用它的企图就表明各种心理活动之间缺乏平衡。……如果把一个问题只当作智力问题去处理，就不容易有正确的'心理结构'。那样就会在处理问题的过程中忽视许多无形的因素。"④"我认为，人们之间以及人们所作的各种工作之间的最重要的区别是，所应用的或要求的现实的思考即推理的程度不同。""为了使你们理解我的观点并了解我这次演讲的实际意义，我认为必须首先克服偏重思考过程的倾向，使非逻辑过程得到正确的评价。"⑤ 所以巴纳德在探讨经理人员的职能时，他的重要结论是前面已经介绍了的："由于对整个社会和个人来说都是主观的，我认为这种比例无法由科学确定，这是一个哲学和宗教的问题。"⑥ "在协作的人们中，可见的事物是由不可见的事物推动的，形成人们的目的的精神是由'无'产生的。(So among those who corporate the things that are seen are moved by the things unseen. Out of the spirit that shapes the ends of men.⑦)"⑧ 西蒙也有十分相似的看法："当我们问组织的经理是如何制定非程序化决策的，我们通常被告知，他们是在行使'判断'，而这种判断是通过某种不确定的方式由经验、洞察力和直觉来决定的。如我们所探问的决策是一个极大的难题，或者是一种将产生极为深远影响的决定性决策，我们则将被告知这种决

---

① [美] C. I. 巴纳德：《经理人员的职能》，中国社会科学出版社 1997 年版，第 227—228 页。

② [美] C. I. 巴纳德：《经理人员的职能》，中国社会科学出版社 1997 年版，第 229 页。

③ [美] C. I. 巴纳德：《经理人员的职能》，中国社会科学出版社 1997 年版，第 234 页。

④ [美] C. I. 巴纳德：《经理人员的职能》，中国社会科学出版社 1997 年版，第 240 页。

⑤ [美] C. I. 巴纳德：《经理人员的职能》，中国社会科学出版社 1997 年版，第 235 页。

⑥ [美] C. I. 巴纳德：《经理人员的职能》，中国社会科学出版社 1997 年版，第 231 页。

⑦ Barnard, C. I., *The Functions of the Executive*, Harvard University Press, Cambridge, Massachusetts, U. S., 1968.

⑧ [美] C. I. 巴纳德：《经理人员的职能》，中国社会科学出版社 1997 年版，第 222 页。

策是需要创造精神的。"①"当某个有天赋的人依靠实践、学习和阅历，将其天赋发展成为成熟的技能时，一个优秀的运动员就诞生了。而杰出的经理的诞生，也是由于本人具有天赋（包括智慧、精力和某种与人共事的能力）。依靠实践、学习和经验，将其天赋发展为成熟的技能。"② 这样的认识与结论似乎很玄乎，似乎很接近不可知论，更难以进行人们认知的科学性检验，但读者只要结合自己，结合自己的生活和工作就会感觉到这些结论是那么的符合实情与常理，那么的真实、可靠和最接近实际的分析。

　　科学观，即对方法论的探讨和认识是科学研究工作中十分重要的工作，也就是研究工作中研究方法选择的基础理论。在科学研究领域极具权威性的《科学革命的结构》一书中库恩（Thomas S. Kuhn）讲到，常规科学即是解谜，但他又讲道："成功的人，证明自己是一位解谜（Puzzle-Solver）专家，而谜所提出的挑战正是驱使他前进的重要力量。""判别一个谜的好坏标准，不是看它的结果是否内在地有意义或重要。相反地，真正迫切的问题，例如治疗癌症或持久和平方案的设计，通常根本没有就不是谜，主要原因是因为它们不可能会有任何解。""谜就是特殊的问题范畴，它可以用来检验解密者的创造力或技巧。""如果一个问题被看成是一个谜，那么这个问题必定要有一个以上确定的解为其特征。也还必须有一个规则，以限定可接受的性质和获得这些解所采取的步骤。"③

　　管理学理论、科学研究方法的研究者提出的看法应该引起我们的注意，可以发现，也可以在自我的人生中体会到：在管理职能研究的领域，由于人的存在、人自身在组织管理过程中体现的许多目前还难被科学所揭示的行为奥秘，以及对组织运行环境的复杂性、动态性、前瞻性认知的缺陷和认识的不足，使得许多涉及组织运行、管理工作中需要研究的重要问题，如组织成功的原理、成功人士的特征、领导力的测定、组织商业模式的选择、激励人的有效办法、成功战略的制定等重要问题，特别是涉及人参与的组织活动和管理工作，都会因此还无法得到稳定的答案和精确的结论，造成这些谜条件形成的缺失，难以形成科学的范式。对应这一分析我们可以看到，在组织运

① ［美］赫伯特·A. 西蒙：《管理决策新科学》，中国社会科学出版社 1982 年版，第 43—44 页。
② ［美］赫伯特·A. 西蒙：《管理决策新科学》，中国社会科学出版社 1982 年版，第 37—38 页。
③ ［美］托马斯·库恩：《科学革命的结构》，北京大学出版社 2003 年版，第 33—35 页。

行中，只要涉及人参与的管理活动，如计划（战略）的制定，组织模式（形态）的选择，领导的特质界定和领导模式的优劣，控制的手段和方法的理论就格外复杂和迄今尚无能够得到明确和清晰的结论，而显得理论多而杂乱，且很难有使人信服和问题揭示的深刻理论。

章凯教授在自己的研究中作出过相似的判断，一个学科的发展必须依赖"3 个基本条件：一是对研究对象建立了正确的理论原型；二是拥有与理论原型相适应的科学研究方法；三是形成了符合实际的学科方法论。中国哲学和思维方式（如阴阳模式等）对解决第 1 个和第 3 个问题很有意义，西方社会科学在实证方法上颇有长处。由于人和组织的复杂性，中国文化没有孕育出管理学的研究方法（但也不片面追求实证）；但美国主导的管理研究方法主要来自统计学科，主要擅长于检验变量间的线性关系，虽然好像很科学，其实由于在第 1 个方面和第 3 个方面都偏离了实际，最终导致脱离实际的情况很普遍。""我不能说研究的结果大多是错误的，但研究的结果肯定是支离破碎的。组织是复杂的，我们对管理的认识很简单，而复杂性并不能从简单和肤浅的认识中产生出来，也就是说，目前的研究积累并不能最终导致学科理论体系的建成。"① 是否可以大胆地设问，由于对人思维过程缺乏透彻的理解，由于因无数解的存在而缺失去解谜的前提条件，由于不是推理的过程，只能通过判断、决定或行为看出，是一种推测型的思维，减少了理性化的因素，难以运用严密的推理，且在研究工作中有意无意地忽视许多无形的因素开展研究这些前提的存在，在对组织管理工作的许多研究中能如此普遍、广泛和科学地使用数学或统计方法吗？在人为"构念"条件下，使用小样本得出的诸多结论符合管理工作中的实际情况，反映了管理工作的普遍规律吗？不正是在这样的条件下得出许许多多的"研究成果"和"科学结论"造成了管理学理论的不精确、相矛盾、相互否定、无法在实践中得到检验，使得其他学科认定管理学理论不存在普适性的理论，管理学学科研究者无法有效解释而自乱阵脚了吗？所以，如何在管理学的研究中采用能客观地反映实践活动的构念，如何在研究中选择合适的研究方法，又如何谨慎地使用"小样本"

---

① 黄光国：《"主/客对立"与"天人合一"：管理学研究中的后现代智慧》，《管理学报》2013 年第 7 期。

反映、推断需要检验的问题的统计方法，又如何保证研究的结论能真正地反映管理实践中人的行为，都是值得管理学界认真思考，并予以践行的工作。

应该是基于自我实践经验的总结，对经理人员职能问题的思考使巴纳德得出了管理学理论研究过程中需要注意的根本问题——管理学理论科学研究的层面和对象的问题，即管理学理论研究工作中的目标与定位的选取与确定。他于 1936 年 3 月在对普林斯顿大学工程系的教员和学生的演讲中一开始就讲道："本演讲的题目可以从'科学'方面或'实际'方面来考察。如果从科学方面来考察，那就至少一方面要讲到神经学（neurology）和心理学（psychology），也许还有逻辑学（logic）、认识学（epistemology）和形而上学（metaphysics）；另一方面要讲到社会科学。即使对这些研究领域的知识和思索作一个大致的描述，也需要多次演讲。而要掌握其中的一些领域则需要终生的时间。尽管这些研究是重要并有用的，但它们如此的不完全，或各种体系和结论是如此的带有臆测性，整个讲来难于应用到个人日常事务中去（a whole difficult to apply to more than a few aspects of personal experience in everyday affairs）。[①] 但是，同我们的生活和工作有着密切关系的是它的日常现象，我们必须脱离开其中的科学问题来进行讨论，正如我们不用特别涉及 H_2O 的物理性质或化学性质而去研究如何利用水来饮用、游泳或航行。"[②] 巴纳德对管理学科及其理论这些特性的认识、总结和描述应该让我们进行理性的思考，管理学理论的科学性究竟在哪里，结合前面的分析和相关的结论，应该认识到，从管理思想发展的历史看，当前，甚至更长一段时期内，管理学理论的科学性只能建立在众多管理学者们的思考、辨析和定位上，理论框架只能建立在由法约尔所构建的一般管理理论上。

法约尔所构建的一般管理理论研究和描述的对象就是人、组织和组织中的人，是对人类社会组织管理活动运行整体性的客观剖析、总结和抽象。他没有打算更为抽象或更为具体地进行分析。因为法约尔可能或一定在自己的管理工作实践中知道，对组织的管理只能建立在他已认识和发现的组织管理职能规律之中。因为受人的存在和组织运行过程中复杂因素的干扰，管理学

① Barnard, C. I. , *The Functions of the Executive*, Harvard University Press, Cambridge, Massachusetts, U. S. , 1968.

② C. I. 巴纳德：《经理人员的职能》，中国社会科学出版社 1997 年版，第 233 页。

理论中阐述的基本原理、原则和规律的具体运用只能由机智和经验所组成的把握尺寸的管理人员的自身能力去决定，而绝无一定之规——这应该是法约尔对管理职能特点和规律的最大破解。细心揣摩，还可以感觉到法约尔的理论构建在一个十分合适的层面——对组织运行过程的管理工作特点、特性、内容和特征的全面总结、抽象和描述，它可能需要人们在这个理论的框架和认知中结合时代的变化、组织的特性、个人的感悟，特别是在管理的实践活动中进行补充和完善。如果简单地往上走——更为理论化和"一般"化，会失去其解释性——无法理解管理职能的真谛，脱离实践，缺乏解释性；如果向下行——更为结合实际和特殊性，必然会失去其科学性——陷入莽莽丛林之中。所以我们可以看到，虽然不少人对法约尔的理论提出了批评，但还没有人能够建立更为科学、完善和更具有解释性的管理学理论体系，以取代法约尔所构建的管理学理论体系，在迄今为止的管理学教材中更难见到另外的，可以依此编辑成书的管理学理论体系，这也证明了历经100余年的法约尔管理学理论体系已经接受了理论特别是实践的检验。应该明确地认识到，法约尔所构建的管理理论，也就是其提出的有关组织管理工作的概念、原则、特征、框架、教育性等内容就是目前最具有一般性和普适性特征的管理学理论，也就是组织管理的基础理论。"法约尔的各种观点被人们不断重复，这显示了它们如何彻底地渗入了当代的管理思想中。""无论人们是否承认，很明显，今天绝大多数管理者在本质上都是法约尔主义者。"① 就是很好的说明。

由于管理学理论是研究人，研究组织的运行，人的思维过程、人的选择、人的行为、人对环境的分析与辨识、由人所构成的组织的维系、发展机理等诸多涉及管理活动的内容，因人的原因和组织运行环境的复杂，还存在众多难以被人理解、认知和把握的奥秘，这也就决定了研究组织管理的管理学理论存在自我的特殊性，即自我的科学性。这既造成了管理学理论现有的复杂与混沌，也决定了我们需要结合这样的特点去认识、把握、构建管理学理论，努力地认识管理学理论的科学规律，并在此基础上积极有效地开展管理学理论研究工作。如像法约尔认识到的管理与其他职能活动存在不同，需要更多

---

① ［美］丹尼尔·A. 雷恩、阿瑟·G. 贝德安：《管理思想史（第六版）》，中国人民大学出版社2012年版，第173页。

的说明解释；像巴纳德指出的要注意知识体系中存在的差异，协作在工艺学、商业性技术和人的相互作用和组织间的进展不同；像西蒙强调的程序化与非程序化决策心理过程对决策工作的影响；像孔茨依据运作学派思想构建将管理学学者研究工作中偏好的多个学科、研究方法和职能活动移除的基础管理科学与理论等，都在努力地从不同的视角与参考系发现、建立、提取管理学理论的科学本质——特征、边界和精华。而这应该是管理学理论的主导逻辑和自我特色，也是中国管理学界在日常的研究工作中需要注意的基本问题。

3. 管理学的理论框架

结合前面对管理学理论特点，特别是主导逻辑的分析和对法约尔所构建的管理学理论的认同后，剩下的工作就是建立管理学的理论框架了。我们认为，根据现有管理学理论研究的现状和发展趋势，目前我们依然可以借鉴孔茨构建的管理学理论框架和模型。孔茨在对管理理论丛林问题的探讨中将法约尔视为管理过程学派之父，并提出，管理过程学派将管理看作一种过程，在其中各种事情或任务通过那些运作于组织化群体里的人们得以完成。"该流派的目的是分析这种过程，建立关于它的概念框架，辨别出蕴藏其中的原则，最终创建一种管理理论。"① 孔茨在介绍和评价法约尔的理论时，结合法约尔的思想讲了管理学界应该注意的话："致力于管理过程流派的学者，通常并不试图将社会学、经济学、生物学、心理学、化学或其他学科的全部领域都包含进这个理论流派里。之所以这样做，不是因为其他领域的知识不重要或没有管理意义，而只是因为没有认识到知识的有效分工，科学或艺术就不可能实现真正的进步。"② 在《再论管理理论的丛林》中，孔茨将管理过程学派重新定义为运作学派，并认为，管理的运作观点认为，管理学关于管理活动存在着一个核心知识内涵：诸如直线和职能、部门化、管理幅度的限度、管理评论以及各类管理控制技巧等，都包含着只有在管理活动中才能被发现的概念和理论。孔茨还为运作学派与各个学派之间的关系绘制了一个图（见图2-3），根据这个图形，孔茨讲道："如图所示，运作管理思想流派

---

① ［美］哈罗德·孔茨：《管理理论的丛林》，载张钢编选：《管理学基础文献选读》，浙江大学出版社2008年版，第80页。

② ［美］哈罗德·孔茨：《管理理论的丛林》，载张钢编选：《管理学基础文献选读》，浙江大学出版社2008年版，第80页。

包括一个专属于管理的核心理论，外加从各种其他流派和观点中折中出来的知识。正像图中的圆圈所显示的，运作观点对来自其他各种领域的重要知识并不感兴趣，而只是对哪些最有用、并直接与管理活动相关的知识感兴趣。"孔茨还在这个图形下说明："运作管理科学或理论是图中圆圈的内的部分。它显示出，运作管理科学或理论有一个核心的基本理论，同时从其他与管理学相关知识领域借鉴了理论。因此，它部分的是一种折中的科学或理论。"①

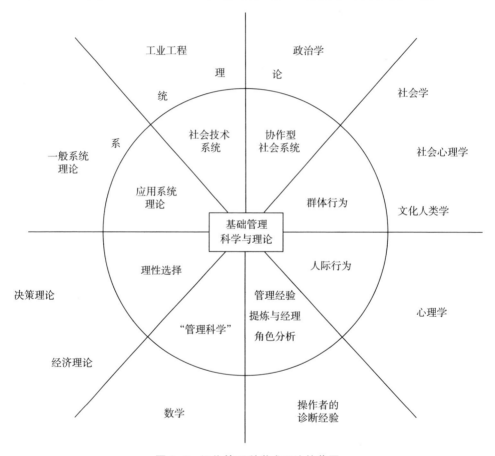

图 2-3　运作管理科学或理论的范围

资料来源：［美］哈罗德·孔茨：《再论管理理论的丛林》，载张钢编选：《管理学基础文献选读》，浙江大学出版社 2008 年版，第 110 页。

---

① ［美］哈罗德·孔茨：《再论管理理论的丛林》，载张钢编选：《管理学基础文献选读》，浙江大学出版社 2008 年版，第 110 页。

这个图形所描绘的管理学理论研究范畴具有很强的科学性，首先它体现了法约尔所建立的管理学理论的学术思想，是一般性、普适性管理学理论的解释和图形化，更便于人们的理解；其次它完整地体现了管理学研究领域的基本和现实状况，展现了管理学研究领域的全貌图景，使处于"丛林"和"混沌"的管理学研究范畴有了清晰的界定；最后它真实地反映了管理学理论研究的特点。

这个理论框架由于管理活动涉及人、组织和组织中的人，所以管理的研究工作、体系会体现开放性的特征，必然形成一个开放性的系统，它可以允许和包容其他理论对管理活动的人、组织和组织中的人进行单个因素或综合某些因素多角度的研究，也会丰富和完善对人、组织和组织中的人的分析与解释，但却不能替代管理学理论，因为只要研究组织管理的理论体系偏离和没有对组织整体运行的特征进行解释，没有对人、组织和组织中的人进行整体性的描述和解释，甚至违背管理学理论科学性目前体现的基本特征，它就还不能被认为和称为是管理学的基础理论。

其实，这种多视角或多理论涉入的研究模式在社会科学中有更多的体现，如在前面已经介绍过的组织理论中，斯科特、戴维斯就认为，由于"现实中的组织、规模和形式千差万别"，所以"从一开始，组织研究就具有跨学科的特点"。[①] 他们还提到，基于组织的差异，凭借研究者的兴趣、专业训练和所从事的职业，实践导向和学术导向的不同选择，组织层面分析的差别，组织的研究就出现了多种的视角，如政治学、经济学、社会学、心理学、人类学，从而出现了："不同的专家喜欢的研究对象不同，在面对同一研究对象时，关注的角度则不同。"[②] 田国强在谈及现代经济学的研究框架时讲得更为清楚和明确："经常听到有人批评现代经济学存在着太多不同的经济理论，觉得经济学流派观点各异，不知道孰对孰错，甚至有人借此讽刺经济学家，100 个经济学家会有 101 个不同的观点和说法，从而否认现代经济学及其科学性。其实他们没有弄清楚，正是由于不同的经济、社会、政

---

① ［美］W. 理查德·斯科特、杰拉尔德·F. 戴维斯：《组织理论：理性、自然与开放系统的视角》，中国人民大学出版社 2011 年版，第 24 页。

② ［美］W. 理查德·斯科特、杰拉尔德·F. 戴维斯：《组织理论：理性、自然与开放系统的视角》，中国人民大学出版社 2011 年版，第 24 页。

治环境，才需要发展出不同的经济理论模型和经济制度安排。经济学家之所以对于一个问题会有不同的观点，恰恰说明现代经济学的严谨和完善，因为前提变了，环境变了，结论自然就要相应改变，很少有放之四海而皆准的一般性的'好'结论，否则就不需要因时制宜，因地制宜，具体情况具体分析了。不同的经济、政治、社会环境可以发展出不同的经济理论或经济模型，但决不是不同的'经济学'。"①

所以，开放性、多角度、多视野、多理论、多方法的研究是社会科学研究的基本特征，虽然这样会导致研究的结论多种多样，甚至相互冲突和矛盾，但需要注意的是，不能和不要偏离了学科基础理论的分析框架和研究方法。从目前看，管理学理论只能构建在法约尔所构建的管理学概念和理论分析中，想偏离或离开相关的概念和理论分析，就很难有明确的结论，其结果就是管理学界自己都很难解释的理论杂乱、无解和20世纪80年代之后管理学理论无重大发展的奇怪现象。

通过以上的分析和论证，我们可以深切地感受到，不是管理学理论不能解决实际问题，而是存在对管理学理论科学性认识的误区；不是管理学理论未能认识到问题的根源，而是还存在人们对问题根源探索的未知领域，可以预计，管理学理论还会在管理学界的努力之中发展，还可能出现更多的流派，对实践的指导作用还会加强，但在可预期的未来，管理学理论依然会保留着它神秘的面纱：在指导和帮助人类组织取得成功的同时，留下许许多多的遗憾；也只能在高度注意到管理学理论本质特征及其产生的科学性的基础上，我们才会跳出彷徨、混沌、迷惑、不解，取得进步。

---

① 田国强：《现代经济学的基本分析框架与研究方法》，《经济研究》2005年第2期。

第二编

近现代中国企业管理活动与商学教育

第二部分为近现代中国企业管理活动与商学教育发展的回顾与研究。这一方面是注意到，科学管理思想是伴随着产业革命的出现而逐渐形成，其研究的主要对象是产业革命中出现的人类新型组织——企业（工厂），由于历史的原因，这一阶段中华民族逐渐远离了世界的发展，在产业革命的浪潮中落伍；另一方面我们也看到，伴随着洋务运动的兴起，与管理教育有着密切联系的商学教育在中国也开始艰难起步。新中国成立后，在苏联的支援和帮助下，新中国初步完成了自我的工业体系建设，取得了进步与发展，管理水平也有所提高，但受多种原因的影响，中国管理学的发展依然受到制约；改革开放以后，中国政治、经济、科技等构成的文化结构发生了重大的变化，给管理学的发展带来契机，管理学不仅被人们视为兴国之道，成为发展最快的一个学科，也成为众多学科体系中一个门类。对管理教育发展历程的回顾是为课题的分析与研究提供历史的脉络和演进的过程。

第　三　章

1840—1949 年中国的企业管理活动与商学教育

中国是世界上唯一文化没有中断，并延续了五千多年的国家，在世界文明史中扮演着重要的角色，但近代由于在科学研究、生产技术上的落伍，发展大大落后于世界上的一些国家，甚至还沦为一个任人宰割的半殖民地半封建国家。当然，这其中的原因十分复杂，但受封建传统文化的制约，国家治理、管理思想的落后应是一个重要的原因。

第一节　近代中国国情的简单回顾

迄今为止，世界上的发达国家大都是受益于 18 世纪中期开始的产业革命，而历史上被称为"文明古国"的国家或地区（包括中国）却因各种原因都大大落伍于世界科学技术的发展，虽然对于这个问题原因的分析人们已经提出了各种解释，但仍然还没有形成统一的意见，在这里我们不准备对这一问题进行全面讨论，仅从近代中国的国情，结合本研究工作的需要进行分析。

一、中国近代的社会特征

中国近代史的时间划分是 1840—1949 年，也就是第一次鸦片战争爆发到中华人民共和国成立。这段时间是中国历史上一个非常特殊的时期，因为就是在这段时间里，曾在历史上有过超强实力和辉煌文明的中国开始走向全面的衰落，逐步地向半殖民地半封建社会转变，中国人民也逐渐陷入极端贫困、落后、屈辱和受压迫、受剥削的痛苦深渊，从而形成了这一特殊时期极为鲜明的社会经济文化现象。赵靖教授认为："中国近代经济思想史所涉及的历史时期，同鸦片战争前的中国传统经济思想发展演变的漫长历史时期相比是十分短暂的，但它在性质、内容、产生的历史条件以及同外来经济思想的关系等方面，都同传统经济思想有根本的区别。"① 胡寄窗教授认为："在半封建半殖民地经济时期，中华民族在思想上经历了两次亘古未有的变动。"② 第一次是鸦片战争，英国的炮舰既粉碎了清代封建王朝的武装力量和冲破了中国的经济大门，也使中国人的思想意识产生了重大的变化。"中国在鸦片战争以前不止一次地被胜利者或征服者所击败乃至被征服，但中国人民不曾有一次被胜利者或征服者所卑视，也不曾有一次丧失其民族自尊心和自信心。只有鸦片战争的失败才使民族的自豪感也同时被侵略者的炮舰所摧毁，民族的自信心也开始动摇了。人们对传统的思想意识及社会价值产生的怀疑日渐增长。先进的人们决心从他们的侵略者的武库里寻求物质的和精神的武器，开始了一个无先例的'向西方学习'的运动。"③ "师夷长技以制夷"是推行洋务运动的主导思想。在洋务运动中，中国开始从西方各国引进了新式的工业、开矿业和交通业，开始直接接触、分享产业革命的成果，为现代工业的建立打下了基础。第二次是 1919 年在法国巴黎和会引发的五四运动。五四运动的影响更为巨大，人们因为五四运动所产生的思想变革比鸦片战争更为彻底。"师夷长技以制夷"思想中最重要的是强调了"学技"以"制夷"，坚持的是"中学为体，西学为用"的学习方法。而"'五四运动'的第一炮就是'打倒孔家店'，彻底摧毁了旧有的一切道德准则，要求以一些外来的价值准则和科学方法为起步，处理现实的各种问题"④。这些认识和思想上的变化为中国较为全面地引进西方的科学技术及思想，乃至产

　　① 赵靖主编：《中国经济思想通史续集：中国近代经济思想史》，北京大学出版社 2004 年版，"序言"第 1 页。
　　② 胡寄窗：《中国近代经济思想史大纲》，中国社会科学出版社 1984 年版，第 4 页。
　　③ 胡寄窗：《中国近代经济思想史大纲》，中国社会科学出版社 1984 年版，第 4 页。
　　④ 胡寄窗：《中国近代经济思想史大纲》，中国社会科学出版社 1984 年版，第 5 页。

业革命后的工业生产方式奠定了基础。

但是，中国社会变化总的趋势是逐渐地向半殖民地半封建的社会转变。胡寄窗对此的认识是："从社会经济形态方面考察，所谓半封建半殖民地经济，必然是传统的旧封建经济体系的日益瓦解和外来的资本帝国主义经济体系的日渐繁荣这两种趋势的交织，换言之，是整个历史时期全属于新旧社会形态的变革或过渡过程。"① 毛泽东在《新民主主义论》一文中也非常清楚地描述了中国近代的社会特征。他指出："所谓中华民族的旧政治和旧经济是什么？而所谓中华民族的旧文化又是什么？自周秦以来，中国是一个封建社会，其政治是封建的政治，其经济是封建的经济。而为这种政治和经济之反映的占统治地位的文化，则是封建的文化。自外国资本主义侵略中国，中国社会又逐渐地生长了资本主义因素以来，中国已逐渐地变成了一个殖民地、半殖民地、半封建的社会。现在的中国，在日本占领区，是殖民地社会；在国民党统治区，基本上也还是一个半殖民地社会；而不论在日本占领区和国民党统治区，都是封建半封建制度占优势的社会。这就是现时中国社会的性质，这就是现时中国的国情。作为统治的东西来说，这种社会的政治是殖民地、半殖民地、半封建的政治，其经济是殖民地、半殖民地、半封建的经济，而为这种政治和经济之反映的占统治地位的文化，则是殖民地、半殖民地、半封建的文化。"② 这样的政治格局、经济特点、文化背景既是这一个时期的中国国情，也是我们在研究中关注的问题。

在 1840—1949 年间，中国因内忧外患，完全处在高度的动荡不安之中，国内战事不断，朝代、政权更迭；国外列强垂涎我国，屡屡入侵中华。如1840—1842 年的第一次鸦片战争，1856—1860 年的第二次鸦片战争，1894年的甲午海战，1898 年义和团运动兴起，1900 年 6 月八国联军进攻北京；1911 年辛亥革命爆发，中华民国成立；1915 年袁世凯复辟帝制，随后是军阀混战；1931 年日本占领我国东三省，1937 年日本军队进攻卢沟桥，抗日战争全面爆发；1945 年日本投降，随即解放战争开始。在这短短的 100 多年中，社会动荡不安，百姓颠沛流离，帝国主义相继侵华，国内军阀战事不

---

① 胡寄窗：《中国近代经济思想史大纲》，中国社会科学出版社 1984 年版，第 1 页。
② 《毛泽东选集》第二卷，人民出版社 1991 年版，第 664—665 页。

断。在这内乱与外患交加的时代，怀揣"实业兴国""教育兴邦"梦想的诸多中国实业家、教育家想去跟随世界产业革命的潮流建立大规模的生产教育体系，振兴中华，构建适合中国国情的科学管理体系是难以实现的。

据许涤新、吴承明主编的《中国资本主义发展史》第三卷所提供的资料，在20世纪30年代中后期，外国人开办的洋行控制了80%的出口和几乎全部进口；完全属于中国的铁路只占全部铁路的9%，日本一个国家在东北就修铁路5300公里；外国公司全部控制了远洋的航运，在内河外国公司轮船的总吨位占了77.5%；在电力方面，关内外资与合资的电厂设备容量占了51%，资本占65%，发电量占70%，而在关外，日本几乎控制了发电厂的全部；中国的铁工业，除了土铁以外，几乎全部被日本资本控制。1941年12月，太平洋战争爆发，日本接管了英美等在沦陷区和东北的企业和房地产，1945年随着日本的投降，日本的全部财产，以及德国、意大利属于法西斯所有在中国的财产被国民党政府接管，原属于英美等国的财产归还给了原主人。随着美国在全球实力的扩张，在中国的外国资本形成了美国一个国家独霸的局面。[①] 这些产权数据巨大的变更也从一个侧面反映了那个时期中国企业发展的窘境，经济境况跌宕起伏的实情。

自周秦以来的封建文化，以及近代的殖民地、半殖民地、半封建文化对中国的管理思想产生了重要的影响，以致其在发展过程中与其他国家不太一样，具有自我的鲜明特色，这应该是引起中国管理学界需要注意的问题。赵靖在1988年为何炼成主编的《中国经济管理思想史》所撰写的序言中指出："本书所写的内容主要是宏观的经济管理思想，以中国传统的范畴来表示就是'富国之学'。富国之学特别发达而'治生之学'（传统的微观经济管理思想）则比较薄弱，这的确是中国经济管理思想历史遗产的一个重要特点。"[②] 在书中，何炼成更为具体地分析了中国经济管理思想的基本特点："中华民族是一个历史悠久的民族，中国是世界上的文明古国，在汉唐鼎盛时代，经济的发展曾经处于世界的领先地位，商品经济和国内外贸易具有一定程度的发展。因此，反映在经济管理思想方面也比较丰富，大大超过西方

---

① 许涤新、吴承明主编：《中国资本主义发展史》第三卷，人民出版社1993年版，第46—49、595页。

② 何炼成主编：《中国经济管理思想史》，西北工业大学出版社1988年版。

古代的经济管理思想。但是，由于中国历史发展的特点，封建制度延续的时间比西方各国长，商品经济的发展受到很大的阻碍，资本主义的发展不如西方各国长，商品经济的发展受到很大的阻碍，资本主义的发展不如西方各国快，直到明清之际才有产业资本主义萌芽及一定的发展，到清代中叶由于外国资本主义的侵入，使中国逐步沦为半殖民地半封建社会。明清以来中国经济发展的这些特点，反映在经济管理思想上，近代的管理思想就比西方一些主要国家出现得晚一些，而且缺乏系统的论证，不少经济管理思想还带着浓厚的封建宗法观念的烙印……"①

所以说，在中国五千多年灿烂、丰富的历史文化中，蕴涵着管理思想、管理方法，同其他文化分支一样十分丰富、璀璨夺目，同样是时至今日依然受到世人重视的，并对当今的中国乃至世界管理理论与方法产生着影响，发挥着作用。但受中国历史发展的局限，中国的管理思想明显更多产生于国家的治理方略、军队的博弈谋略之中；管理的核心理念与思想基本体现的是维护皇权，具有"官本位"、"人治"和"治人"的特色，与现代管理产生于大生产、体现大生产文明时代要求，需要依靠法律、制度，突出人性化的管理有着较大的差距；更缺乏从理论的高度，去进行科学的、一般的抽象，形成适合中国国情的管理学理论体系。

第二节　中国近代企业的发展

企业（工厂），是在产业革命中出现的新型组织，是科学管理思想诞生的基础和土壤，在研究与分析中国近代管理思想的发展脉络时，同样需要关注企业发展的基本状况。在以上的介绍中我们可以领略到，在 1840—1949 年这一段时间，具有工业化特色的中国企业主要是由三部分构成，即帝国主义在华投资所办的企业、国家垄断资本主义投资所办的企业，以及民族资本投资兴办的企业。从总体上看，帝国主义经营的企业虽可能具有一些现代企业的生产特点，但本质上却充满着残酷压榨、无偿掠夺的性质；国家垄断经营的企业具有政府掌控，少有竞争的特色；而唯独只有民族工业才具有既要

---

①　何炼成主编：《中国经济管理思想史》，西北工业大学出版社 1988 年版，"序言"第 4 页。

抗争帝国主义企业的种种优势和盘剥，又要反抗国家垄断企业无情打压，还要在夹缝中遵守市场经营规则、开展竞争的特点，处境艰难的民营企业家多有感触："在旧社会创办民族工业，真如在险恶的逆流中行舟，随时都有颠覆的可能。"① 所以在以下的介绍中将重点介绍民族企业的经营管理情况。

一、经营特色

正如"铅笔大王"吴羹梅所说："因为大行业如机器制造、石油、交通运输等行业，目标大，竞争激烈，帝国主义、官僚资本主义势力比较集中，我没有力量与它们角逐。"② 所以一般来讲，民族企业都集中在帝国主义和官僚资本主义不太关注的中小行业，如制笔、纺织、百货、粮食加工、餐饮等行业。民族企业为了企业的发展，在其初创和发展阶段都有出国考察，学习管理经验，引进西方国家装备、技术的过程，但也十分注意结合中国的传统文化，在创造经营特色方面作出了自己的努力，还有一些企业在经营过程中将提升民族企业竞争力，服务于社会和国家作为企业追求的愿景。如1926年6月10日，由卢作孚领导成立的民生实业股份有限公司的宗旨是"服务社会，便利人群，开发产业，富强国家"。在公司建立的初期，卢作孚曾亲自带队去国外考察，购买船只。在经营过程中，民生实业公司恪守着自己对社会的承诺，在1937年底到1938年8月底之间，为支持当时的抗日战争，民生实业公司的船队从汉口抢运入四川的军工器材3.8万吨、政府机关公物6.9万吨、工厂设备7900吨。民生实业公司在这大半年的运量，与平时五年的运量相当。在包括宜昌大撤退在内的抗战初期抢运中，民生实业公司先后有117人牺牲、76人致残，30艘轮船抗战有功受到嘉奖，为抗日战争作出了巨大的贡献。张裕酿酒公司是中国最早的葡萄酒公司，1892年，由著名的爱国侨领张弼士先生为了实现"实业兴邦"的梦想，投资300万两白银在烟台创办，中国葡萄酒工业化的序幕由此拉开。建厂初期，张裕酿酒公司从国外引进了雷司令、贵人香、玛瑙红、蛇龙珠、赤霞珠、梅鹿辄等

---

① 吴羹梅口述，许家骏、韩淑芳整理：《铅笔大王：吴羹梅回忆录》，中国文史出版社2015年版，第60页。

② 吴羹梅口述，许家骏、韩淑芳整理：《铅笔大王：吴羹梅回忆录》，中国文史出版社2015年版，第29页。

120 多个优良酿酒葡萄品种，在烟台建成了两座葡萄园；又从国外引进酿酒设备，聘请了意大利酒师，酿制出风格独特的可雅白兰地、红葡萄酒、味美思、雷司令干白葡萄酒等产品。为确保酒品的质量，开展纵向联合经营，在公司成立的初期就自建葡萄园和玻璃厂，实现了原料和酒樽器皿的自给，以降低经营成本。南洋兄弟烟草公司为了确保原材料的供应，在烟草产地设立栈房、收烟厂，并负责指导农民改良种烟的方法，并贷借肥料，预约收购。公司还围绕香烟的生产、包装产业链，成立了造纸公司、锡纸厂、制罐厂、印刷厂等。成立于 1902 年的大隆机器厂是一个生产纺织机械的企业，在创业的初期就制定了多元化的经营措施，在经营中确立了"以铁业为本，以棉业为手段"的铁棉联营理念，为解决资金问题，还跨行业经营房地产，并实现了利用房地产赚取的资金支持主业的发展，并在当时取得了一定的成功。民族工业在那一阶段虽然弱小，处在现代化生产的学习和发展阶段，但许多企业家都有爱国的情怀，努力地向外国学技术、学管理，与帝国主义和国家垄断资本所拥有的企业积极抗争，推动着中国工业的发展。

二、资本结构

中国的民族企业一开始就是在夹缝中求生存，即在与帝国主义资本和国家垄断资本的企业竞争中求生存、求发展，因而在资本的结构方面也具有自己的独特性。民族企业开创初期，一般是依靠个人的资本，并通过个人参股的形式募集资本，为企业的开创打下基础。随着企业的发展，企业的融资渠道开始增加，形成资本结构多元的局面。

例如，在荣氏企业开创的初期，荣氏家族依靠的资金来源主要是开钱庄的日常积累。"广生钱庄的汇兑业务也因此非常发达，这一年盈余竟达到四千九百两之多，成为荣氏兄弟创办保兴面粉厂资本的来源。"[①] 在创办保兴面粉厂时，荣氏家族是与官僚朱仲甫一起创办的（这也是近代中国企业经营过程的一大特点，民族资本与官僚资本的结合）。在商量资本募集的过程中，他们的安排如下："彼（朱仲甫）云：'大机器无此财力，招股不易，且从三百包入手。集股三万元，各认一半，或自出，或招来，

---

① 上海社会科学院经济研究所编：《荣家企业史料》（上册），上海人民出版社 1962 年版，第 9 页。

即成定局。'"① 在创办振新纱厂时，荣家与买办荣瑞馨（这也是近代中国企业经营过程的一大特点，民族资本与官僚买办资本的结合）也进行过类似的商议。"发起七人，取名振新。发起人即张石军、叶慎斋、鲍咸昌、荣瑞馨、徐子仪、徐氏兄弟各认三万元，其余分招，限日截至。"② 且在企业开创初期，为了企业的发展，股东分得的红利一般都不提取，而是用于企业的发展。在企业发展之后，资金的需求量增大，借入资本也就有逐渐扩大的趋势。例如，表3-1为1913—1923年福新粉厂（荣氏家族的一家面粉厂）的资本结构一览表，从表中企业资产总值增长的状况可以看出福新粉厂在这一时期发展很快。

表3-1　1913—1923年福新粉厂的资本结构一览表

年份	资产总值（千元）	企业自有资本（千元）	借入资本（千元）	借入资本占资产总值的百分比（%）	借入资本对自有资本的百分比（%）
1913	124.10	40.00	52.01	41.9	130.0
1920	7067.38	2936.91	2697.87	38.2	91.9
1923	8630.76	2968.14	5468.05	63.4	184.2

资料来源：上海社会科学院经济研究所编：《荣家企业史料》（上册），上海人民出版社1962年版，第113页。

三、组织设置

组织跟随战略是组织建设的基本原则。在夹缝里求生存的民族企业在组织的建构上已经具备了现代企业的主要特征。

南洋兄弟烟草公司是中国近代史上华侨经营的最大的机器制造卷烟企业。1905年简照南、简玉阶兄弟集资10万银元，在香港正式成立"广东南洋烟草公司"，厂址设在香港东区罗素街。1906年6月，南洋烟草公司开始制造卷烟，以每天30件的生产量投放市场。为确保公司的正常发展，南洋兄弟烟草公司根据公司的发展和竞争状况在组织机构设置上采取了灵活的做法。如南洋兄弟烟草公司上海总公司在1933年前采用分权制，在1933年后

---

① 上海社会科学院经济研究所编：《荣家企业史料》（上册），上海人民出版社1962年版，第11页。
② 上海社会科学院经济研究所编：《荣家企业史料》（上册），上海人民出版社1962年版，第18页。

改为集权制，国内各分机构的业务、财务、人事由总公司直接掌握。1937年又在总公司设立总务、稽核、购料、供应、会计、金库等科室。分公司在经理或副经理下设立营业、调查、会计、文牍和金库、庶务、广告等部门，以保证公司扩大以后经营与管理。民生实业公司在 1926—1939 年间也进行了较大规模的多元化经营，在钢铁、机械、造船、煤矿、棉纺、铁路、银行、保险等行业进行了投资，投资兴办的实体达到了 25 家。

又如荣氏企业。在 1896 年农历二月初八，荣宗敬、荣德生兄弟二人根据父亲荣熙泰的安排，在上海南市挂上了"广生钱庄"的烫金匾牌，这就是在中国颇有传奇色彩的、中国近代工业史上规模最大的民族资本企业集团——荣氏家族企业的开端。随后，以荣氏资本为中心，茂新面粉公司（1902 年）、福新面粉公司（1912 年）和申新纺织公司（1915 年）三个企业及其附属企业先后开业，三个企业分别设立了自己的总公司。关于这些总公司的职责、权力，有如下的表述："总公司组织与一般公司组织不同，各厂是无限公司和合伙。有人说申新组织散漫，实际上，申新有它自己的一套组织。总公司内部分为好多部门，部门之间进行分工，各设主人负责。各厂的经理、厂长对厂负全部责任，着重生产方面。总公司则集中掌握各厂的购料、产品销售和资金调动。后来，各厂也经办小部分原料，系辅助总公司工作上的不足。""总公司为各厂（包括面粉厂和纱厂）统一采购原料，销售成品，统筹资金；各厂只管工务。各厂多余资金必须存总公司，存息比行庄多一些。总公司代筹资金给各厂，照行庄利息加二毫半，作为总公司的经费。总公司采购原料，配给各厂。销售则照原售价结给各厂。总公司名称是茂新、福新、申新总公司。在业务方面，面粉和纱布是分别进行的。""总公司没有董事会，股东会也无大权，总经理掌握全权，一切集中于总经理。从批发发展成为总公司后，就掌握各厂的购料与销售等业务，体现了总公司的集权。"[①] 由此可见，在当时的企业（或公司）中，已经开始注意到组织结构的建设和设置。荣氏企业集团实际上由三个总公司组成，在三个总公司中采用了集权管理，总公司将资本、原材料采购和市场销售活动都控制在

---

① 上海社会科学院经济研究所编：《荣家企业史料》（上册），上海人民出版社 1962 年版，第 96—97 页。

手，下一级的工厂仅为"只管工务"的生产单位。

四、内部管理

据《中国企业管理百科全书》介绍，在一些较为著名的民族企业中，企业的内部管理比较严格，当然这主要是为了生产、经营、竞争和利益的需要。如民生实业公司在企业中就创造性地提出了"职工困难、公司解决，公司困难、职工解决""个人的工作是超报酬的，事业的任务是超利益的"等具有中国文化传统，并体现了现代企业文化特色的口号，在国难当头的时候凝聚了大批的热血青年，为民生实业公司的发展打下了坚实的基础。成立于 1922 年的上海康元制罐厂秉承中国文化的传统，在自己的"厂训"和"训练通则"中提出了"勤、俭、诚、勇、洁"的思想，要求职工"不偷懒、说实话、有过改之、遵纪守法"。要求学徒做工与读书相结合，每天要上文化技术课。这种做法在荣氏企业也开展过。例如，在申新四厂对养成工的规定就包括了这样的条款："养成期内，第一月授课三小时（每日上午下午或晚间），工作九小时；第二月授课二小时，工作十小时；第三月授课一小时，工作十一小时。课程为标准工作法、纺学、公民、国语、常识、音乐、体育等科。每月终举行学科及实习考试一次，不及格者留级。"① 由此可见，这种养成工或与养成工极其相似的工人培训在当时还是较为普遍的做法。

对于企业职员（即直线和职能的管理人员）的管理也具有中国民族企业的一些特色。如在当时较为著名的大中华火柴厂中，"总、分所和工厂里有数百大小职员，他们都是经过总经理批准任用，并'秉承'总经理的意旨分工负责各项生产经营管理工作。刘鸿生（总经理——作者注）对于职员的使用和管理的方法，概括起来说就是'待遇从优，管理从严'"②。在公司中，高级职员每月的薪金都在 300 元以上，除了同一般职员在每年盈余项下分得职员花红外，还能得到"职员特筹"，这是由总经理掌控的，专为高级职员设立的劳酬金。花红是一种奖金，它由年资花红（占花红总数的

---

① 上海社会科学院经济研究所编：《荣家企业史料》（上册），上海人民出版社 1962 年版，第 571—572 页。

② 青岛市工商行政管理局史料组编：《中国民族火柴工业》，中华书局 1963 年版，第 79 页。

50%）、考勤花红（占 20%）、纪绩花红（占 30%）构成。年资花红是按照职员服务的年限来进行分配的，年资越高，所得的花红就越多。计算公式为：各该职员应得之年资花红 =（年资花红总数÷职员历年薪金总数）×各该职员历年薪金数。考勤花红的计算公式与年资花红相同，请假一天扣 2%，迟到或早退一次扣 1%。纪绩花红的分配方法是按照职员的"品行和服务成绩"分为甲、乙、丙、丁、戊、己 6 等。计算公式为：各该职员应得之纪绩花红 = 纪绩花红总数÷［∑（各职员当年度薪金×纪绩等级倍数）］×（各该职员当年薪金×纪绩等级倍数），这里的所谓等级倍数甲、乙、丙、丁、戊等分别为 5、4、3、2、1，己等的等级倍数为 0，即没有纪绩花红。在对职员的管理中，大中华火柴厂十分严格，主要的方法是采取保证制度。除了诸如总经理、协理、各科正副主任、分区监理、秘书、各厂厂长及其总经理特许免除免保者以外，每个职员所需要的保证金额按职务高低确定为500—2000 元，管理钱财和物品的人员会更高一些。如出纳股股长为 2 万元，外埠分销人员为 5000 元。为严格执行该项管理措施，除了制定明确界定保证人的资格和进行担保的事项与责任外，工厂还制定了《职员保证书及其处理规则》对职员的处理进行明确界定。

在旧社会，广大的中国劳苦大众深受帝国主义、官僚资本主义和封建主义三座大山的压迫和剥削，没有基本的人权保障和平等的社会地位，在企业工作的广大工人的待遇也十分微薄，承担着繁重的体力劳动，过着十分贫困的生活。如在荣氏公司中，总经理荣宗敬个人一年的收入为 2363760 元，而他管理的申新一厂、八厂一个工人的全年收入仅为 168 元，也就是说，荣宗敬一人的收入等于纱厂 14070 名工人工资总和。① 当时的纱厂大量使用养成工和包身工，例如在申新纱厂的养成工中，14—15 岁工人的比例为 40%，16—17 岁工人的比例为 35%，即未满 18 岁的养成工所占的比例高达 75%。由于养成工工资大大低于一般工人的工资水平，生活待遇艰苦，以致造成招收养成工困难，而到天主教孤儿院招收幼童进厂做养成工。又如一个外国人对当时的上海燮昌火柴厂工人的工作条件与状况作了如下的描述："到此工场者，足一入门，最先吃惊者，则工厂之不清洁也，不整顿也，不规律也。

---

① 上海社会科学院经济研究所编：《荣家企业史料》（上册），上海人民出版社 1962 年版，第 560 页。

器具纵横散乱，药类附着四方，床板则满以污土，房屋处处由破坏，曾不一加修理。次见成群之男女职工，则尤使人吃惊。负儿之母，倚姐之妹，妨父兄工事之子弟，有喧哗者，有号泣者，有嬉笑者，有戏谑者，如登万怪之堂，如入百窟之窟，其得认为工厂者，仅赖有数种不整顿之机器尔。"① 当然，这位外国人具有蔑视、歧视中国的倾向，但对上海燮昌火柴厂生产现场的描述也反映了当时一些民族企业中工人的劳动条件恶劣，以及生产管理的状况。

由此可见，虽然在民族企业的发展过程中，由于"民族资产阶级是带两重性的阶级"②，因而它们有抗击帝国主义，保护中国资源与市场，与国家垄断企业抗争，反对国家垄断市场行为的一面，也在抗击、抗争和竞争生存之中为中国的经济发展作出了自己的贡献，在企业的经营管理活动中既有中国传统文化的特色，也有现代企业管理的特点，但受旧社会的政治、经济、文化多重因素的制约，为自己的生存和发展甚至还会与官僚资本、军阀交往与联系，企业的经营管理也必然会更多地体现缺乏现代文明、缺乏法治思想、缺乏维护工人权益的特点，暴露资产阶级追求利润，具有半殖民地半封建社会广大劳动人民受到剥削和压迫基本特征的一面。所以，在评价民族企业的内部管理时，必须注意到管理工作的"二重性"原理：一些有效的管理措施会提高企业的经营管理水平，提高企业的竞争能力，甚至为中国的企业管理提供了可以借鉴的经验，但也就是这些有效的管理措施必然会因社会的因素和资本主义的生产关系而体现剥削的一面。在那个半殖民地半封建社会制度下，对民族企业内部管理工作的科学性、现代化状况不宜作过高的估计，更为需要的是结合企业的个体行为进行分析和考量。

五、市场销售

市场销售是企业最为基础的经营活动，基本依赖市场开展竞争的民族企业也建立了与自己经营活动特色相适应的市场销售体系。据《中国企业管理百科全书》介绍，在市场营销活动中，张裕酿酒公司为了扩大产品的销

---

① 青岛市工商行政管理局史料组编：《中国民族火柴工业》，中华书局 1963 年版，第 160 页。
② 《毛泽东选集》第二卷，人民出版社 1991 年版，第 639 页。

售，十分善于根据消费者的心理开展有效的营销活动。在对产品白兰地的宣传中就说到能"治呕吐痧气，疏通风寒，畅筋活血，舒肺除疫，避暑调生"；宣传葡萄酒能"补血益气，强志耐饥，驻颜悦色，滋肠润肺"。甚至还印制了《张裕葡萄酒补益之引证》的小册子，在消费者中传送。这样的营销活动使张裕葡萄酒在中国各大城市，甚至在东南亚和中南美洲地区华侨间的销售都取得了成功。南洋兄弟烟草公司配合香烟的销售，在国内外建立了分公司、发行所和代理店，积极开展广告宣传活动，举办"公益"活动，投入赈济、捐助，办慈善事业，资助学生出国留学，支持中小学教育，提倡使用国货，要求军政人员抽吸南洋烟草公司生产的香烟。上海永安公司是解放前中国最大的百货公司。在经营过程中，永安公司确立了"以统办环球货品为鹄的，凡日之所需，生活所依赖，靡不尽力搜罗"的经营宗旨。在商品销售方面，努力供应中国和全世界各地搜罗来的名牌商品，使永安公司成为最具特色的百货商场。永安公司不仅销售质量好、花色新的产品，而且还经营一般商店不愿经营的价廉利薄的小商品，还委托工厂定制产品，以满足市场的需要。在经营中还提出了"顾客永远是对的"的口号，作为柜台营业员必须恪守的准则。在商品进货方面，利用贸易商行，实行多渠道进口资本主义国家各国的商品。与一些国外的公司建立固定的供货关系，确保畅销商品的及时供应。在日本和一些欧美国家设立办庄或代理庄，为进口业务提供方便。与一些外国厂商签订合约，以获取独家代理的包销权，以垄断货源。① 这些市场销售活动的组织为永安公司的发展创造了重要的条件。

　　由于社会的动荡、资料的匮乏，很难全面地描述和总结 20 世纪近代中国企业管理的完整面貌与基本经验，但从上面的介绍中不难看出，就是在这短短的 100 多年中，中国的民族企业有了较大的发展，在自我事业的发展过程中，在与帝国主义企业和国家垄断企业的抗争中，也逐渐学到了许多市场竞争的方法，学会了企业经营的理念，为国家经济的发展作出了贡献，为企业的经营管理培养了人才，具有爱国和实业救国的普遍情怀。如在新中国成立初期，众多的民族资本家选择留在大陆，为新中国的建设出力，也有少数

① 中国企业管理百科全书编辑委员会、中国企业管理百科全书编辑部编：《中国企业管理百科全书》（上），企业管理出版社 1984 年版，第 56—59 页。

离开中国大陆去了中国香港、台湾地区和其他国家。据《十字路口：走还是留?:民族资本家在1949》一书披露，在当时被誉为某个产业"大王"的21个著名民族资本家中，有13人留在（或后来返回）大陆，如荣德生、卢作孚、刘鸿生、吴蕴初等；有8人去了中国香港、台湾地区和其他国家，如陈光甫、宋汉章、宋棐卿等，其中不乏在后来为我国的经济发展作出重大贡献者，如包玉刚、邵逸夫等。受当时国情与社会制度的影响，这些民族企业的管理既具有资本主义经济的一些特征，但也带有半殖民地半封建社会深深的痕迹。在企业的职能管理中已经形成了一些具有现代工业特色的管理方法，但在管理的基本理念和思想上距科学的管理还有一定的差距。在研究工作中阅读了不同时期有关民族资本家的史料，我们感受到，对民族资本家的介绍与评价在新中国成立后存在较大的差异，如在改革开放前，特别是在20世纪60年代所出的史料中，褒奖的较少，揭露的为多；而在改革开放后，主要的趋势是褒奖趋多，在研究工作中需要根据历史时期的特点仔细辨析。

第三节　近代中国商学教育的发展

——以武汉大学商学教育发展为例

在前面的研究中已经讲到，管理学在中国相对于其他学科来讲是建立、发展较晚的学科，虽然人类的经商活动起源很早，有关人类商业活动的知识也经常在社会的各个层面传播和受到重视，但将商业主体的管理活动上升为科学，并开始系统性的教育却是与产业革命有关，更是与产业革命的产物——工厂的出现有着直接的关系。如在管理教育方面，1881年，由美国企业家约瑟夫·沃顿（Joseph Wharton）捐资建立了美国宾夕法尼亚大学沃顿商学院的前身——沃顿金融与经济学院（Wharton School of Finance and Economy），这是世界上建立最早的商学院；在1916年法约尔所撰写的《工业管理与一般管理》中也才第一次较为系统地提出学习管理可以通过教育实现。从我们掌握的材料看，与管理学学科有着密切联系的中国商学起步不晚，它与起始于19世纪60年代的洋务运动有着密切的联系。

一、自强学堂商务门的创办——中国商学（科）的发端

在中国，商学（或商科，以下称"商学"）与管理学有着密切的联系，其研究的主要对象是商业活动，但因时代的不同，从事商业活动的主体有别，学习的知识和研究的内容存在时代的差异。在具有较强权威性，由教育部启动的《新世纪高等教育教学改革工程》中设立的重点项目"中国工商管理类专业教育教学改革与发展战略研究"研究中，项目主持人上海财经大学的陈启杰教授提出："1893 年，洋务教育的主要倡导者张之洞在湖北武昌创立湖北自强学堂……湖北自强学堂与同时期兴办的洋务学堂，是中国近代第一批新式专科学校，因而自强学堂所设的商务门堪称我国最早设立的近代商学专业。"[①] 有关自强学堂商务门建立及其后续的发展过程，在武汉大学出版社出版的《武汉大学经济与管理学院史（1893—2013）》中有较为详细的介绍，根据这本史料，将自强学堂商务门建立的过程及相关情况介绍如下。

张之洞是近代洋务运动后期的领袖人物，1889 年就任湖广总督，随即分别在 1890 年、1892 年开始修建在中国现代工业发展史中具有代表性的企业——汉阳铁厂、湖北枪炮厂（后改名为"汉阳兵工厂"）。为配合工厂的发展，特别是为了配合逐渐兴起的商务活动，应对外国列强咄咄逼人的经济侵略，作为被清末管学大臣张百熙誉为"当今第一通晓学务之人"的张之洞同时开始筹办两湖书院。1891 年 6 月 27 日，张之洞上奏光绪皇帝提出建议："于两湖书院外另设方言、商务两学堂"。1893 年 11 月 29 日，张之洞向光绪皇帝呈上了《设立自强学堂片》。在《设立自强学堂片》中，张之洞讲道："洋武日繁，动关大局，造就人才，似不可缓，亟应及时创设学堂，先选两湖人士肄业其中，讲求实务，融贯中西，研精器数，以期教育成材，上备国家任使。臣前奏建立两湖书院，曾有续设方言、商务学堂之议。兹于湖北省城内铁政局之旁，购地鸠工，造成学堂一所，名曰自强学堂，分格言、格致、算学、商务四门，每门学生先以二十人为率，湖北、湖南两省人士方准予考。方言，学习泰西语言文字，为驭外之要领；格致，兼通化学、

---

① 陈启杰：《中国工商管理类专业教育教学改革与发展战略研究（之二）》，高等教育出版社 2002 年版，第 9 页。

重学、电学、光学等事，为众学之入门；算学，乃制造之根源；商务，关富强之大计。每门延教习一人，分斋教授，令其由浅入深，循序渐进，不尚空谈，务求实用。"① 这标志着自强学堂及其商务门的正式创立。在这里我们可以看到张之洞设立自强学堂、开设四个门类的目的，还可以感受到，作为当时肩负着自强兴邦重任的一代良臣们对商务教育重要性的认识，对新式教育的期望，以及对办学特色的要求。

由于年代久远，有关自强学堂商务门开设的课程体系已经难以知晓，但在张之洞对商务学的一些认识中可以大致知道相关课程可能涉及的内容："'商务学'系'讲求商务应如何浚利源、塞漏卮，畅销土货，阜民利用之术'"；"商务之学分子目四：曰各国好尚，曰中国土货，曰钱币轻重，曰各国货物衰旺"；"商学，系考求制货理法，销货道路，综核新式护商律例以及中外盈绌、银币涨落、各国嗜好、各业衰旺各情形"。② 虽然有人认为张之洞对商学的认识"局限于'贸易之学'的范围内"③，但也有人发现，"同时，不迟于 1896 年，张之洞似乎注意到了经济学与商学之别。在一份奏折里，他提到'学校之盛，近推泰西'，'所习则史册、地志、富国、交涉、格致、农事、商务、武备、工作各学'。'富国学'即英文 Economics 在清末的一个译法。将商务学与之并列，似乎意味着张之洞注意到了二者的区别"④。从这里可以感受到，虽然当时对商学的认识还是关注洋务运动中"关富强之大计"国际通商、贸易人才的培养，但学习的内容已经十分结合实务和偏向微观层面了。根据史料，张之洞在办学初就认识到商务教育师资的匮乏："惟中国设立商学，华人能任教习者断无其人"，"商务之教习，宜求诸英国"。⑤ 从外国（主要是英国）引进师资，并倚重留学回国的人员办学的无奈举措

---

① 武汉大学经济与管理学院史编辑委员会编：《武汉大学经济与管理学院史（1893—2013）》，武汉大学出版社 2014 年版，第 8 页。
② 武汉大学经济与管理学院史编辑委员会编：《武汉大学经济与管理学院史（1893—2013）》，武汉大学出版社 2014 年版，第 10 页。
③ 武汉大学经济与管理学院史编辑委员会编：《武汉大学经济与管理学院史（1893—2013）》，武汉大学出版社 2014 年版，第 10 页。
④ 武汉大学经济与管理学院史编辑委员会编：《武汉大学经济与管理学院史（1893—2013）》，武汉大学出版社 2014 年版，第 11 页。
⑤ 武汉大学经济与管理学院史编辑委员会编：《武汉大学经济与管理学院史（1893—2013）》，武汉大学出版社 2014 年版，第 9 页。

也影响到中国商学发展的方向、课程的设置。

师资、生源和教材的缺失，甲午战争、国家兴亡问题使张之洞注意力发生了转移，引进的泰西商学与当时中国的国情不很吻合，所以自强学堂的商务门在办学三年后就陷入窘境停办了。自强学堂商务门短短的办学经历虽像夜空的流星一闪即过，但在中国商学发展史上却有着十分重要的意义，因为这不仅印证了中国人自强不息、实业兴国的愿望，也反映了在追赶世界发展的征途中对教育的重视，对知识的向往，更是中国商学发展历程中必须浓墨重彩记下的一笔。"总的看来，自强学堂商务门创立于 19 世纪 90 年代中期的中国，既有生逢其时之幸，也有生不逢时之憾。它因为时代母体得到躁动而早产，复因为早产带来的缺陷而夭折。"①

依据史料的明确记载与分析，将 1893 年张之洞在湖北武汉兴办的自强学堂商务门定为中国商学开创的元年是恰当的。也是在这一个时期，商学（科）在中国的一些学校也得到了重视与开办，如天津大学前身北洋大学 19 世纪末在铁路工程专业中融入了管理学的知识；北京大学的前身京师大学堂在 1902 年设立了商学科；南京大学前身三江师范学堂在 1902 年开设了商科课程；上海交通大学安泰经济与管理学院的前身南洋公学高等商务学堂 1903 年创立。② 由于商学（科）与管理学之间存在着历史的渊源，有着前后的密切联系，所以将 19 世纪末至 20 世纪初视为中国管理学开创、起步的时期是合适的，也就是说，中国管理学后来的发展虽因国运不济而落伍，但与西方发达国家管理学发端几乎是在同一个时期。

二、自强学堂之后商科发展的回顾

根据史料，1916 年民国政府在武昌建立了武汉大学的前身——国立武昌商业专科学校（1923 年改名为"国立武昌商科大学"），这是当时全国仅有的两所商科大学之一。"到 1922 年 6 月，全校教职员共 48 名，其中开设与商学科程有关的教员 11 名"。③ 见表 3-2。

---

①　武汉大学经济与管理学院史编辑委员会编：《武汉大学经济与管理学院史（1893—2013）》，武汉大学出版社 2014 年版，第 13 页。

②　资料见所列举各个管理（商）学院网站。

③　武汉大学经济与管理学院史编辑委员会编：《武汉大学经济与管理学院史（1893—2013）》，武汉大学出版社 2014 年版，第 23 页。

表 3-2 1922 年国立武昌商业专科学校商学教员及开设课程一览表

序号	教员姓名	教授课程	兼职
1	阮　钧	银行簿记、会计学、商业政策、商业地理、投机论、交易所论	教务主任
2	张鸿冀	银行论、买卖论、商业通论、统计学	学监
3	董维键	经济原论、货币论、外国商业历史、商用英文	
4	万和怿	商业算术、商业地理、商品学、簿记	
5	柳荣春	关税、仓库工厂管理法、保险论	
6	高　莘	商业簿记、海陆运输论	
7	何膺恒	商业道德伦理学	
8	何羽道	经济原论、财政学	
9	黄嗣文	中国商业历史	
10	袁　蔚	商业实践	
11	王式金	商用文	

资料来源：武汉大学经济与管理学院史编辑委员会编：《武汉大学经济与管理学院史（1893—2013）》，武汉大学出版社 2014 年版，第 23 页。

从以上教师所承担的课程看，当时武昌商业专科学校商学学习的内容已经与企业的商业行为、管理工作有了密切的联系，与西方国家的商学（管理学）课程从宏观到微观，从政府的贸易活动到企业的经营工作，从市场活动研究、会计起步，逐渐关注生产管理的发展经历大致相同，特别是在商学的教师中已有一些从国外回来的留学人员，因此也可以推断，他们必定会将自己在国外学习的课程、知识结构通过课程设置加以反映。这一点可以从收集到的英国阿伯丁大学商科发展的情况得到证实。

阿伯丁大学（University of Aberdeen）创建于 1495 年，伴随着产业革命，新型组织工厂的出现，市场交易活动的频繁，在 20 世纪初才逐渐将商学课程从大文科课程中分离出来，经过 1917 年 6 月 5 日、1917 年 6 月 26 日、1917 年 12 月 18 日三次校务会议，决定建立商学系（Department of Commerce），并于 1918 年 1 月设立了第一套商学课程体系（见表 3-3）。

表 3-3 英国阿伯丁大学 1918 年设置的第一套商学课程

课程类型	课程名称		学习时间	课程性质
必修课	1. 政治经济学（Political Economics）		第 3 学期	已有课程
	2. 工业与商业组织（Organization of Industry and Commerce）		第 2 学期	新课程
	3. 会计与商业方法（Accounting and Business Methods）		第 2 学期	新课程
	4. 现代外语（A Foreign Modern Language）		第 3 学期	已有课程
	5. 经济地理（Economic Geography）		第 2 学期	新课程
	6. 商法（Mercantile Law）		第 1 学期	新课程
	7. 经济统计（Economic Statistics）		第 1 学期	已有课程
选修课	1. 外语（Any Foreign Language）		第 3 学期	已有课程
	2. 化学、物理或者其他科学课程（Chemistry, Physics and such Sciences）		其他院课程	已有课程
	3. 纯数学，应用数学、高级统计（Pure Mathematics, Applied Mathematics/Advanced Statistics）		纯数学（第 3 学期），应用数学、高级统计（第 2 学期）	新课程
	4. 其他资格课程（Other Qualifying Subjects）	经济史（Economic History）	第 3 学期	已有课程
		宪法与历史（含公共管理）(Constitutional Law and History, including Public Administration)	第 2 学期	已有课程
		政治学与社会学（Political Science and Sociology）	第 3 学期	已有课程
		国际公法（Public International Law）	第 1 学期	已有课程
		国际私法（Private International Law）	第 1 学期	已有课程
		公共财政（Public Finance）	第 3 学期	已有课程
		高级政治经济学（Advanced Political Economics）	第 3 学期	已有课程
		银行，货币与外汇（Banking, Currency and Foreign Exchanges）	第 1 学期	新课程
		保险（Insurance）	第 1 学期	新课程
		工业卫生（Industrial Hygiene）	第 1 学期	新课程
		1813 年后的现代欧洲史（Modern European History after 1813）	第 3 学期	已有课程

续表

课程类型	课程名称	学习时间	课程性质
选修课	5. 一些特别的工业和商业课程，如渔业、林业、农业或运输业方面的课程（Such Special Courses in Industry and Commerce, Example are Courses in Fisheries, Forestry, Agriculture, or Transport）		已有课程

资料来源：作者整理，相关资料来源于武汉大学经济与管理学院在爱丁堡大学的访问学者在该校图书馆查阅到的原始资料或文件。

比较表 3-2 与表 3-3 可以十分清楚地看到，阿伯丁大学商科在课程设置上根据企业运行的特点开出了适应企业经营方面的新课，与武汉大学的前身国立武昌商业专科学校商科的课程设置有较高的吻合，呈现出的一定差异主要还是反映了两国当时的经济发展和国情不同，以及对自然科学、生产技术的关注程度。在收集到的 1937—1938 年阿伯丁大学商学系的课程设置中还可以看到，阿伯丁大学商学系基本保持了建专业初期设置的课程，如主要的课程还是政治经济学、产业与国家（Industry and the State）、统计、会计与商业方法、现代外语、地理学、商法、银行货币与外汇、工业心理学，选修课程包括自然科学（植物学、化学、地质学）、高级统计、经济史、高级经济史、高级地理学等，具有一定的稳定性。

1926 年，由国立武昌大学、国立武昌商科大学、省立文科大学、省立法科大学、省立医科大学以及独立文化大学合并组建武昌中山大学，在商科下设了经济学系和商业学系。"武昌中山大学及其前身对经济学的讲授停留在简单的理论层面上；而商学则是应用经济学和经营学（类似工商管理）的运用，所讲授的是普通商业及银行货币，重在运用和管理。"[①] 1928 年，在改组武昌中山大学的基础上，国立武汉大学开始筹建。新成立的国立武汉大学设立了法学院，法学院下有法律学系、政治学系、经济学系和商学系。从当时经济学系和商学系课程设置看（见表 3-4），这两个系所学的课程内容存在着一定的差异，但差异并不是很大。

---

① 武汉大学经济与管理学院史编辑委员会编：《武汉大学经济与管理学院史（1893—1913）》，武汉大学出版社 2014 年版，第 28 页。

表 3-4 国立武汉大学法学院经济学系和商学系的课程设置一览表

开设学年	课程类型	经济学系课程名称（1938 年）	商学系课程名称（1930 年）
第一学年	全院必修	国文、外国文、中国通史、论理学（逻辑学）、数学与自然科学（任选一门）、物理、化学、生物学、生理学、地质学、社会科学（任选两门）、社会学、政治学、经济学、民法概要、会计学（一）	商业通论、经济学、经济地理、簿记学、宪法、论理学（逻辑学）、基础英文
	选修		社会学、心理学、第二外国语
第二学年	必修	统计学（一）、宪法、近代西洋经济史、货币与银行、经济学英文选读、民法概要、普通体育	财政学、银行学（一）、货币学、会计学、商品学、经济政策、经济学英文选读
	选修	会计学（二）、近代欧洲政治史、市政学、第二外国语	市政学、民法总则、第二外国语
第三学年	必修	三民主义、国际贸易及国外汇兑、经济政策、国际公法、财政学、经济思想史、普通体育	三民主义、商事法（一）、国际公法、统计学、近代经济史、国际贸易、国际金融、中国经济史、银行学（二）、经济学英文选读
	选修	统计学（二）、近代欧洲外交史、欧洲政治思想史、行政法、第二外国语	交易所、近代欧洲外交史、关税、第二外国语
第四学年	必修	中国经济史、近代中国财政经济、现代经济思想、工商组织、商事法（一）（公司法、票据法）、劳工法、毕业论文、普通体育	银行实务、商业组织、劳工法、现代经济问题、保险学、商用英文、毕业论文
	选修	行政学、中国外交史、关税实务、社会主义与社会运动、第二外国语	中国外交史、社会问题、现代政治

资料来源：武汉大学经济与管理学院史编辑委员会编：《武汉大学经济与管理学院史（1893—2013）》，武汉大学出版社 2014 年版，第 35、39 页。

我们在研究工作中关注英国的商学发展情况是有一定道理的，因为我们在前面的分析过程中已经注意到，近代以来中国开展的洋务运动，就是希望"师夷长技以制夷"，除了购买洋枪洋炮，兴办兵工厂之外，培养熟悉工业生产、商务活动和军械使用人才的教育工作已经受到重视，提上了日程。洋务运动开展的特殊文化背景，使得中国商学建立的初期就受到西方，特别是英国商学办学的影响。这一现象不仅由于产业革命起始于英国，是最早与中国开展贸易、侵略中国的资本主义国家，也是中国开展洋务运动重点学习、引进技术的国家（如中国当时北洋舰队中的军舰大部分从英国购买，不少机器设备、工厂的建设也主要依靠英国）。兴办商学的倡导者通过上述洋务活动较为了解和知晓英国，甚至身边所倚重的外国人也有英国人。如 1882 年张之洞在山西当巡抚时就认识了十分著名的英国传教士李提摩太（Timothy Richard），并多次邀请李提摩太参与政务工作，虽李提摩太没有同意，但还是参加过张之洞主持的"防洪勘察地形和考察开矿机器"等改革事务。① 甚至可以推测，在自强学堂设置商务门的取名，以及后来一直得以延续的商学教育也听从或参考了英国的相应专业的设置意见。在当时的中国大学中也有一批从国外留学回来的人才在大学从教，甚至担任了行政职务，如 1930 年从英国伦敦大学政治经济学院留学回来的杨端六先生曾经担任过国立武汉大学的教务长、法学院院长、经济系系主任，1932 年从英国伦敦大学经济学院、德国柏林大学求学回来的刘秉麟先生曾经担任过国立武汉大学法学院院长、代校长，他们留学的经历、行政工作的领导职责必然会反映在专业的设置、教学计划的安排上。

1933 年，由于商学系与经济系课程过于接近，国立武汉大学商学系停办，武汉大学管理学科的再次出现就是 1979 年的事情了。

从自强学堂，到武昌商业专科学校，再到国立武汉大学，从商务门到商学和商科，可以看出，国情的衰落、人们的认识、办学的条件等诸多因素制约着中国管理学前身商学的发展，出现了与世界商学发展存在的异同点。在我们的研究中受自强学堂、武昌商业专科学校、国立武汉大学样本的限制，没有将中国近代商学发展的情况勾勒完整，但可以大致反映这一个时期中国商学发展的基本情况。

---

① 何菊：《传教士与近代中国社会变革：李提摩太在华宗教与社会实践研究（1870—1916）》，中国社会科学出版社 2014 年版，第 95 页。

第 四 章

1949—1978 年中国的企业管理活动与管理教育

1949 年 10 月 1 日中华人民共和国成立，中国的历史翻开了崭新的一页。由于新民主主义革命的成功和社会主义革命与建设在中国的迅速推进，中国进入了一个全新的社会——社会主义社会，一个全新的所有制制度——公有制，社会生产的组织形式——适应公有制的全民所有制企业也很快在全国得到了推行。本章简要介绍新中国成立到改革开放前我国企业管理活动与管理教育的发展情况。

第一节　1949—1978 年中国企业管理模式建立的背景

经过艰苦卓绝的浴血奋战，中国人民在中国共产党的领导下终于推翻了"三座大山"，建立了人民当家作主的人民政权。此时的中国，正如毛泽东同志所说的，是"除了别的特点之外，中国六亿人口的显著特点是一穷二白。这些看起来是坏事，其实是好事。穷则思变，要干，要革命。一张白纸，没有负担，好写最新最美的文字，好画最新最美的画图"①。毛泽东同志曾为他所说的"一穷二白"做过解释："'穷'，就是没有多少工业，农业

————————

① 《建国以来重要文献选编》第十一册，中央文献出版社 1995 年版，第 274—275 页。

也不发达。'白'，就是一张白纸，文化水平、科学水平都不高。"① 由于这些特点，以及当时的国际环境，中国处于一个全面学习、探索社会主义建设的时期，这也是这一时期中国企业管理模式建立十分特殊的背景。

一、缺乏社会主义建设的基本经验，在探索中前进

在中国人民解放战争即将取得胜利，革命的中心将由农村转向城市之际，中国共产党为此做了较为充分的准备。在全面迎接中国革命胜利而召开的中国共产党七届二中全会上，毛泽东同志曾语重心长地说道："如果我们在生产工作上无知，不能很快地学会生产工作，不能使生产事业尽可能迅速地恢复和发展，获得确实的成绩，首先使工人生活有所改善，并使一般人民的生活有所改善，那我们就不能维持政权，我们就会站不住脚，我们就会要失败。"② 但在现实中，我们能够学习、借鉴建设经验的国家就只有已经取得社会主义建设初步成功的苏联，而中国国情与苏联国情又存在着巨大的差异，许多经验不能简单照搬，加上长期在农村进行革命工作的广大干部缺乏城市工作的经验，甚至"用一种小生产者的观点看待城市"③，使得虽然在社会主义革命和建设的各个阶段取得了重大成功。如伴随着社会主义改造、公私合营、经济发展五年计划的制定、工业化的建设、农业合作化等工作的开展，新中国迅速治愈了多年的战争创伤，成为屹立在世界东方的社会主义大国，但也因经验的缺乏、急于求成思想的干扰，甚至"左"倾思想的浮现也严重地干扰了社会主义革命与建设的进程，先后出现了诸如城市和农村在社会主义改造与建设中的失误，对现代管理认识的不足等问题，在一定程度上破坏了社会生产力的发展，出现了经济建设上的波动，对经济建设的组织形式、管理措施产生了一定的影响。这些都或多或少地影响了中国企业的管理工作，管理学学科的发展。

二、"一边倒"外交格局的影响

"一边倒"是个颇具时代特征的特殊名词，它特指新中国成立后的一段

---

① 《毛泽东文集》第七卷，人民出版社1999年版，第44页。
② 《毛泽东选集》第四卷，人民出版社1991年版，第1428页。
③ 薄一波：《若干重大决策与事件的回顾（修订本）》上卷，人民出版社1997年版，第6页。

时间在外交上与苏联结盟的政治格局。回顾历史，"一边倒"外交格局的形成是有其历史背景的。关于这个历史背景，薄一波同志对此有过描述："'一边倒'的外交格局，有一个逐步形成的过程。它是历史的产物，并不是哪一个人心血来潮所决定的。在第二次世界大战结束和中国抗日战争胜利后，国际上存在着以前苏联为首的社会主义阵营与以美国为首的资本主义阵营的尖锐对立和斗争；国内存在着共产党领导的革命武装集团与国民党领导的反动武装集团的尖锐对立和斗争，蒋介石国民党要内战、独裁，就要卖国，就要投靠美帝国主义；而美国为了企图控制中国，也必然支持蒋介石，反对中国共产党。我们党要取得革命胜利，主要靠自力更生，也离不开国际的援助，首先是前苏联为首的社会主义阵营的援助。前苏联政府宣布对日作战，苏军出兵东北，对中国取得抗日战争的胜利起了重要的推进作用，同时对我们取得抗日战争的胜利起了重要的推进作用，同时对我们党反对国民党的斗争也是有利的。国、共双方，犹如两个人打架，前苏联这个巨人站在我们背后，这就极大地鼓舞了我们的锐气，大杀了国民党的威风。'一边倒'的外交格局，就是在这种国际大背景下形成的。"① 毛泽东也曾指出："一边倒，是孙中山的四十年经验和共产党的二十八年经验教给我们的，深知欲达到胜利和巩固胜利，必须一边倒。"② 在"一边倒"政治格局的影响下，在1949—1960 年这一段时间，我国不仅与苏联签订了《中苏友好同盟互助条约》，请苏联协助我们制定了第一个五年计划，援建了初步奠定我国工业基础与格局的 156 个建设项目，苏联派出了大量的专家指导和帮助我们的社会主义建设，还在苏联帮助与指导下开办了一个培养社会主义建设急需的经济管理人才的专门学校——中国人民大学，在 1950 年就在该校设立了工厂管理系、贸易系、簿记核算和财政信贷教研室。所以，在新中国成立之初的约十年的时间内，在苏联大力帮助下轰轰烈烈开展的社会主义建设中，一大批管理人才在建设中的企业出现，在学校中产生。可以这样认为，如果说新中国成立前我国工商企业中的管理模式和经验大多来自竞争中的自我探索，少数来自各国列强的"传授"，那新中国成立后十多年的社会主义建设不仅很快

---

① 薄一波：《若干重大决策与事件的回顾（修订本）》上卷，人民出版社 1997 年版，第 36—37 页。
② 《毛泽东选集》第四卷，人民出版社 1991 年版，第 1472—1473 页。

实现了工业化的经济目标，也培养了一大批熟悉苏联经济管理模式的管理干部。这段历史对我国经济管理工作产生的影响在随后多年的计划经济时期得到了强化，最终也在我国管理学学科发展上写下了具有浓厚历史色彩的一笔。

三、苏联经济模式的影响

应该承认，苏联的计划经济发展模式在第二次世界大战之后的一段时间内是受到人们青睐的经济增长模式。因为人们看到，在十月革命之后不长的时间内，被多个帝国主义强国封锁的苏联就在被认为最落后的一个前帝国主义国家中建立了自己的工业体系，在这个经济模式下生产出来的飞机、坦克、枪炮抗击了法西斯德国的疯狂进攻，并携手世界各国人民最终取得了第二次世界大战反法西斯战争的伟大胜利。苏联社会主义建设在那一个时期取得的巨大成功也证明，这种通过理论探索和实践验证的计划经济模式是适应当时苏联国情的，是苏联在很短的时间内取得迅速发展的主要原因。这种经济模式的特点就是："由国家直接管理和指挥整个国民经济和企业的活动，实行'计划大包揽，财政大包干，物资大统配，劳资大统一'，作为直接发挥生产力作用的基本单位——企业，几乎全部经营管理活动都要听命于国家，缺乏自主性。"[1] 虽然蒋一苇先生的归纳是事后的一种评价，且有批评的含义，但却实实在在地高度概括了苏联经济模式的主要特点。从中不难看出，在这样的模式下，企业只能是个工厂，甚至就是国家经济运行体系中的一个生产车间，企业几乎没有与市场联系的经营活动，企业的主要任务就是在国家计划的指令下按质按量地完成下达的生产任务，企业的经济核算主要是成本的核算，少有利润的计量。这些也就是在苏联经济模式影响下，当时中国企业运行模式与管理模式的写照。

第二节　1949—1978 年中国企业
管理模式发展的阶段

在 1949—1978 年短短的 29 年时间内，由于社会主义革命与建设事业的

---

[1]　蒋一苇：《我的经济改革观》，经济管理出版社 1993 年版，第 250 页。

逐步推进和国内外形势的变化，中国企业的管理模式也随之出现过管理特色不同、管理重点不同的时期，也就被人们习惯地划分为了不同的阶段。从目前能够收集到的资料来看，有人将这 29 年划分为 3 个基本的阶段，也有人将这段时间划分为 4 个阶段。根据我们对这 29 年的研究和分析，将其划分为 5 个阶段。

一、第一阶段（1949—1952 年）

这一阶段是新中国经济恢复的时期。由于新中国刚刚成立，在当时主要存在的三种经济成分中，国营经济所占的比例还比较低。如在 1949 年的工业总产值中，国营工业只占 34.7%，私营企业为 63.3%；1950 年，在社会商品零售额中，国营商业所占的比例仅为 14.9%，私营商业却占到了 85.1%。① 所以在这样的经济条件下，主要的经济工作是按照建设社会主义国家的基本思想，着手整顿经济秩序，稳定社会秩序，恢复生产，提高国家调控经济的能力。

在企业管理层面，主要的工作是进行民主改革，变革企业的组织机构和管理制度，确立工人阶级的主人翁和领导地位，为社会主义建设做好准备。新中国成立后，国家对原有的官僚资本主义企业实行了没收和接管，派驻了军代表，实行军事管制和军代表领导制度，依靠广大工人开展恢复生产的活动，并建立了有职工代表参加管理的工厂管理委员会和职工代表会议。生产的恢复和职工的参与，极大地提高了广大职工的积极性。在私营工商业中，在企业内部实行了工人监督，而在企业外部，国家通过加工代理、经销代销等方式，将私营工商业纳入到了政府控制的经济渠道。1952 年底，国家成功地完成了恢复国民经济秩序的任务，为新中国经济的发展奠定了坚实的基础。

这一阶段还有一个既带有革命色彩，也体现了新社会特征的企业生产组织活动，这就是沿袭革命战争中形成的优良传统——广大职工参与的生产管理改革活动。随着新中国的建立，全心全意依靠工人阶级的方针以及努力提

---

① 中国企业管理百科全书编辑委员会、中国企业管理百科全书编辑部编：《中国企业管理百科全书》（上），企业管理出版社 1984 年版，第 80 页。

高广大职工国家和企业主人翁地位的政策，激发了企业职工的社会主义建设热情。工人们积极地投身于日常的生产活动中，在生产合理化建议、开展创生产新纪录方面做出了开创性的工作，为社会主义建设事业作出了积极的贡献。例如，在中国工业史上著名的赵国有创生产新纪录的业绩、郝建秀的织布工作法、苏长有的砌砖法、李锡奎的调车法、黄润萍的仓库管理法，以及作出很大贡献的先进集体沈阳第五机械厂的马恒昌小组、大同煤矿的马六孩小组、天津钢厂的刘长福小组，都是那个时期涌现的。这充分说明了广大群众的积极参与是提高生产效率的重要措施和方法，这不仅是我党在长期革命工作中形成的光荣传统，也是社会主义建设和提高企业管理水平的一个法宝，更是具有鲜明中国社会主义特色的管理模式。

二、第二阶段（1953—1957 年）

这是第一个五年计划的时间段，也就是中国开始学习苏联实施国民经济建设五年计划的时期。我国"一五"计划的基本任务是："首先集中主要力量发展重工业，建立国家工业化和国防现代化的基础；相应地培养技术人才，发展交通运输业、轻工业、农业和扩大商业；有步骤地促进农业、手工业的合作化和对私营工商业的改造；正确的发挥个体农业、手工业和私营工商业的作用。所有这些，都是为了保证国民经济中社会主义成分的比重稳步增长，保证在发展生产的基础上逐步提高人民物质生活和文化的水平。"[①]"一五"计划是在苏联的协助下制定的，当时为加快中国的社会主义建设，较快建设完整的基础工业和国防工业体系，苏联还援建了当时实际开工的921 个大中型项目中的 156 个大型工业项目；其他的社会主义国家，如德意志民主共和国、捷克斯洛伐克、波兰等 6 个国家援建了 68 个工业项目。1957 年，我国的第一个五年计划顺利完成，初步改变了我国经济以农业为主的局面，初步建成了我国的工业生产体系，如在 1957 年，工业产值在全国社会总产值中所占的比例已经达到了 43.8%。

与此同时，随着苏联援建的大型工业项目的实施和完成，苏联的整套工业企业管理制度和方法也全面被引进，形成了我国企业管理历史上一个十分

[①]　薄一波：《若干重大决策与事件的回顾（修订本）》上卷，人民出版社 1997 年版，第 292—293 页。

特殊的时期。在这个时期，我国企业管理水平在整体上获得了全面和实质性的提高。在学习的过程中，特别是在苏联专家的帮助下，在企业中探索企业的组织领导体制，开始推行一长制——生产区域管理制，按照生产区域的特征实行厂长、车间主任和工段长负责制；党组织负责保证和监督国家计划的执行情况，负责企业职工的思想工作；群众团体，如工会、共青团等组织负责企业职工的劳动竞赛和文娱活动。在企业中推行了具有计划经济色彩的企业内部管理工作。如强化了企业的计划管理工作，全面推行生产计划和生产作业计划工作，建立各种原始记录、统计工作，制定劳动定额，实施工艺、设备管理，在全面实行独立核算制的基础上，要求厂长对企业的盈亏、是否完成国家的成本等财务计划等完全负责。在劳动分配上，按照社会主义"各尽所能，按劳分配"的分配原则，建立了各类工资制度。如在工人中，经过严格的考核，普遍推行了八级工资制。

企业管理工作的巨大变化与改进，是适应国家经济发展需要和国家计划经济宏观管理模式的，本质是一种高度集中管理模式的延伸，或在企业层面的体现，所以与之相适应的企业管理模式也就是强化企业内部的管理。这种管理模式在中国企业管理的历史上有十分重要的意义，因为这种管理模式的推行，不仅使我国的企业全面接受和学习了适应大生产需要的严格的内部管理形式，培养了一大批了解和懂得现代工业生产的管理工作的管理人才，而且对我国企业管理整体水平的提高起到了巨大的作用。

三、第三阶段（1958—1960 年）

1956 年，受苏联领导人赫鲁晓夫在苏共二十大上作的批判斯大林的秘密报告的影响，在国际上出现了一股反对社会主义的浪潮，中国共产党与苏联共产党的关系逐渐破裂，在推行学习苏联经济模式的过程中也发现了一些东西并不适应中国的国情，中国开始努力探索适应中国国情的发展道路，进入了毛泽东称之为马克思主义与中国国情"第二次结合"的历史阶段。1956 年 4 月，毛泽东用了两个多月的时间先后听取了中央 34 个部委有关经济建设问题调查研究的汇报，在此基础上提出了建设社会主义必须根据本国情况走自己的道路，正确处理社会主义建设中带有全局性的十大关系，开启了结合中国国情建设社会主义的新篇章。1958 年，在中共八大二次会议上制定了"鼓足干劲，力争上游，多快好省地建设社会主义"的总路线，并在随后出现了"大跃进"和人民公社化运动。《关于建国以来党的若干历史问题的决议》中已经对这一段历史进行了总结："一九五八年，党的八大二次会议通过的社会主义建设总路线及其基本点，其正确的一面是反映了广大人民群众迫切要求改变我国经济文化落后状况的普遍愿望，其缺点是忽视了客观的经济规律。"[①]

在企业管理工作上，一方面开始清理和摆脱对苏联企业管理理论和实践完全照搬的做法，开始努力探索适应中国国情的企业管理模式；另一方面却因对工业生产规律尊重不够，不讲综合平衡，不讲客观条件，不讲商品生产和商品交换规律，不注重科学知识和专家的作用，简单地将管理工作需要的规章制度和责任制看成是对工人的"关、卡、压"，将"一五"时期建立的各种规章制度加以批判甚至废除，动摇了现代企业管理的科学基础，造成了中国企业管理的大混乱和大退步，造成了极大的经济损失。例如，薄一波曾回顾道："据中央工业工作部 1959 年 5 月 16 日向党中央、毛主席报告：由于在强调党委领导的同时，没有注意加强生产行政管理方面的厂长负责制，一些企业成立了党委书记处，实行党委委员分片包干，'大权独揽，小事都管'，使企业生产处于无人指挥状态。有些企业把计划、设计、技术检验、技术安全、设备动力、工艺等重要科、室撤了，管理人员下放当工人，有关管理权限下放给车间、工段或班组，使生产、技术、财务、安全等处于无人负责状态。还有些企业推行'无人管理'或'工人自我管理'，搞所谓'八自'、'十八无'，即工人自编计划，自搞定额，自编工艺，自行设计，自行调度，自管半成品，自行检验，自行统计；无人管工具，无人管考勤，无人发放材料，无人分配活，无人管工序检查，无人管半成品，无人管计划等。有些企业在改革规章制度过程中，把所有规章制度都说成教条主义或压制工人积极性的条条框框而一脚踢开，以致出现所谓的'十大随便'（上班随便，下班随便，干活随便，吃饭随便，开会随便等）。"[②] 例如，在我国当时最大的钢铁企业——鞍钢，其下属的第一炼钢厂厂长在大会上公然宣布：

① 《关于建国以来党的若干历史问题的决议》，中国政府网，见 http://www.gov.cn/test/2008-06/23/content_1024934.htm。

② 薄一波：《若干重大决策与事件的回顾（修订本）》下卷，人民出版社 1997 年版，第 741 页。

"一九五四年以来的厂长调度命令全部无效，并且像土改时烧地照一样烧毁。"其结果就是，缺乏严格管理的炼铁厂连续发生了一系列事故，造成22人死亡。[①]

虽然当时也出现了诸如"鞍钢宪法"等值得关注的企业管理方法或模式，但从总体上看，短短的几年时间，经过第一个五年计划形成的一套科学的企业管理方法遭到了严重的冲击，使来之不易并证明有效的企业管理组织形式、规章制度、管理方法遭受到严重的破坏，导致我国的企业管理水平大幅度滑坡。

四、第四阶段（1961—1966年）

为克服经济工作出现的严重偏差，1960年中共中央决定对国民经济实行"调整、巩固、充实、提高"的方针，并结合工业出现的一系列实际情况，在1961年9月颁布了《国营工业工作条例（草案）》（简称"工业七十条"）。这个文件被称为："这是当时用于剋乱求治、整顿工业企业的一个重要文件，也是我国第一部关于企业管理方面的章程。它的颁布试行，对于贯彻执行调整、巩固、充实、提高的方针，恢复和建立正常的生产秩序，促进生产力的发展，发挥了重要的作用；对于企业管理的法制建设，也进行了有益的探索。"[②] 回顾起来，工业七十条较好地总结了新中国成立后正反两方面的经验和教训，提出了十分具体且有系统地适应当时我国工业企业发展水平的管理条例。例如，在工业七十条中提出了限制企业党组织对生产行政工作的过多干预，禁止将党委领导下的厂长负责制引申到车间、工段和科室；提出了建立以厂长为首的全厂统一的生产行政指挥系统及其责任制，以总工程师为首的技术管理责任制，有条件的企业，设立总会计师，实行以总会计师为首的财务管理责任制等一系列责任制；明确规定了技术人员和职员是工人阶级的一部分；规定企业必须实行全面的经济核算，讲求经济效果；重申了社会主义的分配原则是按劳分配；规定了企业的主要管理权力集中在企业的厂部。除此之外，1954年4月颁布了《企业计时奖励工资暂行条例》《企

---

① 薄一波：《若干重大决策与事件的回顾（修订本）》下卷，人民出版社1997年版，第742页。
② 薄一波：《若干重大决策与事件的回顾（修订本）》下卷，人民出版社1997年版，第983页。

业计件工资暂行条例》，1962 年 11 月颁布了《工农业产品和工程建设技术标准管理办法》和《会计人员职权试行条例》，1963 年 10 月颁布了《技术改进奖励条例》和《发明奖励条例》。通过以上条例的贯彻实施，基本恢复了"一五"期间建立的各种企业管理规章制度。

上述符合经济发展规律的工作使受到严重影响的国营工业企业较快地恢复了生气，企业的生产经营发生了很大的变化。例如，1963—1965 年，国营工业企业全员劳动生产率平均每年增长 23.1%，1965 年人均劳动产值达到了 8943 元，比 1960 年提高了 53%；每百元产值占用的流动资金，1965 年比 1962 年减少了三分之一以上；1965 年的资金利税率达到了 29.8%；盈利额也由 1962 年的 76.3 亿元增加到了 217 亿元。中国的经济得到了恢复，中国的工业企业管理又走上了健康发展、良性循环的道路。

1964 年，毛泽东发出了"工业学大庆"的号召。大庆人艰苦奋斗的精神，讲究科学、严格管理的态度，以及被称为"铁人"王进喜的模范行为极大地鼓舞了全国工业企业的广大职工，一个工业学大庆的运动在全国工业企业中展开，并取得了巨大的成效。

这一时期是中国自主自我寻求社会主义建设道路的一个时期，在取得巨大成绩的同时，中国企业管理水平也取得了较大进步和开始形成自我特色，是中国经济工作取得全面进步的时期。新中国成立后的经验和教训反复告诉人们，在社会主义建设事业中，只有尊重科学，尊重规律，以生产力的发展作为实践检验的标准，我们的社会才能取得实质性的进步。

五、第五阶段（1966—1978 年）

正当中国人民自力更生、奋发图强，在社会主义建设探索过程中取得一个又一个胜利的时候，1966 年"文化大革命"开始了，好不容易建立的企业管理制度、措施和方法再一次被打乱，中国陷入了十年（1966—1976 年）的"内乱"之中。在这十年中，科学知识得不到重视，知识分子被称为"臭老九"、大学停办、财经院校中的经济管理专业停办、工厂停产，正常的工作、生产秩序被完全打乱，建立的规章制度遭到冲击，各级管理干部受到不公正的待遇，国民经济濒于破产的边缘，好不容易恢复建立起来的一些管理制度和方法几乎荡然无存，管理学科的建设与发展更是难见踪影。1976

年 10 月，"四人帮"被粉碎，在随后的两年中，由于受十年动乱遗留问题的影响，党的指导思想没有发生的根本改变，出现了"在徘徊中前进的局面"。

第三节 具有中国特色的管理模式和经验

从上面的回顾中可以看到，1949—1978 年中国的各项管理工作总体上讲还是适应社会主义建设发展的需要，取得了一定程度的进步：计划经济条件下现代大生产体系的初步形成，不仅带动了适应大生产体系企业管理的推进，也培养了一批懂现代经济管理和企业大生产管理的人员，为中国后续的社会主义建设事业的发展打下了基础，进行了储备。邓小平对这一时期的工作进行过总结："三十年来，不管我们做了多少蠢事，我们毕竟在工农业和科学技术方面打下了一个初步的基础，也就是说，有了一个向四个现代化前进的阵地。"① 这一看法是正确和符合历史唯物主义与辩证唯物主义思想的，也是评价这一个时期我国经济管理和企业管理工作应该持有的基本态度。

一、鞍钢宪法

鞍山钢铁公司（简称"鞍钢"）是一个建立于 1916 年的老企业，也是新中国成立后最早恢复和建立起来的特大型钢铁联合企业。1948 年 2 月，鞍山解放，12 月 26 日，鞍山钢铁公司正式成立。鞍钢是我国"一五"计划经济建设中"重中之重"的角色。鞍钢当时不仅承担起了共和国钢铁工业的半壁江山，生产了急需的大量钢铁，支援了解放战争和社会主义建设，而且还建立了在当时的国营企业中最为健全的管理规章制度。1950 年 2 月，东北人民政府工业部下发了《关于国营企业全面建立生产责任制的决定》，鞍钢随之陆续建立了保障生产经营顺利运行的规章制度，如生产调度、人事考勤、经济核算、班组管理、产品标准、质量检验等，使企业开始走上了专业化管理的轨道。1960 年 3 月 11 日，中共鞍山市委经辽宁省委向中共中央递交了一份《鞍山市委关于工业战线上的技术革新和技术革命运动开展情况的报告》。在报告中，汇报了鞍山地区的技术革新和技术革命的情况。当

---

① 《邓小平文选》第二卷，人民出版社 1994 年版，第 232 页。

时工作的主要特点是：广大职工干劲很大，广大职工的首创精神大大发扬，参加技术革新、技术革命的人很广泛，运动进展很快，促进了生产迅速发展。工作取得的主要经验是：不断地进行思想革命，坚持政治挂帅；破除迷信，解放思想；放手发动群众，一切经过试验；全面规划，狠抓生产关键；自力更生和大协作相结合；开展技术革命和大搞技术表演相结合。①

1960年3月22日，毛泽东以中共中央的名义在《中央批转鞍山市委关于工业战线上的技术革新和技术革命运动开展情况的报告》作了批示。批示的全文是："鞍山市委这个报告很好，使人越看越高兴，不觉得文字长，再长一点也愿意看，因为这个报告所提出来的问题有事实，有道理，很吸引人。鞍钢是全国第一个最大的企业，职工十多万，过去他们认为这个企业是现代化的了，用不着再有所谓技术革命，更反对大搞群众运动，反对两参一改三结合的方针，反对政治挂帅，只信任少数人冷冷清清的去干，许多人主张一长制，反对党委领导下的厂长负责制。他们认为'马钢宪法'（苏联一个大钢厂的一套权威性的办法）是神圣不可侵犯的。这是一九五八年大跃进以前的情形，这是第一阶段。一九五九年为第二阶段，人们开始想问题，开始相信群众运动，开始怀疑一长制，开始怀疑马钢宪法。一九五九年七月庐山会议时期，中央收到他们的一个好报告，主张大跃进，主张反右倾，鼓干劲，并且提出了一个可以实行的高指标。中央看了这个报告极为高兴，曾经将此报告批发各同志看，各同志立即用电话发给各省、市、区，帮助了当时批判右倾机会主义的斗争。现在（一九六〇年三月）的这个报告，更加进步，不是马钢宪法那一套，而是创造了一个鞍钢宪法。鞍钢宪法在远东，在中国出现了。这是第三个阶段。现在把这个报告转发你们，并请你们转发所属大企业和中等企业，转发一切大中城市的市委，当然也可以转发地委和城市，并且当作一个学习文件，让干部学习一遍，启发他们的脑筋，想一想自己的事情，在一九六〇年一个整年内，有领导地，一环接一环、一浪接一浪地实行伟大的马克思列宁主义的城乡经济技术革命运动。"② 在批示中，对应苏联的"马钢宪法"（"马钢"是指苏联马格尼托哥尔斯克钢铁联合企

① 中国企业管理百科全书编辑委员会、中国企业管理百科全书编辑部编：《中国企业管理百科全书》（上），企业管理出版社1984年版，第90页。
② 鞍钢史志编纂委员会编：《鞍钢志（1916—1985）》下卷，人民出版社1994年版，第551页。

业，鞍钢曾从这个大型钢厂学到了一整套生产技术和管理方法），毛泽东将鞍钢在加强企业管理工作方面的一系列做法称为"鞍钢宪法"。

毛泽东在批示中提出的开展技术革命、大搞群众运动、实行两参一改三结合、坚持政治挂帅、实行党委领导下的厂长负责制这样五项原则就是"管理社会主义企业原则"[①]，是企业管理的根本大法。因为这里的"两参一改三结合"指的是，干部参加生产劳动、工人参加企业管理，改革企业中不合理的规章制度，在技术改革中实行企业领导干部、技术人员、工人三结合的原则。从批示的背景不难看出，毛泽东对鞍钢工作实践的总结体现了当时的中国共产党的领导人对社会主义建设发展问题的基本看法，对学习苏联社会主义建设经验中出现的一些问题的反思。

在当时的历史背景下，鞍钢的经验在全国迅速推广。鞍钢的经验体现了中国共产党在长期革命斗争中形成的发动和依靠广大人民群众的精神，科学管理的一些思想，比如管理干部到现场发现和解决问题、在现场的管理工作中积极地依靠广大人民群众、结合中国企业的实际情况修正和修改苏联的管理规章制度等做法都是有助于提高管理效率和效果的做法，对于恢复因1958 年"大跃进"破坏的企业管理制度、方法是十分有益的，也对中国式企业管理模式的建设提供了可供参考的方法。"鞍钢宪法体现了中国共产党的优良传统同现代化大生产相结合的要求，对促进企业管理水平的提高，推动中国社会主义经济建设的发展，曾起过一定的作用。"[②]

二、工业学大庆

20 世纪 50 年代末至 60 年代初，随着社会主义建设事业的快速发展，各行各业对石油的需要日益增加，但由于中苏关系的全面破裂，苏联中断了对我国的石油供应，使我国的社会主义建设遇到了空前的困难。

1958 年，地质部和石油部在李四光的地质理论指导下，把石油勘探重点转移到被外国专家判定为"无原油"的东部地区，在东北、华北等几个

---

① 中国企业管理百科全书编辑委员会、中国企业管理百科全书编辑部编：《中国企业管理百科全书》（上），企业管理出版社 1984 年版，第 90 页。

② 中国企业管理百科全书编辑委员会、中国企业管理百科全书编辑部编：《中国企业管理百科全书》（上），企业管理出版社 1984 年版，第 90 页。

大盆地展开了区域勘探。1959 年 9 月 6 日，在东北松辽盆地陆相沉积岩中发现工业性油流。这是中国石油地质工作取得的一个重大成就，由于时值国庆 10 周年，这块油田因此命名为"大庆"。1960 年 2 月 13 日，石油部根据松辽盆地探井接连出油的新发现，在《石油工业部党组关于东北松辽地区石油勘探情况和今后工作部署问题的报告》中，向中央提出集中石油系统一切可以集中的力量，用打歼灭战的办法，来一个声势浩大的大会战，一鼓作气，以最快的速度拿下大庆油田。党中央、毛主席热情地支持社会主义建设中的这一创举。1960 年 2 月 20 日，中央下发文件，迅速批准关于大庆油田勘探开发大会战的报告，指出这次大会战"对于迅速改变我国石油工业的落后状况，有着重大的作用"，要求各地区有关部门给予大力支持。大庆石油会战的进行，是中国石油发展史上一次伟大的转折。

由于大庆油田位于我国东北严寒地区，参加石油会战的广大工人、技术人员和管理人员在极其困难的条件下，仅仅用了 3 年的时间就取得了油田开发的伟大胜利，彻底结束了中国人民使用"洋油"的时代，特别是大庆油田在开发、建设期间发扬了自力更生、奋发图强的优良传统，创造了"三老四严"的管理方法，受到了中共中央的高度关注。毛泽东对石油部学习解放军的经验和作风，在极其困难的条件下把全国石油厂矿力量组织起来打歼灭战，多次给予赞扬。当石油会战取得初步成果，一个特大油田（大庆油田）已经胜利在望的时候，毛泽东又热情地给予鼓励。1964 年 1 月 7 日，毛泽东在听取全国工业交通情况汇报时，指示报纸要写点新鲜事物，报道学习解放军、学习石油部，并在会上表扬了石油部经验和大庆铁人王进喜。2 月 9 日，毛泽东在接见外宾讲到大庆石油会战取得的进展时，自豪感溢于言表："他们用比较少的投资、比较短的时间、全部自己制造的设备，在三年中找到了一个大油田，建成了年产 600 万吨的油田和一个大炼油厂，而且比苏联的先进。"[①] 2 月 5 日，中共中央发出《关于传达石油工业部〈关于大庆石油会战情况的报告〉的通知》，通知指出："它是一个多快好省的典型。它的一些主要经验，不仅在工业部门中适用，在交通、财贸、文教各部门，在党、政、军、群众团体的各级机关中也都适用，或者可做参考。"通知要

---

① 黄宏、盖立学主编：《大庆精神》，人民出版社 2012 年版，第 24 页。

求把文件一直传达到基层，同时布置要播放石油部报告的录音。2 月 13 日，在人民大会堂的春节座谈会上，毛泽东发出号召："要鼓起劲来，所以，要学解放军、学大庆。""要学习解放军、学习石油部大庆油田的经验，学习城市、乡村、工厂、学校、机关的好典型。"[1] 随后，在全国工业交通战线掀起了学习大庆经验的运动。大庆的主要经验是什么呢？根据石油工业部当时关于大庆石油会战情况的报告，可以概括为以下几条。

第一，把毛泽东思想与具体实践相结合。大庆人通过学习毛泽东的《实践论》和《矛盾论》，靠"两论起家"，用辩证唯物主义的观点去分析、研究、解决工作中的一系列问题。技术干部搞不清油田的情况，在科技上遇到难题就深入实际，大搞调查研究，狠抓第一手材料，反复实践，勇于创造。生产管理千头万绪、问题繁多，大庆人懂得通过分析矛盾去抓住主要矛盾，狠抓岗位责任制，把生产上千千万万件具体工作落实到成千上万人身上，建立正常的生产秩序。

第二，自始至终地坚持集中领导同群众运动相结合的原则，坚持高度革命精神和严格科学态度相结合的原则，坚持技术革命和勤俭建国的原则。大庆油田任务重、时间紧，人力、物力、财力不足，集中领导、集中优势兵力打歼灭战是胜利完成一次又一次任务的主要经验之一。在集中领导的同时大搞群众运动，使先进的更先进，后进的赶先进。大庆人天不怕、地不怕，不信鬼、不信邪，真正是革命加拼命。在吸取经验和教训的基础上，大庆人也深刻认识到光有干劲不讲科学就会好心办坏事，产生严重后果。大庆人在生产建设中创造的种种奇迹正是高度革命精神和严格科学态度相结合的结果。大庆油田进行技术攻关，创造了许多科学、简单、经济、安全的办法，比国外通常采用的一些技术方法节省很多物资和资金。整个油田建设真正做到了又多、又快、又好、又省。

第三，认真学习解放军的政治工作经验，培养"三老""四严""四个一样"的良好作风。这就是：当老实人、说老实话、做老实事；严格的要求、严密的组织、严肃的态度、严明的纪律；黑夜和白天干工作一个样、坏天气和好天气干工作一个样、领导不在场和领导在场干工作一个样、没有人

---

[1]　傅治平：《精神的升华——中国共产党的精气神》，人民出版社 2007 年版，第 219 页。

检查和有人检查干工作一个样。所以，大庆石油队伍一呼百应，指向哪里打向哪里，干的事情靠得住，遇到困难顶得住。

第四，大搞技术练兵，大搞增产节约，充分发扬政治、生产技术和经济民主，领导干部亲临生产前线，积极培养和大胆提拔年轻干部，等等。

以上这些既极具当时时代特点，又传承中国共产党核心理念和传统精神，同时也充分体现了科学管理思想的经验和做法是值得我们研究中国管理思想的人们，包括从事管理实践工作的人们研究与总结的。但也正如袁宝华先生在改革开放初期访问日本时所总结的："我们国家的工业管理、企业管理，开始是学习苏联的，后来结合我国的具体情况，1960 年我们提出'鞍钢宪法'几条原则，后来又形成大庆的管理企业的经验，可是，由于受到'四人帮'的干扰破坏，与实现四个现代化的要求不相适应了。"①

第四节　管理教育的状况与分析

这一时期的中国管理教育受苏联经济发展模式，乃至教育思想和体系的影响，加上动荡、起伏政治运动的冲击，管理学学科教育的发展遇到了较大的困难，规模有所变小，专业受到了调整，从整体上看与世界管理学学科发展的方向有所不同，管理学学科的教育、研究水平与世界发展水平差距有所拉大。在 1952 年开始的院系调整中，受苏联的计划经济模式以及适应此模式的高等教育培养方式的影响，一些学校的商科（工商管理学科）被取消，或调整到了经济学科。如 1921 年厦门大学创建之时就成立了商学部，并设立工商企业管理科系，在 1953 年的全国院系调整中，企业管理系被调整到上海财经学院；在 1924 年就招收了第一位会计专业学生，1925 年就聘用了第一位会计学教授，1930 年就成立了会计系的厦门大学会计学专业，在1955 年院系调整时就调整到了经济学系，成为其下设的一个专业。在一些财经院校中，根据计划经济的管理特点设置了以宏观经济管理、行业管理为特色的行业管理专业，如计划经济、工业经济、农业经济、商业经济等，1950 年，中国人民大学成立经济计划系，1954 年在经济计划系农业经济教

---

① 《袁宝华文集》第一卷，中国人民大学出版社 2013 年版，第 281 页。

研室的基础上成立农业经济系。经过 20 世纪 50 年代的院系调整，综合性院校的工商管理专业基本撤销，会计专业调整到经济学系，或成为一个下属的专业（像前述的厦门大学），或成为一至几门课程（如在武汉大学，会计成为经济学专业的一门课程，任课教师安排在了部门经济教研室）；财经类院校的工商管理专业也基本消失，教师们一般调整到了适应计划经济管理工作需要的工业经济管理、农业经济管理、商业经济管理等专业，会计专业则得以保留。

在湖南大学工商管理学院网站的《百年商学》栏目中有一个对 1954—1980 年我国大学（总数、综合、财经和政法）的统计表格，可以较为全面地反映出我国大学整体，特别是财经类学校在这一个时期数量变化的基本情况（见表 4-1）。

表 4-1　我国大学学校及分类变化统计表（1954—1980 年）

年份	学校总数	综合大学	财经学校	政法学校
1954	188	14	5	4
1955	194	14	5	5
1956	227	15	5	5
1957	229	17	5	5
1958	791	27	12	5
1959	841	29	13	5
1960	1289	37	25	9
1961	845	32	17	4
1962	610	31	17	3
1963	407	29	16	4
1964	419	29	18	6
1965	434	29	18	6
1971	328	27	2	—
1972	331	27	2	—
1973	345	28	4	—
1974	378	29	6	—
1975	387	29	6	—

续表

年份	学校总数	综合大学	财经学校	政法学校
1976	392	29	7	—
1977	404	29	7	1
1978	598	32	21	2
1979	633	33	22	6
1980	675	32	30	7

资料来源：湖南大学工商管理学院网站，见 http://ibschool.hnu.edu.cn/index.php/2012-12-28-06-13-23/2013-05-28-06-30-14。

"1949年以后的一个时期，我国实行计划经济体制，商学科为抽象的财经类教育所取代，商科这一学科名称在中国从此消失了。'文革'期间，商学科更是遇到了灭顶之灾，除会计学专业一息尚存外，其他专业基本上'休克'了。"[①]

但也是在这一时间段，一批来自科学研究战线的科学家们在知识分子与工农相结合号召的鼓励下，在自己的本职工作中，结合工农生产第一线的需要，积极推广他们所掌握的科学技术知识，并取得了成功。如1958年，华罗庚发现数学中的统筹法和优选法可以在生产中得到较为普遍的应用，可以提高工作效率，改变工作管理面貌，他带领教师、学生深入工农业生产第一线开展研究，成立统筹法和优选法的推广小组，与技术人员、工人农民一起开展研究，在生产管理、产品质量管理等方面取得了成功。许国志、刘源张等编写了《运筹学》教材，并加以推广，这些管理的现代方法在推广中都取得了成绩。1964年，马洪主持编写了被誉为"是中国社会主义企业管理学的奠基之作，也是新中国管理学的奠基之作"[②] 的《中国社会主义国营工业企业管理》一书，并由人民出版社内部出版。

[①] 陈启杰：《中国工商管理类专业教育教学改革与发展战略研究（之二）》，高等教育出版社2002年版，第33页。

[②] 陈佳贵主编：《新中国管理学60年》，中国财政经济出版社2009年版，第3页。

第　五　章

改革开放以来中国管理学的
发展与问题探讨

从 1978 年算起，中国的改革开放已经有 40 余年。改革开放在中华民族的历史上，特别是在中华人民共和国发展史上是十分重要的一个历史阶段，在中国管理学的建设和发展上也具有特殊的意义。在短短的 40 多年间，改革开放不仅大幅度地提高了综合国力和人民生活水平，加速了中国特色社会主义道路的开拓，初步建立起了社会主义市场经济体制，也为中国管理学的建立与发展打下了基础、创造了条件、开拓了道路、明确了方向。在这一章中将回顾中国管理学在改革开放以来的发展历程，取得的成绩，并对中国管理学界普遍感受到的发展中存在的问题进行分析和探讨。

第一节　中国管理学发展的历史条件

在前言中我们讲到，我们选择了世界著名管理思想史研究者丹尼尔·雷恩提出的管理思想发展的研究模式，将中国管理学的发展投射到"经济—社会—政治—科技"四个维度分析和研究的文化背景中（见图 0-1），作为亲身经历改革开放这一伟大时期的中国学者，我们都深深地感受到，改革开放给中国带来的一系列巨大变化奠定了中国管理学发展的基础，提供了快速推进的条件。

一、对社会主义阶段的重新认识

1977 年 7 月，党的十届三中全会恢复了邓小平的领导职务；在 8 月召开的中国共产党第十一届全国代表大会上，华国锋代表党中央宣布"文化大革命"已经结束，并提出在 20 世纪末将我国建设成为社会主义现代化强国的号召；1978 年 5 月 11 日，《光明日报》刊登了题为《实践是检验真理的唯一标准》的特约评论员文章，1978 年 12 月，中国共产党十一届三中全会举行，作出了把全党工作的重点转移到社会主义现代化建设上来的战略决策，指出实现现代化是一场广泛、深刻的革命，要求大幅度提高生产力，多方面改变同生产力发展不适应的生产关系和上层建筑，改变一切不适应的管理方式、活动方式和思想方式，确立了解放思想、实事求是的思想路线。党的十一届三中全会以后，中国开始了伟大的改革开放征程。1981 年 6 月，党的十一届六中全会通过的《关于建国以来党的若干历史问题的决议》中提出"我国的社会主义制度还是处于初级的阶段"的论断，在 1987 年 10 月召开的党的十三大系统地阐述了社会主义初级阶段理论。大会指出，正确认识我国社会现在所处的历史阶段，是建设有中国特色的社会主义的首要问题，是我们制定和执行正确的路线和政策的基本依据，大会确定党在这一阶段的基本路线是领导和团结全国各族人民，以经济建设为中心，坚持四项基本原则，坚持改革开放，自力更生，艰苦创业，为把我国建设成为富强、民主、文明的社会主义现代化国家而奋斗。对社会主义阶段性及其特征的认识，对计划经济的剖析开启了人们探寻中国经济发展道路的新篇章。

改革开放的总设计师邓小平在 1978 年 9 月就提出了他对社会主义这一重要社会形态的初步看法："现在在世界上我们算贫困的国家，就是在第三世界，我们也属于比较不发达的那部分。我们是社会主义国家，社会主义制度优越性的根本表现，就是能够允许社会生产力以旧社会所没有的速度迅速发展，使人民不断增长的物质文化生活需要能够逐步得到满足。按照历史唯物主义的观点来讲，正确的政治领导的成果，归根结底要表现在社会生产力的发展上，人民物质文化生活的改善上。如果在一个很长的历史时期内，社会主义国家生产力发展的速度比资本主义国家慢，还谈什么优越性？我们想一想，我们要给人民究竟做了多少事情呢？我们一定要根据现在的有利条件加速发展生产力，使人民的物质生活好一些，使人民的文化生活、精神面貌好一些。"① 1980 年，邓小平接见外宾时讲道："要充分研究如何搞社会主义建设的问题。现在我们正在总结建国三十年的经验。总起来说，第一，不要离开现实和超越阶段采取一些'左'的办法，这样是搞不成社会主义的。我们过去就是吃'左'的亏。第二，不管你搞什么，一定要有利于发展生产力。发展生产力要讲究经济效果。只有在发展生产力的基础上才能随之逐步增加人民的收入。我们在这一方面吃的亏太大了，特别是文化大革命这十年。要研究一下，为什么好多非洲国家搞社会主义越搞越穷。不能因为有社会主义的名字就光荣，就好。"② "社会主义是一个很好的名词，但是如果搞不好，不能正确理解，不能采取正确的政策，那就体现不出社会主义的本质。""根据我们自己的经验，讲社会主义，首先就要使生产力发展，这是主要的。只有这样，才能表明社会主义的优越性。社会主义经济政策对不对，归根到底要看生产力是否发展，人民收入是否增加。这是压倒一切的标准。空讲社会主义不行，人民不相信。"③ 到了 1992 年，邓小平作出了他对于社会主义最为简单和明确的定义："社会主义的本质，是解放生产力，发展生产力，消灭剥削，消除两极分化，最终达到共同富裕。"④

　　根据党的十一届三中全会以来确立的政治与思想路线，和中国共产党对社会主义初级阶段的认识与判断，邓小平有关社会主义的看法不仅为结束"文化大革命"，停止使用"以阶级斗争为纲"的口号创造了条件，也为中国共产党将主要精力集中到经济建设上提供了理论基础，为社会主义道路、经济建设模式的选择指出了正确的方向，引发了中国政治、经济、文化、科学技术等多方面的变化。邓小平曾对此作了总结："在对社会主义作这样的理解下面，我们寻找自己应该走的道路。这涉及政治领域、经济领域、文化领域等所有方面的问题。"⑤

---

① 《邓小平文选》第二卷，人民出版社 1994 年版，第 128 页。
② 《邓小平文选》第二卷，人民出版社 1994 年版，第 312—313 页。
③ 《邓小平文选》第二卷，人民出版社 1994 年版，第 313、314 页。
④ 《邓小平文选》第三卷，人民出版社 1993 年版，第 373 页。
⑤ 《邓小平文选》第三卷，人民出版社 1993 年版，第 255 页。

二、社会主义市场经济的提出

市场经济条件下社会资源与财富的私人占有和市场优化配给长期被认为是资本主义社会的典型特征，因此社会主义市场经济的提出、推行和建设在中国的改革开放事业中并非一蹴而就。1981 年，党的十一届六中全会通过的《关于建国以来党的若干历史问题的决议》中提出"以计划经济为主，市场调节为辅"的思想；1982 年 9 月举行的党的十二大提出了建设有中国特色的社会主义的命题，并在十二届三中全会通过的《中共中央关于经济体制改革的决定》中明确提出了要建立起具有中国特色的、充满生机和活力的社会主义经济体制，促进社会生产力的发展，认为改革计划体制，首先要突破把计划经济同商品经济对立起来的传统观念，商品经济的充分发展是经济发展不可逾越的阶段，是实现中国经济现代化的必要条件。1987 年 10 月举行的党的十三大提出了加快建立和培育社会主义市场经济体系逐步建立起有计划商品经济新体制，即"国家调节市场，市场引导企业"的机制。1992 年 10 月，党的十四大召开，在大会通过的《加快改革开放和现代化建设步伐，夺取有中国特色社会主义事业的更大胜利》报告中进一步提出，改革开放 10 多年来，市场范围逐步扩大，大多数商品的价格已经放开，计划直接管理的领域显著缩小，市场对经济活动调节的作用大大增强。实践表明，市场作用发挥比较充分的地方，经济活力就比较强，发展态势也比较好。我国经济要优化结构，提高效益，加快发展，参与国际竞争，就必须继续强化市场机制的作用。实践的发展和认识的深化，要求我们明确提出我国经济体制改革的目标就是建立社会主义市场经济体制，以利于进一步解放和发展生产力。中国经济体制改革的目标就是建立社会主义市场经济体制。

有研究表明，改革开放的总设计师邓小平早在抗日战争、挺进中原时，在革命根据地的建设中就十分注意市场和私营经济成分的作用。① 邓小平在1943 年 7 月 2 日发表于《解放日报》的文章《太行区的经济建设》中就讲道："对敌占区贸易不能采取政府统制一切的办法，而是管理的办法。对内尤不能垄断，而应采取贸易自由的办法。对于商人的投机行为，则利用公营

---

① 陆文兵：《邓小平 66 年前的鲁山思考：市场经济不可少》，《郑州晚报》2014 年 8 月 21 日。

商店及合作社的力量，加以压抑。实行这种办法的结果，大大加强了对敌斗争的力量，增加了税收，繁荣了市场，保障了人民的需要。"① 这被人们称为邓小平经济思想的发端。② 1948 年 4 月，在谈到根据地工商业政策的一些问题时，邓小平指出："像鲁山街上这个小市场，如果倒闭了，起码有一万人失掉生计，马上向你伸手要饭吃。我们这个区有三万人靠种植烟草生活，如果纸烟厂垮了，不能出口，这三万人马上没有饭吃，没有衣穿。究竟是打倒了资本家，还是打倒了老百姓？我看这不是打倒资本家，而是打掉了人民的生计。……私人工商业是新民主主义经济不可缺少的一部分，我们要扶助它发展。"③ 在 1979 年 11 月的一次与外宾的谈话中，邓小平就提出："说市场经济只存在于资本主义社会，只有资本主义的市场经济，这肯定是不正确的。社会主义为什么不可以搞市场经济，这个不能说是资本主义。我们是计划经济为主，也结合市场经济，但这是社会主义的市场经济。"④ 1985 年，在会见美国企业家代表团时，邓小平进一步明确地指出："社会主义和市场经济之间不存在根本矛盾。问题是用什么方法才能更有力地发展社会生产力。我们过去一直搞计划经济，但多年的实践证明，在某种意义上说，只搞计划经济会束缚生产力的发展。把计划经济和市场经济结合起来，就更能解放生产力，加速经济发展。""多年的经验表明，要发展生产力，靠过去的经济体制不能解决问题。所以，我们吸收资本主义中一些有用的方法来发展生产力。现在看得很清楚，实行对外开放政策，搞计划经济和市场经济相结合，进行一系列的体制改革，这个路子是对的。"⑤ 1992 年视察南方时，邓小平更为明确和坚定地讲道："计划多一点还是市场多一点，不是社会主义与资本主义的本质区别。计划经济不等于社会主义，资本主义也有计划；市场经济不等于资本主义，社会主义也有市场。计划和市场都是经济手段。"⑥

对计划经济与市场经济本质的认识和把握，特别是将社会主义市场经济

① 《邓小平文选》第一卷，人民出版社 1994 年版，第 83 页。
② 高尚全、陆琪：《邓小平与社会主义市场经济》，《人民日报》2014 年 10 月 30 日。
③ 《邓小平文选》第一卷，人民出版社 1994 年版，第 102—103 页。
④ 《邓小平文选》第二卷，人民出版社 1994 年版，第 236 页。
⑤ 《邓小平文选》第三卷，人民出版社 1993 年版，第 148—149 页。
⑥ 《邓小平文选》第三卷，人民出版社 1993 年版，第 373 页。

的建设作为"中国经济体制改革的目标",不仅进一步明确了中国经济体制改革的工作目标,排除了束缚思想和手脚姓"社"姓"资"的抽象争论,大大加快了中国改革开放大业的前进步伐,使得中国的经济发生了重大的变化,在短短的时间内成为世界上举足轻重的大国,受到世界各国的尊重,而且也就是在这样的转变过程中自然地将中国企业改革的工作、任务和目标逐渐推向深入。

三、对企业的重新认识与改革

在革命时期的根据地建设中,中国共产党和人民政府对工商企业的发展与经营活动给予了高度的重视,但在社会主义建设的初期,由于受苏联经济模式的影响,一度将国民经济的细胞——企业看成了计划经济中的生产单元,没有市场的概念,缺乏与市场的联系,企业成了国民经济活动中的一个加工车间,企业的管理工作也受到多次运动的冲击,但随着对社会主义本质的重新认识,在社会主义市场经济的建设过程中,对企业的认识和改革工作也得到了根本的改变。

1978年12月,党的十一届三中全会公报提出,要把全党工作的着重点和全国人民的注意力转移到社会主义现代化建设上来,认识到当时我国经济管理体制的一个严重缺点是权力过于集中,并建议应该有领导地大胆下放,让地方和工农业企业在国家统一计划的指导下有更多的经营管理自主权;应该着手大力精简各级经济行政机构,把它们的大部分职权转交给企业性的专业公司或联合公司;应该坚决实行按经济规律办事,重视价值规律的作用,注意把思想政治工作和经济手段结合起来,充分调动干部和劳动者的生产积极性。1984年10月举行的党的十二届三中全会提出,随着以城市为重点的经济体制改革工作的进行与加快,中共中央提出了围绕城市经济体制的改革,要解决好两个方面的关系:确立国家和全民所有制企业之间的正确关系,扩大企业自主权;确立职工与企业之间的正确关系,保证劳动者在企业中的主人翁地位。在服从国家计划和管理的前提下,企业可以自我选择灵活多样的经营方式,有权安排自己的产供销活动,有权确定企业自己的产品价格等,要使企业成为相对独立的经济实体,成为自主经营、自负盈亏的社会主义商品生产者和经营者,具有一定权利和义务的法人。1987年10月,党的十三大公报中进一步明确了深化改革的任务是围绕转变企业经营机制这个中心环节，分阶段进行多方面的体制改革，逐步建立起有计划的商品经济新体制。根据这一目标，会议要求全民所有制企业实行所有权与经营权分离，将企业的经营权真正交给企业，理顺企业所有者、经营者和生产者之间的关系，使企业真正做到自主经营、自负盈亏。1992年10月党的十四大的召开，顺应建立社会主义市场经济的要求，会议提出了以全民和集体所有制经济为主体，个体、私营、外资经济为补充长期共同发展，不同的经济成分可以实行多种形式的联合经营，在市场中通过平等竞争发挥国有企业的作用。强调落实企业自主权，使企业真正成为自主经营、自负盈亏、自我发展、自我约束的法人实体和市场竞争的主体，承担国有企业资产保值增值的责任。1993年11月，党的十四届三中全会通过了《中共中央关于建立社会主义市场经济体制若干问题的决定》，《决定》中围绕十四大提出的经济体制改革任务，加快改革开放和社会主义现代化建设步伐目标，在国有企业改革问题上进一步提出了"转换国有企业经营机制，建立现代企业制度"的任务。1997年党的十五大召开，大会根据我国社会主义性质和社会主义初级阶段国情的历史特征提出，我国社会主义初级阶段的基本经济制度是公有制为主体，多种所有制经济共同发展；明确国有企业改革的方向是建立现代企业制度，按照"产权清晰、权责明确、政企分开、管理科学"的要求，对国有大中型企业实行公司制改革，使其成为能适应市场的法人实体和竞争主体；并提出对国有企业实行战略性改组的抓好大的，放活小的策略。2003年10月举行的党的十六届三中全会通过了《中共中央关于完善社会主义市场经济体制的若干问题的决定》，《决定》中围绕社会主义经济体制完善、建设的问题，对国有企业的改革工作提出了建立健全国有资产管理和监督体制，完善公司法人治理结构，加快推进和完善垄断行业改革的工作，以实现完善国有资产管理体制，深化国有企业改革的目标。2013年11月，党的十八届三中全会通过了《中共中央关于全面深化改革若干重大问题的决定》，《决定》中围绕有关企业改革工作提出了完善产权保护制度，积极发展混合所有制经济，推动国有企业完善现代企业制度，支持非公有制经济健康发展等建议。

　　在陈清泰作为主编的《重塑企业制度——30年企业制度变迁》一书中，

结合中国企业，特别是国有企业的改革历程将改革开放以来中国企业的变迁划分为三个基本阶段（见表5-1）。

表5-1　改革开放以来中国企业改革历程的基本阶段

阶段划分	时间	企业改革工作的主要内容
第一阶段	1979—1984年	进行扩大企业自主权试点，推行经济责任制，为企业松绑，简政放权，企业分利。从分配入手，正确处理国家、企业、职工三者利益关系，探索克服企业吃国家"大锅饭"，职工吃企业"大锅饭"问题的途径，调动企业和职工的积极性，搞活企业
第二阶段	1985—1992年	主要是改革企业经营管理方式，建立企业经营责任制，探索"两权分离"的有效途径，增强企业的活力。在改革企业领导体制方面进行探索
第三阶段	1993—1997年	企业改革进入转机建制、制度创新阶段。围绕党的十四大、十五大所决定的工作任务和目标，推进转换企业经营机制，建立现代企业制度的工作，力争到20世纪末绝大多数国有大中型骨干企业初步建立现代企业制度，经营状况明显改善，开创国有企业改革的新局面

资料来源：参考陈清泰主编《重塑企业制度——30年企业制度变迁》（中国发展出版社2008年版）第3页的资料整理。

虽然表5-1仅总结到1997年，但就是在这十分简明的回顾中可以看到，中国企业的改革历程具有注重中国传统特色和结合实际情况的特点，坚持渐进式改革的基本模式，采用"摸着石头过河"的方法，围绕着对社会主义本质特征、市场经济的基本规律和企业经营活动特点的认识逐步推进。更为具体地讲，中国企业的改革工作是国家经济体制改革的中心工作，但又是国家经济体制改革中的一部分，因此中国企业的改革工作是顺应、伴随着国家经济体制改革逐步深化过程进行的。从40余年的中国企业改革的历程看，企业改革工作的中心是释放和注入企业市场竞争的能力与活力，使其成为市场竞争的经营主体和法人主体，因此也就产生了对企业的简政放权、两权分离、承包制、现代企业制度逐步推行、试错、纠偏、完善的过程。伴随着对社会主义初级阶段本质特征的认识和对我国国情的了解，我们的企业改革工作在1997年之后一直不断推进，在推进过程中不断深化——体现企业市场竞争的基本特征，解决国有企业中存在的深层次问题，建立现代化企业经营管理必须依赖的市场环境和运行机制。从整体上看就是从"'增量改革'发展到'整体推进'的进程"①。

从统计数据可以看到，伴随着改革开放和社会主义市场经济的发展与推进，中国的企业焕发了生机，迅速扩张，变大变强，利润总额不断攀升，成为国际市场竞争中一支不可忽视的力量；中国企业的结构发生了变化，从集体、国营企业的一统天下转变为以国有企业为主体以及其他经济成分共同发展的基本格局，为国民经济的发展打下了坚实的基础（见图5-1、图5-2、图5-3、图5-4、图5-5）。

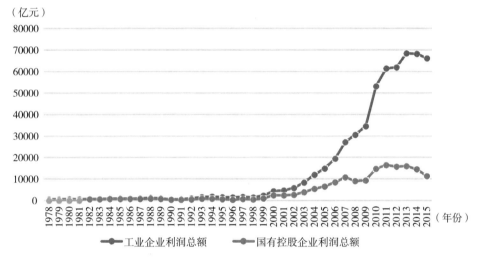

图 5-1　我国工业企业、国有控股企业利润总额图（1978—2015 年）

资料来源：《中国工业统计年鉴 2016》，中国统计出版社 2016 年版。

随着社会主义市场经济的建设与发展，在企业改革工作中，为企业市场竞争、经营机制完善提供理论和方法，发端于研究企业管理活动的科学管理理论、思想、方法也自然地成为企业改革必须参考和借鉴的思想、理论和方法。因此，系统地开展管理学的研究，以指导企业的改革工作；系统地构建管理学教育体系，培养、培训熟悉社会主义市场经济条件下企业急需的管理人才日显重要，管理学科恢复和重建也水到渠成，管理学科在中华的大地上得到了真正的重视和发展的机遇。

---

① 陈清泰主编：《重塑企业制度——30 年企业制度变迁》，中国发展出版社 2008 年版，第 74 页。

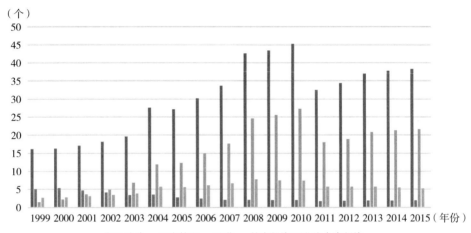

图 5-2　我国工业企业单位数（1999—2015 年）

资料来源：《中国工业统计年鉴 2016》，中国统计出版社 2016 年版。

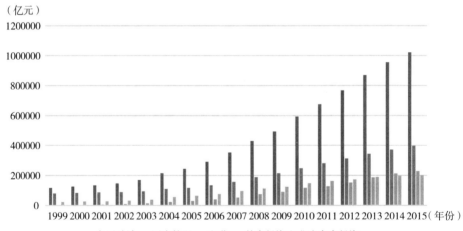

图 5-3　我国工业企业资产总计（1999—2015 年）

资料来源：《中国工业统计年鉴 2016》，中国统计出版社 2016 年版。

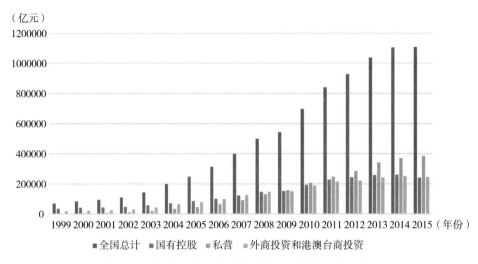

图5-4　我国工业企业主营业务收入（1999—2015年）

资料来源：《中国工业统计年鉴2016》，中国统计出版社2016年版。

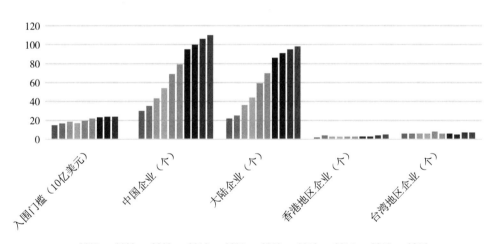

图5-5　世界500强企业中国（大陆、香港地区、台湾地区）
企业数量变化情况（2007—2016年）

资料来源：《财富》中国网，见 http://www.fortunechina.com/fortune500/c/。

第二节　中国管理学的快速发展

从前面的回顾中可以进一步加深对本研究分析的基本框架——管理的文化环境对组织管理工作变化重要性的认识，也可以感受到中国管理学的发展与中国改革开放产生的国家巨大变化息息相关，也与雷恩提出的管理思想发展的规律相吻合："管理思想既是文化环境的一个过程，也是文化环境的产物。由于管理思想具有这些开放系统的特点，所以必须在文化范围内来对它进行研究。从本质上看，人们具有经济、社会和政治等方面的需求，要通过有组织的努力去满足。管理是在人们谋求通过集体的行动来满足其需求时所产生的一种必不可少的活动，它有助于实现个人和集体的目标。"① 这也是人们面对中国企业发生的巨大变化有所感触的："应该特别指出的是，经济界、理论界、学术界对每一个发展阶段的重点问题，都有广泛深入的理论研究，实际工作者向理论工作者多有求教，理论研究对企业的改革和发展发挥了'先导'、'助剂'和'催化'的作用，为企业改革的不断深化做出了积极的贡献。"②

一、对企业管理工作重要性的认识

在前面的回顾中已经看到，虽然中国近现代也有工业的进步，企业的发展，企业管理的需要，但由于多种原因，在改革开放之前的中国，科学管理思想、理论、方法缺乏文化环境肥沃的土壤和发展的空间，难以得到系统性地传播、研究、教育和广泛运用，但在中国改革开放以后，伴随着社会主义市场经济建设和企业改革的深化，必然会加深对企业管理工作的认识，重视企业管理的工作。

中国党和国家领导人对企业管理工作的重要性是有较为清楚的认识的，早在 1956 年毛泽东就在《论十大关系》一文中强调指出："外国资产阶级的一切腐败制度和思想作风，我们要坚决抵制和批判。但是，这并不妨碍我

---

① ［美］丹尼尔·A. 雷恩：《管理思想的演变》，中国社会科学出版社 2000 年版，第 13 页。
② 陈清泰主编：《重塑企业制度——30 年企业制度变迁》，中国发展出版社 2008 年版，第 4 页。

们去学习资本主义国家的先进的科学技术和企业管理方法中合乎科学的方面。工业发达国家的企业，用人少，效率高，会做生意，这些都应当有原则地好好学过来，以利于改进我们的工作。"① 1957 年，邓小平对国有企业存在的管理问题就有所发现："现在我们的企业，特别是中央搞的大企业，浪费现象是很严重的。……有一些中央企业起了带头作用，气魄大，牌子大，公子少爷的味道足，把一些地方工业带坏了。……苏联并不是这样的，美国、法国等资本主义国家也不是这样的，甚至国民党也是不敢这样搞的。国民党贪官污吏多得很，但是办企业比我们好。中国的民族资本家很多都是艰苦奋斗来的，他们办企业比我们高明。"② 1973 年邓小平恢复工作，他在主持国民经济全面整顿工作中多次作出加强企业管理工作的指示，要求发动群众建立必要的规章制度，整顿企业管理秩序，改变带有普遍性的企业管理秩序不好的问题。1978 年，邓小平再一次复出后进一步强调了学习外国先进的经济管理方法，注意按照经济规律推进企业的管理工作。他曾经讲道："引进先进技术设备后，一定要按照国际先进的管理办法、先进的经营方法、先进的定额来管理，也就是按照经济规律管理经济。"③ "我们要学会用经济方法管理经济。自己不懂就要向懂行的人学习，向外国的先进管理方法学习。不仅新引进的企业要按人家的先进方法去办，原有企业的改造也要采用先进的方法。"④ 这样明确的指示和要求，不仅强调了加强企业管理工作的重要性，指明了加强企业管理工作的主要途径，也给管理学的重要领域——企业管理的发展带来了重大的契机，当然也给中国管理学的起步与发展指出了明确的方向。

二、中国管理学的起步与发展

伴随着时代的呼唤，担负着历史的重责，中国管理学的发展开始起步，并插上腾飞的翅膀快速地发展起来了。表 5-2 是我国部分学校管理类专业起步、系院建立的时间表。

---

① 《毛泽东文集》第七卷，人民出版社 1999 年版，第 43 页。
② 《邓小平文选》第一卷，人民出版社 1994 年版，第 265—266 页。
③ 《邓小平文选》第二卷，人民出版社 1994 年版，第 129—130 页。
④ 《邓小平文选》第二卷，人民出版社 1994 年版，第 150 页。

表 5-2 中国部分学校管理类院系、专业的成立、开办时间表

学校及学院	管理类院系、专业的成立、开办时间
北京大学光华管理学院	1985 年设立经济管理系，1993 年成立工商管理学院，1994 年更名为光华管理学院
清华大学经济管理学院	1979 年建立经济管理工程系，1980 年举办本科项目，1984 年成立经济管理学院
西安交通大学管理学院	1980 年成立管理工程教研室，1981 年建立管理工程系，招收工业管理工程专业本科生，1984 年建立管理学院
复旦大学管理学院	1977 年开始招收管理学科专业学生，1979 年成立管理科学系，1985 年恢复组建管理学院
上海交通大学安泰经济与管理学院	1979 年重建工业管理工程系，1984 年恢复建立管理学院，2000 年更名为安泰管理学院，2006 年更名为安泰经济与管理学院
同济大学经济与管理学院	1980 年成立管理工程系，下设管理工程专业，1984 年成立经济管理学院，1998 年与商学院合并为经济与管理学院
南京大学商学院	1978 年恢复经济系，开始招收本科生，1986 年成立管理学系，1988 年成立国际商学院，2000 年更名为商学院
厦门大学管理学院	1979 年恢复企业管理专业，1980 年招收第一届企业管理专业本科生，1985 年成立企业管理学系，1999 年成立管理学院
武汉大学经济与管理学院	1979 年经济管理学专业获批，1981 年成立经济管理系开始招收第一届本科生，1984 年成立经济与管理学院，1986 年建立管理学院，1999 年成立商学院，2005 年更名为经济与管理学院
华中科技大学管理学院	1979 年工程经济系成立，1980 年物资管理工程专业开始招收第一届本科生，1983 年建立经济和管理工程系，1985 年经济和管理工程系扩建为经济管理学院，1994 年成立工商管理学院，1997 年更名为管理学院
中南财经政法大学工商管理学院	1978 年恢复工业经济系招生，1979 年获批学士学位授予权，2000 年成立工商管理学院
中山大学管理学院	1981 年在经济系招收第一届企业管理专业本科生，1983 年成立企业管理系，1985 年成立管理学院
华南理工大学工商管理学院	1982 年管理工程系成立，招收干部专修班，1983 年招收管理工程专业第一届本科生，1992 年成立工商管理学院
湖南大学工商管理学院	1981 年管理工程系成立，1982 年招收工业外贸本科生，1992 年成立国际商学院，2000 年成立工商管理学院
中南大学商学院	1978 年中南矿冶学院管理工程系筹备，1981 年招收管理工程专业本科生，1982 年管理工程系成立，1996 年建立工商管理学院，2002 年成立商学院
哈尔滨工程大学经济管理学院	1985 年成立管理工程系招收第一届硕士研究生，1987 年招收第一届本科生，1996 年成立经济管理学院

续表

学校及学院	管理类院系、专业的成立、开办时间
南开大学商学院	1980 年管理学系恢复重建，1981 年创建了旅游学系，1985 年审计专业并招生，1994 年成立国际商学院，2005 年复名南开大学商学院
中国人民大学商学院	1950 年创建工厂管理系、贸易系及簿记核算和财政信贷教研室，1988 年成立工商管理学院，2001 年组建中国人民大学商学院
天津大学管理学院	1978 年系统工程研究所成立，1979 年工业管理工程系成立，1984 年建立管理学院

资料来源：各个管理学院（商学院、经济管理学院、经济与管理学院）网站。受网站提供资料的限制，文字格式没有完全统一，部分院校网站资料不够详尽，未能列入，十分遗憾。

　　表 5-2 虽然挂一漏万，但我们可以看到，顺应着改革开放的发展，特别是社会主义市场经济建设、企业改革对管理人才的巨大需求，中国各个高校在经济学、工程学和财经类专业的支撑下开始筹办相应的管理类专业，也因此形成了中国管理学发展的重大特点：综合性院校一般以经济学科为基础发展与延伸出具有自我特色的工商管理专业；工科院校一般以工程学科为基础发展与延伸出具有自我特色的管理科学与工程专业；财经类院校一般依靠产业经济学科建立了具有自我特色的工商管理专业。如武汉大学的管理学科在开始组建经济管理系时就以原经济系的部门教研室（主要为工业、计划、会计等课程老师构成）为基础，并在数学系、计算机系调进了一些老师，从政府部门、企业引进了部分人员建立了经济管理系。这种依靠学校传统学科组建、延伸出来的管理学科专业，由于受到学校所在地域经济发展水平、产业布局特点、校园文化、学科传统、学术带头人学术背景和教师队伍构成等多种因素的影响，中国管理学科也就在 40 余年的发展过程中形成了三大"主力部队"——综合性院校、工程技术类院校和财经类院校的管理学队伍，一些重点或实力较强的院校在依托自己的历史传统举办的主要学科工商管理、管理科学与工程完成了学科的纵向布局（如重点学科、一级学科博士点授予权、博士后流动站、博士点、硕士点、专业学位点和本科专业等）后，又推进横向的布局，逐渐扩张至管理学门类的其他一级学科（如武汉大学在 1983 年、1994 年、1998 年、2003 年分别获批企业管理硕士、湖北省重点学科、博士点、工商管理一级学科博士学位授予权、博士后流动站后，

又在 1993 年、2002 年、2007 年、2008 年依据合校及综合性院校的优势分别获批管理科学与工程硕士点、一级学科博士学位授予权、管理科学与工程博士后科研流动站、湖北省重点学科）。但也是受到学校所在地域经济发展水平、产业布局特点、校园文化、学科传统、学术带头人学术背景和教师队伍构成等多种因素的影响，各个院校管理学科快速扩张和发展的同时，在对管理学科内涵和特点的理解、研究的主要方向、研究的主要对象等问题上存在着一些差异。"这些不同的学术传统为今天的管理学院分别留下了各自深深的烙印，至今影响着这些管理学院的发展路径，成为这些管理学院各自独特的优势和劣势的根源。从劣势方面考虑，一些管理学院，包括一些著名的管理学院至今还没有跳出各自过去的'影子'，给自己找到确切的定位，以至于影响到今后的发展。"① 这既是对中国管理学发展过程中问题的揭示，更应该是年轻的中国管理学在自我发展过程中需要经常思考和注意的一个问题。

1. 中国管理学的起步——外出学习

学者萧冬连在其文章《中国改革初期对国外经验的系统考察和借鉴》中讲到，1977—1978 年中国领导人在酝酿未来四个现代化建设的宏大目标时，就已经意识到必须打开国门，了解世界科学、技术、设备和管理的经验。"1978 年，也是中国领导人出国访问的高峰，这一年有 12 位副总理、副委员长以上的领导人先后 20 人次访问了 51 个国家，其中包括华国锋出访 4 个国家，邓小平出访 8 个国家。……除了所谓外交'还债'的需要外，很重要的意图，就是要亲眼看一看世界现代化究竟发展到什么程度，寻找中国可以借鉴的经验。"②

在诸多的出访中也有关于学习、了解管理学的教育情况代表团。如1979 年 10 月 8 日到 11 月 3 日应美中关系全国委员会和麻省理工学院、宾夕法尼亚大学、印第安纳大学、斯坦福大学、哈佛大学五所美国大学管理学院的邀请，由团长马洪、顾问薛暮桥、副团长孙洪志，团员周叔莲、吴纪先、王嘉谟、傅丰圭、戴鸣钟等组成的中国工商行政管理代表团访问了美国。代

① 谭劲松：《关于中国管理学科定位的讨论》，《管理世界》2006 年第 2 期。
② 萧冬连：《中国改革初期对国外经验的系统考察和借鉴》，《中共党史研究》2006 年第 4 期。

表团的主要目的是"考察美国的管理教育"，回国后撰写的《美国怎样培养企业管理人才》一书，由中国社会科学出版社在 1980 年出版。

这个由担任一定行政职务，并有部分成员有着海外求学经历，熟知美国情况的学者组成的考察团（如当时担任武汉大学经济系系主任的吴纪先教授是 1947 年毕业于哈佛大学的经济学博士），用他们独特的视角考察了美国的管理教育情况。

《美国怎样培养企业管理人才》一书从美国对企业管理和企业管理人才的重视，管理专业的教育体系、学制、课程设置、学生概况、教学方法、教师队伍考核、科学研究工作、系统工程专业和美国公司对管理人才的培养等方面较为系统地介绍了美国部分名校管理教育的情况，在附录中还列举了哈佛大学商学院博士学位教学计划、斯坦福大学商学院硕士学位教学计划、宾夕法尼亚沃顿商学院管理与技术双学位教学计划、麻省理工学院斯隆商学院校友班教学计划、麻省理工学院斯隆商学院高级行政人员班教学计划、印第安纳大学商学院"管理实践"专题讲习班教学计划和案例四则。由此可以看出，这本书的内容十分全面，在当时对中国管理学科的初建具有很好的指导作用。

该书的前言概括性地总结了考察团对美国管理教育的基本认识和中国管理教育发展的想法。书中讲到，美国的管理教育在缓和资本主义的基本矛盾和帮助美国成为世界上最为发达的国家中起到了积极作用。美国的管理教育在充分市场竞争的条件下形成了商学院各自发展的特点，主要的特点是：教育与实际需要相结合，如美国商学院的管理教育目标主要是培养企业管理人员。工程技术教育与经济管理教育相结合，如哈佛大学商学院的研究生除了学习管理课程之外，还要选修数学、物理、化学或其他技术课程；沃顿商学院从 1978 年起设立了同时攻读工程技术和企业管理两个领域，并授予两个学科硕士学位的双学位研究生班。教育与研究相结合，如哈佛大学商学院把科学研究视为一项重要的规定工作，认为科研工作的目的是发展管理科学知识，研究新的管理方法，提高管理效率，提高教师水平；斯坦福大学商学院的院长认为，教师既要有实践经验，又要进行科学研究，不研究，知识没有补充，就要老化、过时，"一个学校、一位教授的水平，不仅要看教育效果，而且要看能否适应实际经济生活的需要，总结新的经验，提出新的理论"。学校与企业相结合，如美国的大学与公司，特别是大公司的关系特别密切，学校的经费大量来自公司的捐赠，商学院与公司在毕业学生、研究项目中有着密切的合作；商学院的教授普遍接受公司的咨询工作，80%以上的教授、副教授在公司担任董事、顾问，如哈佛大学商学院的教授一般是80%的时间用在本职工作上，20%的时间用在接受咨询工作上；同时商学院还聘请有经验的一些企业管理人员讲课，并吸收企业的高管到商学院从事教师工作。①

　　对中国管理学教育的发展问题，代表团针对当时的国内管理学教育刚刚起步的现状提出了他们的建议，主要有：要将管理现代化视为实现现代化的重要条件；要加强经济管理人才的培养，组建管理学院，扩大高等院校招收经济管理学生的人数；基于对了解企业管理目的性、企业管理的性质和企业管理人员的来源等问题的认识，提出了要有原则地好好学习美国管理教育的经验，并建议要注意引进一些好的美国企业管理教材。

　　40多年过去了，中国工商行政管理代表团在书中对当时美国管理教育的许多情况、特点、问题、发展趋势等的介绍，中国管理学界都已经十分熟悉，随时都在践行。从目前来看，中国管理学在教学体系安排、课程体系设置、研究的基本模式、讲课的主要内容等方面应该是基本照搬和模仿了美国商学院的模式。这里面有市场经济条件下企业运行存在着基本的科学规律，以及从科学规律中逐渐提炼形成的普适性很强的管理学思想、理论与方法，有美国管理学在世界范围的强大实力和影响力的原因，也与我们在打开国门的同时就将美国作为管理学科发展学习、借鉴的模式有关。也应该注意到，现在我们对管理学发展的一些批评在当时的代表团对美国管理学发展的介绍中已经有所提醒，如注意管理工作存在的"二重性"，管理学教师实践问题的重要性，教师队伍的构成等问题，这些问题虽一直伴随着中国管理学的发展，也不断有学者研究、提醒，但多种原因在学科发展过程中渐渐地淡出了人们的视野。

　　当时国人外出访问形成的重要资料中涉及管理问题的还有企业管理出版社在1986年出版的《访美考察报告》，这是以袁宝华为团长的中国经济工

---

　　① 中国工商行政管理代表团：《美国怎样培养企业管理人才》，中国社会科学出版社1980年版，第128—137页。

作代表团访问美国纽约、波士顿、华盛顿、查普希尔四个城市，以及麻省理工学院斯隆管理学院、哈佛大学肯尼迪政府学院、全国公共管理学会、国际商用机器公司、通用电器公司培训中心等机构后回来撰写的考察报告。这个报告重点介绍了技术转让、美国行政管理与行政管理教育以及美国企业管理人员培训方面的问题。书中除了讨论技术转让问题占比较大的篇幅外，公共管理的教育问题和相关案例也占了很大的篇幅。

这一时期外出访问后总结报告、情况介绍更多的资料可以见20世纪80年代初期的《经济研究参考资料》等刊物，以及2013年出版的《袁宝华文集》。

2. 中国管理学教育的发展——快速的发展

在第四章介绍过中国管理（包括财经类专业）学科因院系调整，"一边倒"格局下的经济发展模式，政治运动和对管理问题认识偏差的影响，以至于在"文化大革命"前不仅原有的一些专业逐渐萎缩，在"文化大革命"期间更是几乎消失殆尽，但随着改革开放的推进，这种局面得到了根本的转变，中国的管理专业不仅得到了从上到下的重视，而且以其他学科或专业没有的态势得到了迅猛的发展。

在我们的研究中曾经对管理学科的发展作了这样的描述："改革开放以来，管理学科在中国的发展是令人瞩目的。20世纪70年代末期到80年代培养管理人才的管理专业相继开始在中国的大学中设置。1990年凸显管理专业教育色彩的MBA在中国试行，1998年，管理成为一个可以授予学位的门类，正式确立了管理学科在中国教育界的地位。应该承认，中国的管理教育在市场需求的强力推动下，成为中国教育史上发展的奇迹。到目前，几乎所有的大学都设置了管理专业。"① 在管理学专业的建设、发展过程中，国家的一些行政部门（特别是新建立的行政部门）为加快培养干部和提高干部队伍整体素质的需要，也开始在一些大学投资兴办满足自我人才需要的专业，如中国银行、国家工商行政管理总局就先后向武汉大学投资160万元人民币（含10万美元外汇额度）、384万元人民币，在武汉大学管理学院建立了国际金融、工商行政管理专业；1984—1985年，中国人民保险公司、国家审计署资助400万元人民币在武汉大学经济学院兴办了保险学、审计学专

---

① 谭力文：《中国管理学构建问题的再思考》，《管理学报》2011年第11期。

业。部门投资办学加快了中国管理学的学科布局，但也对正在恢复、新建的管理学科科学的布局带来了影响。如在20世纪90年代武汉大学本科生的招生中就出现过在同一招生地点管理学院招收国际金融、国际投资专业学生，与经济学院世界经济专业衍生出的国际金融（投资）方向争夺生源，使考生与家长感觉十分奇怪、不可思议。在1998年教育部的专业调整过程中，由国家工商管理总局投资举办的工商行政管理专业被调整取消也反映了类似的问题。

教育部的统计数据显示，2015年管理类专业博士毕业生为3411人（占该年博士毕业人数的6.3%，仅次于理、工、医学科的毕业生人数），硕士毕业生为68420人（占该年硕士毕业生人数的13.7%，仅次于工科的毕业生人数），本科毕业生为685277人（占该年本科毕业生的19.1%，仅次于工科的毕业人数）；本科在校学生人数达到2924188人（占该年在校学生总数的18.5%）；2009年管理类的任教教师人数为98550人（占该年高校教师总数的7.1%）。① 具有管理学科代表意义的工商管理硕士（MBA）最早是在1983年根据中国与加拿大政府之间的协议，由加拿大国际开发署与南开大学合作培养；1984年，中国工业科技管理大连培训中心与美国纽约州立大学布法罗分校合作，引进MBA学位教育；1991年教育部批准清华大学、中国人民大学、南开大学、复旦大学、中山大学、厦门大学、西安交通大学、哈尔滨工业大学、上海财经大学等9所院校试点MBA，第一批招收的MBA学生仅为86人；1994年试点扩大到北京大学、上海交通大学、同济大学、南京大学、武汉大学、华中科技大学、中南财经政法大学、华南理工大学等26所大学；通过评估，教育部在2001年宣布我国MBA教育试点阶段结束，正式开始举办，此时能够招收MBA的院校已经增至62所。经过7次［2000年（10所）、2003年（25所）、2004年（7所）、2007年（32所）、2009年（56所）、2010年（52所）、2011年（1所）］的审核批准，能够招收MBA的高校已经达到237所，2015年的招生规模已经达到27000余人。

图5-6和图5-7分别反映了1998年管理学上升为一个门类后在校学生的变化情况，从图中更可以直观地看到我国管理学教育发展的势头。

---

① 中华人民共和国教育部发展规划司，见http://www.moe.gov.cn/s78/A03/ghs_left/s182/。教育部发展规划司对分学科教师只统计到2009年。

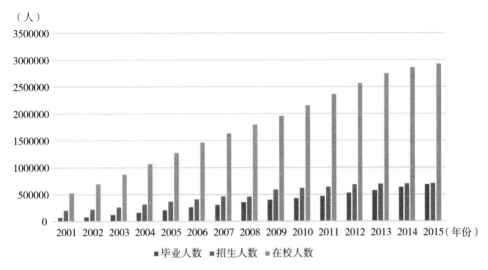

图 5-6　我国管理类专业本科生基本情况一览表（2001—2015 年）

资料来源：中华人民共和国教育部发展规划司，见 http://www.moe.gov.cn/s78/A03/ghs_left/s182/。

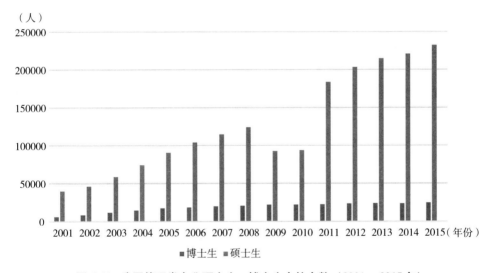

图 5-7　我国管理类专业硕士生、博士生在校人数（2001—2015 年）

资料来源：中华人民共和国教育部发展规划司，见 http://www.moe.gov.cn/s78/A03/ghs_left/s182/。图中 2009 年、2010 年硕士生在校人数有所减少是因教育部发展规划司在统计分类中将专业硕士整体另外统计所致。

　　由于 1998 年教育部才将管理学上升为一个门类，所以在相关统计中直到 2001 年才有管理学各个分类指标的出现，这也是上述相关统计数据的介绍从 2001 年才开始的原因。

到 2016 年，中国管理学在一级学科被授予重点学科的 17 个，一级学科博士点授予权 213 个，二级学科被授予重点学科的 25 个，博士点 1275 个，硕士点 1543 个（见表 5-3）。

表 5-3 中国管理学门类学科基本情况一览表

学科门类	一级学科（代码、名称）	重点学科	博士一级学科授予权单位数	硕士一级学科授予权单位数（含博士学位授权点）	二级学科（代码、名称）	重点学科	博士点	硕士点
12 管理学	1201 管理科学与工程	11	90	232	120100 （不设二级学科）	—	175	250
	1202 工商管理	5	58	268	120201 会计学	5	158	198
					企业管理（含财务管理、人力资源管理、市场营销）	3	166	213
					旅游管理	0	102	130
					技术经济及管理	1	126	155
	1203 农林经济管理	0	22	44	农业经济管理	6	42	43
					林业经济管理	0	17	17
	1204 公共管理	0	36	159	行政管理	2	112	126
					社会医学与卫生事业管理	1	37	40
					教育经济与管理	2	81	87
					社会保障	1	82	91
					土地资源管理	1	79	87
	1205 图书馆、情报与档案管理	1	7	41	图书馆学	1	33	35
					情报学	1	44	49
					档案学	1	21	22

注：1. "博士点"和"硕士点"数据均来源于中国研究生招生信息网（2017 年数据），见 http://yz.chsi.cn/zsml/queryAction.do。

2. "一级学科博士点授予权"数据来源于中国学位与研究生教育信息网（根据"2012 年全国高校学科评估结果"获取，2016—2017 年进行了新一轮评估，相关信息尚未公布），见 http://www.cdg-dc.edu.cn/xwyyjsjyxx/xxsbdxz。

3. 博士、硕士一级学科授予权单位数据来自政府信息公开申请告知书教公开〔2017〕第 122 号。

3. 中国管理学研究工作的发展——迅猛的态势

由于历史的原因，中国管理学的科学研究工作在很长的一段时期，特别是在改革开放之前并没有形成真正的气候，虽然在一些研究成果中曾经将对价值规律、企业性质、商品价格、优选法、统筹法等问题的研究划为管理学研究的领域，但由于当时并没有管理学的明确分类和界定，且研究的主要问题还是企业运行的外部环境因素和具体的数学方法，所以当时的一批研究管理的学者主要还是以经济学家（如孙冶方、顾准、蒋一苇等）、科学家（如华罗庚等）的身份出现的。

伴随着改革开放的发展、社会主义市场经济建设的推进和对管理学思想、理论、方法的重视，特别是在管理学发展过程中逐渐涌现和形成了一批从事管理学教育和研究的专业人士，对管理学的研究工作也伴随着学科的快速发展逐渐成熟起来。

在管理学研究工作中比较有代表性的是国家自然科学基金和国家社会科学基金对管理学研究工作的支持和引领。1986 年批准成立的国家自然科学基金委员会（简称"国家自科基金"）于 1996 年正式设立了管理科学学部，下设管理科学与工程、工商管理和宏观管理三个学科组，在管理科学学部栏目的首页介绍了学部的工作目标："促进我国管理科学研究提高水平走向世界，积极支持原创性强的项目申请，不断加强对创新项目的支持力度，鼓励跨学科的交叉研究。"1986 年设立的国家社会科学基金（简称"国家社科基金"）在 2010 年开始设立管理学。国家社科基金设立管理学之初就对自己准备开始资助的管理学进行了界定，并说明了与国家自科基金管理科学学部研究的定位差异。在当时下发的有关设立管理学的讨论稿中就提出，国家社科基金管理学科的基本定位是坚持以马克思主义为指导，探索人类管理活动的客观规律，侧重资助研究我国经济、政治、文化、社会和公共管理实践中的应用对策性课题，强调发挥管理学的认知功能、实践功能和价值功能，发展中国特色的管理理论，为党和国家工作大局服务，为繁荣发展哲学社会科学服务。并认为，这一基本定位与国家自然科学基金管理科学所强调的"运用'科学方法'（技术路线、实验方案）来探索管理活动的客观规律"，侧重资助管理科学的"基础研究"，具有明显的区分。在研究领域上，国家社科基金在管理学二级学科设置的征求意见稿中认为，国家社科基金管理学分类目录有管理思想史、管理理论、管理心理学、管理经济学、部门经济管理、企业管理、行政管理、公共管理、文化艺术管理、人力资源开发与管理、未来学，管理学其他学科，管理计量学、科学学与科技管理、管理工程等三项基本属于自然科学范畴的二级学科暂不列入。

图5-8、图5-9是2001—2016年国家自科基金管理科学学部面上项目和青年项目年度资助情况，分别包括资助项目数（个）、资助总金额（百万元）、项目平均资助金额（千元）和资助率［（课题批准数/申报数）×1000‰］几个指标。

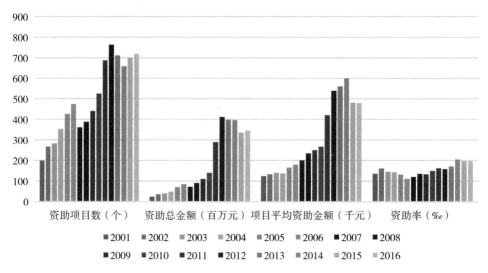

图5-8　国家自科基金管理科学学部年度面上项目资助情况表（2001—2016年）

资料来源：国家自科基金网站，见 http://www.nsfc.gov.cn/publish/portal0/tab104/。

从2001—2016年国家自科基金管理科学学部资助情况中可以看出，面上项目无论是在资助项目数、资助总金额和项目平均资助金额上都有稳定和较大幅度的增长，在资助项目数上从2001年的199个增长至2016年的720个，年平均增长率为16.3%；资助总金额从2001年的2473万元增长至2016年的34560万元，年平均增长率为81.1%；项目平均资助金额从2001年的12.4万元增长至2016年的48万元（其中2012年、2013年、2014年曾分别达到53.98万元、56万元、60万元），年平均增长率为17.9%。在项目资助率上一直处在较为平稳的状态，资助率2001年为13.51%，2016年为19.59%，较低

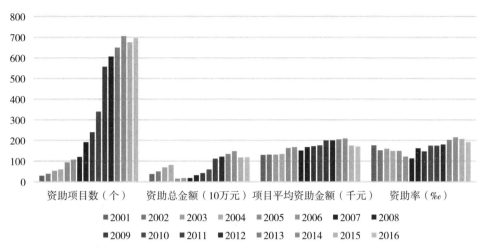

图 5-9　国家自科基金管理科学学部年度青年项目资助情况一览表

资料来源：国家自科基金网站，见 http://www.nsfc.gov.cn/publish/portal0/tab104/。

的 2006 年、2007 年资助率分别为 11.2% 和 12.01%，较高的 2014 年和 2015 年资助率分别达到 20.4% 和 19.6%，2001—2016 年的平均资助率为 14.71%。也就是说，在每 100 个申报项目中，大约有 15 个项目可以获得资助。国家自科基金管理科学学部在青年项目的资助上与面上项目基本相似，在 2001—2016 年，资助项目数从 2001 年的 29 个增长到 2016 年的 696 个，年平均增长率为 143.8%；资助总金额从 2001 年的 378.5 万元增长到 2016 年的 1188 万元，年平均增长率为 14.3%；项目平均资助金额从 2001 年的 13.05 万元增长到 2016 年的 17.07 万元（其中 2012 年、2013 年、2014 年曾分别达到 20.02 万元、20.58 万元、21.01 万元），年平均增长率为 2.22%；年平均资助率为 16.73%。除了以上介绍的每年申报的面上项目和青年项目之外，国家自科基金管理科学学部资助的项目类型还有地区科学基金项目、重点项目、杰出青年科学基金项目、海外及港澳学者合作研究基金项目、优秀青年科学基金项目和应急管理项目等。

　　国家社科基金的资助情况如图 5-10 和图 5-11 所示。从图中可以看出，与国家自科基金一样，无论是在项目数上，还是在资助金额上都有一定幅度的增长（青年项目在 2013 年达到高峰的 161 项后有所下滑）。国家社科基金资助的年度项目类型有三类：重点项目、一般项目和青年项目，2016 年这三个项目资助的项目数分别为 24 项、221 项和 75 项，重点项目的资助强度稳定在35万元，一般项目与青年项目稳定在20万元。除此之外，国家社科基金资助的项目还有重大项目、西部项目、后期资助项目、中华学术外译项目、国家哲学社会科学成果文库等。

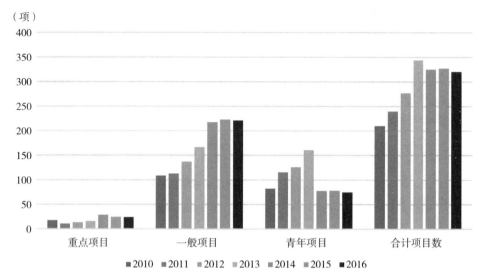

图5-10　国家社科基金管理学科年度项目一览表（2010—2016年）

资料来源：全国哲学和社会科学规划办公室（http://www.npopss-cn.gov.cn/）。

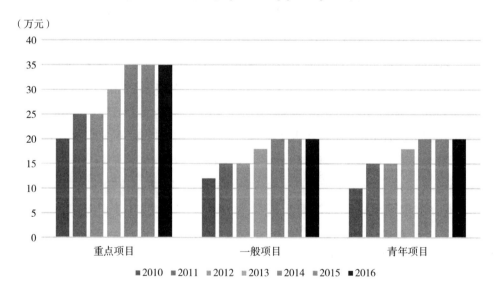

图5-11　国家社科基金管理学科年度资助项目经费数（2010—2016年）

资料来源：全国哲学和社会科学规划办公室（http://www.npopss-cn.gov.cn/）。

　　考察科学研究工作的另一个方法是对研究成果进行分析,对于衡量研究成果的质量和数量两个方面,较为准确和便于衡量的是数量。通过目前中国学术界使用较多,权威性较强的中国知网,我们收集了与管理学相关的数据。在知网首页有文献全部分类的栏目,但目前知网的分类与学科的分类还存在一定的差异,所以我们选用了与管理学相关性较强的"经济与管理科学〉管理学""经济与管理科学〉工业经济""经济与管理科学〉企业经济"进行分析(见表5-4、表5-5、表5-6)。

　　对中国知网"经济与管理科学〉管理学"类(该类包括管理学、管理技术与方法、咨询学、管理计划和控制、管理组织学、应用管理学)的搜寻结果再一次证明,从1949年到1978年之前,我国在很长一个时期是没有对管理学理论及其相关领域的问题开展研究的。例如,在仔细查阅1956—1978年(1949—1955年,知网没有提供相关数据,可以视为没有适合栏目收录的文章发表)的68篇文献的篇名后可以发现,在这23年间几乎没有涉及管理学及其相关领域的研究文献发表,中国管理学的相关研究是伴随着改革开放的进程逐渐增加,有了比较大的发展:文献发表的数量从个位数发展到较为稳定的两位数是在1980年,从两位数发展到三位数是在1984年,从三位数发展到四位数是在1994年,而到四位数后,文献的发表数量呈现出一定的波动。

　　从中国知网"经济与管理科学〉工业经济"类(该类包括工业经济理论、世界工业经济、中国工业经济)各年文献发表的数据看,工业经济作为一个历史悠久的研究领域(部门经济管理专业的设置应该是苏联适应计划经济体系教育的体现,如在院系调整后,工业经济在财经类院校是普遍开设的专业,在综合性院校经济学专业中也是一门需要开设的课程)一直有一定的研究成果发表,但研究成果真正得到快速的发展还是在改革开放之后(1980年文献的发表数量达到了四位数),1994年文献发表的数量突破了2万余篇,这明显与1992年邓小平发表南方谈话和中国共产党十四大提出建立社会主义市场经济体制有关,中国经济发展再一次进入到了快车道,政治、经济环境的巨大变化促进了管理学的重大发展。

表 5-4　中国知网"经济与管理科学〉管理学"类显示的文献各年发表情况一览表（1956—2016 年）

	1956 年	1958 年	1959 年	1960 年	1961 年	1962 年	1963 年	1964 年	1965 年	1967 年	1970 年	1971 年
文献数量	3	2	4	3	1	1	1	1	5	4	5	1

	1972 年	1973 年	1974 年	1975 年	1976 年	1977 年	1978 年	1979 年	1980 年	1981 年	1982 年	1983 年
文献数量	6	1	8	12	5	4	1	11	20	36	42	52

	1984 年	1985 年	1986 年	1987 年	1988 年	1989 年	1990 年	1991 年	1992 年	1993 年	1994 年	1995 年
文献数量	103	198	233	243	288	285	329	373	342	348	1758	1623

	1996 年	1997 年	1998 年	1999 年	2000 年	2001 年	2002 年	2003 年	2004 年	2005 年	2006 年	2007 年
文献数量	1735	1725	1788	2243	2179	2688	2577	2903	4269	5305	3537	3081

	2008 年	2009 年	2010 年	2011 年	2012 年	2013 年	2014 年	2015 年	2016 年	/	/	合计
文献数量	2914	2905	2771	2907	3577	4068	4313	4603	4046	/	/	74672

表 5-5　中国知网"经济与管理科学〉工业经济"类显示的文献各年发表情况一览表（1950—2016 年）

	1950 年	1951 年	1952 年	1953 年	1954 年	1955 年	1956 年	1957 年	1958 年	1959 年	1960 年	1961 年
文献数量	80	96	161	84	208	269	377	525	980	1572	853	310

	1962 年	1963 年	1964 年	1965 年	1966 年	1967 年	1968 年	1969 年	1970 年	1971 年	1972 年	1973 年
文献数量	346	339	298	397	339	154	85	56	184	270	357	428

	1974 年	1975 年	1976 年	1977 年	1978 年	1979 年	1980 年	1981 年	1982 年	1983 年	1984 年	1985 年
文献数量	484	560	490	628	471	822	2000	2376	2883	3196	3906	4560

注：在多次的资料查询中发现知网同一栏目统计数据会有一些变化，这里（包括后面的表 5-5、表 5-6）的统计数据都以 2017 年 11 月完成课题结题报告时的时间为准（下同）。表中相应年份的缺失是知网没有提供相应的数据。

资料来源：中国知网（http://kns.cnki.net/kns/brief/default_result.aspx）。

续表

年份	1986年	1987年	1988年	1989年	1990年	1991年	1992年	1993年	1994年	1995年	1996年	1997年
文献数量	5304	5445	5557	5771	6101	6819	6717	6442	28290	29804	34182	37474
年份	1998年	1999年	2000年	2001年	2002年	2003年	2004年	2005年	2006年	2007年	2008年	2009年
文献数量	33487	42055	55005	67142	75501	100115	116409	139807	238182	289237	34037	351286
年份	2010年	2011年	2012年	2013年	2014年	2015年	2016年	/	/	/	/	合计
文献数量	343240	344962	282670	277128	256750	244963	215140	/	/	/	/	4054101

资料来源：中国知网（http://kns.cnki.net/kns/brief/default_result.aspx）。

表5-6　中国知网"经济与管理科学＞企业经济"类显示的文献各年发表情况一览表（1950—2016年）

年份	1950年	1951年	1952年	1953年	1954年	1955年	1956年	1957年	1958年	1959年	1960年	1961年
文献数量	2	3	4	2	17	27	54	115	157	98	85	25
年份	1962年	1963年	1964年	1965年	1966年	1970年	1971年	1972年	1973年	1974年	1975年	1976年
文献数量	33	33	29	34	39	6	2	12	12	10	21	24
年份	1977年	1978年	1979年	1980年	1981年	1982年	1983年	1984年	1985年	1986年	1987年	1988年
文献数量	43	43	168	505	910	1319	1352	2508	3264	3972	5092	5823
年份	1989年	1990年	1991年	1992年	1993年	1994年	1995年	1996年	1997年	1998年	1999年	2000年
文献数量	5880	5341	6129	7967	9139	27350	27868	28288	28140	31588	37474	56065
年份	2001年	2002年	2003年	2004年	2005年	2006年	2007年	2008年	2009年	2010年	2011年	2012年
文献数量	58152	63678	83887	81774	83750	103662	109872	125481	133044	131686	131542	130343
年份	2013年	2014年	2015年	2016年	/	/	/	/	/	/	/	合计
文献数量	136717	138829	135265	117318	/	/	/	/	/	/	/	2078032

注：表中相应年份的缺失是知网没有提供对应的数据。

资料来源：中国知网（http://kns.cnki.net/kns/brief/default_result.aspx）。

从中国知网"经济与管理科学〉企业经济"类（该类包括企业经济理论和方法、企业体制、企业计划与经营决策、企业生产管理、企业营销管理、企业财务管理、各种企业经济和世界各国企业经济）各年文献发表的数据看，也充分地反映了中国经济发展过程中对企业性质和企业管理认识的复杂过程。在1950—1965年之间发表的文章既具有十分明显的时代特征，多数也涉及了企业内部的管理问题，如1950年发表的两篇文章分别是《手工业生产方针》和《谈关于成本计算的几个问题》；1955年发表的文章有《中国资本主义经济发展中的若干特点》《关于国营商业企业系统工资工作的几个问题》《哈尔滨水泥厂的单位产品工资成本为什么逐年增加?》等；1958年发表的文章有《南斯拉夫的工人管理企业制度》《关于计件工资问题的探讨——武汉机床厂工资制度的破立》《上海柴油机厂为什么在生产大跃进中取消了计件工资》等；1964年发表的文章有《新产品工时定额的制定和管理》《合理分配企业的奖金》《北京热工仪表厂是怎样改变落后面貌的》等；1966年发表的文章有《高举毛泽东思想伟大红旗艰苦奋斗勤俭办企业——潞安矿务局石圪节煤矿红旗越举越高》《粉碎孙冶方复辟资本主义的反革命纲领》《我们几个宰猪工人创造了新机器》等；1967—1969年没有文献发表的记录；1970年发表的5篇文章中有4篇是毛主席语录、1篇编者的话。1978年后，发表的文章发生了很大的变化，已经有很多文章开始系统性地介绍美国、日本企业管理的情况、一些现代管理知识，逐渐开始覆盖到企业经营管理活动的各个领域，相应的是企业市场主体地位逐步确立，中国管理学全面、快速的发展。

伴随着管理学教育与科研工作的快速发展，中国管理学界逐渐涌现了一批十分优秀的学术带头人或学术团队，如在结合中国传统文化构建结合中国国情的管理学理论研究中涌现了诸如苏东水的东方管理、席酉民的和谐管理、齐善鸿的道本管理、黄如金的和合管理等；在企业管理研究领域有很高声望的李维安为首的公司治理研究团队、李新春为首的家族企业研究团队、张玉利为首的创业创新研究团队、赵曙明为首的人力资源管理研究团队、蓝海林为首的企业战略管理研究团队等。他们在管理学基础理论和企业管理领域中起到了较为重要的学术引领作用。

三、中国管理学发展的阶段性回顾

从 1978 年算起，中国管理学的发展已经伴随着中国改革开放进程走过了 40 多个年头，在取得重大成就的同时，中国管理学发展阶段性的划分也成为一个重要的学术问题，因为学科发展阶段性划分本身就是人们对管理思想、理论变化，乃至组织变革本质性认识的体现。由于近代和现代的中国社会演进过程具有高度动荡、变迁和变革的特点，因而如何界定中国管理学研究发展的阶段性在学术界也有不同的看法，特别是对改革开放 40 多年发展阶段划分存在着不同的意见。表 5-7 是我国管理学术界对新中国成立后中国管理学发展阶段划分有一定代表性的观点。

表 5-7　中国管理学界部分专家对中国管理学发展阶段的划分

	陈佳贵	芮明杰	赵纯均	苏勇
划分的阶段	三阶段	三阶段	三阶段	三阶段
各阶段的时间跨度及其特点	1949 — 1978 年：中国管理学的探索奠基阶段；1979 — 1992 年：中国管理学的恢复转型阶段；1993 年至今：中国管理学的完善提高阶段	1949 — 1978 年：苏联体系模式；1979 — 1998 年：美国体系模式为标杆；1999 年至今：我国管理科学发展	1978 — 1992 年：引进与起步阶段；1993 — 2001 年：学习与成长阶段；2002 年至今：融合与创新阶段	1978 — 1986 年：中国现代管理学萌芽期；1987 — 1996 年：中国现代管理学重视期；1997 — 2008 年：中国现代管理学发展期
阶段的划分标准	按照中华人民共和国成立的发展历程。管理学是与实践紧密联系的学科，中国管理学的发展是和中国的经济社会背景、管理实践创新紧密联系在一起的	按照中国经济社会发展及其制度变迁。管理学科发展是在社会制度人文环境变迁和研究对象相应的动态变化的约束下进行的	按照中国企业市场化程度的变化。中国的经济体制改革是一个以计划经济体制为起点不断向建立和完善市场化的过程，管理学则主要围绕这一变化发展	按照国家自然科学基金在管理学科上的改革。以国家自然科学基金对管理学科的两次重要改革为分界点，将改革开放以来的中国现代管理学分成三个阶段

资料来源：陈佳贵主编：《新中国管理学 60 年》，中国财政经济出版社 2009 年版；芮明杰主编：《管理实践与管理学创新》，上海人民出版社 2009 年版；赵纯均、吴贵生主编：《中国高校哲学社会科学发展报告（1978—2008）：管理学》，广西师范大学出版社 2008 年版；苏勇、刘国华：《中国管理学发展进程：1978—2008》，《经济管理》2009 年第 1 期。

在表 5-7 中，四位学者都将中国管理学发展的阶段划分为三个阶段。不同的是，赵纯均、苏勇的研究目光集中在改革开放以后，而陈佳贵和芮明杰则将研究的时间窗口定在新中国成立以来；苏勇是"以国家自然科学基金委员会对管理学科的两次重要改革为分界点"，而陈佳贵、赵纯均和芮明杰分别是将中国管理学的划分标准与"经济社会背景""市场化程度"和"社会制度人文环境变迁"相联系，所以陈佳贵、赵纯均、芮明杰划分的标准与本研究工作中依据的影响管理思想的由政治、经济等因素构成的"文化框架"更为接近。陈佳贵和芮明杰一致认为，新中国管理学发展第一阶段的时间跨度在 1949—1978 年，而赵纯均、苏勇研究的重点是在改革开放之后，但他们也都认为："我国现代意义上的管理学科是 1978 年以后恢复和发展起来的，它是我国改革开放的产物"[①]，"从新中国成立到改革开放以前，我国基本上不存在真正意义的、以企业主体和市场绩效为主导的现代管理研究"[②]，所以可以认为，这四位学者对 1949—1978 年这一阶段的划分，特别是对管理学科当时情况的认识不存在差异，但在随后阶段的划分中，学者们就存在一定的差异了。陈佳贵、赵纯均将 1992 年作为中国改革开放以后管理学科发展的一个分界点，划分时间点的依据显然是 1992 年邓小平同志南方谈话以后，中国经济改革又一次掀起高潮，特别是随后确立的社会主义市场经济体制带来的变化。芮明杰将 1998 年作为中国改革开放以后管理学科发展的分界点，其划分的依据应该是国务院学位委员会将管理学上升为学科门类，管理学的地位因此得到了承认，管理学明确了自己的内涵，充实了队伍，明确了学科方向，带来了管理学科的新发展。

我们认为，从目前看，新中国管理学发展的阶段划分以主要的两个阶段为好，第一个阶段是前面作过介绍，在学术界没有（或少有）歧义的 1949—1978 年，而第二个阶段就是改革开放以来即 1979 年至今。在第二个阶段中，若细细去分，还可以结合中国管理学发展过程中管理学界对问题认识的差异，特别是对科学研究工作认识的变化，以及对中国管理学界带来的

---

① 赵纯均、吴贵生主编：《中国高校哲学社会科学发展报告（1978—2008）：管理学》，广西师范大学出版社 2008 年版，第 4 页。

② 苏勇、刘国华：《中国管理学发展进程：1978—2008》，《经济管理》2009 年第 1 期。

影响，再细分出"科学研究方法的引入与深化"（1999 年至今）和"中国管理学本土化呼吁"（2008 年至今）的两个阶段（见表 5-8）。

表 5-8　课题研究对中国管理学发展阶段性的划分

阶段的划分	1949—1978 年	1978 年至今
阶段的特点	学习苏联计划经济管理模式和相关理论，开展了适应中国国情特点的经济管理模式探讨，总体上管理学发展较为艰难，与世界管理学发展水平的差距有所加大	基本在学习、模仿和照搬北美（主要是美国）的管理学科研和教学模式，其中： 1999 年至今可以视为徐淑英教授为主的研究团队在中国推进管理科学研究方法阶段，推进很快，已经成为中国管理学界科学研究，甚至管理学高端教学层次的主流形态 2008 年至今中国管理学界开始发出"中国管理学本土化"的呼吁，得到了管理学界的普遍赞同，但进展较为艰难、缓慢
阶段划分的标准	参照课题研究参考的雷恩文化对管理学发展影响的理论框架。管理学发展在社会制度人文环境变迁和研究对象相应的动态变化的约束下进行	参照课题研究参考的雷恩文化对管理学发展影响的理论框架。并结合中国管理学界的实际情况进行分析

资料来源：作者整理。

将改革开放以来中国管理学的发展作为整体划分的基本理由是：

第一，应该承认，改革开放 40 多年来，中国的经济、社会、科学技术、文化等环境因素发生了巨大的变化，受环境因素的影响，中国的各类组织也发生了很大的变化，这在企业层面更为显著。但从现实看，也是在这 40 多年来，中国管理学界一直在努力提高管理理论的教学和科学研究水平，一直在努力探索和运用管理学理论和思想解决中国各类组织的管理问题，但到目前为止，无论是教学和科学研究工作都还没有脱离西方发达国家，尤其是美国的管理学思想和理论体系。甚至可以说是在前期借鉴、学习的基础上，逐渐出现了过多的简单模仿、照搬上，而没有在管理学理论的核心层面、基础层面、价值层面进行认真的研究和探讨，更没有积极、勇敢、有效地、更多地深入实践，去面对、参与和解决中国各类组织在社会发展过程中存在的问题。如徐淑英认为："中国的管理研究处在一个关键时刻。"邓中华、闫敏和张冬梅在《管理学家》2011 年第 11 期上策划的"'无用'的中国管理学术"专栏,以及 2010 年齐善鸿、白长虹、陈春花等 38 位教授、老师们发出的"出路与展望:直面中国管理实践"的呼吁应该是这一方面问题的深刻反映。

第二,在这 40 余年来的管理学发展过程中,虽然从整体上看有上述特点,但如果细细看去还是可以发现一些差别,这主要体现在学生培养的目标、环节中,科学研究的目的、方法上。更为深层次的原因是反映在当任教师的教学理念与偏好,以及教育和老师发展的目标设置上。如在 20 世纪 80 年代初武汉大学管理专业刚刚起步时,当时的任课教师主要来自经济系、数学系、计算机系和政府管理部门。这些刚刚经过"文化大革命"洗礼的老师们既带有传统学科的特点和思维、教书育人的热情,也带有"教育要与生产劳动相结合""管理是实践性很强的一门科学"的理念,有"开门办学"的习惯,所以那时在管理专业的课程设计上不仅体现了政治经济学专业的痕迹,也具有"各路人马"对管理认识差异的"大拼盘"特点。如当时经济管理系的一位毕业于政治经济学专业的领导就认为,学过政治经济学的人,什么管理课程都可以教。对于信奉隔行如隔山的本课题研究的负责人出国(去美国)后第一次见到导师寒暄后问的第一个问题就是:"What are the differences between business and economics?"导师的回答十分简单:"The business is made strategies for company, and the economics is made policy for government."简单的回答很快就区分了管理学与经济学的差异,也反映出了中国管理学初创期与成熟的美国管理学界对学科认识的差异。当时在管理专业教育过程中十分注重引导学生主动参加企业的管理实践活动。记得笔者作为年轻教师还曾带领学生到二汽课程实习一个月,与学生一起住在工厂专门准备的学生实习宿舍里,每天与学生一起下到车间、科室向工人师傅、技术人员、管理干部学习,还要针对学生在现场发现的问题进行解释和分析;一些课程也经常结合教学的内容带学生去企业;毕业论文都是老师带学生分成小组去企业实习、调研,然后根据自己在实习过程中发现的管理问题撰写论文,由于老师与学生都在同一个企业实习、调研,所以写出的毕业论文既能结合实际开展研究,也不可能出现杜撰、抄袭的现象;一些学术会议也多结合企业的需要开,去企业开,如武汉大学管理学院在学校举办了"格里希治厂经验研讨班"①、在二汽开过全国的设备现代管理研讨会、在武钢开过企业文化建设研讨会。但随着这一代教师渐渐地退出教学一线，以及老师考核机制的变化，企业承包制的推行，学生实习经费的短缺，外出实习风险的规避，这样的教学方式逐渐被几乎完全的课堂教学所替代，课程实习、毕业实习也逐渐萎缩和取消，或不再由学校组织，而采用了学生个人自我安排实习的方式进行，学校只检查由实习单位盖章的毕业实习报告，管理专业学生的实习基本流于形式，根本无法核实学生是否实习或是否认真实习。

2000年之后，中国的管理学界发生了很大的变化，主要的特征是老师们的兴趣点逐渐向科学研究、科学研究的方法转移，更为直白地讲就是向北美（美国）的管理学研究方法学习、模仿、靠拢。这个转变的一个重要因素应该源于徐淑英教授大力推行的管理学研究方法。徐教授曾经讲过她的动机，就是她在研究工作中发现，中国，特别是内地的学者当时很少在国外的顶尖管理学杂志上发表论文，主要的问题是在研究方法上与国外存在较大的差距。为弥补这个差距，1999年的暑假她在香港举办了第一期管理学研究方法培训班，当时武汉大学管理学院就送了两位本科学习统计专业的老师参加了学习，后来徐教授还在香港、内地举行过多期培训班，也到武汉大学商学院讲过课。2004年在徐教授的努力下，中国管理研究国际学会（International Association for Chinese Management Research，IACMR）成立，还创办了后被SSCI收录的杂志《组织管理研究》（*Management Organization Research*，MOR），并于2007年出版了对中国管理学界研究方法影响很大的教材《组织与管理研究的实证方法》。符合中国学科发展基本规律，以及国际性科学研究规范运作特点的研究方法很快在中国管理学界引起了巨大反响，就像一条硕大的"鲶鱼"搅动了中国管理学界的研究工作，影响了研究者的行为。如在武汉大学管理学院、商学院的市场营销专业很早就开出了"市场调研方法"的课程，而在研究生层面首次将"管理研究方法"作为必修课排进全院管理学科的教学计划是在2005年，接着就在全院管理学科博士生层面开出了"管理研究方法"的课程。我们发现，管理研究方法的学习很快就

---

① 威尔纳·格里希，德国人，1984年武汉市政府聘请为武汉柴油机厂厂长，在聘期内，格里希使武柴的产品质量、管理体制发生了深刻变化，并形成了"格里希效应"。

产生了非常积极的效果，硕士生、博士生的学位论文很快就发生了巨大的变化——没有实证分析，没有定量分析就不是一篇合格的学位论文成了共识，学生拿不出来，导师通不过，更不用说参加答辩了。这应该是中国管理学界发生重大转变的一个时期，这些转变更是充分地反映在了迄今为止的各个层面的学术会议、杂志发表的论文、课题申报的表格中。但在实证性研究工作的推进中也出现了一些不正常的现象，轻者是简单的模仿，变量的调整、修改，数据的更新或选用不同国家或地区数据进行重复性很强的研究工作；重者是在不易核实或辨别的分析中的数据真实性问题、不够严格的推导和证明过程等。本课题负责人在给博士生上课时曾经问到，同学们的论文都介绍了实证分析中问卷的发放、分析等过程，我想问的是，你们的问卷究竟是否真正地走出了寝室，进行了真正的问卷发放和实际调查，引来的是同学们相互对视的眼神和心照不宣的一片笑声；又如，一位院主要领导在审查教师申报职称的科研成果时就曾说到，一篇文章若没有定量分析，我看都不看。

诸如此类问题的出现也对徐淑英教授领衔的工作产生了一些不同的认识和看法，这些看法主要集中在两个相辅相成的问题上：一是在研究工作科学化的进程中出现"洋八股"的现象，忽略了对实践问题的研究——与管理学科的特性和本质有所背离；二是在研究工作国际化的过程中放松了对中国问题的探讨——完全地模仿、照搬，与传统的中国哲学思想、思考方式，特别是国情有所背离。我们认为，徐淑英教授积极热情、煞费苦心的工作在中国管理学的发展过程中起到了十分重要的阶段性作用，在她的引领、帮助下，中国管理学界更早和更及时地进入到了与世界管理学界相同或相似的科学研究的阶段，在研究方法上实现了与国际研究范式的基本接轨，带领、指导了一部分从事管理学研究的年轻科学研究工作者实现了与国际研究前沿问题和范式的无缝对接，出现了一批具有一定国际影响的研究成果。更应该看到，徐教授在推进研究工作科学化的过程中也注意到了上述问题，但受环境的影响，以及自己和核心团队还未能有效地树立起"紧密结合中国实践""中国本土化研究"的标杆或样板，也还未见她和她的学术团队所构建的思想、理论和研究方法在中国某一个企业中推行、运用，并取得重大突破或成功的实例和案例。因而在今后的管理学研究中如何更好地选择研究的方向，进行路径选择依然是中国管理学界需要认真研究和探讨的问题。

第三，我们还应该看到，改革开放 40 多年来，中国的经济、社会、科学、技术、文化等环境因素发生了巨大的变化，受环境因素的影响，中国的各类组织也发生了很大的变化，这在企业层面更为显著，但从现实看，围绕着组织管理的工作，在如何看待组织构成的最为基本的元素——人，如何区分组织整体目标和组织成员个体目标的不同或差异，又如何在正确看待人、组织和组织中的人的基础上，依据法律和制度建立科学的管理工作体系仍存在着偏差，认识不够清晰，进步还有差距。这些存在的问题虽然在实践中正得到不断的改进，但在各类不同的组织中也因组织特点存在不同与差异。或者换句话讲，受数千年传统思想的影响，中国各类组织管理的效率和效果还存在偏差，这是中国管理学界必须进一步深入探讨的问题和承担的历史任务。

应该承认的是，改革开放 40 多年来，中国的政治、经济、科学、技术等要素构成的、影响管理思想的"文化框架"发生了巨大的变化，中国各类组织运行的形态也发生了巨大的变化，中国管理学界在外部环境的变化中也有进步，也取得了一定的成绩，但回顾起来是否有这样的感觉和认识："从 20 世纪 80 年代到今天，中国管理学现代化变革的主要推动力来自一种'外诱变迁'（exogenous change），即跟踪模仿西方管理学的理论是管理学发展的主流，而中国管理学界自己的内部创新反而居于次要的地位。"[1] 这样的现象在 1999 年之后更为明显和加重，并逐渐形成了中国管理学界科学研究的主流范式，也自然地影响到了管理学教学内容的变化。中国管理学界对当前学科出现的问题有较为深刻的自我反省，甚至严肃的批评和自我批评，但由于多重因素的影响尚未出现重大的变化，甚至还有加重的趋势，如中国管理学本土化的呼声虽然较为强烈，但从目前看，并未对中国管理学的发展带来实质性的影响和转变。环境因素的一些变化没有对组织管理工作的价值取向、种种观念带去巨大的影响和根本的变化，现实的问题和实践的需求也没有对管理学术界带去更为鲜活的学术思想和深层次思考，这应该是 40 多年来中国管理学术界需要注意和改进的问题，也是将 1979 年至今划分为一个阶段的主要原因。

---

① 罗珉：《中国管理学反思与发展思路》，《管理学报》2008 年第 4 期。

第三节　对改革开放以来中国管理学
发展存在问题的探讨

根据以上的回溯与总结，我们应该看到，经过 40 余年的努力，中国管理学在改革开放、社会主义市场经济建设的推动下已经取得了全面、快速、重大的发展，在学科建设的数量与质量上，在科学研究和人才培养的数量与质量上，在满足管理人才市场的巨大需求上得到了全方位的体现，取得了很大的成绩。但也就是在这快速的发展过程中，人们，特别是管理学界自己也发现了发展过程中凸显的问题，成绩背后隐含的不足。

一、管理学存在问题的探讨

应该承认的是，伴随着中国管理学 40 余年快速的发展和提高，对管理学发展存在问题的揭示、分析和批评一直没有中断过，甚至可以说是不绝于耳，而且这些揭示、分析和批评大多来自管理学学科的内部。从这一方面是一种好的现象，因为这体现的是清醒的自我反思与反省，是学科发展内生动力的体现，具有年轻学科发展规律的特点；另一方面，这些反思、反省虽十分深刻，但问题的解决却是异常的艰难和不易，也就需要进一步探索其原因了。

在这些批评、批判中有关于管理学发展过程中学术传统的影响，如因为人的参与、组织机制的复杂和组织运行环境的不确定性，使管理学科缺少了与其他学科较为一致的科学性学术思想、理论体系和研究方法。这些批评，甚至批判不少就直接来自国外管理学界的学术思想和认识，诸如管理学科学性"自身不足""理论缺陷""丛林现象"的看法；也有在学科发展过程发现中国管理学与国外（主要是美国）管理学各方面的差距，希望更加努力、迎头赶上的呼吁；还有的就是长期以来一直对中国管理学界脱离实际问题的批评，以及近年来对"管理学中国化"或"建立中国管理学"的呐喊。

如早在 1998 年，复旦大学管理学院郑绍濂教授在谈到管理学科的发展时就对他所发现的问题进行了归纳："学科分支布点重复，有一些已经过剩，需要调整；一些学科分支刚刚起步，学术水平等诸方面与国际水平相比，还有很大差距，亟待努力赶上；学科理论创新不足，主要还是跟随着外国走；学术队伍整体质量有待进一步提高，实践经验应有所提高。"[①]

2002 年，在《中国工商管理类专业教育教学改革与发展战略研究（之二）》的报告中，项目主持人陈启杰教授在"中国工商管理本科教育的现状分析"中对存在的主要问题进行了分析，他认为，受多种历史与现实因素的影响，中国工商管理类学科发展存在着"学科定位及专业划分上待进一步研究""人才培养规模不能满足社会经济发展的需求""教育师资资源矛盾比较突出""教学条件和手段的矛盾比较突出""教学内容和课程体系与人才培养尚有差距"，以及"发展不平衡""特色不明显""创新精神与创新能力培养尚未找到理想的途径和办法""实践能力培养困难重重""财经职业道德的培养任重道远"等问题。[②] 席酉民教授在对国外工商管理教育回顾、工商管理本科教育调研等工作的基础上，在《中国工商管理类专业教育教学改革与发展战略研究（之一）》中也指出："通过综合分析，本研究发现学生对现行工商管理学科的培养目标、模式、内容及方式等方面的诸多不满，并对培养方式的陈旧、单调和非科学性提出了批评。""目前我们的管理教育缺乏一种引导教师深入实际去调查研究、大胆创新的利益机制和相应的淘汰机制，真正把理论与实践有机结合在一起，也才能真正完成教学内容、教学方式与方法上的根本性变革。"[③]

2006—2008 年，来自海外的学者谭劲松教授经历了在国内的一些管理学院任教、参加学术会议和调研后，多次对国内的管理学科发展提出了自己的看法。在谈及"关于中国管理学定位"时十分忧虑地发现中国管理学定位不明的问题："经济学家管理化和管理学者经济化已经成为我国经济和管理学术界的特色之一，而先入为主的经济学在这场本不应该存在的较量中目前占据了绝对的优势。""管理学的定位和发展却一直笼罩在经济学的'影子'之下，就像早产儿一样没有得到健康的发展。"在谈及"关于中国管

①　郑绍濂：《管理学科的发展：回顾与展望》，《高校社会科学研究和理论教学》1998 年第 Z2 期。

②　陈启杰：《中国工商管理类专业教育教学改革与发展战略研究（之二）》，高等教育出版社 2002 年版，第 38—56 页。

③　席酉民：《中国工商管理类专业教育教学改革与发展战略研究（之一）》，高等教育出版社 2002 年版，第 104—105 页。

理学发展"的问题时认为："与国际先进水平相比，国内管理学科存在的不足主要体现在以下几个方面：第一，研究基础薄弱。……第二，管理学科不仅基础薄弱，在科学规范性方面也需要加强。"① 在谈及"关于管理研究及其理论和方法"的问题时认为："中国管理学界的一些实证研究……只是一窝蜂地进行问卷设计和问卷调查，用各种表格和数据填满自己的文章，似乎持有数据就获得了真理和解决方案。""形成'从理论到理论'的模式，也就是从理论出发，基于现象来解释理论，这就像拎着现有的榔头到处去找它适合砸的钉子，而忘记了榔头的目的是用来砸钉子的，要根据钉子的大小形状来找合适的榔头……使得整个领域越来越支离破碎，没有体系。"②

2008 年，陈佳贵研究员等在《新中国管理学 60 年》一书中从三个方面总结和概括了中国管理学在取得重大发展与成绩时存在的问题，在管理教育上，所面临的问题是规模迅速扩张与教育质量存在突出矛盾，学位及在职教育的商业化现象严重，学院教育在企业实践方面相对缺乏；在管理学研究上，所面临的问题是管理研究追求时尚、基础理论研究不足，没有形成完善的管理学研究体系，期刊和学术会议的学术水平有待提高；在管理实践上，所面临的问题是管理学本土化案例较为缺乏，经理人市场发展不完善，尚未形成有效的校企合作平台。③

赵纯均、吴贵生教授在所主编的《中国高校哲学社会科学发展报告（1978—2008）：管理学》一书中认为："30 年毕竟是一段不长的时间，因此，无论从理论还是从研究方向看，即使到今天，我国管理学的发展仍然存在着一些突出的问题：第一，理论与实际的关系。……由于学习国外的理论和方法是 30 年来我国管理学发展的基调，因此，如何将已有的理论与中国文化、中国企业的管理实践相互融合便是一个重要的问题。第二，研究方法学习与应用上'食洋不化'的问题，在'拿来就用'的浮躁风气下，人们常常忽视了对研究方法本身的重视和研究，更不用说研究主要针对中国国情的原创性研究方法了。……第三，虽然研究水平在不断提高，但原创性的成

---

① 谭劲松：《关于中国管理学科发展的讨论》，《管理世界》2007 年第 1 期。
② 谭劲松：《关于管理研究及其理论和方法的讨论》，《管理科学学报》2008 年第 2 期。
③ 陈佳贵主编：《新中国管理学 60 年》，中国财政经济出版社 2009 年版，第 51—71 页。

果还很少，而原创性的理论体系则更少。"①

2008 年，在国家自然科学基金委员会管理学部主任第二任期中的郭重庆院士应该是结合自己的工作感悟发出了他发自内心的呼吁："中国管理学界的历史传承较少，近 20 年来埋头引入消化西方管理学的理论、方法、工具，略显稚嫩，对中国经济与社会发展的管理实践插不上嘴，需求不足与供给不足同时存在，问题是摆脱自娱自乐尴尬处境的出路何在。""问题还是出在理论与实践的背离，对学术性过于关注和追求，而导致对管理实践的忽略。"② 他还用了较为尖锐的语句评价了管理学界的研究成果是"两张皮""插不上嘴"和"吃别人嚼过的馍"。

南京大学周三多教授在谈及 MBA 教育的不足之处时总结了四点：第一，MBA 教育还没有成为工商管理教育的主体；第二，MBA 教师的实践经验不足；第三，案例教学还处在起步阶段，通常只是教学中间有案例，而不是通过案例来教学；第四，教学和研究缺乏创造性，很多教师忙于短期的功利性活动。③

西南财经大学的罗珉教授在反思中国管理学的发展时谈道："中国管理学在经历管理现代化的过程时，处于一种非常尴尬的境况，面对西方管理理论和实践，中国管理学节节败退。之所以出现这种情况，有人为的因素，如面对西方的'坚船利炮'、'奇技淫巧'，中国管理学界知识阶层从对'洋务运动'的技术向往，对实证分析技术与精确计量方法的推崇，发展到管理学精英阶层的整体西化，尤其是管理学教育领域也偏重西方管理理论和管理案例，具有中国文化传统积淀的管理思想和管理教育基本上退出了历史舞台；也有时代发展的必然一面，如国有经济制度的变迁，民营经济与民营企业的兴起，再加上社会主义市场经济体系的确立和计划经济体系退出历史舞台，许多具有传统中国管理学特征的理论失去了官方意识形态的身份，而不再有制度上的优势。"④

---

① 赵纯均、吴贵生主编：《中国高校哲学社会科学发展报告（1978—2008）：管理学》，广西师范大学出版社 2008 年版，第 28 页。

② 郭重庆：《中国管理学界的社会责任与历史使命》，《管理学报》2008 年第 5 期。

③ 周三多等：《中国管理学教育三十年回顾与展望》，《光明日报》2008 年 12 月 23 日。

④ 罗珉：《中国管理学反思与发展思路》，《管理学报》2008 年第 4 期。

西安交通大学、西交利物浦大学席西民教授曾以发问的方式向中国管理学界的部分学者发出了"特别的邀请"：关于管理的哲学思考；如何评级管理教育；如何判断中国管理与实践之间的关系；中国管理学的建立方式。① 但十分奇怪的是，作为中国十分有影响的管理学科第二代学者的发问却没有什么人给予响应。在后续的研究中，席西民又围绕上述问题进行了自我解嘲式的反思，"作为中国管理学术发展的亲历者，笔者日益真切地感受到'国际化、规范化、实证化'作为中国管理学术的基准标尺，尽管极大地改善了中国管理学者的'技术装备'，催生了一大批符合这一取向的论文、课题，基金课题的规模、数量被不断刷新，博导、教授、博士、硕士的规模、数量被不断刷新，博导、教授、博士、硕士的数量成倍增加，但不容否认在这一连串光鲜的记录背后，似乎还不容易看到学术研究最灿烂的音符，'我们究竟有什么重大发现？'，'我们到底解决了什么关键疑难？'，'我们如何增进了人们对组织管理的认识？'，又是'如何帮助组织改进了绩效？'，'如何促进了社会福祉的提升？'。"②

2010 年，齐善鸿、白长虹、陈春花、陈劲等 38 位中国管理学界具有较高声望的学者联名在《管理学报》上发表了倡议性的文章《出路与展望：直面中国管理实践》，文章倡议："自改革开放以来，中国引进欧美管理知识体系 30 多年，我们需要思考中国管理的定位，我们需要思考是否调整研究路线？""欧美管理方式在金融危机中暴露其诸多无奈，在发展中国家中暴露其缺乏包容性，在环境治理中暴露其缺乏责任性，在面临危机时暴露其缺乏承担性。借此机会，中国博大精深的管理思想推动现代世界文明持续发展的时代来临了！""我们正在总结中国 30 年的发展成就，我们正在弘扬中国 5000 年的文化精髓，中国的管理实践、中国的管理经验和教训更加急迫地需要管理学者更加科学地挖掘、整理和开发。走出书斋，投入到管理实践中，去发现问题、解决问题、建构理论，这是中国管理研究的必

① 席西民、肖宏文、郎淳刚：《管理学术与实践隔阂：和谐管理的桥梁作用》，《管理科学学报》2008 年第 2 期。

② 席西民、韩巍：《中国管理学界的困境和出路：本土化领导研究思考的启示》，《西安交通大学学报（社会科学版）》2010 年第 2 期。

由之路!"①

通过列举学者们的看法不难发现，中国管理学界始终在反省、思考和关注的问题是：究竟什么才是中国管理学应该真正选择的发展之路，什么才应该是体现管理学本质与特征的科学研究工作？

二、中国管理学存在问题的分析

从上面介绍的学者们的评价中不难看出，虽然中国管理学快速发展过程中存在一些问题是正常的现象，但存在如此之多、如此之大的问题，特别是一些长期存在的问题难以解决或难以从根本上解决是在其他学科发展过程中不多见的，管理学界内部的自我批评、批判和不满就更需要注意了。回顾起来，出现这些问题的原因可以大致归纳如下：

第一，管理学因人的因素存在，组织运行环境因素复杂造成学科不易辨别人们通常认识的科学性问题，加上对人、组织、组织中的人、组织的协调方式本身就存在各种视角和理论层面研究的可能性，因而决定了管理学科学体系的复杂、多视角、多种理论的渗透、科学性与艺术性的交织导致的管理学界自嘲的"盲人摸象"现象的存在。

第二，中国管理学几乎是在40余年的时间内建立、发展起来的，与其他学科相比可以发现，由于发展时间短，成长速度快，缺乏学科的历史积淀与传统，因而缺乏可循的学术规范，甚至学术伦理与道德的可复制性。出现了一些其他学科少见的乱象（如概念不清、边界不明、范式不清晰、学术不规范等），这既可以在国外的学术界找到问题产生的源头，同时也是新兴学科在发展中容易出现的问题。快速发展所带来的另一个问题就是教师数量的短缺和质量的问题。从统计数据中可以发现，以可以体现教育质量的指标生师比（学生人数／教师人数）为例，2009年在本科生教育上，管理学科的生师比为21.13：1，而全部学科总计的生师比为9.11：1，同为社会科学学科的经济学与法学，生师比为9.15：1和8.17：1。数据中隐含的现实和发展中的问题就不言而喻了。②

---

① 齐善鸿、白长虹、陈春花等：《出路与展望：直面中国管理实践》，《管理学报》2010年第11期。
② 谭力文：《管理学学科发展路径的选择》，《皖西学院学报》2016年第4期。

第三，改革开放的宏大事业促进了中国管理学的发展，但改革开放中一些不正常的现象和问题，如对权力的追逐、金钱的膜拜、学术的藐视，以及圈子的风气、急躁的心态等也难免会渗透、进入管理学的发展过程中，对管理学的发展，学术风气的建立也有负面的影响。

第四，"在我国，管理学场域被无限扩大的另一个值得关注的原因是，主管部门的导向起到推波助澜的作用。"[①] 其中十分重要的问题就产生于主管部门对管理学最为重要的教育领域与科学研究的分类混乱和不清（见表5-9），这在前面已经提到过。若再细分可以发现，在国家自科基金管理科学学部的网站上可以看到所列的三个研究领域（对应的是国家自科基金管理科学学部三个管理部门（处））所包括的研究对象同样十分宽泛（见表5-10），教育部所列的本科专业目录中，还细分出更多的专业（见表5-11）。高等教育中的专业可以与问题研究有所不同，但存在如此之大的差异和差别，使人们产生了这样的看法："从'基金委'管理科学部的立项中，同样可以看出管理学边界被无限扩大。更重要的是，20年的惯性越来越大，至今仍然看不到些微改变的踪迹。""从边界不清到盲目扩大边界是量变；从稀释学科'硬核'到学术无序是质变——不利于学科'硬核'的构建；不利于学术共同体的凝聚；不利于有限资源的合理配置，为助长功利驱使、自娱自乐提供了更大的方便。"[②]

表 5-9 教育部、国家自科基金、国家社科基金对管理学的分类一览表

部门	划分的教育、研究领域
教育部（本科专业）	管理科学与工程类、工商管理类、公共管理类、图书情报与档案管理类、农林经济管理类、物流管理与工程类、工业工程类、电子商务类、旅游管理类
国家自科基金	管理科学与工程、工商管理、宏观管理政策科学
国家社科基金	管理思想史、管理理论、管理心理学、管理经济学、部门经济管理、企业管理、行政管理、公共管理、文化艺术管理、人力资源开发与管理、未来学、管理学其他学科

---

① 本刊特约评论员：《再问管理学——"管理学在中国"质疑》，《管理学报》2013年第4期。
② 本刊特约评论员：《再问管理学——"管理学在中国"质疑》，《管理学报》2013年第4期。

表 5-10　国家自科基金管理学科研究的主要领域

研究领域	研究内容
管理科学与工程	主要资助管理的基本理论、方法与技术的研究，资助范围主要包括管理科学与管理思想史、一般管理理论与研究方法论、运筹与管理、决策理论与方法、对策理论与方法、评价理论与方法、预测理论与方法、管理心理与行为、管理系统工程、工业工程与管理、系统可靠性与管理、信息系统与管理、数量经济理论与方法、风险管理技术与方法、金融工程、管理复杂性研究、知识管理、工程管理等分支学科领域
工商管理	主要资助以微观组织（包括各行业、各类企事业单位及非营利组织）为研究对象的管理理论和管理新技术与新方法的基础研究和应用基础研究。资助领域包括战略管理、企业理论、创新管理、组织行为学与企业文化、人力资源管理、公司理财与财务管理、会计与审计管理、市场营销、运作管理、生产管理、质量管理与质量工程、物流与供应链管理、服务科学与服务管理、技术管理与技术创新、项目管理、创业与中小企业管理、企业信息管理、电子商务与智能商务、非营利组织管理等分支学科
宏观管理政策科学	主要资助宏观经济管理与战略、金融管理与政策、财税管理与政策、产业政策与管理、农林经济管理、公共管理与公共政策、科技管理与政策、卫生管理与政策、教育管理与政策、公共安全与危机管理、劳动就业与社会保障、资源环境政策与管理、区域发展管理、信息资源管理等分支学科和领域的基础研究

资料来源：国家自然科学基金委管理科学部网站，见 http://www.nsfcms.org/index.php？r = intro/institu-tion。

表 5-11　教育部普通高等学校管理类本科专业目录

类别＼专业	管理科学与工程类	工商管理类	农林经济管理类	公共管理类	图书情报与档案管理类	物流管理与工程类	工业工程类	电子商务类	旅游管理类
	管理科学	工商管理	农林经济管理	公共事业管理	图书馆学	物流管理	工业工程	电子商务	旅游管理
	信息管理与信息系统	市场营销	农村区域发展	行政管理	档案学	物流工程			酒店管理
	工程管理	会计学		劳动与社会保障	信息资源管理				会展经济与管理
	房地产开发与管理	财务管理		土地资源管理					

续表

类别＼专业	管理科学与工程类	工商管理类	农林经济管理类	公共管理类	图书情报与档案管理类	物流管理与工程类	工业工程类	电子商务类	旅游管理类
	工程造价	国际商务		城市管理					
		人力资源管理							
		资产评估							
		物业管理							
		文化产业管理							

资料来源：中华人民共和国教育部网站，见 http://www.moe.edu.cn/publicfiles/business/htmlfiles/moe/s3882/201210/143152.html。

表5-12　教育部普通高等学校管理类研究生专业目录

一级学科＼二级学科	管理科学与工程	工商管理	农林经济管理	公共管理	图书情报与档案管理
		会计学	农业经济管理	行政管理	图书馆学
		工商管理（含：财务管理、市场营销、人力资源管理）	林业经济管理	社会医学与卫生事业管理	情报学
		技术经济与管理		教育经济与管理	档案学
		旅游管理		社会保障	
				土地资源管理	

资料来源：中国学位与研究生教育信息网，见 http://www.cdgdc.edu.cn/xwyyjsjyxx/sy/glmd/264462.shtml。

第三编

无形学院：中国管理学知识的创造与"创新扩散"

由于管理学在其发展过程中始终存在着"知"与"行"辩证统一的学科特点，因此在其发展过程中也始终存在知识科学性的探索、研究与引导，以及知识实践性运用、检验与反哺的并行路径。在本编将结合"无形学院"在中国管理学发展中的作用及特点，重点讨论知识科学性探索、研究工作，而在下一编将研究管理学知识市场传播的相关问题。

无形学院（invisible college）一直在知识的创造、更新和扩散中起到重要的作用。中国管理学研究是一个管理知识的创造与"创新的扩散"的过程，既包括管理知识的创造，又包括管理知识的社会化传播与扩散，这两个阶段互相影响、互相促进。对于中国管理知识的创造与生产，本编将通过两章的研究，基于国际化与本土化以及动态与静态的多视角，窥探国内外管理学科学共同体（scientific community）形成中国管理研究无形学院的发展现状与演变规律，以期从多个层面与多个角度揭示管理学者探索（exploring）新理论与开发（exploiting）现有理论的知识生产特征与状况。而对于管理知识的社会化过程，本编将在现有理论与文献的基础上，试图构建理论模型，解释中国管理知识如何通过差异化、资源动员与合法化构建等过程实现知识社会化运动的动态演变机制。

第　六　章

无形学院及其在中国
管理学发展中的作用

中国管理学的真正发展，是在 1978 年改革开放之后。中国管理学在国际化与本土化的双重动力下"摸着石头过河"，一方面积极主动学习西方管理学知识，开发、应用与拓展西方的管理理论、管理研究方法与管理范式；另一方面，中国管理学也不断地挖掘本土的管理元素，探索、构建与创新本土的管理理论与管理思想。因此，中国管理学的演变既是一个与世界接轨并为全球管理知识作出自我价值贡献的过程，又是尊重中国传统文化与哲学以及自身独特管理实践的知识创新过程。这些都集中地反映在学术队伍的建立与成长、学科共同体的发展成熟上。本章基于科学社会学理论与科学计量学原理，在学科整体发展与动态演化的逻辑下，从国际、国内以及管理期刊等多重视角，来探究中国管理学研究的系统发展路径，主要研究与总结中国管理学研究的无形学院如何进行理论知识的探索与开发。

第一节　无形学院的相关概念及其作用

随着中国管理学国际化与本土化逐渐加速与深化，对中国管理现象与实践进行研究的学者日益多元化，科学共同体也日益成长，这不仅表现为越来越多的管理学者、管理论坛、期刊以及国家（社科、自科）基金项目从本土化的视角深入窥探正在发展进程中的中国管理这只"大象"，还表现在越

来越多的华人与西方管理学者从国际化的视角深入关注这只正在成长的
"大象"。经过改革开放以来 40 多年的积累,中国管理学不仅已经对理论
知识进行了有效的探索与开发,还正在形成管理知识社会化传播的有利条
件,也越来越吸引国际化与本土化的管理学者的视野与兴趣。因此,从国
际化与本土化的双重视角,可以有效地勾勒出"大象"的概貌,进而对
中国管理学研究的发展现状有一个整体把握并提供一个初步的知识架构。

一、无形学院的概念

科学进步不仅得益于不同知识范畴的收敛与发散的动态变化,还通过对
现有知识进行融合 (fusion)、重组 (recombination) 与重新布局 (reconfigu-
ration)[1] 而不断取得发展。库恩 (kuhn) 的《科学革命的结构》一经问世,
便被广泛地认为是科学哲学与社会科学领域的里程碑。随着世界范围内的个
体、学术团体与社群的不断推广与应用,库恩的范式理论与"科学革命"
已经从最初的自然科学领域逐渐扩散到社会科学范畴。而作为社会科学领域
的一门交叉与应用学科[2],管理学的范式革命与演变自然成为国内外学术共
同体广为关注的焦点。

科学领域的涌现与发展是一个动态的过程,涉及多个层次与多个方
面。[3] 鉴于这个过程的最重要产物是科学知识,研究一个学术研究领域所生
产知识之类型与内容,就可以有效洞察这个领域的正当性 (justification) 与
贡献程度以及演变路径与未来发展方向。[4] 科学知识的累积性特性,使得新
知识往往是建立在学科的知识基础上,因此从学科发展的知识基础 (如管
理思想、观点、途径、理论与方法) 出发,往往可以有效窥探中国管理学
研究的知识生产与创造。在已有的相关研究中,学者普遍认为"无形学院"

---

[1] Shafique, M., "Thinking inside the Box? Intellectual Structure of the Knowledge Base of Innovation Research (1988-2008)", *Strategic Management Journal*, Vol. 34 (1), 2013.

[2] Agarwal, R., Hoetker, G., "A Faustian Bargain? The Growth of Management and its Relationship with Related Disciplines", *Academy of Management Journal*, Vol. 50 (6), 2007.

[3] Hambrick, D. C., Chen, M. J., "New Academic Fields as Admittance-Seeking Social Movements: The Case of Strategic Management", *Academy of Management Review*, Vol. 33 (1), 2008.

[4] Shafique, M., "Thinking inside the Box? Intellectual Structure of the Knowledge Base of Innovation Research (1988-2008)", *Strategic Management Journal*, Vol. 34 (1), 2013.

是分析学术领域知识基础的一个重要工具，① 也是窥探管理学理论范式的
"科学革命的结构"及其变化的有效渠道。②

从广义上讲，无形学院是一个在特定研究领域内有着共同兴趣的学者之
间的沟通关系网。从这个意义来看，在科学社会学的广泛应用中使无形学院
成为一个分析学术知识创造与演变有价值的工具。③ 无论是在内部的学术沟
通主体（who，网络的节点）方面抑或是在网络关联（how，网络内部的连
接）方面，"无形学院"这一概念都已经被学术共同体广为接受与拓展。对
于沟通主体，起初这一概念只是服务于精英群体之间，用以进行信息交换从
而促进拥有共同学术旨趣的科学研究不断进步。当普莱斯（Price）从这种
角度来引进无形学院时，"皇家社会"的有限创始人形成了一个非官方、非
正式的组织，以强化地理位置上比较分散但研究主题却比较相似与集中的学
者之间的交流。这些学术群体的功能是为了知晓其他相近学者的作品与研究
动态，并认可与评价相关学术领域的最新研究成果。因此，彼时的无形学院
范畴主要局限于有权利与影响力的"小集团"（ingroup），只包含数量非常
有限的杰出学者。随后学者对无形学院的概念化不再像起初那样具有很强的
排外性与层级性，而是相对比较开放与灵活。比如，克莱恩（Crane，1972）
开展了一项关于学术领域知识的社会组织的开创性研究，通过对比研究数学
（自然科学）与乡村社会学（应用性社会科学）这两门不同的学科，发现了
这两个学术领域的科学知识专业群体沟通网络均同时包含高产的、主导的学
术团体以及非高产的、处于市场边缘的跟随者。基于这一研究发现，克莱恩
开始从研究兴趣与内容——而不是普莱斯意义上的学术声望——的沟通频率
与强度来定义无形学院。即便如此，克莱恩也意识到无形学院这种沟通网络
中的学术地位与权力的非均衡性，以及有影响力的学者对无形学院发展的社

---

①　Zuccala，A.，"Modelling the Invisible College"，*Journal of the American Society for Information Science and Technology*，Vol. 57，2006.

②　Vogel，R.，"The Visible Colleges of Management and Organization Studies：A Bibliometric Analysis of Academic Journals"，*Organization Studies*，Vol. 33（8），pp. 1015-1043，2012；刘林青、甘锦锋、杨锐：《探寻中国管理国际研究的"无形学院"——基于 SSCI 期刊（1978~2010 年）的社会网络分析》，《管理学报》2014 年第 9 期。

③　Zuccala，A.，"Modelling the Invisible College"，*Journal of the American Society for Information Science and Technology*，Vol. 57，2006.

会推动作用。换言之，普莱斯和克莱恩均承认，研究领域与沟通网络中有威望、有重大影响力的作品来自非常有限的几位基础学者，这些关键人物对学术共同体新成员的招募、研究议程的设定以及对共同目标的承诺会产生不同程度的影响。只不过对克莱恩来说，学术沟通网络不应该只局限于少数的几个优秀学者，而应该从更为综合的角度来看待学术领域沟通网络的组成成员，从而使得无形学院也包括那些与杰出学者以及与其自身存在直接或间接联系的网络外围成员。

对于网络沟通主体之间的关联，普莱斯（1963、1965）认为现代科学意义上的无形学院存在的价值与理由在于，用非正式的沟通代替正式的交流从而应对信息的迅速扩散与积累。面对前所未有的出版作品数量激增，无形学院可以为其成员提供多样化的良机以保持他们各自之间的联系，既可以促使成员之间针对某些项目展开合作，又可以提高相关学者在学术会议上相遇并交流各自作品的频率。正是无形学院提供的这种非正式沟通网络关联，学者才得以跟踪其研究主题的最新进展，创造独特的身份认同，以及提高对学术声誉系统的把控能力。随着学者对"无形学院"这一概念不断地关注、应用与推广，后期的研究——相对于普莱斯对无形学院主体关联的理解——主要定位在非正式的沟通，即将学者之间的正式与非正式沟通均视为无形学院的重要组成部分，这些后期的研究主要是基于克莱恩的建议，即学术领域的知识社会组织只有通过揭示这些领域中网络成员之间的多元化沟通联系才能更加完整与全面。其实，在一定程度上，普莱斯（1965）对无形学院最初定义的拓展也是基于对科学文献的定量分析而来的。正式出版物对科学知识评估与传播的重要性，智力资产的认知价值以及职业认知的分布，导致无形学院在正式的出版物系统也是可跟踪的。事实上，库恩意义上的科学社会学已经越来越将基于科学出版物的正式沟通网络纳入无形学院的社会研究中①。

---

① Crane, D., *Invisible Colleges: Diffusion of Knowledge in Scientific Communities*, Chicago: Chicago University Press, 1972; Griffith, B. C., Mullins, N. C., "Coherent Social Groups in Scientific Change: 'Invisible Colleges' Maybe Consistent Throughout Science", *Science*, Vol. 197, 1972.

二、无形学院的作用

综上所述，无形学院可以被定义为学者之间的沟通网络，这些学者因研究相关的问题而被联系在一起；不同研究组织、研究人员为了相同兴趣与相似的研究方向而进行广泛的交流，包括沟通、访问、讨论、写作以及文化之间的引用；这些不同的交流网络会形成虚拟的群体，通过对这种群体结构的分析，可以探讨知识创造的基本特征以及清楚地掌握各子域的研究动态。[①]虽然需要利用有形的组织资源（如大学、商学院、研究协会），也可能最终演变为拥有一定制度化程度的招募流程、培训课程与出版物的新专业团体，但是无形学院并没有正式的制度结构。无形学院中地理位置上分散的学者通过正式（尤其是学术出版系统）与非正式（如研究合作或者学术会议上的口头报告、私下交流）的沟通渠道而彼此相连。因为无形学院中的交流联系可能是直接或间接的，可能是较强或较弱的，也可能是交互与非交互的，所以网络结构是非均匀分布的。从这种意义上来看，无形学院并不具有明确的边界结构，而是"处于不断变化状态的无组织社会团体"[②]。不仅在学院内部存在频繁的学术交流，而且在不同的学院之间也存在大量的知识交流。因此，无形学院并不是彼此孤立的，而是互相依存与互相嵌套的。[③]

其实，新库恩范式意义上的无形学院概念大大地促进了对学术共同体在学科与研究领域的涌现与发展中所扮演的社会角色的理解。正是得益于在社会科学领域中对无形学院展开充分与深入的研究，库恩意义上的科学革命已经不再局限于最初的自然科学之上。[④] 不过，这一拓展自然也带来了新的挑战，因为无形学院的灵活结构、不同的规模与不断变化的特征，使得学者不得不关心其如何应运而生以及如何随时间而演化。虽然新库恩范式下的部分

---

① 刘林青、甘锦锋、杨锐：《探寻中国管理国际研究的"无形学院"——基于 SSCI 期刊（1978~2010 年）的社会网络分析》，《管理学报》2014 年第 9 期。

② Mulkay, M. J., Gilbert, G. N., Woolgar, S., "Problem Areas and Research Networks in Science", *Sociology*, Vol. 9, 1975.

③ Crane, D., *Invisible Colleges: Diffusion of Knowledge in Scientific Communities*, Chicago: Chicago University Press, 1972.

④ Crane, D., *Invisible Colleges: Diffusion of Knowledge in Scientific Communities*, Chicago: Chicago University Press, 1972.

科学社会学者认为无形学院的整体生命周期大致可以划分为三个演化阶段，即形成、成长与衰落，[①] 但是沃格尔（Vogel，2012）却认为，通过这种方式来概念化无形学院似乎掩盖了学者之间的变动结构关系，而这种结构关系无论是在自然科学与社会科学之内，还是二者之间都是广泛存在的。[②] 沃格尔的研究已经证实，管理学领域中无形学院的演变并不是遵循上述简单的线性发展过程，而是呈现涌现、转化、漂移、分化、融合、消逝与复兴等比较复杂的非线性特征。

　　自"管理丛林"时代以来，目前的管理学科发展依然处于碎片化的状态，无法形成统一的范式。[③] 而在"摸着石头过河"过程中实现成长的中国管理学科自然也难以摆脱这样的局面，从而导致中国管理知识必然也呈现碎片化特征，知识积累目标呈现一定的模糊性，学术群体之间的交流也非常有限，以及在不同的子研究领域中研究方法、过程与技巧也均未实现标准化。虽然国内外的科学共同体一直都在深刻关注中国管理学科的发展，并有力地促进了中国管理知识的逐渐积累，但是由于始终处于碎片化情境中，中国管理知识的积累必然会导致各种无形学院的林立，不同的无形学院发生重叠或者边界模糊，以及各种无形学院不断处于动态的演变过程中。因此，从国际化与本土化以及动态与静态的多视角、多维度、多层面来窥探中国管理知识的无形学院的诞生、发展与演化，必然就可以深描改革开放以来中国管理知识真实的创造与酝酿"文化"。

　　与同质性（homogeneity）的假设相左，不同学科与历史时期下无形学院的发展与演变取决于特定的制度情境与文化环境以及科学领域的知识社会组织。因为管理思想既是特征文化背景——政治、经济、社会与技术——下

　　① Crane，D.，*Invisible Colleges：Diffusion of Knowledge in Scientific Communities*，Chicago：Chicago University Press，1972；Mulkay，M. J.，"Three Models of Scientific Development"，*Sociological Review*，Vol. 23，1975；Mulkay，M. J.，Gilbert，G. N.，Woolgar，S.，"Problem Areas and Research Networks in Science"，*Sociology*，Vol. 9，1975.

　　② Braxton，J. M.，Hargens，L. L.，"Variation among Academic Disciplines：Analytical Frameworks and Research"，in Smart，J. C.（ed.），*Higher Education：Handbook of Theory and Research*，New York：Agathon Press，1996.

　　③ Vogel，R.，"The Visible Colleges of Management and Organization Studies：A Bibliometric Analysis of Academic Journals"，*Organization Studies*，Vol. 33（8），2012.

的过程，又一定是这一文化情境下的必然产物,① 所以在识别与分析无形学院的涌现与演化时，有必要关注与区分其所在领域的特定历史背景。与此同时，无形学院的涌现、保持与更新得益于知识创造的内生力量与外生因素。② 其中，外生因素不仅在一定程度上塑造了学术共同体开发与探索无形学院的外部制度力量与文化环境，还为无形学院所创造的管理知识得以成功地实现社会化传播与运动提供了必要的条件。因此，通过同时探讨中国管理学研究的无形学院知识创造属性以及相关的内生与外生因素，可以深入研究中国管理知识理论范式的开发与探索特征以及洞察促进管理知识社会化传播的文化环境，从而既可以从不同的层面、不同的维度、不同的视角系统地描绘中国管理学研究的"科学的革命结构"，又有助于深入揭示促进中国管理知识"创新的扩散"的传播机制。

科学计量学中的引文分析（citation）与共被引分析（co-citation），使得上述研究成为可能。这些方法已经被广泛应用到社会科学等多个领域，如拉莫斯-罗德里格斯（Ramos-Rodriguez）和鲁伊斯·纳瓦蒂（Ruiz-Navarro，2004）通过科学的文献计量法与文献共被引分析，率先识别出了 1980 —2000 年间战略管理学科中最有影响力的文章与著作，以及相关的演变趋势；在此基础上，内鲁尔等（Nerur 等，2008）使用学者作为分析单元，通过多维尺度分析、因子分析和路径分析，识别出了构成战略管理整体领域的子领域，以及这些子领域之间的相互关系；具体到创新这个跨学科领域，沙菲克（Shafique，2013）基于与之相关的经济学、社会学、心理学与管理学四个学科的视角，通过 1988 —2008 年间的文献计量数据为创新这个学术领域呈现了较为完整与动态的面貌，发现了创新研究正在管理学与经济学之间越来越呈现碎片化（fragmented）与条块分割（compartmentalized）的状态，这些部落也呈现越来越独立与自给自足的趋势。现有学者普遍认为，引文分析与共被引分析是研究无形学院的特征与演变的有效分析工具，经常共被引的作者或文献因为研究主题与内容比较一致，所以构成了知识生产与创造的聚类，

---

① Wren, D. A., Bedeian, A. G., *The Evolution of Management Thought*, New York：John Wiley & Sons, 2009.

② 谭力文、丁靖坤：《21 世纪以来战略管理理论的前沿与演进——基于 SMJ（2001 —2012）文献的科学计量分析》，《南开管理评论》2014 年第 2 期。

即无形学院①。现有文献为本研究从多重视角分析中国管理学研究的无形学院奠定了重要的方法与理论基础。

第二节　中国管理学研究的无形学院概貌描述

改革开放以来，中国经济的快速发展和中国企业国际竞争力的不断增强，吸引越来越多的国际管理学者以"中国"为对象开展研究。② 学者往往套用西方发展起来的理论、采用西方认可的实证主义研究范式在中国进行演绎性的研究。这些研究的成果主要是验证了已有理论或者对其情境性边界进行延伸，往往满足国际期刊的编委和评审人所期望的严谨性，而容易发表在国际性的期刊上，不少也已发表在国际顶级的期刊上。显然，对中国学者来说，采用这种研究范式更容易将自己融入到主流的国际管理研究科学共同体中，而被认为是"康庄大道"③。

如何才能顺利进入中国管理国际研究这个新兴的学术群体？深入了解这一领域的科学生产和科学结构有助于该问题的回答。与管理研究中大多数情况一样，中国管理国际研究呈现明显的碎片化特征，进一步分裂成一些特定的研究子群。④ 这些子群成员尽管分布在世界各地，大多数的时候通过同行评议、论文引用与被引用等得以了解和认识；但是他们往往有着共同的研究兴趣，接受相似的科学训练，采用相互认可的研究方法，存在一致的理论知识基础。因此，与正式的学术相比，结合第一节对无形学院的理解，将国际化视角下的中国管理研究的非正式群体称作"无形学院"。识别这些无形学院不仅对理解中国管理国际研究的社会组织至关重要，而且还可以掌握这些

---

① Vogel，R.，"The Visible Colleges of Management and Organization Studies：A Bibliometric Analysis of Academic Journals"，*Organization Studies*，Vol. 33（8），2012.

② Tsui，A. S.，"Editor's Introduction-Autonomy of Inquiry：Shaping the Future of Emerging Scientific Communities"，*Management and Organization Review*，Vol. 5（1），2009.

③ Barney，J. B.，Zhang，S. J.，"The Future of Chinese Management Research：A Theory of Chinese Management versus A Chinese Theory of Management"，*Management and Organization Review*，Vol. 5（1），2009.

④ 尤树洋、贾良定、蔡亚华：《中国管理与组织研究 30 年：论文作者、风格与主题的分布及其演变》，《华南师范大学学报（社会科学版）》2011 年第 4 期。

研究子群的知识发展特征。

一、研究设计

（一）文献选择

在西方英文学术期刊上，引文数据相对比较规范、比较严谨也比较完整，而且被引文献是知识传播与探究管理知识基础与无形学院的重要分析单位，也是文献共被引分析的主要分析单元。[①]因此，为了从全球视角呈现学者对中国管理研究的知识开发与知识探索，本研究主要选用了比较规范的英文期刊的参考文献作为数据来源。

为了描绘与剖析中国管理学的无形学院概貌，本研究所使用的文献是来自美国科学信息研究所（Institute for Scientific Information，ISI）的 SSCI 数据库，以"China"或"Chinese"为主题检索词，检索到 61520 条 1978—2010 年的文献记录；并通过"Management"为类别进行精炼，得到 2385 条记录。为提高研究的质量，本研究选择文献类型为"Article"和"Review"、语种为"English"的文章，过滤掉其他类型的文章，得到 2074 条记录。考虑到期刊 *Chinese Management Studies* 全部以中国为研究对象，可能会对中国管理研究学术共同体的特征识别带来偏差，而将其剔除。最终，用于后续分析的文献有 1999 条记录，共 46803 条引文。

（二）作品选择

作品选择是文献共被引分析的难题，目前尚无统一的方法。一个相对客观的方法是通过引文中作品被引用次数的高低来选择。一般来说，一篇文献被引用的频次在一定程度上可以反映该篇文献的影响度，这已成为学术界较为通行的标准；而一篇文献影响度的大小又在一定程度上反映了该文献质量和水平的高低。通常，一篇文献被引用的次数越高，就说明它越具有代表性，从而本章可以通过引文分析方法找出一些高频次被引用的具有代表性的

---

① Chen, C., Ibekwe-SanJuan, F., Hou, J., "The Structure and Dynamics of Cocitation Clusters: A Multiple-Perspective Cocitation Analysis", *Journal of the American Society for Information Science and Technology*, Vol. 61 (7), 2010; Chen, C. M., "CiteSpace II: Detecting and Visualizing Emerging Trends and Transient Patterns in Scientific Literature", *Journal of the American Society for Information Science and Technology*, Vol. 57 (3), 2006.

文献来进行分析，从而减少分析数据的数量。本研究参照麦凯恩（McCain，1990）的类似研究，选择被引用次数超过45的作品共56篇，作品目录见表6-1，这些作品是中国管理国际研究领域可称为奠基之作的作品。

表6-1　中国管理国际研究领域的奠基之作

作品	被引次数	作品	被引次数	作品	被引次数
Hofstede_ 1980	277	Baron_ 1986	72	Chen_ 1995	54
Barney_ 1991	130	Peng_ 1996	70	Blau_ 1964	53
Podsakoff_ 1986	113	Hofstede_ 1991	69	Teece_ 1997	53
Xin_ 1996	101	Triandis_ 1995	69	Huselid_ 1995	52
Child_ 1994	100	Hofstede_ 1993	67	Granovetter_ 1985	52
Pfeffer_ 1978	92	Eisenhardt_ 1989	65	Deutsch_ 1973	52
Nunnally_ 1978	91	Nelson_ 1982	64	Earley_ 1989	51
Aiken_ 1991	90	Boisot_ 1988	64	Hamel_ 1991	51
Peng_ 2000	87	Park_ 2001	63	Cohen_ 1983	49
North_ 1990	86	Anderson_ 1988	62	Jensen_ 1976	49
Boisot_ 1996	84	Williamson_ 1985	61	Podsakoff_ 2003	49
Hofstede_ 2001	79	Kogut_ 1988	61	Hair_ 1998	49
Nee_ 1992	76	Warner_ 1995	61	Yin_ 1994	49
Redding_ 1990	76	Yan_ 1994	60	Wernerfelt_ 1984	48
Cohen_ 1990	75	Farh_ 1997	59	Nonaka_ 1995	48
Hoskisson_ 2000	75	Peng_ 2003	58	Leung_ 1997	47
Dimaggio_ 1983	73	Porter_ 1990	57	Williamson_ 1975	45
Brislin_ 1970	73	Beamish_ 1993	55	Ralston_ 1999	45
Porter_ 1980	72	Shenkar_ 1994	54		

资料来源：作者整理。

（三）建立作品共被引次数矩阵

通过对作品共被引的论文数目进行统计，形成作品共被引次数矩阵。该矩阵为对称矩阵，非主对角线中单元格的值为作品共被引次数，主对角线的数据定义为缺失值。在所得作品共被引次数矩阵中，共被引次数的范围为0—89之间，平均作品共被引次数的范围为5—33之间。

（四）将原始矩阵转换为条件矩阵

共被引分析关注的重点不是作者共被引次数的高低，而是共被引所形成的相似性。参照伊达尔戈等（Hidalgo 等，2007）的研究，本研究以两个作品共被引的条件可能性最小值来计算两者之间的相似性，具体公式如下：

$$\Phi_{i,j} = \min\{P(nR_{ij} \mid nR_i)，P(nR_{ij} \mid nR_j)\} \tag{6-1}$$

其中，$\Phi_{i,j}$：被引文献 i 和 j 的相似性程度；

nR_i：文献 i 的被引次数；

nR_j：文献 j 的被引次数；

nR_{ij}：文献 i 和 j 的共被引次数。

通过公式（6-1）可以将作品共被引次数矩阵转化为条件矩阵，这实际上是将原始矩阵标准化。消除了矩阵因作品被引次数差异所带来的影响。为了进行社会网络分析，需要将条件矩阵进行二值化处理（阈值为 0.1），转化为 0-1 矩阵。

5. 网络可视化与社群结构分析

本研究的目标是识别中国管理国际研究的无形学院，只需要对所获得的 0-1 矩阵进行社群结构分析，具体步骤如下：（1）首先找出网络中可能包含的适当社群数：本研究依循纽曼和吉尔万（Newman 和 Girvan，2004）的方法，计算 Modularity Q 值，并找出 Modularity Q 值极大化的社群组数。（2）依指定的数目进行分派分析：以 Ucinet 中的 Faction 功能将网络中的行动者分派到不同社群。[1] 即，在指定的社群数目下，依其相似性然后找出各个社群的行动者。（3）探讨社群结构之间的位置关系：密度矩阵呈现出社群之间的位置关系，社群之间的关系再以相似矩阵作进一步简化。

二、研究发现

（一）无形学院的识别与可视化

通过 Ucinet 计算 Modularity Q 值，以便找出在文献网络中所可能包含适当组数的文献社群，以识别出无形学院。[2] 图 6-1 显示了不同社群数下的

[1]　Everett，M.，*Social Network Analysis*，London：Sage，2002.

[2]　Newman，M. E. J.，Girvan，M.，"Finding and Evaluating Community Structure in Networks"，*Physical Review E*，Vol. 69（2），2004.

Modularity Q 值，介于 0.3 — 0.7 的期间范围内，网络结构的异质化特征明显，适合进一步展开社群结构分析[1]。

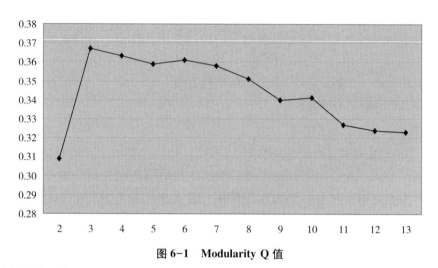

图 6-1　Modularity Q 值

资料来源：作者整理。

纽曼和吉尔万（2004）建议应找出 Modularity Q 值最高的社群数进行下一步的社群划分。当社群数为 3 时，Modularity Q 达到最高值（Q = 0.367）；因而，本研究按社群数为 3 对网络进行分割，将作品分派到不同的社群中。依照埃弗里特（Everett，2002）的建议步骤，运用 Ucinet 中关于凝聚子群分析之一的 Factions 功能，将每个作品排他性地分派到位置上互斥的 3 个社群中，产生同构型最大的各区块。Factions 功能是使用 Tabu 搜寻方法进行社群的辨识，所依循的原则是寻求集合内各个行动者之截面（profile）的最小"组内方差"。

接下来用 Pajek 软件绘制中国管理国际研究的网络结构图（如图 6-2 所示）。图 6-2 中各个作品的位置，通过 Ucinet 软件的 Netdraw 功能计算得到。两个作品存在连线，表明两者之间相似性超过门槛值 0.1。对网络中不同节点使用不用颜色来区别不同的社群（即无形学院），与此同时，每个节点的标签也表明其所在的社群号和作品名。从图 6-2 中可以很明显地看到，同

---

① Newman, M. E. J., Girvan, M., "Finding and Evaluating Community Structure in Networks", *Physical Review E*, Vol. 69（2），2004.

一无形学院的作品基本集中在自己所在的区块位置。网络图的每个节点用实心圆表示，其面积的大小代表着该作品的被引次数。根据前面的讨论，被引次数越多，也就意味着该作品的影响力越强。

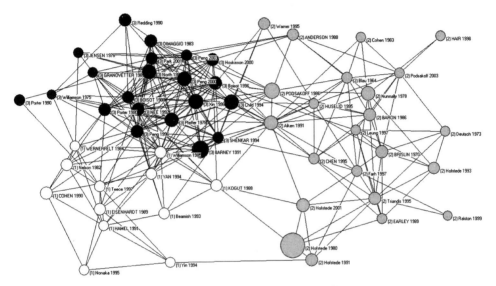

图 6-2　中国管理国际研究的网络结构图

资料来源：作者整理。

（二）各个无形学院的特征分析

正如麦凯恩（1990）所言，作者（作品）共被引分析不仅有利于识别某学术研究领域的无形学院，揭示其科学结构方面的特征，是无形学院整合研究模型的基石；而且能找到该学术研究领域的核心作者和核心作品，以理解其体现的知识基础。通过对前面选择的 56 篇奠基性作品的文本进行深入分析，本研究认为它们在构建中国管理国际研究的知识基础方面主要扮演着三种不同的角色：作为研究的基础理论、研究方法论的指导和发起有关中国的特色话题。本研究识别出的三个无形学院，在研究方法论的指导、基础理论和发起有关中国的特色话题上都存在明显区别，展示出不同的知识生产特征，具体如表 6-2 所示。

表 6-2 三个无形学院的不同知识生产特征

无形学院	资源基础观	跨文化研究	新制度主义
理论类别	宏观组织与管理理论	微观组织与管理理论	宏观组织与管理理论
研究方法论的指导	·案例研究方法：通过案例构建理论（Eisenhardt，1989）、案例研究的设计与方法（Yin，1994）	·基于统计分析的实证主义研究方法：用多元回归模型估计、检验和交互作用探讨（Aiken，1991），用结构方程模型进行理论检验和开发（Anderson，1988），用统计分析进行跨文化研究（Brislin，1970；Leung，1997），多变量数据分析方法（Hair，1998），聚类分析、最小二乘法回归分析（Huselid，1995），自我报告法（Podsakoff，1986），共同方法偏差（Podsakoff，2003），区分调节变量和中介变量（Baron，1986），利用二分法简化数据分析（Cohen，1983）	·理论视角的选择与适用性：新兴经济体战略研究的三个主要理论视角（Hoskisson，2000），评估源自西方的普适性理论在中国情景下的适用程度（Shenkar 和 von Glinow，1994）
基础理论	·资源基础观：资源基础观逻辑（Wernerfelt，1984）、演化经济学（Nelson，1982）、吸收能力（Cohen，1990）、动态能力观（Teece，1997）、知识管理（Nonaka，1995）和学习能力（Hamel，1991） ·其他：交易成本理论（Williamson，1985）	·心理测量理论（Nunnally，1978）、跨文化理论（Hofstede，1980、1991、1993、2001；Triandis，1995）、冲突解决理论（Deutsch，1973）、社会交换理论（Blau，1964）	·新制度经济学：交易成本理论（Williamson，1975）、委托—代理理论（Jensen，1976）和制度变迁理论（North，1990） ·社会学中的新制度主义：嵌入问题（Granovetter，1985）、制度同构（DiMaggio & Powell，1983） ·其他：战略管理研究中的 SCP 范式（Porter，1980、1990）、资源依赖理论（Pfeffer 和 Salancik，1978）和资源基础观（Barney，1991）

续表

无形学院	资源基础观	跨文化研究	新制度主义
发起有关中国的特色话题	合资企业研究 ·中国合资企业自身特征（Beamish，1993），中美合资企业的协商权、管理控制及绩效之间的关系（Yan & Gray，1994），合资企业的国家文化距离（Kogut，1988）	中国的文化特征 ·中国人力资源管理的深描：Warner（1995） ·正义文化和组织公民行为：Farh（1997） ·聚焦跨文化（集体主义—个人主义视角）：集体主义对组织中社会惰化问题的影响（Earley，1989），组织目标优先权与报酬分配之间的关系（Chen，1995），越南管理者和中美国管理者的比较（Ralston，1999）	中国经济转型与网络、关系的重要性 ·中国情景的深描：Redding（1990）、Child（1994） ·中国经济转型与理论拓展：文化空间分析框架和网络资本主义（Boisot 和 Child，1988、1996），两阶段制度转型模型与网络基础战略（Peng & Health，1996；Peng，2003），市场转型理论与混合型企业（Nee，1992） ·聚焦"关系"：Xin 和 Pearce（1996）、Peng 和 Luo（2000）、Park 和 Luo（2001）

资料来源：作者整理。

1. 无形学院 1——资源基础观

如图 6-2 所示，无形学院 1 相对其他两个无形学院来说疏密程度处于中间状态，其社群内密度值为 0.40（见表 6-3）。这说明该无形学院内各成员之间并不具有较高的收敛性，但其关联度比较清晰。无形学院 1 中奠基性作品有 12 篇，占被研究作品的 21.4%。这 12 篇作品中有 7 篇扮演基础理论的角色，且聚焦于广义的资源基础观，据此，本研究将该无形学院命名为"资源基础观"。

表 6-3　社群密度矩阵

	1	2	3
1	**0.40**	0.02	0.15
2		**0.30**	0.05
3			**0.59**

资料来源：作者整理。

（1）研究的基础理论：资源基础观

在"资源基础观"无形学院中，扮演基础理论角色的奠基性作品基本上都属于宏观组织理论中的资源基础观，是当今理解企业组织及其竞争优势的重要理论流派之一。如表 6-2 所示，纳尔逊和温特（Nelson 和 Winter，1982）运用演化经济学理论从动态的、演化的角度解释了经济的变迁，阐述了企业在市场中的竞争与自然界中生物的自然选择"强者生存"的竞争类似。资源基础观认为，企业的竞争优势源于企业拥有的异质性资源，[①] 沃纳菲特（Wernerfelt，1984）将异质性的资源的性质归纳为有价值、稀缺性、不完全模仿性和不完全替代性。蒂斯、皮萨诺和舒恩（Teece、Pisano 和 Shuen，1997）在战略框架中引入了企业动态能力的概念，并构建了相应的分析框架，将一种企业资源命名为"动态能力"，指出动态能力是企业为应对外部环境快速变化而构建、整合或重构内外部胜任力的能力。哈默尔（Hamel，1991）认为，学习能力是动态能力中最重要的能力之一，在联盟中学习能力上的不对称性将影响伙伴之间的讨价还价的能力。而科恩和利文索尔（Cohen 和 Levinthal，1990）最早提出知识吸收能力的概念，认为吸收能力对企业的最重要意义在于提高了企业的创新能力及创新绩效。野中郁次郎（Nonaka，1994）提出了创造知识的公司的知识管理理论，弥补了学习型组织理论的缺陷。

（2）发起有关中国的特色话题：对合资企业的研究

在"资源基础观"无形学院中，有关"中国研究"的奠基性作品有两篇。这两篇文章的理论视角都是基于资源基础观对中国合资企业的研究，但侧重点有所不同。根据资源基础观，中外合资企业建立的基本动因是为了克服各自资源限制而获得互补性资源，这也将决定合资企业潜在的竞争优势和潜在绩效。包铭心（Beamish，1993）将中国合资企业的特点与其他发展中国家的合资企业进行对比，识别出在华合资企业的特征。阎爱民和格雷（Yan 和 Gray，1994）通过中美合作的四种合资企业的比较案例研究，提出了合资企业的一个管理控制的综合模型，分析中美合资企业的协商权、管

---

① Barney, J. B., "The Resource-based Model of the Firm: Origins, Implications and Prospects", *Journal of Management*, Vol. 17 (1), 1991.

理控制及绩效之间的关系，潜在合作者的讨价还价能力影响一个合资企业的管理控制的结构框架。此外，寇伽特和辛格（Kogut 和 Singh，1988）采用多元回归验证了文化因素影响市场进入模式的选择，用霍夫斯泰德（G. Hofstede）文化维度测量方法重点测量了合资企业的国家文化距离。

（3）研究方法论的指导：案例研究方法

在"资源基础观"无形学院中，有关研究方法论的两篇奠基之作都是指导开展案例研究的经典文献。以实地调查、访谈、案例、内容分析、定性数据编码和编组等为特征的定性研究方法，是在理论和文献匮乏的领域里进行理论构筑工作的有效手段。案例研究方法是对现实中某一复杂的和具体的现象进行深入和全面的实地考察，是一种经验性的研究方法。艾森哈特（Eisenhardt，1989）探讨了如何通过案例构建理论，提出了案例研究的基本程序和步骤，罗伯特·K. 殷（Yin，1994）的《案例研究：设计与方法》被认为是开展案例研究的必读之书。这表明，案例研究方法是"资源基础观"无形学院的主流研究方法，这与资源基础观本身的理论特征是相匹配的。

2. 无形学院 2——跨文化研究

如图 6-2 所示，无形学院 2 中有奠基性作品 23 篇，占被研究作品的41.1%，是最大的一个社群；但与其他两个无形学院相比，该无形学院看起来相当分散，社群内密度值仅为 0.30（见表 6-3），表明这个无形学院的内聚力有待增强。这 23 篇作品中有 10 篇是提供研究方法论指导的，有 8 篇是提供基础理论的，剩下 5 篇则发起有关中国的特色话题。从基础理论和特色话题来看，无形学院 2 聚焦于跨文化的研究，据此本研究将无形学院 2 命名为"跨文化研究"。

（1）基础理论：心理测量理论、跨文化理论和社会交换理论等

在"跨文化研究"无形学院中，8 篇奠基性作品所提供的基础理论都属于微观组织理论的范畴，最突出的是霍夫斯泰德为代表的跨文化理论。如表6-2 所示，奠基性作品中纳纳利（Nunnally）于 1978 年提出心理测量理论。接着霍夫斯泰德（1980、1991、1993、2001）使用心理测验的方法对跨文化开展测量研究，提出用五个文化尺度是来衡量不同国家文化差异，分别是权力距离、不确定性规避、个人主义—集体主义、男性气质—女性气质、长期

导向—短期导向。同时，川迪斯（Triandis，1995）也对集体主义和个人主义的关系作了深入研究，并对心理学具有通用性这一观点提出了挑战。此外，多伊奇（Deutsch）于1973年出版的《冲突解决》一书，成为当今冲突管理研究的必读著作之一；布劳（Blau）于1964年出版的《社会生活中的交换与权力》被认为是社会交换理论的代表性作品。

（2）发起有关中国的特色话题：中国的文化特征

在"跨文化研究"无形学院中，有关"中国研究"的5篇奠基性作品都是从文化维度展开的，突出了跨文化的比较。首先是，华纳（Warner，1995）以国有企业为对象，细致地描绘了对中国企业人力资源管理的具体实践，这成为西方学者了解和研究中国的人力资源问题的基础性作品。该书在分析中国的人力资源管理政策和实践时注重将中国与西方和日本进行对比，凸显了文化的作用。其次，樊景立（Farh，1997）研究了中国社会的正义文化和组织公民行为，发现了中国文化背景下组织公民行为可以划分为十个维度：对组织的认同、对同事的利他行为、责任意识、人际和谐、维护组织资源、自我教育、通过自学增加自身知识和技能、参加社会公益活动、保持环境卫生和表达意见，其中有着中国文化渊源的人际和谐维度和维护组织资源维度体现了组织公民行为的文化独特性。

接下来的3篇作品都聚焦在跨文化研究中的"个人主义—集体主义"。厄利（Earley，1989）对48名分别来自美国和中国的管理学员进行调查，考察了中心文化价值、个人主义—集体主义对组织设置中社会惰化问题的影响。陈昭全（Chen，1995）在研究中美奖励分配偏好新趋势时，运用个人主义和集体主义分析了组织目标优先权与报酬分配之间的关系。研究认为中国雇主是经济导向，偏好于为实质性报酬和社会情感报酬的分配调用不同的规则；而美国是人文导向，偏好于用绩效规则来分配实质性的报酬，用平等原则来分配社会情感报酬。此外，罗斯顿（Ralston，1999）还对跟中国非常邻近的越南进行了研究，运用个人主义与集体主义观维度对越南管理者和中美管理者的管理价值观作了比较。

（3）研究方法论的指导：基于统计分析的实证主义研究方法

在"跨文化研究"无形学院中，有关研究方法论的奠基性作品高达10篇，表明该无形学院对研究方法的科学性和规范性要求相当高。这10篇作品都与基于统计分析的实证主义研究方法相关。具体如下：艾肯（Aiken，1991）阐述了多元回归方法，对模型中的交互作用进行估计、检验和探讨。安德森（Anderson，1988）提供了在实践中结构方程模型的使用方法的指导，构建了一个使用嵌套模型和连续方差显著性检验的两步建模方法。布里斯林（Brislin，1970）探讨了跨文化反向翻译的语言、内容、研究困难等问题。梁剑平（Leung，1997）阐述了统计分析对跨文化的研究及其在心理学上的应用。海尔（Hair，1998）提供了多变量数据分析方法和统计结果的具体阐释方法。胡塞利德（Huselid，1995）阐述了聚类分析、最小二乘法回归分析在高绩效的人力资源系统中运用。波扎科夫（Podsakoff，1986）阐述了自我报告法在组织与管理中的应用以及其存在的问题，后来又探讨了共同方法偏差对行为研究结果的影响程度，指出在研究设计和统计上都应采取措施。科恩（Cohen，1983）指出在行为科学和社会科学中二分化连续变量虽是一个很频繁的程序，但可简化数据分析。巴伦（Baron，1986）指出出调节变量和中介变量性质的区别。

3. 无形学院 3——新制度主义

如图 6-2 所示，无形学院 3 中奠基性作品有 21 篇，占被研究作品的 37.5%。相较于其他两个无形学院，该无形学院要稠密得多，社群内密度值高达 0.59（见表 6-3）；这说明这个无形学院的研究主题具有较高的收敛性，经典文献之间相关性比较大，进一步分析不难发现，这些奠基性作品呈现高度的一致性，大多与"制度"相关；为此，本研究将该无形学院命名为"经济学和社会学中的新制度主义"（以下简称"新制度主义"）。

（1）基础理论：新制度经济学、新制度主义、SCP 范式和资源依赖理论等

在"新制度主义"无形学院中，9 篇奠基性作品所提供的基础理论都属于宏观组织理论和战略管理理论的范畴，其中以新制度主义尤为突出。自 20 世纪 70 年代中期以来，美国社会科学最为重要的理论流派的变化是新制度主义的兴起，这与西方新古典经济学面临的困境有着直接的关系。新古典经济学的一个基本出发点认为，市场经济是最为有效率的经济组织形式。在充分竞争的市场条件下，消费者和生产厂家通过市场价格来协调双方的关系，达到需求和供给的平衡。市场参与者按其自身利益，随着价格信号而采

取最优化的行为。在这样的假设前提下，经济制度设施的角色不仅是有限的，而且是市场经济的派生物。在这些奠基性作品中，威廉姆森（Williamson，1975）率先用主流经济学的方法分析制度，其核心是交易成本理论。该理论认为市场经济并非总是最佳的经济运作形式；在不充分竞争和有限理性的条件下，市场运作的交易成本可能会大于科层组织这一运作形式的交易成本。除了交易成本理论外，新制度经济学的基本理论还有委托—代理理论[①]和制度变迁理论[②]等，其代表作也都出现在无形学院 3 中。在经济学领域提出新制度主义的同时，社会学中的新制度主义也同时兴起。格兰诺维特（Granovetter，1985）挑战威廉姆森的市场—科层制的二元分析，认为行动者的行动和决定并不是原子化地外在于社会背景，对于经济行动的精巧描述必须考虑到其嵌入的社会关系结构。鲍威尔和迪马吉奥（DiMaggio 和Powell，1983）对制度同构现象的研究更被视作组织社会学领域中新制度理论的开山之作。总的来说，新制度经济学和社会学中的新制度主义是不同学科领域对"制度"的共同关注，尽管在解释逻辑上存在明显的差异，但两者却能很好地互补。此外，在"新制度主义"无形学院的基础理论中，除了新制度主义的相关理论外，还有战略管理研究中的波特的 SCP 范式（Porter，1980、1990）、菲佛尔和萨兰奇克（Pfeffer 和 Salancik，1978）的资源依赖理论和巴尼（Barney，1991）的资源基础观。

（2）中国研究：中国制度转型、网络与关系的重要性

新制度主义被认为是解释新兴经济体企业行为时最适合选用的理论视角。这些经济快速增长的国家一般将经济自由化作为首要增长引擎，处于向市场经济转变的制度变革期，这为将"制度影响"作为必要元素来发展和检验理论提供了重要的时间窗口，而中国发展社会主义市场经济的独特道路以及高速增长的经济发展态势无疑使其成为此类研究重要的关注对象。因此，相较于其他两个无形学院，"新制度主义"无形学院中有关"中国研究"的奠基性作品最多，达到 10 篇。

---

① Jensen, M. C., Meckling, W. H., "Theory of the Firm: Managerial Behavior, Agency Costs and Ownership Structure", *Journal of Financial Economics*, Vol. 3, 1976.

② North, D. C., *Institutions*, *Institutional Change and Economic Performance*, Cambridge: Cambridge University Press, 1990.

首先是中国情景（Chinese-context）的深描。雷丁（Redding，1990）的《华人资本主义精神》一书深入细致地描写了中国南部的海外移民在经济上取得的成功，认为家长主义（paternalism）、个人主义（personalism），以及对生活的不安定感觉是传统中国社会遗留下来的影响，它们为海外华人提供了一个行为动机，使华人发展出一套独特的组织模式，创造了今天的经济成就。柴尔德（Child，1994）的《中国改革时代的管理》则进一步概括、补充和更新了国外学者对中国快速变革时期的管理系统的认识。

其次是中国经济转型与理论拓展。对研究"制度"的学者来说，中国的经济转型无疑是研究制度变迁的绝佳时机。这里有 5 篇实证研究和理论构建文章反映了作者从不同制度主义视角——经济学、社会学和经济社会学——来解释和预测中国的经济转型。他们都在原有理论的基础上拓展出新的理论或理论框架，且都不约而同地提出新的概念来反映中国经济和社会运行的"网络"特征，这与西方社会的市场经济特征存在着显著的区别。具体是：

文化空间分析框架和网络资本主义。博伊索特和柴尔德（Boisot 和 Child，1988、1996）指出交易成本经济学的中心问题是交易治理的组织模式，而威廉姆森基于美国经验的、无维度的"市场—科层制"分析框架在发展中国家的解释力相当有限，为此应考虑影响交易治理的其他可能性因素，特别是那些源自制度和传统文化的社会偏好。他们以为，不同文化和社会制度对信息的处理是不同的，并可以从两个维度来概括，即信息的可编码和信息扩散性。基于这两个维度，作者拓展了威廉姆森的研究，提出文化空间分析框架（c-space framework），将原有的组织模式从 2 个拓展到 4 个，分别是科层制、市场、封地制和宗族制；对中国的案例研究很好地验证了该分析框架。随后在对欧洲和中国现代化的比较研究中，博伊索特和柴尔德（1996）发现与欧洲的市场资本主义演化路径不同，中国独特的政治、制度和文化特征产生了不同组织模式演化路径（即从封地制直接演进到宗族制），并产生了新的经济组织模式——网络资本主义（network capitalism）。

两阶段制度转型模型与网络基础战略。基于社会学的新制度主义理论视角，彭维刚和希恩（Peng 和 Heath，1996）提出因为受到制度性约束的限制，网络基础的增长战略（network-based growth strategy）似乎更加适合解释转轨经济体中企业的内生成长。接着，彭维刚（Peng，2003）进一步发展了两阶段制度转型模型，聚焦于从关系基础、充满个人感情的交易结构（需要网络基础的战略）到规则基础、没有个人感情的交换范式（提出市场基础的战略）的纵向过程。

市场转型理论与混合型企业。倪志伟（Nee）也是早期试图从理论上解释中国经济改革的美国社会学家之一，他提出著名的"市场转型理论"引发了一场大争论。市场转型的核心观点是：国家社会主义社会中再分配经济体系向市场经济体系的转型将有利于直接生产者而相对地不利于再分配者，直接生产者所面临的机会、他们的劳动积极性以及对剩余产品的支配权力都会增加；有利于市场资本、人力资本和文化资本而不利于政治资本，这样的分析显然与实际现象存在偏差。在"新制度主义"无形学院中，倪志伟（1992）运用市场转型理论分析了不同所有制组织在中国经济转型过程中的经济效益和发展未来，认为随着市场经济的不断发展，具有市场竞争能力的企业类型会取代竞争不力的国有企业，"混合型"企业（hybrid firms）应运而生，并扮演着重要角色。混合型企业指有不同所有制关系的企业（例如乡镇企业具有集体和私有的混合特点），或者不同所有制企业之间的联营合作。倪志伟强调混合型企业重要性的原因在于他关注到中国经济转型期的重要特征是不完善的正式制度体系，如资本市场结构、专有财产权制度的缺乏、缺乏一致性的商业法律等。

最后是聚焦"关系"。如表6-2所示，这方面有3篇奠基性作品的研究似乎是前面中国经济转型研究的自然延续。中国经济转型的研究表明中国经济不会从原有的计划经济向西方所谓的纯市场经济直接转变，"网络化"的运行特征非常明显，包括网络化经济组织模式[1]、企业层面的网络基础战略[2]和混合型企业[3]。因此，关系对于中国企业管理的重要性就不言而喻了。忻榕和皮尔斯（Xin 和 Pearce，1996）在雷丁、Putman 和倪志伟的研究基础

---

[1] Boisot, M., Child, J., "From Fiefs to Clans and Network Capitalism: Explaining China's Emerging Economic Order", *Administrative Science Quarterly*, Vol. 41 (4), 1996.

[2] Peng, M. W., Heath, P. S., "The Growth of the Firm in Planned Economies in Transition: Institutions, Organizations, and Strategic Choice", *Academy of Management review*, Vol. 21, 1996.

[3] Nee, V., "Organizational Dynamics of Market Transition: Hybrid Forms, Property Rights, and Mixed Economy in China", *Administrative Science Quarterly*, Vol. 37 (1), 1992.

上，提出关系（guanxi）可以作为正式制度支持的替代品；在缺乏完善的法律体系下，企业高层经理通过发展与政府官员的私人关系来弥补这一制度缺陷。实证研究表明，私人企业的高层经理比国有企业和集体企业更依赖于关系。彭维刚和陆亚东（Peng 和 Luo，2000）基于社会网络理论和资源依赖理论提出管理者社会关联（managerial ties）的概念，并探讨了与企业绩效的关系。帕克和陆亚东（Park 和 Luo，2001）将关系视作组织间网络，提出一个整合框架来理论化关系运用，并探讨关系与企业的关系。

（3）研究方法论：理论视角的选择与适用性

就研究方法论而言，"新制度主义"无形学院有两篇奠基性作品。与前两个无形学院关注于具体研究方法不同，这两篇文章主要探讨的是研究中国问题时理论视角的选择。申卡尔和冯·格利诺（Shenkar 和 von Glinow，1994）以中国为对象，评估了源自北美的宏观和微观组织理论的普适性。研究认为，这些理论在中国的适用程度存在相当大的差异，一些理论（种群生态理论）似乎明显不适用；而另一些理论（如公平理论）则相当适合，但也需要作出明显的修正。霍斯基森（Hoskisson，2000）在 Academy of Management Journal 的"新兴经济体的专题问题"专辑中，探讨了运用制度理论、交易成本和资源基础观三个主要理论视角来开展战略管理研究的重要性和可行性。他认为，在市场出现的早期阶段，制度理论非常有助于解释企业战略的各种问题，因为新兴经济体中政府和社会的影响比发达国家更为强大；随着市场的成熟，交易成本经济学和接下来的资源基础观则变得更为重要。[①]

4. 无形学院间的关联性分析

表6-3 提供了社群密度矩阵，该矩阵会同时呈现出两种密度：一是社群内密度，显示社群内部成员之间的关系强度；二是社群间密度，显示社群之间的关系强度。如表6-3 所示，网络平均密度 0.191。社群 1、社群 2、社群 3 的密度分别是 0.40、0.30、0.59（对角线值，加黑表示），都显著地高于网络平均密度 0.191，这表明，通过 Factions 功能进行网络分割是非常有效的，且

---

① Williamson, O. E., *The Economic Institutions of Capitalism*: *Firms*, *Markets*, *Relational Contracting*, New York: Free Press, 1985.

识别出的社群也符合社群的强定义，即社群内每一节点的连接比社群外的节点有着显著较多的连接[1]。社群 2 和社群 1 之间的密度是 0.02，社群 2 和社群 3 之间的密度是 0.05，都显著小于网络平均密度，社群 1 和社群 3 之间的密度是 0.15，与网络平均密度接近，说明社群 2 是独立的。总之，通过 Factions 功能得到的各个社群都能相当高质量地识别出社群化特征的无形学院。

从表 6-3 看，"资源基础观"无形学院和"新制度主义"无形学院之间更相关，这两个无形学院与"跨文化研究"无形学院的关联性都比较弱。从基础理论的角度来看，宏观组织与管理理论都位于"资源基础观"无形学院和"新制度主义"无形学院中，而微观组织与管理理论都位于"跨文化研究"无形学院中。不仅如此，从研究方法上来讲，"资源基础观"无形学院和"新制度主义"无形学院对研究方法关注较少，似乎更偏好于案例研究，而"跨文化研究"无形学院中则高度关注基于量化的实证主义研究方法。这种明显的差别，在密度表里面充分地体现出来。这表明，在中国管理研究的学术群体内部，我们似乎可以区分其中两个有显著差异的学术群体：宏观学术群和微观学术群。

如图 6-2 所示，宏观学术群和微观学术群存在明显的区隔，这印证了组织与管理理论分为宏观理论和微观理论两大类的观点[2]，这一"常识性"的结论也佐证了本研究方法和由此构建的网络结构图的有效性。就宏观学术群而言，"资源基础观"无形学院和"新制度主义"无形学院并没有严格的分界线，两者之间联系也比较紧密，这可以从两个无形学院中的例外"基础理论"给予进一步的佐证。如图 6-2 所示，本应属于新制度经济学的奠基之作——威廉姆森的《资本主义的制度经济学》却划归到了"资源基础观"无形学院中；而资源基础观的奠基之作——巴尼的《企业资源与持续竞争优势》则归属到了"新制度主义"无形学院中，而这两篇奠基性作品正好处于两个无形学院的交接点上。

---

[1] Newman, M. E. J., Girvan, M., "Finding and Evaluating Community Structure in Networks", *Physical Review E*, Vol. 69 (2), 2004.

[2] Miner, J. B., "The Rated Importance, Scientific Validity, and Practical Usefulness of Organizational Behavior Theories: A Quantitative Review", *Academy of Management Learning and Education*, Vol. 2 (3), 2003.

第三节　无形学院的形成过程：历史演变分析

本节的研究工作主要是为了验证上一节得出的一些基本结论，并从历史演变的视角进一步揭示中国管理学研究的无形学院的动态形成过程。

一、研究设计

根据克莱恩（1972）和沃格尔（2012）的观点，关于学科发展与学术领域演进的重要性且有影响力的研究主要出现在一些顶级的和权威的期刊上，其余大多数期刊上的研究成果与知识相对而言处于比较次要与边缘的位置。因此，学者基于顶级的管理学期刊来研究学科的发展问题也就司空见惯，相关成果逐渐涌现。沃格尔（2012）在做文献计量分析时，不仅考虑了期刊地位与影响力的因素，还进一步地考虑了地域差异对知识生产与传播的影响，从而收集的样本既来源于美国的顶级管理学期刊 AMJ、AMR、ASQ 和 OS，又包括欧洲的 JMS、Org 和 OrgStu[①]，以期平衡与控制这些客观因素。

对于期刊样本的筛选，在现有文献关于期刊选择与评价的基础上，本研究借鉴沃格尔（2012）的相关研究方法，在考虑世界范围的管理学者对中国管理研究所做的贡献时，首先筛选出西方顶级的管理学期刊，然后再系统考虑地域因素的平衡影响，最终筛选出样本来源期刊为 14 个。其中，亚洲 2 个，欧洲 3 个，美国 9 个。其次，本章也借鉴了彭维刚等（Peng 等，2001）、贾良定等（Jia 等，2012）的做法，在搜索"China"这个主题词时，同时搜索"Taiwan""Hongkong"与"Chinese"，以期涵盖关于中国管理研究比较完备的主题词。最后，在西方公认的 WOS（Web of Science）数据库的高级检索功能中，选择语种为"English"，时间跨度为 1979—2014 年，只选择"article"与"review"，设置对应的数据搜集检索式为：

"TS =（China OR Chinese OR Hong Kong OR Taiwan）AND SO =（Academy of Management Journal OR Academy of Management Review OR Academy of Management Annals OR Administrative Science Quarterly OR Strategic

---

① "Org"代表 *Organization* 期刊，其他学术期刊的简称及其代表的管理期刊见表 6-4。

Management Journal OR Journal of Management OR Journal of Applied Psychology OR Organization Science OR Management Science OR Journal of International Business Studies OR Journal of Management Studies OR Organization Studies OR Asia Pacific Journal of Management OR Management and Organization Review） AND PY =（1979－2014）"

综合以上考虑，本章最终得到 868 个数据样本，其期刊种类、地区分布以及时间分布分别如表 6-4 与图 6-3 所示：

表 6-4　样本期刊及数据分布

序号	期刊名称	简称	样本数量	所属地区
1	*Asia pacific journal of management*	APJM	193	亚洲
2	*Management and organization review*	MOR	117	亚洲
3	*Organization studies*	OrgStu	55	欧洲
4	*Journal of management studies*	JMS	71	欧洲
5	*Journal of international business studies*	JIBS	169	欧洲
6	*Journal of applied psychology*	JAP	46	美国
7	*Management science*	MS	24	美国
8	*Journal of management*	JOM	28	美国
9	*Organization science*	OS	35	美国
10	*Strategic management journal*	SMJ	60	美国
11	*Academy of management journal*	AMJ	41	美国
12	*Administrative science quarterly*	ASQ	19	美国
13	*Academy of management annals*	AMA	2	美国
14	*Academy of managemen review*	AMR	8	美国

资料来源：作者整理。

从图 6-3 中可以看出，自 2008 年以来，中国管理研究成果的数量呈现较快增长，这很可能得益于中国经济的快速发展，2007 年以来越来越多的学者开始呼吁与提倡关注中国管理情境与实践对世界管理理论与知识作出贡献，从而拓展西方管理学现有的理论范式，如"从均质化到多元化"[①]、基

[①]　Tsui，A. S.，"From Homogenization to Pluralism：International Management Research in the Academy and Beyond"，*Academy of Management Journal*，Vol. 50（6），2007.

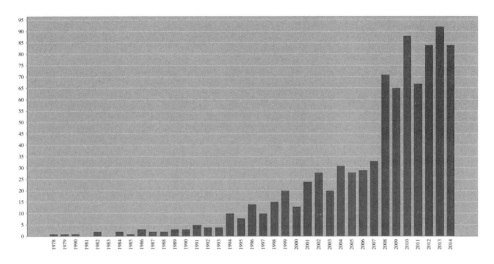

图 6-3　样本数据的时间分布

资料来源：由 WOS 数据库自动生成。

于东方的文化、制度、哲学与信念丰富现有的管理理论与管理概念[①]、"中国情境对组织与管理理论的贡献"[②] 等等。

　　中国管理研究取得真正的发展是在改革开放之后，所以为了进一步从动态与全球化的视角探究中国管理研究的知识基础发展与演变轨迹，本章将时间窗口追溯至 1979 年，并将至 2014 年的 36 年时间跨度划分为 1979—1990 年、1991—2002 年与 2003—2014 年三个子区间。在探讨总区间的同时，也分别探讨每个区间的无形学院如何通过理论的开发与探索而发生演变。

二、研究发现

（一）总体区间的无形学院

本研究在表 6-5 列出了 1979—2014 年这 36 年间中国管理研究被引频次

---

　　① Barkema, H. G., Chen, X., George, G., et al., "West Meets East: New Concepts and Theories", *Academy of Management Journal*, Vol. 58（2）, 2015.

　　② Jia, L. D., You, S. Y., Du, Y. Z., "Chinese Context and Theoretical Contributions to Management and Organization Research: A Three-Decade Review", *Management and Organization Review*, Vol. 8（1SI）, 2012.

最高的50篇文献，这些文献代表了学术共同体在整体区间关注中国管理问题与管理现象的知识基础。由表6-5可以看出，管理学者在对管理学常规科学的遵守以及在提高管理学的范式一致性方面[1]，最为关注与开发霍夫斯泰德于1980年提出的文化维度理论，其被引频次高达135；其次，管理学者对研究方法的开发程度也较高，艾肯（Aiken，1991）关于多元回归的经典著作也是中国管理研究的重要开发对象，被引频次高达129，由此可见，管理学者在研究方法方面作出了重要的有益尝试，而且研究方法很可能与管理理论是相关的；再者，彭维刚关于中国转型过程中管理者关系网络的研究[2]以及关于制度转型与战略选择的探讨[3]，被引频次均在100及以上。

表6-5　最高被引用的前50篇文献

排名	被引文献	被引频次（n=868）	图书或期刊
1	HOFSTEDE G，1980，CULTURES CONSEQUENCE，V，P	135	B
2	AIKEN，L S，1991，MULTIPLE REGRESSION，V，P	129	B
3	PENG MW，2000，ACAD MANAGE J	108	J
4	PENG MW，2003，ACAD MANAGE REV	100	J
5	PFEFFER J，1978，EXTERNAL CONTROL ORG，V，P	99	B
6	XIN KR，1996，ACAD MANAGE J	99	J
7	PENG MW，1996，ACAD MANAGE REV	95	J
8	NORTH D C，1990，I I CHANGE EC PERFOR，V，P	90	B
9	BARNEY J，1991，J MANAGE	87	J
10	HOSKISSON RE，2000，ACAD MANAGE J	86	J
11	PODSAKOFF PM，2003，J APPL PSYCHOL	86	J
12	BOISOT M，1996，ADMIN SCI QUART	80	J

[1] Kuhn，T. S.，*The Structure of Scientific Revolutions*，Chicago：University of Chicago Press，1962；Pfeffer，J.，"Barriers to the Advance of Organizational Science：Paradigm Development as a Dependent Variable"，*Academy of Management Review*，Vol. 18（4），1993.

[2] Peng，M. W.，*Business Strategies in Transition Economies*，Thousand Oaks，CA：Sage，2000.

[3] Peng，M. W.，"Institutional Transitions and Strategic Choices"，*Academy of Management Review*，Vol. 28（2），2003.

续表

排名	被引文献	被引频次（n＝868）	图书或期刊
13	DIMAGGIO PJ, 1983, AM SOCIOL REV	78	J
14	NEE V, 1992, ADMIN SCI QUART	72	J
15	BARON RM, 1986, J PERS SOC PSYCHOL	72	J
16	PODSAKOFF PM, 1986, J MANAGE	71	J
17	KOGUT B, 1988, J INT BUS STUD	60	J
18	PARK SH, 2001, STRATEGIC MANAGE J	59	J
19	GRANOVETTER M, 1985, AM J SOCIOL	58	J
20	HOFSTEDE G, 2001, CULTURES CONSEQUENCE, V, P	58	B
21	WILLIAMSON O E, 1985, EC I CAPITALISM, V, P	57	B
22	BLAU P, 1964, EXCHANGE POWER SOCIA, V, P	56	B
23	COHEN WM, 1990, ADMIN SCI QUART	55	J
24	JENSEN MC, 1976, J FINANC ECON	55	J
25	BOISOT M, 1988, ADMIN SCI QUART	53	J
26	MEYER JW, 1977, AM J SOCIOL	51	J
27	PORTER M E, 1980, COMPETITIVE STRATEGY, V, P	50	B
28	YOUNG MN, 2008, J MANAGE STUD	50	J
29	ANDERSON JC, 1988, PSYCHOL BULL	49	J
30	KHANNA T, 1997, HARVARD BUS REV	48	J
31	WILLIAMSON O E, 1975, MARKETS HIERARCHIES, V, P	47	B
32	FORNELL C, 1981, J MARKETING RES	46	J
33	WRIGHT M, 2005, J MANAGE STUD	45	J
34	REDDING S GORDON, 1990, SPIRIT CHINESE CAPIT, V, P	45	B
35	YAN AM, 1994, ACAD MANAGE J	44	J
36	BEAMISH P W, 1993, J INT MARKETING	44	J
37	WALDER AG, 1995, AM J SOCIOL	43	J
38	KOGUT B, 1992, ORGAN SCI	42	J
39	BURT RONALD, 1992, STRUCTURAL HOLES SOC, V, P	42	B
40	CHILD J, 1994, MANAGEMENTCHINA AGE, V, P	42	B

续表

排名	被引文献	被引频次 （n=868）	图书或期刊
41	OLIVER C，1991，ACAD MANAGE REV	41	J
42	FARH JL，1997，ADMIN SCI QUART	41	J
43	UZZI B，1997，ADMIN SCI QUART	40	J
44	TSUI AS，1997，WORK OCCUPATION	40	J
45	TRIANDIS HARRY C，1995，INDIVIDUALISM COLLEC，V，P	39	B
46	JOHANSON J，1977，J INT BUS STUD	39	J
47	EISENHARDT KM，1989，ACAD MANAGE REV	38	J
48	BRISLIN RW，1970，J CROSS CULT PSYCHOL	38	J
49	LUO YD，1999，J INT BUS STUD	38	J
50	PENG MW，2004，STRATEGIC MANAGE J	38	J
51	MARCH JG，1991，ORGAN SCI	38	J

资料来源：根据 CiteSpace 软件生成与提取，人名和期刊格式体例与规范用法有所不同，此处仅为呈现数据。其中，n 表示 1979—2014 年关于中国的管理研究数量；CiteSpace 只显示每一作品的首位作者；"B"表示图书，"J"表示期刊。

从表6-5 的结果可以看出，总体而言这些知识基础主要还是源于西方与华人管理学者，本土学者的作品还未在中国管理研究的学术共同体内产生较大的影响，只有陆亚东①1999 年发表在 JIBS 的文章"Learning to Compete in a Transition Economy：Experience，Environment，and Performance"，被引频次为38。更进一步地，从管理学与其他学科的关系来看，这些被开发的知识基础既来源于社会学（如 Dimggio 和 Powell，1983；Granovetter，1985）、经济学（如 Williamson，1975、1985；Jensen，1976）、心理学（如 Anderson，1988）等母学科，又来源于市场营销（Fornell，1981）等姊妹学科。与此同时，这些知识基础除了来源于著作以外，其余均发表在西方

① 根据《亚太管理学报》(APJM) 在 2007 年和 2008 年的研究，陆亚东教授在国际企业管理领域的主流研究中是全球最多产的学者（1996—2006 年），也是中国管理领域全球最多产的学者（2000—2006 年）。《国际商业评论》发布了一项针对全球商务研究学者影响力的评估（1996—2008 年），陆亚东教授在 50 名最具影响力的国际企业管理研究学者排名中位列第一（中山大学官方网站，见 http://www.zdedp.cn/Teacher/content_157.html）。

顶级的社会科学期刊与杂志上，这也在很大程度上说明了基于期刊——尤其顶级的学术期刊——的角度对管理学科发展进行研究是一条现实路径，因为这些顶级学术期刊为管理学科的成长提供了至关重要的管理思想与管理理论，[①] 在一定程度上了提高了管理学科的科学程度，而后期的学者主要基于这些重要的思想与范式进一步开发与探索不断取得成长的管理学"大象"。

　　进一步地，由表6-5的节点——高被引文献——构成的文献共被引关系如图6-4所示。该图显示，在整体时间跨度内，全球范围内中国管理研究的知识基础呈现一定的集聚趋势，大致可以分为四类：一是图中左上角的聚类，这些聚类成员主要关注组织与其外部环境的关系，研究视角相对比较宏观，或关注制度因素对组织的影响（如Meyer，1977；DiMaggio和Powell，1983；North，1990；Oliver，1991），或关注组织与组织之间的结构关系（如Burt，1992；Pfeffer和Salancik，1978），或关注组织与市场之间的关系（如Williamson，1975、1985），或关注组织的委托—代理解释机制（如Jensen，1976；Young，2008），因此本研究将此"无形学院"命名为"新制度主义"；这些文献构成了最大的知识基础聚类。二是图中右上角的聚类，因为这些聚类成员主要涉及文化力量以及不同地区的文化比较研究，所以可以将之命名为"跨文化研究"，霍夫斯泰德（1980）关于文化维度的经典研究正是位于这样的聚类中。三是图中底部的聚类，这些聚类成员主要是关于"资源"这一主题，所以本章将之命名为"资源观"，以反映管理学者对资源逻辑的开发。四是图中中间的聚类，其成员主要涉及研究方法主题，或定性研究方法（如案例研究）[②]，或定量研究（如结构方程模型）[③]，因此将这些聚类命名为"研究方法"；这些聚类的成员相对较少，但却处

---

① 出于同样的原因考虑，本书在随后的研究中也主要是基于管理学最为顶级、较有影响力的期刊进行实证研究。

② Yan，A.，Gray，B.，"Bargaining Power，Management Control，and Performance in United States - China Joint Ventures：A Comparative Case Study"，*Academy of Management Journal*，Vol. 37（6），1994.

③ Anderson，J. C.，Gerbing，D. W.，"Structural Equation Modeling in Practice：A Review and Recommended Two-Step Approach"，*Psychol Bull*，Vol. 103（3），1988；Fornell，C.，Larcker，D.，"Evaluating Structural Equation Models with Unobservable Variables and Measurement Error"，*Journal of Marketing Research*，Vol. 18，1981.

于图中比较中心的位置，可见其在中国管理研究的知识基础中的核心与重要地位。

更进一步地，从对整体区间的文献共被引分析结果还可以获悉，这些最为经典的被引文献除了"研究方法"知识基础以外，其他每个聚类当中都是围绕经典的管理理论而展开，如"新制度主义"主要围绕制度理论（如 DiMaggio 和 Powell，1983）、代理理论（如 Jensen，1976）、交易成本经济学（如 Williamson，1975）等而展开；"资源观"主要围绕资源基础理论（如 Barney，1991）、吸收能力（如 Cohen 和 Levinthal，1990）而展开；"跨文化研究"主要围绕霍夫斯泰德的文化框架（如 Hofstede，1980、2001）而展开。

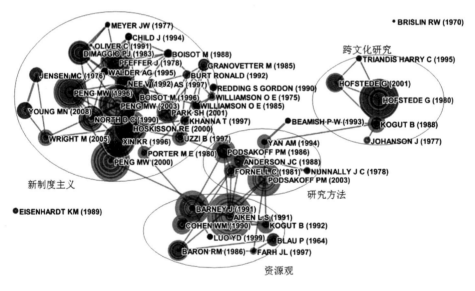

图 6-4　高被引文献的知识网络结构图

资料来源：作者整理。

由此可见，本研究在证明管理理论在中国管理研究中处于核心地位时，也基本验证了上文所识别出来的三个无形学院，即"资源基础观""跨文化研究"与"新制度主义"。其次，研究方法对中国管理研究至关重要，学者既重视定量研究方法，又重视定性研究方法，而且"新制度主义""资源观"和"跨文化研究"三个无形学院均与"研究方法"保持关联，因此在一定程度上，可以认为中国管理研究在管理理论与研究方法方面整体上体现了科学严谨性。最后，虽然这些经典作品大都源于西方与华人管理学者，而且绝大多数的理论与范式均由西方学者提出，但是本章发现，中国本土的管理"元素"也已经开始被学者重视，如博伊索特和柴尔德（1996）提出了源于中国本土管理实践与文化情境的管理新概念——"网络资本主义"（network capitalism），倪志伟（1992）提出了"市场转型"（market transition），忻榕和皮尔斯（Xin 和 Pearce，1996）提出了"关系"（gaunxi）；这三个新管理概念已经被西方主流的学术共同体认可与接受，并具有较高的合法性，[①] 而且它们均具有较高本土化程度，对后来的管理研究与理论创新——无论是西方还是中国——均产生了较大的影响力。换言之，从管理理论与范式的开发与探索来看，全球视角下的中国管理研究既对西方管理理论与现有范式进行应用、拓展与开发，又对中国本土的情境要素进行构建、挖掘与探索；与此同时，现有管理学者对中国本土要素所进行的探索研究，既关注中国的传统文化与哲学，同时也深刻关注转型背景下中国独特的管理现象与实践特征。这既在一定程度上体现了"从均质化到多元化"的呼吁[②]，又初步体现了引领中国管理学科与研究水平不断取得发展与进步的"必要的张力"[③]。从为全球管理知识作贡献[④]的视角来看，中国管理学研究不仅强化了对现有的管理范式与管理理论——常规科学范式——的遵守，同时

---

①　Jia, L. D., You, S. Y., Du, Y. Z., "Chinese Context and Theoretical Contributions to Management and Organization Research: A Three-Decade Review", *Management and Organization Review*, Vol. 8（1SI），2012.

②　Tsui, A. S., "From Homogenization to Pluralism: International Management Research in the Academy and Beyond", *Academy of Management Journal*, Vol. 50（6），2007.

③　Kuhn, T. S., "The Essential Tension: Tradition and Innovation in Scientific Research", in Taylor, C. W., Barron, F. (eds.), *Scientific Creativity: Its Recognition and Development*, New York: Wile, 1963; Fabian, F. H., "Keeping the Tension: Pressures to Keep the Controversy in the Management Discipline", *Academy of Management Review*, Vol. 25（2），2000.

④　Tsui, A. S., Schoonhoven, C. B., Meyer, M. W., et al., "Organization and Management in the Midst of Societal Transformation: The People's Republic of China", *Organization Science*, Vol. 15（2），2004; Tsui, A. S., "Editor's Introduction-Autonomy of Inquiry: Shaping the Future of Emerging Scientific Communities", *Management and Organization Review*, Vol. 5（1），2009; Meyer, K. E., "Asian Management Research Needs More Self-confidence", *Asia Pacific Journal of Management*, Vol. 23（2），2006.

也为世界管理知识宝库增添与贡献了自我的价值，不仅促进了中国管理学科的进步，还在一定程度上丰富与促进了世界范围管理学的发展。

（二）各子区间的无形学院与演变

表 6-6 总结了 1979—1990 年、1991—2002 年和 2003—2014 年三个子区间的知识基础变化。从动态演变的视角来看，三个子区间的知识基础较为不同，尤其是从 1991 年开始，中国管理研究的知识基础呈现较大的变化。第一个子区间的被引文献在后两个区间几乎不再出现，只有个别的例外：如霍夫斯泰德（1980）关于文化维度的经典与开创研究一直都是管理学者进行知识开发的主要参考文献，该文在前两个时间区间中都是最高被引的文献，在第三个时间区间内让位于艾肯（1988）关于回归分析的研究；梅耶（1977）关于制度理论的经典探索，在三个时间区间均有出现，但是其重要性——用被引频次来表示——随时间有所下降。从第二个时间区间开始，菲佛尔和萨兰奇克（1978）、倪志伟（1992）、威廉姆森（1975）、迪马吉奥和鲍威尔（1983）、彭维刚（1996）、格兰诺维特（1985）、博伊索特和柴尔德（1996）、波扎科夫（Podsakoff，1986）、忻榕（1996）、诺斯（1990）、魏昂德（1995）、波特（1980）、艾肯（1991）已经开始奠定其在中国管理研究的知识基础的核心地位；需要注意的是，巴尼（1991）的资源基础观（Resource-Based View，RBV）也是从这个时间区间开始出现的，并成为上升最快的核心文献，由此可见，中国管理学者对这一理论的认可，从这个角度为巴尼、凯奇和莱特（Barney、Ketchen 和 Wright，2011）声称"资源基础观"已经在世界范围内取得了合法化的地位并成功发展为"资源基础理论"（Resource-Based Theory，RBT），提供了基于中国管理研究视角的经验支持。与此同时，另一个上升较快的被引文献是艾肯（1991）关于多元回归的研究，这充分说明了管理学者在对中国管理问题进行关注的同时已经开始注重研究方法的科学化与科学严谨性的程度。虽然倪志伟（1992）基于中国本土的管理情境提出的"市场转型"在第三个时间区间有所下降，但是博伊索特和柴尔德（1996）同样是基于中国的管理实践与情境提出的"网络资本主义"以及忻榕和皮尔斯（1996）基于中国传统文化与哲学对"关系"的首创研究，却逐渐被管理学科学共同体重视，其排序均呈现了一定程度的上升。波特（1980）的"竞争战略"从第二个时间区间开始，已经开始体

现其重要的学术地位。以上这些被引文献的变动，充分显示学者对中国管理研究文化、制度、资源等多个方面关注的同时，也表明中国管理研究的知识基础是在不断变化的，从而在一定程度上也说明了管理学者对管理知识与管理范式的探索与开发处于动态的发展过程中，学者从未停止对中国管理新知的孜孜追求，也体现出管理学对中国的研究还受到世界上流行理论的影响。

1. 1979—1990 年

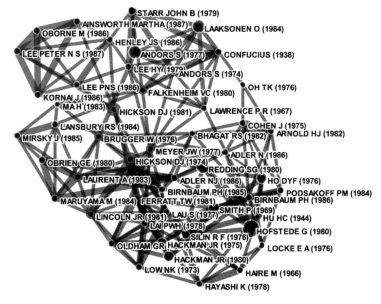

图 6-5　1979—1990 年的知识结构网络图

资料来源：作者整理。

图 6-5 表示第一个子区间的被引文献所代表的知识基础构成文献共被引关系网络图。由于这个时期的被引文献较少，被引文献也相对比较发散，从表 6-6 中也可获知，在被引频次最高的前 50 篇被引文献中，这个时期被引频次最高的文献是霍夫斯泰德（1980）关于文化维度的经典研究，被引频次为 7；其次是拉辛伦关于"文革"期间及其后的中国企业的管理与权力结构的研究，被引频次为 5；安道斯（Andors，1977）的经典著作《中国产业革命》，被引频次为 5；雷丁（Redding，1980）关于文化的认知层面与管

理过程关系的探索研究，被引频次也为 5。而被引频次为 4 的文章有何友晖关于面子的研究与工作特征理论的提出者哈克曼（Hackman，1980）关于工作设计的研究。其他的被引频次大多数为 2，这其中有劳伦斯和洛尔希（Lawrence 和 Lorsch，1967）在其经典著作 *Organization and Environment: Managing Differentiation and Integration* 提出的权变理论，梅耶（1977）关于制度理论的开创性研究等。从总体上来看，这些被引文献构成了这个时期的知识基础，其关注的焦点包含文化、价值观、工作特征与设计、国有企业管理等主题，聚类特征不明显。

2. 1991—2002 年

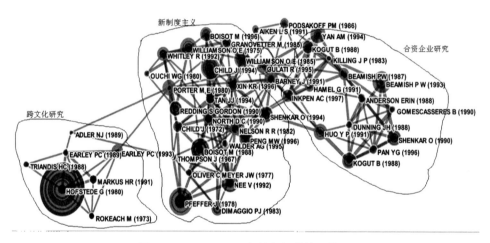

图 6-6　1991—2002 年的知识结构网络图

资料来源：作者整理。

图 6-6 代表第二个子区间的核心文献所构成的文献共被引关系。由图可知，霍夫斯泰德（1980）的文化维度框架依然位列榜首，被引频次高达 54，可见管理学者对中国文化研究的重视。其次是菲佛尔和萨兰奇克（1978）的资源依赖理论，被引频次为 35。博伊索特和柴尔德（1988）关于中国经济转型中组织的官僚失败与治理问题研究，也构成这个时期重要的知识基础，被引频次为 26。紧跟其后的是倪志伟（1992）关于中国市场转型中的组织动态研究，被引频次为 25；在这篇文章中，倪志伟基于中国的管理情境提出了"市场转型"，为世界管理知识贡献了中国独特的情境元素，

也为管理学的理论发展贡献了新的管理概念。[①] 除此之外，在这个时期内同样为管理理论的发展作出重要贡献，尤其是提出新的管理概念的研究，还包括博伊索特和柴尔德（1996）提出的"网络资本主义"与忻榕和皮尔斯（1996）提出的"关系"，这些新概念同样拥有较高的情境化程度[②]，甚至有学者认为从20世纪80年代以来，这三个概念——网络资本主义、市场转型和关系——是中国管理研究为世界管理知识与管理理论贡献仅有的三个新概念[③]，由此可见，管理学者基于中国情境对世界管理知识的贡献不仅体现在对中国传统文化的挖掘，也体现在对中国独特的管理情境与实践的关注。换言之，根据巴尼和张书军（Barney 和 Zhang，2009）等学者对管理的中国理论的定义，这个时期已经开始对中国情境元素与独特的管理实践问题进行关注。同样在这个时期内，波特的竞争战略开始被重视，他1980年的这篇文献虽然被引频次只有11，但是从图6-6中可以获知，这篇经典文章中心度较高，并成为连接多篇文献的核心与桥梁。另一篇被引频次虽也较低但却位居核心与桥梁位置的文献是巴尼1991年的这篇文献，被引频次为10，但根据资源基础观在各基础文献网络之间的位置可以预测，这篇文章必将成为中国管理研究进行管理理论与知识开发的重要主题。

从这些知识基础文献来看，已经开始呈现一些重要的变化。一是学科基础已经开始出现多元化的趋势，既借鉴社会学理论范式，如格兰诺维特（1985），又借鉴经济学范式，如威廉姆森（1975、1985）。二是管理学者开始重视研究方法在管理研究中的地位，艾肯（1991）关于多元回归的研究和波扎科夫（1986）关于组织管理研究的自我报告问题探索以及安德森（1988）关于结构方程模型的探究，均已开始出现在被引频次最高的50篇

① Jia, L. D., You, S. Y., Du, Y. Z., "Chinese Context and Theoretical Contributions to Management and Organization Research: A Three-Decade Review", *Management and Organization Review*, Vol. 8 (1SI), 2012.

② Whetten, D. A., "An Examination of the Interface between Context and Theory Applied to the Study of Chinese Organizations", *Management and Organization Review*, Vol. 5 (1), 2009; Jia, L. D., You, S. Y., Du, Y. Z., "Chinese Context and Theoretical Contributions to Management and Organization Research: A Three-Decade Review", *Management and Organization Review*, Vol. 8 (1SI), 2012.

③ Jia, L. D., You, S. Y., Du, Y. Z., "Chinese Context and Theoretical Contributions to Management and Organization Research: A Three-Decade Review", *Management and Organization Review*, Vol. 8 (1SI), 2012.

文献中；虽然被引频次分别为 11 和 15，但由此可见中国管理研究已经开始重视研究方法的科学严谨性与客观性。三是关于文化研究的知识基础文献数量相对较少，取而代之的是关于新制度主义的文献与合资企业研究的文献。

表 6-6　中国管理研究的知识基础及其动态变化

排序	1979—1990 年		1991—2002 年		2003—2014 年	
	频数	被引文献	频数	被引文献	频数	被引文献
1	7	HOFSTEDE G, 1980, CULTURES CONSEQUENCE, V, P	54	HOFSTEDE G, 1980, CULTURES CONSEQUENCE, V, P	118	AIKEN LS, 1991, MULTIPLE RE-GRESSION, V, P
2	5	LAAKSONEN O, 1984, ORGAN STUD	35	PFEFFER J, 1978, EXTERNAL CON-TROL ORG, V, P	103	PENG MW, 2000, ACAD MANAGE J
3	5	ANDORS S, 1977, CHINASIND REVO-LUTIO, V, P	26	BOISOT M, 1988, ADMIN SCI QUART	100	PENG MW, 2003, ACAD MANAGE REV, V28, P275
4	5	REDDING SG, 1980, J MANAGE STUD	25	NEE V, 1992, AD-MIN SCI QUART	86	PODSAKOFF PM, 2003, J APPL PSY-CHOL
5	4	HO DYF, 1976, AM J SOCIOL	24	BEAMISH PW, 1993, J INT MAR-KETING, V1, P29	86	XIN KR, 1996, ACAD MANAGE J
6	4	SMITH P, 1969, MEASUREMENT SATISFAC, V, P	23	WILLIAMSON O E, 1985, EC I CAPI-TALISM, V, P	82	HOSKISSON RE, 2000, ACAD MAN-AGE J
7	4	HACKMAN JR, 1980, WORK RE-DESIGN, V, P	23	CHILD J, 1994, MANAGEMENT-CHINA AGE, V, P	78	NORTH D C, 1990, II CHANGE EC PERFOR, V, P
8	3	SILIN RF, 1976, LEADERSHIP VAL-UES, V, P	21	WILLIAMSON OE, 1975, MARKETS HIERARCHIES, V, P	77	BARNEY J, 1991, J MANAGE
9	3	STARR JOHN B, 1979, CONTINUING REVOLUTIO, V, P	21	DIMAGGIO PJ, 1983, AM SOCIOL REV	76	PENG MW, 1996, ACAD MANAGE REV
10	3	HACKMAN JR, 1975, J APPL PSY-CHOL	19	YAN AM, 1994, ACAD MANAGE J	74	HOFSTEDE G, 1980, CULTURES CONSEQUENCE, V, P

续表

排序	1979—1990 年		1991—2002 年		2003—2014 年	
	频数	被引文献	频数	被引文献	频数	被引文献
11	2	BIRNBAUM PH, 1985, ADMIN SCI QUART	19	SHENKAR O, 1994, MANAGE SCI	68	BARON RM, 1986, J PERS SOC PSYCHOL
12	2	LINCOLN JR, 1981, ADMIN SCI QUART	19	SHENKAR O, 1990, LONG RANGE PLANN	64	BOISOT M, 1996, ADMIN SCI QUART
13	2	OBRIEN GE, 1980, J OCCUP PSYCHOL	19	PENG MW, 1996, ACAD MANAGE REV	64	PFEFFER J, 1978, EXTERNAL CONTROL ORG, V, P
14	2	MARUYAMA M, 1984, ASIA PACIFIC J MANAG	18	REDDING SG, 1990, SPIRIT CHINESE CAPIT, V, P	59	PARK SH, 2001, STRATEGIC MANAGE J
15	2	HAIRE M, 1966, MANAGERIAL THINKING, V, P	18	KOGUT B, 1988, J INT BUS STUD	58	HOFSTEDE G, 2001, CULTURES CONSEQUENCE, V, P
16	2	LOW NK, 1973, THESIS USINGAPORE, V, P	16	KOGUT B, 1988, STRATEGIC MANAGE J	57	DIMAGGIO PJ, 1983, AM SOCIOL REV
17	2	LEE HY, 1979, CHINA Q, V77, P50	16	GRANOVETTER M, 1985, AM J SOCIOL	55	PODSAKOFF PM, 1986, J MANAGE
18	2	BHAGAT RS, 1982, J APPL PSYCHOL	16	BOISOT M, 1996, ADMIN SCI QUART	51	BLAU P, 1964, EXCHANGE POWER SOCIA, V, P
19	2	HAYASHI K, 1978, ACAD MANAGE J	15	PODSAKOFF PM, 1986, J MANAGE	51	JENSEN MC, 1976, J FINANC ECON
20	2	FERRATT TW, 1981, ACAD MANAGE J	14	WHITLEY R, 1992, BUSINESS SYSTEMS E A, V, P	50	YOUNG MN, 2008, J MANAGE STUD
21	2	LEE PETER NS, 1987, IND MANAGEMENT EC RE, V, P	14	HAMEL G, 1991, STRATEGIC MANAGE J	49	COHEN WM, 1990, ADMIN SCI QUART
22	2	LAU S, 1977, THESIS U HONG KONG, V, P	14	BEAMISH PW, 1987, J INT BUS STUD	47	ANDERSON JC, 1988, PSYCHOL BULL

续表

排序	1979—1990 年		1991—2002 年		2003—2014 年	
	频数	被引文献	频数	被引文献	频数	被引文献
23	2	ARNOLD HJ, 1982, ORGAN BEHAV HUM PERF	13	XIN KR, 1996, ACAD MANAGE J	47	NEE V, 1992, ADMIN SCI QUART
24	2	LOCKE EA, 1976, HDB IND ORG PSYCHOL, V, P1297	13	TAN JJ, 1994, STRATEGIC MANAGE J, V15, P1	45	WRIGHT M, 2005, J MANAGE STUD
25	2	HU HC, 1944, AM ANTHROPOL	13	INKPEN AC, 1997, ACAD MANAGE REV	43	FORNELL C, 1981, J MARKETING RES
26	2	MEYER JW, 1977, AM J SOCIOL	13	EARLEY PC, 1989, ADMIN SCI QUART	42	KHANNA T, 1997, HARVARD BUS REV
27	2	KORNAI J, 1986, J ECON LIT	12	NORTH DC, 1990, I I CHANGE EC PERFOR, V, P	42	KOGUT B, 1988, J INT BUS STUD
28	2	OLDHAM GR, 1981, ADMIN SCI QUART	12	MEYER JW, 1977, AM J SOCIOL	41	GRANOVETTER M, 1985, AM J SOCIOL
29	2	OBORNE M, 1986, JAN C CHIN CULT MAN, V, P	12	HUO Y P, 1991, ASIA PACIFIC J MANAG, V8, P159	39	BURT RONALD, 1992, STRUCTURAL HOLES SOC, V, P
30	2	ADLER N, 1986, INT DIMENSIONS ORG B, V, P	12	DUNNING JH, 1988, J INT BUS STUD	39	PORTER ME, 1980, COMPETITIVE STRATEGY, V, P
31	2	LAWRENCE PR, 1967, ORG ENV MANAGING DIF, V, P	12	CHILD J, 1972, SOCIOLOGY	38	PENG MW, 2004, STRATEGIC MANAGE J
32	2	FALKENHEIM VC, 1980, PAC AFF	11	WALDER AG, 1995, AM J SOCIOL	38	UZZI B, 1997, ADMIN SCI QUART
33	2	BRUGGER W, 1976, DEMOCRACY ORG CHINES, V, P	11	THOMPSON J, 1967, ORG ACTION, V, P	37	FARH JL, 1997, ADMIN SCI QUART

续表

排序	1979—1990 年		1991—2002 年		2003—2014 年	
	频数	被引文献	频数	被引文献	频数	被引文献
34	2	HICKSON DJ, 1981, ORG NATION AS-TON PRO, V4, P	11	PORTER M E, 1980, COMPETI-TIVE STRATEGY, V, P	37	MEYER JW, 1977, AM J SOCIOL
35	2	ANDORS S, 1974, B CONCERNASIA SCHOL, V6, P19	11	OUCHI WG, 1980, ADMIN SCI QUART	36	CLAESSENS S, 2000, J FINANC ECON
36	2	LANSBURY RS, 1984, IND RELA-TIONS J	11	OLIVER C, 1991, ACAD MANAGE REV	36	PENG MW, 2008, J INT BUS STUD
37	2	LEE PNS, 1986, CHINA Q, V105, P45	11	NELSON RR, 1982, EVOLUTIONARY THEORY, V, P	35	KOGUT B, 1992, ORGAN SCI
38	2	HENLEY JS, 1986, J MANAGE STUD	11	MARKUS HR, 1991, PSYCHOL REV,	35	LA PORTA R, 1999, J FINANC, V54, P471
39	2	LAI PWH, 1978, THESIS U HONG KONG, V, P	11	KILLING JP, 1983, STRATEGIES JOINT VEN, V, P	35	TSUI AS, 1997, WORK OCCUPA-TION
40	2	CONFUCIUS, 1938, ANALECTS, V, P	11	GULATI R, 1995, ACAD MANAGE J	33	BRISLIN RW, 1970, J CROSS CULT PSYCHOL
41	2	ADLER NJ, 1986, J MANAGE	11	BOND M N, 1988, ORGAN DYN, V16, P4	33	LUO YD, 1999, J INT BUS STUD
42	2	OH TK, 1976, CA-LIF MANAGE REV, V19, P77	11	AIKEN LS, 1991, MULTIPLE RE-GRESSION, V, P	33	TRIANDIS HARRY C, 1995, INDIVID-UALISM COLLEC, V, P
43	2	MA H, 1983, NEW STRATEGY CHI-NAS, V, P	11	ADLER NJ, 1989, J INT BUS STUD	33	WILLIAMSON OE, 1985, EC I CAPI-TALISM, V, P
44	2	LAURENT A, 1983, INT STUDIES MAN-AGEME, V13, P75	10	TRIANDIS HC, 1988, J PERS SOC PSYCHOL	32	CHILD J, 2001, J INT BUS STUD

续表

排序	1979—1990 年		1991—2002 年		2003—2014 年	
	频数	被引文献	频数	被引文献	频数	被引文献
45	2	PODSAKOFF PM, 1984, ORGAN BE-HAV HUM PERF	10	ROKEACH M, 1973, NATURE HU-MAN VALUES, V, P	32	COHEN J, 1983, APPL MULTIPLE REGRES, V, P
46	2	AINSWORTH M, 1987, CHINASIND REFORM, V, P	10	PAN YG, 1996, J INT BUS STUD	32	EISENHARDT KM, 1989, ACAD MAN-AGE REV
47	2	MIRSKY J, 1985, OBSERVER, V, P22	10	GOMESCASSERES B, 1990, J INT BUS STUD	32	LUO YD, 2003, STRATEGIC MAN-AGE J, V24, P1315, DOI 10. 1002/SMJ. 363
48	2	HICKSON DJ, 1974, SOCIOLOGY	10	EARLEY PC, 1993, ACAD MANAGE J	32	WALDER AG, 1995, AM J SOCIOL
49	2	BIRNBAUM PH, 1986, J APPL PSY-CHOL	10	BARNEY J, 1991, J MANAGE	31	FARH JL, 1998, ORGAN SCI
50	2	COHEN J, 1975, APPLIED MULTIPLE REG, V, P	9	ANDERSON E, 1988, J LAW ECON ORGAN	31	MARCH JG, 1991, ORGAN SCI

资料来源：作者根据 CiteSpace 软件自动生成并整理，人名和期刊格式体例与规范用法有所不同，此处仅为呈现数据。

从图 6-6 文献共被引分析的结果来看，这个时期的知识基础主要可划分为三个聚类：一是图形左侧的"跨文化研究"，二是图形中间的"新制度主义"，三是图形右侧的"合资企业研究"。需要强调的是，这些无形学院[①]不是孤立存在的，它们之间存在着广泛的联系，如波特（1980）的竞争战略研究，成为连接跨文化研究与新制度主义的重要知识基础与桥梁，而巴尼（1991）的资源基础观成为连接新制度主义与合资企业研究两个无形学院的

---

① Crane, D., "Social Structure in a Group of Scientists: A Test of the 'Invisible College' Hypothesis", *American Sociological Review*, Vol. 34, 1969; Crane, D., *Invisible Colleges: Diffusion of Knowledge in Scientific Communities*, Chicago: Chicago University Press, 1972; Vogel, R., "The Visible Colleges of Management and Organization Studies: A Bibliometric Analysis of Academic Journals", *Organization Studies*, Vol. 33 (8), 2012.

重要桥梁。

3. 2003—2014 年

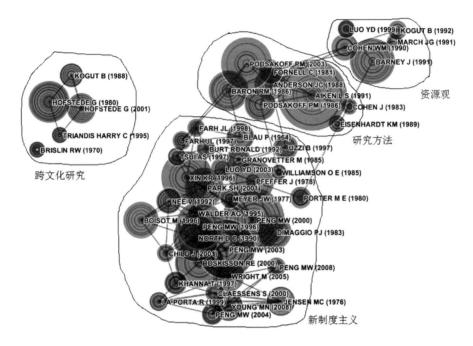

图 6-7　2003—2014 年的知识结构网络图

资料来源：作者整理。

图 6-7 表示 2003—2014 年的知识基础所构成的文献共被引关系。在这个时期，虽然霍夫斯泰德（1980）的文化维度框架的被引频次为 82，相对于上个时间跨度的被引频次来讲取得了较快的增长，但是这篇核心文献在第三个时间跨度只位列第六，说明了虽然关于文化研究的文献数量正在继续成长，但其相对重要性有所下降。这个时期被引频次最高的文献是艾肯（1991）关于多元回归的研究，其被引频次高达 118，相对于上个时间跨度的 11 次被引频次，取得了 10 倍以上的增长。同样是关于研究方法的研究有波扎科夫（2003）关于研究方法偏差的探索（被引频次为 86），巴伦（1986）关于中介变量与调节变量的研究，艾森哈特（Eisenhardt，1989）关于案例研究的开创性探索，福内尔（Fornell，1981）关于结构方程模型的探讨等。仅次于艾肯 1991 年这篇文章的文献是彭维刚和陆亚东 2000 年与 2003

年的文章，前者是关于转型时期的管理者连接与组织绩效的关系，被引频次为103，而后者是关于制度转型与战略选择，被引频次为100。需要注意的是，这两篇文章在第一个和第二个子区间均未出现，但在第三个时期却成为中国管理研究的重要知识基础。忻榕和皮尔斯（1996）对"关系"的开创性研究，在这个时期的被引频次高达86，在一定程度上说明了全球的管理学科学共同体对中国传统文化与哲学的重视，因为通过这样的途径既可以踏上羊肠小道，也可以提高中国情境下的管理研究对管理学理论发展的贡献①，同时也可以响应有关学者"从均质化到多元化"的呼吁，为全球管理知识作出自我的价值贡献。

与此同时，在第三个时期最高被引的50篇核心文献中，最低的被引频次为31，是马奇（March，1991）关于组织学习与双元创新的经典之作，高于第二时期排名第三的博伊索特和柴尔德（1988）关于中国转型时期管理的官僚失败与治理问题研究。从总体上来看，相对于第二个时间跨度，第三个子区间的知识基础的被引频次普遍较高，其知识基础中出现了大量关于研究方法的核心文献，而且它们均具有较高的被引频次，因此本节将这些相关的知识基础聚类命名为"研究方法"。由此可见，相对于前几个时期来看，在这个时期内中国管理研究更加重视研究方法的科学严谨性，再次提高了研究方法的核心地位，显示了管理学者对于研究结论科学性与客观性以及管理学科合法性的追求，也体现出中国经济数据可得性的增加和透明性的增强。

除了"研究方法"这样的知识基础与无形学院以外，图6-7的文献共被引分析也显示，图形的左上角依然是"跨文化研究"的知识聚类，但是相对于上一个时间跨度，这个无形学院的节点数量开始减少，节点之间的联系也开始减少，但是霍夫斯泰德（1980、2001）关于文化维度的研究依然是这个聚类的核心和焦点。图形的下方依然是"新制度主义"的知识聚类，这个无形学院依然最大，其成员及其之间的关联可见一斑，代表性文献有伯特（Burt，1992）的结构洞理论研究，霍斯基森（2000）关于新兴经济体战

---

① Jia, L. D., You, S. Y., Du, Y. Z., "Chinese Context and Theoretical Contributions to Management and Organization Research: A Three-Decade Review", *Management and Organization Review*, Vol. 8 (1SI), 2012.

略研究的三个主要理论视角——制度理论、交易成本经济学和资源基础观①，以及梅耶（1977）提出的制度理论等。图形的右上角是"资源观"的知识聚类，相对于第二个子区间，这个时期关于"资源"的核心文献已经扩充了科恩和利文索尔（Cohen and Levinthal, 1990）的吸收能力理论以及马奇（1991）、陆亚东（1999）和寇伽特（1992）关于组织学习的研究。

从这四个无形学院的整体来看，"新制度主义"、"研究方法"与"资源观"之间存在着较为紧密的关联，而"跨文化研究"——与第二个子区间类似——与其他三个无形学院之间关系相对较弱。其中，"跨文化研究"与"新制度主义"相对比较稳定，而"研究方法"与"资源观"是两个新兴的无形学院。因此，根据各学院的演变特征与趋势，我们预计未来的中国管理研究知识基础将在"资源观"和"研究方法"方面继续成长，这两个无形学院也会继续壮大。

在研究中也在一定程度上检验了西方主流理论对中国问题研究的适用性差异，发现源自北美的宏观和微观组织与管理理论在中国的适用程度存在较大的差异。研究也识别了一些有关中国的特色话题，三个无形学院都识别出不同的中国特色话题，分别是"合资企业"、"中国文化特征"和"中国经济转型"。研究中还识别到了少量被国际认可的理论拓展和新概念，这集中在"新制度主义"无形学院中。该无形学院从制度视角描绘中国特有的管理现象；构建了新的理论框架，拓展已有制度主义的相关理论，包括文化空间的分析框架、两阶段制度转型模型和市场转型理论；提出了网络资本主义、混合型企业、网络基础战略和"关系"等新概念。管理学者对"跨文化研究"主题的关注，一直都是永恒的话题。随着中国组织管理实践的发展以及管理学者对这些实践现象与问题的跟踪，这个主题虽然比较稳定，但是其规模一直相对较小，而且其在文献共被引分析的各图中的位置一直处于相对比较边缘的位置，与其他知识基础聚类的联系相对较弱。从知识基础的演变风格与模式来看，无形学院与知识结构的演变路径划分为涌现、转化、漂移、分化、融合、消逝和复兴等七种类型。在本研究所鉴别出来的几个无

---

①　霍斯基森（2000）关于新兴经济体战略研究的三个主要理论视角——制度理论、交易成本经济学和资源基础观——的观点，与本研究在第二个时期、第三个时期以及总体时间区间的相关结论有异曲同工之妙，因为在这些不同时期都可以看出中国管理研究对这三个经典理论的重视。

形学院中，都有不尽相同的渐进转化演变路径。从 1979—2014 年这 36 年期间可以看出，中国管理研究的知识基础主要遵循涌现、转化、消逝的演变路径，而转化——尤其是渐进转化——是这些无形学院发展与演变的主要路径。

从这三个时期的知识基础的演变以及这四个无形学院的变化与发展可以获悉，中国管理学者既对现有的管理理论、管理范式与管理方法进行开发、应用与拓展，同时又对中国的管理情境与实践要素进行深入的探索与创新，正在履行"中国管理学界的社会责任与历史使命……接着中国传统文化讲，接着西方管理学讲，接着中国管理实践讲"[①]。

---

① 郭重庆：《中国管理学界的社会责任与历史使命》，《管理学报》2008 年第 3 期。

第　七　章

中国管理学学科无形学院的
发展研究与分析

　　本章在第六章研究的基础上，用文献计量的研究方法继续结合国内外学者对中国管理知识涉及的相关问题进行研究，以求进一步证实无形学院在中国管理学学科快速发展中的作用。在下面的研究和分析中，我们将用文献计量的方法对中外学者对"关系"问题的研究以及对"组织行为学"问题的探索进行剖析；借鉴社会运动理论与科学社会学的解释逻辑，用案例分析的方法对中国管理研究国际学会（IACMR）发展过程进行分析为例加以说明。

第一节　中外学者对"关系"问题的研究

　　随着中国经济的崛起，越来越多的西方学者开始关注中国的问题，一些诞生于本土传统文化与哲学的概念也因此逐渐进入西方学术共同体的视野，甚至成为被广为接受与认可的理论核心关切，[①] 如"关系""道""人情""圈子""面子""阴阳"等。相比之下，其中的"关系"概念更被西方接受并应用于管理实践与学术研究当中，甚至在没有经过被翻译与解释的前提下直接进行音译。

---

① Jia, L. D., You, S. Y., Du, Y. Z., "Chinese Context and Theoretical Contributions to Management and Organization Research: A Three-Decade Review", *Management and Organization Review*, Vol. 8（1SI），2012.

　　虽然"关系"概念来自中国，但这一现象与原则并非本土所特有，其他国家如日本的"wa"、韩国的"inhwa"以及西方商业实践中关系营销等概念，均与"关系"表达之意相似。因此，"关系"越来越吸引世界范围内的学者进行研究也就不足为奇。在过去30余年对"关系"开展的众多研究中，相当比例已经发表于主流的期刊，如 *Journal of Business Ethics*；*Academy of Management Journal*；*Journal of International Business Studies*，*Strategic Management Journal*；*Organization Science*；*Industrial Marketing Management* 等。

　　结合前述的分析，对来自中国本土文化"关系"研究的无形学院形成、演化与发展进行探索，以窥探这一概念如何发表于西方权威的期刊上与被西方学术共同体认可的机制，就显得格外有意义。依据已经介绍过的研究方法，通过对管理学领域中"关系"开展文献计量研究，以进一步探讨中国管理学研究的无形学院内生力量与外生因素。具体而言，本节旨在揭示"关系"研究的主要无形学院、特征、进入国际主流期刊的机制与路径，以及总结与梳理针对这一本土概念开展研究的主流学者、制度机构与期刊。从中可以体会到，管理学者如何基于中国独特的文化传统与哲学在"管理的中国理论"的羊肠小道①上产生重大的影响与提供有价值的研究成果。

一、研究设计

　　本章对"关系"的文献计量研究依然主要基于被引与共被引分析，主要用到的软件是 Bibexcel、Ucinet、Pajek 和 HistCite。

（一）数据和样本来源

　　数据主要来自 WOS 核心数据集，因为"关系"是一个独特的中国本土词汇而且已被西方接受，所以我们用"guanxi"作为主题词进行搜索。我们选择的时间跨度为 2014 年及之前，初步收集文献记录 690 条，通过定位于"管理"与"商业"领域，将记录缩减为 421 条；为了进一步提高研究结论的可信性，继续筛选其中的"学术论文"为分析样本，最终将 339 篇文献记录数据纳入分析范围。

---

① Tsui, A. S., "Editor's Introduction-Autonomy of Inquiry: Shaping the Future of Emerging Scientific Communities", *Management and Organization Review*, Vol. 5 (1), 2009.

在被引与共被引分析时，如何选择高被引文献至今仍未有统一的结论。借鉴麦凯恩（McCain，1990）与刘林青等（2014）的做法，本研究通过 Bibexcel 软件将上述数据进行处理，选择 339 篇文献中被引频次大于等于 24 的 45 篇高被引文献作为下文分析数据，见表 7-1 所示。这些数据展示了"关系"国际研究的重要学者，构成了本研究分析的重要知识基础。

表 7-1 "关系"研究中的重要贡献者

第一作者及年份	总被引频次	第一作者及年份	总被引频次	第一作者及年份	总被引频次
Xin, K. R., 1996	138	Hofstede, G. H., 1980	40	North, D., 1990	29
Park, S. H., 2001	91	Boisot, M., 1996	38	Uzzi, B., 1997	29
Hwang, K. K., 1987	87	Luo, Y. D., 1997	37	Blau, P. M., 1964	28
Yang, M., 1994	78	Standifird, S. S., 2000	37	King, A. Y. C., 1991	28
Tsui, A. S., 1997	73	Su, C. T., 2001	37	Lee, D. J., 2001	28
Lovett, S., 1999	72	Granovetter, M., 1985	34	Alston, J. P., 1989	27
Yeung, I. Y. M., 1995	70	Luo, Y., 2007	34	Lee, D. Y., 2005	27
Tsang, E. W. K., 1998	65	Redding, S. G., 1990	34	Peng, M. W., 1996	27
Davies, H., 1995	64	Wang, C. L., 2007	34	Podsakoff, P. M., 1986	27
Farh, J. L., 1998	56	Fan, Y., 2002 (a)	33	Podsakoff, P. M., 2003	27
Chen, X. P., 2004	50	Bian, Y. J., 1997	32	Anderson, J. C., 1988	25
Dunfee, T. W., 2001	46	Chen, C. C., 2004	32	Peng, M. W., 2003	25

第一作者及年份	总被引频次	第一作者及年份	总被引频次	第一作者及年份	总被引频次
Peng，M. W.，2000	46	Gu，F. F.，2008	30	Barney，J.，1991	24
Morgan，R. M.，1994	44	Guthrie，D.，1998	30	Dwyer，F. R.，1987	24
Luo，Y.，1997	41	Fornell，C.，1981	29	Fan，Y.，2002（b）	24

资料来源：作者整理。

（二）构建共被引矩阵

文献记录数据需要被转化为矩阵形式从而用 UCinet 分析与处理。共被引矩阵（co-citation matrix）由表 7-1 中高被引文献生成，这一矩阵是对称矩阵，本研究借鉴麦凯恩（1990）的做法保留对角线数据为 0，矩阵中其他数据（共被引）变动范围是 0 到 53。

然而，共被引矩阵并不能够被直接分析，需要进一步转化为文献共被引相似矩阵。如第六章所介绍的，仍借鉴伊达尔戈等（Hidalgo 等，2007）的做法完成这一转化。

二、结果与讨论

（一）描述性分析

为了深入分析上文 45 条样本文献数据，本研究发现其中的 30 篇文献直接或间接地探讨"关系"这一主题（见表 7-2），形成了本研究的核心文献，值得进一步深入的探究。而另外的 15 篇文献虽然与"关系"的相关性程度似乎不大，但却对"关系"研究提供了理论或方法上的支持。

表 7-2　30 篇最核心的文献概览

第一作者及年份	期刊或者著作	理论基础
Hwang，K. K.，1987	*American Journal of Sociology*	社会交换理论
Alston，J. P.，1989	*Business Horizon*	未明确

续表

第一作者及年份	期刊或者著作	理论基础
Redding, S. G., 1990	*The spirit of Chinese capitalism*	未明确
King, A. Y. C., 1991	*Daedalus*	网络理论
Yang, M., 1994	*Gifts, favors, and banquets: The art of social relationships in China*	未明确
Yeung, I. Y. M., 1995	*Organizational Dynamics*	网络理论
Davies, H., 1995	*Industrial Marketing Management*	网络理论
Xin, K. R., 1996	*Academy ofManagement Journal*	制度理论
Bian, Y. J., 1997	*American Sociological Review*	网络理论和制度理论
Luo, Y., 1997	*Management International Review*	网络理论
Tsui, A. S., 1997	*Work and Occupations*	关系人口特征
Luo, Y. D., 1997	*Human Systems Management*	交易成本理论和网络理论
Tsang, E. W. K., 1998	*The Academy of Management Executive*	资源基础观
Guthrie, D., 1998	*The China Quarterly*	制度理论
Farth, J. L., 1998	*Organization Science*	关系人口特征
Lovett, S., 1999	*Journal of International Business Studies*	未明确
Peng, M. K., 2000	*Academy of Management Journal*	社会资本理论和权变理论
Standifird, S. S., 2000	*Journal of world business*	交易成本理论
Luo, Y., 2007	*Guanxi and Business*（Vol. 5）	未明确
Lee, D. J., 2001	*European Journal of Marketing*	交易成本理论
Su, C. T., 2001	*Journal of Business Ethics*	未明确
Park, S. H., 2001	*Strategic Management Journal*	网络理论和资源依赖理论
Dunfee, T. W., 2001	*Journal of Business Ethics*	资源基础观
Fan, Y., 2002（a）	*Journal of Business Ethics*	交易成本理论
Fan, Y., 2002（b）	*International Business Review*	未明确
Chen, C. C., 2004	*Organization Science*	程序公正理论
Chen, X. P., 2004	*Asia PacificJournal of Management*	网络理论

第一作者及年份	期刊或者著作	理论基础
Lee, D. Y. , 2005	*Journal of International Marketing*	网络理论
Wang, C. L. , 2007	*Industrial Marketing Management*	网络理论
Gu, F. F. , 2008	*Journal of Marketing*	社会资本理论

资料来源：作者整理。

正如表7-2所示，在理论基础可以辨识的23篇文献中，7篇文献属于社会学范畴，7篇属于组织理论领域，5篇属于市场营销方向，2篇属于战略管理的内容，2篇是关于理论构建的议题。还可得知，"关系"研究的理论基础包括网络理论、制度理论、社会资本理论、交易成本理论、资源依赖理论、资源基础观等，故我们认为"关系"的知识基础主要是社会学、管理学与市场营销学，这可能是因为：首先，"关系"是中国本土的一个较为特殊的社会现象，相关的早期研究主要从社会学视角得以展开；其次，"关系"网络在中国非常普遍，对管理实践影响较大，引起组织管理学者的极大兴趣；最后，西方的关系营销概念与"关系"在一定程度上是收敛的，"关系"也就经常出现在市场营销学的领域。

（二）聚类与可视化

对学术共同体进行结构分析与可视化是基于上文的0-1矩阵。首先，根据纽曼（Newman, 2004）的研究，学术共同体的个数取决于模块值 Q 的大小。然后，根据个体之间的相似性程度，网络节点被聚集在不同的学术共同体中。

本研究用 Ucinet 计算模块 Q 值。图7-1显示，当选择聚类数量不同时，模块 Q 的取值变化范围为0.08—0.12。当将网络聚类数量确定为3个时，Q 取最大值。换言之，根据纽曼的研究，本研究所分析的45篇被引文献样本被分成三个无形学院的聚类最为合适。

在此基础上，本研究用 Pajek 来描绘样本数据的社会网络结构图。被引文献的相对位置通过 Ucinet 的 Netdraw 功能得到。其中，两个节点之间的联系表明二者之间的相似程度大于等于0.15。不同聚类内部的阶段用不同的颜色来区分，每个节点的大小与其被引频次正相关，所以节点越大，其影响力就越大。

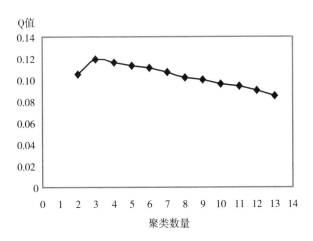

图 7-1　Modularity Q

资料来源：作者整理。

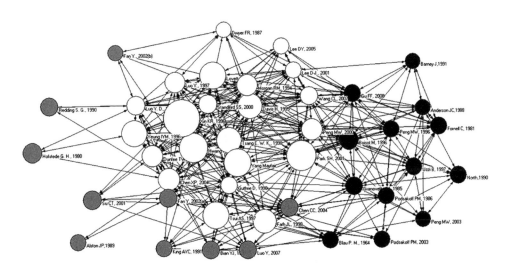

图 7-2　样本研究文献知识聚类

资料来源：作者整理。

　　如图 7-2 所示，45 篇高被引文献可以明显区分为三个无形学院知识聚类，这里分别命名为聚类 1（灰色）、聚类 2（白色）和聚类 3（黑色）。

　　聚类 1 包含 10 位成员：霍夫斯塔德（1980）的研究成果是跨文化研究的重要贡献作品，因其独特的文化情境经常被"关系"研究引用；阿尔斯顿（1989）、陆亚东（2000）、雷丁（1990）、布赖恩（1997）与杨志金（1991）或将"关系"视为一种独特的社会现象，或从社会学视角开展相关研究；陈昭全（2004）则讨论了"关系"对组织的影响。总之，此无形学院构成了"关系"研究的社会学与伦理学基础。

聚类 3 可被区分为两个子类。第一个聚类包括安德森（1988）、福内尔（1981）、波扎科夫（1986、2003），这些研究提供了"关系"研究的方法论指导；第二个聚类由经典理论奠基者构成，分别是巴尼（1991）、博伊索特（1996）、乌齐（1997）、格兰诺维特（1985）、布劳（1964）和诺斯（1990），除此之外，还有彭维刚（1996、2003）提出的制度转型理论，顾秀莲（2008）强调"关系"的资本价值。因此，"关系"研究的理论基础主要是资源基础观、社会嵌入理论与制度理论。

聚类 2 作为最大的无形学院，经历了四个阶段。在第一个阶段，相关研究主要关注"关系"这一概念的提炼，如黄光国（Hwang，1987）基于社会交换理论发展了一个概念结构以阐释 renqing（人情）、mianzi（面子）、guanxi（关系）与 bao（报）① 的动态关联；杨美惠（Yang，1994）在其著作 *Gifts，Favors，and Banquets：The Art of Social Relationships in China* 中进一步对"关系"现象进行了深入的介绍；忻榕（Xin，1996）则将"关系"定义为一种连接（connection）。由此可见，学者对"关系"的理解见仁见智②。在第二个阶段，相关研究开始转向探讨"关系"对组织的影响，如戴维斯（Davis，1995）讨论了"关系"在发展中国市场时的作用；杨艾琳（Yeung，1996）调查了商业成功实践中"关系"的重要性；忻榕（Xin，1996）则开启了"关系"的跨组织研究；曾俊华（Tsang，1998）探究了企业的"关系"所带来的可持续竞争优势问题；而其他文献主要关注"关系"对组织绩效的影响（如 Luo，1997；Lee，2001；Park，2001）。在第三个阶段，相关研究转向伦理议题，如杜纳威等（Dunfee 等，2004）使用了"关系"未经转换的本意，开展了对"关系"的规范评价研究。在第四个阶段，

---

① 经请教，黄光国教授此处的"bao"为汉语的"报"字，如"报恩""报仇"。详情请见黄光国教授的论文（Hwang，1987）。

② Tsui，A. S.，Farh，J. L. L.，"Where Guanxi Matters：Relational Demography and Guanxi in the Chinese Context"，*Work and Occupations*，Vol. 24（1），1997.

"关系"构念开始大量涌现在西方主流的学术共同体中，导致相关的系统研究开始呈现，如陈昭全（Chen，2004）提出了一个"关系"的三阶段模型。

"关系"概念被成功引入西方主流学者的视角并引起他们的兴趣遵循以下的逻辑：首先，自改革开放以来中国的经济取得迅速的发展，使得中国不仅成为最大的 FDI 目标国，也成为 FDI 的主要输出国。在过去的 40 多年时间内，中国正在从计划经济向社会主义市场经济过渡以激发经济增长的潜力，但与经济高速增长相伴的是中国法律体系尚不够完善，这在一定程度上给了"关系"所替代的空间。为了在市场存活，中国的一些外资企业不得不适应以"关系"为资源与基础的环境。"中国奇迹"与管理实践引起了学者的广泛兴趣，为从"关系"的视角探究中国管理学的发展作出了巨大的贡献。[1]　其次，在中国与西方的管理哲学相互融合的趋势下[2]，西方学者开始越来越熟悉中国的"关系"概念，并意识到一些西方概念与"关系"类似，如关系人口特征[3]、关系营销与虚拟整合[4]等。在此认识的基础上，第二个无形学院（聚类 2）进入了西方主流的期刊，如 *Strategic Management Journal*，*The Academy of Management Journal*，*Organization Science*，*Journal of International Business Studies*，等等。在这些顶级期刊中，杨艾琳和忻榕（Yeung 和 Xin，1997）是管理学领域中最早开展"关系"的研究，为了使这一概念更容易被理解与接受，他们将"关系"与西方的连接概念进行对接，并介绍了"关系"在中国情境下的内涵、"关系"对管理实践的重要性，以及"关系"对中国缺位的正式制度的替代。陆亚东（1997）通过实证研究探讨了中国外资企业的"关系"变量与组织操作绩效的相关性，并认为"关系"是一种非常有效的市场工具。徐淑英（1997）与樊景立（1997）则调查了西方的关系人口特征概念在中国情境中的应用情况，通过

---

[1]　Luo，Y. D.，"Guanxi and Performance of Foreign-invested Enterprises in China：An Empirical Inquiry"，*Management International Review*，Vol. 37（1），1997.

[2]　Luo，Y. D.，"Guanxi：Principles，Philosophies，and Implications"，*Human Systems Management*，Vol. 16（1），1997.

[3]　Tsui，A. S.，Farh，J. L. L.，"Where Guanxi Matters：Relational Demography and Guanxi in the Chinese Context"，*Work and Occupations*，Vol. 24（1），1997.

[4]　Lovett，S.，Simmons，L. C.，Kali，R.，"Guanxi versus the Market：Ethics and Efficiency"，*Journal of International Business Studies*，Vol. 30（2），1999.

与"关系"概念进行对比,发现前者丰富了后者。洛维特(Lovett,1999)则对比研究"关系"系统与市场系统各自的效率。这项研究从伦理的角度挑战了关于"关系"的一些批评,坚称"关系"是基于东方的原则,可以作为任一有效的伦理系统,与此同时,作者还认为"关系"与市场在未来可能会融合在一起,而关系营销与虚拟整合就是这一历史趋势的显著证明。斯坦迪福德(Standifird,2000)基于交易成本经济学理论,提供了"关系"商业实践持久性的理论解释,认为"关系"网络资本确保了交易成本优势从而减少了环境与行为的不确定性,故也提供了"关系"与市场交易之整合的保证。杜纳威等(2004)从伦理的视角对"关系"进行了规范的分析,发现较难判断不同的"关系"形式对经济效率与普通中国公民的影响。帕克(Park,2001)将"关系"与网络进行联系,并通过整合制度、战略与组织因素发展了"关系"运用的理论。陈昭全(2004)则构建了一个促进"关系"系统研究的过程模型。一言以蔽之,与上述文献进入主流的期刊路径不同,或将"关系"与西方熟悉的概念进行对比,或讨论"关系"的伦理议题,或探索"关系"对组织绩效的影响。

引文分析在文献计量学中也被广泛应用。HistCite 是一个有效软件,可以鉴别研究领域的关键文献,构建相关的演变历史,分析文献产量与被引频次,所以本研究用以进行引文分析。通过将上文的 339 篇样本研究文献输入到 HistCite 中,尝试阐释"关系"研究的作品产量,证实相关的引文网络,并识别关键的核心文献、作者、期刊与制度机构。

（三）作品产出分析

如图 7-3 所示,关于"关系"研究的学术论文从 20 世纪 80 年代开始呈现增长的趋势,第一篇文章是 1989 年由阿尔斯顿(Alston)发表在 *Business Horizon* 上的。在 90 年代之前,相关的论文数量比较少,但之后呈现迅速的增长。由图 7-3 可知,相关研究可以大致分为三个阶段。

1. 1989—1998 年

此时为引入期,只有 9 篇文章出现在这一时期内,所以年平均产量小于 1。不过,其中的一些研究非常重要并具有开创性,如阿尔斯顿(1989)、戴维斯(Davies,1995)、忻榕(1996)和樊景立(1997)的研究成果。在此期间,学者当时主要关注"关系"的定义与文化情境,一些研究已经发

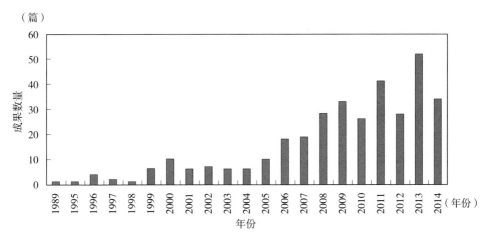

图 7-3 1989—2014 年 "关系" 研究成果的数量

资料来源：作者整理。

表在西方的顶级期刊上，促使"关系"被西方学术共同体知晓。

2. 1999—2005 年

在此期间，"关系"研究开始呈现缓慢增长的趋势，论文的年平均产量为 7.3 篇。其中，共有 14 篇论文发表于 *Journal of Business Ethics*（JBE），约占此期间相关论文总量的三分之一，表明"关系"研究在第二个时间阶段已经转型到了商业伦理的议题。

3. 2006—2014 年

在此期间，"关系"研究开始迅猛增长，相关论文约占三个时期论文总量的 80% 以上；单年论文产量最高的是 2013 年，为 52 篇。此时商业伦理议题依然是学术热点，其他研究如市场营销、人力资源管理、战略管理等也开始成为研究焦点，表明"关系"研究逐渐趋向成熟。

（四）引文网络分析

通过 Histcite 软件，本研究勾勒被引文献之间的历史引文网络，如图 7-4 所示。图中纵轴表示时间维度，每一个节点代表一篇被引文献，箭头的方向表示引文的引用方向，节点的大小与 LCS（Local Citation Score，即样本数据中施引文献被引用的次数）。

由图 7-4 可知，最早的"关系"研究是阿尔斯顿 1989 年发表的成果，

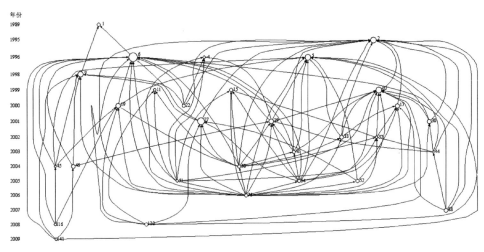

图 7-4　"关系"研究的 Historiograph 图

资料来源：作者整理。

主要分析"关系"的特征、运作机制与结果，声称"关系"引导着中国管理实践的规则并对商业成功的影响举足轻重。如图 7-4 所示，阿尔斯顿的开创性研究分别被发表于 AMJ（*Academy of Management Journal*）与 OS（*Organization Science*）的忻榕（1996）与樊景立（1998）引用，而后两篇经典作品又被发表于 SMJ（*Strategic Management Journal*）的帕克（2001）引用。从引文之间关系可以获知，在管理学领域阿尔斯顿（1989）作出了巨大的贡献，而忻榕（1996）的高 LCS 值表明其是样本研究文献中最有影响力的知识基础。

进一步分析，如表 7-3 所示，研究发现戴维斯（1995）、杨艾琳（1996）、忻榕（1996）、樊景立（1998）、洛维特（1999）、斯坦迪福德（2000）、彭维刚（2000）、帕克（2001）、杜纳威（2001）和 Wang（2007）这几篇文献位于图 7-2 聚类分析中的第二个无形学院中，代表了这个学院中 45.5%的作品，同时也证实了无形学院 2 在所有知识基础中的重要性。因为 LCS 值越高就越表明作品的重要性，所以研究中戴维斯（1995）、忻榕（1996）、帕克（2001）、洛维特（1999）和杨艾琳（1996）的工作十分重要。

表7-3　"关系"研究中的前30篇经典文献

ID	文献	LCS	GCS	ID	文献	LCS	GCS
6	Xin, K. R., 1996	140	507	52	Lee, D. Y., 2005	27	73
27	Park, S. H., 2001	94	371	15	Wong, Y. H., 1999	23	53
10	Lovett, S., 1999	72	163	22	Law, K. S., 2000	21	58
5	Yeung, I. Y. M., 1996	70	182	41	Su, C. T., 2003	21	37
2	Davies, H., 1995	64	143	50	Warren, D. E., 2004	21	40
9	Farh, J. L., 1998	57	177	54	Millington, A., 2005	19	34
19	Peng, M. W., 2000	47	470	75	Zhang, Y., 2006	19	34
29	Dunfee, T. W., 2001	47	82	4	Leung, T. K. P., 1996	18	43
17	Standifird, S. S., 2000	37	102	141	Chua, R. Y. J., 2009	18	66
30	Su, C. T., 2001	37	66	11	Ambler, T., 1999	17	74
88	Wang, C. L., 2007	35	69	37	Chan, R. Y. K., 2002	16	26
33	Fan, Y., 2002	33	63	51	Leung, T. K. P., 2005	16	40
46	Chen, C. C., 2004	32	100	116	Li, J. J., 2008	15	119
122	Gu, F. F., 2008	31	105	44	Styles, C., 2003	13	32
1	Alston, J. P., 1989	27	72	45	Batjargal, B., 2004	13	91

注：GCS（Global Citation Score）表示在 WOS 中一篇文章获得的被引频次的总和；LCS（Local Citation Score）表示在样本中施引文献对一篇文章的被引频次的总和。

资料来源：作者整理。

　　然后，本研究将上述历史引文数据输入 Pajek 以描绘引文网络的主要演变路径，鉴别"关系"知识基础的关键文献、方向与发展趋势。在图 7-5 中，每一个节点代表一篇被引文献，而每一个箭头表示引文联系的方向。由此可知，"关系"研究始于阿尔斯顿（1989）、戴维斯（1995）、梁剑平（1997）与杨艾琳（1996），在一定程度上表明早期研究的知识基础具有一定的分散性；这些研究多是从不同的视角探讨"关系"对商业实践的影响。直到杜纳威（2001），相关研究才开始收敛。

　　该文主要从商业伦理的角度对管理实践进行规范分析；忻榕（1996）和洛维特（1999）这两篇文献是知识基础中重要的桥梁，而作为路径的结尾，张书军（2006）一文窥探了个体层次的"关系"如何转移至公司层次从而影响组织的财务绩效。因此，从引文关键路径分析可知，"关系"起源于对这一概念的澄清与探讨其对组织的影响，然后学者将"关系"概念与

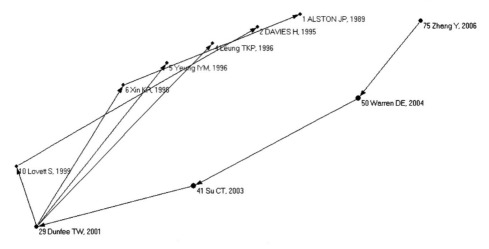

图 7-5　"关系"研究的 Historiograph 主路径图

资料来源：作者整理。

西方类似的构念进行比较，而近期的相关研究主要讨论商业伦理的问题——相关结论与上文的文献共被引聚类分析保持一致。

（五）"关系"研究的外生力量分析

1. 期刊

我们还进一步计算了发表"关系"研究的期刊 LCS 值，以确认其影响力。339 篇样本研究文献共发表在 93 个期刊上，其中前 30 个期刊发表了 240 篇相关研究，约占总样本数量的 70.8%。表 7-4 总结了这 30 个最有影响力的期刊及其相应的 LCS、GCS 与 Recs（records，论文总篇数）值。这些期刊涉及 *Journal of Business Ethics*，*Industrial Marketing Management*，*Academy of Management Journal*，*Journal of International Business Studies*，*Strategic Management Journal*，*Organization Science* 等，其中 JBE 共发表了 53 篇论文，LCS 值为 341，GCS 值为 927。不仅如此，JBE 的 Recs 值也是最高的。因此，JBE 是"关系"研究最重要、最有影响力的期刊。

表 7-4 "关系"研究前 **30** 个最有影响力的期刊

	期刊	LCS	GCS	Recs
1	*Journal of Business Ethics*	341	927	53
2	*Industrial Marketing Management*	190	494	27
3	*Academy of Management Journal*	187	1058	3
4	*Journal of International Business Studies*	130	559	11
5	*Strategic Management Journal*	109	508	2
6	*Organization Science*	102	373	3
7	*Organizational Dynamics*	68	186	1
8	*Journal of World Business*	50	265	8
9	*International Journal of Human Resource Management*	47	301	23
10	*Management and Organization Review*	47	246	17
11	*Journal of Marketing*	36	168	2
12	*Business Horizons*	27	74	3
13	*Asia Pacific Journal of Management*	26	176	20
14	*Journal of International Marketing*	26	91	2
15	*Journal of Business Research*	21	151	11
16	*European Journal of Marketing*	19	45	3
17	*Human Relations*	19	123	4
18	*International Journal of Research In Marketing*	18	88	2
19	*Organization Studies*	12	43	2
20	*International Business Review*	11	84	7
21	*Leadership Quarterly*	11	55	3
22	*Journal of Management Studies*	10	25	2
23	*Chinese Management Studies*	9	35	16
24	*Journal of Business Venturing*	8	135	3
25	*Journal of Product Innovation Management*	8	33	2
26	*International Marketing Review*	7	40	2
27	*Public Relations Review*	7	28	3
28	*Total Quality Management & Business Excellence*	7	14	2
29	*Journal of Operations Management*	6	97	2
30	*Advances In Consumer Research*	5	11	1

资料来源：作者整理。

2. 作者

本研究同样用LCS值计算统计较有影响力的作者。713位学者（含合作者）创作了339篇样本研究文章，前30位作者发表了总样本研究文献中的74篇作品，约占21.8%。表7-5显示，忻榕发表了6篇研究文章，是产量最高的学者，其LCS值为237，而GCS值为875。忻榕1996年在AMJ发表的"Guanxi：Connections as Substitutes for Formal Institutional Support"一文就获得了140的LCS值与507的GCS值，表明了对"关系"知识创造的价值贡献。陆亚东的LCS值为144，GCS值为887，在LCS中排名第三。表7-5的结果还显示，探讨"关系"的最有影响力的学者主要来自中国，这可能是由于这些学者对本土的相关文化情境比较知悉，同时也比较熟悉国际的主流研究范式。

表7-5 "关系"研究前30位最有影响力的学者

	学者	Recs	LCS	GCS
1	Xin，K. R.	6	237	875
2	Pearce，J. L.	2	147	548
3	Luo，Y. D.	3	144	887
4	Wong，Y. H.	5	125	296
5	Leung，T. K. P.	5	103	246
6	Park，S. H.	2	94	434
7	Simmons，L. C.	2	76	177
8	Tung，R. L.	3	75	228
9	Su，C. T.	5	74	154
10	Kali，R.	1	71	166
11	Lovett，S.	1	71	166
12	Dunfee，T. W.	2	68	125
13	Luk，S. T. K.	2	68	157
14	Warren，D. E.	2	68	125
15	Yeung，I. Y. M.	1	68	186
16	Davies，H.	1	64	148
17	Farh，J. L.	2	59	300
18	Tsui，A. S.	2	59	300
19	Cheng，B. S.	1	57	180

续表

	学者	Recs	LCS	GCS
20	Littlefield, J. E.	2	57	106
21	Chan, R. Y. K.	4	55	126
22	Wang, C. L.	5	55	123
23	Peng, M. W.	1	46	483
24	Chen, C. C.	5	44	127
25	Ambler, T.	3	37	141
26	Styles, C.	3	37	141
27	Marshall, R. S.	1	36	103
28	Standifird, S. S.	1	36	103
29	Fan, Y.	1	33	64
30	Chen, Y. R.	1	32	101

资料来源：作者整理。

3. 机构

在表 7-6 中，本研究梳理了探讨"关系"研究的 30 个最有影响力的学术机构。16 家学术机构集中在中国，包括中国大陆、香港、澳门与台湾地区。之所以如此，很可能是因为研究者的学术思想根源于他所生活的文化背景，不同国家的文化差异、制度差异化会影响研究者视角、坐标和分析工具的选择。[①]贡献最大的四个机构均来自香港，其中香港城市大学的产量最高，发表了25 篇论文；而香港理工大学拥有最大的 LCS 值，为 209。在中国大陆，西安交通大学发表的论文较多，在总排名中位列第五，发表了 13 篇论文，LCS值为 24，GCS 值为 128；北京大学的论文发表数量在大陆排名为第二，发表了 9 篇论文，LCS 值为 37，GCS 值为 333。来自美国、澳大利亚、新加坡、英国与新西兰的机构共贡献了少于一半的论文产量，这些海外机构从事这方面研究的学者也多是中国华人。这在一定程度上体现出"关系"在管理实践中的影响和在中国人（或华人）中的认可度，是本土化研究工作中一个较为重要的领域。

---

① 钱颖一：《理解现代经济学》，《经济社会体制比较》2002 年第 2 期。

表 7-6　"关系"研究的前 30 个最有影响力的机构

	机构	国家和地区	Recs	LCS	GCS
1	City University Hong Kong	Hongkong，China	25	94	518
2	Chinese University Hong Kong	Hongkong，China	18	50	427
3	Hong Kong Polytech University	Hongkong，China	17	209	576
4	Hong Kong Baptist University	Hongkong，China	13	91	441
5	Xi An Jiao Tong University	Mainland China	13	24	128
6	Hong Kong University Science & Technology	Hongkong，China	9	128	658
7	Peking University	Mainland China	9	37	333
8	Huazhong University Science & Technology	Mainland China	7	20	58
9	National University Singapore	Singapore	7	11	73
10	University Hong Kong	Hongkong，China	7	55	403
11	University Queensland	Australia	7	6	17
12	Harvard University	USA	6	39	244
13	Lingnan University	Mainland China	6	23	130
14	Nanyang Technol University	Mainland China	6	1	15
15	National Taiwan University	Taiwan，China	6	60	250
16	Northeastern University	Mainland China	6	12	93
17	Rutgers State University	USA	6	160	553
18	SunYat Sen University	Mainland China	6	7	76
19	University Manchester	UK	6	4	33
20	University New South Wales	Australia	6	37	182
21	University Macau	Macao，China	5	5	42
22	University New Haven	USA	5	55	123

续表

	机构	国家和地区	Recs	LCS	GCS
23	China Europe International Business School	Mainland China	4	42	140
24	Massey University	New Zealand	4	5	21
25	Monash University	Australia	4	1	13
26	Nanjing University	Mainland China	4	1	8
27	National Cheng KungUniversity	Taiwan，China	4	0	19
28	Ohio State University	USA	4	51	562
29	Purdue University	USA	4	8	36
30	Renmin University China	Mainland China	4	12	35

资料来源：作者整理。

三、"关系"视角下中国管理学研究的无形学院

结合前述的分析，我们还基于 WOS 的文献计量数据对"关系"研究进行了共被引分析与引文分析，旨在描绘其无形学院的演变特征，梳理最有影响力的学者、机构与期刊。

首先，"关系"研究的演变可以分为三个时期：在第一时期，学术共同体主要关注"关系"概念的澄清；在第二时期，学者主要探讨"关系"对组织的影响，将其与西方组织管理中类似的观念进行比较，或关注"关系"的商业伦理议题；在第三时期，"关系"概念开始盛行，大量的研究开始涌现。LCS 值最高的 5 篇文献分别是戴维斯（1995）、忻榕（1996）、帕克（2001）、洛维特（1999）和杨艾琳（1996）。其中，开拓"关系"研究的学者主要是中国华人，忻榕是最高产的作者，其次是忻榕的合作者皮尔斯，陆亚东的产量排名第三。从事"关系"研究的机构主要集中在中国；关注"关系"研究最有影响力的期刊是 JBE、IMM、AMJ、JIBS、SMJ 与 OS。

其次，本研究也发现了"关系"研究引起西方学术共同体广泛兴趣的演变逻辑。作为嵌入在中国本土文化的一个核心概念，"关系"已经成了中国管理学研究的热点话题。学者已经意识到管理实践中诞生于中国本土的"关系"概念与西方的相似构念的相通性，因此相信"关系"系统是西方市

场经济系统的一种有效与合法的替代。这种研究旨趣促进了东西方管理知识的学术对话与融合趋势。

再次，"关系"的相关研究进入西方主流学术期刊存在不同的路径，或将"关系"与西方类似概念建立对话，或讨论"关系"的商业伦理议题，或提供"关系"管理实践的指导，或探索"关系"对组织绩效的影响。而这些都在本研究所识别的关于"关系"研究的三个无形学院中。

最后，"关系"研究发展至今已经形成了三个重要的无形学院，每一个均有其知识创造特征、研究议题与研究方法，共同构成了这一特殊研究领域的内生力量。作为内生力量的重要补充，研究中所识别出的机构、期刊等外生因素是推动"关系"研究并为全球管理知识作出重要贡献（如 Tsui，2004、2006、2007）的不可替代的外生力量，有效推动了扎根于中国本土文化情境下的"关系"研究的相关知识传播与扩散。

第二节　国内对组织行为学问题的研究①

因为中国管理学与西方的划分存在诸多不一致的地方，而且相对于西方而言涵盖了相当广泛的学术领域。② 本节与第三节主要以国内管理学界相关问题为研究对象，希望"以小见大"，尝试探究国内视角下推动中国管理学知识创造的内生与外生力量，以及无形学院在国内的发展与作用。考虑到在中国学术界，用"无形学院"来描述学术研究的群体还不多见，多用的是"学术共同体""学术平台""学术群体""学术团体"等，因此在以下的分析中，按照传统习惯用"学术共同体""学术平台""学术群体""学术团体"等术语，其意与"无形学院"相似或相同。

组织行为学是现代管理学中最为重要和复杂的基本原理之一，它是伴随着组织的演变、管理理论的发展而产生的，是研究组织中人的心理和行为规

---

① 本节的主要内容已经发表（谭力文、伊真真、效俊央：《21 世纪以来国内组织行为研究现状与趋势——基于 CSSCI（2000—2013）文献的科学计量分析》，《科技进步与对策》2016 年第 1 期）。为撰写本书，根据原文有所改动。

② 谭力文：《改革开放以来中国管理学发展的回顾与思考》，《武汉大学学报（哲学社会科学版）》2013 年第 1 期。

律从而增进组织有效性的科学。[①] 组织行为学作为一门重要的学科在我国的发展经历了从西方引进理论模型到提出和发展中国组织行为理论的过程[②]。情境化对于学术研究的重要意义首先是从组织行为学研究领域开始的。[③] 迄今为止，已经形成了一批专业化的教学队伍与研究团体，涌现出大批研究成果。但在当今经济全球化、劳动力多元化、互联网快速发展、商业模式快速变化的背景下，组织行为学研究却似乎出现了研究成果混乱，并与实践脱节的现象。[④] 因此，对近年来国内组织行为学研究进展情况进行系统的梳理和总结，明晰国内组织行为学研究现状与趋势，探寻推动组织行为学理论知识创造的内生力量与外生因素，对促进国内组织行为学科的健康发展，乃至推动我国组织管理工作的进步和有效性具有重要意义。

本研究工作将知识图谱技术应用于我国组织行为学领域，从研究热点、学术共同体、基础理论、学术平台等方面，较为客观地展示中国组织行为学21 世纪以来的发展现状与动态演变规律，以期为今后的组织行为学研究乃至管理学的科学发展提供参考和借鉴。

一、数据来源与方法

在进行科学文献计量分析时，学者们通常采用两种文献获得策略：一种是适用于目标领域较为明确的关键词检索策略，一种是适用于目标领域较为广泛的核心期刊检索策略。由于组织行为学是建立在社会学、心理学、人类学、经济学等学科基础之上，具有交叉性特点的理论，研究范围较广，以关键词进行检索，难免会出现范围过于狭窄或宽泛的问题，从而使数据源产生偏差。为了保证数据来源的权威性、代表性和可靠性，研究工作参考张志学等（2014）的做法，参照国家自然科学基金委指定的 A 类期刊名目，逐刊将其中的组织行为学文献挑选出来，这些期刊包括《管理世界》《管理科学》《管理评论》《科学学研究》《科研管理》《南开管理评论》《中国管理

① 张德主编：《组织行为学》，高等教育出版社 2011 年版，第 15—20 页。
② 唐宁玉主编：《组织行为与管理》，北京师范大学出版社 2012 年版，总序第 1—2 页。
③ 任兵、楚耀：《中国管理学研究情境化的概念、内涵和路径》，《管理学报》2014 年第 3 期。
④ 章凯、张庆红、罗文豪：《选择中国管理研究发展道路的几个问题——以组织行为学研究为例》，《管理学报》2014 年第 10 期。

科学》《心理学报》。权威期刊虽然数量较少，可能会出现以偏概全的问题，但学术界有基本的共识，在现实体制下，权威期刊可以更有效地聚集优秀学术团队、优秀学者，更容易获得优秀的研究成果，依托其进行研究、分析应该具有一定的代表性。

研究工作中利用中文社会科学引文索引（CSSCI）数据库检索文献，检索时间跨度为"2000-1-1"至"2013-12-31"，经过严格的筛选、讨论、咨询，最终确定相关文献779篇，引文数量13395篇，以这些文献的外部信息输出为本研究的数据源。

本研究综合使用词频分析、共现分析、多维尺度分析、共被引分析等文献计量的经典方法对国内组织行为学研究进行知识图谱可视化识别。词频分析的基本原理是通过一个词出现频次多少来确定该领域的发展状况。共现分析是统计一组词在同一篇文献中出现的频次，可用来分析知识内容和主题结构演化过程。多维尺度分析是通过低维空间反映事物之间的联系及密切程度，进而展示相关研究领域各个知识群的内容结构。共被引分析是指两篇文献同时被第三篇文献引证的情况，可用来分析某领域的知识基础和学科类别。在可视化工具的选择上，本研究选用文献题录信息统计工具SATI3.2、信息可视化统计软件CiteSpaceⅢ以及SPSS19.0。

二、组织行为学研究热点分析

（一）关键词词频与共现分析

关键词是一篇文章的核心与精髓所在，是文章主题的高度概括和凝练。对文章的关键词进行分析可以明晰某一学科领域的热点前沿。运行CiteSpaceⅢ软件，网络节点选择"Keyword"，设置"Timezone"时区视图方法及适当的阈值，生成该领域的关键词时区图谱（见图7-6）。通过整理统计结果，得到该领域排名前30的关键词词频和中心度表（见表7-7）。

对关键词词频与共现进行分析，可以发现：（1）组织行为学研究除秉承强调生产率的传统之外，更加关注工作生活质量，有关组织承诺、工作满意度、组织公民行为、心理契约、工作压力等方面的研究，并成为热点话题，这应该是学术界和实践界都认识到高的生产率与员工满意的工作、生活质量密不可分的原理与重要性。同时，这些关键词在图谱中的中心度较高，

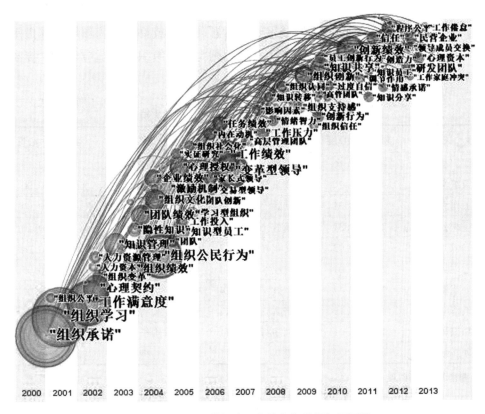

图 7-6　组织行为学领域研究热点与前沿知识图谱

资料来源：作者整理。

说明它们在组织行为学研究中起着重要的连接作用，对整个知识资源的统领程度较高。（2）关于绩效的话题一直是学者们关注的焦点，这是因为组织行为学的本质就是一个关注、增进组织有效性的理论，而绩效作为衡量组织有效性的重要指标必然会受到学者们的广泛关注，关于绩效的研究是从组织绩效、团队绩效、工作绩效等多个层面展开的。（3）伴随着 21 世纪知识经济时代的到来，研究组织如何适应新的知识经济环境，增强自身的竞争力，延长组织寿命，成为学术界和实践界关注的焦点，组织学习、知识共享、知识管理等与知识相关的话题不断涌现。（4）关于创新的研究成为一大热点，创新绩效、组织创新、创新行为等成为热点话题，这是因为在知识经济时代，组织只有通过持续不断的创新才能持久地获取、维持企业的核心竞争力。（5）关于变革型领导、领导成员交换、交易型领导、家长式领导等领导力方面的研究一直是该领域最重要的话题，原因或许在于，领导者是推动企业发展和变革的最主要动因，而领导力则是保证组织成员适应变化、提高绩效的最重要的素质。[①]

表7-7   组织行为学领域关键词词频分析结果

关键词	频次	中心度	关键词	频次	中心度	关键词	频次	中心度
组织承诺	41	0.16	知识管理	17	0.00	任务绩效	11	0.19
组织学习	41	0.20	领导成员交换	17	0.02	隐性知识	10	0.00
工作满意度	28	0.21	团队绩效	16	0.06	学习型组织	10	0.09
组织公民行为	27	0.31	组织绩效	15	0.22	工作压力	10	0.10
知识共享	27	0.03	组织文化	14	0.18	组织创新	10	0.26
心理契约	21	0.01	心理授权	14	0.16	信任	9	0.05
变革型领导	19	0.47	企业绩效	14	0.02	工作投入	9	0.00
工作绩效	19	0.19	研发团队	12	0.02	人力资源管理	9	0.05
知识员工	18	0.01	员工创新行为	11	0.07	组织变革	9	0.12
创新绩效	18	0.24	激励机制	11	0.00	心理资本	9	0.09

资料来源：作者整理。

对时区图谱进行纵向解读，可将组织行为学研究划分为三个基本阶段：2000—2004年，该领域涌现的关键词主要有组织变革、组织学习、心理契约、组织承诺、工作满意度等，这些早期的关键节点与中后期研究联系密切，一直是备受关注的焦点，为后期研究提供了知识基础与理论来源。2005—2009年，该领域涌现的关键词主要有组织公民行为、心理授权、组织文化、高管团队、工作压力、领导力、情绪智力、离职、组织支持、组织政治、公平、信任等。这一时期学者们开始从动态、整合的角度研究组织行为，拓宽了该领域的研究视阈与范围，充实了该领域的知识结构与理论体系。2010—2013年以创新/创造力、知识共享、心理资本、组织认同、领导成员交换、真实型领导、自我牺牲型领导、授权型领导、工作家庭冲突/平衡、建言、沉默、权力距离、冲突、辱虐管理为关键词的研究开始崭露头

---

①　张志学、鞠冬、马力：《组织行为学研究的现状：意义与建议》，《心理学报》2014年第2期。

角，呈现快速增长趋势，有可能成为未来一个时期的前沿领域与研究方向。

（二）关键词多维尺度分析

基于多维尺度分析绘制的知识图谱能够判断某一学科的主要研究领域与方向。经 SATI3.2 处理得到一个高频关键词之间的 50×50 共现矩阵，然后将该矩阵转化为相异系数，并通过 SPSS19.0 统计软件"度量"功能中的多维尺度分析功能（ALSCAL），处理得到组织行为学领域高频关键词多维尺度分析图（见图 7-7），从研究的内容和层次上可以将组织行为学研究划分为三个知识群和相应的研究领域。

1. *知识群 1——个体心理及行为规律研究*

图 7-7 显示，大量学者研究如何提高员工的组织公民行为、组织承诺、工作满意度和工作绩效，较新的前因变量有组织道德气氛、心理资本、管理者核心自我评价、员工培训、领导成员交换、领导风格、人格特质等，如隋杨等（2012）考察了变革型领导对员工绩效和满意度的正向影响，并揭示了下属心理资本的中介作用及程序公平的调节作用。也有研究探讨员工的组织公民行为、组织承诺、工作满意度能带来什么，如徐碧琳和李涛（2011）探讨了网络联盟环境下，工作满意度、组织承诺对网络组织效率的正向影响。关于信任、组织支持感、情绪智力、情感承诺的研究则主要关注其可以导致的结果变量或其发挥的中介/调节作用，如张生太和梁娟（2012）研究发现组织信任在组织政治技能正向影响隐性知识共享的过程中发挥了中介作用；曾垂凯（2012）研究发现情感承诺在领导成员交换负向影响离职意向的过程中发挥了中介和调节的双重作用。这些研究表明，21 世纪以来国内组织行为学推行"以人为本"的管理理念，重视以员工的能力、情绪、态度、动机、心理等综合性情况来激发其潜能，为提高工作效率、达成组织目标作出贡献。

2. *知识群 2——群体行为研究*

知识群 2 可分为两个子类：知识群 2（a）是关于团队的研究，主要集中在提高团队绩效、团队有效性等问题上，主要的前因变量、中介/调节变量有团队学习、领导行为、心理安全、激励机制、异质性、团队氛围、社会资本等，如吴隆增等（2013）探讨了辱虐管理对团队绩效的负向影响，发现团队沟通和团队效能发挥了中介作用。知识群 2（b）是关于团队环境中

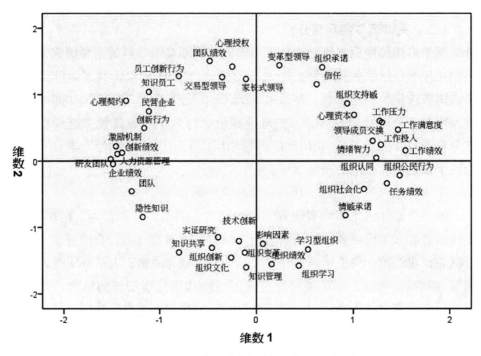

图7-7 组织行为学领域高频关键词多维尺度分析图

领导行为的研究，学者们从不同视角探讨了领导行为对结果变量如绩效和员工行为的影响，王凤彬和陈建勋（2011）考察了变革型领导对组织绩效的正向影响，并揭示了探索式技术创新的中介作用及环境动态性的调节作用；魏峰等（2009）研究了交易型领导与团队授权氛围的交互作用对员工创新绩效的影响，以及心理授权对交互作用的中介作用；段锦云（2012）探讨了家长式领导中的德行、权威领导对员工建言行为的影响及心理安全感的中介机制。这些新近的领导理论对于领导行为的关注虽然各有侧重，但对比传统领导理论，它们更加关注个体与组织情境的交互作用。

3. 知识群3——组织过程研究

关于组织变革、组织文化、组织学习、组织创新的研究既有其影响因素的探讨，又有其中介机制或者结果变量的预测，如顾远东和彭纪生（2010）探讨了组织创新氛围对员工创新行为的影响，并检验了创新自我效能感对二者的中介作用；谢慧娟和王国顺（2012）研究发现社会资本通过组织学习作用于物流服务企业的动态能力。关于知识管理、知识共享的研究主要集中在其前因变量或中介作用的探讨上，如蔡亚华等（2013）考察了差异化变革型领导对团队知识分享及团队创造力的影响，其他前因变量还包括组织政治技能、组织信任、组织氛围等。这些研究表明在全球化经济竞争的背景下，组织行为学研究更加重视个人与组织、组织与组织环境的交互作用，组织变革背景下的组织学习与组织创新对组织竞争力以及组织绩效的影响成为组织行为学研究的重要问题。

三、学术共同体推动组织行为学研究发展

学科中具有天分的研究者是学科发展演进过程中十分重要的因素，是推动学科发展的重要内生力量。对作者进行共现分析，可以明晰组织行为学领域的核心作者分布情况。运行 CiteSpace Ⅲ 软件，网络节点选择 "Author"，设置适当的阈值，生成该领域的核心作者共现知识图谱（见图 7-8）。

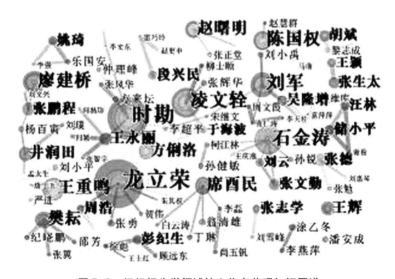

图 7-8　组织行为学领域核心作者共现知识图谱

资料来源：作者整理。

从图 7-8 可以看出，国内组织行为学领域的核心作者主要有凌文辁、时勘、龙立荣、方俐洛、王重鸣、赵曙明、石金涛、廖建桥、陈国权、席酉民、张志学等人。凌文辁是我国组织行为学较早的开拓者之一，主要从事领

导理论、情绪智力、组织支持感、建言行为等方面的研究，他最突出的贡献是基于中国领导行为模式提出的 CPM 领导理论。时勘涉及的组织行为学研究主要有领导力、胜任特征、工作满意度、工作倦怠等。龙立荣研究的主题主要包括薪酬激励、组织公平、创造力等。方俐洛主要关注组织学习、心理契约、管理自我效能等方面。王重鸣教授的研究集中于创业、虚拟团队、企业家等方面。赵曙明主要从事人力资源管理、人力资本、心理授权等方面的研究。廖建桥则主要关注绩效管理、薪酬管理等方面的研究。科学理论建构是一个由个体学者思索，到学术团体整合，再到学术社区辩证的动态、跨层次对话过程。理论作为一套思想体系的具体表现，首先源于作为个体的科学研究者对客观现象的观察、思辨、抽象、表达与交流。[①] 组织行为学领域具有天赋并勤奋的核心作者，对组织中人的行为及心理规律的思考与深入研究，推动了组织行为学领域知识体系的形成，是组织行为学理论内生发展的重要力量。

由以上分析可知，国内核心作者的研究关注点与组织行为学领域的热点前沿高度契合，再一次证明学术共同体既是推动学科发展的重要力量，也是学科逐渐成熟的标志。这具体表现在以下三个方面：一是国内学者对组织行为学的研究既有共同关注点，又各有侧重。这既利于学者们深度挖掘某个话题，完善该领域的理论和实证研究，扩大研究问题在实践中的影响力；又利于学者们开拓新的研究视角，在组织行为学研究中实现创新与突破。二是运用西方学术界建立的理论框架和学科范式来研究中国问题与中国现象，以检验、修正、扩展现有理论，如对组织承诺、心理契约、组织文化等主题的研究。三是基于中国特殊的情境文化，聚焦本土管理实践，开展中国本土的组织行为学研究，如具有中国特色的家长式领导研究，围绕中国人的典型思维特征——"中庸思维"对组织中员工、领导行为影响开展的研究。

四、推动组织行为学发展的学科基础理论

从文献计量学来看，引文形成了研究前沿，展现了研究领域的发展状况

---

① 贾良定、尤树洋、刘德鹏等：《构建中国管理学理论自信之路——从个体、团队到学术社区的跨层次对话过程理论》，《管理世界》2015 年第 1 期。

与知识基础。分析文献的引用情况，可以进一步揭示组织行为学当下最受关注的研究领域与推动组织行为学发展演进的理论基础。运行 CiteSpace Ⅲ 软件，网络节点选择"Cited Reference"，设置适当的阈值，生成组织行为学领域的文献共被引知识图谱（见图7-9）。

图7-9　组织行为学领域文献共被引知识图谱

资料来源：作者整理。

从频次上看，被引最高的为巴伦（Baron, R. M.）于1986年发表的《社会心理学中调节变量与中介变量的区别》，该文阐述了社会心理学中调节变量与中介变量在属性、概念、运用策略上的区别，国内学者温忠麟、侯杰泰的方法论文献被引频次也较高，这说明21世纪以来，实证研究在国内组织行为学领域得到迅速发展。排名第二的是斯科特（Scott, S. G.）于1994年发表的《创新行为决定因素：工作场所中个人创新的路径模型》，该文探讨了领导者、工作团队、员工特质对创新行为的影响。排名第三的是徐淑英（Tsui, A. S.）于1997年发表的《如何处理员工——组织关系：对员工的投入能带来回报吗?》，该文探讨了准交易契约、互相投入、投资不足、过度投资四种雇佣关系对员工绩效和工作态度的不同影响。其他作者如贝斯、艾玛贝尔、艾森伯格、汉布瑞克（Bass，B. M.；Amabile，T. M.；Eisenberger，R.；Hambrick，D. C.）的文献被引频次也较高，他们主要探讨了变革型领导、组织创造力、组织支持感、高层管理者等问题。此外，从中心度来看，伯恩斯（Burns，J. M.）于1978年出版的《领导力》一书影响力最大，该书对东西方各国的领导行为进行了"跨文化、跨时代"的理论概括和实证描述。一些中国学者的文章影响力也较大，如李超平和时勘（2005）对变革型领导进行的界定和测量，王辉、忻榕和徐淑英（2006）对中国企业 CEO 领导行为及其对经营业绩影响的研究。

组织行为学的发展不仅从自己的研究领域也从其他学科汲取知识，它具有多元化的学科背景与理论基础。以心理学为基础的个性、能力、知觉、情绪、态度和激励等方面的理论用来解释组织中个人的行为，推动了组织中员工胜任力、情绪智力、工作压力、工作满意度、组织承诺、心理契约等主题的研究。社会心理学、社会学、人类学、政治学等领域的成果则为解释群体与组织行为提供了理论基础，比如组织中的领导行为、组织文化、组织权力、组织政治、冲突等研究。一些新兴学科领域如信息管理、市场营销则贡献了有关知识管理、创造力方面的知识。这些学科从不同视角聚焦组织行为，并将成果融会于组织理论，从而使组织行为理论的研究呈现出跨学科整合的态势，推动组织行为学向两个方向发展：一是表现出更为显著的人文化倾向，更加关注员工的个性特征和工作环境中的社会心理因素，并借以预见员工的行为倾向。二是更加关注个人与组织、组织与组织环境的交互作用，研究重点由偏重结构的行为研究转变为注重变化的过程研究，全面反映了21世纪以来组织环境的动态性促使组织快速变化的演变特点，以及组织内外部环境交互影响的新特征与新趋势。

五、组织行为学发展过程中学术平台的推动作用

科研机构与学术期刊在引领学术繁荣、推动学术进步方面都发挥着平台作用，前者是孕育科学灵感、催生科研成果的重要力量，后者则在科研成果刊发、交流、传播、评价方面发挥着重要作用。通过文献计量分析，可以整理出 21 世纪以来我国组织行为学研究的学术平台的基本情况。

1. 核心机构分析

明晰国内组织行为学发展过程中形成的核心研究机构，有助于研究者发现标杆、寻找差距，开展协作，形成更为有效的学术共同体。将数据输入 CiteSpaceⅢ中，网络节点选择"Institution"，设置适当的阈值，生成该领域研究机构的共现图谱（见图 7-10）。

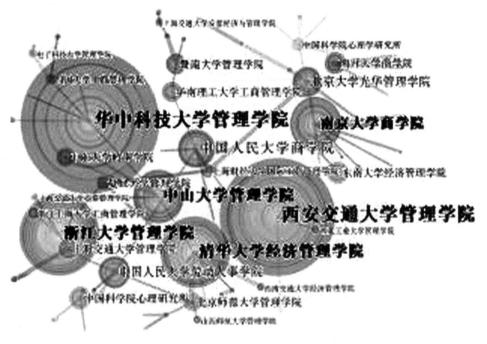

图 7-10　组织行为学领域研究机构共现图谱

资料来源：作者整理。

从研究机构的性质来看，该领域的研究机构几乎都是国内各高校的管理（商）学院，高校成为组织行为学研究的绝对主力军。从研究机构发文量来看，华中科技大学管理学院（64 篇）、西安交通大学管理学院（55 篇）、浙江大学管理学院（39 篇）、清华大学经济管理学院（36 篇）、中山大学管理学院（28 篇）、南京大学商学院（27 篇）、北京大学光华管理学院（24 篇）等是发文量最多的机构，它们都隶属于具有强大学术实力和研究能力的 985 高校，也有诸如龙立荣、廖剑桥、王重鸣、赵曙明等优秀的学者领军，成为推动组织行为学发展的核心力量，为我国组织行为学研究作出了巨大贡献。从研究机构间的连线可知，研究机构间存在着广泛而紧密的合作，尤其是重点研究机构，它们不仅与本区域的研究机构保持合作关系，也开展跨区域的合作研究。其中华中科技大学管理学院、清华大学经济管理学院、中山大学管理学院、浙江大学管理学院间的合作研究最为突出。这在某种程度上促进了机构之间的资源共享、优势互补，有利于该领域研究的深化和发展。

2. 高被引期刊分析

论文被引用的状况历来是论文自身质量和影响力十分重要的检验指标，而高质量的论文会集中发表在高水平的期刊上。通过期刊共被引分析，可以了解组织行为学领域核心期刊结构、知识的吸收及扩散情况。运行CiteSpaceⅢ软件，网络节点选择"Cited Journal"，设置适当的阈值，生成该领域高共被引期刊的知识图谱（见图7-11）。

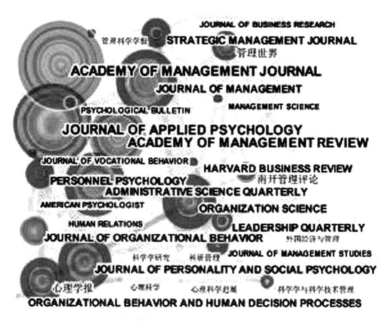

图7-11　组织行为学领域高共被引期刊知识图谱

资料来源：作者整理。

从图 7-11 中可以看出，除了该领域引用率较高的外文期刊 *Academy of Management Journal*、*Journal of Applied Psychology*、*Academy of Management Review*、*Journal of Management*、*Administrative Science Quarterly*、*Journal of Organizational Behavior*、*Organization Science*、*Personnel Psychology*、*Organizational Behavior and Human Decision Processes*、*Leadership Quarterly* 等外，该领域引用的中文期刊主要有《心理学报》《管理世界》《南开管理评论》《科研管理》《心理学进展》《心理科学》《管理科学学报》等，这些期刊多为国内外管理学、心理学、组织行为学领域内的权威（重要）学术期刊，刊载了组织行为学领域众多高质量文章，反映了组织行为学领域的重要研究成果和前沿方向，为组织行为学领域研究者提供了重要的参考资料。期刊的被引情况再次印证了组织行为学较多地吸收了管理学、心理学、社会学等研究领域的内容。但同时也反映出这样的问题，我国目前还没有一种相对聚焦在组织行为学领域的权威期刊，这与我国组织行为学蓬勃发展的现状不相适应，对进一步推动国内组织行为学理论与实践的发展不利。

综合来看，国内各高校管理（商）学院作为集聚优秀科研人员、丰富的科研项目经费、开放学术氛围的平台，是推动我国组织行为学发展的重要力量，这不仅仅表现在科研成果的增加上，还体现在越来越多的科研机构之间的合作上。此外，学术期刊作为知识来源与知识扩散的载体，在引领科研方向、聚焦研究热点、推进学术共同体建设方面发挥着重要作用，这在某种意义上推动了组织行为学学科的发展。

3. 主要的发现

前文在有关国内组织行为学的研究中运用科学文献计量的知识图谱方法，描绘了 21 世纪以来我国组织行为学领域的研究热点与前沿趋势，并在此基础上，揭示了核心作者组成的学术共同体、高被引文献形成的学科基础理论、核心研究机构和核心期刊构成的学术平台对我国组织行为学发展的推动作用。

研究发现，2000—2013 年我国的组织行为学研究已经形成了若干热点领域，关于工作生活质量、绩效的研究一直是该领域持续关注的焦点，关于领导力的研究是近年来最热门的话题，有关知识、创新/创造力等方面的研究则代表着该领域的发展趋势，研究工作主要沿着个体心理及行为规律、群体行为、组织过程的框架展开。核心作者方面已经形成了以高校教师为主要代表的学术共同体，涌现出一批有影响力的核心作者，他们的主要工作或是修正、拓展西方的理论框架，或是开展中国本土的组织行为研究，并以此推动国内组织行为学的快速发展与进步。学科基础理论方面凸显了多元化基础理论和跨学科整合的态势，心理学、社会学、人类学、政治学是普遍运用的基础理论，并结合信息管理、市场营销等学科从不同视角聚焦组织行为学，推动组织行为学表现出更显著的人性化、多元化、动态化取向。就学术平台而言，该领域形成了一批有影响力的科研机构和核心期刊，国内高校研究机构如华中科技大学管理学院、西安交通大学管理学院、浙江大学管理学院、清华大学经济管理学院、中山大学管理学院、南京大学商学院和北京大学光华管理学院等为汇聚学术资源、催生科研成果的重要学术平台，而国内外管理学、心理学、组织行为学领域权威期刊如 *Academy of Management Journal*、*Journal of Applied Psychology*、《心理学报》和《管理世界》则成为传播、交流学术思想的重要学术汇集地，二者相辅相成，共同推动组织行为学的发展。此外，结合 2014 年以来组织行为学的研究工作，可以看出，中国组织行为学研究基本上延续着本研究所发现和归纳的研究特点，但在领导行为研究方面有所深化和拓展，出现了包容型领导、谦卑型领导、真我型领导等新兴话题。

从以上的分析中也可以看出，21 世纪以来国内组织行为学研究在取得了丰富的研究成果的同时，也存在一些问题。一方面，国内学者到目前为止多是基于西方的理论框架和研究范式，在中国开展演绎式研究，虽然已有学者尝试建立符合中国特殊情境文化的组织行为理论，但为数还不多，且这些理论仍停留在个体层面或者小团体层面的对话系统中，并没有得到国际学术界的认可和接受。另一方面，现有的组织行为学研究既没有建立起与研究对象拟合程度高的理论体系，也没有发展起好的、适应学科对象的科学方法论，使得现有理论在解释实际管理现象上贡献有限，理论的实践价值难以得到体现。[①] 未来，中国管理学者不仅要善于借用西方理论解释中国的管理现

---

① 章凯、张庆红、罗文豪：《选择中国管理研究发展道路的几个问题——以组织行为学研究为例》，《管理学报》2014 年第 10 期。

象，更要结合中国的国情和社会发展的趋势，结合实际开展研究，发展出具有中国本土特色的组织行为学理论，并结合经典的组织行为学理论检验、完善和发展，从而提高中国管理学理论在全世界范围内学术社区的话语权，增强中国管理学的理论自信①。同时要在科学信念与学科范式上进行转换，注重理论原型的构建，运用有效的科学方法论，创新管理研究方法，以此推动具有中国特色组织行为学研究的发展②。

第三节　中国管理研究知识的社会化过程：以 IACMR 的国际化成长为例

简而言之，一个新兴学术领域的兴起与被认可，不仅是因为知识的进步（进展）（intellectual advances），还得益于社会政治情境与事业③。因此，中国管理研究知识不仅需要开发与探索创新，也需要"创新的扩散"，即需要通过必要的知识社会化运动来进行制度对话，以提高在国内外个体管理学者、学术共同体、学术社区甚至宏观制度层面的合法性与被接受程度。本节基于对中国管理研究国际学会（IACMR）的国际化历程的系统与深入窥探，通过案例研究的方式，关注中国管理研究知识的社会化机制与动态演变路径，试图在现有文献的基础上构建新的理论模型，在拓展现有理论解释逻辑的应用边界时，也为研究中国管理知识的社会化议题提供理论借鉴与现实参考。

一、中国管理研究国际学会

根据其官方网站的介绍，中国管理研究国际学会"是一个专业性的学术组织，为有志于提升中国情境下的组织管理知识的学者、学生、管理者及咨询者提供服务。学会的主要目标是促进中国情境下企业组织与管理领域的

---

① 贾良定、尤树洋、刘德鹏等：《构建中国管理学理论自信之路——从个体、团队到学术社区的跨层次对话过程理论》，《管理世界》2015 年第 1 期。

② 章凯、张庆红、罗文豪：《选择中国管理研究发展道路的几个问题——以组织行为学研究为例》，《管理学报》2014 年第 10 期。

③ Hambrick, D. C., Chen, M. J., "New Academic Fields as Admittance-Seeking Social Movements: The Case of Strategic Management", *Academy of Management Review*, Vol. 33 (1), 2008.

学术研究。学会于 2002 年创办并在美国注册为非营利机构（501（c）3）。目前学会在会员和各界的支持下快速成长，已拥有来自近 100 个不同国家的注册会员逾 8000 人……已经成为公认的中国企业管理研究最具权威性的世界级学术研究组织"[1]。该学会是由美籍华人、国际管理学界和华人管理研究的优秀学者徐淑英（Anne S. Tsui）教授于 2001 年开始发起筹备的会员制的大型国际学术组织，为从事中国管理研究的学者提供思想和经验交流的论坛、增进全球范围内管理研究者的国际合作、推动中国境内管理研究能力的发展、促进中国管理相关研究能力搭建平台，旨在全面提升中国管理问题学术研究水平，进一步提高中国企业的管理能力。在徐淑英教授及其团队和众多参与者的共同努力下，中国管理研究国际学会已经成为一个成立时间很短，但发展很快并具有很大影响力的中国管理领域的学术研究组织，在涉及管理学的多个领域成为具有一定标杆作用、体现研究思想、方法科学化，与国际研究潮流接轨的学术研究平台和无形学院。所以以该组织作为研究对象是十分有意义的研究工作，有利于窥探中国管理研究知识的社会化传播机制。

二、文献回顾：学术知识的社会化过程

借鉴社会运动理论与科学社会学的解释逻辑，汉布里克和陈明哲（Hambrick 和 Chen，2008）对美国战略管理学科从兴起到获得认可的进程进行了概括与抽象，通过提出相关的理论命题，构建了学科发展的"准入—寻求社会运动模型"（admittance-seeking social movement）。这个模型的三个组成部分，即差异化（differentiation）、动员（mobilization）和合法性建立（legitimacy building），是一个新兴学术领域的必要经历过程。其中，差异化表示一个新兴的学术领域需要与其他现有领域进行区分，并声称一些非常重要的问题不能被现有领域所解决，但又不否认现有领域的学术价值；动员强调调动各方、各种可用的资源，而且集体行动的元素——政治机遇结构（political opportunity structure）、共同的兴趣（shared interest）与社会基础设施（social infrastructure）（Davis 和 Thompson，1994）——必须同时存在；合

---

[1]　IACMR 官方网站，见 http://www.iacmr.org/index.php? c＝category&catid＝44。

法性建立也强调一种过程，表示新兴的学术领域需要智力说服（intellectual persuasion；Merton，1973），遵守相近学科或学术领域的规范、风格与标准（DiMaggion 和 Powell，1983）。汉布里克和陈明哲（2008）认为，一门新兴的学科或者学术领域成功蜕变为一个合法化的过程不是一个非连续的二元逻辑（binary fashion），而是一个阶梯型的（scalar）、递归的（recursive）、连续的循环过程。基于这一学科发展的社会运动模型，汉布里克和陈明哲（2008）通过三个学术领域的合法化过程进行有效的例证，认为战略管理领域之所以取得成功并迅速被认可，是因为满足差异化、资源动员与合法性建立的所有要求；国际商务研究（international business，IB）与社会事务管理（social issues in management，SIM）两个学术领域在发展过程遇到困难，是因为二者均未满足三个循环与迭代过程的一项或多项要求，比如这两个领域虽然都满足了差异化过程的所有元素，但均缺少资源动员过程中必要的"有限共同兴趣"与"社会网络核心成员与互补的多样性"以及缺少合法性建立过程中必要的"效仿相邻学科领域的规范、风格与标准"，而 SIM 更是缺少资源动员过程中的"内部需求"元素。

　　上述学科发展的社会运动模型为解释新兴学科或学术领域不断取得合法性与认可提供了绝佳的理论模型与解释机制，因此首创性地关注了科学社会学中的一个相对较少关注，但却至关重要的研究议题，而且还通过开发现有的与探索新的社会运动模型作出了非常有效的理论贡献。更进一步地，汉布里克和陈明哲（2008）的这一学科发展理论模型还通过纵向、动态与深刻地关注管理科学中的战略管理合法化过程，为从理论高度继续有效地窥探新兴学术领域的成长与被认可过程提供了理论借鉴与参考。基于这一理论框架，陈明哲（2016）将学术领域的合法化过程研究拓展至更为具体的范畴，即管理理论体系的合法化过程，并以其个人真实的学术创业过程为例，具体分析了动态竞争理论从无到有的具体历程。他认为动态竞争理论正是成功运用差异化战略（如"通过突出差异性，动态竞争建立了学术创业的'本'与改变现有理论和思维的'元'动力，在既有的理论和文献中进行了一系列的学术创新，找到了自己的独特性，由量变造成质变"）、资源动员（如"在动态竞争理论的发展过程中，笔者把战略管理其他领域的一些顶尖学者都拉到我的'平台'来，成为动态竞争研究的合作者或支持者……同时，动态竞争理论还有比较重要的外部支持者，包括当时担任 *Academy of Management Journal*（AMJ）主编的迈克尔·希特（Michael Hitt）以及 *Resource-based View*（RBV）的创始人杰伊·巴尼（Jay Barney）……当这些其他领域的顶尖学者用实际行动来支持一个新的学术领域、为它背书的时候，学术界对这个新兴的领域就自然地接受和认可了"）与合法性建构（如"笔者的做法是先避其锋芒、养精蓄锐，再以实力和成果逐步获取合法性……假如一开始就使用'动态'这个词，很可能在观念刚刚提出或形成雏形之前就被经济学家或当时深受经济学思维影响的管理学者排斥或拒绝了……直到后来，生米煮成熟饭，水到渠成，针对竞争行动和回应的研究方法与理论建构都具备了合法性，笔者才逐步提出'动态竞争'这个名词"）三大要素，从一个简单的现象研究变成一套系统性的理论体系，并在特定领域中立足生根。

同样是关注管理知识的"创新扩散"与理论传播的社会化过程，贾良定等（2015）基于组织学习理论与制度对话理论并通过对资源基础理论、高阶理论、雇佣关系理论等多案例的归纳与演绎研究，提出了"个体—团体—社区跨层次对话过程理论"，认为理论体系的形成是一个由个体学者思索（体验、搜寻和表达）开始，到学术团体整合（讨论、说服和合理化），再到学术社区辩证（检验、完善和规范）的动态、跨层次对话过程；在这一过程中，学者通过唤醒学术社区对新理论的检验和修正，最终成为合法有效的制度化知识体系。换言之，理论从最初的状态——个人"体验"，经过跨层面对话，使团队直到社区产生对理论的认同感，成为整合学术社区公有化的最终状态——知识"规范"。贾良定等（2015）将此过程称为"中国管理学的理论自信之路"。

综上所述，现有文献已经为进一步窥探管理知识的社会化过程提供了重要的文献支持与理论基础。在中国管理学研究知识本身的生产与创造的基础上，本节将从理论的解释逻辑与抽象高度，通过一个典型案例以阐述中国管理学研究的知识社会化过程。

三、案例选择

案例研究可用来实现不同的研究目标，除了提供描述（Kidder，1982；

Eisenhardt，1989）以外，既可以检验理论（Yin，2003；Anderson，1983；Pinfield，1986；江诗松等，2011），又可以构建理论（Yin，2003；Harris 和 Sutton，1986；Gersick，1988；Eisenhardt，1989；江诗松等，2011）。

作为中国管理研究社群的中坚力量，张静等（2016）沿用该学会网站的资料对中国管理研究国际学会（IACMR）进行了较为全面的介绍，并介绍了 2004—2014 年历次学术年会的基本情况（见表 7-8）。2016 年，IACMR 第七届学术年会以"文化与中国管理"（Culture and Chinese Management）为主题在浙江大学召开，5 天内共举办了 170 场学术活动，包括 90 场宣讲会，50 场圆桌讨论会，30 场专业发展工作坊。2018 年 6 月，IACMR 第八届学术年会以"应对持续转型升级的挑战"（Meeting Challengesof Continuous Transformation）为主题在武汉大学召开。

表 7-8　IACMR 2004—2014 年学术年会情况一览表

		第一届	第二届	第三届	第四届	第五届	第六届
召开时间		2004 年 6 月 17—20 日	2006 年 6 月 15—18 日	2008 年 6 月 19—22 日	2010 年 6 月 16—20 日	2012 年 6 月 20—24 日	2014 年 6 月 18—22 日
会议主题		构建中国管理研究的版图暨创会大会	转型经济中的知识创造	中国管理研究中的奥林匹克精神	中国组织中的创新与变革	建造"厚德载物、永续发展"的华人企业	立足中国实践创新管理理论
出席人数（人）		450	550	700	950	780	1150
投稿论文数量（篇）		288	246	366	540	642	680
审稿人数（人）		161	140	265	350	402	537
论文语言	中文	47	56	131	136	130	179
	英文	119	114	149	198	240	294
论文来源	中国大陆	71	60	151	153	162	257
	海外	78	77	79	129	143	120
	合作	17	33	50	52	65	96

续表

		第一届	第二届	第三届	第四届	第五届	第六届
论文主题	微观	87	98	165	193	246	315
	宏观	79	72	115	141	124	158
各年份研讨论文总数（篇）		166	170	280	334	370	473

资料来源：张静、罗文豪、宋继文等：《中国管理研究国际化的演进与展望——中国管理研究国际学会（IACMR）的发展范例与社群构建》，《管理学报》2016年第7期。

虽然学者对 IACMR 的蜕变与转型过程存在一定的异议（如蔡玉麟，2016；赵良勇和齐善鸿，2016；韩巍和赵向阳，2017），但是学者普遍认为 IACMR 在引领中国管理研究走向国际化——尤其是研究主题与范式、学术研究成果（融入国际学术社区、国际交流的拓展以及国际学界对中国管理问题的研究与关注等）与学者个体等方面——的道路上是比较成功的（如张静等，2016）。关于 IACMR 的国际化，也可从表7-8可见一斑。故将 IACMR 作为典型的案例，通过分析 IACMR 的成长与演变过程，通过构建理论模型，以窥探中国管理学研究的知识社会化过程。我们认为，考察 IACMR 这一特殊组织推动中国管理研究国际化的过程，也可体会到差异化战略、资源动员策略与合法性构建三个互相迭代、互相促进的循环过程。

四、主要发现

遵循现有文献的相关建议（江诗松等，2011；张静等，2016），本研究根据 IACMR 的重大与关键历史事件，将其成长过程分成三个阶段。

（一）起步阶段（1999—2004年）

中国管理研究国际学会（ICAMR）缘起于1999年在香港科技大学工商管理学院举办的实证研究方法培训班。鉴于在20世纪80年代至千禧年之间，中国管理研究的主流方法主要是性质的主观研究[①]，创会主席徐淑英（Tsui）教授发现彼时关注中国企业的管理研究非常缺少系统的科学研

① 陈佳贵主编：《新中国管理学60年》，中国财政经济出版社2009年版，第15—17页。

究方法，尤其是实证研究，于是从学校申请了基金，在 1999 年开始举办一年一度的研究方法培训班，以帮助中国管理研究学者开展更为系统与科学的管理研究。四年之内，徐淑英邀请了国内著名高校的数十名年轻学者参加科学研究的培训，受邀的管理学学者都大开眼界并产生了浓厚的兴趣。此时正逢国内学者开始重视管理研究的科学性，当时的西方学术共同体也逐渐对转型过渡时期情形下的中国企业管理研究知识产生好奇心。正是借助于多方共同的需求和鼓励，2002 年徐淑英率领团队在香港成立了IACMR，旨在推动中国管理研究的知识生产与传播。徐淑英在首届会议中担任创会主席以及会议项目委员 （IACMR Inaugural Conference Program Committee），首届会议其他的领导成员有陈晓萍 （Xiaoping Chen）、张维迎（Weiying Zhang）、马克斯·博伊索特 （Max Boisot）、大卫·兰蒙德 （David Lamond）、刘忠明 （Chung-Ming Lau）、陆亚东 （Yadong Luo）、奥戴德·申卡尔 （Oded Shenkar） 等。

　　徐淑英团队深信中国情境所蕴藏的管理知识的重要性，因此开始呼吁挖掘中国本土管理知识的学术价值。在中国改革开放的历史进程中，虽然当时已经产生了一定数量、一定影响力的中国管理研究知识 （如 Peng 等，2001；Li 和 Tsui，2002；Tsui 等，2004），但是大多数研究对中国的独特情境挖掘不够，研究方法也有待进一步科学化，导致这样的成果缺少西方主流管理界的认可。不过，学者普遍认为，中国独特的情境为开发现有的管理理论与探索新的管理理论提供了绝佳的历史机遇[1]，这也为徐淑英提倡"为全球管理知识做出贡献"[2] 奠定了重要的学术与现实基础，同时也似乎蕴藏着 IACMR 后期可以有效生产与传播中国管理知识的重要契机。徐淑英团队原计划2003 年举办 IACMR 首届年会，但因当时"非典"在中国爆发，而将首届年会推迟至 2004 年召开。

　　根据贾良定等 （2015） 的"个体—团体—社区跨层次对话过程理论"

---

　　[1]　Li，J. T. ，Tsui，A. S. ，"A Citation Analysis of Management and Organization Research in the Chinese Context：1984 to 1999"，*Asia Pacific Journal of Management*，Vol. 19 （1），2002.

　　[2]　Tsui，A. S. ，"Contributing to Global Management Knowledge：A Case for High Quality Indigenous Research"，*Asia Pacific Journal of Management*，Vol. 21 （4），2004；陈昭全、张志学、Whetten，D. ：《管理研究中的理论建构》，载陈晓萍、徐淑英、樊景立：《组织与管理研究的实证方法》，北京大学出版社2012 年版，第 63—64 页。

模型，IACMR 在起步阶段推动中国管理研究知识的社会化运动主要体现在学者个体与学术团体层面。

（二）成长阶段（2004—2012 年）

从 2004 年开始，IACMR 步入转型与快速成长阶段，也逐渐形成自我的特点，差异化也随之出现。在此期间，IACMR 有两项非常重要的差异化举措，加速了合法化步伐以及促进了为全球管理知识宝库贡献中国管理知识（Tsui，2004、2006、2007、2009）的进程。一是重点强调实证研究范式，提高中国管理研究的规范性与严谨性程度，促进中国学者对最前沿研究方法的掌握，也使得西方的主流研究范式深入人心；二是强化理论情境化研究，尤以徐淑英（Tsui，2009）关于中国管理研究"十字路口"（"康庄大道"还是"羊肠小道"？）的论断、巴尼和张书军（Barney 和 Zhang，2009）关于"中国管理理论"与"管理的中国理论"分类法以及惠顿（Whetten，2009）关于理论情境化有情境化理论化的深描为标志。

1. 资源动员

2000 年以来，中国的文化与学术制度环境各个层面均开始发生较大的变化：中国管理学科学共同体、重要与权威的期刊（如《管理科学学报》《管理世界》《南开管理评论》等）逐渐借鉴西方主流的常规科学范式，旨在提高管理研究的科学严谨性[①]；转型时期的中国管理学科以及中国企业管理实践均在加速其合法化进程；国家自然科学基金委员会管理科学部也在项目立项等多方面打造推进中国管理研究知识的科学化与国际化的制度环境（将基于中国情境的管理理论创新视为一个重要的研究方向）；国家社科基金也通过选题、立项支持。如"中国情境下的管理理论创新路径实证研究"（2012 年青年项目）、"中国家族企业管理思想史"（2010 年青年项目）、"中国管理哲学特质研究"（2011 年一般项目）、"民国时期企业经营管理思想史论"（2010 年一般项目）等，使得国内各大学商学院积极响应国家号召，纷纷提高了制度同构与趋同性的速度[②]，逐渐在博士生培养、师资引进、绩效考核、权威认证等方面采取国际化的标准……正是在这样的历史大背景下，来

---

① 本刊特约评论员：《再问管理学——"管理学在中国"质疑》，《管理学报》2013 年第 4 期。
② 彭贺：《作为研究者的管理者：链接理论与实践的重要桥梁》，《管理学报》2012 年第 5 期。

自全世界各个国家、学科与学术领域的学者——甚至是顶级学者（如 Michael Hitt、John Child、Richard Scott、Robert Hoskisson、Marshall Meyer、Victor Nee 等）——逐渐认识到中国作为新兴经济体对弥补与更新全球管理知识的重要历史机遇，纷纷开始关注中国管理研究问题，而 IACMR 也为了顺应历史发展的潮流以及满足国内外学者的需求，开始于 2004 年起举办双年会，至今已在北京、南京、广州、上海、香港、杭州、武汉等城市成功举办了八届，原定 2020 年第九届年会将推迟一年在西安召开；不仅如此，IACMR 还已在西安、广州、成都、厦门、台湾、兰州、上海、天津等城市成功举办了 8 次研究方法讨论班。这些例行年会提供的非常重要的学术交流平台，吸引了越来越多的管理学者踊跃参加。从历届会议来看，参加 IACMR 年会的人数逐渐增多，英文投稿论文逐渐增多，每年研讨论文总数也逐渐增多。

除此之外，IACMR 除了举办年会以提供学者面对面交流平台以外，还于 2005 年成功发行了 *Management and Organization Review*（MOR）官方学术杂志，主要关注"管理学的基础研究""国际化管理和比较研究""中国本土化管理研究"，包括对中国境内的公司和在中国经营的跨国公司中的组织与管理研究等方面的研究。MOR 一经发行，变成了 IACMR 甚至是中国管理研究的旗舰产品，在国内外均产生了较大的学术影响力，所以在 2008 年就成功入选 Social Science Citation Index of Information Scientific International，即 SSCI。与此同时，为了促进管理研究的科学严谨性以及促进科学研究范式的有效传播，IACMR 从 2008 年开始举办了专业发展工作坊（PDW），如"博士研究生协会：进行中国博士论文的相关研究""中国管理研究的调查研究设计""顶级期刊写作与修改技巧""在管理学中使用扎根理论研究方法论""社会交换理论在中国管理研究中的应用""社会网络分析与事件史分析""学者（教授）发展论坛""通过创造性的创作制作真实生活的商业案例""中国管理学研究中的理论构建与质性研究"等。与此同时，IACMR 还成功出版了数项有影响力的著作，如《组织与管理研究的实证方法》（第一版、第二版）、《案例研究方法：理论与范例》、《〈管理科学季刊〉最佳论文集》、《〈美国管理学会学报〉最佳论文集萃》（第一辑、第二辑）、《求真之道，求美之路：徐淑英研究历程》、《中国企业管理的前沿研究》、《中国民营企业的管理和绩效：多学科视角》等。在此期间，为了从多方位、多角度进一步促进中国管理知识的"创新扩散"，IACMR 还创办了《时事通讯》期刊，设立"李宁论文奖"、Emerald／IACMR 中国地区管理学研究基金奖等奖项，还在国内外学术共同体有效形成了学术网络中心，如徐淑英、樊景立、陈晓萍、陈明哲、郑伯埙、巴尼和张书军、惠顿、曾俊华（Tsang）、范里安（Van de Ven）、李平、井润田、赵曙明等，以及相关的外围学者，以形成了"中心—外围"格局。IACMR 的成功运作，以及通过差异化战略对实证研究范式与中国管理情境研究的深刻关注，如一石激起千层浪，促使国内的一些学术会议，如"管理学在中国"、中国管理学年会等关注同样或类似的问题。

2. 合法性建构

IACMR 的迅速成长，吸引越来越多的学者成为其会员，随着会员、与会学者等主体越来越熟悉西方主流的实证研究方式与审稿机制，使得越来越多的优秀学术成果发表在国际企业管理类重要期刊（包括 AMJ、ASQ、SMJ、JIBS、AMR、JAP、OS 等），这些研究中不乏深刻挖掘中国传统文化与哲学的实证研究以及中国情境、文化与哲学下的特色主题，如关系、家长式领导、儒家思想、阴阳哲学，而且有些研究已经在国内外管理学群体中间产生较大的影响力，如"guanxi"（关系）研究。[1] 可以认为，在 2004—2012 年的成长时期内，IACMR 不断采取管理学相邻学科、学术领域、学术团体的主流研究方法、规范、理论范式，既尝试通过主流的研究方法对中国独特管理情境的概念与构念进行测量，又积极借鉴主流的案例研究方法推动实证研究方法的多元化发展。

根据贾良定等（2015）的"个体—团体—社区跨层次对话过程理论"模型，IACMR 在成长阶段推动中国管理研究知识的社会化运动已经开始向团体与社区层面跃迁。

（三）引领阶段（2013 年至今）

近年来，随着中国乃至世界管理研究中存在的同质化趋势与功利性倾向

---

[1] Liu, L. Q., Mei, S. Y., "How Can An Indigenous Concept Enter the International Academic Cirde: The Case of Guanxi", Scientometrics, Vol. 105 (1), 2015; 刘林青、梅诗晔：《管理学中的关系研究：基于 SSCI 数据库的文献综述》，《管理学报》2016 年第 4 期。

日趋明显导致科学精神的迷失，① IACMR 大力提倡回归科学精神，保持学术独立，并树立学术信仰，除了分析商学院的价值观和伦理，② 呼吁学术同情心，③ 以及提倡科学精神与负责任的学术④以外，还积极回归管理学最为本源的问题，如科学严谨性与实践相关性的平衡，差异化特色更加鲜明。

1. 资源动员

中国的学术制度环境的深刻变化，进一步酝酿 IACMR 国际化的机遇：国家层面的官方学术机构，如国家社会科学基金继续支持中国管理研究知识的创新，如已经立项的项目"中国转型期管理理论创新的路径选择与模式建构研究"（2013 年青年项目）等；国内商学院进一步加快国际化步伐，如在师资引进、博士研究生培养、MBA 与 EMBA 授课等方面继续加大国际化力度，体现相关需求；IACMR 继续得到中国大陆、港澳台以及全球范围内各大学商学院的大力支持；中国经济的成功、中国企业的成功"走出去"、中国管理学科的成功发展，都导致西方权威期刊与学者越来越呼吁关注转型经济体与新情境下——尤其是中国——的管理知识（如 Barkema 等，2015）。借此"东风"，MOR 的主编由杜克大学的乐文睿（Arie Y. Lewin）担任，IACMR 的注册会员已经覆盖世界范围内近 100 个不同国家的注册会员逾8000 人，而且还正在吸引来自全球范围内不同学科背景、不同研究领域的顶级华人学者与西方学者纷纷加入推进中国管理研究知识创造与传播的社会运动行列。同样伴随中国的文化环境——尤其是互联网革命——的变化，大量的微信群体、网络学术沙龙等虚拟平台开始创建，如 IACMR 公众号、"本土管理研究与理论构建讨论组"、"MOR 组织管理研究"等。与此同时，IACMR 继续出版有影响力的学术著作，如《中国创新的挑战》《管理理论构建论文集》《自下而上的变革：中国的市场化转型》等，而且继续开展专业发展工作坊，如"如何在中国开展基于现象的研究""探讨中国本土组

---

① 张静、罗文豪、宋继文、黄丹英：《中国管理研究国际化的演进与展望——中国管理研究国际学会（IACMR）的发展范例与社群构建》，《管理学报》2016 年第 7 期。

② 徐淑英、任兵、吕力：《管理理论构建论文集》，北京大学出版社 2016 年版。

③ Tsui, A. S., Jia, L. D., "Calling for Humanistic Scholarship in China", *Management and Organization Review*, Vol. 9 (1), 2013.

④ Tsui, A. S., Jia, L. D., "Calling for Humanistic Scholarship in China", *Management and Organization Review*, Vol. 9 (1), 2013；徐淑英：《科学精神和对社会负责的学术》，《管理世界》2015 年第 1 期。

织现象的质性研究方法""构建跨层研究模型：中介效应与调节效应""如何在顶级期刊上发表论文：指导与洞见"等。随着国内外的学术共同体逐渐对管理哲学产生浓厚的兴趣以及管理哲学在中国管理研究知识创造中的举足轻重角色，IACMR 还在 2016 年举办了第一届管理哲学师资力量培训。与此同时，IACMR 还获得剑桥大学出版社的大力支持，并继续扩张已经形成的管理学者网络核心力量以及边缘的新学者势力。

2. 合法性建构

在提倡回归科学精神的进程中，IACMR 逐渐意识到现有的主流实证研究方法存在的问题（如与中国管理实践存在脱节等）。因此在进一步加大应用实证研究方法时，IACMR 开始提高现有的科学研究方法的多元化程度，进一步借鉴其他学科的研究方法论。

根据贾良定等（2015）的"个体—团体—社区跨层次对话过程理论"模型，IACMR 在引领阶段推动中国管理研究知识的社会化运动中，覆盖个体、团体与社区各个层面，而且在各个层面逐渐深入与渗透。

综合以上的分析，从 1999 年至今，IACMR 作为新兴的学术团体从起步阶段发展到引领阶段，有效地实现了国际化以及被世界主流的管理学界接受与认可，经历一系列系统的社会运动工程（见表 7-9 和图 7-12）。在此进程中，IACMR 通过差异化、资源动员与合法性建构三个元素的递归、迭代、循环与互相促进，实现非线性的合法化蜕变。如图 7-13 所示，从动态的演变路径来看，在起步阶段 IACMR 的社会运动只有差异化元素与资源动员中的共同兴趣元素，导致彼时促进中国管理研究知识社会化的力量只停留在个体与团体层面，即主要是学会发起人个人的"思索"以及创始项目团队成员集体的初步"整合"①，而且更多的是停留在个体层面的体验、搜寻与表达，尚未通过讨论、说服与合理化手段完全向团体层面展开以引起同类学术群体或主流学者的充分关注，更未通过检验、完善与规范方式上升至社区层面从而实现有效的"辩证"②。当进入成长与转型阶段时，IACMR 迅速取得

---

① 贾良定、尤树洋、刘德鹏等：《构建中国管理学理论自信之路——从个体、团队到学术社区的跨层次对话过程理论》，《管理世界》2015 年第 1 期。

② 贾良定、尤树洋、刘德鹏等：《构建中国管理学理论自信之路——从个体、团队到学术社区的跨层次对话过程理论》，《管理世界》2015 年第 1 期。

表7-9　IACMR 国际化发展各阶段的社会运动

时间	差异化战略	资源动员			合法性建构	
		政治机遇	共同兴趣	社会基础设施	智力说服	效仿
1999—2003年	①关注中国管理研究；②提高管理研究的科学性		①动员陈晓萍、张维迎、Boisot、刘著明、陆亚东、Shenkar等学者组成运营管理团队；②中国高校的青年教师受邀参加研究方法培训			
2004—2012年	①关注中国管理知识的创建与知识传播；②引入价值贡献；③强化情境与理论的关系研究	①2000年以来中国管理学术逐渐借鉴西方的常规科学范式；②中国管理学科的发展与中国企业管理实践的国际化，都产生相关理论知识的内部需求；③国家自然科学基金委将基于中国情境的管理理论创新视为一个重要的研究方向；④中国大学商学院越来越将科学塑造科学严谨的学术制度	①吸引来自不同领域与学科背景的国内外学者；②存在多种形式的研讨会议；③IACMR会员显著增多，包括Michael Hitt、John Child等顶级学者，而且只不断吸引新的大牛纷纷加入；④参加IACMR年会与投稿数均逐渐增多，国外更多的学术会议开始关注中国转型时期下的中国	①MOR创刊，成功入选SSCI索引；②开展年会的PDW；③相继出版有影响力的著作；④创办《管理视野》《时事通讯》等刊物；⑤形成社会网络核心与权威人物，如Tsui、Whetten等，樊景立、网络边缘新人物；⑥获得Wiley出版社大力支持；⑦设立Emerald/IACMR中国地区管理学奖与"李宁"	①Barney和Zhang（2009）道路选择的分类；②Whetten（2009）提出理论与情境关系的经典论断；③国内外其他学者对情境研讨与反行深刻探讨；④学者越来越深刻研究中国情境、文化与哲学下的特色主题；⑤相关越来越的研究成果越来现在西方顶级管理学期刊上；⑥现在国内地区多地出	①采用国际化的实证研究主流范式，促进中国学者对前沿研究方法的掌握；②学者逐渐尝试研究方法通过主流研究方法改进对中国独特管理的概念与测量与研究情境的概念行测量方法；③开始借鉴研究与推广案例研究方法

续表

时间	差异化战略	资源动员			合法性建构	
		政治机遇	共同兴趣	社会基础设施	智力说服	效仿
2004—2012年		环境，引进具有国际化背景的师资力量增加；管理知识对国际化需求程度增加；⑤得到全球范围内各商学院的大力支持；⑥国家社会科学基金继续立项支持	国管理实践研究与本土化研究；⑥中国情境化管理研究已经成为重要管理学期刊的一个焦点与热点	论文奖；⑧MOR于2009年开辟专栏，从"局外人"与"局内人"多视角关注理论与情境的关系研究；⑨吸引国内外学术论坛关注中国情境管理研究	国传统文化与哲学的实证研究并推广	
2013年至今	①回归科学精神；②成为公认的中国企业管理研究具有权威性的世界级学术研究组织	①国家社会科学基金继续立项支持；②国内商学院进一步加快国际化步伐，相关需求进一步强化；③继续得到各商学院的大力支持；④中西方权威期刊更加关注新兴经济体的管理知识创新	①Lewin教授担任MOR主编；②会员来自近100个国家，已逾8000人；③继续吸引全球来自不同研究领域的顶级学者纷纷加入；④IACMR年会与投稿论文总人数均继续增多	①大量互联网平台建立，如微信群体；②继续出版学术著作；③继续开展专业发展工作坊；④2016年举办第一届管理哲学学术师资力量培训；⑤获得剑桥大学出版社的支持；⑥已形成核心学者网络力量以及边缘新学者势力都继续壮大	①创会主席呼吁科学精神与负责任的学术；②关注理论与实践平衡的本源问题；③提出管理教育的方向；④重建的社会与企业的联系	①继续加大实证研究方法普及的力度，模仿相邻学科的价值规范；②与学术标准；②进一步提高实证研究方法的多元化程度

资料来源：作者整理。

了发展，在差异化、资源动员与合法性建构等元素的各个维度充分实现了社会运动，可谓"天时地利人和"。在这个时期，IACMR 的社会运动开始从个体与团体层面向团体与社区层面成功地跃迁，不仅在团体层面通过有效的讨论、说服与合理化方式吸引了大量的国内外主流学者与学术群体的关注，还开始在社区层面通过不断地检验、完善与规范其议题从而逐渐被认可与接受。到了引领阶段，IACMR 的差异化、资源动员与合法性构建各方面社会运动力量更加深入地在个体、团体与社区层面进行全面渗透，通过不断的思索、整合与辩证手段使得中国管理研究知识生产社会化得以在国内外的学术共同体内取得合法性并被认可与接受。

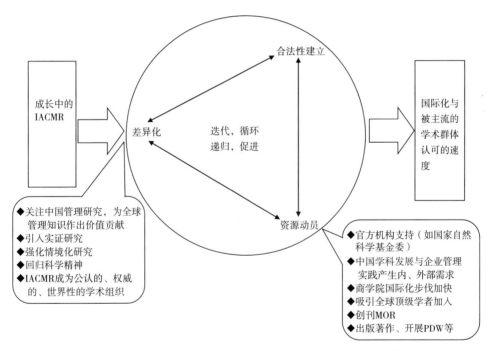

图 7-12　IACMR 促进中国管理研究知识国际化与社会化的社会运动

资料来源：作者整理。

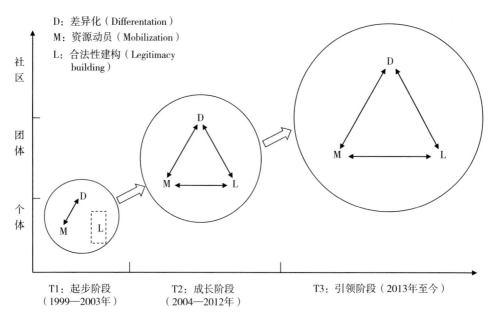

图 7-13　管理知识在不同发展阶段的社会运动过程：以 IACMR 为例

资料来源：作者整理。

五、讨论与结论

本节通过描绘 IACMR 的国际化与成长范例，试图探究中国管理研究知识的社会化过程与机制。首先，在现有文献的基础上，本节整合了汉布里克和陈明哲（2008）的学科合法化社会运动模型以及贾良定等（2015）的知识生产与制度化的对话过程理论模型，从更为动态的演变视角同时考虑时间因素与知识社会化层面因素，构建了以学术共同体为研究对象的社会运动模型，因此进一步推进了社会运动理论在管理学科议题研究的应用价值。与汉布里克和陈明哲（2008）窥探战略管理的社会运动模型以及与陈明哲（2016）关注个体学术创业层面的动态竞争理论合法化过程相比，本研究以介于个体学者与学科发展层面之间的 IACMR 这一专业学术组织为切入点，拓展了现有的学科发展社会运动理论的应用范畴。换言之，本研究表明，管理知识的社会运动可以从个体、组织与学科等多个层面得以开展，但无论从哪一种主体开始，都需要有效覆盖个体、团体与社区层面上社会运动力量，实现差异化、资源动员与合法性建构互相迭代与非线性的循环过程。

其次，张静等（2016）将 IACMR 的发展分为 1999—2008 年、2009—2012 年与 2013 年至今三个阶段，认为依次关注了实证研究、情境研究与科学精神，但是本研究认为这些都是 IACMR 差异化战略的一部分，而 IACMR 之所以可以取得国际化的成功并在国内外主流管理学界获得认可，除了有这些差异化定位元素之外，还有同样重要的资源动员（政治机遇、共同兴趣与社会基础设施）与合法性构建过程，而且这三项元素的共同互动、互相促进与互相循环同时构成了中国管理学术团体的合法路线。与张静等（2016）相比，本研究对 IACMR 的成长进行更为细致的刻画，尤其是将1999—2003 年单独区分开来，认为这个时期是 IACMR 的起步阶段，社会运动力量尚未展开，直到 2004 年开始举办第一届双年会才开始。与此同时，借鉴已有文献的做法，本研究并未停留在 IACMR 自身的成长，而是将IACMR 的国际化发展历程抽象与提炼为具体的理论模型，认为 IACMR 的合法性过程只是类似演变过程的一个典型案例，因此是可以被借鉴与推广的。这也为国内相关的学术团体（如《管理学报》、各高校的管理（商）学院等）提供了取得合法性的有效路径与理论借鉴。

再者，与贾良定等（2015）的从个体、团队到学术社区的跨层次对话过程理论相比，本研究在借鉴其个体、团体与社区层面的唤醒修辞与制度对话时，也从这三个层面同时考虑中国管理研究知识的社会化传播机制与路径，以及更为细致地从 IACMR 的不同发展阶段对每个层面的社会化因素进行展开，认为管理知识的社会化与制度化过程并不是简单的线性叠加，而是分别在各个层面以及在整体上由差异化、资源动员与合法性建构三个元素实现互相迭代、循环的非线性过程。换言之，本研究正是有效融合了贾良定等（2015）的跨层次制度对话理论与汉布里克和陈明哲（2008）的学科发展社会运动模型，同时从静态与动态的视角提炼出了新的理论模型，从而有效地应用与拓展了贾良定等（2015）的理论模型，也为从更多的社会层面元素进一步开发与探索其理论模型奠定了重要的分析基础。

最后，改革开放以来，虽然反映中国社会和文化特征的管理学理论知识经过了学术共同体的大量开发与探索，甚至形成了诸多无形学院（如第六章的相关结论与发现），但是从世界范围来看，至今这些管理研究知识并没有占据主导地位，而且很少加入到国际学术界的主流对话中。[①] 本节通过构建知识社会化传播的理论模型，为促进中国管理研究加速国际化并有效地实现被西方主流管理学群体认可、对话与接受提供了新理论视角下的借鉴，认为未来中国管理学科的发展以及促进知识的"创新的扩散"可能依然任重而道远。对此，通过研究，我们建议，未来或可以加强相关管理学术知识在个体、团体与社区层面的社会化与制度化力度，或可以强化学术机构与组织的差异化战略、资源动员与合法性构建三个循环过程，或可以从更高的文化与制度层面（如政治、经济、社会、科技等）塑造促进中国管理研究知识有效传播的"场域"。

① Tsui, A. S., "Editor's Introduction–Autonomy of Inquiry: Shaping the Future of Emerging Scientific Communities", *Management and Organization Review*, Vol. 5 (1), 2009; Jia, L. D., You, S. Y., Du, Y. Z., "Chinese Context and Theoretical Contributions to Management and Organization Research: A Three–Decade Review", *Management and Organization Review*, Vol. 8 (1SI), 2012.

第四编

改革开放后中国管理学知识市场研究

管理实践和知识市场是管理学理论发展的沃土，也是理论价值的最终检验地方与标准。在西方，伴随着百余年的管理理论研究与发展，管理咨询业也迅速兴起。管理咨询业不仅在管理实践与管理研究之间架起了一座桥梁，而且有力地促进了管理理论发展与管理实践之间的良性互动。这正如席酉民等在分析管理实践者为什么"不太关心"管理研究者的研究成果时说道："幸运的是市场上还有管理知识商人（咨询公司）和'知道分子'，他们可以'翻译'和传播管理研究成果给实践者。"① 西方许多在管理思想史上具有一定地位的先驱，他们既是推动管理理论发展的著名学者，也是管理教育家、企业咨询顾问等，如科学管理之父泰罗，以及甘特、德鲁克、波特等。

在中国，由于西方发达国家在上百年的市场经济道路上已经形成一整套成熟的管理理论和模式，因此，引进、学习和借鉴国外先进管理理论与方法是改革开放后中国管理学发展的重要特征，同时也带来了中国管理教育、管理咨询等的繁荣，形成了庞大的管理知识市场，国外输入的各种管理时尚在国内都有其市场，有些甚至到了泛滥的地步，甚至出现了如《执行力》等伪书②，严重干扰了管理技术的良性发展和管理知识的真正增长。因此，以改革开放后西方管理思想在中国的传播为对象进行研究，既能丰富管理理论研究的范围，又能提升存真弃伪的能力，影响和引导企业对管理知识的理性"消费"。同时，由于中国深厚的文化根基，情景化对理论研究和管理实践都是非常重要的③。因此，管理创新研究是研究改革开放后中国管理学发展不可或缺的部分。本编将结合中国管理学学科发展的过程，在对管理思想传播的相关理论及管理创新理论进行回顾的基础上构建中国管理创新的机制，回顾和总结中国管理咨询业发展及其作用④，探寻管理知识市场的行动逻辑与特点，并通过一个案例研究揭示管理思想在中国的传播过程是如何被采纳、整合进管理实践之中，如何实现在特定情境中的管理创新。

---

① 席酉民、张晓军：《从实践者视角看管理研究的价值和范式》，《管理学报》2017年第3期。

② 2003年出版并十分畅销的所谓哈佛大学商学院保罗·托马斯教授等所著的《执行力》一书，后被人们发现哈佛大学商学院并无该人，因此被称为伪书。

③ 徐淑英、刘忠明主编：《中国企业管理的前沿研究》，北京大学出版社2004年版，第40—43页。

④ 中国管理教育是中国管理知识市场的重要组成部分。根据课题研究的工作安排，本部分将只涉及中国管理咨询业，管理教育问题在其他部分进行具体分析。

第　八　章

管理思想传播与管理创新的理论分析

　　尽管人们已经认识到管理思想的真正价值与其被广泛传播之间似乎没什么关系，即使无效的管理思想也会被人们推崇，得到广泛的传播[①]，但相对于管理理论构建的研究，管理思想传播及在此过程中创新的研究一直较少被人关注，近年才开始有零散研究。其中，影响较大的一是由亚伯拉罕森（Abrahamson E.）等提出的管理时尚（management fashion）理论，解释管理技术层出不穷、快速传播并被迅速抛弃的现象，试图从一个新的视角来描述和反思管理思想的传播和学习过程；二是伯金肖等（Birkinshaw 等，2008）在 *Academy of Management Review* 杂志上发表的 "Management Innovation"，在总结前人研究的基础上提出了管理创新的研究视角、概念和过程。本章将在对管理思想传播及管理创新进行评述的基础上，构建一个跨层级、互动分析的理论模型，即宏观、微观互动视角下管理创新实现机制的理论模型，将改革开放后中国管理思想的发展历程看作是不断进行管理创新的过程，在新理论视角下分析和说明社会文化环境因素的客观制约性、管理创新主体的能动性之间的内在关联，目的是为了在明确的理论框架基础上反思改革开放后中国管理思想的发展特征与规律，期待通过深入反思来促进中国管理思想的发展和创新。

---

　　① Abrahamson, E., "Management Fads and Fashion: the Diffusion and Rejection of Innovation", *Academy of Management Review*, Vol. 16 (3), 1991.

第一节　管理知识传播研究

目前，专门研究管理知识传播的成果较少，且大多分散在相关管理研究主题之中，内容主要涉及社会范围、组织间以及组织内等不同层面的传播。本节将在简要介绍相关研究的基础上，重点介绍管理时尚理论。

一、不同层面的管理知识传播研究

1. 社会层面管理知识传播的研究

管理知识在社会层面的传播研究主要分为两种情况：一是将管理知识作为一种商品出售所形成的管理知识市场；二是管理知识以书籍、论文、研究报告等为载体在学术领域内及社会上传播，此时管理知识商品化程度相对较低。

（1）管理知识市场。当管理知识被视作为了营利而出售的商品时，管理知识市场就产生了，管理知识的产生和消费过程也就形成了其在社会范围内的传播过程。任何资源的市场配给都需要供给者和需求者的存在。在管理知识市场中，供给者主要包括管理咨询公司、软件公司、商学院、管理领袖、商业媒体、专业组织等，其中管理咨询公司在众多的供给者中居于主导地位，是企业最重要的"外脑"。管理知识市场上的需求者则是那些或由于技术经济因素、或由于社会心理因素而采用某管理理念或管理技巧的企业组织①。供需双方的共同作用产生了商品化的管理知识层出不穷、快速传播并被迅速抛弃的现象，并在此基础上产生了管理时尚理论。

（2）学术型管理知识的传播。社会层面管理知识传播的另一重要方式是学术型管理知识以书籍、论文、研究报告等形式通过学术或非学术期刊等媒介进行的传播。依据迈克尔·波特（1985）的价值链理论，可把知识从研究者到受众的流动过程看作是实现价值增值的动态过程，主要环节包括：价值创造，即商学院的管理学者产生研究成果或对实践经验的总结；价值认证，即相关专家审稿，评价稿件学术水平和价值；社会价值的形成，即编辑

---

① Abrahamson, E., "Management Fashions", *Academy of Management Review*, Vol. 21 (1), 1996.

通过审核和整理研究成果，使之规范化，形成适合传播的知识；社会价值的
实现，即广大读者通过各种途径获得知识商品，并用以指导实践。

对于媒体和编辑在学术型管理知识的传播中发挥的作用，观点主要有两
种：一种是将媒体看作是咨询公司、管理领袖等管理知识商品制造者们的
"代言人"（mouthpieces），媒体与制造者相互之间开展合作以促进管理知识
商品的流行①。另一种则将媒体看作是"守门人"（gatekeeping）的角色。
媒体的信息加工工作不仅能不断改善管理修辞来捍卫某个管理知识商品的流
行，而且媒体的社会影响力会加速或阻碍其在企业内部的合法化进程②。因
此，媒体是管理知识社会传播过程中的一个"战略检查点"（strategic check-
point）③，在管理知识商品的供给者与需求者之间起着"枢纽"作用；媒体
能使用一种社会可接受的语言，使某种管理理念的产生和消费成为可能④。

如果媒体是一个信息加工的黑箱，编辑们便是关键的后台操控者（key
backstage actors），是媒体内部信息处理的中心环节。编辑在选择管理知识的
决策过程中会受到以下因素的影响：（1）知识价值。依据知识来源和经验
就可以判断价值的大小，一般认为必须具备一定的价值元素才能公开发表，
如影响力、是否有突出的矛盾、创新性、时效性等⑤。（2）编辑个人倾向和
组织惯例。编辑个人的经历和态度在很大程度上影响对管理知识的筛选⑥。而

---

①　Kieser, A., "Rhetoric and Myth in Management Fashion", *Organization*, Vol. 4 (1), 1997.

②　Grafstrm, M., Windell, K., "The Role of Infomediaries: CSR in the Business Press During
2000-2009", *Journal of Business Ethics*, Vol. 103 (2), 2011; Hellgren, B., Lowstedt, J., Puttonen, L.,
et al., "How Issues Become (Re) constructed in the Media: Discursive Practices in the Astra Zeneca Merger",
Post-Print, Vol. 13 (2), 2002; Vergne, J. P., "Toward a New Measure of Organizational Legitimacy: Meth-
od, Validation, and Illustration", *Social Science Electronic Publishing*, Vol. 14 (3), 2011; Zavyalova, A.,
Pfarrer, M., Reger, R. K., et al., "Managing the Message: The Effects of Firm Actions and Industry Spillo-
vers on Media Coverage Following Wrongdoing", *Academy of Management Journal*, Vol. 55 (5), 2012.

③　Abrahamson, E., "Management Fashions", *Academy of Management Review*, Vol. 21 (1), 1996.

④　Mazza, C., Alvarez, J. L., "Haute Couture and Pret-a-Porter: The Popular Press and the Diffusion
of Management Practices", *Organization Studies*, Vol. 21 (3), 2000.

⑤　Deephouse, D. L., Heugens, P. P. M. A. R., "Linking Social Issues to Organizational Impact: The
Role of Infomediaries and the Infomediary Process", *Social Science Electronic Publishing*, Vol. 86 (4), 2009;
Shoemaker, P. J., Vos, T. P., *Gatekeeping Theory*, New York: Routledge, 2009.

⑥　White, D. M., "The 'Gate Keeper': A Case Study in the Selection of News", *Journalism and Mass
Communication Quarterly*, Vol. 27 (4), 2014.

组织惯例是指导组织工作的习惯化、模式化的实践①，这会减轻编辑的工作负担。对编辑来说，重要的组织惯例是先前设置好的关注主题。地位较低的媒体机构通过向标杆媒体学习可以加速特定问题和事件的合法化进程，建立评判知识价值大小的公认标准，并且形成全行业公认的议程设定②。（3）外部压力。相关利益群体会间接影响对知识价值的认知以及媒体可接收知识的类型③，如由于大众媒体的主要收入来源是广告，所以广告业主对媒体有很大的影响力④。因此，编辑的标准、组织惯例和外部压力三者之间的互动导致了媒体独特的管理知识处理过程⑤。

2. 组织间管理知识传播的研究

组织间管理知识的传播主要包括以下两个方面：

（1）员工流动与管理知识传播。员工流动是组织间管理知识传播的主要途径。阿罗（Arrow，1962）较早提出了员工的跨组织流动是实现知识传播、知识溢出的主要途径之一，但之后的研究主要集中于员工流动中技术知识的转移，讨论管理知识的较少。

（2）供应链上的管理知识传播。近年来，新的市场竞争观念已不再将企业之间的竞争仅视作是单纯意义的个体之间的竞争，而是整个产业链之间的整体竞争。这就要求供应链上的企业组织必须无间隙地运作，达到整合目的，从而实现各个企业的利益最大化。于是，除了技术、资金、信息等资源之外，供应链上各组织之间也会进行先进管理思想的传播与共享，其中较常见的形式是供应链上的领导企业通过制定标准，对供应商依据标准进行评估等途径来实现。此外，还可以通过建立常规访问（routine visits），为组织成

---

① Shoemaker, P. J., Reese, S. D., *Mediating the Message*, New York: Longman, 1996.

② Boyle, T. P., "Intermedia Agenda Setting in the 1996 Presidential Election" *Journalism and Mass Communication Quarterly*, Vol. 78 (1), 2001.

③ Shoemaker, P. J., Reese, S. D., *Mediating the Message*, New York: Longman, 1996; Westphal, J. D., Deephouse, D. L., "Avoiding Bad Press: Interpersonal Influence in Relations between CEOs and Journalists and the Consequences for Press Reporting about Firms and Their Leadership", *Organization Science*, Vol. 22 (4), 2011.

④ Williams, W. D., "Origin and Impact of Color on Consumer Preference for Food", *Poultry Science*, Vol. 71 (4), 1992.

⑤ Nijholt, J. J., Heusinkveld, S., Benders, J., "Handling Management Ideas: Gatekeeping, Editors and Professional Magazines", *Scandinavian Journal of Management*, Vol. 30 (4), 2014.

员与其分销商伙伴定期共享经验、交流问题和学习更好的管理方法提供平台①。

3. 组织内管理知识传播与沉淀的研究

维勒（Wiele，1998）将管理知识在企业内部的传播过程划分为六个阶段：（1）企业领导人经过审查发现某个管理知识有助于解决企业当下面临的问题，于是将其引进企业并积极向其他人推荐；（2）随着企业内部的宣传和培训的展开，更多的企业员工接受了此管理知识；（3）此管理知识在小范围内得以实际应用；（4）此管理知识在企业内外各种力量（如管理高层、重要客户等）的作用下被全面接受；（5）随着它的广泛实行，此管理知识带来的好处开始表现出来；（6）此管理知识在企业内全面应用，成为企业管理文化的一部分。罗维克（Røvik，2011）借用病毒理论（the virus theory）研究了平衡计分卡在企业内部的传播过程。罗维克的研究指出，时尚视角和病毒视角在管理知识传播和制度化的过程中起到相互补充的作用。时尚视角较好地解释了为何某项新的管理理念或管理技巧能被企业注意到，并因此暴露在企业面前，所以时尚视角下的传播过程实际上是管理知识在社会层面的传播过程。罗维克在此基础上将研究进一步深化，总结出了管理知识传播六种近似于病毒的特征，并认为每种特征对应着企业内部不同的处理机制：一是"传染"（infectiousness），即寄主接触到病毒的过程。对应的企业内部处理机制为"采纳"（adoption），即企业对某管理理念或技巧作出正式采纳的决定。二是"免疫"（immunity），即抵御病毒的能力。因过去引进过相似的管理技巧或管理理念而获得消极体验的企业通常会有较高的免疫力。其对应着四种可能的企业处理机制：（1）不采纳（non-adoption），企业决定不采纳所发现的某管理技巧或管理理念；（2）隔离（isolation），某管理技巧或管理理念在企业内部的实施过程中逐渐边缘化，被限定在某一特定范围，脱离了企业的实际日常运作过程，或曰"名存实亡"；（3）消失（expiry），某管理理念或管理技巧不再流行，逐渐消失；（4）抛弃（rejection），企业正式决定停止使用。三是"复制"（replication），病毒的持续繁

---

① Dyer, J. H., Nobeoka, K., "Creating and Managing a Highperformance Knowledge-sharing Network: The Toyota Case", *Strategic Management Journal*, Vol. 21 (3), 2000.

殖。对应的处理机制为"固守"（entrenchment），管理理念或管理技术在组织结构和流程中的锚定和嵌入。四是"培育"（incubation），在引进到正式实施之间存在时间差，有时一项管理理念或管理技术的培育会花费企业长达数年的时间。对应的企业处理机制为"成熟"（maturation），某管理技巧或管理理念慢慢在组织中获得牵引，并转化为实践。五是"变异"（mutation），即病毒在寄主组织内的改变。其对应的内部处理机制为"转化"（translation），即某项管理理念或管理技巧在被阐释和情境化的过程中会在内容和形式上发生改变。如一个组织可能将某管理理念与其他管理理念相融合，或是重新命名以使它符合当地的语言和文化。六是"休眠"（dormancy），指病毒被存放，并在一段时间内边缘化。其对应着两种可能的企业处理机制：（1）"失活"（inactivation），即相关的组织活动大幅削减或停止；（2）"激活"（re-activation），即理念被唤醒，与之相关的组织活动亦随之增加。罗维克借用病毒特征来阐释管理知识在企业内部的传播过程，相较于时尚视角更加关注企业在不同阶段对管理技巧的具体处理机制，分析更加生动、深入和透彻。

休辛克维尔德和班德斯（Heusinkveld 和 Benders，2012）基于制度主义理论，采用半结构化访谈法研究管理知识在企业内部传播的积淀性（sedi-mentation）特征，认为当企业引进的某项管理技巧在社会上不再流行时，管理人员仍然会通过各种形式使之融入到组织的日常活动中去，成为企业制度和文化中的一部分。管理知识的演变轨迹和积淀形式具有情境依赖性，其积淀形式包括以下三种：（1）话语积淀（organizational discourses），包括术语休眠（latency of terms）和术语积载（loadedness of terms）。随着某管理理念在企业内部的深入实行，关于此理念的一系列专业术语付诸实践，消磨了语言改变的可能性，称之为术语休眠；当某管理理念的实行对企业产生正面影响，具有积极内涵，关于管理理念的术语会逐渐形成企业的日常用语，即术语积载。（2）控制系统（control systems），包括结构变革（structural changes）和条理化方法（methodical approaches）。为适应某管理理念的实施而进行的正式的组织结构变革不仅可以使管理理念的嵌入更加明显化，而且增强了相关管理实践的合法性，此之为结构变革；为执行组织变革，组织采取一些特定的条理化方法，并将其正式编码，作为工具或技术写入组织文件或手册，成为组织的积淀元素。（3）思想观念（ideologies），其相比于语言形式和制度形式的积淀状态，观念状态下的积淀更具有持久性和本质性。思想观念包括认知表征（cognitive representation）和经验积累（experiential traces）。认知表征是指某管理理念的实行所带来的管理实践者认知结构的变化，将相关管理实践转换为内在的心理事件，是一种心理习惯（mindset）；经验积累与之类似，管理实践者不断积累的经验塑造着其认知模式，影响其对未来挑战的应对方式，同时避免了在新的情境中出现基本的错误。休辛克维尔德和班德斯对管理知识积淀性的研究是对管理知识在企业内部生命周期研究的补充和深入，即管理知识在实施过程中是通过各种形式"隐藏"起来，最终成为企业文化的一部分。

综上可见，某种管理知识一旦被企业引进，其在企业内部的传播并不仅仅是一个简单的话语修饰过程，而是一个深层次的组织互动和自我建构过程，对组织有着长期的深远影响，而无论此管理知识是由于何种原因被企业引进的，也不论其是否最终实际改善了企业的经济绩效。

二、管理时尚理论研究[①]

1. 管理时尚理论的合法性与概念构建

（1）概念的合法性问题。作为被广为使用的社会科学术语和社会现象，时尚研究多停落在社会心理学和其他大众文化范畴，认为在某种程度上是"模仿"天性和"从众"心理使然。亚伯拉罕森把时尚看作是一个中性词汇，借用该词来描述管理技术迅速传播和快速被抛弃的现象，并指出，区别于审美时尚表现出的美丽和时髦特征，时尚的管理技巧会表现出理性和进步性特征。除了社会心理因素作用外，由于竞争压力产生的技术经济因素也是管理技术时尚化的主要原因。因此，对管理时尚的选择也就认为它是可以"解谜"的，即认为它可以解决理论与工作中的实际问题。尽管管理时尚的流行是短暂的，但是未解之"谜"依然存在，因此，管理时尚研究工作就还会有价值。除非范式改变，"谜"也就随之而消失[②]。故在某种程度上可

---

① 这一小节的主要部分已在《外国经济与管理》2008 年第 2 期上以《管理时尚研究述评》为题发表。

② Kuhn，T. S.，*The Structure of Scientific Revolutions*，Chicago：University of Chicago Press，1962.

把时尚视为"探究真理"的中心，应引起人们的关注和研究。在衰落后，时尚仍会对组织结构和管理思想产生影响，即使是失败，也会帮助我们更好地理解他们，将来才更有可能解决该问题①。因此，管理时尚现象不仅是一种社会表面现象，它也可能是新思想的前奏；也有学者指出，一种思想的真伪是一回事，对它的接受和传播却是另外一回事②，故有必要对管理时尚产生与传播的机理、与经典管理理论之间的关系进行研究。

（2）概念的构建。亚伯拉罕森（1996）较早根据其对管理时尚制造过程的研究进行了界定：管理时尚是管理时尚制造者制造与传播的一种管理技术，且人们相信它能理性地促进管理进步，是一种相对短暂的集体信仰③。由此可见，按照"属加种差"的概念定义方法，他将管理时尚归于管理技术，种差为集体地认为这一管理技术是理性的、进步的，但在持续时间上相对短暂。在种差方面，卡森等（Carson等，2000）总结了众多观点，认为可界定为：（1）以能进行社会传播为条件，因为它们是新颖的、被认为是先进的或者是优于先前存在的时尚；（2）是，或者被认为是创新的、合理的、有作用的；（3）采用该技术能提高组织形象，这样不仅会带来象征性的利益，也会实实在在地帮助企业实现更好的组织绩效；（4）受以下动机的驱动：弥补现在作业中的不足，或者能利用未来的机会以实现组织绩效的改善；（5）被认为具有短暂的价值，因为尽管"在潜伏期之后"会被接受，但是由于缺乏系统和综合的研究，这就使长期使用缺乏理性基础，或者是缺乏使其一般化的能力。其后研究大多据此概念，把管理时尚看作是对新管理技术的需求和供给相互作用所形成的管理知识市场中出现的一种社会现象。

2. 管理时尚产生的根源

管理时尚产生的根源在于管理者的需要。当管理时尚的供给者能敏锐地捕捉并满足这种需要时，管理时尚就出现了。因此，当前分析的重点是围绕需求情况和消费者的决策模式展开。

---

① Birnbaum, R., "The Life Cycle of Academic Management Fads", *The Journal of Higher Education*, Vol. 71 (1), 2000.
② [英] 安德泽杰·胡克金斯基：《管理宗师：世界一流的管理思想》，东北财经大学出版社1998年版。
③ Abrahamson, E., "Management Fashions", *Academy of Management Review*, Vol. 21 (1), 1996.

（1）管理时尚的需求。管理者对管理时尚的需求可分为两方面①。一方面是社会心理方面的需求，即管理者希望通过追求时尚，来满足其合法性需要以及个人主义和社会归属的双重需要等。第一，管理者的合法性需要源于其角色的矛盾：既被他人控制，又要控制他人。因此，根据梅耶（J. W. Meyer）和罗文（B. Rowan）的制度理论中关于股东期待经理阶层能理性地管理组织的观点，股东的标准就是其认为处于管理学前沿的管理技巧，如果经理们没有使用股东认可的管理技巧，就会失去股东的支持，故而经理们必须追逐被股东认可的管理时尚方能获得信任。同时，在组织内部人眼里，管理者也需要捍卫和提高自己的地位合理性，而采用能够制造出一个"关于管理和决策的神话"的管理时尚也能够在组织内确立管理角色的合法性地位。第二，管理者的需要既具有希望成为某种显赫人物的个人主义需要，又具有融入群体中的社会性需要的双重性特征。因此，采纳新管理技术可能是由于个人主义与革新的心理需求以及攀比的心理，或者是由于公司之间的激烈竞争使经理们感到备受挫折和失望，想找出新的办法以获得成功，于是他们把希望寄托在采用新的管理时尚。但是，社会学学者早就指出，时尚是一种阶级分野的产物，即时尚是识别阶级、阶层和社会地位的标志。因此，当老的管理时尚被较低声誉的组织大量采用时，新的管理时尚将会在时尚市场浮现，即低级别的公司总是试图模仿高级别公司采用的管理技巧，而高级别公司总是希望能和低级别公司采用的管理技巧有所区别，于是他们就会选择新的管理时尚，这样进一步刺激了对管理时尚的需求。此时，就使管理时尚化作不同的符号象征，当扩散模糊了两个阶层之间的区别时，较高的社会阶层就会去寻求新的时尚。

管理者对管理时尚另一方面的需求是技术经济方面的，即管理者在组织中的本质职责以及不确定的环境，使其期望提高可预测性和控制。具体包括：首先，管理理论体系内在的不可调和的矛盾引发了管理时尚的产生。管理理论的纷争造成实践界思想的混乱，为管理实践者造成了困惑，致使理论研究与实践者之间的分裂状态长期不能得到弥补②。此外，管理学者与管理

---

① Abrahamson, E., "Management Fashions", *Academy of Management Review*, Vol. 21（1），1996.

② Rynes, S. L., Bartunek, J. M., Daft, R. L., "Across the Great Divide: Knowledge Creation and Transfer between Practitioners and Academics", *Academy of Management Journal*, Vol. 44（2），2001.

者在面临同样问题时的知觉、定义和行动差异，使得管理者难以直接使用学者们提出的管理理论，而一套被包装好的原则和建议则填补了空白，有助于管理者合情合理地选择①，这就刺激了管理时尚的产生。其次，由于环境的不稳定、非线性特征以及人的有限理性，因此，管理者需要有理论能简单明了地指出问题的关键因素，使其能清晰和准确地认识工作环境，便于行动。最后，职业经理人的天职要求他借助管理技巧来提高劳动生产。另外，劳工斗争和工会活动也会影响管理时尚风潮，要缓解经理和工人之间的矛盾，经理们就需要去寻求新的有效的管理技巧。

　　能够成为时尚的管理技术就在于它能满足管理时尚消费者的需要。正是由于组织内管理者的认知和情感的需要，而这些需要被满足的途径之一就是采纳和运用某种管理思想及其技术，并且这种需要也是经常性的、永远不能完全满足的。因此，对管理思想的需要是持续不断的。但是，前者似乎只会导致虚伪管理时尚的传播，对管理学科的发展不会产生什么积极作用；而后者引致的管理时尚则有可能帮助企业解决组织绩效障碍问题②。

　　（2）管理时尚消费者的决策模式。关于决策行为的解释一般沿两条线索展开，即理性选择的解释和非理性的传播扩散解释。前者认为采纳管理时尚的动机是创新的管理技术所能带来的效力，后者则是由于先行者的行为而产生了广泛传播。基于有限理性的解释，即管理者的决策是基于有限的、后向的、检讨的理性，那么管理者的决策应是问题导向的，且难以判断新管理技术的价值，但会采纳大家看法一致的、有较好效果的新管理技术。因此，管理者只会在组织绩效低于预期时才会去寻找替代的管理技术，否则就会沿用老的管理技术。正是由于管理者的相互模仿行为而产生了管理时尚。管理时尚的供给者就需要敏锐地捕捉到管理者的需求，并向管理者传递出能帮助他更好地解决所遇到问题的信号。如讲述成功者的故事等方式，这样才会促使管理者采纳和相互模仿，形成时尚。

---

　　① ［英］安德泽杰·胡克金斯基：《管理宗师：世界一流的管理思想》，东北财经大学出版社1998年版。

　　② Abrahamson, E., "Management Fashion, Academic Fashion, and Enduring Truths", *Academy of Management Review*, Vol. 21, 1996.

罗瑟姆（Rossem，2006）研究指出，管理者的职位高低、教育状况和阅读习惯是影响决策的重要因素。其中，高层和基层管理者的决策模式不同，高层管理者的决策是基于效力和效率的，即关联度和目标导向的，因此，经典管理理论和新的思想对其影响几乎是相同的。而基层管理者受时尚的影响大于经典理论，其决策更多时候是跟着时髦走。这就表明，高层管理者决策的理性程度高于基层管理者。

3. 管理时尚的制造机理与传播过程

管理时尚的兴起与衰落是供需双方共同作用的结果。有学者从供需双方相互作用的角度提出了管理时尚从形成到结束的三阶段说：首先是管理时尚的制造阶段，即供应寻找需求的阶段；其次是管理时尚的传播阶段，即供应满足需求；最后是管理时尚衰落或低迷阶段，即需求开始寻找新的供给[1]。其中，传播媒介通过把管理时尚消费的意义以某种符号形式表达出来，从观念上引导人们接受所宣传的时尚，因此，消费与传媒融为一体，它们相互作用、彼此影响。

（1）管理时尚的制造机理。管理时尚的制造者是学术界的学术权威、商业学校、咨询公司、经营管理者与大众媒体等。管理时尚供给者通过创造、选择、处理、传播四个阶段的层层筛选和加工，运用市场化策略把管理技术转化为管理知识市场上的流行商品[2]。首先，在创造新的管理技术时，无论新的技术是否是创新，制造者都会让人们相信该管理技术是创新，并比当前的技术有所改进。研究也发现，20世纪80年代以来流行的"新"管理思想多是旧瓶装新酒，这也说明管理者关注的焦点是相对稳定的。其次，在选择管理技术以进行商品化时，基本原则是要能够满足对新的管理技术的需求。因此，研究者发现，那些强调普遍关联思想的管理技术则不太流行，而让管理者产生世界是可预测、是稳定的，能帮助管理者预测和控制不确定的环境的管理思想则都能流行开来，且要能够满足管理者的个人和社会需要[3]。

---

① Rossem, A., *Classic, Fads and Fashions in Management: a Study of Management Cognition*, Ghent University, 2006.

② Abrahamson, E., "Management Fashions", *Academy of Management Review*, Vol. 21（1），1996.

③ ［英］安德泽杰·胡克金斯基：《管理宗师：世界一流的管理思想》，东北财经大学出版社1998年版。

再次，在使一项管理技术成为流行产品的过程中，市场策略很重要。其中，包装和促销起关键作用。因此，制造者都会对选定的管理技巧进行语义上的修饰，都会通过成功公司的经典案例、标准理论的诠释、有效的实践训练和科学理论解释等手段使人确信该技巧是实现组织目标的有效手段。有学者在对美国管理咨询公司进入西欧市场进行的研究中发现，产品、品牌信誉和关系资产是管理咨询公司成功地开展业务的关键因素[1]。最后，在传播过程中，品牌、广告和产品开发是三个关键的市场问题[2]。其中，现代大众传媒从观念上引导人们接受其主导的管理技术，在管理时尚的形成过程中扮演着重要的角色。许多管理时尚供给者利用自己主办出版物直接影响经理阶层，如《麦肯锡季刊》《商业周刊》等，或者利用间接媒介影响。因此，有学者就提出，管理时尚的主要来源是学术与畅销出版物、咨询公司的业务活动、《哈佛商业评论》，凡是同时在这三条途径中成为热点的管理理论都可以认为是管理时尚[3]。对大众传媒在管理时尚形成中的作用，可以从功能主义和批判主义两个视角分析。功能主义的视角把传播看作是承担了正常的某项社会运转功能，迎合并满足了社会对管理技术的需要；而批判主义视角则认为媒介传播会通过控制社会话语来影响受众对环境的感知方式，刺激人们的需求，以制造虚假的繁荣，其中隐含着某种话语权利，人们在其中是被动和服从的，而不是自由和自律的，因此，传媒在管理思想传播过程中扮演着异化、帮凶的角色。当然，单一视角看待问题都会有失偏颇，应辩证看待大众传媒在管理技术的传播和形成时尚中的作用。

（2）管理时尚的传播过程。借鉴创新传播理论和其他时尚生命周期的研究成果，研究认为管理时尚的发展符合生命周期的规律，其生命周期曲线呈现钟形，并且周期越来越短、峰值越来越高，但对生命周期各阶段的划分和特征描述看法不一，如五阶段说为：发现、狂热接受、消化吸收、觉醒、坚持。在此过程中，有的公司扮演领导者角色，有的公司是模仿者。而在供

---

① Kipping, M., "American Management Consulting Companies in Western Europe, 1920 to 1990: Products, Reputation, and Relationships", *Business History Review*, Vol. 73 (2), 1999.

② ［英］安德泽杰·胡克金斯基：《管理宗师：世界一流的管理思想》，东北财经大学出版社 1998 年版。

③ Carson, P., Lanier, P., Carson, K., et al., "Clearing a Path through the Management Fashion Jungle", *Academy of Management Journal*, Vol. 43 (6), 2000.

给一方，各领域的传播顺序依次是：管理大师、咨询业者、商业出版机构和商学院。因此，会出现被商业界已经抛弃，而在教育领域仍属于时尚的现象，且在高等教育领域，管理时尚首先在文献中被大量赞美并被探询如何正确实施，于是在刊物上会出现大量案例研究，同时也就证明了该方法的有效性，最后，该名词和方法逐渐从人们的视线中消失。[①]

在传播过程中，管理时尚总是从大众传媒的关注开始，当大众传媒已经失去兴趣时，学术领域仍会讨论并尽量推向一般化，因此呈现波浪式的发展。在这个传播过程中，文章用词的不同，反映了人们的态度的变化。在钟形曲线的上升阶段，文章的用词是正面、肯定的，而在下降阶段则以负面、否定的词汇为主。据此可推测：人们的态度在开始阶段多情绪化，在后阶段则更有理性思考特征。有学者将其总结为是一个集体学习和协同进化的过程[②]。

管理技术的修辞在传播过程中会逐渐演化，在不同环境中重新得到诠释。研究显示，精益生产思想源于日本的丰田生产系统，后通过美国学者詹姆斯·P. 沃麦克（James P. Womack）等 1990 年所著《改变世界的机器：精益生产之道》一书而广为流传，并被引入德国；德国管理领域的出版物是在 1992 年开始讨论精益生产思想，并在 1994 年达到高峰，后讨论日益减少，并在此过程中从管理出版物向非管理出版物逐渐扩散。在此过程中，精益生产一词的内涵也不断被重新塑造。如关于团队工作方面，在日本丰田生产系统中意味着提倡集体主义导向的意识形态，但是其在日本的管理中只是扮演次要的角色。而在《改变世界的机器：精益生产之道》一书中把团队视为精益生产的典型特征，并将其诠释为动态工作团队，即建立在具备多种技能的成员基础上的自治团队。在德国，在工作生活人性化运动基础上，20世纪七八十年代就由政府发起对团队工作的研究，但这种工作形式在德国未得到广泛传播，德国的管理者也不认为它是有效率的。而随着精益生产思想的传播，团队工作概念在德国复苏并广为流传，尽管其含义并不完全

---

① Birnbaum, R., "The Life Cycle of Academic Management Fads", *The Journal of Higher Education*, Vol. 71（1）, 2000.

② Abrahamson, E., Fairchild, G., "Management Fashion: Lifecycles, Triggers and Collective Learning Processes", *Administrative Science Quarterly*, Vol. 44（4）, 1999.

相同。在德国按照传统的团队工作概念进行实践，即被人们视为是在实施精益生产思想①。这一修辞的演化过程被总结为是一个变异、选择和维持的亚循环不断进化的过程②。

　　管理时尚的衰落也可以划分为两个阶段：需求动机减弱阶段和衰退阶段③。关于需求动机的减弱有两方面解释：一方面由于运用管理时尚失败而理性地削弱动机，或者是基于非理性传染动机的减弱；另一方面则可能是新管理时尚的兴起，而使管理时尚需求者的兴趣发生了转移。但其中的情绪化因素少些、理性因素多些④。研究还表明⑤，尽管由于传播的"时滞"，出现被商业界已经抛弃，而在教育领域仍属于时尚的现象，其主要原因是由于发起和支持管理时尚者都坚持认为学术组织是基于目标、理性、强调因果关系的，因此，不会随市场"起舞"。而在教育领域进行的系统和综合的研究也会发现其真正价值，提出合理的解释，并使其一般化。

第二节　管 理 创 新⑥

　　企业创新研究应该是多维的，包括商业模式创新、服务创新、过程创新等一些新的创新研究子领域近年来正被逐步拓展⑦。其中，管理创新（management innovation）被一些学者认为是技术或产品（服务）创新与企业绩效之间的中介变量，再加上管理创新具有较强的系统性，难以被竞争对手模仿

---

①　Bender, J., Bijsterveld, M., "Leaning on Lean: the Reception of a Management Fashion in Germany", *New Technology, Work and Employment*, Vol. 15 (1), 2000.

②　Zbaracki, M. J., "The Rhetoric and Reality of Total Quality Management", *Administrative Science Quarterly*, Vol. 43 (3), 1998.

③　Rossem, A., *Classic, Fads and Fashions in Management: A Study of Management Cognition*, Ghent University, 2006.

④　Abrahamson, E., Fairchild, G., "Management Fashion: Lifecycles, Triggers and Collective Learning Processes", *Administrative Science Quarterly*, Vol. 44 (4), 1999.

⑤　Birnbaum, R., "The Life Cycle of Academic Management Fads", *The Journal of Higher Education*, Vol. 71 (1), 2000.

⑥　本节的主要内容作为课题研究的中期成果已在《外国经济与管理》2013 年第 10 期上以《管理创新研究现状评析与未来展望》为题发表。

⑦　Mol, M. J., Birkinshaw, J., "The Sources of Management Innovation: When Firms Introduce New Management Practices", *Journal of Business Research*, Vol. 62 (12), 2009.

等特征，被越来越多的人认为是公司长期竞争优势的源泉之一①。于是，不仅是公司管理者开始意识到管理创新的重要性，许多管理学者也开始探索性研究，试图构建管理创新理论和实证研究框架。

一、管理创新的概念分析

概念的界定是对所要观测事物本质的抽象表达，是在此名词下对事物各种形态的描述，概念界定差异决定了研究范围的边界。目前，对于管理创新所要研究现象的认识基本一致，都将其界定为，为了更好地实现目标而发明和实施的新的管理实践活动、管理过程、组织结构或管理技术等②。但事实上，不同学者在研究中都给出了自己的定义，差异主要表现在对"新"的相对范围界定上，多采取两种方法进行界定③：一种是相对于整个管理知识体系与实践（new-to-the-state-of-the-art）而言的"新"，如钱德勒（Chandler）所首创的 M 型组织结构，由于具体组织的管理创新易于被观察，便于采用统计等方法进行研究，当前研究集中于某组织的管理创新问题；另一种是相对于某组织（new-to-the-firm）而言的"新"，特指在该组织情境中对已存在的管理知识的运用，如扎巴拉克（Zbaracki，1998）的研究探索了组织中的各种制度力量对全面质量管理技巧的歪曲作用。这种区分实际上反映了产生管理创新这一现象与其所产生的组织情境之间紧密相关，于是，可将组织区分为管理创新的创造者和采纳者两类，前者的管理创新主要是创造加实施，而后者的管理创新主要是模仿加实施④。这种区分背后的隐喻是这两类组织分别需要不同的能力，亦即产生创新的能力和吸收创新的能力。尽管识别问题并触发管理创新的能力都是必需的，但二者在识别问题之后的行为存在巨大的差异性。

---

① Barney, J. B., "Firm Resources and Sustained Competitive Advantage", *Journal of Management*, Vol. 17 (1), 1991.

② Birkinshaw, J., Hamel, G., Mol, M. J., "Management Innovation", *Academy of Management Review*, Vol. 33 (4), 2008.

③ Harder, M., *Internal Antecedents of Management Innovation*, Dissertation of the Degree of Doctor at Copenhagen Business School, 2011.

④ Wischnevsky, J. D., Damanpour, F., "Radical Strategic and Structural Change: Occurrence, Antecedents, and Consequences", *Academy of Management Annual Meeting Proceedings*, Vol. 44 (1-2), 2008.

二、管理创新的动因与过程

1. 管理创新的动因

管理创新是由企业组织本质所决定的，但现实中企业组织进行管理创新活动的原因是复杂的。亚伯拉罕森（1991）分析创新传播过程的研究文献后发现，主导观点认为组织必然是相信创新对其有益才会有某种创新行为，并将此总结为技术经济因素的作用，认为主要包含三个方面：管理者为了提高劳动生产率而对于管理创新的需求；劳资双方的矛盾迫使管理者去不断进行管理创新；管理内在的不可调和矛盾使得管理者虽居于其中但难以获得实践中应用的把握尺度的能力，如对集权和分权的选择问题，于是不断追求管理创新。当前，研究常从理性视角和西蒙的行为主义理论出发，把管理者对现状的认识和不满视作推动具体管理创新的逻辑起点，亦即驱动管理创新应该是问题导向的[1]，并常在研究中作为管理创新的操作性定义其中的一部分[2]，于是诊断能力与管理创新的成功与否就将呈正相关关系[3]。

与此同时，组织进行管理创新要避免错误识别问题和选择不合适的解决方法，更要避免误入被亚伯拉罕森（1996）所描述的管理时尚市场，并将其总结为社会心理因素作用的结果，这些社会心理因素包括个人主义的驱动、革新的心理需求、攀比心理、把一些管理创新视作是增进组织绩效的灵丹妙药的心理等，对此进一步的研究就形成了现在的管理时尚理论。

2. 管理创新的过程

创新是由创新思维的过程所决定的，创新结果是创新过程的产物。创新"四阶段"说是常被采用的、具有较大实用性的过程理论，即将创新分为准备期、酝酿期、明朗期和验证期四个阶段，但具体的创新过程则会因创新内容和视角的差异而有所不同。如戴维斯和诺斯（Davis & North，1971）提出的制度创新过程模型注意到该过程的复杂和艰难，会存在时滞，于是描述了

①　Birkinshaw, J., Hamel, G., Mol, M. J., "Management Innovation", *Academy of Management Review*, Vol. 33（4），2008.

②　Mol, M. J., Birkinshaw, J., "The Sources of Management Innovation: When Firms Introduce New Management Practices", *Journal of Business Research*, Vol. 62（12），2009.

③　Harder, M., *Internal Antecedents of Management Innovation*, Dissertation of the Degree of Doctor at Copenhagen Business School, 2011.

熊彼特意义上的企业家在自己敏锐预见基础上提出创新方案并进行比较选择，在其他组织或个人的帮助下去实施制度创新和将其变成现实的过程。管理创新遵循创新过程的一般规律，但会呈现自己的一些特征。其中，伯金肖等在 2006 年、2008 年对管理创新过程的持续研究较具有代表性。伯金肖等（2006）将管理创新过程简单描述为一个线性发展的过程：由于对组织现状的不满或外界的刺激，于是产生了管理创新，在被该组织或其他组织实施证实其有效性之后，管理创新会在整个社会传播开来。伯金肖等（2008）的研究修正了这种线性发展过程观点，在考虑管理创新发展的不同阶段基础上增加了创新主体的差异，形成了包含两个维度的管理创新过程框架（见图8-1）。

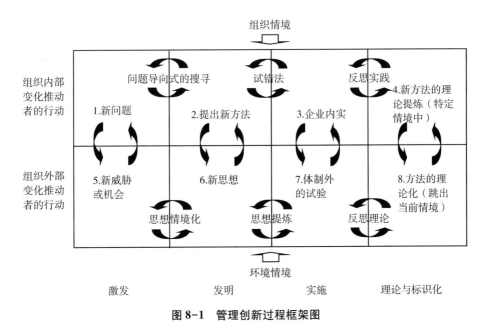

图 8-1　管理创新过程框架图

资料来源：Birkinshaw, J., Hamel, G., Mol, M. J., "Management Innovation", *Academy of Management Review*, Vol. 33（4），2008.

　　在纵向维度上，可将管理创新主体区分为组织内的实践主体和组织之外的由学术研究者、管理咨询公司等组成的提供管理知识主体。管理创新是组织内外部相关人员共同促进的结果，其起点可能是由任一方启动，并从规范角度认为二者应该是一致的。但实际上组织外部存在多个推动主体，最重要的是以增加管理学知识为己任的学术研究主体和以服务实践世界为己任的管理知识商品供给主体，其动机上的巨大差异决定了两者行动上的不同，对组织内的管理创新会产生不同的影响。伯金肖等（2008）在研究中理想化地认为外部推动者通过与内部推动者的良性互动而在管理创新中扮演关键角色，具体包括在组织进行创新的议程设定时能提供专家意见，使其更具有合法性基础；在发明和实施阶段能为内部推动者的行动提供理论指导，或者直接将其想法付诸组织内实施；在创新成功后，能发挥理论与标识化方面的天然优势对创新行动进行总结，推动管理创新的一般化。但现实中的研究主体和实践中的管理主体总是处于一种分裂的状态，使得学术研究主体对于实践主体的管理创新活动所起作用受到了质疑，以至于实践人员认为学术研究者所关注的问题往往并不是实践中最亟待解决的问题，发出了"管理无用"的呼声①。而外部的以管理知识为商品的推动主体则可能会使组织在向外寻求管理创新时，面对的是管理时尚市场，或可能误入非理性的"泥沼"。因此，内外部推动者在管理创新过程中所扮演的角色以及他们之间如何进行和谐互动应是未来研究的重要方向。

在横向维度上，可将每个管理创新主体的活动都分为激发、发明、实施、理论与标识化四个阶段，但不同创新主体在不同阶段的活动内容不尽相同。其中，在激发阶段，实践主体方面主要强调对问题的理性判断，外部推动者则被认为有能力识别出外部环境中存在的机会或威胁；在发明阶段，组织内实践主体通过以问题为导向的搜寻、试错法尝试或者对外部分散想法进行联结等三种途径找出解决问题的方法，外部推动者通过思想情境化、思想提炼和联结化来满足组织内创新需要，这三个活动实际上也是理论发展的过程，即情境化可以提炼出研究的问题，思想提炼实际上是一系列思维活动的结果，联结化则体现了归纳—演绎循环；在实施阶段，组织内实施的方案来源主要有两个方面，一是内部以直觉或经验为基础提出解决方法的具体实施（试错法），二是对外部推动者提出的方案进行精心设计后的实施，外部推动者此阶段的主要作用是在不同的组织内试验以验证该方法的有效性；在理论与标识化阶段，内部和外部推动者分别对实践和理论的发展进行反思和提

---

① 高良谋、高静美：《管理学的价值性困境：回顾、争鸣与评论》，《管理世界》2011 年第 1 期。

炼，成功的管理创新将在组织内制度化，外部主体通过去情境化以发展出普适的管理理论或方法①。

三、管理创新的相关实证研究

管理创新的实证研究主要围绕管理创新的影响因素、管理创新与组织绩效之间的关系和作用机制等方面展开。

1. 管理创新的影响因素

（1）组织特征。管理创新总是发生在特定组织内，组织特征是管理创新的主要情境因素②。已有研究认为，组织规模、组织年龄、组织绩效、组织成员受教育程度、组织内沟通情况、组织管理者的入职时间和领导风格、市场范围等组织特征影响组织的管理创新倾向。第一，组织规模与管理创新倾向之间存在相关关系，但对大型或小型组织的创新倾向强弱则有不同看法。一些学者由于小型组织所具有的灵活性而认为其具有较高创新倾向；另有学者则认为大型组织掌握了更多的资金、更高素质的人力资源和拥有更多的知识储备而更有能力进行创新；另一些学者则持折中的观点，认为不同规模的组织善长于不同性质的创新，即小型组织善于更具有新颖性的创新，而大型组织善于需要更多资源的创新。第二，组织创新倾向与组织存续年限的关系密切，但关系的类型有待进一步探讨，即一方面，组织年限的增加会带来更多的知识积累，这不仅是创新的基础，也促使组织积累更多的知识而不断创新；另一方面，年限的增长则可能会使组织由于惯性、"路径依赖"等原因而阻碍其创新。第三，组织绩效的降低常被视为进行管理创新组织的重要特征，甚至被视为是直接诱因。根据赛尔特（Richard M. Cyert）和马奇（James G. March）的企业行为理论（the Behavioral Theory of the Firm, BTF），组织的行为总是问题导向的，会将组织过去的业绩或相关组织作为参照系，当发现组织绩效低于参照系时，就会刺激其作出某种改变，并且当新问题或更复杂的问题出现，则会更强烈地诱使组织产生管理创新行为。第

---

① Birkinshaw, J., Hamel, G., Mol, M. J., "Management Innovation", *Academy of Management Review*, Vol. 33 (4), 2008.

② Wischnevsky, J. D., Damanpour, F., "Radical Strategic and Structural Change: Occurrence, Antecedents, and Consequences", *Academy of Management Annual Meeting Proceedings*, Vol. 44 (1-2), 2008.

四，组织成员受教育程度高低会对组织创新倾向和执行产生影响，原因在于一般会假设组织成员的受教育程度越高，对组织问题的认识就越深入，更有机会接触到新观点，就越愿意接受组织变革和创新，也更有执行的积极性与更高的吸收能力，实证研究也证明了这一点。第五，组织内频繁、充分的沟通对管理创新至关重要。日本学者野中郁次郎（Nonaka）等1999年提出的知识创新过程包含大量信息、想法的传播和联结化，创造信息和知识的能力也是组织不断反省并开展创新活动的内驱力，因此，组织内沟通越强、越多，组织成员就能接触更多信息、更新的想法，则对问题的诊断能力会更强，越可能通过管理创新来解决面临的问题。第六，高层管理者往往是组织内管理创新的直接推动者，但由于路径依赖等因素，在职时间越长的高层管理者进行管理创新活动的倾向越弱，高层管理者的更替则可能意味着组织经营管理核心价值观的变化和管理创新的产生。实证研究也表明，高层管理者的更替会增加公司战略和机构变革的可能性，进而导致组织内权力的重新分配，因此，高层管理者的入职时间和管理创新倾向呈负相关。第七，一些研究不把管理者视为管理创新的推动者，而将其看作产生或实施管理创新的情境因素，即管理者的领导风格会促进或阻碍管理创新的产生，但在不同规模组织中，不同类型的领导风格对管理创新的影响大小不同。瓦卡罗（Vaccaro，2012）的研究显示，小型、复杂程度低的组织中实行交易型领导更利于管理创新，大型组织则需要变革型领导者，以弥补其复杂性增加造成的管理创新困难，此时的组织规模是调节变量。第八，有学者认为组织所面对的市场范围越大，管理创新倾向越高，反之亦然[1]，其原因主要有两方面：一是市场越多意味着面对不同的环境，信息来源也更广泛；二是市场越大，竞争者越多，起参照作用的群体也就越多，如日本丰田汽车公司尽管在20世纪50年代在美国市场竞争中没有取得成功，但却促使其认识到必须进行变革，并从美国超市的经营中获得启发进行管理创新，为创新性很强的精益生产方式提供了思路。

（2）管理创新能力。管理创新能力常被视为企业动态能力的重要组成

---

① Mol, M. J., Birkinshaw, J., "The Sources of Management Innovation: When Firms Introduce New Management Practices", *Journal of Business Research*, Vol. 62 (12), 2009.

部分，或者认为管理创新能力贯穿于动态能力的各组成部分之中，进而将动态能力等同于管理创新能力。[①] 因此，界定管理创新能力内涵借鉴了动态能力的概念，即管理创新能力是指组织为应对快速变化的环境而有目的地创造、延伸和改进管理措施的能力。管理创新能力主要由诊断能力、寻找新知识的搜寻能力和执行能力构成。第一，将诊断能力作为管理创新能力重要组成部分的理论基础是西蒙的有限理性假说，并将其界定为一种组织发现管理中的问题或外部可利用的机会，并找到解决问题或利用机会的方法的能力。[②] 在实证研究中，诊断能力常被操作化为管理者的认知能力和组织资源情况等变量来进行测量。管理者的认知能力常用管理者的态度、信仰、价值观等来衡量，并认为是主要高层管理者的认知能力决定了组织的诊断能力。根据动态能力理论，组织拥有的独特资源是核心能力的重要决定因素，因此可将组织所拥有的资源情况视为诊断能力的一部分，特别是组织成员当前技能和以前经历对其今后行为的影响。因此，组织成员的教育背景、教育水平、组织内知识共享方式、组织结构等会影响组织创新的诊断能力。第二，创新理论和学习理论研究把获取新知识、对现有知识实现联结化的能力作为技术创新能力的关键组成部分。管理创新研究借鉴了该观点，将其称为搜寻能力。目前，研究较多的是双方信任程度和组织所拥有社会资本等对组织间关系和知识互相交换的影响，而摩尔和伯金肖（Mol 和 Birkinshaw，2009）从技术创新中消费者和供应商所扮演的关键角色受到启发，将研究聚焦于知识来源渠道的差异对管理创新的影响，并将知识来源分为三个渠道，即组织内部的知识来源和以市场方式从外部获得知识、从外部专业人士处获得知识。[③] 第三，执行能力是对新管理措施实施情况进行控制的能力，这种能力本身不会导致管理创新，但却是管理创新取得成功的保障，是管理创新过程中的重要环节。执行能力可分为两个维度：一是组织的资源情况，包括组织制度或惯例、当前所拥有的知识资源、内部权力分配、组织历史与发展路径

---

① Gebauer, H., "Explore the Contribution of Management Innovation to the Evolution of Dynamic Capability", *Industrial Marketing Management*, Vol. 40 (8), 2011.

② Harder, M., *Internal Antecedents of Management Innovation*, Dissertation of the Degree of Doctor at Copenhagen Business School, 2011.

③ Mol, M. J., Birkinshaw, J., "The Sources of Management Innovation: When Firms Introduce New Management Practices", *Journal of Business Research*, Vol. 62 (12), 2009.

以及受教育背景、教育水平等结构变量；二是管理者的认知管理能力。

（3）管理创新的特征。组织内实施不同的管理创新，意味着组织要承担不同的成本与风险，期望获得的回报以及与现有系统的互补性方面的判断也存在差异。因此，管理创新所具有的特征，如创新的程度、复杂程度、与组织现状的互补性等，会影响管理创新能力与实施管理创新情况，常被视为这两者之间的调节变量。例如，如果管理创新的风险较高、复杂程度较高且较彻底，则高的管理创新能力对组织来说就更重要。①

2. 管理创新与组织绩效之间的关系与作用机制

长期以来，组织进行管理创新会导致更高的组织绩效似乎是不言而喻的，甚至在这两者之间画了等号，研究这两者之间关系的文献相对较少。但亚伯拉罕森却发现无效的管理创新也会被广泛传播，并将这种现象归因于具有非理性特点的社会心理因素驱使的结果，此时不是为了取得财务结果，而是为了提高声誉等。② 管理创新也意味着风险，并不能保证一定会成功，因此，组织进行管理创新并不见得必然会导致组织绩效提高，也增强了对其研究的必要。

组织进行管理创新的背后逻辑是与某个参照系相比，组织对当前绩效不满意。③ 这种不满意包含两个方面，即组织整体绩效和某方面的绩效。波特认为，组织的主要目标是达成良好的绩效，20 世纪 80 年代日本企业挑战西方企业的核心方法就是提高经营效率，并采用生产率边界④（productivity frontier）的概念使其可视化。市场竞争中的领先企业总是处在生产率边界上，通过相对于整个管理知识体系与实践而言的"新"管理方法将生产率边界的整个区域外推，而绝大多数企业都与生产率边界有一定距离，通过标杆瞄准等方法将已存在的管理方法引入本企业、实现管理创新，即企业向生

① Harder, M., *Internal Antecedents of Management Innovation*, Dissertation of the Degree of Doctor at Copenhagen Business School, 2011.

② Staw, B. M., Epstein, L. D., "What Bandwagons Bring: Effects of Popular Management Techniques on Corporate Performance, Reputation and CEO Pay", *Administrative Science Quality*, Vol. 45 (3), 2000.

③ Greve, H. R., "Performance, Aspirations and Risky Organizational Change", *Administrative Science Quality*, Vol. 44, 1998.

④ 有关生产率边界的概念和运用可见迈克尔·波特发表在《哈佛商业评论》1996 年 11—12 月号的文章《战略是什么》。

产率边界努力的同时，多个层面的绩效就会得到改善。这意味着对管理创新的绩效进行衡量有两方面的含义，一是对获得长期竞争优势过程的动态衡量，而不是重点对某一时期内组织的绝对绩效进行衡量；二是对与所采纳管理创新直接相关的绩效进行衡量。因此，摩尔和伯金肖（2009）认为生产率是衡量组织绩效最合适的工具，能兼顾对投入和产出两方面的衡量，相对于以资本市场为基础的测量，该方法又能排除市场因素等的影响。目前，由于对组织绩效的衡量还没有最好的指标，造成很少有对组织创新与组织绩效之间关系进行大规模抽样调查[1]，但案例研究结果已表明管理创新与组织绩效之间呈正相关关系。

随着研究的深入，人们开始探究管理创新与组织绩效之间的作用机制或原理。基于理性角度，管理创新的概念之中已包含提高组织绩效的目的，但组织为自己设置合理目标的能力不同。对员工的个人目标和组织整体目标进行协调的能力也不同，因此，组织具有设置使命或目标的能力是高绩效组织的关键特征之一。此外，组织绩效的提高要靠出色的执行力进行保证，如果没有出色的执行力，那么即使组织有再好的发展目标也只能是沙盘上的宏伟蓝图，永远不会实现。因此，目标设定能力与执行力可被视为管理创新与组织绩效之间的调节变量[2]。

3. 管理创新实证研究框架的整合

综合以上管理创新的研究，在伯金肖等构建管理创新理论框架之后，后续主要集中于组织特征等因素与管理创新的相关性方面展开实证研究，近年来开始在此基础上尝试构建管理创新的机制或原理，但从目前看都还远远不够，因为研究工作仅仅列出命题或假设、证明相关关系并不足以构成理论，更重要的是解释这些概念或变量之间存在某种关系的原因。因此，未来研究应集中于两个方面：一方面要继续挖掘管理创新的影响因素，如伯金肖等的理论框架中提出的组织与环境情境都被忽略了，包括组织所处的社会文化特

① Walker, R. M., Damanpour, F., Devece, C. A., "Management Innovation and Organizational Performance: the Mediating Effect of Performance Management", *Journal of Public Administration Research and Theory*, Vol. 21 (2), 2010.

② Walker, R. M., Damanpour, F., Devece, C. A., "Management Innovation and Organizational Performance: the Mediating Effect of Performance Management", *Journal of Public Administration Research and Theory*, Vol. 21 (2), 2010.

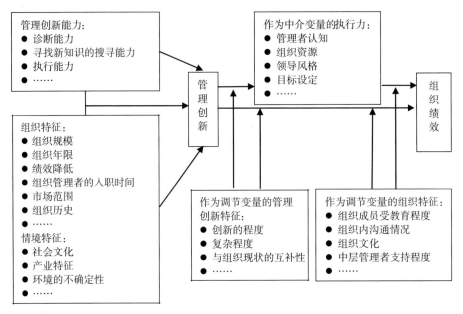

图 8-2　管理创新实证研究整合框架

资料来源：作者整理。

征、组织环境的不确定性程度、组织历史以及组织文化等；另外，关键是要在影响因素分析基础上，通过可靠的逻辑推理来进一步构建管理创新机制或理论，对管理创新过程提供根本的解释。综合以上分析，可将管理创新实证研究整合为图 8-2 的框架。

第三节　宏观、微观互动视角下的
管理创新实现机制研究①

近年来，众多企业在中国经济高速发展过程中的成功崛起吸引了管理学领域研究者的关注与诠释。国家自然科学基金委员会（2005）认为在经历了多年"学习、引进、消化、吸收"的过程后，我国管理科学已经具备了

---

① 这一节的主要内容作为课题研究的中期成果已在《管理学报》2014 年第 10 期上以《中国的管理创新机制——基于改革开放后管理思想发展的研究》为题发表。

进入自主创新发展阶段的条件。发现规律、解释现象、指导实践被视为中国管理学界的历史使命①，管理理论工作者也在尝试通过反思来挖掘我国成功企业中的管理因素，试图构建基于中国管理实践的管理理论。

任何的历史分析都有显含或隐含的理论框架，如雷恩（Wren，1996）、钱德勒（Chandler，1977）等人的管理思想史研究都依据明确的理论框架展开分析。近年来，国内学者也已开始尝试在令人信服的理论框架下对中国管理思想史进行研究，如高良谋等（2011）通过构建管理移植的动态模型，探讨了鞍钢宪法对20世纪管理思想移植路径的影响和作用。基于创新是历史发展的本质规定②，我们在研究中尝试用管理创新理论分析改革开放后中国管理思想发展演化的轨迹，并希望从中能提炼出具有一般性理论意义的主题。文献回顾发现，管理创新研究多是在个人主义或结构主义视角下展开的，都为理解管理思想的演变提供了理论基础，不足的是都过于强调某方面因素的关键作用，最终导致结论的片面性。因此，本节将运用社会理论研究的相关成果，通过弥合个人主义与结构主义两个视角之间的割裂关系，构建管理创新的跨层级、互动分析模型，在理论建构的基础上对改革开放后中国管理思想发展历程的特征进行分析和梳理。

一、相关文献回顾

管理创新是近年来创新研究领域不断从技术创新、产品创新向商业模式创新、服务创新等新领域拓展的结果，当前研究中常将其界定为组织为了更好地实现目标而发明和实施的新管理实践活动、管理过程、组织结构或管理技术等③，既包括相对于整个管理知识体系与实践而言的创新，也包括相对于某组织而言的创新④。本节将循此定义展开讨论。

---

① 郭重庆：《中国管理学者该登场了》，《管理学报》2011年第12期。

② Schumpeter, J., *The Theory of Economic Development*, Cambridge：Harvard University Press, 1934.

③ Birkinshaw, J., Hamel, G., Mol, M. J., "Management Innovation", *Academy of Management Review*, Vol. 33 (4), 2008.

④ Mol, M., Birkinshaw, J., "The Sources of Management Innovation：When Firms Introduce New Management Practices", *Journal of Business Research*, Vol. 62 (12), 2009；Harder, M., *Internal Antecedents of Management Innovation*, Dissertation of the Degree of Doctor at Copenhagen Business School, 2011.

1. 个人主义视角下的管理创新

个人主义视角下的管理创新是由企业组织的本质所决定。长期以来，新古典经济学家满足于在投入产出均衡理论框架之下对企业展开分析，将其看作是机械的分析单位，忽略了其作为一个管理组织应具有的特性。直到20世纪五六十年代，在彭罗斯（Penrose, E. T.）、钱德勒等的推动下，现代企业理论得到了蓬勃发展，从不同角度诠释企业的"黑箱"结构。彭罗斯（Penrose, 1959）把企业定义为管理型组织，认定管理就是个连续产生新的非标准化操作规范和程序性决策的过程，企业的真正成长是立足于最有效率地利用企业内部资源，在某些方向上进行有利可图的扩张，被新古典企业理论视作"黑箱"的企业资源和能力才是构成企业经济效益的稳固基础。因此，面对企业竞争优势随着经济环境变化而不断变化的现实，企业只能不断挖掘、改善企业内部的企业家服务与管理服务，以持续不断的管理创新持续产生新的知识与实践来推动企业发展。

现实中的企业组织进行管理创新活动的原因是复杂的。基于理性视角和西蒙（1947）的行为主义理论，管理创新是企业获得动态能力的驱动力[1]，随着所处的环境动态性和复杂性特征日益突出，组织会通过不断进行管理创新来获得和保持竞争优势。具体到某个管理创新产生的动因，管理者对现状的认识和不满应该是推动具体管理创新的逻辑起点，亦即驱动管理创新应该是问题导向的[2]。亚伯拉罕森（1996、1999）将此总结为技术经济因素的作用，并认为主要包含三个方面：管理者为了提高劳动生产率而对于管理创新的需求；劳资双方的矛盾迫使管理者不断去进行管理创新；管理内在的不可调和矛盾使得管理者虽居于其中但难以获得实践中应用的把握尺度的能力，于是不断追求管理创新。最近的研究主要是从组织特征、管理创新能力等方面探讨企业内影响管理创新的因素以及管理创新的过程（具体参见本章第二节的相关介绍）。

个人主义视角下的管理创新研究或聚焦于组织领导者、企业家等具体个

---

[1] Gebauer, H., "Explore the Contribution of Management Innovation to the Evolution of Dynamic Capability", *Industrial Marketing Management*, Vol. 40 (8), 2011.

[2] Birkinshaw, J., Hamel, G., Mol, M. J., "Management Innovation", *Academy of Management Review*, Vol. 33 (4), 2008.

人，或将组织整体上视为个体研究单位，认为个体是管理活动中唯一积极主动的参与者，是为实现自己的目的进行决策，于是在研究中常把一些复杂的外部因素舍弃掉，突出了个体组织从事管理创新的主要规律。这种分析往往可以达到一定精确性，对管理创新的具体情况和局部特征描写得十分清楚，但它得到的结果往往是有前提条件的，排除掉一些外部因素得到的结果也可能与现实不相符合，因为任何管理创新都是在一定社会环境中产生的[①]，不应该脱离环境单单去研究管理创新本身[②]。

2. 结构主义视角下的管理创新

结构主义是 20 世纪初社会科学研究者不满于只求局部、不讲整体的"原子论"倾向，认为应从大的系统方面来研究社会科学的结构和规律性，而逐渐形成的一种具有许多不同变化的概括研究方法。结构主义视角下的研究将社会结构或情境因素视为产生管理创新的主要原因[③]，认为管理创新是组织对外部因素刺激的一种自然反应，如麦克劳林和哈里斯（McLoughlin 和 Harris，1997）就将福特主义和后福特主义生产方式的出现视为对经济、技术等环境因素变化的适应性行为。

结构主义视角下的管理创新产生诱因可分为理性和非理性两方面。理性诱因主要包括经济因素、技术因素等。经济诱因主要是资本主义经济生活中存在着的 45—60 年长期波动的康德拉季耶夫周期等经济长波现象，管理风潮的涨落和宏观经济波动密切相关[④]。无论宏观经济是萧条还是繁荣，被视为"自动人"的企业会自然而然地产生刺激性的创新行为。技术诱因强调的是技术的自然属性、技术规则、技术价值的内在禀赋等对于管理创新的影响、作用。美国学者怀特的观点可看作是对技术决定论的最好诠释，他认为作为人类生存方式的文化是一个具有内部结构的大系统，这个系统由居于结构底层

---

①　Wren，D. A.，*The Evolution of Management Thought*，New York：John Wiley & Sons Inc.，1996.

②　McCabe，D.，"Factory Innovations and Management Machinations：The Productive and Repressive Relations of Power"，*Journal of Management Studies*，Vol. 37（7），2000.

③　Slappendel，C.，"Perspectives on Innovation in Organization"，*Organization Studies*，Vol. 17（1），1996.

④　Abrahamson，E.，"Management Fashions"，*Academy of Management Review*，Vol. 21（1），1996；Abrahamson，E.，Fairchild，G.，"Management Fashion：Lifecycles，Triggers and Collective Learning Processes"，*Administrative Science Quarterly*，Vol. 44（4），1999.

的技术系统、居于结构中层的社会系统和居于结构上层的观念系统所构成，其中，技术因素是整个文化系统的决定性因素。这种观点也得到许多研究者的支持，如德鲁克（1988）注意到了计算机技术的迅猛发展对以信息为基础的组织的挑战，汉默和尚皮（Hammer & Champy，1999）提出的业务流程再造思想也被视为对信息技术时代顾客需求多元化趋势日趋强烈的反应。但强调技术对管理创新的决定作用正受到越来越多的批评，认为其将技术看作是一个独立的决定性因素，没有看到管理者以及管理措施对于技术变化的制约、引导作用，主张技术与管理创新之间是共同进化的关系。除了经济与技术因素外，政治、社会等因素对管理创新的决定性作用也被一些学者注意到。雷恩（Wren，1996）提出在不同文化价值观念与制度的框架下，有关人、管理和组织的观点不断变化，管理的知识体系也在不断变化，并将此框架总结为是由经济、社会、政治及科技层面构成，管理思想是环境的产物。非理性的诱因主要是亚伯拉罕森（1996）、布里克利（1997）等从时尚视角所进行的总结。

结构主义视角下的管理创新研究克服了个人主义视角的狭窄缺陷，但其假设在环境与管理创新之间存在着因果关系，组织进行管理创新是对外部环境因素的刺激而产生的反应，这意味着管理创新会在一定环境条件下不可避免地发生，具有不可抗性与中性的特征，发生管理创新的组织没有其他可选择的机会，因此，所有的组织都是同质的，从事管理创新的组织是被动的，这是和现实不相符的，每个自我控制的个体的管理创新活动也不可能完全用超个体的因素来做分析。

二、理论框架模型的构建

针对个人主义和结构主义视角下管理创新研究的分歧，西彭代尔（Siappendel，1996）提出应以"互动过程视角"来研究个体的行动及其所处的结构之间是如何相互关联，以及影响组织的创新活动。个体与社会的关系问题是社会科学研究者需要面对的基本问题之一，被视为社会科学理论的根基，也是争论的焦点，吉登斯（Giddens，1984）将其概括为客体主义和主体主义。在个人主义和结构主义视角对立或冲突的同时，社会科学研究者中也不乏有人担当调和的角色，并试图做跨越的尝试。其中科尔曼（Coleman，1986）提出了一个宏观与微观之间互动的跨层次分析模型，也常称为"浴

缸"模型，目前在社会学、经济学和管理学中得到了广泛应用。该模型为
弥合两种视角下管理创新研究的分歧提供了一个很好的理论基础，本书认为
管理创新行动者和宏观环境因素二者之间并不是彼此独立的两个既定现象系
列，即某种二元论，而是体现了一种二重性，即在实践基础上的使动性和制
约性的统一，主体能动性和宏观环境的统一①。借助其基本框架，本书将管
理创新视为创新活动主体与社会环境结构之间互动的结果，提出了宏观、微
观互动视角下管理创新实现机制的理论框架（见图 8-3），并分别讨论宏观
环境因素如何对企业管理创新活动产生影响，以及管理创新行为如何反作用
于宏观环境。

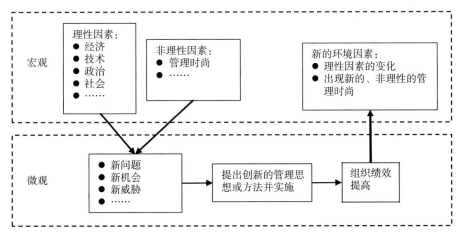

图 8-3　宏观、微观互动视角下管理创新实现机制的理论框架
资料来源：作者整理。

1. 宏观环境因素对企业管理创新行为的影响

根据行为决策理论，决策者对未来状况的判断会由于外部和内在因素的
制约而产生知觉上的偏差，进而影响其行动。人们还认为，激发组织进行管
理创新的起点是对组织内部问题的判断，或者是对外部环境中存在机会或威
胁的识别。因此，宏观环境因素主要通过影响管理创新的动机来实现对行为
的影响，并可分为理性、非理性两种影响。

---

① Giddens, A., *The Constitution of Society*, *Outline of the Theory of Structuration*, Berkeley：University of California Press，1984.

（1）宏观环境因素对管理创新行为的理性影响。管理者在实践中力求解决的每个问题都会受到特定历史时期宏观环境因素的深刻影响，管理创新、外在环境和管理者的当时需求密不可分，具有时代性特征。管理思想史学家雷恩（1996）非常重视思想背后的社会动力，为求更深刻地揭示出管理思想发展演化的脉理，以管理思想发展的文化背景为标准，把管理思想史分为早期管理思想、科学管理时代、社会人时代、当前时代四大部分。其中，科学管理思想的产生根源于"文化的重生"，即催生了工业时代的整体性环境变化，包括新教伦理、自由伦理和市场伦理。之后的人际关系学说能够迅速流行，很大程度上也要归于 20 世纪 20 年代末的经济大危机所造成"灵魂的混乱"，人们怀抱的凭个人努力出人头地的"美国梦"被打破，企业主和工人的价值取向发生了变化。人们在资本主义和新教伦理的个人主义中感到孤独，需要某种比他们自己更大的事物，如上帝、国家、公司、工会或其他事物，以便自我的努力得到认同。于是在企业中，人们很自然寄望在组织里找到心理安慰和生活稳定，自然而然地对团结、归属和和睦相处的需求更强烈。鉴于这种现实的变化，企业和研究者也自觉地反思以往的个人主义和功利主义价值观，开始重视群体意识，并自觉研究企业中小群体对职工行为的影响，职工的情绪、态度与工作效率的关系，得益于霍桑实验的结果，最终产生了组织行为学。第二次世界大战后日本式管理的产生很大程度上得益于向美国管理的学习，也是继承本国文化积淀和文化机制的结果。20世纪 70 年代的石油危机使得日本企业，特别是汽车产业的竞争力超过美国，丰田生产方式受到广泛关注和模仿。质量环（quality cycle）理论能从日本扩散到美国，也是由于美国企业界首先会关注到美日贸易之间的不平衡，并将该问题的原因归于日本企业的高生产率和质量，进而将解决方法归于质量环，于是美国企业开始学习日本的质量管理方法[①]。由此可见，当环境因素发生变化，这可能将组织内的管理重新退回至失衡状态，使得管理者重新产生了管理创新的冲动。

（2）宏观环境因素对管理创新行为的非理性影响。其根源是管理者在

---

① Abrahamson, E., Fairchild, G., "Management Fashion: Lifecycles, Triggers and Collective Learning Processes", *Administrative Science Quarterly*, Vol. 44 (4), 1999.

社会心理方面的需求。首先，管理者希望通过采纳社会上正在流行的管理理论或技术，向外部的股东证明自己的管理能力并获得信任，捍卫和提高自己地位的合理性。其次，由于个人主义与革新的心理需求以及攀比的心理，或者是由于公司之间的激烈竞争使得一些管理者们经常感到备受挫折和失望，想找出新的成功办法，于是把希望寄托在采用新的、正在流行的管理技术上。另外，社会学学者早就指出，流行与时尚是一种阶级分野的产物，即流行是识别阶级、阶层和社会地位的标志，当老的管理理论或技术被较低声誉的组织大量采用时，新的管理理论或技术将会浮现，即低级别的公司总是试图模仿高级别公司采用的管理技术，而高级别公司总是希望能与低级别公司采用的管理技术有所区别，于是他们就会选择进行管理创新，此时，就使管理时尚化作一种符号象征，当扩散模糊了两个阶层之间的区别时，较高的社会阶层就会去寻求新的管理理论或技术①。因此，由于管理知识具有较强的商品属性，能够通过供需双方共同的作用形成管理知识市场，并会如同人们的服饰、打扮、趣味一样产生流行时尚现象，即当管理知识的供给者能敏锐捕捉并满足需求者的需要时，流行的管理时尚就出现了，并在一定程度上影响或改变组织的管理活动，但也可能对解决组织绩效问题并没有什么帮助，还会浪费组织大量的时间和金钱。如我国企业曾经一哄而起的 ERP 和流于形式的各种国际论证，不少只是增加了成本，却没有给企业带去变化。

2. 管理创新行为对宏观环境因素的影响

从社会实践的时空延伸角度看，管理创新者的实践行为不仅要受到环境因素的制约，也会在一定程度上影响或塑造环境因素，意即宏观环境既是管理创新实践的媒介，也是实践的结果。管理创新行为对宏观环境因素的影响主要表现在三个方面。

（1）成功的管理创新最终会推动管理理论的发展。企业的管理创新实践本来的目的并不一定追求科学，它追求的是出类拔萃的效率和卓越，但企业追求的与众不同为管理知识的增长创造了条件，并进一步影响到其他组织的管理实践活动。因此，在成功实施管理创新后，组织会将其在组织内制度

① Abrahamson, E., "Management Fashions", *Academy of Management Review*, Vol. 21（1）, 1996; Brickley, J. A., Smith, C. W., Zimmerman, J. L., "Management Fads and Organizational Architecture", *Journal of Applied Corporate Finance*, Vol. 10（2）, 1997.

化，组织或者外部的创新推动者会通过对实践的发展进行反思和提炼，通过去情境化以发展出普适的管理理论或方法[①]。如丰田生产方式的成功引起企业家和研究工作者的极大兴趣，美国学者在理论上加以概括与总结，称之为精益生产，随着《改变世界的机器：精益生产之道》一书在全世界的畅销，精益生产在全世界得到认可。

（2）企业家的管理创新行为推动了环境因素的演化。企业家一方面受到他们所处制度环境的约束；另一方面也在用他们的行动塑造新的制度环境，他们创造出了自己认同且利益相一致的技术、认知规范、行为模式等，并将这些标准的合法性传播到了社会其他成员之中[②]，或者其行为经受实践检验后，会逐渐沉淀为一种广泛接受的社会规范，改变了其他管理者对宏观环境的理性认知。这种企业家常被称为制度企业家，如美国 MCI 公司前总裁麦高文坚信改变管制规则将会有横财可发，通过促成"AT&T 分拆案"打破了该公司的垄断，通过改变规则而成就了一个企业的辉煌，开创了美国电信业的新纪元。

（3）其他管理者对成功管理创新的模仿行为会在社会中形成新的管理时尚。大多数管理者难以判断其他组织的管理创新的价值，但会采纳大家看法一致的、有较好效果的管理创新。于是，管理者的相互模仿行为就产生了新的管理时尚。同时，由于庞大的管理知识市场的存在，管理时尚的供给者必然会运用市场化策略把一些新的管理技术转化为管理知识市场上的流行商品，于是在 20 世纪后半叶就曾经流行目标管理、标杆管理等 16 个管理时尚，并在美国表现出以 10 年为周期的特征[③]。这些日趋繁多的管理知识市场商业活动只会降低管理者的辨别能力，使得模仿行为变得更加非理性，将严重干扰管理创新活动的良性发展和传播。

---

① Birkinshaw, J., Hamel, G., Mol, M. J., "Management Innovation", *Academy of Management Review*, Vol. 33 (4), 2008.

② Dimaggio, P. J., "Interest and Agency in Institutional Theory", in Zucker L. G. (Ed.), *Institutional Patterns and Organizations: Culture and environment*, Vol. (1), 1988; Déjean, F., Gound, J. P., and Leca, B., "Measuring the Unmeasured: An Institutional Entrepreneur Strategy in an Emerging Industry", *Human Relations*, Vol. 57 (6), 2004.

③ Carson, P., Lanier, P., Carson, K., et al., "Clearing a Path through the Management Fashion Jungle", *Academy of Management Journal*, Vol. 43 (6), 2000.

综上可见，管理思想的发展与宏观环境的变化是共同演进的。管理思想的发展既是环境的产物，也是其过程。从内部来说，管理思想经历了不同阶段，各阶段研究的侧重点不同；从外部来讲，管理思想一直受到技术进步、人性假设的变化以及经济、社会和政治价值的影响①。同时，管理思想的发展对宏观环境因素的改变，是管理实践主体在一定环境因素制约下能动性的表现。这也在一定程度上印证了雷恩构建的影响管理思想发展的文化框架的正确性。

三、宏微观互动视角下改革开放以来中国管理思想发展分析

改革开放以来中国管理思想的演变是伴随着社会、经济、文化等环境因素的渐进变化而发展，是一个从全面引进、积极学习、结合实践、提高水平，到在学习、结合和提高的过程中积极探索中国特色的管理思想的过程。因此，我们可以把改革开放后中国管理思想的发展过程看作是不断进行管理创新的过程，并利用前面构建的理论模型对此过程从两个方面进行分析，即改革开放后不同发展阶段的环境特征与管理思想创新之间的关系，以及不同环境下的创新主体行为特征。鉴于目前管理创新主体对宏观环境的作用尚不够显著，本节将不对此进行分析。

1. 改革开放后宏观环境的演进与中国管理思想发展

改革开放后，引进和学习国外先进管理理论与技术是我国管理领域的重要特征②，管理创新属于渐进性质，但不同阶段中学习西方发达国家管理思想重点的不同主要是由宏观环境因素的变化所决定。因此，改革开放后中国管理思想的发展是宏观环境因素主导下的渐进型创新过程。

随着经济体制改革的不断深入，我国的经济体制逐步从计划经济转变为有计划的商品经济、社会主义市场经济体制，并在 2001 年加入世界贸易组织，中国社会环境也发生了天翻地覆的变化。国内学者对中国管理思想演变阶段的划分也多是遵循环境变迁的特征，如中国经济社会发展及其制度变迁③

① Wren, D. A., Bedeian, A. G., *The Evolution of Management Thought*, New York: John Wiley & Sons Inc., 1996.

② 黄速建、黄群慧等：《管理科学化与管理学方法论》，经济管理出版社 2005 年版。

③ 陈佳贵主编：《新中国管理学 60 年》，中国财政经济出版社 2009 年版，第 51—71 页；芮明杰主编：《管理实践与管理学创新》，上海人民出版社 2009 年版，第 106—120 页；谭力文：《改革开放以来中国管理学发展的回顾与思考》，《武汉大学学报（哲学社会科学版）》2013 年第 1 期。

或国家自然科学基金委员会对管理学科上的改革①。因此，改革开放后中国宏观环境特征是管理创新的主导驱动因素，其渐进变化使得企业的基本制度和运行方式随之发生变化，企业管理的范围、内容和特性也在随之变化。于是，根据改革开放后我国经济制度演变的总体演变特征，管理创新驱动力经历了从"行政驱动""计划和市场驱动""市场驱动"到"国际化驱动"的变化历程②，管理创新也可划分为四个阶段：科学管理启蒙阶段、转型阶段、中西融合阶段、与国际接轨阶段。其中，科学管理启蒙阶段主要是通过政府行政力量的作用，借助整顿和加强基础管理工作、引进西方先进管理技术等途径学习国外经验，普及管理知识；转型阶段则是由于市场开始对资源起到配置作用，围绕国有企业的所有权和经营权的关系进行了探索；中西融合阶段是在市场经济体制与社会主义基本制度相结合的背景下，开始更多地引进和学习西方管理思想，同时开始与企业的实际进行结合；与国际接轨阶段是中国对外经济发展战略发生重大调整之后，企业开始面对全球竞争，自觉与国际惯例接轨，同时也意识到要与中国企业的实际相结合，甚至有观点认为经济高速发展表明了中国式管理的时代到来，要直面中国管理实践来构建具有中国特色的管理理论（见表8-1）。

表8-1　中国改革开放后宏观环境的演进与管理思想的发展

时间阶段	1978—1984 年	1985—1992 年	1993—2001 年	2002 年至今
环境驱动因素	行政驱动	计划和市场驱动	市场驱动	国际化驱动
创新特征	科学管理启蒙	转型（从生产型到生产经营型）	中西融合	与国际接轨
流行的管理思想	全面质量管理、敏捷制造、精益生产、18 种现代化管理方法的推广等	两权分离、承包经营等	KPI、企业信息化建设、核心竞争力理论、学习型组织、顾客价值管理、企业文化管理等	企业国际化战略、战略联盟、自主创新、MBO、六西格玛、SA8000、知识管理、关系营销等

---

① 苏勇、刘国华：《中国管理学发展进程：1978~2008》，《经济管理》2009 年第 1 期。
② 黄速建、黄群慧等：《管理科学化与管理学方法论》，经济管理出版社 2005 年版，第 167—190 页。

续表

时间阶段	1978—1984 年	1985—1992 年	1993—2001 年	2002 年至今
本土企业的管理创新		海尔的 OEC 管理等	邯郸钢铁公司的目标成本管理、海尔文化激活休克鱼等	提出构建中国管理学；开始流行中国式管理等管理技术

资料来源：作者根据相关资料整理所得。

从对改革开放后我国宏观环境的演进与管理思想发展的分析中可见，不同的历史时期、问题不同，管理思想所关注的焦点、解决的方法也各不相同，而国外管理科学百年的积累，以及"先进"国家在管理创新方面所提供的丰富实践提供了可资借鉴的国际经验。因此，改革开放后我国管理创新多属于模仿并创新，政府在这一过程中扮演了重要角色，起主导作用。但在大胆引进西方管理理论和技术的基础上，我国企业已开始认识到要把引进外部经验与自主变革相结合，企业自主变革的趋势已越来越明显。因此，我国不同阶段流行的管理思想深受经济、社会等环境因素变化的影响，同时也反映了环境因素的变迁。

2. 改革开放后中国管理创新微观主体的变化与创新行为

环境因素对管理创新的影响最终将体现在管理创新主体及其行为中。改革开放后，我国管理创新的主体逐渐趋于多元化，既包括作为实践主体的企业，也包括企业组织外的其他组织，如学术研究者、管理咨询公司等。下面将分别探讨企业、管理教育与研究者在不同环境下的创新行为。

（1）宏微观互动视角下企业的管理创新行为特征分析。改革开放后中国管理思想的演变过程会受到创新主体结构变化的影响，即不同性质企业的结构变化影响，这种变化又是由改革开放的进程所决定，受制于宏观环境因素。经济改革之初主要是国有或集体所有企业，他们在某种程度上具有很强的制度性①，于是政府在中国管理思想的发展中扮演关键角色。因此，社会范围内的管理创新体现出的是强制性或者准强制性特点，先进经验的引入是通过政府确定试点、总结经验、确定标杆、推广普及的方式进行。1997 年

---

① Boisot, M., Child, J., "From Fiefs to Clans and Network Capitalism: Explaining China's Emerging Economic Order", *Administrative Science Quarterly*, Vol. 41 (4), 1996.

党的十五大明确了非公有制经济在国民经济中的重要地位，民营企业和外资企业等迅速得到了发展壮大，政府角色也被重新定位于服务角色，管理创新主体逐渐回归到企业。21 世纪以来，随着经济一体化、信息网络化的迅猛发展，在西方发达国家流行的管理思想不再受限于时空的阻隔而可以在世界各个角落同步登场，各国企业管理的共同属性使这些管理创新无须借助语言而成为世人关注的焦点，引发人们竞相模仿、追逐的浪潮，中国企业也不例外。

（2）管理教育与研究者的创新行为分析。管理教育与研究者是企业之外影响中国管理思想发展的一支重要力量。在早期，由于我国高等教育定位所具有的强制性，他们在管理创新中所起的主要作用是 20 世纪 80 年代初的介绍性引进和 80 年代至 90 年代初的全方位引进，特别是 90 年代中后期迅速开展的 MBA 教育更是对管理实践者普及现代管理知识作出了很大的贡献。20 世纪末以来，西方主流科学研究的范式与发展趋势开始更深入地影响中国学术界的管理研究和创新。以 1998 年创建世界一流大学为标志，中国管理学研究也迅速与"国际惯例"接轨，不仅是研究方法开始规范化、实证化，甚至关注的研究问题也开始与国际接轨，这些问题可能与中国企业的实际情况相去甚远。这种现象被一些知名管理学者所诟病，并引起了一系列的讨论，认为这种学术上的拿来主义应该更多是方法论方面的，而不是研究问题上的[1]，"直面中国管理实践"成为重要共识。但在管理创新中，由于对问题判断的依据不同产生了新的争论。徐淑英等提出可以选择西方管理研究中的热门现象，并沿用西方管理学界业已成熟的方法和框架来诠释中国情境下的问题，进而验证现有理论并发展新的平台[2]。相反，谭劲松（2006）认为，真正要发扬本土研究，应该是用严格的国际规范，来发展以中国企业为研究对象，能够解释中国企业现象的理论，以构成中国管理学对普世的管理学理论的贡献。二者的主要分歧在于是西方管理研究中的问题还是中国管理现实中的问题，即中国是个情境因素还是问题本身。管理教育与研究者的管

---

[1] 谭劲松：《关于中国管理学科定位的讨论》，《管理世界》2006 年第 2 期。

[2] 徐淑英、刘忠明：《中国企业管理的前沿研究》，北京大学出版社 2004 年版，第 3—54 页；李垣、杨知评、王龙伟：《从中国管理实践的情境中发展理论——基于整合的观点》，《管理学报》2008 年第 4 期。

理创新行为的变化既反映了其主体在改革开放的大背景下，从本土培养的学者为主体逐步变化为受国际主流管理研究教育为主的趋势，也反映了其行为从深受国内实践的影响变化为更多受到国际上对学科和科学研究规律性认识的影响，表明宏观环境因素的变化对管理教育与研究者创新行为的影响。

　　总的看来，管理创新理论是个新发展起来的理论，本身仍在不断发展中，因此就限制了其对中国问题研究的指导性。但正是由于这个理论的不完善，我们就可以通过研究中国管理创新问题为该理论的进一步发展作出贡献。在研究中虽然构建了宏观、微观互动视角下的管理创新实现机制的理论模型，并以此为基础对中国管理创新的特征进行了总结，但缺乏较规范的实证研究作进一步的支撑。未来要继续深化理论模型，以此为基础提出假设并验证，增加研究的说服力。

第 九 章

改革开放后的中国管理咨询业

　　管理咨询在国外已有百年的发展历史，而在中国，尽管 20 世纪初随着科学管理思想在中国的传播而被了解，但真正得到发展却是在改革开放之后。中国的管理咨询业是在外资管理咨询公司的影响和带动下逐步成长起来的，在已经走过的四十多个春秋中，为中国管理理论研究和企业管理工作者之间搭起了一座桥梁，不仅推动了中国企业管理水平的提升，而且形成了一个快速发展的智力密集型服务产业。本章将在简要总结中国管理咨询业发展过程及现状的基础上，分析管理咨询在中国管理学发展中的重要作用和未来发展方向。

第一节　中国管理咨询业的发展

一、改革开放之前中国咨询业的发展

1. 中国古代的咨询

　　尽管管理咨询在中国发展较晚、还不那么发达，但咨询在中国不是一个全新的社会现象。对咨询活动的记载最早出自《诗经》中的《皇皇者华》："载驰载驱，周爱咨诹"，意思就是鞭策着马儿驰骋在大路上，不辞辛劳广泛地咨询治国的大道，其中"咨"与"诹"都是问的意思，和我们现在对咨询的界定在本质上没有大的差别。在古代，从事咨询活动的主要是一些被

称为"智囊"的人，他们为君主、政府、军队将领等出谋划策，如一些文献根据史料，将最早的教师和顾问追溯至我国儒家学说的创始人孔子，认为他是人类历史上将文化、教育和培训联系在一起的第一人。春秋战国时期的诸子百家提出不同学说，学者们周游列国，为诸侯出谋划策，形成了百家争鸣的局面，当时有"食客""门客""智囊"之称的人从事的也多是咨询活动。在一些贵族、官员之中盛行养士之风，其门下人才济济，建立了庞大的咨询团队，也涌现出一批对后世有着重大影响的学者，如以《孙子兵法》闻名于世的孙武是当时战略管理的先驱之一，也是世界上最早的军事顾问之一。之后在中国漫长的封建社会，被咨询的顾问一直在政治与官僚体制中占据重要位置，历朝、历代皇帝都设置了诸如"顾臣""谏议大夫"等职位，各级官员也用自己的俸禄延请各自的如"师爷"之类的人才。诸葛亮是我国古代大谋士、智慧的象征，他在《前出师表》中这样界定咨询的作用："愚以为宫中之事，事无大小，悉以咨之，然后施行，必能裨补阙漏，有所广益。"（大意是：国家事务，无论大小，均应先予咨询，然后实施，据此免于失误和失策，获得很多益处）按照现代标准，这些谏臣、师爷可看作是向各级管理者提供咨询意见的"内部管理顾问"了。到封建社会末期，在洋务运动及之后，为向西方国家学习以增强国力，聘请外国咨询人员充当顾问之风在政要之中盛行，以得到各种各样的决策咨询。总之，我国自古以来咨询活动便广受重视，而且人才辈出，群星灿烂，成果斐然，但与西方意义上的咨询业以及管理咨询业在内容、服务对象及作用等方面都相去甚远。

2. 新中国成立后的咨询

中国共产党诞生之后直至新中国成立，一直都非常重视献言献策等咨询活动，建立了一系列相关机构或组织，如各级政协、社科院、科学院、党委和政府中的各类研究室与政策研究中心、大学中的研究中心，正在迅速发展中的智库等，目前已发展成遍布全国、纵横交错的官方内部顾问组织。从横向看，中央层面有中共中央政策研究室、国务院发展研究中心、国务院研究室、中国社会科学研究院等政策研究指导机构、综合性智囊组织，以及隶属各部委的专业智囊组织和政策研究所（室）；省级层面则有各地的经济研究中心或发展研究中心以及各省委省政府的研究室或政策研究室。从纵向看，类似的研究机构尤其是政策研究所（室）已经从中央发展到省、市等地方各级，遍布全国各地。除此之外，一些社会团体、社会知识精英、专家学者、外国专家也都从事和扮演着咨询的工作与角色。但他们的服务对象主要是党政部门，服务内容包括政治、经济、社会、科技等，采取的多是无偿形式，没有形成一个产业，但却在推动中国社会的发展中发挥了重要作用。2015 年 1 月，中共中央办公厅、国务院办公厅印发了《关于加强中国特色新型智库建设的意见》，要求从推动科学决策民主决策、增强国家软实力的战略高度，明确中国特色新型智库科研工作的特点，努力实现智库转型发展，为协调推进"四个全面"战略布局提供理论支撑、精神动力、智力支持。社会强烈的需求以及党、政府的高度重视将会进一步推动我国咨询业快速发展。

二、改革开放后中国管理咨询业的发展

中国的管理咨询始于 20 世纪 70 年代末的改革开放，开始是在政府的介入和推动下逐步发展起来的。虽然仅有四十多年的发展历史，但却经历了一个从无到有、由小到大的跨越式发展历程，总体来看经历了三个阶段：20世纪 80 年代政府主导发展阶段、20 世纪 90 年代以市场调查与策划为重点的发展阶段、21 世纪以来专业化发展阶段。

1. 20 世纪 80 年代政府主导发展阶段

改革开放后我国管理咨询业的发展首先起源于政府主导、创办的管理咨询业，涵盖投资、科技和财务咨询等领域，目的主要是为更好地落实改革开放政策、服务经济发展。在政府开始倡导决策民主化和科学化的背景下，出现了由国家各大科研机构和高等院校的人才组成的官方咨询机构，也有一些管理研究教学机构的学者开始为企业出谋划策，但多属个人行为，规模也较小。为了有效地调整国家产业结构，解决瓶颈产业的发展问题和建立合理的价格体系，原国家计划委员会系统在全国创立了"投资咨询"和建设"工程咨询"公司，目的是实现国家投资决策的科学化和工程建设的合理化；原国家科委和中国科协系统在全国创办和扶持了一批"科技咨询"企业，以推动科技成果转化；国家财政部门在各地创立了"财务会计咨询"公司和"会计师事务所"，以推动企业财务会计咨询的社会化，会计、审计、评估等工作的社会中介化。

2. 20 世纪 90 年代以市场调查与策划为重点的发展阶段

20 世纪 90 年代，随着中国社会主义市场经济的建设，开始出现一批提供规范化咨询服务的公司，主要是 20 世纪 90 年代前半时期的信息咨询公司。与 20 世纪 80 年代非市场化的发展不同，90 年代在市场化进程中开始出现了一批外资和国内私营的所谓信息咨询公司、市场调查公司，服务对象主要是外资企业和部分合资企业，他们在开始决定进入中国市场之前迫切需要了解市场的发展情况。零点调查、盖洛普（中国）咨询、华南国际市场研究、慧聪信息、浩辰商务等信息咨询与市场调查公司按市场规律运作，以其高质量的专业化服务赢得市场，在竞争中站稳了脚跟并逐渐脱颖而出。

同时，20 世纪 90 年代初的管理咨询业依然处在初级发展阶段，人们对管理咨询还有种种误解，等同于所谓的点子、策划等。一些点子公司、策划公司也名噪一时，但迅速衰落。1992 年 9 月 1 日，《人民日报》头版发表了引起轰动的《好主意也是"紧俏商品"：何阳卖"点子"赚了 40 万》一文，从此打开了中国的智慧市场，掀起了咨询热，众多企业家当时都聆听过何阳的讲课，何阳也被新闻界称为点子大王、中国策划第一人。在被媒体炒得沸沸扬扬的同时，一批点子公司和宣传"点子"的畅销书，让以点子、策划为名头的咨询业发展红火了一阵，但把管理咨询业等同于出点子、策划则是一种误解，这些"点子"公司基本上没有专业管理人才，也不具备现代管理知识，并不是严格意义上的咨询公司。随着时间的推移，企业也逐渐认识到经营管理的问题并不是仅仅依靠一个点子或策划就能解决。随着我国市场经济的发展，在 20 世纪 90 年代中后期逐渐由卖方市场过渡到买方市场，加上信息技术带来的技术革新，使得市场更加瞬息变换、难以预测，这使得企业特别是国有企业改变以往的经营思想，开始树立市场导向的理念，以消费者需要为中心去设计和生产产品。于是，在市场等竞争环境发生巨大变革的背景下，企业管理者们对管理咨询也提出了新的要求，他们需要的不再只是一个点子、一条策划，而是要求咨询公司帮助企业建立一个快速响应市场的新体系。于是，随着 20 世纪 90 年代后期国外著名的管理咨询公司开始大批进入我国市场，我国的管理咨询业告别"点子"时代，进入专业化发展阶段，获得了真正的起步与发展。

3. 21 世纪以来专业化发展阶段

21 世纪以来我国管理咨询行业在本土公司、国外公司的相互竞争中逐步发展，行业逐渐规范，专业化水平不断提高。其中，推动 21 世纪以来中国管理咨询业发展的主要有三股力量：一是本土管理咨询公司的壮大，二是国外管理咨询公司进入并逐渐适应中国市场，三是企业信息化过程中软件公司的推动。

20 世纪 90 年代末期中国本土才开始诞生第一批正规的咨询公司，如汉普管理咨询、远卓战略、博峰营销、派力营销、博通经纬等。管理咨询公司都是以自己的知识智慧和长期积累的经验帮助别人成功，国外著名管理咨询公司荟萃了大量管理精英，会将很多开发出来的理论以其公司名字命名，但中国的管理咨询发展短暂，各公司缺乏咨询专家、缺乏对管理理论的开发以及具有丰富经验的从业人员，使得各公司整体实力不强、发展缓慢，综合性、具有一定品牌价值的公司不多。同时，由于服务业进入门槛低的特点，使得管理咨询公司寿命短，数量众多而规模小，大多在业务上专注于某一细分市场，例如人力资源咨询、营销策划咨询和培训等，产业化程度整体不高。

20 世纪 90 年代中期开始，就有国外管理咨询公司开始登陆中国市场，但效果不尽如人意，毁誉参半。如麦肯锡作为全球最大的管理咨询公司，1997 年初应北京王府井百货（集团）股份有限公司之邀请，为其设计百货业大连锁经营方案。麦肯锡建议王府井百货在全国各地大中城市开设"王府井"品牌的商场、商厦，进行统一的经营、管理、采购、核算。在具体的实施和经营管理上，麦肯锡建议王府井百货大楼引进"国际先进的管理经验和体制"，吸引外籍管理人员进入王府井任职，并与安达信公司一起，将美国 JDA 软件系统引入王府井。这套系统采用后，王府井百货可以通过卫星通信对全国范围内的商品采购、配送、销售、实时监控、清算等进行全方位统一管理。通过计算机数据处理，可以对各类商品进行销售分析并实施有效监控，还可对企业各项投资行为进行财务分析。但王府井方面却发现麦肯锡与安达信引进的 JDA 软件与王府井当时的经营现状格格不入，集团的整体运营状况并没有得到根本性的改变，于是逐渐在运用中"改造"这套系统，并最终终止了与麦肯锡的合作。其后，康佳、实达、乐百氏等相继成为麦肯锡的折戟地，双方也都付出了高昂的代价。这说明如何了解中国的国情，将西方先进的管理思想与中国的管理实际相结合，有效地进行本土化是国外咨询业在中国取得成功的关键问题。与之不同的是，1998 年，成立仅10 年的华为引入 IBM 参与华为 IPD 和 ISC 项目的建立，5 年期间共计花费 4 亿美元升级管理流程。除此之外，华为还曾聘请过埃森哲、波士顿、普华永道、美世和合益、日立咨询、日本丰田董事等咨询公司或专家。对待外国咨询公司给出的咨询方案，任正非提出了"削足适履"的思想，并认为，引进的方案要先僵化，后优化，再固化，切忌产生中国方案、华为方案。应该承认，国外著名咨询公司和专家提供的咨询方案、意见为华为的腾飞起到了重要的作用，任正非对待外国咨询公司与专家咨询方案和意见的态度体现了管理活动个性化的特征，值得中国企业界和管理学学术界的重视。2001 年12 月中国正式加入 WTO 之后，世界著名的管理咨询公司纷纷加快了进入中国市场的步伐，并逐渐以其丰富的经验和优秀的人才等优势在市场上占据主导地位，据估计，其市场份额常年稳定在一半以上。

另外，改革开放后随着对企业信息化工作的重视与推进，一些软件公司等在帮助企业开展信息化建设的同时，利用计算机技术帮助企业相应地提高了企业管理水平。实际上，早在 1973 年 9 月 1 日，"中国电子计算机辅助企业管理联合设计组"就已经成立了。从这一天开始，用计算机技术提高企业生产管理有了真正的实践活动。1978 年，沈阳作为中国的工业重镇，有七八家企业先后上马了计算机管理系统。1981 年沈阳第一机床厂从德国工程师协会引进了第一套 MRP Ⅱ 软件。1987 年，国家 CIMS 中心成立，是国家 "863" 高技术计划重点建设项目之一。但是直到 1991 年之前，人们把这一轮的企业管理信息化试点当作一个失败的案例，因为这些系统并没有被充分地利用到企业的日常管理当中，没有发挥当初理想的作用。1989 年，美国软件供应商 SSA 公司登陆中国。1991 年，SSA 公司在中国的大规模铺点销售可以称为一个转折点，在制造业给企业一个从自我开发到直接选购商品化软件的新选择。除了 SSA 以外，有很多海外厂商也开始登陆中国。1998 年，以用友、金蝶为代表的国内财务软件商集体开展 "迎接 ERP 时代的到来" 的工作。企业整体解决方案的巨大需求让这些完成了一定资本积累的公司开始向这个领域发起了进攻，打破了国外软件几乎一统天下的格局。

2000 年左右，SCM（供应链管理）、CRM（客户关系管理）概念开始盛行，管理应用类软件市场的确得到了"放量增长"。之后，随着电子商务的迅猛发展，与之相应的经营管理思想发生了剧烈变化，也为管理咨询公司提供了新的业务对象。从总体上看，企业信息化的建设，管理软件的推行对提升中国的企业管理水平有所帮助，也在部分企业取得了成功，但从大范围的情况看，与中国企业管理基础工作的薄弱，基础数据的缺失也造成了诸多的问题，甚至失败。

三、国外管理咨询企业在中国

从 1992 年波士顿咨询公司最早在中国大陆设立分支机构到现在，跨国管理咨询公司已经几乎全部进入中国市场。大多数跨国咨询公司的客户将近半数是外资企业，另外除了政府部门就是联想、华为、实达这样的大型企业，跨国咨询公司在中国管理咨询市场中处于支配地位。一般可将国外管理咨询公司在中国的发展分为四个阶段。

第一阶段：20 世纪 80 年代下半期至 90 年代上半期的进入阶段。跨国咨询机构首次接触中国政府机构和企业机构的契机是当时世界银行和亚洲开发银行在对中国提供贷款项目时，都会按照惯例要求中国政府或企业必须使用咨询公司。如 1985 年世界银行针对上海和天津的贷款项目分别由波士顿咨询公司和科尔尼香港部门提供咨询建议。1992 年的邓小平南方谈话推动了中国市场经济的快速发展，也引起了 1993 — 1995 年的外资投资中国的热潮，众多跨国公司进入中国市场，伴随而来的巨大咨询需求引发许多跨国咨询公司在中国设立办事处或子公司，为跨国公司做中国市场进入战略的咨询服务，但此阶段基本上不把中国本土企业作为服务对象。

第二阶段：20 世纪 90 年代后半叶的市场培育阶段。1997 年出现的亚洲金融危机使跨国公司经营遭遇困境，跨国咨询公司之前所承担的外资咨询项目也随之减少，加上之前基本未涉足本地企业，使在华的跨国咨询公司发展陷入低谷，为求得生存而逐渐将目光转向国内客户。针对当时中国本土企业管理咨询意识薄弱、管理理念落后的状况，跨国管理咨询公司主要开展了对本土企业的启蒙工作，并取得了显著成效，其中具有代表性的是麦肯锡和安达信。安达信在 1983 年就开始在中国投资，是最早对中国进行投资的机构；

1990 年安达信牵头帮助上海市设立市长咨询委员会，帮助政府更好地与市场接轨；2000 年为中国大型国有企业领导进行三个星期的讲座式培训，免费为中央大型企业工委做培训。麦肯锡则主要通过培训和宣传关于企业变革的知识和效果，使政府机构和国企管理者理解管理咨询的价值；并将自己的出版物送给企业高管人员，赞助清华大学等一些高校开设 EMBA 课程，锁定中国高端的客户群；此外，麦肯锡也通过为本地企业做免费项目来获得经验。1998 年，中央提出了国企要三年扭亏为盈的目标并开展了新一轮国企改革，这为跨国咨询公司的发展带来了重大机遇，加上之前卓有成效的市场培育工作，本土客户尤其是金融、能源、电信行业的大型国有企业开始付费请咨询公司做一系列咨询，跨国咨询公司就此打开了本土企业的管理咨询市场。

第三阶段：2001—2003 年的正规化阶段。2001 年中国加入 WTO，这是我国改革开放历程中的里程碑事件，也成为中国管理咨询业发展的巨大契机。2002 年前后，随着跨国管理咨询从卖"概念"到卖"效用"的转变，管理咨询行业开始迎来高速增长期。同时，20 世纪末到 21 世纪初中国国有企业改革的浪潮中，在政府推动下，特大国有企业纷纷在海外上市，由此所产生的巨大咨询需求极大地推动了管理咨询业的发展。比较著名的案例包括：2000 年埃森哲成为中石化上市咨询项目的顾问公司，2002 年中国电信请毕博做 ERP 咨询等。2003 年许多国有企业选择管理咨询公司的方式开始由招标转向议标，体现了我国的管理咨询市场逐渐走向正轨化。如2004 年建设银行的风险管理项目和中石油供应链的项目都是以议标形式决定项目归属。

第四阶段：2004 年之后的持续增长阶段。随着中国市场逐步由买方市场转变为卖方市场，以及加入 WTO 后面临的竞争压力，企业开始意识到核心竞争力的重要性，忧患意识不断加强，对管理咨询的认识也更加深刻。同时，银行业、电信业、石油业和外资企业的咨询需求尤其强烈，中国市场的独特性使得咨询公司开始不能完全满足客户需求，更注重将先进的管理思想与中国市场特点、本土企业的需求相结合。此外，咨询公司不再打价格战，客户越来越看重咨询公司的能力以及在全球的网络资源和中国市场队伍的规模。于是，在经过之前的酝酿和咨询行业自身持续整合，咨询市场开始持续的增长，管理咨询业的春天来临。

第二节　中国管理咨询业发展的意义与对策

现代管理咨询是在 1870 年至 1914 年之间在美国出现的，管理咨询的先驱们活跃在美国的钢铁公司等企业，主要目的是帮助制造业企业提高作业效率，这些人中最具有代表性的当数泰罗、甘特、德鲁克等。在此后百余年中，管理咨询与管理思想发展之间是相互依赖、相互促进、相辅相成，是现代管理知识体系发展史、企业发展史中重要的组成部分。因此，推动管理咨询在中国的发展将对中国企业管理水平的提高，对基于本土实践的管理理论创新具有重要意义。

一、推动中国管理咨询发展的意义

1. 管理学科的科学性与艺术性相结合的特征，决定了管理咨询业存在的必要性

所谓的科学性是指管理学科所具有的规律性，所谓的艺术性则是对管理实践性的描述，意指在运用管理原理时必须顺应环境的变化。因此，法约尔就认为："在管理方面，没有什么死板和绝对的东西，这里全部是尺度问题。我们在同样的条件下，几乎从不两次使用同一原则，因为应当注意到各种可变的条件，同样也应注意到人的不同和注意许多其他可变的因素。""原则是灵活的，是可以适应于一切需要的，问题在于懂得使用它。这是一门很难掌握的艺术，它要求智慧、经验、判断和注意尺度。"① 国内有学者认为，科学就是一般，就是完全一样，管理实践本身并不追求科学，它追求出类拔萃的卓越，科学只是管理实践活动的一个方面。由于企业追求的是与众不同的差异化，每个企业面对的实际情况，企业负责人掌握的资源也不相同，于是与管理科学的一般性之间存在较大的距离，这就为管理咨询的出现创造了条件。因此，在理解管理咨询的作用时，我们首先需要明确在管理理论和管理实践之间存在的界限。管理咨询业的出现就是在科学的管理理论与

① ［法］H. 法约尔：《工业管理与一般管理》，中国社会科学出版社 1982 年版。

企业实践之间架起了桥梁，帮助企业经营管理者更好地诊断企业管理中存在的问题，以提高经营管理水平。

2. 管理咨询业实现了分裂的管理研究主体与实践主体之间的有效连接

一直以来广受诟病的管理学学科作为一门独立学科的价值体现以及管理研究之于管理实践的价值体现，被视为管理学学科所面临的双重价值困境。高良谋、高静美认为产生该问题的一个重要的原因就是管理主体处于一种分裂的状态，即管理学的研究主体和实践中的管理主体不一致。管理领域的研究者在精心构建自己的科学参照系并试图对实践予以指导的同时，却并不是一个真正运行企业（或组织）的管理者。今天，许多人乐于将管理学和医学、法学作对比，认为它们都与人打交道，在学科属性上具有某种相似性，但医生可以在临床工作的同时，兼任医学院的教师和科研人员的角色，法学的教授在从事教学、科研的同时，也往往具有律师的资格，为社会提供法律服务，即在医学、法学中科研人员与实践人员往往是一体的。但管理学中的科研人员与实践人员却往往是一种背离的状态，所以实践人员才会常常发出"管理无用"的呼声，他们认为科研人员所关注的问题往往并不是实践中最亟待解决的问题；而科研人员在构建学科体系和框架的过程中，对实践中的纷繁变化和琐碎现象也往往加以简化，甚至无暇顾及。管理学的学科合法性与实践相关性之间的矛盾似乎不可调和，管理学的学科价值体现和实践价值体现也往往难以兼顾[1]。因此，应面向管理实践中遇到的具体问题开展研究。管理学作为一门应用科学，实践中的问题是学科"价值性"的重要体现，应该在不断强化管理研究人员与实业界人士之间建立一个更强、更具创新性的链接[2]。一些学者认为，加强学者部落和实践者部落彼此之间的交流和合作，对于形成有实践意义的研究，乃至形成管理知识本身都具有重要意义[3]。而世界著名的管理咨询公司已提出管理理论都是以成功的管理实践为基础，真正实现了理论研究（或借用他人理论研究）与面向实践的有机结合。

---

① 高良谋、高静美：《管理学的价值性困境：回顾、争鸣与评论》，《管理世界》2011 年第 1 期。
② 高良谋、高静美：《管理学的价值性困境：回顾、争鸣与评论》，《管理世界》2011 年第 1 期。
③ 龚小军、李随成：《管理理论的实践相关性问题研究综述》，《管理学报》2011 年第 5 期。

3. 快速多变的环境使得一些企业只有借助外脑，才能求得生存与发展，这是管理咨询业存在的前提与基础

环境是对企业经营绩效产生持续显著或潜在影响的各种外部力量的总和。在信息经济、网络经济和知识经济日益明显的竞争作用下，企业的经营环境正从以前相对稳定的静态环境转向日益复杂多变、充满不确定性的动态环境，在很大程度上具有不可预测性。如果企业与其相处的外部环境不相匹配，就会对其生存与发展产生极大的反作用。所以，如何迎接环境变化的挑战是影响企业经营的重要因素。企业必须基于对环境和自身的科学分析，提高企业的灵活应变能力，在市场竞争方式和策略上随市场的变化而变化，使企业更加具有战略适应性。而企业管理咨询就是要帮助企业通过解决管理和经营问题，鉴别和抓住新机会，强化学习和实施变革以实现企业目标，为企业的发展提供智力援助。在中国，企业还必须妥善处理过去计划经济遗留下来的企业管理不适应国内外两个市场竞争环境的后遗症，国企改革仍任重道远，这都为管理咨询业的发展提供了巨大的市场空间。

4. 管理咨询业的发展一定程度上缓解了管理知识传播途径不畅问题

一些管理学界的学者将管理理论脱离实践的原因归于管理理论传播的渠道和形式存在一定问题。首先，商学院作为传播管理知识的重要渠道，将学术优秀作为竞争力的主要评价标准，聘请的教授缺乏实践经验，课程设置上过多地使用科学模式和定量分析，结果造成毕业生缺乏处理现实中复杂管理问题的能力。其次，还有学者认为管理理论的表现形式阻碍了管理理论的传播。如科莱曼（Kelemen）等认为，管理理论与实践的鸿沟部分来自于学者发表的文章在题材上与实践者之间的差异，他们对面向学者的和面向实践者的研究在题材上进行了详细的比较，认为大多数实践者并不熟悉学术研究的写作方式[1]。尽管管理咨询活动具有实地研究的性质，但现实中人们会主观认为管理咨询公司似乎与理论研究相去甚远，其研究也很难符合学院派的学术标准，甚至被认为是产生一时风尚的主要推手，其传播理论、弥补管理理论与实践之间鸿沟的作用被忽略了。

---

① 龚小军、李随成：《管理理论的实践相关性问题研究综述》，《管理学报》2011年第5期。

二、中国管理咨询发展面临的主要问题

管理咨询业的发展是市场经济发展的产物。市场竞争越激烈，对管理咨询业的需求越大。随着竞争加剧，中国众多企业已开始认识到自身管理的不足，开始了对最佳管理实践的追求。企业持续的变革，尤其是实现企业战略、组织、业务及信息技术的改善将是持续的，"走出去"战略的实现以及与国际惯例相接轨的需求都将是长期的。因此，中国企业对管理咨询的需求将会是巨大的，中国管理咨询业将有广泛的发展前景。近年来，中国管理咨询业充分利用后发优势和本土化优势，不断扩大经营规模，拓展业务范围，但与发达国家的管理咨询业发展相比，差距仍加大，主要存在以下几方面的问题。

1. 没有面向中国企业管理的实际，理论创新能力低，模仿为主，不能满足本土企业的需求

目前，本土管理咨询公司的管理体系不完善，人才储备不足，没有形成完善的服务体系，仍以模仿西方发达国家为主，理论上也是以介绍、引进西方主要管理理论为主，并没有结合中国情境进行理论创新，真正面向中国企业管理的实际。

2. 人才匮乏

咨询行业是知识密集型产业，从业人员素质的高低是咨询服务质量好坏的关键，因此，人才是咨询公司最重要、最核心的资产。在咨询公司的具体运作过程中，企业问题的诊断、分析，解决方案的提出以及各种咨询工具、流程和模式的掌握，都对咨询师的个人能力和综合素质提出了很高的要求，且高于对知识和经验的需求。我国管理咨询从业人员的主要来源有两个，一类是之前的策划公司或市场信息公司，另一类是高校相关科研人员。前者水平参差不齐，尽管近年来从业者素质有所提高，但整体仍不尽如人意；后者理论水平较高，但不少研究人员几乎没有管理的实践经验，加上当前高校的考核取向使其研究与实践脱节，不易产生较为显著的指导作用。

3. 企业规模小，缺乏核心竞争力和品牌价值

我国的管理咨询公司整体呈现规模较小、数量较多的特点，据不完全统计，目前全国各地有数百家咨询公司，小的只有几名雇员，其中有十余家的

发展速度较快、规模略大，有近千名雇员，但与麦肯锡等大公司相比差距仍很大。国外知名的咨询公司在全球拥有万余名雇员，其中在大中华区就雇用了几百名研究员和咨询顾问。同时，成功的管理咨询公司都有明确的市场定位，如麦肯锡、贝恩等因专注于战略层面的咨询而闻名，如市场进入策略、兼并收购策略、业务组合调整等；专注于人力资源管理领域的主要是美世、怡安—翰威特、韬睿惠悦、合益等；信息技术方面表现出色的主要是埃森哲、IBM、凯捷；专攻运营管理的如罗兰贝格；奥纬、浦翰等则专注做金融等领域的风险管理。同时，对于咨询公司而言，品牌至关重要，因为咨询服务本身价值主张比较复杂，效果的实现也依赖多重条件，因此，信任是管理咨询公司生存的基础，而品牌则是信任的关键载体。国外成功的管理咨询公司无不重视其品牌建设，而国内大多数管理咨询公司在服务内容和方法上缺少专长，核心业务和业务领域不够明确，同质化竞争现象严重，中国管理咨询业通过加强品牌建设来推动产业发展显得非常迫切。

4. 社会的管理咨询意识不强

管理咨询意识是企业对管理资讯的了解、重视和利用的观念和状态的统称，是管理咨询业发展的基础。只有全社会对管理咨询及其作用有正确的认识，才能推动其快速发展。目前，中国企业的管理咨询意识虽有提高，但现状还不尽如人意。表现在大家对管理咨询的作用还知之甚少，或者说即使知道了作用但主动要求咨询的人还相对较少，人们对管理咨询本身的清晰程度还不足够、产生价值导向的认识还不清晰，很多企业对管理咨询的需求还主要表现在社会心理需要方面，如接受了知名大公司的咨询服务的，就在官方网站或宣传资料上大肆宣传，而接受的是小公司的服务，则无论效果如何，一般是闭口不提。此外，由于20世纪90年代的影响，以致很多人仍将策划与咨询混为一谈。尽管中国管理咨询市场容量巨大，但由于整个社会咨询意识落后，使得有效需求明显不足。如何让潜在的市场需求转化为有效需求，是摆在管理咨询业面前亟待解决的问题之一。

三、推动中国管理咨询发展的对策建议

1. 重视管理咨询的作用，面向管理实践中遇到的具体问题开展研究

管理学作为一门应用科学，实践中的问题是学科"价值性"的重要体

现，因此，应该在不断强化管理研究人员与实业界人士之间建立一个更强、更具创新性的链接①。一些学者认为，加强学者部落和实践者部落彼此之间的交流和合作，对于形成有实践意义的研究，乃至形成管理知识本身都具有重要意义②，而管理咨询的特性决定了它必须是问题导向，要直面中国管理实践中的具体问题，国外管理咨询发展的经验也决定了它对管理理论发展的推动作用，即管理咨询公司应当鼓励咨询专家将他们在工作中发展起来的许多富有创造的见解和思想加以总结，以学术论文的形式发表。

2. 构建符合中国国情的管理咨询思想体系

管理咨询思想体系里面应该涵盖咨询思想、咨询方法、咨询技术等内容。一个行业的发展和它的文化与社会环境是息息相关的。如何构建基于中国传统文化和社会环境的管理咨询思想系统实现传统与创新有机的结合，以满足客户需求为出发点，在实践的基础上总结、提炼出符合中国国情的管理咨询思想体系，是推动中国管理咨询业发展的基础。

3. 管理咨询师的素质和培养

高质量管理咨询服务的根本是管理从业者的素质和能力，因此，应该设置相应的门槛，即咨询机构必须具备相应的资质，咨询顾问需要有职业资格。应建立并大力推广咨询机构资质的第三方认证制度，咨询顾问的职业资格应有基本限定。但管理咨询师应当具有什么样的理论素养以及如何培养管理咨询师，这都有待进一步研究。目前，一个切实可行的提高从业者素质的途径是鼓励中国高校相关管理专业的教师投入到管理咨询实践中。伴随着中国市场经济的发展，提高咨询业竞争性不仅有利于管理咨询行业的发展，也有利于推动中国管理研究能直面中国管理实践、发现具有中国特色的管理理论，推动管理思想的发展。

4. 以品牌建设提升中国管理咨询业的竞争力

对于咨询公司而言，真正发挥价值的是公司品牌，它作为产品品牌的母体，源于每一个公司的生命之中，展现在每一个关联主体之下，却浑然天成，无法刻意塑造。由于咨询公司专注于提供专业服务，没有有形的产品，

---

① 高良谋、高静美：《管理学的价值性困境：回顾、争鸣与评论》，《管理世界》2011年第1期。
② 龚小军、李随成：《管理理论的实践相关性问题研究综述》，《管理学报》2011年第5期。

因此无法通过产品品牌主动地构建影响力，而只能依赖公司品牌缓慢地延伸影响、建立信任和铸造价值。这才是咨询公司建立自身品牌的真正难题，也是提升中国管理咨询业竞争力的核心。

5. 在管理咨询中实现管理知识的有效传播

首先，要尽力使管理研究中所使用的学术语言尽量贴近群众语言，使表现形式利于管理知识转化为企业能力。其次，要促进学术成果向实践转化，需要高校将研究人员为实践人士撰写的实践性文章作为研究成果给予认定，从而使得管理研究者有动力将学术知识转化为实践性知识，让实践人士理解和应用其研究成果。再次，可从学术期刊规范学术论文发表的角度入手，学术期刊在兼顾学术性的同时，兼顾到实践人士的需求，要求学术论文中必须有专门的部分对研究结果的实践意义以及操作建议进行讨论[1]。最后，要促进管理研究者与咨询公司的结合，以提高管理理论服务于社会的水平。十分重要的一点就是把知识管理的重点放在对隐性知识的发掘、传播和利用上。相对于公司内大量有价值的经验和深邃的学术思想而言，更多的知识和经验是作为隐性知识存在于专家们的头脑中。管理咨询机构如何管理好隐性知识、在公司范围内实现交流与共享，如何有效地将这些显性的和隐性的知识传递到被咨询企业，并与咨询对象的知识体系有机融合，直接关系到咨询服务的成败。

第三节 改革开放后中国管理咨询业大事记

结合以上分析，现将我们在研究工作中整理出的中国管理咨询发展的基本情况整理如下，以供参考与分析。

1981年，中国国际工程咨询公司成立，也称中信咨询，是中国最早的专业化咨询公司。

1981年，在袁宝华等的推动下，中国企业管理协会成立。中国企业管理协会从全国一些大型企业内选拔了7批共100多名管理骨干，送到日本系统学习管理咨询理论与方法，国家承担费用，学习期最短的只有半年，最长

---

① 彭贺：《管理研究与实践脱节的原因以及应对策略》，《管理评论》2011年第2期。

的有 15 个月，一直持续数年。这批人回国后作为"种子队"在全国范围内培训咨询师，进行培训顾问的工作。同时，还连续 8 次邀请日本资深管理顾问团来中国交流讲学，举办为期 1—3 个月的管理咨询培训班。

1984 年，中国企业管理协会下设管理咨询委员会，它的设立标志着中国管理咨询业的初步形成，并且极大地推动了 20 世纪 80 年代国内管理咨询的发展。

1984 年 4 月 20 日，国家经委和财政部联合颁发了《经委系统所属企业管理协会及咨询公司开展企业管理咨询服务收费规定的通知》。

1987 年，国家经委颁发了《企业管理咨询人员纳入经济专业职务系列的实施意见》，加强了对管理咨询人员的规范化管理。

1991 年底，财政部对会计行业开禁，出现了安达信—华强（1992）、毕马威—华振（1993）这样的合资会计师事务所，同时也提供管理咨询服务。

1992 年 6 月，中共中央、国务院颁布《关于加快发展第三产业的决定》，明确服务行业为第三产业，咨询业是优先发展的行业之一，同时规定要简化注册手续、协议价格、鼓励发展，为咨询业的进一步发展提供了依据。此时迎来了咨询机构注册高峰，咨询业在我国迅速发展起来。

1992 年，我国将 ISO 9000 标准转化为中国国家标准，管理体系认证咨询在我国作为一种新的咨询业务开始出现。

1994 年，国家科委在推动咨询业发展方面，确立了"大力扶持，积极引导，按市场机制运行，向国际规范靠拢"的基本方针和"试点起步，逐步推开"的工作部署，批复北京、上海、天津和江苏为咨询业试点省市。

1995 年，国家科委发布了《关于推动我国科技咨询业发展的若干意见》。

1996 年 3 月，由亚洲开发银行提供技术援助的项目"中国咨询行业调研"完成，该项目由财政部与国家科委共同委托，由美国 DAI 咨询公司、北京盖—德金融与技术咨询公司及中国国际经济咨询公司三家组织研究。

1997 年，国家统计局将咨询业的统计纳入国家统计指标体系。

1999 年，中国企业管理协会更名为中国企业联合会。

1999 年，中共十五届三中全会把管理咨询等专业服务写进了中央文件。

2001 年 4 月，《中国经营报》发表了一篇题为《麦肯锡为何兵败实达》

的文章。这篇文章第一次将企业经营亏损原因归结到了国际咨询公司。

2001 年 5 月，北京新华信商业风险管理有限责任公司兼并北京南洋林德投资顾问有限公司，这是国内咨询业第一起兼并案。

2001 年 12 月，国家计委颁布《"十五"期间加快发展服务业若干政策措施的意见》，提出大力发展信息、金融、保险以及会计、咨询、法律服务、科技服务等中介服务行业。

2002 年 3 月，联想集团收购汉普咨询。

2002 年，《哈佛商业评论》进入中国大陆，在 2002—2012 年的 10 年间由社会科学文献出版社以《商业评论》为刊名在中国大陆发行。

2002 年，科技部以法规形式发布了《关于大力发展科技中介机构的意见》，要求发展包括管理咨询在内的专业服务组织及其行业协会。

2003 年 10 月，"首届管理咨询与中国企业发展国际论坛"在北京举行。

2004 年 6 月 25 日，中国企业联合会管理咨询委员会作为中国内地唯一代表加入了国际管理咨询协会理事会（ICMCI）。

2004 年，凯捷（Capgemini）并购远卓。这是中国第一起跨国咨询巨头并购本土咨询公司案。

2004 年 12 月，中国首届咨询大会在北京召开。

2005 年 1 月 21 日至 24 日，中国企业联合会管理咨询委员会协助国际管理咨询协会理事会（ICMCI）举行了中国内地首批国际注册管理咨询师的考核认证。来自全国各地的管理咨询委员会委员、知名咨询机构负责人 30 余人参加了此次的考核认证。

2005 年 2 月，中国科技咨询协会主办的第二届"中国咨询业发展论坛"在上海举行。

2005 年 9 月，人事部颁布《关于印发〈管理咨询人员职业水平评价暂行规定〉和〈管理咨询师职业水平考试实施办法〉的通知》。文件规定由中国企业联合会具体负责管理咨询师职业水平考试的组织实施，极大地促进了管理咨询业的规范化发展。

2005 年 9 月，世界管理论坛暨中国管理咨询峰会在上海举行。

2009 年 9 月 19 日，国务院发布《国务院关于进一步促进中小企业发展的若干意见》，支持培育中小企业管理咨询机构。

2011 年 10 月，在国际管理咨询协会理事会（ICMCI）大会上，中国的世纪纵横管理咨询公司、中华财务管理咨询公司、华嘉企划机构提供的三个优秀咨询案例获得了"君士坦丁国际奖"，极大地提高了中国本土咨询公司在国际上的影响力。

2013 年 7 月，ChinaMKT 管理智库在深圳成立。ChinaMKT 管理智库由企业家、创业者、经理人、专家顾问构成，是中国民间规模最大的管理智库组织。

2013 年 10 月 24 日，《麻省理工斯隆管理评论》中文版正式创刊，授权方为上海骊翰科技咨询有限公司。作为全球管理学界的顶级期刊，《麻省理工斯隆管理评论》集聚了麻省理工学院的创新和管理优势。

2013 年 12 月 8 日，由中国科技咨询协会主办的第三届"中国咨询业发展论坛"在北京举行。

2015 年 3 月 12 日，中国标准化研究院召集的行业研讨会召开，国内众多咨询公司的资深专家一起探讨中国管理咨询行业标准化问题以及如何参与到国际 ISO 组织的标准化进程中去。

2015 年，国内首个管理咨询的互联网平台智淘淘上线，智淘淘实现了从顾问信息标准化、项目推送到撮合成交、客户评价的全流程。2016 年，智淘淘 2.0 版本推出。

2016 年，由商务部牵头会同有关部门共同制定了《服务外包产业重点发展领域指导目录》，管理咨询服务等列入商务部重点发展指导目录。

第　十　章

管理知识在中国传播的
动因与过程特征分析①

　　进入或引进中国的管理知识应该遵循管理时尚理论的一般规律，但是，由于中国深厚的文化积淀以及复杂的历史背景，使得管理知识在中国的传播具有自身的特性。因此，对管理知识在中国传播的动因与过程特征进行分析，不仅可以分析国外管理思潮对改革开放后中国管理学40多年发展的影响，指导我国管理理论和实践工作者更积极地学习、借鉴和运用外国的经验与理论，也能丰富管理知识传播的相关理论。本章将以管理时尚理论为基础，采用多案例文献计量方法研究管理时尚在中国传播的动因与过程特征，提出企业界和学者都应警惕一哄而上、盲目引进和浮躁心态，以真正促进中国管理知识的发展。

第一节　研究假设的提出

　　管理学理论经过一个多世纪的发展，已经具有庞杂知识体系和众多分支，发展成为人类知识体系的重要组成部分，但是管理理论研究中的不同研究取向以及多元化的研究范式导致了学科的混乱和分歧，对理论研究者和实践者造成了极大困扰，也阻碍了管理学学科的发展。面对此状况，围绕着科

---

　　①　本章的主要内容已在《情报杂志》2010年第6期上以《管理时尚在中国传播的多案例文献计量研究》为题发表。

学哲学、管理理论和管理技术等层面展开了对管理知识体系的总结与反思①。其中，在管理技术层面，亚伯拉罕森（Abrahamson，1996a、1996b）等提出管理时尚（management fashion）理论来解释管理技术层出不穷、快速传播并被迅速抛弃的现象，试图从一个新的视角反思管理思潮。管理时尚的国际传播是其主要内容之一，但当前研究集中于管理技术相对发达国家之间的传播，缺乏从管理技术相对发达国家向落后国家传播的研究。而在中国，引进和学习国外先进管理理论与技术是当前管理领域的重要特征②，国内研究总体上有着从"偏重理念"向"偏重方法"过渡的特点③，国外输入的各种管理时尚在国内都有市场，有些甚至到了泛滥的地步。国外管理时尚的输入能促进我国管理技术的发展，但不可避免的，也可能会干扰我国基础管理理论的研究和企业管理工作。因此，本章将以中国为例研究管理时尚的国际传播过程，希望在丰富管理时尚理论的同时，对指导我国管理理论和实践工作者更积极地吸收和借鉴外国的经验与理论有所帮助。

一、管理时尚消费者构成与传播

在中国，由于不同性质企业的构成情况区别于西方，中国的管理时尚消费会受到消费者组成结构变化的影响。改革开放之初的中国企业主要是国有或集体所有制企业，它们在某种程度上具有很强的制度性④，此情形下企业管理理论的流行也深受此影响，政府扮演了重要角色，起着主导作用。因此，企业管理的变迁体现出强制性或者准强制性的特点，政府通过发布有关文件来统一规范、全面推广。先进经验的引入也是通过政府确定试点、总结经验、确定标杆、推广普及的方式进行。在改革开放初期，政府主导对提高我国企业管理水平起到了很大作用，但是削弱了企业学习管理知识的主动性和创新性。

① Koontz, H., Weihrich, H., *Management*, London: McGraw-Hill, Inc., 1993.

② 黄速建、黄群慧等：《管理科学化与管理学方法论》，经济管理出版社2005年版，第167—190页。

③ 王钦、黄群慧：《企业管理学研究前沿：知识来源、具体问题与判断标准——关于企业管理学研究前沿问题的问卷调查分析》，《经济管理》2004年第2期。

④ Boisot, M., Child, J., "From Fiefs to Clans and Network Capitalism: Explaining China's Emerging Economic Order", *Administrative Science Quarterly*, Vol. 41(4), 1996; Child, J., Yuan, L., "Institutional Constraints on Economic Reform: The Case of Investment Decisions in China", *Organization Science*, Vol. 7 (1), 1996.

　　1992 年召开的中共十四大明确了改革的方向是要走社会主义市场经济道路，并在 1997 年的中共十五大明确了非公有制经济在国民经济中的重要地位，民营企业、外资企业等的数量和在工业总产值中的比重迅速增加，成为国民经济的重要组成部分。伴随着民营企业和外资企业等的发展壮大，政府的角色重新被定位，其在促进企业管理水平提升上的作用和方式也需要重新讨论。政府应该定位于服务角色，企业则有管理自主性。此时，管理时尚在中国传播的特征应与输出国基本一致，即其生命周期曲线呈现钟形[1]：开始少数人接受并提倡，然后到达一个峰值被大部分人所接受，随后下降到只有少数人接受。

　　因此，我们可以得出以下一组有待检验的假设：

　　假设 1a：管理时尚消费群体构成与管理时尚的流行曲线特征存在相关性。

　　假设 1b：由于国有企业所具有的强制度性，在以其为主的消费群体的传播中，管理时尚的流行曲线呈正偏态图形。

　　假设 1c：管理时尚消费群体构成越多样化，其流行曲线越接近钟形。

二、管理时尚需求动因与传播

　　管理者的需求因素可分为社会心理和技术经济两方面[2]，社会心理方面主要是管理者希望通过追求时尚，来满足其合法性需要以及个人主义和社会归属的双重需要等而产生了时尚消费动机，而技术经济方面则是管理者在组织中的本质职责以及不确定的环境，使其期望提高可预测性和控制，由此产生对管理时尚的需求。但是，前者似乎只会导致虚伪管理时尚的传播，对管理学学科的发展不会产生什么积极作用；而后者引致的管理时尚则有可能帮助企业解决组织绩效障碍问题[3]。用单一的需求因素来解释管理时尚的形成似乎都与现实不相符，或者不能完全解释，因为前者低估了理性的能力，而后者则把理性估计得过高[4]。基于有限理性的解释[5]则可能更符合实际，即

　　[1]　Spell, C. S., "Where Do Management Fashions Come From, and How Long Do They Stay?", *Journal of Management History*, Vol. 5 (6), 1999.

　　[2]　Abrahamson, E., "Management Fashions", *Academy of Management Review*, Vol. 21 (1), 1996.

　　[3]　Abrahamson, E., "Management Fashions", *Academy of Management Review*, Vol. 21 (1), 1996.

　　[4]　Strang, D., Macy, M. W., "In Search of Excellence: Fads, Success Stories, and Adaptive Emulation", *American Journal of Sociology*, Vol. 107 (1), 2001.

　　[5]　March, J., Simon, H., *Organizations*, New York: John Wiley and Sons, 1958.

管理者的决策是基于有限的理性，基于后向的、检讨的理性，那么管理者的决策应是问题导向的，且难以判断新管理技术的价值，但会采纳大家看法一致的、有较好效果的新管理技术。因此，管理者只会在组织绩效低于预期时才会去寻找替代的管理技术，且由于管理者的相互模仿行为产生了管理时尚。王圆圆等（2005）把管理时尚的国际传播曲线总结为雁形模式，且输出、输入之间时间间隔越来越短，但这一结论目前尚缺乏实证支撑。

由此，我们可得出第二组待检验的假设：

假设 2a：管理时尚在中国传播的主要动因是企业对问题的认识，即为问题导向的。

假设 2b：输出国管理时尚产生时间与输入中国的时间存在相关性，即输出国流行时间与输入中国的时间间隔越来越短。

三、传播的过程特征

亚伯拉罕森和费尔柴尔德（Abrahamson 和 Fairchild，1999）通过研究质量环（quality cycle）理论从日本扩散到美国的过程，详细描述了管理时尚传播过程的特点。他们发现，在质量环理论传播之前，美国企业界首先会关注到问题的存在，即美日贸易的不平衡，并将该问题的原因归于日本企业的高生产率和质量，进而将解决方法归于质量环的应用。管理时尚的传播总是从大众传媒的关注开始的，当大众传媒已经失去兴趣时，学术领域仍会讨论该理论并尽量将理论一般化，因此呈现波浪式的发展。在这个传播过程中，文章的用词不同，也反映了人们的态度不尽相同。在钟形曲线的上升阶段，文章的用词是正面肯定的，而在下降阶段则是以负面否定的词汇为主；因此，在上升阶段，人们的态度多是情绪化的，而在下降阶段则更具有理性思考特征。班德斯和比耶斯特维尔德（Benders 和 Bijsterveld，2000）研究精益生产的思想展示了从日本经美国向德国传播过程中修辞的演化过程。而这些研究的结论是建立在管理技术相对发达国家之间的相互传播，缺乏管理技术发达与落后国家之间的研究。同时，有关研究也表明，美国是管理时尚的主要输出国[①]，且表

---

① Birnbaum, R., "The Life Cycle of Academic Management Fads", *The Journal of Higher Education*, Vol. 71 (1), 2000.

现出以 10 年为周期的特征①。

同时，由于管理学者研究的前沿性要求，我们假设企业引入管理时尚属于问题导向的，因此，管理时尚输入中国应该是由更早接触、了解时尚理论和动向的学者引进、介绍和推动，输入之初就具有理性思考的特征。但是随着众多企业的模仿，社会心理因素会占据主导地位，理性程度呈下降趋势。在管理时尚衰落阶段，其中的情绪化因素少些、理性因素多些②；另外，由于传播的"时滞"，出现被商业界已经抛弃，而在教育领域仍属于时尚的现象，其主要原因是由于发起和支持管理时尚者都坚持认为学术组织是基于目标、理性、强调因果关系的，因此，不会随市场"起舞"③。而在教育领域进行的系统和综合的研究也会发现其真正价值，提出合理的解释，并使其一般化。

综上所述，我们可得到以下一组假设：

假设 3a：管理时尚在中国传播过程中，中国学者先将在输出国已经一般化的理论引进并推动其传播。

假设 3b：管理时尚在向中国传播的前期会表现出理性的特点。

假设 3c：管理时尚在中国传播的理性程度随时间推移呈 U 形变化。

第二节　研究方法与数据

本章的研究主要采用在管理时尚研究中使用较广泛的案例研究和文献计量分析相结合的研究方法。文献计量分析方法背后蕴含的重要假设是，根据文献资料能够反映管理时尚从产生到被抛弃的轮廓④，以文献资料为数据基础的研究可帮助辨识管理时尚产生的动因以及传播过程⑤，且成本低、便

① Carson, P., Lanier, P., Carson, K., et al., "Clearing a Path through the Management Fashion Jungle", *Academy of Management Journal*, Vol. 43 (6), 2000.

② Abrahamson, E., Fairchild, G., "Management Fashion: Lifecycles, Triggers and Collective Learning Processes", *Administrative Science Quarterly*, Vol. 44 (4), 1999.

③ Birnbaum, R., "The Life Cycle of Academic Management Fads", *The Journal of Higher Education*, Vol. 71 (1), 2000.

④ Birnbaum, R., "The Life Cycle of Academic Management Fads", *The Journal of Higher Education*, Vol. 71 (1), 2000; Benders, J., Nijholt, J., Heusinkveld, S., "Using Print Media Indicators in Management Fashion Research", *Quality & Quantity*, Vol. 41 (6), 2007.

⑤ Abrahamson, E., "Management Fashions", *Academy of Management Review*, Vol. 21 (1), 1996.

利、效率高①；案例研究则能帮助我们理解特定情况或特定条件下单一事件中的行为过程②，但传统的管理时尚研究大多数都是集中于单一案例，而基于单一案例的研究缺乏有效性③。因此，本研究将选择多个个案进行跨案例分析，分析方法主要采用文献计量分析，并在研究中特别关注班德斯等（Benders 等，2007）提出的数据搜集和数据的分析与解释中的关键问题，以提高分析的信度和效度。

一、案例与出版物的选择

1. 案例的选取

根据对管理时尚的界定，卡森等（Carson 等，2000）通过检索美国学术和大众出版物、管理咨询公司的活动和《哈佛商业评论》的年刊，总结出 20 世纪后半叶流行的 16 个管理时尚（见表 10-1）。根据对中国管理时尚消费群体构成情况变动的分析，初步把管理时尚在中国的传播以 1997 年明确了非公有制经济在国民经济中的重要地位为标志划分为两个阶段。与此相应，本章以其中 20 世纪 80 年代和 90 年代流行的管理时尚作为备选案例，参考我国学者对管理学前沿问题的认识④，从中各选择三个作为研究案例，分为两组，即企业文化、全面质量管理（TQM）、标杆管理为一组，愿景、再造和核心竞争力为另外一组，并以之为分析单位，研究中遵循复制原则⑤。所选择的六个案例基本涵盖了战略管理、企业组织、运作管理、企业文化等职能领域，具有代表性。

① Benders，J.，Nijholt，J.，Heusinkveld，S.，"Using Print Media Indicators in Management Fashion Research"，*Quality & Quantity*，Vol . 41（6），2007.

② Stake，R. E.，"The Art of Case Study Research"，*Modern Language Journal*，Vol. 80（4），1995.

③ Rossem，A.，*Classic，Fads and Fashions in Management：A Study of Management Cognition*，Ghent University，2006.

④ 王钦、黄群慧：《企业管理学研究前沿：知识来源、具体问题与判断标准——关于企业管理学研究前沿问题的问卷调查分析》，《经济管理》2004 年第 3 期；魏东、王璟珉：《中国企业管理创新现状与展望——中国企业管理前沿论坛暨山东省管理学学会 2007 年理事大会观点述评》，《中国工业经济》2008 年第 1 期。

⑤ Babcock，W. A.，"Case Study Research：Design and Methods-YIN，RK"，*Journalism Quarterly*，Vol. 62（3），1985.

表 10-1 20 世纪后半叶美国流行的管理时尚

20 世纪 50 年代	20 世纪 60 年代	20 世纪 70 年代	20 世纪 80 年代	20 世纪 90 年代
·目标管理 ·网络计划技术 ·员工心理援助方案	·敏感性训练	·工作生活质量计划 ·质量环	·企业文化 ·全面质量管理 ·ISO 9000 ·标杆管理	·授权 ·公司扁平化 ·愿景 ·再造 ·敏捷战略 ·核心竞争力

资料来源：Carson, P., Lanier, P., Carson, K., et al., "Clearing a Path through the Management Fashion Jungle: Some Preliminary Trailblazing", *Academy of Management Journal*, 2000, 43（6）, p. 1144。

2. 出版物样本选择

根据方法假设，我们以期刊为数据基础，通过基于时间序列的文献数据分析来研究管理时尚的产生及传播。其中，根据研究的需要把研究时间跨度限定于 1980—2016 年，以年为单位，但由于管理领域出版物创刊时间不同，选择时主要以 20 世纪 80 年代创刊的为主，以利于分析。

根据研究假设，可把各种期刊杂志根据其宣称的办刊宗旨、格式与内容等，区分为大众与半学术出版物和学术出版物，并认为前者理性程度弱于后者。由于 CSSCI 是国内最具权威性的中文人文社会科学引文数据库，来源期刊经过同行专家的严格评审，学术质量较高、编辑较为规范[①]，因此，把学术出版物的选择范围限定在 CSSCI 来源期刊的管理学学科和经济学学科范围内。其他的杂志则作为大众与半学术出版物。同时，兼顾创刊时间和数据的可获得性，经讨论、比较和请教同行，最终选择《企业管理》《经济师》等 5 种杂志作为大众与半学术出版物的选样范围，选定《管理世界》《经济管理》等 11 种杂志作为学术出版物的选样范围。

二、数据搜集与整理

数据采集利用计算机网络，以中国知识资源总库——CNKI 系列数据库（中国知网）为基础，以企业文化、全面质量管理、标杆管理、愿景、核心竞争力（或核心能力）、再造分别为检索词，以"篇名"或者"关键词"

---

① 赵乃瑄：《科学基金对社会科学研究作用的统计分析研究》，《情报理论与实践》2004 年第 5 期。

或者"摘要"为检索项，限定于所选各杂志，在"1980—2016 年"中逐年进行检索，得到不同案例的文献数目。但是由于所选择的出版物创刊时间不尽相同，且大多数创刊于研究时间跨度内，因此，如果出版物创刊之年不是完整的一年，就把出版物创刊之年剔除出选样范围。同时，基于可比性考虑，在以年为单位进行调查时，将把所得文献总数量除以该年度选样的出版物数量，然后以各年所得值除以该时间序列中的最大值，得一相对数量值来进行比较，从而保证了年度之间数据的可比性。照此方法，6 个案例共应得到 6 组、12 个时间序列相对数据，但在检索后发现，标杆管理和愿景两个案例所得文章数量的绝对值很低，按照方法假设和管理时尚的概念，我们可以判断其未在中国形成广泛传播，因此暂不考虑其数据。最终通过比较、讨论与计算，得到的数据可见表 10-2。

表 10-2　年度文章数量相对值统计表

年份	企业文化		全面质量管理		再造		核心竞争力	
	学术	非学术	学术	非学术	学术	非学术	学术	非学术
1980	0.000000	0.000000	1.000000	0.235294	0.000000	0.000000	0.000000	0.000000
1981	0.000000	0.000000	0.909091	0.352941	0.000000	0.000000	0.000000	0.000000
1982	0.000000	0.000000	0.909091	0.176471	0.000000	0.000000	0.000000	0.000000
1983	0.000000	0.000000	1.000000	0.823529	0.000000	0.000000	0.000000	0.000000
1984	0.000000	0.000000	0.545455	0.352941	0.000000	0.000000	0.000000	0.000000
1985	0.000000	0.000000	0.545455	0.705882	0.000000	0.000000	0.000000	0.000000
1986	0.039216	0.007407	0.818182	1.000000	0.071429	0.000000	0.000000	0.000000
1987	0.117647	0.059259	0.545455	0.294118	0.000000	0.000000	0.000000	0.000000
1988	0.137255	0.044444	0.545455	0.117647	0.250000	0.000000	0.000000	0.000000
1989	0.235294	0.118519	0.090909	0.411765	0.107143	0.000000	0.000000	0.000000
1990	0.176471	0.044444	0.272727	0.235294	0.000000	0.023810	0.000000	0.000000
1991	0.117647	0.066667	0.181818	0.529412	0.000000	0.023810	0.000000	0.000000
1992	0.117647	0.014815	0.272727	0.352941	0.000000	0.047619	0.000000	0.000000
1993	0.058824	0.022222	0.181818	0.117647	0.000000	0.023810	0.000000	0.000000
1994	0.078431	0.259259	0.363636	0.294118	0.035714	0.071429	0.000000	0.000000
1995	0.254902	0.177778	0.454545	0.647059	0.214286	0.238095	0.016129	0.000000

年份	企业文化		全面质量管理		再造		核心竞争力	
	学术	非学术	学术	非学术	学术	非学术	学术	非学术
1996	0.176471	0.251852	0.181818	0.411765	0.178571	0.119048	0.000000	0.000000
1997	0.294118	0.281481	0.272727	0.352941	0.321429	0.166667	0.016129	0.011628
1998	0.254902	0.251852	0.545455	0.352941	0.285714	0.166667	0.048387	0.046512
1999	0.470588	0.355556	0.636364	0.294118	0.785714	0.357143	0.290323	0.093023
2000	0.333333	0.451852	0.272727	0.764706	0.678571	0.261905	0.451613	0.162791
2001	0.627451	0.629630	0.363636	0.529412	0.607143	0.666667	0.967742	0.232558
2002	1.000000	0.933333	0.181818	0.470588	0.892857	0.857143	1.000000	0.593023
2003	0.588235	0.962963	0.545455	0.823529	0.607143	0.880952	0.887097	0.593023
2004	0.607843	0.785185	0.363636	0.352941	1.000000	1.000000	0.774194	0.767442
2005	0.549020	0.659259	0.090909	0.058824	0.392857	0.785714	0.500000	0.802326
2006	0.450980	0.970370	0.181818	0.176471	0.464286	0.642857	0.596774	0.697674
2007	0.568627	0.740741	0.090909	0.117647	0.357143	0.428571	0.532258	0.697674
2008	0.352941	0.733333	0.000000	0.294118	0.392857	0.714286	0.354839	0.651163
2009	0.392157	0.577778	0.090909	0.294118	0.285714	0.285714	0.532258	0.511628
2010	0.176471	0.859259	0.090909	0.117647	0.178571	0.404762	0.419355	0.837209
2011	0.176471	0.370370	0.090909	0.176471	0.250000	0.642857	0.209677	0.627907
2012	0.078431	1.000000	0.090909	0.117647	0.071429	0.404762	0.225806	1.000000
2013	0.274510	0.881481	0.090909	0.176471	0.071429	0.500000	0.258065	0.697674
2014	0.176471	0.725926	0.090909	0.176471	0.250000	0.523810	0.112903	0.616279
2015	0.156863	0.814815	0.000000	0.235294	0.357143	0.452381	0.145161	0.732558
2016	0.156863	0.600000	0.000000	0.176471	0.142857	0.571429	0.193548	0.813953

资料来源：作者整理所得。

第三节　研究结果讨论

一、研究结果的讨论

首先，按照表 10-2 数据分别绘制出各案例的多重线图（见图 10-1、图

10-2、图 10-3、图 10-4）。观察可见，流行于 20 世纪 80 年代的全面质量管理在中国的传播并不遵循钟形曲线形状。当时，企业的主体是各种形式（如行业、规模、管辖等）的公有制企业，这些企业仅仅是参与生产某种产品或提供某种服务的一个国家机构的分支，因此，针对当时质量管理薄弱、产品普遍质量不高的状况，引入并开展当时西方流行的全面质量管理理论作为切入点之一也就顺理成章，也有那个时候学习的特点。当时的机械工业部首先在 1978 年 9 月举办了第一个"质量月"活动，把全面质量管理从美、日等国引入中国，并在 1979 年成立了中国质量管理协会，次年在中央电视台举办了全面质量管理电视讲座等，全面质量管理在中国迅速掀起了一个高潮。但在 1990 年左右，在政府引导下，企业又把兴趣和注意力转向了贯彻实施 ISO 9000 族标准和质量体系认证上，掀起了认证的热潮，于是其传播就呈正偏图形形状。而在 20 世纪 90 年代后期，由于新组织形式的大量涌现[1]，特别是企业建立了现代企业制度，能自主经营与管理，因此，其他三项管理技术在中国的传播就开始遵循钟形曲线形状。由此可见，假设 1a、1b、1c 是成立的，未被证否。

其次，从选取的案例中可见，尽管标杆管理、愿景等在西方广泛传播，但在 20 世纪 90 年代中后期被引进中国后，到目前为止并没有引起企业界和研究界的广泛关注，未形成管理时尚。根据管理时尚的供求分析框架[2]，管理技术成为时尚的原因有两方面：其一，在需求方面，受社会心理因素支配形成管理时尚，该过程本质上是崇拜、迷信的形成过程，另外就是技术经济因素所形成的管理时尚；其二，管理时尚供给者的推波助澜。但是归根到底，流行管理思想的成功就在于能够满足管理者的需要[3]。由此可推断，中国管理者的行为受技术经济因素影响较强，但是以上数据并不能证明管理者是问题导向的，即假设 2a 不能被证明成立。同时一些国外流行的管理时尚并未迅速在中国广泛流传，这也说明尽管现代通信技术的发展使资讯的传播

---

①　Scott, J. E., "Facilitating Interorganizational Learning with Information Technology", *Journal of Management Information Systems*, Vol. 17 (2), 2000.

②　Abrahamson, E., "Management Fashions", *Academy of Management Review*, Vol. 21 (1), 1996.

③　Huczynski, A. A., *Management Gurus: What Makes Them and How to Become One*, London: Thomson Business Press, 1996.

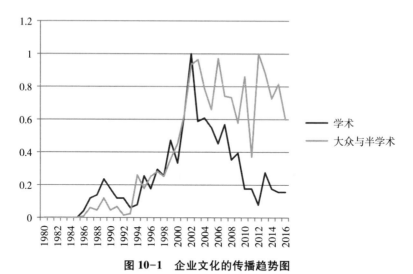

图 10-1 企业文化的传播趋势图

资料来源：作者整理所得。

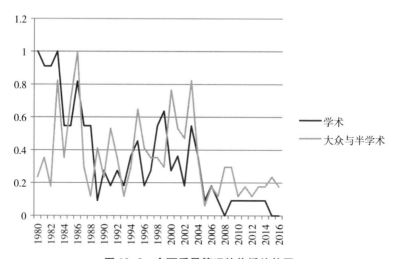

图 10-2 全面质量管理的传播趋势图

资料来源：作者整理所得。

更为迅速，国际交流也日益频繁，但是管理时尚在国与国之间的传播时间并不一定出现缩短的趋势，假设 2b 被证否。

再次，从 20 世纪 90 年代流行管理时尚的数据表及多重线图皆可见，被

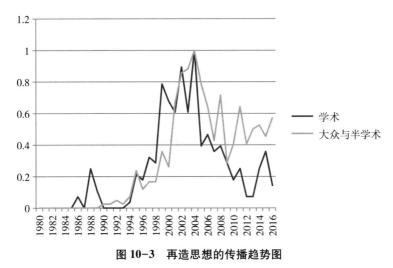

图 10-3 再造思想的传播趋势图

资料来源：作者整理所得。

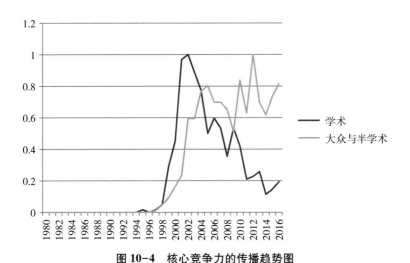

图 10-4 核心竞争力的传播趋势图

资料来源：作者整理所得。

研究的管理时尚在学术刊物出现的时机总是先于大众与半学术出版物，或者是同时，这说明管理时尚在中国的传播总是由学者首先触发。根据国务院企业管理指导委员会和国务院生产委员会从 1990 年开始建立的全国企业管理现代化创新成果（国家级）审定的、截止到 2004 年的创新成果数量，我们可得到表10-3。显而易见，研究成果出现都早于出版物中文章数量达到顶峰的时间，因此我们可以断定，管理时尚在中国传播的早期理性程度高于非理性程度。因此，假设3a、3b皆成立。但是，在管理时尚钟形曲线的下降阶段，学术刊物的下降时间早于大众与半学术出版物，且速度更快，这显示管理时尚在中国的传播后期理性程度并没有上升，因此，假设3c不成立。

表10-3　国家级企业管理创新成果分布情况表

届数	1	2	3	4	5	6	7	8	9	10	11
年份	1990	1992	1994	1996	1998	1999	2000	2001	2002	2003	2004
企业文化							1		1	1	4
竞争力、核心能力						3	1	6	3	5	8
再造					1	2	3	2	5	7	12

资料来源：黄速建、黄群慧等：《管理科学化与管理学方法论》，经济管理出版社2005年版，第270页。经过研究者整理。

二、结论与展望

1. 结论及意义

中国管理学的发展与国外先进水平的差距是显而易见的，因此，引进、吸收与创新是中国产业界和学界赶超世界先进管理水平过程中的长期使命，这也就要求关注理论演进与传播的一般规律，以促进中国管理学的发展与创新。同时，由于庞大的管理知识市场的存在，管理时尚的供给者必然会运用市场化策略把管理技术转化为管理知识市场上的流行商品[1]。而对欧洲的实证研究也证明了产品、品牌信誉和关系资产对管理咨询公司成功传播管理技术产品的重要性[2]。因此，对引进和吸收国外流行管理技术的一般规律的研究，增强辨别能力，并最终能影响和引导管理时尚的形成和消费，也就成为紧迫的任务。以上研究也显示，尽管政府主导企业管理的时代已经逐渐过

---

[1]　Abrahamson，E.，"Management Fashions"，*Academy of Management Review*，Vol. 21（1），1996.

[2]　Kipping，M.，"American Management Consulting Companies in Western Europe，1920 to 1990：Products，Reputation，and Relationships"，*Business History Review*，Vol. 73（2），1999.

去，但企业界需要警惕的是已经出现过的一哄而起、一拥而上、一哄而下的跟风、"狗熊掰玉米"现象，特别是管理知识市场的商业活动日趋繁多，严重干扰了管理技术的良性发展和管理知识的真正增长，甚至会对管理理论、思想甚至精髓，包括企业经营活动的稳定性产生冲击。因此，管理者应该增强辨别能力，更多是基于问题、自我需要的、理性的选择。

管理时尚的知识特征与传播特点在其他社会科学，如经济学、法学等是不多见的。所以在对管理学的研究中，对管理时尚的理论与传播形式既体现了管理学"知"与"行"的科学特征，也展现了管理知识在传播过程中的自我特点。管理时尚在中国传播的特征也对我国管理研究提出了挑战。与西方的管理时尚首先发生在商业领域①有所不同，管理时尚在中国是由研究学者首先触发，这符合他们追求研究前沿的特征，且由于大众都坚持认为学术组织是理性的②，以及对西方成功管理者的崇拜，这都促使由学者触发的管理时尚的广泛传播。但是，中国的学者在引进管理理论的同时，并没有对其适用性进行深入研究，也就造成了短暂流行的这种现象。同时，尽管管理时尚衰退了，但是管理时尚的选择可以看作是"解谜"的尝试，时尚会衰落，但是未解之"谜"依然存在，研究工作还会有价值；除非范式改变，"谜"也就随之而消失。故在某种程度上可把时尚视为"探究真理"的中心，仍然应该引起研究者的关注和研究。而管理时尚在中国学界的衰退时间更早、速度更快，这反映了中国学界研究的浮躁，只是盲目地追随国外所谓的前沿、热点，缺乏将其一般化的能力，研究上的成熟度不够。长此以往，必将损害中国管理学界的声誉和研究能力。

2. 局限性及未来研究方向

本研究尽管采用了管理时尚研究中广泛使用的文献计量研究方法，并通过采用多案例分析来克服传统的单案例方法的缺陷。但是由于选择样本本身的评估工作的主观性，及评估者的能力与经验的限制，不可避免会影响到研究结果。同时，由于数据库的局限、CSSCI 的来源期刊也在不断调整、杂志

---

① Birnbaum, R., "The Life Cycle of Academic Management Fads", *The Journal of Higher Education*, Vol. 71 (1), 2000.

② Birnbaum, R., "The Life Cycle of Academic Management Fads", *The Journal of Higher Education*, Vol. 71 (1), 2000.

本身可能定位模糊等，这都给调查带来了一定难度。因此，读者在参考我们结论时需更谨慎。

　　另外，研究中也可发现，文献计量研究不能充分反映管理时尚消费方的态度及决策模型，因此，采用新的方法对时尚需求方决策影响因素和决策模式的研究，能帮助更好地理解和解释管理时尚现象的形成，增强管理者的辨析能力，更为有效地推进管理时尚的学习工作。今后也可以进一步改进研究方法，通过采用新的数据库将大众出版物和半学术出版物区分开来进行研究，以提高研究工作的效率和质量。

第十一章

管理知识传播中的诠释与再建构

——基于全面质量管理在中国传播的案例研究①

　　管理知识的扩散过程，就是被组织采纳并被整合进管理实践之中的过程，研究传播过程可被视为是对特定情境的管理创新影响的研究。目前已有的文献没有关注管理思想在中国的扩散问题，背后的隐喻是将扩散过程看作是相当机械的过程，人们会完整理解、原封不动地使用，不会被修正、剪辑和转述。② 因此，管理知识在中国的应用、传播和扩散问题的研究不仅仅是能防止生搬硬套，还能灵活运用、科学指导中国企业管理实践等，同理论创新等知识生产活动一样重要。

　　本章以制度理论和诠释主义为基础，试图回答改革开放 40 多年来管理知识在传播过程中是如何被诠释、应用并得到创新的。具体包括以下三个研究问题：一是管理知识在传播中是如何被诠释的；二是管理知识在应用中是如何被再建构、实现创新的；三是管理知识传播最终所呈现的是趋同还是趋异现象。本章余下部分将在简要理论回顾与梳理基础上提出分析的理论框架，然后介绍为何采取案例研究、为何选择全面质量管理为研究案例以及数

---

　　① 本章的主要内容作为课题研究的中期成果已在《管理学报》2017 年第 7 期上以《管理思想传播中的诠释与再建构》为题发表。

　　② Czarinawska，B.，Joerges，B.，"Travels of Ideas"，in Barbara Czarniawska，Guje Sevo'n（eds.），*Translating Organizational Change*，New York：Walter De Gruyter，1996；Sahlin-Andersson，K.，"Imitating by Editing Success：The Construction of Organizational Fields and Identities"，in Barbara Czarniawska，Guje Sevo'n（eds.），*Translating Organizational Change*，New York：Walter De Gruyter，1996.

据分析方法，之后呈现案例研究发现，回答研究问题，在此基础上提出管理知识传播的诠释与再建构模型，最后提出对实践的启示。

第一节　文献回顾与理论框架构建

一、相关理论研究回顾

1. 诠释灵活性

管理作为一门应用学科，强调实践性和灵活性，经验主义学派甚至反对存在任何组织使用的普遍原则。管理知识在传播过程中，管理认识的真正结果不可能排除人的因素的客观知识，每一项认识行为都包含着认识这无所不在的参与[①]。因此，管理知识传播过程不是单纯的被动扩散，管理者在接受某一管理知识时都会有所取舍、强调某一方面。罗杰斯（Rogers，1995）指出创新由概念和物质两部分组成，其中概念就像是"软件"是虚拟的，而物质就像是"硬件"是真实存在的部分，就比如一把新发明的电动牙刷，它在大脑中的概念认知（软件）可以与现实中物质的电动牙刷（硬件）相对应。因此，可以通过对现实中的物质或"硬件"的数量研究来揭示新概念的传播情况。而在现实中，人们思考归纳出来的很多概念缺乏现实中对应的物质成分，这不仅使得实证研究出现障碍，还导致概念的准确意义难以得到有力的支撑。概念是人们理解世界的工具和载体[②]，班德斯等（Benders 等，2001）指出在管理领域，概念具有一定程度的模糊性，管理上很多新的概念并不能像食谱一样清晰具体，可以让管理人员按部就班地解决管理问题，一些学者也刻意回避了企业问题与他们所提出的解决方案之间的实施细节问题。于是，诠释灵活性（interpretative viability）被奥尔特曼（Ortmann，1995）视为管理知识传播的重要特点，他认为管理思想或技术大多具有一定模糊性，具备进行多种解读的可能性。安萨里（Ansari，2010）认为诠释灵活性会影响新的管理技术在扩散中的逼真程度（fidelity）。造成这一现象的原因也与管理知识市场有

---

① 吕力：《深度情境化与诠释：管理学的质性研究方法》，《科学学与科学技术管理》2012 年第11 期。

② 张晒：《从文本中心主义到历史语境主义：语境、概念与修辞》，《理论月刊》2013 年第 5 期。

关。新的管理技术进入管理知识市场时，就像其他新产品进入市场一样，成功与否取决于市场需求。凯瑟尔（Kieser，1997）曾指出管理时尚市场中供给者为了使某一新的管理思想或技术在市场上更受青睐并被广泛采纳和接受，会将其塑造成一套具有高度概括性和抽象性的简洁、普遍适用、无可争议的概念或观点，因此，导致其具有语意模糊性、具备多种诠释的可能。布伦森（Brunsson，1997）也认为在组织变革中越是无可争议的观点越容易被管理知识的消费者接受和采纳。这表明诠释灵活性有时是管理知识商品供给者的有意之举，为的是使更多组织和个人采纳和使用。而对于需求者来说，诠释灵活性使得大家都可以在其中找到匹配自己境况的解读，这种模糊性使采纳者可以自行解读哪些才是核心成分，并有选择、有目的地提取对他们最具吸引力的部分，于是不同的管理者就会对于同一个概念按自己的理解进行不同的诠释。

2. 管理知识传播中的再建构

关注这一问题，就会对管理知识的趋同化趋势提出质疑，原因就在于传播过程会受到特定情境和主要行为者的制约，因此，即使是相同概念，由于组织固有的历史和发展脉络的影响，也可能有不同的含义。班德斯等（2001）研究的焦点是管理变革中的话语（discourse），认为围绕某一概念的话语与组织变革之间有直接关系，并且正因为不同的话语解读才会造成组织在采纳同一管理概念时出现多种不同的组织变革结果。班德斯等甚至指出，管理思想或技术的制定者、追随者可能不论其是否相信这一新的概念，也会使用该概念来达到某种与概念提出者相左的目的。佩尔茨（Pelz，1978）注意到人们使用某一概念可能只是为了象征性地使用该概念，以作为标签来提高自己的对外形象以达到合法性目的，在这种极端情况下概念标签与现实中的实施情况可能是完全不符的。班德斯等（2001）研究了日本的精益生产思想在德国的流行过程中，通过加入德国以前的一些质量管理经验实现了再构建，发现以某一概念名义采取行动所带来的组织变革结果可能与其原本的概念内容不能耦合，反映了各国管理固有的历史脉络所造成的诠释和适用的差异性。摩尔和伯金肖（Mol 和 Birkinshaw，2009）将在特定组织内实施某项管理技术也视为管理创新，行为的重点是模仿加实施，但会由于再建构行为而与其本意不一致，如扎巴拉克（Zbaracki，1998）研究组织中各种制度力量对全面质量管理技巧的歪曲作用属于此类。

二、理论框架的构建

从以上理论回顾中可看到，当前对管理知识传播的分析侧重于外部的冲击，大多属于激进式的变革，意味着其在被采纳组织内多具有间断性特征，忽略了渐进式变革的可能性，没有考虑组织的历史、自身特殊性的影响，不能解释组织管理的多元性、趋异化等现象。而管理知识在传播过程中，研究的科学严谨性一直备受诟病①，关键词汇在语意上混沌而产生的语意丛林现象②。同时，每个管理者都是自我反省、自我诠释和带有意图性的存在，会按自己的方式进行诠释，按照诠释学传统应包含三个要素，是理解、解释和应用三个环节的统一③，也正是通过作为内在的方法和中介的诠释，才使流传物的意义显现出来④。因此，诠释主义视角下的应用不是对僵化和凝固在文本中的作者原意的单向度的运用，读者也不是单纯性的文本原意的"复读机"或"实践者"，他在解读文本的过程中把普遍的东西应用于具体的特殊境况，并由此创生出文本的崭新意义。应用具有双重指向性，它既指向现实态生活，也指向文本本身⑤。于是，制度理论中的行动者在解释文本的过程中是把普遍的东西应用于具体的特殊境况，并由此创生出文本的崭新意义。因此，管理知识传播过程中具有能动性的行动者在应用某种管理思想时，不仅会期望对组织及其绩效产生影响，也可能会赋予管理知识新的内涵，实现对其的再建构。

我们认同社会科学领域内存在普适的管理学⑥，但也注意到特定情境下发生的个体行为可能具有的特殊性。通过详细描述特定时间和空间中形成的行动的历史和环境脉络，可明确行为者的意图和行动的意义⑦。管理知识的

---

① McGrath, R. G., "No Longer a Stepchild: How the Management Field can Come into Its Own", *Academy of Management Journal*, Vol. 50 (6), 2007; Mintzberg, H., *Managers, Not MBAs: A Hard Look at the Soft Practice of Managing and Management Development*, San Francisco: Berrett-Koehler Publishers, 2004.

② Koontz, H., "The Management Theory Jungle", *Academy of Management Journal*, Vol. 4 (3), 1961; Koontz, H., "The Management Theory Jungle Revisited", *Academy of Management Review*, Vol. 5, 1980.

③ Gadamer, H. G., *Truth and Method*, New York: The Continuum Publishing Company, 1993.

④ Gadamer, H. G., *Truth and Method*, New York: The Continuum Publishing Company, 1993.

⑤ Gadamer, H. G., *Truth and Method*, New York: The Continuum Publishing Company, 1993.

⑥ 谭力文：《论管理学的普适性及其构建》，《管理学报》2009年第3期。

⑦ Skocpol, T., "Sociology's Historical Imagination", in Theda Skocpol (eds.), *Vision and Method in Historical Sociology*, Cambridge: Cambridge University Press, 1984; Collier, R. B., Collier, D., *Shaping the Political Arena: Critical Junctures, the Labor Movement, and Regime Dynamics in Latin America*, Princeton, NJ: Princeton University Press, 1991.

传播过程受到特定环境和主要行为者的制约，使得同一概念之下的管理实践呈现多样化形态。趋同化的差异性结果及其具体情境就会凸显出组织的历史在分析管理知识再建构中的重要性。

管理者在接受并实施某项管理知识之前，由于行动环境的不确定性和理性的有限性，不可能通过清楚的计划或构想将未来的执行形式完全确定下来。学习理论将实施过程看作是一个涌现过程，即以往决策形成的预期在实施中会不断演化，部分得以实现，部分被抛弃，还有一部分是在实施过程中自然涌现出来，并得以实现。这种涌现是对突发性情况的反映，强调的是快速反应和学习能力。明茨伯格（Mintzberg，1987）的关于战略是一种模式的观点就属于此种情况。这种涌现揭示了"干中学"在管理知识再建构中的作用。

综上所述，本章将采用诠释主义和制度理论分析管理知识的传播过程，将其看作是行动者在诠释流行的管理知识基础上的再构建过程，流行管理知识的实践是行动者对流行管理知识的个体理解与解释、组织的历史发展脉络、"干中学"等合力的结果，其经典概念和传播中的实践不是完全耦合的，研究试图揭示管理知识传播中的渐进性创新和趋异性现象，分析框架如图11-1所示。

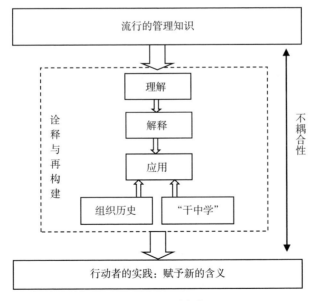

图 11-1　理论框架

资料来源：作者整理。

第二节 研究设计

一、研究方法

1. 研究方法的选取

研究工作采取探索性单案例研究方法，主要原因是：首先，研究对象是管理知识的传播过程及结果，它是发生在特定情况或特定条件下行为的过程和结果，被研究的现象本身难以从其背景中抽象、分离出来，适合采用案例研究方法[①]。其次，当前文献中较少涉及本研究的内容，本研究在一定程度上超出现有理论框架解释范围之外，适宜于探索性案例研究的方法[②]。最后，为能更深入、深度地揭示案例所对应的管理现象的背景，以保证研究的可信度，将以单案例为基础进行研究[③]。

2. 研究案例的选取

遵循典型性原则[④]，研究选取全面质量管理在中国的传播作为研究案例样本，该案例能够代表管理思想在我国的传播实践。首先，全面质量管理在中国的传播时间跨度长。1978 年改革开放之初，我国政府和国内学术界致力于通过引入国外先进的管理理论和技术改变我国管理落后的局面，全面质量管理即为其中之一，至今已有四十余年实践，与课题要求的时间窗口一致。

其次，我国政府和企业都曾重视并大力推进全面质量管理的实施，使其

---

① Yin, R. K., *Applications of Case Study Research* (*Applied Social Research Methods*), California: Sage Publications, Inc., 2002; Stake, R. E., "The Art of Case Study Research", *Modern Language Journal*, Vol. 80 (4), 1995.

② Scapens, R. W., "Researching Management Accounting Practice: The Role of Case Study Methods", *British Accounting Review*, Vol. 22 (3), 1990; Bassey, M., *Case Study Research in Educational Settings*, Buckingham, Open University Press, 1999.

③ Yin, R. K., *Applications of Case Study Research* (*Applied Social Research Methods*), California: Sage Publications, Inc., 2002.

④ Patton, Q. M., *How to Use Qualitative Methods in Evaluation*, London: Sage Publications Inc., 1987; Yin, R. K., *Applications of Case Study Research* (*Applied Social Research Methods*), California: Sage Publications, Inc., 2002.

具有典型性。早期为了保障全面质量管理在中国的实施，政府在国有企业和全国范围内采取了很多推行全面质量管理的措施，如派遣学者以及国企领导人组成学习小组赴日本、美国考察学习全面质量管理的经验，在企业中设立专门推行全面质量管理的办公室，鼓励组建质量控制（QC）小组，通过并颁布了很多有关全面质量管理方面的法律及政策性文件。2001 年设立全国性的质量奖，如今已成为与日本戴明应用奖、美国波多里奇国家质量奖、欧洲 EFQM 卓越奖齐名的国家级质量奖励。由于政府的重视并主要通过行政命令的形式进行引导，企业也将其视为有效的管理工具，全面质量管理在国内企业中得到了迅速、持续的传播。

再次，全面质量管理更强调人的作用，更好地体现了管理的本质，诠释余地大，再构建的可能性高。管理思想的发展从注重理性逻辑与科学技术的科学管理时代逐渐发展到了对人的关注和研究的社会人时代①，管理的重要客体是人，管理方法是技术性、非技术性成分的混合。其中，技术性成分在管理思想传播过程中能够进行较完整的迁移，即具有库恩（Kuhn，1962）意义上的可通约性，而非技术性成分往往与人相关，在操作中存在更多的不确定性因素。日本在推行全面质量管理时特别强调与人有关的工作，认为只有先保证人的质量才能进一步保证工作的质量，进而最后保证由人生产出来的产品质量。正是由于全面质量管理的传播离不开人的因素，不可避免要对人进行探讨，鲜明的精神科学属性增强了其作为本章研究对象的典型性。

最后，国外类似研究以全面质量管理为例的较多。哈克曼和瓦格曼（Hackman 和 Wageman，1995）曾对全面质量管理在美国实施情况进行研究，探讨了是否与理论创建者的原则是一致的以及存在哪些差异等问题。科尔（Cole，1999）通过对全面质量管理在美国传播的研究，注意到追求质量的潮流有其自己的轨迹。亚伯拉罕森和费尔柴尔德（Abrahamson 和 Fairchild，1999）也是通过研究质量环技术在美国的传播，描述了管理时尚国际传播过程。班德斯（2000）研究了精益生产思想在从日本传播到德国过程中修辞方式的演化。

---

① Wren，D. A.，*The Evolution of Management Thought*，New York：John Wiley & Sons Inc.，2009.

二、数据搜集与分析

本研究通过对相关文本分析来探究全面质量管理在中国的传播，数据来自于全面质量管理在中国传播所产生的相关文本。通过大量的描述性文本，研究者可以看到人们做什么和思考什么①，还能够研究话语主体的说话方式和潜在意图②。通过文本分析，可以对全面质量管理在中国传播内容所含信息及其变化情况进行分析，即由表征的有意义的词句推断出准确意义，从而揭示全面质量管理在中国传播的规律。

1. 分析单元的选择

合理地使用二手数据能够为宏观层次的管理学研究提供有力帮助③。本研究的分析单元是中国知网（CNKI）中的二手数据。经过课题研究小组的讨论，认为选取的文本应该对全面质量管理的实施情况描述翔实、连贯，要有进一步分析的可行性，排除其中太过概念性和抽象性的一些文本样本。最终共获得符合条件的文献92篇，文本总字数达80多万字，主要包括以下四种类型：实施了全面质量管理的组织的工作人员撰写的期刊论文，由学者撰写的有关中国全面质量管理实施的期刊论文，有关企业关于中国全面质量管理的案例分析以及一些回忆录。

2. 分析策略

文本分析采用的是客观、非接触性的特征描述，本研究按照企业文档诠释方法的步骤④展开分析。首先是对文本的查阅与归类整理，是通过以下工作实现的：对文档的深入阅读，然后提炼并清晰表达文本的主题，接着分类、整理以达到整合后结构化、主题化的目的。在归类整理的基础上，通过与其他文本的比较、相应的信度效度检验完成诠释并得出结论。本研究组建了包含两名老师和三名研究生的研究小组，对于原始二手数据的选取由小组

---

①　Dougherty, D., "Grounded Theory Research Methods", in J. A. C. Baum（eds.）, *Companion to Organizations*, Oxford：Blackwell Publishers, 2002.

②　Bhatia, A., "Critical Discourse Analysis of Political Press Conferences", *Discourse & Society*, Vol. 17（2）, 2006.

③　陈晓萍、徐淑英、樊景立：《组织与管理研究的实证方法》，北京大学出版社2012年版，第211—235页。

④　Thomas, S. K., *The Structure of Scientific Revolution*, Chicago：University of Chicago Press, 1962.

成员讨论完成。由于全面质量管理源于对日本企业实践经验的提炼和升华，日本的戴明应用奖主要颁发给在规定时间内成功实施全面质量管理并取得巨大改进成效的公司，因此，本章以该获奖标准作为参照物，同时在分析中借鉴了哈克曼和瓦格曼（1995）提出的关于评估全面质量管理是否被完整实施的核心要素。在对文本进行编码处理时，先由小组成员对参照物进行阅读、讨论，并先抽取部分文本分别进行初步编码，再对比、讨论，目的是保证判断的标准基本一致。然后对全部文本材料各自进行编码，对结果进行对比，保留一致的编码，对于存在差异的编码进行小组讨论，最后务必使每个小组成员对所有编码达到一致认同，以确保数据的准确性、一致性以及相关性。

第三节　研 究 发 现

一、认知、态度与适应性改变

相关行动者的认知与态度在管理知识扩散过程中具有重要作用①。如上一章所述，在改革开放之初，由于国有企业具有很强的制度性，政府在管理思想传播中起主导作用，学者的作用主要是论证其必要性和解释、指导，具体表现为在学术刊物中出现的时间和变化总是早于大众与半学术出版物，这说明学者总是先于企业在中国推动管理思想的传播。因此，分析学者的观点可知对全面质量管理的认知与态度。

根据对典型文本数据的归类整理得到的部分典型示范见表11-1。从收集提取的相关文本内容可见，对全面质量管理的先进性认知是无异议的，但大多认为我国企业实施全面质量管理不能完全照搬国外方法，要与中国企业的实际情况相结合。这种认知和态度与我国的历史和意识形态关系密切。在中国新民主主义革命和社会主义建设过程中，中国共产党在实践中开始以实事求是为基本原则，探索马克思主义与中国具体实

---

① Strang, D., Meyer, J. W., "Institutional Conditions of Diffusion", *Theory & Society*, Vol.22（4），1993.

际的结合。1956 年，毛泽东的《论十大关系》讲话开辟了探索与苏联经济发展不同的道路，也开始了探索适应中国国情的企业管理模式。在那个较为特殊的历史时期，对科学管理思想的认知一直受到管理职能具有"二重性"性质的影响，并成为我国企业管理理论与实践中的重要基础。这也决定着源自资本主义国家的各种管理理论和方法，包括全面质量管理在进入中国之后必定会需要加以新的认识，要经过一定的适应性变化。

表 11-1　认知、态度与适应性改变的典型文本引用与编码

典型文本引证	关键词提炼	核心构念
学习国外企业的先进管理经验要和我国企业的具体实践相结合，要从企业的实际情况出发，不要生搬硬套，这是必须遵循的原则。但是，由于我们企业的管理水平较低，开始学习时抄和搬是很难避免的。	先进经验、现状、结合	认知—态度、适应
……用简单的"一刀切"的方法去指导企业工作，只会给企业带来损失……不分青红皂白，不管你是什么生产类型的企业，也不问你的生产特点如何，不加分析地都要搞"七种工具"，特别是搞控制工序的管理图与工程能力指数的测算，那就不妥当了。	生产特点、分析	
我认为，质量管理和其他方面的企业管理一样，是具有两重性的，即阶级性和科学性。因此，我们在学习资本主义企业质量管理的经验时，也不能一切都照抄、照搬。	两重性、学习	
现在公开反对从日本引进的全面质量管理的人没有了，但在实际推行过程中始终存在着两种思想的斗争。一种是"认为日本什么都好"，另一种是"自己老一套好，没有日本的一套，照样过日子"，各走极端……正确的做法应当是取人所长，补己之短……	取长补短	
中国的 TQC 不是日本的 TQC，也不是美国的 TQC……恢复、继承和发扬中国企业自己的优良传统的同时，向科学化、现代化迈进。中国 TQC 的 T 字的另一重要意义就在于，固有的和外来的，传统的和现代的两者兼收。	企业传统、现代管理、两者兼收	

资料来源：作者整理。

　　因此，加入认知态度来分析管理思想传播更符合现实。传统上分析管理

知识传播的模型假设组织只能被动地选择采纳或者拒绝某一管理知识[1]，但对管理知识在组织中的实施进行深入研究之后会发现几乎没有不发生变化的[2]。安萨里等（Ansasi 等，2010）用了适应（adaptation）来解释这些变化的产生，因为采纳者试图在管理实践与采纳者自身的需求之间构建更好的匹配度，以增强实施过程中的可接受性和可行性。全面质量管理进入中国也有这个适应的变化过程，这会导致管理知识在具体实施过程中发生的适应性变化与原来的理论内容发生一定程度的偏离。

二、"偷梁换柱"式的诠释与再建构

词具有多义性，同一词语形式往往可以表达多个不同的概念，这是语言历史发展的必然结果，但在特定情境下词语所表达的概念具有确定性和单一性。正是由于同一词语表达概念时所具有的多样性特征，使得管理思想在传播过程中会出现"偷梁换柱"式的诠释（在我国，由于先导学者在翻译过程中的多词义诠释更会出现这样的情况），并在此基础上实现新的建构。日本从 20 世纪 70 年代开始大面积推广全面质量管理，创造了新型的质量管理活动——质量控制（QC）小组，并逐渐成为全面质量管理的核心要素之一。一般认为，QC 小组体现了全面质量管理中的全员参与、持续改进等特点，是实施全面质量管理的有效组织手段。因此，我们可通过对比 QC 小组在日本和中国的实践，分析全面质量管理传播中如何被诠释和再建构的。于是，在获得的文本中经整理得到关于 QC 小组的典型文本，典型示范见表 11-2。

---

① Everett M. Rogers, *Diffusion of Innovations*, New York：Free Press, 2003.

② Strange, D., Soule, S. A., "Diffusion in Organizations and Social Movements：From Hybrid Corn to Poison Pills", *Sociology*, Vol. 24（1）, 1998.

表 11-2 诠释与再构建的典型文本引用与编码

典型文本引证	关键词提炼	核心构念
我国 QC 小组活动的另一个特点是"官、产、学"部门的直接参与。共青团中央、中华全国总工会、中国科学技术协会、中国质量协会四个部门在全国人大、全国政协、国务院和党中央领导的关怀下组织和管理全国的 QC 小组活动。这两个特点是外国 QC 小组活动所不具备的。……我参加许多次 QC 小组代表大会,看到 QC 小组的成员中,偶尔有一两位一线工人,其余全是技术人员……我探头向总理(赵紫阳)说了一句,"总理,您是全世界唯一的一位听取 QC 小组成果发表的政府总理"。	QC 小组重要性、组建形式	历史脉络、意义重建
将质量管理活动与党的群众路线、两参一改三结合的传统工作方法结合起来,提高干部的管理水平和企业的素质。	群众路线	
开展质量管理小组活动,在我国也可以说是一个新鲜事物。这个新事物,是把我国多年来开展的群众参加管理的经验(两参一改三结合),同国外先进的科学管理方法相结合的产物。我们不能完全照搬外国的东西,也不能因循守旧,完全只相信我们过去那一套。形势的发展,要求我们把自己的经验加以总结,把好的东西、成功的东西同国外先进经验结合起来。	历史经验、群众路线	
企业和地方推荐出来的优秀 QC 小组,大都是由领导确定,而领导推荐的准则又都以活动的结果为主,即哪个小组创造的经济效益高,就推荐谁……有的小组为了能选上优秀小组而夸大计算经济效益,造成不真实现象。	结果导向、质量否决	内容重构、知识联结
将 QC 小组活动情况纳入基层单位目标责任承包的一项重要内容,季度检查、年度考核。对没有成立 QC 小组或未取得成果的单位实施质量否决,并将这一内容作为公司年度质量先进评比条件之一,除此,工会还将此内容作为劳动竞赛和班组上等级的评比条件之一。	质量否决	
……经常听到来自生产一线员工组成 QC 小组的抱怨声,由于生产一线员工接触到的不可能是大课题,因此活动再好也评不上优秀小组。	结果导向	
企业的 QC 小组活动从无到有,并迅速发展,大多数小组在活动程序上以模仿为主,对 PDCA 活动程序的深层内涵理解不够,活动中需作结论之处,往往主观确定,缺乏客观的证据(数据),影响了活动成果的科学性。	模仿、统计数据	"干中学"、内容重构
小组活动应用最多的工具不外乎因果图、排列图、调查表、关联图等一些简单的分析工具和 EXCEL 中的折线图、柱状图、饼分图等直观的显示工具,而对于稍为复杂的分析工具,如直方图、控制图、过程能力指数、方差分析等就鲜有应用,至于用于解决问题的正交试验设计、回归分析等就更难以发现了。	统计工具、避繁就简	

典型文本引证	关键词提炼	核心构念
数理统计运用这方面由于我们干部、工人文化水平低，数学基础差，（"四人帮"干扰，问题更突出）差距也很大……各级领导的TQC专业水平低、数学基础差，也是TQC推广不快、效果不好的基本原因之一……	统计工具、工人素质	"干中学"、内容重构
电力施工企业在推行全面质量管理中，其目标管理的方向宜分两个阶段。第一步应以多创全优单位工程为目标，当各项基础管理工作扎实后，再过渡到以创全优单位工程为基础，创优质工程为目标的阶段，这样循序渐进，效果较好。	目标管理	知识联结
鉴于工厂方针目标管理的重要作用，水电部在验收企业推行全面质量管理和评选质量奖时，将工厂方针目标管理作为关键项目之一，这无疑是正确的。	目标管理	
全面质量管理成果发表和企业管理经验交流会在上海召开……会议决定，一机部液压气动全行业要向上海学习，向本行业企业管理标兵上海高压油泵厂学习，努力提高质量……	标杆管理	
通过成果发布……还可以达到相互交流经验，共同提高的目的……在发布会上，对突出的成果进行讲评，优秀小组简要介绍经验，起到样板示范的导向作用。	标杆管理	

资料来源：作者整理。

1. QC小组重要性的诠释

日本QC小组活动的重点是人，这与日本文化中提倡的团队精神，以此出现的企业多采取团队管理方式有很大关系，他们对企业忠诚有归属感，并且相互合作能够形成很强的团队竞争力[1]。其实，日本科技联盟在1962年发起QC小组运动的初衷在于建立欢乐且有意义的工作环境，帮助小组成员提升自己并在工作中获得成就感，生产力的提高以及质量的改善可以说是团队建设意料之外、情理之中的收获。QC小组能够激发员工的工作热情以及发挥每个员工的能力，小组内的成员能够不断地提升自己，进行以人为本的集体协作活动，是组织内成员以自愿的方式形成的。但日本企业并没有将全面质量管理的重心完全放在QC小组，日本的小组活动也不只包括QC小组活动，还包括其他多种形式的自由组织的非正式小组活动，如兄弟小组、姐妹小组、建议小组、安全小组、自我管理小组等，主要是促进成员之间的相互

---

[1] 谢智勇：《我看QC小组与"以人为本"的企业文化》，2004年第三届广西青年学术年会。

进步。日本小松公司的管理者认为 QC 小组活动其实只占全面质量管理所有努力的十分之一，而且如果管理层人员不重视 QC 小组的改进意见，那么 QC 小组所能发挥的效果就更加小了。今井正明（2010）认为质量控制小组虽然是全面质量管理中的重要组成部分，但是不能过度夸大其贡献，全面质量管理更重要的还是建立一个全面整合的完整项目体系。

QC 小组在中国获得了高度重视。1978 年，北京内燃机厂组建了国内首个 QC 小组，至中国推行全面质量管理 30 周年为止，累积注册的 QC 小组据统计达到了 2802 万个[①]，如果按平均每个小组有 7 个成员来算，那么就有大约 1.9 亿人次参加过 QC 小组活动，这是一个相当惊人的数目。1983 年国务院颁布的《质量管理小组暂行条例》明确界定了质量管理小组的定义，并通过行政手段强制国有企业组建 QC 小组，企业需要通过开展 QC 小组活动来实现各种检查验收，而非个人自愿组成。于是，一些 QC 小组活动不可避免地存在修辞性的形式主义问题。

2. QC 小组目标设定的再建构

日本 QC 小组根据目标和成员情况大致可以分为五种类型：现场型、服务型、攻关型、管理型以及创新型。其中，攻关型 QC 小组的活动一般能够给企业带来明显的经济效益。在中国的 QC 小组活动中，企业特别重视那些针对质量问题，可以给企业带来直接效益的攻关型 QC 小组。本研究收集整理的有关中国 QC 小组实践的文献中，共有 37 篇文献对 QC 小组活动的实施情况进行了详细的描述，其中 25 篇描写的是攻关型 QC 小组，8 篇描写的是服务型 QC 小组（大部分与医疗服务质量的提高有关），2 篇描述了现场型 QC 小组，管理型 QC 小组和创新型 QC 小组的文章只各占 1 篇。大部分文章内容在描述 QC 小组的成果时均以经济利益的大小来衡量 QC 小组的实施效果，这与国内 QC 小组的绩效考评制度有关。我国每年都会开展全国范围内的 QC 小组评选活动，而经过企业或地方推荐参与评选的 QC 小组基本都以其最终取得的经济效益作为标准，这被认为是最简单直接、最有说服力的评选方式。而那些虽然在改进方面作出贡献，却没有取得显著经济效益的 QC 小组则逐渐被这种评价制度所湮没，获奖的 QC 小组又会给企业形成错误的

① 刘源张：《感恩录：我的质量生涯》，科学出版社 2011 年版，第 143—148 页。

示范，即 QC 小组必须取得有形的经济效益成果。

这种结果导向与全面质量管理注重过程的理念是相违背的。戴明应用奖的评选标准不仅重视企业取得的经济成果，还要对其在质量意识、参与意识、沟通、积极性以及思维方式等方面取得的无形成果方面进行汇报和诊断。日本的 QC 小组活动不仅重视攻克生产中的突出质量问题，在现场型 QC 小组活动方面做得也十分出色，如 5S 运动在日本的广泛开展就体现了日本企业对改善现场生产环境的重视。由此可见，中日之间的不同就在于，中国在谈论 QC 小组活动时更多关注的是攻关型 QC 小组及其所能带来的有形的经济利益，而日本的 QC 小组活动既注重解决质量问题，同时更关注企业员工的发展，致力于建立相互协作、友善适宜的工作环境。

3. 质量统计工具的选择与应用

QC 小组成员都必须熟练掌握一些分析问题的数理统计工具和方法，而数理统计知识对员工的高等数学水平有一定的要求，日本国民的较高受教育程度是 QC 小组成功的基础。戴明曾赞扬日本全面质量管理的成功来自于与他合作的对象是日本人这个事实，戴明认为日本的教育包括微积分和物理，因此，他们对于学习统计方法及其他知识都有较好的基础，他还指出日本在生产过程的各个阶段对统计方法的运用领先世界，位居第一。而在引进全面质量管理之初的中国，由于十年"文革"的影响，企业中无论是领导者还是员工的知识素养普遍偏低，1979 年武钢烧结厂曾对厂里 2379 名工人进行初中程度的考试测验，结果工人们的单科平均成绩只有 19 分，其中中专及以上教育水平的职工人数仅占 2.8%，而 1959 年日本人超过 50%的受教育水平已达到高中及以上。员工文化水平较低的现实必然影响了管理工具的适用。像日本国有铁路公司、日本电信电话株式会社、邮局等服务行业的公司也非常热衷于运用各种统计方法。中国 QC 小组在运用统计方法时存在畏难就简问题，而且因为统计方法的专业性较强，有些小组在学习和使用上碰到困难之后就逐渐放弃使用统计工具，或在诠释中淡化了全面质量管理对统计方法的运用和重视。即使有所使用，最多的也是排列图、控制图、因果分析图等一些比较简单、易于掌握的统计分析方法，而方差分析、回归分析等相对来说比较复杂、难以掌握的统计方法基本不在自我的视野之内，结果就是对科学统计方法的运用不够适当与充分，并且统计方法的重要性在实践的诠释中逐渐被削弱。

综合以上三方面分析可见，中国在引入全面质量管理后，从其意义到内容都进行了诠释。重要性方面，日本的 QC 小组活动属于自愿组建的非正式小组，只是全面质量管理的一部分内容，而在中国，QC 小组活动在全面质量管理实践中占了大部分内容，并通过行政管理的方式组建了正式的小组。日本开展各种类型的 QC 小组活动，更关注过程，对于结果既注重有形的经济效益也注重无形成果，而中国更偏向于组建攻关型 QC 小组，将经济效益等有形成果放在首位。日本 QC 小组在全面质量管理中重视和熟练使用各种统计方法，中国由于人力资源的状况，不重视统计方法的应用，或根据情况使用简单的方法。因此，中国和日本关于 QC 小组在概念与实质上不完全耦合，这既似乎符合了中国的国情，也出现了"偷梁换柱"式的偏离现象，这在中国引进外国先进管理思想、理论和经验时是应该十分注意的问题。

三、扩展与创新

在对相关文本数据进行整理归类后，研读中发现多次出现一些日本全面质量管理中没有提及的概念，如质量否决权、目标管理以及标杆管理等内容，而中国在全面质量管理实践中，通过诠释提出了质量否决权，加入了目标管理和标杆管理的方法，扩展了全面质量管理的内容，可视为是渐进型管理创新。

本章分析中发现经常出现质量否决权这一概念，这是日本全面质量管理中没有提到过的，是实践中发展出来的具有中国特色的新内容。中国质量协会将是否执行质量否决权作为企业是否有资格获得质量奖的重要评估条件，政府发布的相关文件也再三强调要把质量否决权作为提高质量的有力手段，引导各企业组织在全面质量管理活动中实行质量否决制度。国务院发布的《质量振兴纲要（1996—2010 年）》中提到了实行质量否决权的必要性，并指出这是一种个人收入分配情况直接与质量挂钩的内部分配制度。实施这一举措的初衷是为了使广大管理人员和员工都能深刻认识到质量的重要性，提醒他们不要只注重短期利益，从另一方面来说其实加重了全面质量管理实施过程中对绩效测量和员工控制激励手段的依赖。

中国将目标管理引入到全面质量管理实践之中，包括在实施过程中设立质量等方面的长期计划目标，如追求顾客满意、对产品质量设定标准化目标等。刘源张（2011）对全面质量管理在中国的实施过程的回顾中，将其分为三个阶段，即第一个阶段的"全面质量管理＝文明生产＋均衡生产＋过程控制"；第二个阶段的"全面质量管理＝保证体系＋目标管理＋小组活动"；第三个阶段的"全面质量管理＝节约资源＋保护环境＋培养人才"。从他对全面质量管理在中国的诠释中可以看出，目标管理是全面质量管理的重要组成部分。与中国类似，哈克曼和瓦格曼（Hackman 和 Wageman，1995）研究全面质量管理在美国的实施中也发现，美国公司在建立标杆以及员工参与两方面丰富了全面质量管理的内涵。虽然目标管理与全面质量管理都强调过程的重要性，但设定的目标还是要求要精确、可考核。戴明认为企业应该建立产品和服务的长久目标，但反对设定精确的数量目标。

中国的全面质量管理实践中包含了标杆管理思想。全面质量管理在中国的扩散过程其实就是没有实行全面质量管理的企业向实行情况较好的行业标杆企业学习、接近的过程。无论是中国从日本引进还是在国内推广全面质量管理，大部分都是通过经验传递的形式进行的，中国最初是派出学者去往日本小松制作所、丰田等在日本标杆企业进行考察和经验学习，国内推广全面质量管理也是在政府及中国质协的组织和号召下，各企业派出人员去国内该行业已经在实施方面取得显著成效的企业学习和经验交流。虽然全面质量管理的提出者们没有明确地提出其中包含标杆管理的内容，但是标杆管理中不断学习、超越"最好"的思想与全面质量管理中不断改善的理念是高度契合的。于是，加入标杆管理可以看作是全面质量管理概念在传播过程中得到的扩展。

第四节 讨论与结论

本章通过对全面质量管理在中国传播的文本分析考察了管理知识在传播过程中是如何被诠释、在应用中是如何被扩展和创新的，在此基础上提出了管理知识传播的诠释与再建构模型（见图11-2）。该模型显示，管理知识的传播过程是在诠释基础上的再建构过程。其中，诠释是在文化认知框架影响下对流行管理知识的理解与解释，诠释者已有的文化认知结构在其中起到决定性作用，只有诠释者与原作者之间具有共同的文化认知框架，才能有共享的意义和诠释①。再建构过程是在理解和解释流行管理知识基础上，糅合了组织传统和行动中对出现问题的随机应变性反应而引起的渐进、连续的改进，本质上是渐进性管理创新，主要包括意义的重建、内容重点的重构以及通过知识链接、组合并系统化。这些研究发现对于我们重新审视管理知识的传播过程与特定情境中的管理创新，进而探讨管理知识的产生规律具有一定的理论贡献。

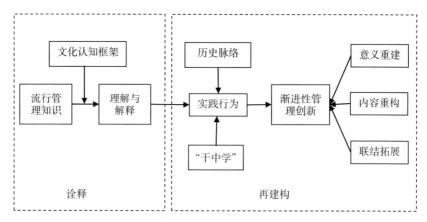

图 11-2　管理知识传播的诠释与再建构模型

资料来源：作者整理。

一、诠释主义视角下对管理知识传播逻辑的发展

对全面质量管理在中国的传播进行分析一定程度上可以揭示对流行管理知识的认知、传播的逻辑。图 11-2 所示的模型实质性地拓展了管理知识传播的研究视角，在诠释视角下深化了对管理知识传播的认识。诠释主义面临的对象是流传物，对其的理解始终是自我理解，只有在理解之中才能显现出来，其意义生成于诠释的过程之中。管理知识传播的研究内容与诠释主义方法具有高度匹配性，主要是由于管理学的研究对象、基本概念、一般原则等不能取得一致意见，使得管理知识的诠释和适用受到企业所固有的历史发展

---

①　Scott，W. R.，*Institutions and Organizations*，New York：Sage Publications，2001.

脉络的约束，会主动诠释其内容，这就意味着对在其他国家企业中被视为成功的典范进行再诠释和再建构，于是就造成管理知识不是在所有国家或地区都具有相同的含义，而是随着时空的差异具有不同的侧重点和内容。而目前的研究中认为流行的管理知识是经过语义修饰的，使得追随者相信其合理性、处于管理发展的前沿①，而行动者的采纳也有两种情况②：一是修辞性采纳，意指名义上的采纳或者说是概念标签的使用；二是实质性采纳，意指概念内容在实践中真实的扩散与应用。满足社会心理需要为主要动机的修辞性采纳导致的实践与流行管理知识概念的本意之间是高度不耦合的，实质性采纳则认为这二者之间应该是完全一致的。这种简单的二分法不能反映复杂的现实世界，这两种极端情况在现实中很罕见，前者低估了管理者的理性，而后者则相反。本章认为亚伯拉罕森（Abrahamson，1996a）所述的社会心理意义上的管理思想传播现象是存在的，但并不能有效实现管理知识的真正增长，技术经济因素导向的管理思想的传播应该是研究的重点。因此，图11-2所示模型的基础是认为管理思想传播的动因主要是为了提高组织管理的效率，是一种基于理性意图的选择行为，结果可能是相反的，并在诠释三个环节的基础上加入了其赖以存在的文化认知脉络来认识管理知识的传播过程。

二、诠释主义视角下的管理知识传播过程是渐进性管理创新的过程

科学性问题在管理知识发展过程中始终让学术界和实业界感到困惑。管理的科学性强调一般性，个案与个人的观察需要通过科学方法推广至一般才能推动管理知识的增长，而在应用中的管理者始终面对的是个案，于是在管理知识与实践之间存在着不可抗拒的张力，即普遍性和个别性之间的张力。本研究工作提出的诠释主义视角下管理知识传播模型将理解的应用问题视为核心，行动者必须要把流行的管理知识和自己所处的真实境况联系起来。因此，管理知识的传播不是面向过去的理解，而是指向现实和未来的、特定情境中的创造性应用，这种不同情境中的应用显示个别与普通是如何贯通起来

① Abrahamson, E., "Management Fashions", *Academy of Management Review*, Vol. 21（1），1996.
② Bender, J., Bijsterveld, M., "Leaning on Lean: the Reception of a Management Fashion in Germany", *New Technology Work & Employment*, Vol. 15（1），2000.

的，二者的互动显示他们并不是互不相干的独立过程，而是知识的再生产过程，最终的呈现是渐进性管理创新。这与库恩（Kuhn，1970）意义上的常规科学发展阶段特征是一致的，可以解释现实中客观存在的、作为稳定和变化的交互作用而导致的渐进性管理创新，克服了之前强调理论创新、更多关注科学革命的断裂式发展模型的局限性。

全面质量管理在中国传播的案例充分揭示出管理知识传播是渐进性管理创新的过程。案例分析显示，全面质量管理在中国实施中出现的突出 QC 小组作用、强调结果导向以及统计方法的避繁就简，是特定时期形成的历史脉络以及针对实践中遇到的具体问题进行改进的"干中学"综合作用的结果。首先，在革命斗争和社会主义建设中，发动和依靠广大群众一直被认为是革命斗争胜利与社会主义建设成功的基本经验，QC 小组的广泛群众性特点与此历史脉络高度契合，易于接受与推广，自然成为推行全面质量管理的关键。其次，当时国有企业主要是生产单位，改革开放后企业整顿的重点是转向现代化建设，以生产为中心，以提高经济效益为重点，结果导向和经济效益等有形指标就自然成为衡量 QC 小组活动绩效的主要指标。另外，因当时工人受教育程度的制约，有些 QC 小组在学习和使用上碰到困难之后就逐渐放弃使用统计工具，或在诠释中淡化了全面质量管理对统计方法的运用和重视。1984 年，国家经贸委在全国第二次企业管理现代化座谈会上推荐了 18 种在实践中应用效果好、具有普遍推广价值的现代化管理方法，之后被广泛使用，目标管理和标杆管理即为其中两种方法。一票否决制是在 20 世纪 80 年代初为解决计划生育这一难题而提出的衡量政绩的重要指标，并迅速推广到全国及各行业。全面质量管理在中国的实践中通过与野中郁次郎（Nonaka，2009）发现的知识螺旋运动的联结，实现了知识的拓展与创新。全面质量管理在中国的渐进性创新最终体现为对 QC 小组在其中意义的诠释与重建、核心内容的重构、知识的联结与拓展三方面的再建构。因此，尽管概念相同，但中国全面质量管理的实践与发源地日本的概念与内涵是不完全耦合的，中国的实践过程不仅是学习的经历，也是渐进性创新、变化的过程。

三、管理知识传播中的实践表现出趋异化现象

管理理论研究与管理实践之间相互脱节的现象由来已久，其发展的不同

趋势也进一步加剧了这种分裂的局面。管理理论研究呈现向北美研究范式集中的同质化倾向,研究的结论与管理实践的相关度不高,研究者也不关注政策实行者对研究成果的理解和采用①。管理知识传播中的实践却不是简单的模仿,于是在概念、名词趋同化的表象之下,实质却是趋异的。如果只单纯将关注点放到管理知识的简单扩散上,就会将采纳并实施某一管理知识的整体过程视为是被动的过程,就会得出世界各地的企业实施使用的管理知识的内容都会趋同的结论。如果管理知识传播中的诠释被理解为编辑过程,流行的管理知识经编辑之后的含义、内容和体系都会发生变化,于是,诠释及实践的过程体现出来的并不是趋同化过程,并且流行管理知识的传播并非按照同一模式展开,而是因企业所固有的文化认知模式、历史脉络及实践中遇到的问题不同,诠释和应用都存在一定的差异。当我们关注趋同化表象之下的差异性结果,就自然会凸显具体情境、历史脉络等的重要性。

---

① Bedeian, A. G., "Improving the Journal Review Process: The Question of Ghostwriting", *American Psychologist*, Vol. 51 (11), 1996.

第五编

中国管理学发展问题的研究与探讨

本编是对中国管理学的发展问题进行研究与探讨，也是希望按照郭重庆院士提出的，中国管理学发展必须从照着西方的讲向结合中国情境接着讲转变，即接着中国传统文化讲，接着西方管理学讲，接着中国近现代管理实践讲，对我们应该如何开展"接着讲"，又如何在"接着讲"的发展过程中选择正确的路径等问题进行研究；然后对近几年中国管理学界探讨、反思十分火热，但却似乎少有触动或改变的中国管理学的本土化建设进行研究和探讨。在这些问题的研究中结合对多位中外学者研究成果的分析，提出了我们的一些看法，既是我们研究的认识，也是探索的结果。

第十二章

中国特色的管理理论创新路径探析

——从"接着讲"谈起

　　中西文化的差异是明显的，文化的差异已经是中国与西方发达国家发展路径差异研究的基础性问题，也是我们管理学界最为感兴趣的问题之一。陈明哲教授情境化研究策略和二元选择路径所引发的争论，在管理学界丰富了我们对东方（特别是中国）与西方（特别是北美）差异的认识，受到中国本土管理研究者路径探索的关注和深究。本章将秉承郭重庆院士的"接着讲"的想法，在学习和借鉴陈明哲研究成果的基础上，对具有中国特色管理学理论的问题进行探讨，主要的思考是，情境化似乎过于简单，以此形成的动态竞争理论的成功范例似乎已经表明，除了表象的情境差异外，东西方还存在主导思维模式的内在差异。

第一节　问题的提出

　　在 1978 年前，中国没有管理学方面的研究[①]。自从 1978 年改革开放以来的 40 多年里，西方管理学的研究成果与学术规范进入中国并逐渐成为主流[②]，中国管理研究也在学习、借鉴和模仿中获得快速和长足发展，软硬件

---

　　① Zhao, S. M., Jiang, C. Y., " Learning by Doing: Emerging Paths of Chinese Management Research", *Management and Organization Review*, Vol. 5 (1), 2009.

　　② 谢佩洪：《基于中国传统文化与智慧的本土管理研究探析》，《管理学报》2016 年第 8 期。

的基本骨骼已经搭起①。国内与海外学者的频繁交流与互动，全球华人管理学者社群快速成长和成熟起来，单纯跟随西方管理理论，"拎着榔头找钉子"②的研究状况得到比较明显的改善，中国管理研究也在全球管理学术界获得了一定认可。为此，郭重庆（2011）指出，中国管理应该在应对外来管理学时要从"照着讲"向"接着讲"转变。

如何接着讲？中国的管理学术界应该走什么样的道路，才能在国际舞台上更好发展，赢得全球主流学术圈的合法地位？徐淑英教授率先倡导在中国背景下进行本土管理研究的情境化研究策略：选择西方管理研究中的热门现象，并沿用西方管理学界业已成熟的方法和框架来诠释中国情境下的问题，进而验证和发展现有理论，在更有效地指导中国企业管理实践的同时也为全球管理知识作出贡献③。资源基础观的代表人物巴尼教授和中山大学的张书军教授④进一步将中国管理学者讨论的种种情境化研究路径抽象为"中国的管理理论"（a theory of Chinese management）与"管理的中国理论"（a Chinese theory of management）之争。关于这两种道路如何选择，徐淑英进而提出，中国管理研究正处在一个关键时刻，面对走"康庄大道"还是"羊肠小道"的重大选择⑤。

不得不佩服巴尼、张书军的理论概括能力，路径非常明确，理由合情合理，选择似乎也不言自明。但是，有关本土管理研究路径的争论不但没有平息，反而越来越激烈。争论的议题相当多但聚焦，主要有本土管理研究合法性问题、普适性对情境性问题、理论导向对实践导向问题、实证主义对多元范式问题、量化方法对质性方法问题、研究情境化的具体细化问题等等。

上述密集的争论在丰富我们对本土管理研究的情境化研究策略和二元选

---

① 郭重庆：《中国管理学者该登场了》，《管理学报》2011 年第 12 期。

② 谭劲松：《关于管理研究及其理论和方法的讨论》，《管理科学学报》2008 年第 2 期。

③ Tsui, A. S., "Contributing to Global Management Knowledge: A Case for High Quality Indigenous Research", *Asia Pacific Journal of Management*, Vol. 21 (4), 2004.

④ Barney, J. B., Zhang, S. J., "The Future of Chinese Management Research: A Theory of Chinese Management versus A Chinese Theory of Management", *Management and Organization Review*, Vol. 5 (1), 2009.

⑤ Tsui, A. S., "Editor's Introduction - Autonomy of Inquiry: Shaping the Future of Emerging Scientific Communities", *Management and Organization Review*, Vol. 5 (1), 2009.

择路径认识的同时，也让我们看到其面临的诸多挑战，充分体现在对中国管理研究国际学会（IACMR）发展成效的针锋相对意见上。IACMR 自 2002 年创立以来，以促进中国情境下管理与组织领域的学术研究为己任，致力于在全球范围内创建和传播有关中国管理的知识；经过 10 余年的发展，参与IACMR 的学者规模扩大，已拥有注册会员 8000 多人；国际化、高水平的学术交流日趋频繁，年会投稿论文的数量和质量都呈现明显的递增趋势；在国内和国际的学术影响力也越来越大，是推动我国管理研究国际化的一支不可忽视的重要力量[1]。这些事实和证据似乎也表明 IACMR 倡导的情境化研究策略和二元路径选择是正确而有效的，是一条通往国际化的"康庄大道"。批评者则认为，IACMR 的发展似乎并不像其描述的"康庄大道"那样顺畅，其搭建国际化的平台目标已然实现，但是创建理论的目标却远未达到；其选择的实证研究方法并不适合，指明的研究道路尚未走通[2]。不少学者指出，IACMR 倡导的"康庄大道"根本目的是检验西方理论的普适性，顶多能够做一些缝缝补补[3]，而选择"羊肠小道"的学者也如 IACMR 承认那样极少。简言之，情境化研究的二元选择路径似乎还存在需要进一步探讨的问题。

在挑战"康庄大道"的过程中，越来越多的国内学者发现中国企业管理实践有其特别之处，发迹于欧美的西方管理理论并不能完全适用于有着深厚传统文化底蕴的中国[4]，中国传统文化、哲学和智慧对本土管理研究有很大的影响，尤其是中国传统哲学[5]。表面上呈现出中西方情境、文化和智慧的差异（即"皮"），本质上讲是东西方哲学上的差异，归根到底是东西方在思维模式上的内在差异（即"心"）。不过在如何运用中国传统哲学开展本土管理研究上，学者的意见不一致，甚至相左；但都一致认为中国传统哲

---

[1]　张静、罗文豪、宋继文、黄丹英：《中国管理研究国际化的演进与展望——中国管理研究国际学会（IACMR）的发展范例与社群构建》，《管理学报》2016 年第 7 期。

[2]　蔡玉麟：《也谈中国管理研究国际化和管理理论创新——向张静、罗文豪、宋继文、黄丹英请教》，《管理学报》2016 年第 8 期。

[3]　周建波：《中国管理研究需要普适性与情境性创新——缘起蔡玉麟先生〈也谈中国管理研究国际化和管理理论创新〉》，《管理学报》2016 年第 9 期。

[4]　陈春花、宋一晓、曹洲涛：《中国本土管理研究的回顾与展望》，《管理学报》2004 年第 3 期。

[5]　李平：《中国本土管理研究与中国传统哲学》，《管理学报》2013 年第 9 期；李鑫：《中国传统哲学与本土管理研究：讨论与反思》，《管理学报》2013 年第 10 期；谢佩洪：《基于中国传统文化与智慧的本土管理研究探析》，《管理学报》2016 年第 8 期。

学会对管理理论创新作出重要贡献。我们认同陈明哲教授的观点，他以自己创立的，并得到国际认可的动态竞争力理论为例，提出东方人可以运用其擅长的文化双融思维，综合东西方文化智慧，重新审视西方理论，通过差异化形成新理论，创立独特的学术领域，引领管理领域的未来发展[①]，这实际上是为中国学者指明了一条新的研究发展路径，突破了"中国的管理理论"与"管理的中国理论"的争论[②]。

综上所述，情境化研究策略和二元选择路径所引发的争论丰富了我们对东方（特别是中国）与西方（特别是北美）差异的认识，深化了中国本土管理研究路径的探索。但是，仅仅情境化似乎过于简单，抽象概括出来的二元路径，无论哪一条都存在明显的缺陷。动态竞争理论的成功范例表明除了表象的情境差异外，东西方还存在主导思维模式的内在差异，将东西方这两个维度差异结合起来考察，就可以将原有的二元路径拓展到四个；本章将在此基础上接着介绍管理知识生产特征及全球分布，引出中国管理研究的国际合法性和研究路径问题；然后具体讨论东西方之间情境和思维模式上的差异，以及如何将两者结合起来发展新研究路径；最后将讨论四种路径的具体内容，以及基本的结论。

第二节　管理知识生产特征及全球分布

同其他社会科学一样，管理知识的全球生产是多国、多语言、地理碎片的[③]，且呈现出中心—边缘的结构特征[④]，如图 12-1 所示。美国处于中心地位，管理研究被北美学者主导[⑤]，其知识生产转向自然科学（即科学）模式，

①　陈明哲：《学术创业：动态竞争理论从无到有的历程》，《管理学季刊》2016 年第 3 期。

②　刘林青：《用"心"研究不觉累——〈评学术创业：动态竞争理论从无到有的历程〉》，《中大管理研究》2016 年第 3 期。

③　March，J. G.，"Parochialism in the Evolution of a Research Community：The Case of Organization Studies"，*Management and Organization Review*，Vol. 1（1），2005.

④　Üsdiken，B.，Wasti，S. A.，"Preaching，Teaching and Researching at the Periphery：Academic Management Literature in Turkey，1970-1999"，*Organization Studies*，Vol. 30（10），2009.

⑤　Pettigrew，A.，"Management Research after Modernism"，*British Journal of Management*，Vol. 12（S1），2001.

基于形式逻辑和经验研究的实证主义为占据主导地位的科学研究范式①。

图 12-1　管理知识生产的全球布局：中心—边缘结构

资料来源：根据（Üsdiken, B., Wasti, S. A., "Preaching, Teaching and Researching at the Periphery: Academic Management Literature in Turkey, 1970-1999", *Organization Studies*, Vol. 30（10），2009.）整理。

从历史来看，美国管理知识生产实际上经历了从原则模式（Principles Model）到实践科学模式（Practice Science Model）再到科学模式（Scientific Model）的范式转移②。管理本身在商学教育项目中一开始并没有被讲授，因为它被看作是一种艺术，仅仅通过实践和经验来学习③。管理有科学根基的想法源自 20 世纪早期的科学管理运动，典范性的作品是泰罗的《科学管理原理》。为追求科学尊重，哈佛商学院的第一任院长将泰罗和追随者的讲座放到课程体系中。结果是建立了聚焦于一般管理原则或运用科学工具和方法来提高管理效率的管理知识模式，命名为原则模式④。在这种模式下，管理原则和技术更多从管理实践经验中总结起来，其有效性取决于其在管理实践中的有用性和被接受程度，经验研究（empirical research）没有其位置⑤。进入 20 世纪 50 年代后，美国的商学院为了提高商学教育

①　Tsui, A. S., "Contributing to Global Management Knowledge: A Case for High Quality Indigenous Research", *Asia Pacific Journal of Management*, Vol. 21（4），2004.

②　Üsdiken, B., Wasti, S. A., "Preaching, Teaching and Researching at the Periphery: Academic Management Literature in Turkey, 1970-1999", *Organization Studies*, Vol. 30（10），2009.

③　Goodrick, E., "From Management as a Vocation to Management as a Scientific Activity: An Institutional Account of a Paradigm Shift", *Journal of Management*, Vol. 28（5），2002.

④　Whitley, R., "The Management Sciences and Managerial Skills", *Organization Studies*, Vol. 9（1），1988.

⑤　Koontz, H., "The Management Theory Jungle", *Academy of Management Journal*, Vol. 4（3），1961.

标准，试图通过应用（专业）科学的知识生产模式来取代原则模式，推动管理成为科学①。在应用科学模式下，创造对管理实践有用的知识的目标依旧处于该模型的核心位置，但期望通过经验研究检验原则模式下的原则和技术，进而来推动科学知识的进步。按照孔茨②等设想，管理学者能在实证检验这些一般原则中构建其自己的管理理论。

1959 年，两份主要由经济学家操刀的《商业高等教育》和《美国商人的教育》报告改变了管理知识生产的自然轨迹。报告直指商学教育的粗俗和狭隘，商学院沦为"职业学校"（Trade School），商学院在大学里威望最低，其吸引的学生的平均 SAT 成绩最低。更为特别的是，商学院在雇用教员时不强调终极商学学位（PhD 或 DBA），通常是雇用军事办公室的退休人员或没有获得博士学位的商业经理，造成教学和学术也就趋向于非理论的实践导向，在知识的发展方面没有也无法运用科学的价值观和系统，也就不可能吸引到最好和最聪明的学生。报告断定造成当时状况的原因是学院缺乏学术的规范和价值观，在学术圈里仅获得很少的合法性③。为此，两份报告推荐了很多方法来提高学术标准，最重要的一条就是招聘在经济学、社会学和心理学等受过严格科学研究训练的博士，推动科学研究④。通过这条"捷径"，美国商学院在很短时间内赢得在大学象牙塔中的学术地位，基于经验主义和统计偏好的科学研究模式也成为占据主导地位的管理知识生产模式，即科学模式。但是，代价也非常明显，不仅学术与实践分隔愈发严重⑤，而且科学研究所依赖的基础理论几乎来自其他学科，唯一自创的权变理论目前也备受质疑⑥。

---

① Bennis, W. G., O'Toole, J., "How Business Schools Lost Their Way", *Harvard Business Review*, Vol. 83 (5), 2005.

② Koontz, H., "The Management Theory Jungle", *Academy of Management Journal*, Vol. 4 (3), 1961.

③ Cotton, C. C., Mckenna, J. F., Van Auken, S. and Meuter, M. L., "Action and Reaction in the E-volution of Business School Missions", *Management Decision*, Vol. 39 (3), 2012.

④ Bennis, W. G., O'Toole, J., "How Business Schools Lost Their Way", *Harvard Business Review*, Vol. 83 (5), 2005.

⑤ Bennis, W. G., O'Toole, J., "How Business Schools Lost Their Way", *Harvard Business Review*, Vol. 83 (5), 2005.

⑥ Miner, J. B., "The Rated Importance, Scientific Validity, and Practical Usefulness of Organizational Behavior Theories: A Quantitative Review", *Academy of Management Learning and Education*, Vol. 2 (3), 2003.

美国在管理学领域取得中心地位的原因主要有英语作为国际标准语言、战后美国的强势地位、对普适性等科学精神气质的追求使美国的管理研究更具有开放性①、美国商学教育和研究的大力推广等。紧邻美国的是那些以英语为通用语言的一些北欧国家（如瑞典、芬兰、丹麦、挪威、荷兰等）。它们又被称为第二中心，虽然不能完全对中心的影响产生免疫力，但可以得到一定程度的学术自治，并对边缘地区产生一定的影响②。而其他广大地区的管理知识生产则因为开放性不足带来的质量缺陷和风格差异，逐渐失去走向全球化的机会，处于边缘位置，面临进入、国际合法性和被学术殖民等问题。

中心与边缘关系的内在不平衡意味着依赖③，本地管理知识发展经常通过对中心生产的知识的消极、被动吸收，扮演着被征服者角色、搬运工角色和买办管理角色等。显然中心与边缘的关系并不是这样简单的单向关系，更多是马奇所说的"核心构建"（core establishment）与"边缘挑战"（peripheral challenges）的双向运动，即一方面美国在以普适性的名义推广管理理论和实证主义研究范式，维持其核心主导地位；另一方面，非中心的地方也在积极推动当地知识生产赢得国际合法性。例如，以英国为首的北欧国家就在承认美国的主导地位的同时，扮演伙伴角色且推出替代模式，使得其质性研究范式获得国际合法地位④。它们采用的是本章所称的"哲学化"策略，即站在科学哲学的高度，从本体论、认识论和方法论的角度论证实证主义不是知识生产的唯一范式，还存在解释主义、建构主义等多元范式⑤。经过几十年的抗争，终于取得初步的成功，表现在最近 5 年 AMJ 开始接受质性研究论文。而成功的原因主要在于它们的哲学是同源的，且在美国有"内应"。

---

① Tsui, A. S., "Contributing to Global Management Knowledge: A Case for High Quality Indigenous Research", *Asia Pacific Journal of Management*, Vol. 21 (4), 2004.

② Üsdiken, B., "Between Contending Perspectives and Logics: Organizational Studies in Europe", *Organization Studies*, Vol. 31 (6), 2010.

③ Üsdiken, B., Wasti, S. A., "Preaching, Teaching and Researching at the Periphery: Academic Management Literature in Turkey, 1970–1999", *Organization Studies*, Vol. 30 (10), 2009.

④ Lammers, C. J., "Sociology of Organizations Around the Globe. Similarities and Differences between American, British, French, German and Dutch Brands", *Organization Studies*, Vol. 11 (2), 1990.

⑤ 我们在美国和英国的观察表明，美国博士教育中在研究方法时通常不会讨论科学哲学，而在英国的课程中首先就是科学哲学，这非常明显地反映在他们所使用的教材上面。

第三节　中西方差异与质的跳跃

一、情境化策略与二元路径选择

与英国等北欧国家一样，中国学者也在积极思考如何开展本土研究，并赢得了一定的国际合法性，影响最大的当属徐淑英等提出的情境化研究策略。情境化对于学术研究的重要意义首先是从组织行为学研究领域开始的①。在组织行为研究领域，情境被定义为环境中影响组织行为的发生和意义及变量之间功能关系的促进和限制因素，并可区分为综合性情境和离散性情境两大类②。而研究情境化旨在将观察与一组相关的事实、事件和观点联系起来，使研究和理论成为可能，并成为一个更大整体的一部分③。罗素和弗里德认为：当前组织领域变得越来越国际化，理论模型从一个情境向另一个情境的应用就面临越来越多的挑战；另外，多样化的工作和工作环境将会明显地改变员工与组织之间的动态因果关系，导致过去的理论不太适用于当代管理实践；鉴于此，在组织行为研究领域应更多地进行情境化研究。

徐淑英教授将组织行为对情境和研究情境化的讨论转移到国家层面，倡导中国学者开展本土研究的情境化策略④。徐淑英指出在中国管理的现有研究中，模仿和追随的特征十分显著：仅仅运用和发展已有的理论及方法，复制已有的观点，但鲜有关于中国情境的管理现象的洞察，甚至是可能得到错误的结论。为此，中国学者应该选择西方管理研究中的热门现象，并沿用西方管理学界业已成熟的方法和框架来诠释中国情境下的问题，进而验证和发展现有理论，在更有效地指导中国企业管理实践的同时也为全球管理知识作出贡献。由于徐淑英教授是北美实证主义研究范式的坚定支持者和推广者，

① 任兵、楚耀：《中国管理学研究情境化的概念、内涵和路径》，《管理学报》2014年第11期。

② Johns, G., "The Essential Impact of Context on Organizational Behavior", *Academy of Management Review*, Vol. 31 (2), 2006.

③ Rousseau, D. M., Fried, Y., "Location, Location, Location: Contextualizing Organizational Research", *Journal of Organizational Behavior*, Vol. 22 (1), 2001.

④ Tsui, A. S., "Contributing to Global Management Knowledge: A Case for High Quality Indigenous Research", *Asia Pacific Journal of Management*, Vol. 21 (4), 2004.

这种情境化策略又被称为实证主义的情境化策略①。情境化研究策略提出后，在中国的推广一开始并不顺利，不过引发了有关中国管理学者研究路径的讨论。为此，中国管理研究国际学会（IACMR）旗下期刊《管理与组织研究》（以下简称"MOR"）在 2009 年推出的中国管理研究专刊，围绕两篇文章及六篇评论来集中讨论中国管理研究中的情境化路径，试图为中国管理学者的未来研究指明正确道路。两篇主打文章中，惠顿深入探讨了开展情境化研究的缘由，将理论和情境的关系概括为情境化理论（contextualize theory）和理论化情境（theorize about context），进而提出情境化研究的演化路径②。在另一篇文章中，资源基础观的代表人物巴尼和中山大学的张书军将中国管理学者讨论的种种情境化研究路径抽象为"中国的管理理论"（a theory of Chinese management）与"管理的中国理论"（a Chinese theory of management）之争③。中国的管理理论强调以北美已有的理论为基础，用演绎的、实证主义的方法论来研究和情境化中国问题，以此补充、拓展甚至替代已有理论，其最大的优点是能让中国研究非常方便地融入管理研究的国际无形学院，缺点是不能研究中国经济和中国组织最独特和有趣的方面。而管理的中国理论则强调通过发展独特的中国方法来研究中国现象，这种方法可能在解释中国现象方面是最有效的，但是只能被中国国内理解。

关于这两种道路如何选择，徐淑英（2009）进而指出，中国管理研究正处在一个关键时刻，面对走"康庄大道"还是"羊肠小道"的重大选择。结论是不言而喻的，正如郑伯埙、王安智和黄敏萍所言，在国际发表、考核、晋升等制度压力下，亚洲管理学者若想尽早使学术生涯获得成功，最有效率的方法就扮演惠顿框架中的"追随者"角色，讨论主流情境下的既有理论应该如何应用于新情境，以增加既有理论的价值。对于如何具体走中国的管理道路，徐淑英（2012）等将研究的情境化程度区分为情境无关、情

---

① 徐淑英、任兵、吕力主编：《管理理论构建论文集》，北京大学出版社 2016 年版，第 1—27 页。

② Whetten, D. A., "An Examination of the Interface between Context and Theory Applied to the Study of Chinese Organizations", *Management and Organization Review*, Vol. 5 (1), 2009.

③ Barney, J. B., Zhang, S. J., "The Future of Chinese Management Research: A Theory of Chinese Management versus A Chinese Theory of Management", *Management and Organization Review*, Vol. 5 (1), 2009.

境敏感和情境专有。前两个研究被称为情境化研究，包括四种具体方法和路径，即研究情境无关现象的情境化、研究情境嵌入现象的情境化、研究情境敏感现象的情境化，以及研究方法中的情境化[①]。对于情境的专有研究，徐淑英将之命名为"本土研究"，并对如何开展高水平的本土研究提出若干建议，其中对扎根研究寄予厚望。

通过上面的分析不难发现，实证主义情境化研究策略与1959年两份报告提供的思路如出一辙，都是扮演"追随者"角色，将已成功"科学化"的理论应用到新的情境中，前者的情境对象是国家，而后者是学科。作为捷径，中国学者在像美国同行快速赢得在大学里的合法地位那样，在很短时间内取得了国际合法性，例如大量中国学者署名的文章出现在国际顶级期刊上，AOM年会的参会中国学者也是快速增长。不过也同样继承了美国学术界的两个重要弊病：几乎没有像样的理论创新，以及学术研究与中国管理实践严重脱节[②]。不仅如此，中国乃至世界管理研究存在的"同质化"趋势和"功利性"倾向日趋明显，学者们对科学精神的追求越来越缺失[③]。因此，情境化研究策略和二元选择路径不仅没有终止有关中国管理研究的路径争论，反而引起国内学术界更强烈的反思和争论。

可喜的是，有关实证主义情境化研究策略争论丰富了国内学者对普适性和情境性关系的认识。在北美管理理论和知识在改革开放之初传到中国时，通常被布道者们宣扬是具有普适性的，应该说这与科学研究所追求的科学精神气质（the ethos of science）密不可分，即普适性、公有性、非私利性和组织化的怀疑精神。然而，大量的EMBA和MBA学员在商学院学习后，觉得不解渴，纷纷又去听传统文化课程；国学热的兴起表明西方的管理理论与知识并不足以指导中国企业的管理实践，可能存在中国管理模式[④]。研究情境

---

① Tsui, A. S., "Contextualizing Research in a Modernizing China", in Huang, X., Bond, M. (eds.), *Handbook of Chinese Organizational Behavior*: *Integrating Research*, *Theory and Practice*, Northamton Edward Edgar Publishing Limited, 2012.

② 蔡玉麟：《也谈中国管理研究国际化和管理理论创新——向张静、罗文豪、宋继文、黄丹英请教》，《管理学报》2016年第8期。

③ 张静、罗文豪、宋继文、黄丹英：《中国管理研究国际化的演进与展望——中国管理研究国际学会（IACMR）的发展范例与社群构建》，《管理学报》2016年第7期。

④ 徐少春：《全球化时代的中国管理模式》，《管理学报》2009年第12期。

化的讨论使大家越来越清醒地认识到管理知识生产是高度地理情境化的，主流的管理理论范式大多源于 20 世纪 50 年代至 80 年代的北美，都是根据当时的管理现象及其文化、哲学和研究的传统而创立①。情境化研究可以检验源自西方的理论在东方情境下的适用性，通过验证、完善和拓展来增强其普适性，甚至可以通过对情境专有研究开发出新理论②。因此，中国管理研究应该坚持国际化，需要兼顾"情境化"和"普适性"的要求，两手抓，两手都要硬③。简言之，我们认为"情境化"将"普适性"拉下神坛，摆到了其应有的位置：基于特定情境开发出来的理论，具有普适性的潜力，可以通过跨情境研究加以验证、完善和推广。因此，有关主位—客位的讨论④指出情境化研究不一定以西方理论为基础（西方情境为主位），也可以东方理论为基础（东方情境为主位）；有关理论演化的讨论⑤也表明基于东方情境开发的理论同样具有普适性的潜力，可用来解释西方的现象⑥。研究者的最终目的往往是希望能够建立普适性知识，尽管刚开始是在进行本土管理实践的解释和地方性知识构建⑦。

　　总而言之，与欧洲的哲学化策略不同，以徐淑英为首的华人学者倡导情境化策略，更适合于东西方的差异⑧。实证主义情境化与 1959 年的两份报告，为中国管理研究的国际化找到了捷径。有关情境化的讨论也丰富了对普适性与情境性的认识，使我们意识到无论是西方还是东方的管理知识都具有

---

　　① Barkema, H. G., Chen, X., George, G., et al., "West Meets East: New Concepts and Theories", *Academy of Management Journal*, Vol. 58 (2), 2015.

　　② Tsui, A. S., "Contextualizing Research in a Modernizing China", in Huang, X., Bond, M. (eds.), *Handbook of Chinese Organizational Behavior: Integrating Research, Theory and Practice*, Northamton Edward Edgar Publishing Limited, 2012.

　　③ 张静、罗文豪、宋继文、黄丹英：《中国管理研究国际化的演进与展望——中国管理研究国际学会（IACMR）的发展范例与社群构建》，《管理学报》2016 年第 7 期。

　　④ 李平：《中国本土管理研究与中国传统哲学》，《管理学报》2013 年第 9 期。

　　⑤ Whetten, D. A., "What Constitutes a Contextualized Theoretical Contribution?", *The Academy of Management Review*, Vol. 14 (4), 1989.

　　⑥ 张静、罗文豪、宋继文、黄丹英：《中国管理研究国际化的演进与展望——中国管理研究国际学会（IACMR）的发展范例与社群构建》，《管理学报》2016 年第 7 期。

　　⑦ 井润田、卢芳妹：《中国管理理论的本土研究：内涵、挑战与策略》，《管理学报》2012 年第 11 期。

　　⑧ 如后所述，北美和北欧的哲学起源相同，即使有差异也是可以通约的；而东方和西方的哲学存在明显的差异，不可通约。因此，我们认为，中国学者直接采用北欧的哲学化策略可能会非常困难。

普适性和情境性的双重特征，这为重塑东西方学术关系打下了良好的基础。对此，我们非常赞同陈明哲教授在接受《管理学报》采访时的回答："对于我而言，我是把中国当作一种思维，当作一个文化，而且我认为它们是普适的。从钱穆的观点来看，学术本来就没有国界。国学的产生完全是'五四'时受到西学的大军压阵，所以用国学去抵抗。这样就把中国的学问讲小了，中国的学问有很强的普适性。"①

二、情境背后的主导思维模式差异

与北美主流管理学术圈近 30 年所面临的缺乏创新一样，实证主义情境化策略也遭到理论贡献有限的批评②。对此，徐淑英教授也部分承认，要大力提倡基于情境专有的本土研究，鼓励扎根研究等质性研究方法③。接下来的问题是：何谓情境专有？实际上有关国家层面的情境界定并不清晰。根据任兵和楚耀（2014）的文献梳理，情境的含义很宽泛，包括人、文化、环境、行为和组织；不同的制度、公司和个体层面是情境；不同行业和所有制状况也都是情境。国家层面的情境维度可分为物理环境、历史环境、政治环境、社会环境、经济环境和文化环境④。对于中国情境也主要根据地理加华人、制度、文化、经济发展阶段（体制变革、新兴经济体）等加以界定。随着对中国本土管理研究路径的深入讨论，越来越多的学者认识到东西方的差异不仅仅是制度、政治、经济和文化等表面的情境上（即"皮"），本质上讲是东西方哲学上的差异，归根到底是东西方在思维模式上的内在差异（即"心"）⑤。最近的情境化主义者也对此表示认同，将东西方情境差异归于制度、哲学和文化价值观上，认为由于东方政治、制度环境复杂多变，其

---

① 吕力：《管理学研究的"精一"、"双融"和"经世致用"：对陈明哲的访谈》，《管理学报》2016 年第 1 期。

② 蔡玉麟：《也谈中国管理研究国际化和管理理论创新——向张静、罗文豪、宋继文、黄丹英请教》，《管理学报》2016 年第 8 期。

③ 徐淑英、张志学：《管理问题与理论建立：开展中国本土管理研究的策略》，《重庆大学学报（社会科学版）》2011 年第 4 期。

④ Tsui, A. S., "Contextualizing Research in a Modernizing China", in Huang, X., Bond, M. (eds.), *Handbook of Chinese Organizational Behavior*: *Integrating Research*, *Theory and Practice*, Northamton Edward Edgar Publishing Limited, 2012.

⑤ 李平：《中国本土管理研究与中国传统哲学》，《管理学报》2013 年第 9 期。

稳定性非常依赖于那些业已根深蒂固的文化价值观、传统观念和哲学思想，企业家和经理人也正是借助它们来领导、管理和发展企业[①]。

学者们都认同中国传统哲学推动管理创新的绝大潜力，但对如何运用中国传统哲学开展管理研究，学者的意见不一致，甚至相左。李平（2013）认为东方传统哲学与西方哲学（包括科学哲学）有根本的差异，也正因为此两者可以互补，是相生相克的阴阳关系；两者的重要性是非对称性的，中国本土管理研究应该以传统哲学为主，以西方哲学为辅；要以"道""阴阳"[②]"悟"为核心内容，"道"（即主客统一，天人合一）为本体论，"阴阳"（即正反双方相生相克）为认识论，以及"悟"（即直觉想象，以比喻类推为具体方法获得洞见）为方法论。[③] 李鑫（2016）则认为逻辑思维和辩证思维在东西方发展史上都出现过，阴阳思维实际上是一种朴素的辩证思想；中西方只不过在主导思维模式上存在差异，即西方以逻辑传统为主流，而中国以辩证传统为主流；这两者不是替代或从属的关系而是互补的关系，无所谓孰优孰劣；中西方哲学是两套截然不同的哲学体系，它们的志趣和任务完全不同；西方哲学的志趣在于求知或求真，而中国哲学的志趣则是求善，即人在天地之间应该怎样取得一种和谐的生活；西方是以研究"是"为内容的本体论，而中国则是以研究"道"为内容的"道"论。李鑫特别提到冯友兰在《中国哲学史》中指出，中国古代哲人和知识分子并不关心为了知识而知识，他们更关心的是经世致用，所以中国传统哲学没有发展出求知的认识论、方法论，就算零星的有所涉及，其学术水平也远不及西方和印度哲学的研究。

黄光国（2013）更多认同李鑫的观点，认为在中国传统文化里，"阴/阳"是中国哲学最基本的单位，是一种"根源性隐喻"。以"阴/阳"这种"前现代"的思维方式为基础，能发展出中国传统"有机论"科学，但发展不出现代"机械论"的科学。由于主流管理研究是基于西方的科学哲学，而

---

① 按此理解，哲学和文化价值观当属深层次的情境差异。在我们看来，这里有些泛化了情境的概念，实际上是不利于情境化研究策略的深入思考。因此，本章中的情境不包含哲学思想。李平（2013）用"国情"而非"情境"，可能更为准确。

② 谢佩洪、魏农建：《中国管理学派本土研究的路径探索》，《管理学报》2012 年第 9 期。

③ 李鑫：《谦虚谨慎或者骄傲自负：中国本土管理研究的心态问题》，《管理学报》2016 年第 1 期。

中国传统哲学并不能为本土管理研究提供本体论、认识论和方法论等的帮助。因此，对于从事管理研究的中国学者来说，首先，问题并不是直接应用"前现代"的阴阳思维，而是对近代西方科学哲学的发展有相应的理解，能够以之为基础，建构本土社会科学的"微观世界"，则"阴/阳思维"将变成一种"后现代的智慧"，构建"涵摄文化的理论"，有助于华人管理者解决他们在社会中所遭遇的各项管理问题。其原因在于：对于非西方国家的知识分子而言，关于如何建构"科学微世界"的科学哲学，基本上是一种异质文化的产品，和他们的文化传统之间有明显的不连续性；西方哲学关注的焦点在于追寻客观的"知识"，中国文化关注的焦点在于追求理性的行动。因此，非西方国家的知识分子很难凭他们的常识来建构"科学微世界"，需要"质的跳跃"。此外，有不少学者积极探寻与实证研究相对的、非主流的质性研究方法（如扎根研究、实践导向研究、人类学研究、话语研究等等），以期使中国传统文化和智慧（包括哲学）与当代管理研究对接。

应该说，中国传统哲学指导本土管理研究的讨论主要还停留在思维层面上，难以像情境化研究策略那样指导研究实践。例如，李平也承认现阶段的阴阳框架只能给研究者提供研究的一些敏感性，是一种思维，但如何将其运用到特定议题依然面临更多挑战。欣喜的是，国际知名的战略管理学华人学者陈明哲以自己创立的，并得到国际认可的动态竞争力理论为例，提出运用"文化双融"思维来开展研究，开创本土管理研究的新路径。根据儒家传统的精神，"文化"或"文"的广义概念包含了所有人类活动。在这一概念下，文化是一种思维方式，也是一种行动方式；它还是一种社会构建，受到很多因素影响。文化双融就是受到不同情境与分析层次的文化观念启迪，而得以实现平衡和超越①。对立面的悖论式整合这种源于东方阴阳与整体论的哲学观点，构成了文化双融思维的本质。换言之，文化双融就是中庸的现代白话版；找到一个平衡点，就是文化双融的精义，也就是我们老祖宗所说"执两用中"的内涵②。因此，在开展学术创新过程中，东方人可以运用其擅长的文化双融思维，综合东西方文化智慧，重新审视西方理论，通过差异

---

① 陈明哲：《文化双融：一位管理学者的反思与行践》，《管理学家》2014年第5期。
② 陈明哲：《学术创业：动态竞争理论从无到有的历程》，《管理学季刊》2016年第3期。

化形成新理论，创立独特的学术领域，引领管理领域的未来发展①。换言之，中国哲学并不需要像科学哲学那样为管理研究提供本体论、认识论和方法论方面的哲学指导，而是指引创造差异化的理论创新空间，这实际上是为中国学者指明了一条新的研究发展路径，突破了"中国的管理理论"与"管理的中国理论"的争论②。

通过上面的分析不难发现，越来越多的中国学者看到情境背后更深层次的东西，挖掘了本土管理研究和创新管理理论的绝大潜力。情境背后，东西方在主导思维方式上存在显著差异；尽管两种思维在东西方文明历史上都出现过，但是，西方以逻辑思维为主流，而中国以阴阳（辩证）思维为主流。阴阳思维或被认为是一种朴素的辩证思维，或一种"根源性隐喻"，或可改称为"文化思维"，它让中国人用与西方人不同的视角看待世界，带来不同认知和行为，构建不同的哲学和文化内涵。中西方哲学是两套截然不同的哲学体系，西方哲学的志趣在于求知或求真，而中国哲学的志趣则是求善或求中（庸）。东西方在思维方式、哲学和文化内涵上的显著差异带来的不连续，使得中方学者和非西方国家的知识分子在主流范式下开展科学研究时需要"质的跳跃"。不过从学术研究的角度来看，质的跳跃往往是理论创新所必需的③；换言之，东西方的显著差异实际上可以带来新的理论创新空间。

三、中西差异与质的跳跃

综上所述，中西方在情境，以及情境背后的思维方式、哲学和文化内涵上存在着明显的区别。由于中西方哲学是两套截然不同的哲学体系，身处全球管理知识生产体系边缘地带的中国，在探索进入中心的研究路径上，显然不太适合采用类似中间地带——北欧的哲学化策略；对于作为西方学术研究基础的科学哲学而言，在中国传统哲学中很难找到与之真正对应的本体论、

---

① 陈明哲：《学术创业：动态竞争理论从无到有的历程》，《管理学季刊》2016 年第 3 期。

② 刘林青：《用"心"研究不觉累——评〈学术创业：动态竞争理论从无到有的历程〉》，《中大管理研究》2016 年第 3 期。

③ Colquitt，J. A.，George，G.，"From the Editors：Publishing in AMJ-Part 1：Topic Choice"，*Academy of Management Journal*，Vol. 54（3），2011.

认识论和方法论等完整的术语体系①。因此，我们认为徐淑英教授另辟蹊径倡导国家层面的情境化研究策略，是中国学者在"接着讲"阶段应该长期坚持的正确方向。情境差异带来的不连续性，可以造就理论创新所需的跳跃。事实上，大量学者以中国现象为对象的情境化研究成果能在国际顶级期刊上发表，就充分证明了这一点。

同 1959 年两份报告的对策建议一样，现有的情境化策略存在理论创新的高度不够、理论研究与管理实践脱节和科学精神丧失等缺陷，说到底就是在"捷径"的诱惑下，大部分的中外学者都偏好基础理论应用的短、平、快的研究，这很大程度上是晋升、学术评价的外在的制度压力带来的。我们进一步认为，现有的情境化研究策略和二元路径选择存在问题的另一重要原因在于在方案中忽略了中西方在思维方式、哲学和文化内涵等深层次上的差异。无论是贾良定等（Jia 等，2012）的内容研究还是刘林青等（2014）的文献计量研究都表明，在国际主要管理期刊发表的有关中国问题的文章，真正原创的新概念非常少，只有"关系"、"网络资本主义"和"市场转型"。刘林青等（2014）的研究进一步表明这些研究形成三个主要群组，主要聚焦在"合资企业"、"中国文化特征"和"中国经济转型"三个中国特色话题（即情境）上，显然这些情境大多与中国特有的思维方式、哲学和文化内涵无关，这不过是些中国经济发展过程中的特殊阶段和形式，而在成熟的发达国家里难以观察到，且都可以通过拓展现有基础理论加以解释。在"中国文化特征"群组中，大量对中西文化的聚焦在霍夫斯泰德提出的"个人主义——集体主义"维度上，但在很多学者看来不一定准确，也难以解释现实中的一些现象，中国人很可能既是个人主义又是集体主义的。

这些问题也表明中西方的情境差异是复杂的，政治、制度等表层情境差异不一定与思维方式等深层情境差异一致，思维方式差异带来的跳跃很可能真正造就理论创新空间，实质上拓展主流理论的场域。因此，我们的研究同时从这两个维度的差异入手，将中国学者管理研究的路径从原来的两个拓展

---

① 我们认为，随着我们加深与欧洲在质性研究范式方面的对话，可能会找到沟通的途径；在质性研究范式中存在很多谈到悖论问题的探讨，如批判理论等。

为四个（如图 12-2 所示）。横轴为情境主位的选择，中国研究者面临选择西方情境主位还是东方情境主位。纵轴为中国研究者开展研究时面临思维方式差异，分为文化双融思维和形式逻辑思维。简单来说，西方主导的形式逻辑思维中，排中律是核心原理之一，即二者选一；而中国主导的文化双融思维中，平衡是要义，即执两用中。现有的情境化研究一般认为只有研究中国现象或提出中国概念的才算本土管理研究的理论贡献，如图 12-2 所示，新的框架实际上丰富了中国智慧对主流管理理论贡献的认识。从中国视角、反映中国传统思想的研究，虽不一定是以中国现象为对象的研究，也应视作本土研究，如动态竞争理论。李平（2010）甚至认为"本土视角"的重要性远远大于"本土现象"的重要性，为此，本章在标题中使用"中国特色的管理理论创新"的提法。

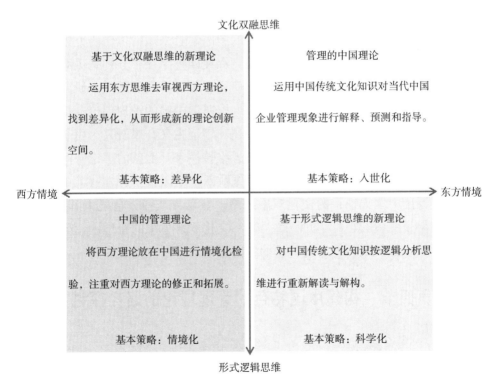

图 12-2　中国智慧影响主流管理理论的路径探索

资料来源：作者整理绘制。

为了讨论的聚焦和简约，本章重点讨论"接着讲"问题，即探讨在北美主流的实证主义研究范式上加入中国智慧的研究路径①。首先，我们承认在全球管理知识生产体系中北美（主要是美国）占据中间主导位置，处于边缘地带的中国只有在其范式下开展管理研究，作出理论贡献，才能逐步从边缘走向中央。其次，采用从西到东的方向，其深层次的原因在于西方传统更善于求知，为此有成熟的科学哲学加以指导，并建立适合科学知识创造的体系，而中国传统更多是求善。换言之，我们赞同黄光国的观点，中国学者要进行科学研究，需要进行典范转换。最后，这里假定美国主导研究模式是逻辑实证主义，核心是"形式逻辑+经验研究"。应当承认在北欧的哲学化策略下，美国管理研究的科学哲学和研究哲学趋向于多元化，对质性研究范式的接受度越来越高。但是，在这里讨论多元范式容易使接下来的分析太复杂，不如抓住依旧处于主流地位的逻辑实证主义展开后续讨论。

因此，采用北美实证主义研究范式的中国学者采用情境化研究策略，应用中国智慧时面临两种质的跳跃的可能，存在四种路径，分别是：第一，基于西方情境主位和形式逻辑思维，此时研究者不需要质的跳跃，研究中国情境的目标是增强原有理论的客位普适性，即所谓中国的管理理论；第二，情境主位跳跃，转为中国情境主位下采用逻辑实证主义开展研究，由于中国情境本质是文化思维嵌入，所以需要进行思维转换来开辟新的理论空间，称为基于形式逻辑思维的新理论；第三，思维跳跃，依旧基于西方情境主位开展研究，但运用中国人独特的文化双融思维，在东方或西方情境下开展研究，通过差异化开辟新的理论空间，称为基于文化双融思维的新理论；第四，情境主位和思维都跳跃，即所谓管理的中国理论。

第四节　构建中国特色的管理理论的路径探讨

一、中国的管理理论

对于"接着讲"而言，最直接的研究路径就是以北美已有的理论为基

---

① 感兴趣的完全可以在中国智慧基础上加入西方实证主义的方向展开探讨。

础，用演绎的、实证主义的方法论来研究和情境化中国问题，以此补充、拓展甚至替代已有理论，即所谓的"中国的管理理论"研究路径（如图12-2所示）。在该路径下，中国学者以西方情境作为主位，来研究中国客位，旨在提高主流管理理论的普适性，同时挖掘一些情境敏感甚至情境专有的话题。由于该研究路径选择北美学者感兴趣的话题，基于北美已有的概念和理论，采用主流接受的逻辑实证主义研究范式，换言之，对于研究者来说，无论是情境主位还是思维方式都不用发生质的跳跃。从学术创新的视角来看，由于缺乏质的跳跃，该研究路径的理论创新的空间是非常有限的（难以形成显著的差异化），其实质是成熟理论和方法的应用①；但是该研究路径对研究者的中国传统文化要求不高，因此很容易与非华人西方学者合作，非常方便地融入到管理研究的国际无形学院，即在合法性构建和资源调动上有着明显的优势。IACMR的成功充分展现了这点②。

该研究路径下的成功范例非常多，详见贾良定等（Jia等，2012）的文献内容分析结果。这里，以肖知兴和徐淑英（Xiao & Tsui，2007）的社会资本文化权变模型为例加以说明。在社会网络理论中，格兰诺维特（Granovetter，1985）最早提出弱关系更有利于找工作，接着伯特（Burt，1992）进一步提出在个人网络中，结构洞多的个体比结构洞少的个体拥有更多独特信息和资源，对这些独特信息和资源的垄断就是权力的一种来源，因而结构洞更有助于职业成功。上述结论，似乎与中国情境下的观察不相符合，大学毕业生找工作普遍存在"拼爹现象"；换言之，找工作更多是通过强关系来实现的。难道是西方的理论错了，不适合中国情境？通过深入研究，肖知兴和徐淑英（Xiao & Tsui，2007）认为理论并没有错，而是理论背后假设基础存在问题。结构洞理论是在西方情境下开发出来的，开放型市场、自由竞争和个人主义取向是基本的假设基础③，非冗余信息获取逻辑是解释网络位置与职业成功的核心机制。但是，中国是典型的集体主义社会。肖知兴和徐淑英

①　将已占据主流地位的理论和研究放到中国来运用，如同北美管理学术圈将经济学、社会学和心理学的理论和方法运用到管理学领域一样。

②　张静、罗文豪、宋继文、黄丹英：《中国管理研究国际化的演进与展望——中国管理研究国际学会（IACMR）的发展范例与社群构建》，《管理学报》2016年第7期。

③　Burt, R. S., Hogarth, R. M., Michaud, C., "The Social Capital of French and American Managers", *Organization Science*, Vol. 11 (2), 2000.

（Xiao & Tsui，2007）认为，集体主义的社会或高承诺文化的组织摒弃竞争行为，鼓励合作行为。换言之，信任逻辑解释网络中的行为更为有效。为此，肖知兴和徐淑英提出社会资本的文化权变模型，其核心假设是：在一个重视合作的情境下，个人网络中的结构洞对其职业成功的影响是反向的，这与在西方情境下观察到的正向影响正好相反。该假设在国家层面和企业层面都得到了验证。肖知兴和徐淑英完善了结构洞理论的前提假设，增强了该理论的情境敏感性，进而提高了其理论的普适性。

如上所说，该研究路径的基本策略就是研究情境化，具体可分为情境无关检验、情境嵌入研究、情境敏感研究和情境专有研究。最好是从情境无关现象的情境化开始，对此徐淑英（Tsui，2012）回答得相当巧妙："如果没有意识到情境的存在，研究者如何知道现象是情境无关呢？"换言之，不将原先就被西方假定为"普适性"的管理理论放在中国等其他文化情境下进行理论检验，怎么知道是情境无关的。相关通过情境无关现象的检验时，我们找到值得研究的情境要素后，就可以进行跨情境研究，即徐淑英（Tsui，2012）所说的"研究情境嵌入现象的情境化"。跨情境研究总是始于现有理论，然后在新情境下对该理论进行修改和拓展①。在模型中，情境的作用是理论上的，通常在假设关系中作为中介变量，即将不同的观测视为情境的函数。除了将情境作为中介变量开展跨情境研究完善现有理论外，还可以去探究情境化理论背后的假设，开展情境敏感现象的情境化研究。如以肖知兴和徐淑英（Xiao & Tsui，2007）的社会资本文化权变模型为例，对情境敏感理论的情境化研究可能让我们发现原有情境的因果关系的方向在新情境下会有所不同，甚至反转；这对理论以及在新情境中发展有效知识都有很大贡献②。尽管如此，现有理论的情境化研究旨在检验和完善理论的普适性，因此很难创造出新的理论。

在该研究路径上还可以开展一些与思维无关的情境专有研究，发展新理

---

① Tsui, A. S., "Contextualizing Research in a Modernizing China", in Huang, X., Bond, M. (eds.), *Handbook of Chinese Organizational Behavior：Integrating Research, Theory and Practice*, Northamton：Edward Edgar Publishing Limited, 2012.

② Tsui, A. S., "Contextualizing Research in a Modernizing China", in Huang, X., Bond, M. (eds.), *Handbook of Chinese Organizational Behavior：Integrating Research, Theory and Practice*, Northamton：Edward Edgar Publishing Limited, 2012.

论。徐淑英和张志学（2011）认为情境专有研究是最高层次的情境化，旨在发展特有情境下的新理论，因而用"本土研究"来概括。如前所述，中西方情境的差异，并不一定是由思维模式的差异引起的。改革开放以来，中国经济面临着现代化和向市场经济转型等任务，实施结合中国国情的经济政策，如"摸着石头过河"的逐步开放策略，形成了西方成熟经济体未曾遇到，或历史上曾经发生但现在已难以观察到的经济现象，这为中外学者开展相关研究提供了非常好的时间窗口。应该说，这些情境专有现象由于与思维模式无关，所以大部分可以通过拓展和改进现有理论的作用领域来开展研究；换言之，这些研究大多可以找到西方现有理论做基础理论。例如，新制度主义被认为是解释新兴经济体企业行为时最可采用的理论视角。这些将经济自由化作为首要增长引擎的收入低但增长快速的国家，处于向市场经济转型的制度变革期，这为将"制度影响"作为必要元素来发展和检验理论提供了重要的时间窗口，而中国改革的独特道路以及高速增长的经济无疑成为此类研究重点关注的对象。为此，在对欧洲和中国现代化的比较研究中，博伊索和柴尔德发现与欧洲的市场资本主义演化路径不同，中国有独特的政治、制度和文化特征，由此产生不同组织模式的演化路径（即从封地制直接演进到宗族制），并产生新的经济组织模式——网络资本主义。倪志伟提出著名的市场转型理论，认为社会主义国家中再分配经济体系向市场经济体系的转型将有利于直接生产者而相对地不利于再分配者，直接生产者所面临的机会、他们的劳动积极性以及对剩余产品的支配权力都会增加；有利于市场资本、人力资本和文化资本而不利于政治资本。他还运用市场转型理论分析了不同所有制组织在中国经济转型过程中的经济效益和未来发展，认为混合型企业应运而生，并扮演着重要角色。在被贾良定等认定中国管理研究对全球管理知识带来的三大新概念中，网络资本主义和市场转型就是其中两个，这里需要强调的是它们的提出者虽然都对中国问题有着浓厚的研究兴趣，但主要是西方思维模式。

二、基于形式逻辑思维的新理论

为了解决情境化策略理论创新不足的问题，我们认为需要通过质的跳跃来开创理论创新空间。一个很自然的思路，就是将中国传统概念进行"科学化"处理，换言之就是用西方的形式逻辑思维来解读中国特色的概念和思想。因此，"接着讲"的第二条路径侧重于情境主位的跳跃，而思维不变，被本章称为"基于形式逻辑思维的新理论"研究路径。

在该研究路径下，中国学者运用主流的实证主义研究范式，对中国几千年传统文化中重要概念、观点展开研究，使之科学化（scientization），与主流管理知识连接起来，从而创造出新的理论创新空间。尽管该研究路径隐含的假设前提是中国传统智慧与西方一样也具有"普适性"，但科学化的这些概念和观念通常具有非常明显的中国或东方特色，甚至有的就用中国文字的拼音（如"Guanxi"（关系）、"Moqi"（默契）等）；所以该路径通常首先选择中国现象或中国样本开展研究，在赢得初步的合法性后再到拓展其他国家去追求客位的普适性。显而易见，该研究路径更容易被认可为"本土研究"，或"情境专有研究"。如前所示，实证主义研究范式的核心是形式逻辑加经验研究，而中国概念或观念往往是高度文化双融思维嵌入的；因此，该研究路径的关键点和难点就是需要进行逻辑转化，即穷尽其可表达的词汇把它从"相互纠缠的想法"变成线性秩序[1]。从学术创新的视角来看，该研究路径的差异化也是比较明显，特别是在外表上有突出的"中国元素"，外在表现上具有的特色非常明显，这也使得合法性构建和资源调动上比前一种路径要难一些，不过更容易得到中国学者的推崇。该研究路径可形象地比喻为"东方的皮，西方的形"。

该研究路径下的成功范例非常多，但真正被国际主流接受并广泛使用的并不多[2]，这里主要介绍两个研究。第一个范例是在中国台湾地区发展起来的家长式领导理论。20世纪80年代一些西方学者对中国台湾私人企业的领导者开展观察和研究，揭示出华人社会领导的一些特殊现象，如集权、教化式等[3]。在此基础上，中国台湾学者郑伯埙和他的同事采用个案分析和实证

---

[1] Weick, K. E., "What Theory Is Not, Theorizing Is", *Administrative Science Quarterly*, Vol. 40 (3), 1995.

[2] Jia, L. D., You, S. Y., Du, Y. Z., "Chinese Context and Theoretical Contributions to Management and Organization Research: A Three-Decade Review", *Management and Organization Review*, Vol. 8 (1SI), 2012.

[3] 井润田、卢芳妹：《中国管理理论的本土研究：内涵、挑战与策略》，《管理学报》2012年第11期。

检验的方式对我国台湾地区家族企业主与经理人的领导风格进行了一系列的研究，正式提出家长式领导的理论构念，包括三个重要维度——威权、仁慈和德行领导。威权是指领导者的领导行为，要求对下属具有绝对的权威和控制，下属必须完全服从。仁慈是指领导者的领导行为对下属表现出个性化，关心下属个人或其家庭成员。德行领导则大致可以描述为领导者的行为表现出高度个人美德、自律和无私。中国台湾学者樊景立等进一步充分阐述了在华人社会情境下的家长式领导构念的文化基础和领导者与其下属之间的行为互动原理，发展了该理论的框架和测量方法[①]。虽然家长式领导理论根植于传统的男权家庭体系、儒家垂直管理思想以及长期的王权统治，但是后续的研究表明，亚太、中东和拉丁美洲等国家和地区普遍存在家长式领导，西方文化背景下的美国，也存在家长式领导的迹象。

另一个范例是井润田和范德文（Jing & Fan，2014）提出的阴阳组织变革模型。过去的研究将组织变革看成是一个场景式的过程，认为组织变革是非频繁的、不连续的、蓄意的，多发生于外部环境（技术变革）或内部环境（关键人物换届）出现突变的情况下。它强调变革推动者的意图和计划在变革过程中的作用，认为变革推动者是变革的引发者，同时也是有效的基本动力[②]。然而，井润田和范德文对成都公交公司的观察却发现变革是连续的，且相互之间存在联系；为此，他们借助道家的"顺势而为"思想来加以解释，并由此建构理论。井润田和范德文基于道家变化无止境的思想将变革视为持续过程，强调变革推动者在变革过程中的重新定位作用，即识别当下出现的变革，凸显变革，最后重塑变革。面对变化永无止境，道家强调外部环境与人为行为的和谐统一，核心是"上善若水，顺势而为"，以达到"无为而治"的最高治国理念。顺势而为可以通俗地理解为做事要顺应潮流，不要逆势而行，并由此衍生出审时度势、应势而谋、因势而动、乘势而行等。简言之，在中国传统文化中，顺势而为的含义是相当丰富的，如何转换为西方人可以理解的理论模型是问题的关键。为此，井润田和范德文抓住道家思想将运动中的万事万物概括为"阴""阳"两个对立的范畴，并以双

[①]　井润田、卢芳妹：《中国管理理论的本土研究：内涵、挑战与策略》，《管理学报》2012年第11期。

[②]　卢芳妹、井润田、尹守军：《中国管理本土研究的困境与路径》，《管理学报》2013年第12期。

方变化的原理来说明物质世界的运动，基于此提出阴阳组织变革模型①。如图 12-3 所示，井润田和范德文认为"阴""阳"变换存在"势"，变革应考察影响"阴""阳"变化的外部环境（即变革情境）。因为不同的变革情境塑造了不同的"势"，进而形成不同的变革行为，具体有三种，分别是逆势时的造势，顺势时的无为而治，以及应势时的变革。将上述变革情境和变革情境中呈现出来的概念，通过线性转换就建构起西方人熟悉的变革过程模型。

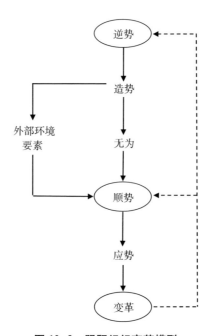

图 12-3 阴阳组织变革模型

资料来源：卢芳妹、井润田、尹守军：《中国管理本土研究的困境与路径》，《管理学报》2013 年第 12 期。

该研究路径的基本策略是科学化，具体可以分为两种：一种是概念科学化，即像家长式领导那样按科学研究范式去界定、分类和测量一些传统的中国概念，进而与主流管理理论中成熟的构念建立因果联系，具体如家长式领导范例所示；另一种则是观念科学化，即像阴阳组织变革模型那样将中国传统智慧中一些重要观念进行形式逻辑转化，建构成西方熟悉的理论模型。无论哪种方式，实际上都涉及将文化双融思维嵌入中国智慧进行线性拆解，以

① 卢芳妹、井润田、尹守军：《中国管理本土研究的困境与路径》，《管理学报》2013 年第 12 期。

命题或假设的形式确立。这种西式追求带来的问题使中国智慧中很多意蕴丧失了①。实际上质性研究大师威克（Weick，1995）在提出理论化时，就指出理论学者对一个理论和设想，穷尽其可表达的词汇把它从"相互纠缠的想法"变成线性秩序。这期间，想法被拆解，并以命题的形式确立。当一个非线性设想被转化成为命题时，它的准确性丧失了。这是在理论化过程中遇到的很正常和很普遍的麻烦。

　　不仅如此，一个新理论能否被接受，取决于在当时以及读者自身的文化情境下，这个理论所能引起的共鸣程度②。该研究路径形成的概念和理论通常带有一些本土特色的术语或想法，因此，在得到主流范式认可时面临更多的合法性挑战。例如，在研究家长式领导这个议题时，受文化双融思维影响，中国学者更容易接受威权、仁慈和德行领导这三个维度共存的现实，但这些看似相互矛盾的构念却不易被西方学者理解③。因此，井润田和卢芳妹（2012）建议在做该路径研究时，对情境描述和解释上花费更多努力。就像跟外国人讲一个中国的神话故事时，首先需要对故事的情境、背景及意义而非故事本身进行讲述，甚至在这方面花费比故事情节本身更多的时间。同时，应该将文化、价值观和行为作为研究的主要部分，这些因素必须在研究过程中澄清，在结果过程中得到重视并最终以适当的方式和能被理解的语言传达给不同文化背景下的研究者④。可喜的是，最近几年随着西方对悖论问题的深入研究，以及中国话题文章越来越多地发表在国际顶级期刊上，这方面的沟通障碍正在降低。例如在 AMJ2015 年的专辑中，张燕等（Zhang，Waldman，Han & Li，2015）基于阴阳哲学提出悖论领导行为的构念⑤，按其定义，这些行为看似具有竞争性实则相关联的领导行为，能够同时及长期满足工作场所的竞争性需求。通过规范的定性和定量研究，悖论领导行为被

　　① 李平：《中国本土管理研究与中国传统哲学》，《管理学报》2013 年第 9 期。

　　② Dimaggio，P. J.，"Comments on 'What Theory is Not'"，*Administrative Science Quarterly*，Vol. 40（3），1995.

　　③ Pellegrini，E. K.，Scandura，T. A.，"Paternalistic Leadership: A Review and Agenda for Future Research"，*Journal of Management*，Vol. 34（3），2008.

　　④ Smith，L. T.，*Decolonizing Methodologies: Research and Indigenous Peoples*，New York: Zed Books Ltd.，1999.

　　⑤ 作者巧妙地用了西方热议的"paradoxical"，而不是"Yinyang"。

划分为五类，即"整合自我中心和他人中心""既保持距离又拉近距离""既同等对待下属又允许个别差异""既强制执行工作要求又允许灵活性""既维持决策控制又允许自主性"。

三、基于文化双融思维的新理论

基于形式逻辑思维的新理论研究路径的特征是思维不变，情境主位发生质的跳跃；与之相对的，第三条研究路径就是情境主位不变，思维发生质的跳跃，被本章称为"基于文化双融思维的新理论"研究路径。在该研究路径下，中国学者开展西方情境主位下的理论创新研究，即在主流的北美理论体系和研究范式开展以"普适性"为目标的理论创新。理论创新主要是通过思维跳跃来实现的，即运用文化双融思维，综合东西方文化智慧，重新审视西方理论，通过差异化形成新理论，创立独特的学术领域，引领管理领域的未来发展；换言之，该研究路径非常有潜力创造新的理论创新空间（如图 12-2 所示）。由于并非关注东西方情境差异，研究现象和样本选择就不局限于中国，相反基于西方熟悉的样本更容易赢得合法性。尽管不强调中国样本，但对研究者的中国传统文化修养要求非常高，且将西方管理知识良好地融合起来，找到差异化的理论创新空间，这可能是该路径的关键点也是难点。从学术创业的视角来看，该研究路径的差异化特色非常明显，合法性构建和资源调动上又因为容易得到主流学术圈认可而相对容易。因此，该研究路径下构建的理论，采用按西方人习惯的构念和理论模型，但其根则是源自东方的文化内涵，可形象地比喻为"西方的皮，东方的心"。

该研究路径的范例是陈明哲教授的动态竞争理论。如图 12-4 所示，动态竞争始于一个简单却至关重要的问题：什么是竞争？传统的战略管理理论聚焦于帮助企业通过合适竞争战略来获取持续竞争优势（如波特的五力分析框架），或通过战略集团研究来识别竞争对手。这种分析相对比较静态，企业竞争战略已经确定，剩下的就是执行。陈明哲教授认为，上述研究对竞争的看法与自己从小在运动场上对竞争的观察有很大的出入：竞争不是传统战略所讲的、单个企业的长期竞争战略或竞争优势，而是竞争对手之间的拳来脚往、攻守交织；竞争行动的有效性不仅取决于自身的努力，更要看竞争对手的响应。对竞争的不同认识，使陈明哲教授将研究视角从单边转移到双边上，即企业间一对一的竞争行动与回应上（如图 12-4 所示），由此创造出差异化的学术领域，构建并不断拓展理论创新空间，将察觉—机动—能力、市场共同性—资源相似性以及竞争不对称性等战略管理、心理学等其他相关重要领域的知识和观点，以意想不到且又贴切的方式整合进来，从无到有构建起动态竞争理论。动态竞争理论挑战了传统战略理论对竞争的定义，蕴含着东方文化对竞争的固有看法。其实，我们的孩子在学围棋时，老师就一直在教导"用脑子下棋就是不仅要下一步想三步，还要想到对手怎么下"。表面上看，动态竞争理论是在西方成长起来的理论，术语和理论都按西方人接受的方式表达，但其中充分蕴含了中国传统的观念，如其中的不可逆转性（irreversibility）概念实际表达是"破釜沉舟"的思想，而"声东击西"也被"学术翻译"为资源转置（resource diversion），隐身和选择性进攻与"以小博大"这句成语有关，等等。进一步说，在分析竞争对手时，以竞争对手为中心的视角[1]验证了中国军事思想家和哲学家孙子的著名学说"知己知彼，百战不殆"。换言之，动态竞争理论的根是中国的[2]，装的是一颗"中国人的心"。

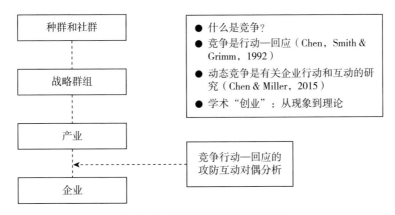

图 12-4　动态竞争研究的差异化

资料来源：陈明哲：《学术创业：动态竞争理论从无到有的历程》，《管理学季刊》2016 年第 3 期。

---

[1]　Tsai, W., Su, K. H., Chen, M. J., "Seeing Through the Eyes of a Rival: Competitor Acumen Based on Rival-Centric Perceptions", *Academy of Management Journal*, Vol. 54 (4), 2011.

[2]　Chen, M. J., "Competitive Dynamics: Eastern Roots, Western Growth", *Cross Cultural and Strategic Management*, Vol. 23 (4), 2016.

就像动态竞争理论一样，该研究路径的优势在于通过差异化找到了理论创新的新突破口，而避免了仅仅对已有理论做缝缝补补的诟病；也因袭了现有理论体系，更易融入管理学术主流，充分体现了《论语》所说的"因不失其亲"①。这种差异化的源泉是东西方之间文化深层次的差异，从根本上体现在文化双融思维和形式逻辑的差异，因为它们塑造了审视世界的不同视角，西方的志趣在于求知或求真，而中国的志趣则是求善。动态竞争理论蕴含着文化双融思维的核心——对偶性（duality）和相对性（relativity），这也是中国哲学的基石②。正如陈明哲所言，汉语中"仁"字展现出的"人—我—合"概念——即将对立的双方看作相互依存的、共同组成的一个整体，是中国思想的根。李平（2013）更为系统地总结认为阴阳思维具有三大规律性维度，即整体性、动态性与对立统一性；这三大规律性维度对应着三大操作性维度，即不对称原理、相互转化原理和非线性原理；上述都共享同一主题，即相生相克的阴阳平衡理念。因此，中国学者可以更提倡应用中国传统哲学于中国或西方现象及观念，从中国独特的思维角度，提出中国独特的概念和理论，对世界文献作出中国独特的重大贡献③。在 AMJ2015 年的专辑中，庄瑷嘉等（Chuang，Hsu，Wang & Judge，2015）认为西方将契合（fit）视作一个静态的概念，而中国却将其视作动态的概念；中国员工不仅注意自己是否能够胜任工作（即与任务相关的契合），更注意是否和同事建立和谐关系（即与关系相关的契合）。由此提出的动态契合理论充分体现了儒家自我修养和为集体服务的思想。

四、管理的中国理论

管理的中国理论是思维和情境主位同时发生跳跃，强调通过发展独特的中国方法来研究中国现象的最后一条研究路径。该研究路径的基本策略是，运用中国传统文化知识对当代中国企业管理现象进行解释、预测和指导。正如黄光国（2013）所言，在中国悠久的历史中，中国人事实上已经

---

① 陈明哲：《学术创业：动态竞争理论从无到有的历程》，《管理学季刊》2016 年第 3 期。
② 陈明哲：《文化双融：一位管理学者的反思与行践》，《管理学家》2014 年第 5 期。
③ 李平：《中国本土管理研究与中国传统哲学》，《管理学报》2013 年第 9 期；卢芳妹、井润田、尹守军：《中国管理本土研究的困境与路径》，《管理学报》2013 年第 12 期。

发展出另外一种形态的"科学"，这是和西方"现代科学"完全不同性质的一种。这些具有悠久历史和深厚文化积淀的管理哲学思想结合变革中的中国丰富的管理实践、市场特征及制度环境，为中国管理理论的拓展与推向世界增添了新的路径。部分学者从中国古代的管理哲学、思想以及传统文化出发并结合当代中国企业管理实践，在创建管理的中国理论方面已经做出了有益的探索，如"东方管理学""C 理论""道本管理"等①。因过于偏重科学性和思辨性，西方的不少理论严重缺乏哲理性、思想性，也导致这些理论的生命力不强，在实践界的影响力甚低②。相反，中国传统智慧更倾向于哲理性、隐喻性和思想性，因此在道本之间，管理的中国理论优势在于既兼顾实效性又强调管理之道背后的深刻思想性。

管理理论的本质特征是其实践性，基于中国传统文化与中国特色的管理实践的研究，对于建立中国特色管理理论具有十分重要的意义。这种研究路径可能在解释中国现象方面是最有效的，但是只能被中国国内理解③。不仅如此，当下中国管理研究是从改革开放后学习美国商学教育而发展起来的，中国管理研究学者大多是在浓厚科学知识氛围下成长起来的，加上所在学校、学院学术评价制度压力以及中文管理期刊的实证主义偏好，他们与中国传统文化的距离实际上也比较远，甚至远过与国际主流学术的距离。此外，有关中国传统文化的研究也主要集中在传统哲学学科和新成立的国学学科领域，换言之，该研究路径实际上是跨学科的研究。基于上述问题，从学术创新的视角来看，该研究路径的差异化也比较明显，也最有可能建构中国特色管理理论，但在合法性和资源配置上不仅在国际上存在一定困难，在国内更存在合法性的问题。

该研究路径下的一个有益探索是陆亚东和符正平（2016）将"水"隐喻运用到中国特色管理理论的构建中。隐喻不仅是一种修辞方法或修辞技巧，更是现代科学发展的重要方法。中国古代哲学和思想擅长运用隐

---

① 陆亚东：《中国管理学理论研究的窘境与未来》，《外国经济与管理》2015 年第 3 期。

② 陆亚东：《中国管理学理论研究的窘境与未来》，《外国经济与管理》2015 年第 3 期。

③ Barney, J. B., Zhang, S. J., "The Future of Chinese Management Research: A Theory of Chinese Management versus A Chinese Theory of Management", *Management and Organization Review*, Vol. 5（1）, 2009.

喻，它具有简单、自然性强、适用性强、实用性强的特点。因此，陆亚东和符正平（2016）提到隐喻是发展中国特色管理理论的一种很好的方式，它能包融中国特有的古典管理思想，又易被实践前沿的管理者理解和接受。"水"是生命开始与延续的关键要素，更是理性哲学思想表述时的隐喻符号。"水"思路具有深厚的中国古典哲学渊源。老子以水喻道，认为道生万物，"上善若水，水善利万物而不争，处众人之所恶，故几于道"。管仲在《管子·水地》中也明确提出水是万物本源的思想："水者，万物之准也，诸生之淡也，违非得失之质也"。庄子的"水之无为"思想指出，水性虽然自然无为，也不会以任何主观的意愿或行动加诸水之上；但水却能流向四方八垓，包覆宇内，更可以摧磨任何坚硬的物体。水看似自然无为，然而于自然无为之中却潜隐着难以想象的巨大力量。许多成功的中国本土企业，其成功之道和管理精髓很好地体现了"水"思路的定义和"水式管理"的根本特征。为此，陆亚东和符正平（2016）以"水"为例，试图为中国特色隐喻式理论发展作些初步尝试。他们提出"水"隐喻或"水"管理视角有其丰富的内涵，包括：沉潜蓄势如水底、动静合气如水面、灵变顺势如水流、自然无为如水性、开放汇源如水川、鉴察自清如水镜、积聚能量如水势和永续前行如水形等等。显然，同其他管理相比，"水"隐喻具有动态性、辩证性、灵活性、适应性、渗透性、开放性、持续性等理论特性。

我们赞同徐淑英（Tsui，2009）对当下这条研究路径是"羊肠小道"的判断，这在很大程度上是外在制度压力带来，更多是因为鸦片战争以来近代中国被西方列强的欺辱而形成的文化不自信。中国悠久的文化传统在现代化进程中被边缘化，同前辈学者相比，新时期成长起来的中国管理学者对传统文化比较生疏，存在明显的隔膜，造成了中国管理研究普遍缺乏发展历史链条和文化持续。对此，本章所提的"接着讲"在这里有第二个涵义：如何将中国传统智慧运用到当下企业管理实践。该研究路径的基本策略是入世化，这显然需要加大中国管理学者与国学研究学者沟通与合作，不仅有利于将中国传统智慧与当今中国实践结合起来，更有利于第二条和第三条研究路径的壮大，推动中国智慧对全球管理知识作出贡献。因此，研究路径如何突破制度障碍，增强国内合法性可能比国际化更为重要和紧迫。

表 12-1　四种研究路径的比较

	中国的管理理论	基于形式逻辑思维的新理论	基于文化双融思维的新理论	管理的中国理论
路径概括	情境不变，思维不变西方的皮，西方的心	情境跳跃，思维不变东方的皮，西方的形	情境不变，思维跳跃西方的皮，东方的心	情境跳跃，思维跳跃东方的皮，东方的心
主—客位	西方情境为主位，中国情境为客位	中国情境为主位，西方情境为客位	西方情境为主位	中国情境为主位
思维模式	形式逻辑思维	形式逻辑思维	文化双融思维	文化双融思维
质的跳跃	没有跳跃	情境主位跳跃	思维跳跃	思维和情境主位同时跳跃
理论创新的空间	理论创新的空间一般不会太高，不过一些与思维无关情境专有研究可能会带来较高的理论创新空间	将东方的智慧直接接入到主流管理理论中，可以明显拓展学术领域，具有很高的理论创新空间	融合东西方智慧，探寻差异化研究路径，创建独特的学术领域，因此，具有很高的理论创新空间	由于与主流的管理理论体系存在明显的不可通约性，因此对全球管理知识而言，其理论创新空间可能无从谈起
对研究者的中西方文化要求	对中国文化传统的理解不做太高要求	强调融通中西方智慧	强调融通中西方智慧	对西方管理知识和研究范式不做太高要求
研究对象	中国样本，即中国现象和中国问题	最好是中国样本	不局限于中国样本	中国样本
学术创业	差异化程度不高，但在合法性构建和资源调动方面的优势非常明显	差异化程度非常明显，合法性和资源调动方面次于前者，中国元素太多	差异化程度非常明显，合法性和资源调动方面次于前者，可能面临"骑墙"的烦恼	差异化程度非常明显，在主流学术圈看来，其合法性存在明显，进而影响资源调动
基本策略	情境化：情境无关检验，情境嵌入研究，情境敏感研究，情境专有研究	科学化：概念科学化，观念科学化	差异化：在西方对比中寻找差异	入世化：将中国经典智慧运用到当下企业管理实践中

续表

	中国的管理理论	基于形式逻辑思维的新理论	基于文化双融思维的新理论	管理的中国理论
主要优点	是国际化、融入国际主流学术圈的"康庄大道"和捷径。特别是在现行评价体制下，也是个人职业生涯快速提升的捷径	情境跳跃，将东方已积累的智慧引入到主流理论知识体系中，创造新的理论空间	思维跳跃，带来对世界认识的不同视角，可以创造出新的理论空间	原汁原味，最能体现中国特色。既兼顾实效性又强调管理之道背后的深刻思想性
主要缺点	在创造新的理论空间上存在明显的缺陷，非常类似于常规科学研究的修修补补	思维模式差异，主流学术圈对东方智慧的接受或多或少存在问题，特别是当直接使用非西方术语的理解上	太过于西方化，不易被认可为"本土研究"	难以与西方主流理论形成对话，几乎不可能在国际顶级期刊上发表，被喻为"羊肠小道"
典型范例	社会资本的文化权变模型；市场转型理论；网络资本主义	家长式领导；阴阳变革组织理论模型；悖论行为领导	动态竞争理论；复合基础观；动态契合模型	东方管理学；C理论；"水"隐喻

资料来源：作者整理。

第十三章

中国管理问题研究的道路选择[①]

　　中国管理问题研究的道路选择是国内外学者共同关心的话题。对于回答诸如"中国管理学发展处于十字路口"等此类问题，不仅事关中国管理学界理论探讨与学术争论的取向，而且关系着中国管理学科发展的战略方向，甚至关系着中国今后经济发展宏微观管理模式的选择以及中国管理学科合法性的建立。

　　现阶段，关注管理理论的探索与开发已经成为国内外管理研究的焦点之一，管理学者深谙理论对于科学贡献与科学研究的重要性，因为科学系统激励着学者们在从事研究的每时每刻都做出新的贡献[②]，而理论的构建与检验是这个系统的核心[③]。

　　公认的管理学顶级期刊（如 AMJ、AMR 等）及其编辑和外审专家在审稿时大都重视文章的理论贡献水平[④]，无论是对理论的新颖性（novelty）

---

　　①　这一章的主要部分作为课题研究的中期成果已在《管理世界》2017 年第 3 期上以《中国管理研究道路选择：康庄大道，羊肠小道，还是求真之道？——基于 2009—2014 年中文管理学期刊的实证研究与反思》为题发表。

　　②　Mone, M. A., McKinley, W., "The Uniqueness Value and Its Consequences for Organization Studies", *Journal of Management Inquiry*, Vol. 2 (3), 1993; Zahra, S. A., Newey, L. R., "Maximizing the Impact of Organization Science: Theory-Building at the Intersection of Disciplines and/or Fields", *Journal of Management Studies*, Vol. 46 (6), 2009.

　　③　Zahra, S. A., Newey, L. R., "Maximizing the Impact of Organization Science: Theory-Building at the Intersection of Disciplines and/or Fields", *Journal of Management Studies*, Vol. 46 (6), 2009.

　　④　Colquitt, J. A., Zapata-Phelan, C. P., "Trends in Theory Building and Theory Testing: A Five-decade Study of the Academy of Management Journal", *Academy of Management Journal*, Vol. 50 (6), 2007; Sutton, R. I., Staw, B. M., "What Theory is Not", *Administrative Science Quarterly*, Vol. 40, 1995.

还是连续性（continuity）① 均有较为严格的要求，甚至一些著名管理学期刊的审稿人经常以理论贡献不足为由拒绝一些优秀稿件，即使这些论文运用了非常严谨的实证研究方法，提出并解决了重要的问题，或是发现了重要的管理规律，而这几乎已经成为约定俗成的"潜规则"。对于管理理论的探索与开发，继西方顶级期刊如 AMR（1989，2011）、AMJ（2007）、ASQ（1995）等纷纷专门召开研讨会之后，国内管理学优秀期刊与学术共同体也纷至沓来，试图抓住中国经济转型时期所带来的重大历史机遇，力求在理论创新方面有所突破，如《管理世界》2015 年的"中国企业管理案例与质性研究论坛"，《管理学报》已经召开数届的"管理学在中国"与"中国·实践·管理"系列学术会议等。理论价值及其贡献无论是对于文章的质量，还是对于管理学科的发展与合法性的构建都至关重要，对管理理论的推崇以及追求理论至上似乎已经到了理论就是好论文的唯一标准。正是因为管理学者对理论推崇至极·（fetishistic theory）②，有部分学者认为中国管理研究的目的就是探索与开发新的管理理论③。在此背景下，我们认为中国管理学者应该驻足反思，重新考虑管理理论对于中国管理研究道路选择的作用与地位："康庄大道"（中国管理理论）还是"羊肠小道"（管理的中国理论）④ 真的就能够代表中国管理研究求真之道的全部吗？

① McKinley, W., Mone, M. A., Moon, G., " Determinants and Development of Schools in Organization Theory", *Academy of Management Review*, Vol. 24（4）, 1999.

② Hambrick, D. C., "The Field of Management's Devotion to Theory: Too Much of a Good Thing?", *Academy of Management Journal*, Vol. 50, 2007; Birkinshaw, J., Healey, M. P., Suddaby, R., et al., "Debating the Future of Management Research", *Journal of Management Studies*, Vol. 51（1）, 2014.

③ Barney, J. B., Zhang, S. J., "The Future of Chinese Management Research: A Theory of Chinese Management versus A Chinese Theory of Management", *Management and Organization Review*, Vol. 5（1）, 2009; 章凯、罗文豪:《科学理论的使命与本质特征及其对管理理论发展的启示》,《管理学报》2015 年第 7 期。

④ Tsui, A. S., "Editor's Introduction – Autonomy of Inquiry: Shaping the Future of Emerging Scientific Communities", *Management and Organization Review*, Vol. 5（1）, 2009; Jia, L. D., You, S. Y., Du, Y. Z., "Chinese Context and Theoretical Contributions to Management and Organization Research: A Three-Decade Review", *Management and Organization Review*, Vol. 8（ISI）, 2012.

第一节　问题的梳理与提出

在各种学科领域中，理论为掌握学科知识以及了解其中的重要关系奠定了基础①。理论是管理研究的重中之重，无论怎么强调都不为过，它不仅可以描述与解释管理现象，简化对管理实践的认识②，还可以进行预测③，理论甚至成为学术领域的"流通货币"④，好的理论本身就具有实用性⑤。甚至有学者认为，理论构建已经成为组织管理学科亟待解决的发展瓶颈，而核心理论体系的创立是一门学科走向成熟的必经阶段⑥。不难看出，在管理学的研究中，对理论的重视是期刊、学者、评审人共同关注的议题。

在西方管理类主流期刊纷纷强调论文的理论贡献时，中国管理学者以及中文管理类期刊也有较为明显的跟随现象，甚至对管理理论贡献的重视有过之而无不及。一方面，中国本土管理理论的缺位，以及由此带来的本土管理学者信心的缺乏⑦，导致中国管理学者不得不使用西方较为成熟的管理理论开展管理研究，并在对"中国管理理论"趋之若鹜时，深刻感受到这种处于理论贡献价值链下游，且被西方管理理论与议题所掣制⑧的尴尬局面，因

---

① Smith, K. G., Hitt, M. A., *Great Minds in Management*: *The Process of Theory Development*, Oxford University Press, 2005.

② Dubin, R., *Theory Building*, New York: Free Press, 1969; Bacharach, S. B., "Organizational Theories: Some Criteria for Evaluation", *Academy of Management Review*, Vol. 14, 1989.

③ Bacharach, S. B., "Organizational Theories: Some Criteria for Evaluation", *Academy of Management Review*, Vol. 14, 1989; 李怀祖：《管理研究方法论（第2版）》，西安交通大学出版社2004年版。

④ Corley, K. G., Gioia, D. A., "Building Theory About Theory Building: What Constitutes a Theoretical Contribution?", *Academy of Management Review*, Vol. 36 (1), 2011.

⑤ Van de Ven, A. H., "Nothing is so Practical as a Good Theory", *Academy of Management Review*, Vol. 14 (4), 1989.

⑥ 章凯、罗文豪、袁颖洁：《组织管理学科的理论形态与创新途径》，《管理学报》2012年第10期。

⑦ Meyer, K. E., "Asian Management Research Needs More Self-confidence", *Asia Pacific Journal of Management*, Vol. 23 (2), 2006; Barney, J. B., Zhang, S. J., "The Future of Chinese Management Research: A Theory of Chinese Management versus A Chinese Theory of Management", *Management and Organization Review*, Vol. 5 (1), 2009.

⑧ Barney, J. B., Zhang, S. J., "The Future of Chinese Management Research: A Theory of Chinese Management versus A Chinese Theory of Management", *Management and Organization Review*, Vol. 5 (1), 2009.

此在中国现阶段的转型经济为本土理论的构建提供了难得的机遇，以及中国情境为新构念和新现象的涌现提供了丰富的沃土之际，积极开展本土的管理理论研究工作，是时代的必然；另一方面，为了提高世界话语权，提升中国管理学研究在世界的地位，努力扭转使用舶来理论的被动局面，不少学者已经开始关注中国管理学理论创新的道路选择问题，这些重要举措已经引起众多学者对中国管理理论的重视与持续关注。尤其是 2008 年 6 月在广州召开的中国管理研究国际协会第三届双年会——"MOR 专题论坛——开发还是探索：中国管理研究的未来"——以及随后在 MOR 上发表的一系列文章将中国管理研究道路选择的问题推向高潮，使得中国管理学者不得不重新面对中国管理研究之路径特别是理论探索与开发的议题。其中，以巴尼和张书军（Barney & Zhang，2009）的文章"The Future of Chinese Management Research：A Theory of Chinese Management versus A Chinese Theory of Management"最为突出，作者在此文提出了"中国管理理论"（A Theory of Chinese Management）与"管理的中国理论"（A Chinese Theory of Management）的经典论断，并认为这两条道路是中国管理研究的现实路径选择，从而引发了国内外管理学者对中国管理研究道路选择的慎重思考与激烈辩论，这一论断发人深省，其相关讨论与争论一直持续至今。[①] 至此，中国管理研究道路何去何从以及理论创新何以进行，已然成为管理学术界关注的焦点以及必须直面的话题。如果中国管理研究可以划分为中国管理理论与管理的中国理论这两条可行道路，那么自 2009 年以来，中国管理学者是游走在前者，还是徘徊于后者呢？除此之外，中国管理研究是否还有其他可行的路径呢？这些道路孰优孰劣呢？中国管理学不同的期刊所选择的道路有何异同呢？中国管理学者到底应该如何开展选择中国管理研究的求真之道呢？这些问题意义重大，事关管理理论的创新以及中国管理学科的发展，因此亟须作出明确的回答。

[①] 其实，关于中国管理理论与管理的中国理论的相关讨论，不仅在管理学学科层面引起了强烈的反响，而且已有学者尝试在管理学的一些职能领域进行相关的探讨，如张闯、庄贵军和周南（2013）也借鉴了这一思想并将之应用至市场营销领域，关注"如何从中国情境中创新营销理论"，并提出了中国营销理论（Theory of Chinese Marketing）、营销的中国理论（Chinese Theory of Marketing）和世界通用的营销理论（Universal Theory of Marketing）。

从理论创新的视角，涉及对中国管理研究道路的相关文献并不鲜见，已有的研究可以大致归纳为以下方面：一是认为应该从中国传统文化出发构建中国本土管理理论，据此已经有不少学术成果涌现，代表性成果有和谐管理理论、C 理论、东方管理学、中国式管理、和合管理、道本管理、势科学理论等；二是认为应该从西方管理理论出发，"借鉴旨在改良"，强调在运用西方理论解决中国实践问题时对这些已有理论进行完善从而增强其普适性，现阶段大多数管理理论研究应该属于这种类型，代表性学者与成果数不胜数；三是认为贴近中国近现代管理实践并从中构建管理理论，直面中国管理实践，代表性成果有"四大迷失"（实践迷失、客户迷失、价值迷失和方法迷失）[1]、"物理—事理—人理系统方法论"[2]、"领先之道"[3] 等；四是基于中国管理理论与管理的中国理论的高度，直接分析与探讨中国管理研究应当选择的路径，如前文所述的"开发还是探索：中国管理研究的未来"系列论文、本土研究路径模型、中国管理研究的道路选择与比较等。不难看出，这四类观点基本上是围绕理论这一视角展开的，都是理论探索与理论开发的具体体现。然而，已有研究还存在以下几方面的局限性：（1）从"局内人"（insider）视角来看，虽然本土学者近年来持续关注并充分讨论了中国理论创新道路选择的问题，但主要是基于定性分析或非实证研究；（2）虽然已有学者，如贾良定等（Jia 等，2012），通过建立模型并进行定量的分析，但其研究目的主要是从世界视角探讨中国管理情境对组织与管理研究的理论贡献，类似这样的实证研究目前还是少数，而且主要是基于西方的管理学期刊而不是中文管理学期刊，这大大降低了学者对中国管理研究理论探索与开发现状进行评价与深刻认识的可信程度；（3）已有研究主要在"康庄大道"与"羊肠小道"这两条道路之间徘徊，少有研究尝试寻找除此之外的其他道路选择，导致研究视域有待进一步开拓；（4）持续创新是管理思想演

---

① 孙继伟：《管理理论与实践脱节的界定依据、深层原因及解决思路》，《管理学报》2009 年第 9 期；孙继伟、巫景飞：《管理学研究者客户迷失的判定、原因及出路》，《管理学报》2009 年第 12 期；孙继伟：《论管理学界的价值迷失——实践迷失和客户迷失的深化研究》，《管理学报》2010 年第 8 期；孙继伟、巫景飞：《论管理学界的研究方法迷失——实践迷失、客户迷失、价值迷失的继续研究》，《管理学报》2011 年第 2 期。

② 顾基发：《物理事理人理系统方法论的实践》，《管理学报》2011 年第 3 期。

③ 陈春花、赵曙明、赵海然：《领先之道》，中信出版社 2004 年版。

变的基本特点①，中国管理学科，特别是企业管理实践的发展更是日新月异，虽然对近期文献进行回顾与总结具有深刻的意义，但是从中国管理理论与管理的中国理论被提出至今已经超过六年时间，尚未发现有公开的文献基于这六年的数据对中国管理研究的道路选择与理论创新进行系统的、动态的回顾与梳理。

鉴于以上研究的现状与不足，国内外学者对本土管理理论战略地位及其重要性的认可，以及本土的管理理论主要发表在中文管理学期刊上，我们从理论创新与局内人的视角，尝试弥补已有研究的不足，试图基于中文管理类期刊对中国管理研究的路径选择问题进行系统性的评价与展望，并尝试回答以上问题，同时针对目前存在的主要问题与不足提出相应的建议，寻找促进管理理论创新与中国管理学科健康与科学发展的张力②，最后构建了"中国管理研究道路选择的知识创造模型"，冀望有助于更为系统与科学地选择中国管理研究的求真之道。

第二节　相关概念与文献的回溯

基于理论的视角是我们研究的基本出发点，国内外管理学学术共同体都非常重视理论的构建问题，相关的研究成果也可谓汗牛充栋，而且持续升温，逐渐将对管理理论的探索与开发推向高潮。然而，对于理论的内涵及其价值，管理学者的认识并不完全一致③。与此同时，管理学者不仅需要借鉴经济学、社会学、心理学等学科的理论与方法，还必须要面向学术严谨性与实践相关性，致使本已被披上神秘面纱的理论更加模糊化，因此，有必要首先对管理学者视角下的理论内涵以及理论在管理研究中的地位进行介绍和评述。

---

① 包玉泽、谭力文、许心：《中国的管理创新机制——基于改革开放后管理思想发展的研究》，《管理学报》2014 年第 10 期。

② Bartunek, J. M., Rynes, S. L., "Academics and Practitioners Are Alike and Unlike: The Paradoxes of Academic - Practitioner Relationships", *Journal of Management*, Vol. 40 (5), 2014; Fabian, F. H., "Keeping the Tension: Pressures to Keep the Controversy in the Management Discipline", *Academy of Management Review*, Vol. 25 (2), 2000.

③ Corley, K. G., Gioia, D. A., "Building Theory About Theory Building: What Constitutes a Theoretical Contribution?", *Academy of Management Review*, Vol. 36 (1), 2011.

一、理论的内涵

理论关注的焦点就是人类的思想，理论开发满足了人类对现实进行归类和理解的需求。[①] 理论构建对学科发展的影响不仅通过对现有范式的拓展来衡量，还通过对传统世界观的挑战和对变革学科自身概念的更加多样化的轨迹来衡量。因此，理论构建在一个完整学科的发展、演化和变革中起到至关重要的作用。[②]

从理论的构成要素出发，杜宾（Dubin，1978）和惠顿（Whetten，1989）认为理论主要由四部分组成，即概念（what）、联系（how）、解释逻辑（why）与适用边界（who、where 和 when）。萨顿和斯塔（Sutton 和 Staw，1995）具体分析了理论为何不是参考文献、数据、变量或构念的罗列、图表，甚至也不是假设，并认为好的理论是对解释逻辑（why）的回答，好的理论是深入研究现象与实践的潜在过程从而对自然现象提供更为系统的解释。与此同时，巴卡拉克（Bacharach，1989）认为"理论是由构念与变量组成的系统，其中构念通过命题的形式互相联系，而变量通过研究假设彼此相连"，理论的两个评价标准主要是可证伪性（falsifiability）和实用性（utility）。坎贝尔（Campbell，1990）认为，"理论是言语性或符合性论断（命题）的集合。理论识别什么变量最重要以及为什么重要，理论要澄清这些变量是怎样相互联系在一起的以及为什么会联系在一起，理论还要澄清在什么条件下这些概念应该彼此关联或者不关联"。据此，陈昭全、张志学和惠顿（2012）认为，理论是"一个有关概念和其相关概念之间的因果联系的论据，它用来解释为什么某种后果会在特定条件下产生"。与此类似，李怀祖（2009）认为，理论是一组结构化的概念、定义和命题，由概念框架、说明各种特性或变量间关系的命题与共验证的背景等三个要素组成，用来解释也预测现实世界的现象。综上所述，国内外学者普遍认为，理

---

① Dubin, R., *Theory Building*, New York：Free Press, 1969.

② Zahra, S. A., "Newey L. R. Maximizing the Impact of Organization Science：Theory‐Building at the Intersection of Disciplines and/or Fields", *Journal of Management Studies*, Vol. 46（6）, 2009.

论是对现象世界实证复杂性的一种简约的概念化抽象①，新理论提供了重要和独特的见解，深化了对管理现象与管理实践的理解②。从理论内涵的分析层次来看，学者对理论的定义主要是基于默顿（Merton，1968）称为社会科学领域里的中层理论（middle range theories）来探讨。相对于宏大理论（grand theories）和细微理论（trivial theories），中层理论的抽象程度较为适中③，是有边界与情境限制的，而且可以被实证研究所检验。从以上分析可以看出，在理论的构成要素上，学者意见较为统一，大都认为理论含有四个基本要素——概念、联系、解释逻辑及边界条件，并对理论的解释逻辑（why）给予更高的权重。其中，概念与联系用来描述客观世界，而解释逻辑最为重要④。在理论基本属性问题的认识上，管理界的学者们没有大的歧异，他们所纠结的主要问题一般聚焦在管理究竟是理论还是实践、是科学还是艺术的争议上。

二、理论的价值贡献

基于以上问题的困扰，管理学者对理论内涵的认识并不代表对理论作用与价值的认识。对于为何需要理论以及管理理论在知识创造、维护与完善等方面的地位、角色和价值上，不少学者开始质疑理论在管理学科发展的地位和角色⑤，或认为现有理论太多⑥，但只有很少部分得到有效的检验⑦；或认

---

① Suddaby，R.，"Editor's Comments：Why Theory?"，*Academy of Management Review*，Vol. 39（4），2014.

② Smith，K. G.，Hitt，M. A.，*Great Minds in Management：The Process of Theory Development*，Oxford University Press，2005.

③ 陈昭全、张志学、Whetten，D.：《管理研究中的理论建构》，载陈晓萍、徐淑英、樊景立主编：《组织与管理研究的实证方法》，北京大学出版社2012年版。

④ Whetten，D. A.，"What Constitutes a Theoretical Contribution?"，*Academy of Management Review*，Vol. 14（4），1989；Sutton，R. I.，Staw，B. M.，"What Theory is Not"，*Administrative Science Quarterly*，Vol. 40，1995.

⑤ Birkinshaw，J.，Healey，M. P.，Suddaby，R.，et al.，"Debating the Future of Management Research"，*Journal of Management Studies*，Vol. 51（1），2014.

⑥ Hambrick，D. C.，"The Field of Management's Devotion to Theory：Too Much of a Good Thing?"，*Academy of Management Journal*，Vol. 50，2007.

⑦ Davis，G. F.，Marquis，C.，"Prospects for Organization Theory in the Early Twenty-First Century：Institutional Fields and Mechanisms"，*Organization Science*，Vol. 16，2005.

为学者应该暂停对理论的探索脚步，更加关注证据[①]与知识[②]的积累；或认为管理理论的过度生产造成了诸多学术问题，如远离管理实践[③]、糟糕的写作[④]甚至是学术欺骗[⑤]。

更为具体地讲，西方管理学者对理论的价值普遍存在两种不同的观点与看法。一种观点认为，现有的西方管理理论发展速度较慢，大多理论诞生于20世纪60年代与70年代，21世纪以后新理论已经很少问世[⑥]，甚至有学者认为现有的理论就是20世纪70年代的"活生生的博物馆"（living museum）[⑦]，学者目前主要还是对这些旧理论进行开发与应用，因此亟须探索新的管理理论[⑧]。这种观点认为，当今的管理组织迅速发展，管理情境（如大数据、云经济、互联网等迅猛发展）变幻莫测，管理实践日新月异，需要开发新的管理理论来解释这些新涌现的组织管理实践与现象。除此之外，西方管理学顶级期刊如 AMR、AMJ、SMJ 等对理论贡献的重视，以及召开的数次专门针对管理理论探索与开发的学术会议应该也是支持这种观点的很好证明。另一种观点则认为，西方现在的管理理论已经出现冗余，学者不应急于开发更多的新理论，而应该驻足思考，着手去摒弃或完善一些无法解释现代管理现象的旧理论，从而保证管理学学科的管理范式一致性，降低管理学学科的碎片化趋势。

---

① Pfeffer, J., Sutton, R. I., *Hard Facts, Dangerous Half Truths and Total Nonsense: Profiting from Evidence Based Management*, Cambridge: Harvard Business School Press, 1999; Rousseau, D. M., "2005 Presidential Address-Is there Such a Thing as 'Evidence-Based Management'?", *Academy of Management Review*, Vol. 31 (2), 2006.

② Davis, G. F., "Do Theories of Organization Progress?", *Organizational Research Methods*, Vol. 13, 2010.

③ Rynes, S. L, Bartunek, J. M, Daft, R. L., "Across the Great Divide: Knowledge Creation and Transfer between Practitioners and Academics", *Academy of Management Journal*, Vol. 44 (2), 2001.

④ Hambrick, D. C., "The Field of Management's Devotion to Theory: Too Much of a Good Thing?", *Academy of Management Journal*, Vol. 50, 2007.

⑤ Pfeffer, J., "The Management Theory Morass: Some Modest Proposals", in Miles J. A. (Ed.), *New Directions in Management and Organization Theory*, Newcastle: Cambridge Scholars Publishing, 2014.

⑥ Suddaby, R., Hardy, C., Huy, Q., "Where are the New Theories of Organization?", *Academy of Management Review*, Vol. 36 (2), 2011.

⑦ Davis, G. F., "Do Theories of Organization Progress?", *Organizational Research Methods*, Vol. 13, 2010; Suddaby, R., Hardy, C., Huy, Q., "Where are the New Theories of Organization?", *Academy of Management Review*, Vol. 36 (2), 2011.

⑧ Suddaby, R., Hardy, C., Huy, Q., "Where are the New Theories of Organization?", *Academy of Management Review*, Vol. 36 (2), 2011.

不可否认，管理理论的发展与成熟程度在很大程度上代表着各国管理学学科的话语权与合法性，因此管理理论越来越得到学者的普遍关注与追逐也就司空见惯。目前，西方学者对管理理论关注的重心似乎有转移的迹象，逐渐从西方发达国家的视角过渡到新兴经济体的视角（如中国）。徐淑英（Tsui，2007）认为，管理研究应该从匀质化（homogenization）到多元化（pluralism）发展，关注新情境（如中国）对管理理论乃至全球管理知识的贡献[①]。这一呼吁不但得到了西方管理学者的认可，也逐渐获得中国管理学者（无论是华人还是本土学者）的积极响应。

相对于西方学者，作为后发国家的学术共同体和重要参与者，中国管理学者对理论作用的认知似乎呈现出一定程度的"时滞性"，普遍对管理理论的作用与价值持积极看法，尤其认为中国现在最为缺少本土管理理论，目前只擅长于对西方管理的应用、修改与完善。因此，不少学者认为，若要增加中国管理学学科的世界话语权以及快速摆脱管理研究范式与议程被西方已有的理论所限定、所主导[②]的尴尬境地，中国管理学者亟待关注理论的创新，尤其是本土管理理论的构建。2008年以来，中国管理研究学术共同体以及权威机构针对中国管理理论的开发与构建，已经召开了数次较有影响力的学术会议，如《管理学报》自2008年以来召开的"管理学在中国"与"中国·实践·管理"系列学术会议越来越重视对本土管理理论的探讨；《管理世界》2015年"中国企业管理案例与质性研究论坛"的主题设定为"中国经济新常态下的企业管理理论构建"；2014年在瑞典召开了主题为"来自中国灵感的管理理论构建"（Management theory（re）building with inspirations from China）的研讨会；等等。除此之外，根据巴尼和张书军（2009）文章的建议，在中国管理学科发展道路选择上被一些学者划分出的"康庄大道"与"羊肠小道"[③]，在国内外产

①　Tsui, A. S., Schoonhoven, C., Meyer, M. W., et al., "Organization and Management in the Midst of Societal Transformation: The People's Republic of China", *Organization Science*, Vol. 15 (2), 2004.

②　Barney, J. B., Zhang, S. J., "The Future of Chinese Management Research: A Theory of Chinese Management versus A Chinese Theory of Management", *Management and Organization Review*, Vol. 5 (1), 2009.

③　Tsui, A. S., "Editor's Introduction-Autonomy of Inquiry: Shaping the Future of Emerging Scientific Communities", *Management and Organization Review*, Vol. 5 (1), 2009; Jia, L. D., You, S. Y., Du, Y. Z., "Chinese Context and Theoretical Contributions to Management and Organization Research: A Three-Decade Review", *Management and Organization Review*, Vol. 8 (1SI), 2012.

生了积极、深远的影响。

总之，对于管理理论的开发与探索，以及管理理论的构建与发展路线的探讨并不只是中国管理学学者必须直面的话题，也是西方（如美国）管理学术界需要直面的重要议题。因此，从管理理论的视角对中国管理研究道路的选择现状进行评估与回顾，既可以为本土管理学学者指明后期努力与前进的方向，又具有全球性的意义。我们在很大程度上是基于这一角度来试图梳理中国管理研究创新的现实路径问题，并尝试回答中国管理研究是否正在"康庄大道"与"羊肠小道"之间进行选择，以及这两条道路是否可以充分代表中国管理研究的所有道路选择，并尝试寻找除此之外的其他可行路径，同时对比分析学者采取这些不同的道路是否会产生不同的效果与影响。

三、中国管理理论

中国管理理论强调在中国背景下应用与完善其他情境中（主要是西方，尤其是美国）产生的管理理论①，致力于演绎式的理论发展与检验②。这条开发性的道路的基本假设是文化具有普遍性和理论不具有情境专有性，其最终目的是在解决中国管理实践的问题时增加现有理论的普适性。巴尼和张书军（2009）认为，正在兴起的中国制度环境与经济特征给验证与完善通用性的管理理论提供了一个天然的实验室，所以中国管理理论的宗旨就是创造最终独立于区位的理论，其对现有理论的修订都必须比之前更具有情境通用性，并且可以应用于多种不同的特定文化和制度背景之中。然而，有学者认为，这条道路对现有的世界管理理论发展只能提供有限的贡献③，因其目的并不是寻找对地方性问题的新解释④。冯·格利诺和

---

① Barney, J. B., Zhang, S. J., "The Future of Chinese Management Research: A Theory of Chinese Management versus A Chinese Theory of Management", *Management and Organization Review*, Vol. 5 (1), 2009.

② Tsui, A. S., "Editor's Introduction – Autonomy of Inquiry: Shaping the Future of Emerging Scientific Communities", *Management and Organization Review*, Vol. 5 (1), 2009；章凯、张庆红、罗文豪：《选择中国管理研究发展道路的几个问题——以组织行为学研究为例》，《管理学报》2014 年第 10 期。

③ Whetten, D. A., Felin, T., King, B. G., "The Practice of Theory Borrowing in Organizational Studies: Current Issues and Future Directions", *Journal of Management*, Vol. 35 (3), 2009.

④ Tsui, A. S., "Editor's Introduction – Autonomy of Inquiry: Shaping the Future of Emerging Scientific Communities", *Management and Organization Review*, Vol. 5 (1), 2009.

蒂加登（Von Glinow 和 Teagarden，2009）认为，学者从 1978 年起就已经开始研究中国的组织，并走上了中国管理理论之路，如果继续沿着此路径走下去，学者注定要在科学严谨性与实践相关性之间有所取舍，这样会妨碍管理学者对新知识的发现与探索。基于李平（2011）的探索与开发框架以及对中国本土管理研究路径与阶段的划分，卢芳妹等（2013）认为，中国管理理论之路属于"非本土阶段"与"比较式弱本土阶段"，其本土化程度较低；相对而言，管理的中国理论之路属于"强本土阶段"和"全球多文化式本土阶段"，其本土化程度较高，是中国管理研究理论创新的高级发展阶段。

　　综上所述，学者普遍认为中国管理理论是中国管理研究选择较为广泛的康庄大道，在表达对这条道路的青睐与褒扬之时，也有学者开始表现出对这条道路的担忧。虽然这条道路为中国管理学科的发展提供了一条便捷并迅速参与国际学术共同体对话的途径，但是学者普遍认为非常有必要开发本土管理理论从而提高中国管理理论在世界的话语权，而且众多学者已经开始呼吁选择管理的中国理论这条道路，这可能是符合时代发展的潮流、制度之趋，也是当务之急。

四、管理的中国理论

　　管理的中国理论强调在中国背景下探索新理论并提出本土特有的管理理论，这条探索性道路[①]的基本假设是文化具有特殊性和情境专有性。由于中国社会独特的历史与演进特征，特别是改革开放以来转型时期的经济、技术、社会和政治等文化环境的变迁所体现出的情境动态性，西方管理理论不能完全或者很好地解决中国独特的管理实践所提出的问题，似乎也并不特别适合理解中国的管理与组织[②]。因此，这条羊肠小道的最终目的是致力于对中国现阶段和将来独有的管理现象给出合理的解释，尝试摆脱西方学者所设

---

　　① Barney, J. B., Zhang, S. J., "The Future of Chinese Management Research: A Theory of Chinese Management versus A Chinese Theory of Management", *Management and Organization Review*, Vol. 5 (1), 2009.

　　② Tsui, A. S., "Contextualization in Chinese Management Research", *Management and Organization Review*, Vol. 2 (1), 2006.

定的管理议题①。巴尼和张书军（2009）认为，这条道路强调中国独特的历史、文化和传统，这类研究通常会发表在中文期刊上，更加关注能否以中国独特的套路来解释中国现象，而不太关心其是否具有超越中国情境的通用性与普适性，但是探索管理的中国理论必须熟知非中国化的理论，并避免闭门造车发展重复性的、"换汤不换药"的理论。虽然这条道路体现了文化特殊性的前提，相关论点得到了众多学者的支持，但有学者认为对本土管理实践与文化元素的重视并不能盖棺而论，这条道路也可以发展成为世界公认的、具有文化普遍性的普适性理论。约翰（John，2009）认为，无论是哪一条道路，学者都需对情境进行概念化与操作化，从而发现中国情境与西方情境的异同点，不能只关注中国本土情境特殊的一面，而忽视了中西文化情境相同的一面。虽然这条羊肠小道是中国管理学术界和实践界做出重大贡献的途径②，但是曾俊华（Tsang，2009）认为学者需要对之慎重对待，因为理论的过度增生（theory proliferation）可能会繁衍出大量虚假的、薄弱的理论。这些所谓的新理论很可能对同一管理现象与管理实践提供相抵触的或矛盾的解释，导致概念混淆，从而进一步分裂我们已经支离破碎的管理学科。而冯·格利诺和蒂加登（2009）则认为，无论是康庄大道还是羊肠小道，都需要首先阐明中国管理研究的目的是提高科学严谨性还是实践相关性。贾良定等（2015）认为，管理的中国理论目前依然处于萌芽阶段，中国还未诞生出被西方甚至被世界主流管理学术共同体真正认可的本土理论，于是从如何构建理论的视角，提出"从个体、团体到社区的动态跨层次对话理论"。同样是关于如何进行新理论的探索构建，郑伯埙等（Cheng 等，2009）系统地提出了如何探索管理的中国理论的五阶段步骤，即发现值得关注的管理议题、管理场域中的实地观察、构建理论模式、实证性验证理论与理论的再修正，并认为全方位的本土化取向是这些步骤的重要前提。

---

① Barney, J. B., Zhang, S. J., "The Future of Chinese Management Research: A Theory of Chinese Management versus A Chinese Theory of Management", *Management and Organization Review*, Vol. 5 (1), 2009.

② Tsui, A. S., "Editor's Introduction – Autonomy of Inquiry: Shaping the Future of Emerging Scientific Communities", *Management and Organization Review*, Vol. 5 (1), 2009.

五、两条道路之间的关系

管理思想既是文化环境中的一种过程，也是文化环境中的一种产物。[①]
因为所有的组织理论均以各种方式依赖于管理情境，无论是中国管理理论还
是管理的中国理论，都必须考虑理论与情境的关系。[②] 中国管理理论强调在
中国情境中对西方管理理论的开发与应用，这条道路既是西方理论在中国的
情境化，又是对这种情境化的管理理论进行的改良；而管理的中国理论强调
从本土情境中抽象出新理论，是中国情境的理论化，也是一种情境效应理
论。[③] 尽管这两条道路颇为不同，但都是必要和重要的，因为这两条看似对
立的路径之间存在必要的张力，共同成为崭新洞见的最常来源，所以同时追
求两条道路是有价值的。[④] 约翰（2009）也认为，这两条道路都要求将其管
理系统周围的情境考虑进来，因为情境不是固定不变的，而是在物质上、理
念上和制度上都会发生重要和动态的演变。因此，"中国所经历的变化需要
一种理论视角，它能考虑到中国管理及其情境以及二者之间的相互影响"[⑤]。
组织与情境的共同演化决定了中国管理研究应该向着更加动态的方向发展与
创新管理理论。由于这两条道路是管理研究知识生产的不同过程，赵曙明和
蒋春燕（2009）认为二者之间可能会互相限制与互相竞争，发展管理的中
国理论可能会在很大程度上强调中国历史、传统和独特的文化，从而只能将
研究成果发表在中文期刊上，而发展中国管理理论可能限制对中国情境以及
中国有关的重要现象的发掘和理解，因此，学者一定不能忽视两条道路之间
动态的相互影响，只有"实践是检验和决定走何道路的唯一标准"。同样是

---

① ［美］丹尼尔·A. 雷恩、阿瑟·G. 贝德安：《管理思想史（第六版）》，中国人民大学出版社
2012 年版。

② Whetten, D. A., "An Examination of the Interface between Context and Theory Applied to the Study of
Chinese Organizations", *Management and Organization Review*, Vol. 5 (1), 2009.

③ Whetten, D. A., "An Examination of the Interface between Context and Theory Applied to the Study of
Chinese Organizations", *Management and Organization Review*, Vol. 5 (1), 2009.

④ Barney, J. B., Zhang, S. J., "The Future of Chinese Management Research: A Theory of Chinese
Management versus A Chinese Theory of Management", *Management and Organization Review*, Vol. 5 (1),
2009.

⑤ Johns, G., "The Essential Impact of Context on Organizational Behavior", *Academy of Management
Review*, Vol. 31 (2), 2006.

关于如何做出抉择，郑伯壎等（2009）认为中国管理理论只是完整的理论构建历程的某几个阶段而已，学者必须从根本上发展华人特有的本土理论，不能只将管理研究停留于西方理论所设定的范围之内，并呼吁华人研究者勇敢地选择羊肠小道，建立全新的华人管理理论，增加源自于不同文化背景之理论间的对话。梁剑平（Leung，2009）则认为，这两条道路背后的逻辑就是文化普遍性与文化特殊性的相互作用，"文化特殊性研究可以通过提供新观点来修正和扩展文化普遍性理论。反之，文化普遍性研究可以突出在某一特定文化中被文化特殊性研究者错过的重要理论构念和过程。随着研究的积累，文化特殊性和文化普遍性理论通过不断交流和相互刺激得以完善，进而出现理论整合与普遍性理论的形成"。章凯等（2014）认为，这两条道路应该都是发展普适性管理理论的重要基础，并提倡理论普适性作为中国管理研究的最终目标。冯·格利诺和蒂加登（2009）另辟蹊径，认为巴尼和张书军（2009）将中国管理研究的路径划分为中国管理理论和管理的中国理论引导学者走向一个非此即彼的命题，强调"应用性的管理研究既有严谨性又有切题性，既是开发性的又是探索性的，既有文化普遍性又有文化特殊性，这些二分法对于应用性管理研究来讲并无益处"，而中国管理研究的未来取决于其研究目的。从以上论述可以看出，已经有学者发现若将中国管理研究的道路选择定位在"康庄大道"与"羊肠小道"，很有可能忽略了中国管理研究道路选择的其他可行路径。我们认为有必要对中国管理研究（尤其是巴尼和张书军2009年的文章发表以来）进行系统的回顾与评价，并尝试回答我们是否只徘徊于"康庄大道"和"羊肠小道"之间，抑或是与其他道路齐头并进。

综上所述，中国管理理论与管理的中国理论的确对中国管理研究学术共同体产生了广泛的影响，这两条路径确实为中国管理研究的未来发展提供了重要的参考与借鉴，学者围绕其战略选择问题纷纷建言。虽然目前的局面是国内外大多数管理学者已经或者即将踏上"康庄大道"，但是越来越多的学者呼吁，要提高本土管理研究的话语权就必须义无反顾地选择"羊肠小道"，否则中国管理研究就将长期被锁定在管理研究理论贡献价值链的低附加值产区，这既不利于提高中国管理研究的世界话语权，也不利于解决中国转型期的特殊管理实践问题。但我们也看到，并不是所有的管理学者都完全认同巴尼和张书军（2009）提出的两条路径，也有一部分学者开始质疑并尝试其他路径的可行性，如中国管理研究的其他三种理论视角[①]、发展普适性的管理理论[②]、不急于发展不成熟的新理论[③]、情境对比观点（两条道路都需要以一种更加动态和演进的方式重新构建，并需要中国与其他国家之间的比较）[④]，等等，甚至有学者并不认同管理的中国理论的内涵[⑤]。

以上不同观点与论述为我们的研究既奠定了基础，也埋下了伏笔。鉴于学者对中国管理理论和管理的中国理论的讨论与选择，大多是由西方学者或者华人学者基于西方主流管理期刊关于中国情境的管理研究所提出的，我们尝试基于关注中国本土管理问题较多、有较强代表性的中文期刊，分析本土管理学者对这两条道路的评价以及是否正在尝试除此之外的其他路径选择，并希望回答中国管理学者是否确实行走在巴尼和张书军（2009）所提炼的两条道路上。因为实践是检验真理的唯一标准，我们希望通过分析为管理学者开展中国管理研究提供更为全面的依据，为中国管理研究的道路选择提供新的诠释。

第三节　中国管理研究道路选择的研究设计

一、评价标准

根据惠顿（2009）对理论的划分，管理理论分为范式理论（paradigmatic

---

① Leung, K., "Never the Twain Shall Meet? Integrating Chinese and Western Management Research", *Management and Organization Review*, Vol. 5 (1), 2009.

② 章凯、张庆红、罗文豪:《选择中国管理研究发展道路的几个问题——以组织行为学研究为例》,《管理学报》2014 年第 10 期。

③ Tsang, E. W. K., "Chinese Management Research at a Crossroads: Some Philosophical Considerations", *Management and Organization Review*, Vol. 5 (1), 2009; Tsui, A. S., "Editor's Introduction-Autonomy of Inquiry: Shaping the Future of Emerging Scientific Communities", *Management and Organization Review*, Vol. 5 (1), 2009.

④ Child, J., "Context, Comparison, and Methodology in Chinese Management Research", *Management and Organization Review*, Vol. 5 (1), 2009.

⑤ 卢芳妹、井润田、尹守军:《中国管理本土研究的困境与路径》,《管理学报》2013 年第 12 期; Leung, K., "Never the Twain Shall Meet? Integrating Chinese and Western Management Research", *Management and Organization Review*, Vol. 5 (1), 2009。

theories）与命题理论（propositional theories）①。由于制度压力②，多数学者可能会选择检验与完善西方的管理理论这条道路，从而使得无论是西方的范式理论还是命题理论都在中国取得了较大的合法性，因此中国管理学者应用与开发的管理理论既可能是范式理论，也可能是命题理论；与此同时，研究的一个基本推断是，中国管理学者对本土新理论的探索与构建尚处于初期阶段③，因此，正在探索与构建的这些新理论很有可能多数属于命题理论④，较为多见的情况是在现有的西方管理理论与模型中添加中介或调节变量。

"除非首先建立评价标准，否则不可能对任何理论进行评价。"⑤ 对于如何评价中国管理理论与管理的中国理论，有学者认为对两条路径的评价应该采取不同的评价标准，区别对待。⑥ 因此，基于对理论的定位以及学者对两条道路本质认知的不同，我们对两条道路也采取不同的评价标准。对于中国管理理论，我们强调对西方与中国的范式理论与命题理论进行检验与完善，并采取较为严格的标准；而对于管理的中国理论，由于起步较晚，我们的评价不严格区分宏大理论、细微理论与中层理论，亦不严格区分范式理论与命题理论，以期基于中文管理学期刊全面探讨近年来中国管理研究对理论探索与应用的现状。

需要强调的是，管理具有开放性系统的特征，不是一种封闭的活动，管理理论与管理思想是过去和当前的经济、社会、政治和科技等要素构成

① 惠顿（2009）认为，范式理论是认可的解释形式，这些解释共享于并且定义了一个科学对话或者科学群体，其通常作为普遍接受的视角来解释和理论使用相关的现象，如交易成本经济学、制度理论等；而命题理论解释了特定变量之间的关系。

② Barney, J. B., Zhang, S. J., "The Future of Chinese Management Research: A Theory of Chinese Management versus A Chinese Theory of Management", *Management and Organization Review*, Vol. 5 (1), 2009.

③ 贾良定、尤树洋、刘德鹏等：《构建中国管理学理论自信之路——从个体、团队到学术社区的跨层次对话过程理论》，《管理世界》2015年第1期。

④ 通过下文的分析，我们在数据统计与编码时发现，在时间跨度为2009—2014年的实证研究文章中，中国管理学者几乎没有或很少提出新的范式理论，下文会详细分析与证明。

⑤ Bacharach, S. B., "Organizational Theories: Some Criteria for Evaluation", *Academy of Management Review*, Vol. 14, 1989.

⑥ 卢芳妹、井润田、尹守军：《中国管理本土研究的困境与路径》，《管理学报》2013年第12期。

的文化环境的一种产物。① 鉴于科学管理是伴随产业革命兴起的产物，文化环境塑造了中国现代的管理实践，管理理论与思想这些文化的产物也一定是反映并嵌入到中国近现代管理实践与现象当中，而较少嵌入到古代的管理实践中。随着西方价值观与文化逐渐在中国的渗透，中国难以与其传统文化完全割舍，在不得不面对西方文化强有力的冲击前提下又不得不郑重审视自己的传统文化与哲学。"简单地说，华人的西化经验并非是一种取代性的学习，而是演化性的转变：透过'中庸'哲学的调和，一方面西方文化价值观顺利地进入华人文化体系内；另一方面华人传统也未受到全面的破坏与毁灭，而与现代价值共存。"② 因此，我们认为中国近现代的管理情境与文化是融合了中国传统文化与哲学、西方文化与价值观以及中国近现代管理实践特征的混合体，所以探索与开发本土的管理理论需要考虑的中国管理情境不应当只定位于中国独特的历史、文化与传统③，还应该考虑由中西文化碰撞所产生的复杂的现代管理情境与管理现象，而不是一谈本土管理理论构建就"求救于"中国的历史文化与传统。郭重庆（2008）提倡"接着中国传统文化讲""接着西方管理学讲""接着中国近现代管理实践讲"来直面中国管理实践，或许是对这一论断最有力的证明。

综上所述，我们认为，无论是探索管理的中国理论还是开发与应用中国管理理论，都不应该仅仅关注从中国传统文化中提出新概念（what）、新关系（how）与新解释逻辑（why），而应该更为注意充分反映中国近现代的真实管理情境、管理文化与管理实践，定位在从中国现代文化情境中探索与开发影响理论构建与发展的重要元素，从而实现并充分反映理论与情境④的动

① ［美］丹尼尔·雷恩、阿瑟·G.贝德安：《管理思想史（第六版）》，中国人民大学出版社2012年版。

② Cheng, B., Wang, A., Huang, M., "The Road More Popular versus the Road Less Travelled: An 'Insider's' Perspective of Advancing Chinese Management Research", *Management and Organization Review*, Vol. 5 (1), 2009.

③ Barney, J. B., Zhang, S. J., "The Future of Chinese Management Research: A Theory of Chinese Management versus A Chinese Theory of Management", *Management and Organization Review*, Vol. 5 (1), 2009.

④ Whetten, D. A., "An Examination of the Interface between Context and Theory Applied to the Study of Chinese Organizations", *Management and Organization Review*, Vol. 5 (1), 2009.

态互动关系。

二、评价模型

虽然巴尼和张书军（2009）认为中国管理理论和管理的中国理论是两条颇为不同甚至是有所对立的两条道路，但有学者发现这两条道路并不是完全独立存在，而是存在着有机的联系，也有学者认为除此之外可能还存在着其他可选择的道路。这两条道路角逐的背后体现的基本逻辑是理论探索与理论开发、理论构建与理论检验、理论新颖性（novelty）与理论连续性（continuity）之间的平衡，也是客位（etic）与主位（emic）、文化普遍性与文化特殊性之间的矛盾与平衡。正是这种理论的复杂性、系统性与动态性，为从定量的角度评价中国管理研究的理论创新现状增添了难度。相对于国际管理学顶级期刊（如 AMJ），准确判断中文管理学期刊上文章的理论贡献与理论归属是非常具有挑战性的（许德音、周长辉，2004）。在现有可参考的相关研究中，虽然惠顿（1989）提出了"what-how-why"的理论评价要素，但其研究主要局限于单一维度，不能体现学者对理论探索与开发的平衡考虑。据此框架，贾良定等（2012）基于国外七种顶级管理学期刊通过实证研究考察了中国情境对管理理论的贡献，但是理论贡献的测度也是单维的，而且数据均来源于英文管理学期刊，没有通过中国管理类期刊洞悉中国管理理论与管理的中国理论的动态趋势。科奎特和费兰（2007）从理论构建与理论检验两个维度建立了"实证论文理论贡献的分类模型"，评价了 AMJ 50 年的理论发展趋势，识别出了 AMJ 上 12 个重要的微观管理理论与 8 个重要的宏观管理理论，但其数据来源较为单一，说服力较为有限，该文不但未考虑文化情境对理论贡献的作用，而且也未考虑中国这一特殊新兴经济体对世界管理理论的贡献。无论是"理论的情境化"还是"情境的理论化"[1]，都体现为理论与其情境的动态关系。因此，对理论的探索与开发必须体现情境对于理论建构的关系与作用。综上所述，本研究对以上学者的成果进行适当的

---

[1]　Whetten, D. A., "An Examination of the Interface between Context and Theory Applied to the Study of Chinese Organizations", *Management and Organization Review*, Vol. 5（1）, 2009.

"本土化",从理论探索与理论开发两个维度①,选择中文管理学期刊的动态数据,同时考虑中国特殊的文化情境与本土管理实践,力求系统地体现"接着中国传统文化讲""接着西方管理学讲""接着中国近现代管理实践讲"②的基本要求,从而建立道路评价模型,如图 13-1 所示。

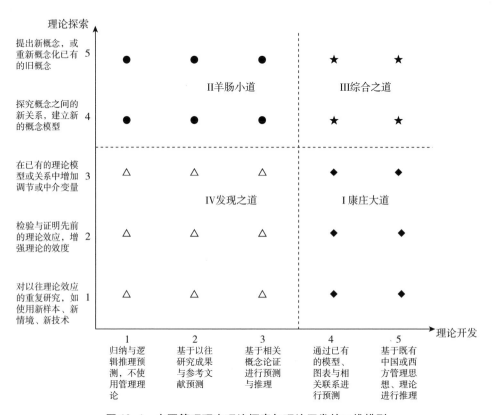

图 13-1　中国管理研究理论探索与理论开发的二维模型

资料来源:作者绘制。

---

① 马奇(March,1991)在 *Organization Science* 上率先提出探索(exploration)与开发(exploitation)的概念,目前学术界关于探索与开发是否可以同时追求的争论大致可分为两类:一是以马奇等为代表的学者认为,探索与开发是零和博弈,二者不可以同时追求;二是以卡提拉和阿胡雷(Katila 和 Ahuja,2002)为代表的学者认为探索与开发不是零和博弈的,二者可以同时追求。可参见古普塔、史密斯和沙利(Gupta、Smith 和 Shalley,2006)关于探索与开发的相关综述,我们采取后者观点,即认为二者可以同时追求。

② 郭重庆:《中国管理学界的社会责任与历史使命》,《管理学报》2008 年第 3 期。

为了更为充分地结合中国现代的管理实践，体现管理理论与情境的动态关系，从而为从"局内人"的视角更加真实地反映中国管理研究道路选择以及理论创新的实际情况，我们在"道路评价模型"的横纵坐标轴上设置了理论与中国传统文化和管理实践关系的维度，尝试更为充分地体现中国"本土化"元素。具体来讲，横轴的"理论开发"维度表示一篇中文文献对西方与中国现有理论应用与检验的程度，强调基于已有理论进行逻辑推理的程度，分为 5 个分值："1"代表不使用管理理论，理论开发程度最低；而"5"代表一篇文章基于现有的理论逻辑（why）提出研究假设，并对理论进行拓展与深化。纵轴的"理论探索"维度反映一篇论文对新理论进行构建与探索的程度，强调不使用已有的管理理论，而是从本土文化与管理实践中提炼更可以解释本土管理现象的理论模型，也分为 5 个分值："1"代表不构建新的管理理论，完全是对现有理论效果的重复，或使用新的样本数据，或基于新的数据分析技术；而"5"代表提出新的概念或者结合中国实际的管理情境重新对已有的管理概念进行本土化与概念化①。

我们认为，当一篇论文的理论探索程度较低（得分为"1""2"或"3"）而理论开发程度较高（得分为"4"或"5"）时，是对现有管理理论的应用、检验与完善，可以认为是中国管理理论——康庄大道——的体现，如李四海（2012）在探讨管理者背景特征对企业捐赠行为的影响时，主要基于高阶理论基础相应的研究假设，并在中国情境中验证与拓展了这一理论；当一篇文献的理论探索程度较高（得分为"4"或"5"），而理论开发程度较低（得分为"1""2"或"3"）时，可以认为是学者正在从中国本土情境与现代管理实践中探索、构建与提出新的管理理论，是管理的中国理论——羊肠小道——的体现，如杜义飞（2013）深入考察了一个国有企业的衍生企业发展历程，深度跟踪和提取了该企业七年的事件数据，通过纵向研究和扎根理论把创业衍生企业的理论延伸到"主辅分离"这一具体政策导向措施的作用机理中，并得到其理论模型与核心权衡过程。

然而，由图 13-1 可知，从理论分析来看，中国管理理论与管理的中国

---

① 根据前文对理论的定义，对于理论构建与探索维度，应该也包括解释逻辑（why），而且这一理论构成要素对理论贡献与理论探索非常重要，但是我们通过详细浏览样本数据，在实证研究论文中几乎没有找到有新的解释逻辑（why），故本模型在纵向维度上暂时去掉了这一维度。

理论很有可能只是体现了理论开发与理论探索维度所有组合的两种情况，可能还存在其他两种情况，即理论探索与理论开发程度都较低（两个维度均得分为"1""2"或"3"）或都较高（两个维度均得分为"4"或"5"）的情形。虽然由此分析易得知其存在的可能性，但是在现实的管理期刊中是否存在这样的实证研究论文？这也是我们需要探讨与回答的问题。不妨首先假设其存在性是合理的。由于前者不太重视理论的探索与开发，不以理论创新为其行文的主要目的，我们推测这样的实证研究文章可能并不是为了理论贡献，可能也没有基于现有的理论逻辑（why）提出研究假设或者作为其主要逻辑框架，而很可能是为了解决中国管理实践中的某个具体问题，或是描述性统计，或是调查研究，或是发现管理实践的独特规律等相关研究，因此，我们将之定义为"发现之道"；后者同时重视对新理论的探索以及对现有理论的开发，是对二者的同时追求，很大程度上可能是在现有的理论基础上提出新的管理理论与模型，或者是对中西方管理理论的融合，因此，我们将之定义为"综合之道"。综上所述，我们认为中国管理研究的可行道路可能存在四种有效的路径，分别是康庄大道、羊肠小道、综合之道和发现之道。

三、研究设计

1. 数据来源与筛选

伴随着中国管理学学科的发展，国内的管理学研究水平呈现逐年上升的趋势，关注近期的研究文献，可以更为真实地反映研究水平的现状。[①] 因此，我们将时间跨度限定为2009—2014年，强调起源于2009年的中文文章作为我们分析的样本，一是因为在此六年时间内，一些本土化的管理学期刊已经成功实现转型与蜕变，如以"中国""实践""文化"为特色的《管理学报》[②]，可以比较充分地体现本土化特色以及中国管理情境与理论之间的互动关系；二是因为之前国内外虽均有涉及中国管理研究道路选择的问题，但系统地提出中国管理理论与管理的中国理论，是在2008年的中国管理研究国际协会（IACMR）第三届年会上，通过探究这之后中国管理研究的实际成果，更有利

---

① 许德音、周长辉：《中国战略管理学研究现状评估》，《管理世界》2004年第5期。

② 张金隆、蔡玉麟、张光辉：《百期奠基　十年筑梦——〈管理学报〉十年回顾》，《管理学报》2014年第3期。

于把握中国管理研究理论创新的现状与管理学科发展的动态趋势。

与此同时，我们借鉴科奎特和费兰（2007）以及贾良定等（2012）的做法，只关注实证研究的文章，既包括定性研究，如案例研究、描述性统计等，也包括定量研究，如回归分析、结构方程模型、因子分析等。① 之所以选择实证研究文章作为样本，是因为实证研究是发展理论的必要条件，也是管理学被称为"科学"的学科是否健全的重要标志②，而且有证据显示，2000年以来实证研究已经成为中国管理研究的主流方法③。

最后，正如前述，不少学者已经发现对理论的探索与构建（如管理的中国理论）主要发表在中文期刊上。"如果想借由发展'管理的中国理论'以适切地诠释华人管理现象，则势必要仰赖中文管理学期刊上的知识累积。"④ 与此同时，情境既是管理理论的限定条件，又是理论合法性的重要边界与来源，因此，学者将中国管理研究提交至中文学术期刊时就更易被接受⑤。所以，我们以中文管理学期刊作为数据来源应该可以更好地体现中国管理研究道路选择的真实情况。

对于中文管理学期刊的筛选，我们参考了《中国人文社会科学期刊评价报告》2014 年的评价结果⑥⑦，其根据吸引力（attraction power）、管理力

---

① Usdiken, B., "Centres and Peripheries: Research Styles and Publication Patterns in 'Top' US Journals and their European Alternatives, 1960-2010", *Journal of Management Studies*, Vol. 51 (5), 2014.

② 陈佳贵主编：《新中国管理学 60 年》，中国财政经济出版社 2009 年版。

③ 芮明杰主编：《管理实践与管理学创新》，上海人民出版社 2009 年版；本刊特约评论员：《再问管理学——"管理学在中国"质疑》，《管理学报》2013 年第 4 期。

④ Cheng, B. S., Wang, A. C., Huang, M. P., "The Road More Popular versus the Road Less Travelled: An 'Insider's Perspective of Advancing Chinese Management Research", *Management and Organization Review*, Vol. 5 (1), 2009.

⑤ 卢芳妹、井润田、尹守军：《中国管理本土研究的困境与路径》，《管理学报》2013 年第 12 期。

⑥ 我们也综合考虑了国家自然科学基金委员会管理科学部列出的"管理科学重要学术期刊表"（详见官方网站：http://www.nsfcms.org/index.php? r = site/journalList），但又没有完全局限于这一标准，而是与上文标准同时考虑，因为基金委所设定的"A"类和"B"类重要期刊是 2006 年遴选和认定的结果，而我们认为由于市场力量的逐渐显现，从 2006 年至今，中国管理学期刊的地位与价值贡献并不是一成不变的。与此同时，我们通过浏览这些"A"类和"B"类重要期刊后发现，也许是因为中国管理学科长期受到经济学科与制度因素的影响，这一榜单的多数期刊或明显带有经济学的色彩，或多数是管"物"而非管"人"的学术期刊，而且多为经济与管理综合性质的期刊。因此，考虑到数据的充分可得性与代表性，以及数据筛选原则，我们综合考虑了这一结果与其他的评选结果确定了最终的样本期刊来源。

⑦ 详见官方网站：http://www.cssn.cn/xspj/201411/t20141125_1415277_4.shtml。

（management power）和影响力（impact power）三个一级指标，评选出《管理世界》为管理学顶级期刊，《南开管理评论》与《管理学报》是管理学权威期刊，分列前三名；《经济管理》是管理学核心期刊。虽然核心期刊《中国行政管理》《会计研究》《中国软科学》位居《经济管理》之前，但根据法约尔对管理的定义以及我们所关注的重点是微观层次的企业组织，故将这三个期刊剔除。与此同时，我们之所以选择《经济管理》作为重要的数据来源期刊，另一个重要原因是该期刊是中国最早的管理学学术刊物，于1978年试办、1979年正式创刊，至今已有36年的发展时间，因此可以认为具有一定的历史底蕴与较好的代表性。与此同时，也是基于期刊平衡的考虑，《经济管理》和《管理世界》分别创刊于1979年与1985年，至今发展均已30余年，是中国管理学科的老牌期刊，因此在很大程度上见证了中国管理学学科的发展与管理研究知识的积累；而《南开管理评论》与《管理学报》分别创刊于1998年与2004年，可以认为是中国管理学学科较好期刊的新兴力量，因此从力量分布与平衡的角度，我们认为所选择的四个管理学期刊可以代表中国管理学科近期发展的概貌，由此，我们最终确定《管理世界》《南开管理评论》《管理学报》《经济管理》四个期刊作为数据来源。

需要强调的是，在确定期刊的基础上，我们严格按照三项原则确定所关注的管理研究领域，并筛选样本分析数据：（1）尽量与国际管理学领域的划分方法接轨，参考美国管理学学会（AOM[①]）对管理领域的划分；（2）参考国外顶级管理学期刊对管理研究领域的区分，如伯金肖、希利、苏达比和韦伯[②]、贾良定等[③]的做法；（3）参照法约尔对管理的定义，即将企业中涉及人的工作视为管理职能，而将其他涉及物的工作看作商业、技术、财务、会计等职能，我们将对"人"的研究与对"物"的研究进行系统的区

---

①　可参见 AOM 官方网站：http://aom.org。

②　伯金肖、希利、苏达比和韦伯（Birkinshaw、Healey、Suddaby 和 Weber，2014）在 "Debating the Future of Management Research" 一文中，将对管理研究的未来发展的讨论定位在战略管理、HRM、组织行为、创业管理、国际商务、一般管理与组织理论等领域，这些领域在很大程度上都与"人"相关，符合法约尔对管理职能的定义。

③　贾良定等（2012）在 "Chinese Context and Theoretical Contributions to Management and Organization Research：A Three-decade Review" 一文中将管理研究定位在战略管理、国际企业管理、组织理论、HRM 和组织行为领域。该文于 2015 年获得 Emerald Citation of Excellence Winners 奖项，可参见官方网站：http：//www.iacmr.org/ChineseWeb/Detail.asp？id＝734。

分，主要筛选出涉及人与组织的管理研究①，在与国际通行的管理学划分标准尽量保持一致时②，使得出的结论不至于过于庞杂而无序③。

表 13-1　样本文献期刊来源的年代与频数分布

年份	管理世界	南开管理评论	管理学报	经济管理	合计
2009	36	37	44	42	159
2010	30	39	50	44	163
2011	31	37	72	50	190
2012	29	36	77	44	186
2013	39	40	92	45	216
2014	39	35	100	42	216
合计	204	224	435	267	1130

资料来源：作者整理。

与此同时，我们经过分析发现，受前述管理学科划分不够清晰的影响，中国管理类各期刊同样也有栏目划分不够准确的问题。有必要对所选定期刊的相关栏目的文献进行认真浏览、阅读与筛选，以确定合适的数据作为我们分析的样本。由此我们得到初步的样本期刊文献年代与频数分布，如表

---

　　① 受国家管理学科划分的影响，中国管理学期刊与国外的管理学顶级期刊如 AMR、AMJ、SMJ 等存在明显的不同：国外管理学顶级期刊的研究对象主要定位在组织层次，而管理学、会计、市场营销、信息系统分属不同的学科，而我国管理学期刊一般囊括了会计、财务管理、营销、公司治理等商科的各个领域，详见官网：http://www.moe.edu.cn。因此，我们在筛选中文管理学期刊时，慎重考虑了这些影响，主要将目标定位于组织层次，尤其是企业，同时注意到法约尔对管理职能的定义与划分，区分管理中对人与对物的研究的不同。

　　② 我们发现中国管理学科涵盖组织管理、会计、营销、公司治理、管理科学与工程等众多领域，甚至在一级学科上设置了管理科学与工程、工商管理、公共管理、农林管理和图书馆、情报与档案管理等（可参见中国学位与研究生教育信息网官网：http://www.cdgdc.edu.cn/xwyyjsjyxx/sy/glmd/264462.sht-ml），"这与国际上较为通行的划分标准不够一致，且划分的内在标准也不够一致，其中主要的问题是没有严格按照管理学理论研究的对象和范畴进行科学的划分"（谭力文，2013）。对此，我们严格参照法约尔的一般管理理论体系，系统区分对人的管理与对物的管理，并将企业的管理职能与商业、技术、安全、会计和财务等职能区分开来。

　　③ 根据中国管理学学科的划分，组织管理、会计、营销等商业领域同属管理学学科。作者专门请教了这些领域的几位学者，发现组织管理领域（如组织理论、战略管理）的学者认为探索新理论至关重要，而其他一些领域的学者如会计、财务管理等，虽不同程度地追求对新理论的构建与探索，但更侧重于解决其所在领域的实践问题。

13-1 所示，同时收集了样本中每篇文献的被引频次、发表时间、研究方法（定性还是定量）、期刊种类等变量的数据。其中，收集被引频次的时间是 2015 年 4 月 20 日至 4 月 27 日[①]。

根据我们筛选原则，最终初步获得四个管理学期刊 1130 个实证研究样本。从表 13-1 来看，四个期刊中，《管理世界》的样本量与《南开管理评论》和《经济管理》的样本量相差不大，《管理学报》的样本量最多，远远高于其他三个期刊的样本量。从总体来看，2009—2014 年间样本量呈现递增的趋势，这也表明，我们所关注的问题已在中国管理学术界受到越来越多的关注，这在《管理学报》更为明显。

2. 数据的编码过程

为了计算每篇文献的理论开发与理论探索程度从而确定其所属的选择道路种类，我们借鉴了科奎特和萨帕塔·费兰（2007）与贾良定等（2012）的研究方法并在其基础上，由对四个样本期刊中的 1130 篇样本论文进行编码。为了保证编码的信度，数据编码的过程遵循以下步骤：第一，编码前商讨。为了能较为准确地结合中国管理情境、管理实践与管理文化，首先由每位编码人员仔细阅读并充分理解英文原文[②]，以形成讨论的基础，并对理解中存在的分歧进行重点讨论与分析，直至达成较为一致的标准。第二，进行尝试性编码。三位编码人员按照编码表分别独立地对我们时间跨度内 60 个随机样本论文进行编码，然后逐条进行对比和讨论，具体分析编码人员对每个刻度的理解及操作依据，并逐步完善编码模式。第三，预编码过程。在之前充分讨论的基础上，编码人员随机抽取另外 30 个样本再进行尝试性编码，并用 ICC（1）组内相关系数来考察编码者之间的信度。经过计算，本研究中理论探索的 ICC（1）分值为 0.463，理论开发的 ICC（1）分值为 0.884，均高于布莱斯（Bliese，2000）以及科奎特和萨帕塔·费兰（2007）建议的

---

① 在中国知网数据库中，2009—2014 年的时间跨度内只能收集到《管理世界》2014 年 10 月之前的被引频次与下载频次数据，故我们采用《管理世界》2014 年 1—10 月的数据进行分析，其他三种管理学期刊采用每年各样本进行分析。《南开管理评论》为双月刊，其他三种期刊均为月刊。

② 对于科奎特和萨帕塔·费兰（2007）一文，虽然国内有中文翻译版本——可参考张扬、刘宝宏和王慧（2011）翻译的《管理研究中理论构建与理论检验水平的变化趋势：基于〈美国管理学会年报〉50 年历程的分析》——但是出于严谨性的考虑，我们借鉴贾良定等（2015）的做法，将英文原文作为参考基础。

0.3 的分值，这表明三名编码人员编码结果的一致性较高，信度较强。第四，正式编码。在确定编码信度之后，将剩下的样本论文在三位编码者之间进行随机平均分配，由编码者完成样本论文的编码。

表 13-2　不同期刊的不同道路选择频数统计

管理学期刊	路径选择				
	康庄大道	羊肠小道	综合之道	发现之道	合计
管理世界	31	92	47	27	197
南开管理评论	81	31	46	65	223
管理学报	101	126	64	143	434
经济管理	75	45	20	122	262
合计	288	294	177	357	1116

资料来源：作者整理。

通过剔除被引频次缺失、关于管理量表开发以及关于文献计量研究等文献，我们最终得到 1116 个数据。从表 13-2 可以看出，《管理世界》期刊有 92 篇文章选择"羊肠小道"，占该期刊总数据的 46.7%，是四个样本期刊中羊肠小道所占比例最高的期刊；在《南开管理评论》所有 223 条数据中，学者较多选择"康庄大道"，共有 81 条数据，占该期刊总数据的 36.3%；《管理学报》是近年发展较快的管理学期刊，该期刊提供了 434 条数据（约占总样本数据的 38.9%），其中"羊肠小道"与"发现之道"的相关文献分别为 126 个和 143 个，分别占该期刊总数据的 29% 和 33%；《经济管理》期刊上学者选择比重较大的两条路径是"康庄大道"和"发现之道"，对应的样本分别为 75 个和 122 个，占该期刊总数据的比重分别为 28.6% 和 46.6%。

第四节　中国管理研究道路选择的研究结果与分析

一、结果分析

根据我们所选择的实证研究样本数据（N=1116），表 13-3 列出了文章被引频次（Citation）、发表时间（Year）、研究方法（Method）（"1"代表定量研究，"0"代表定性研究）、理论探索（Theoexplor）、理论开发（Theoexploit）以及管理学期刊（Journal1 代表《管理世界》，Journal2 代表《南开管理评论》，Journal3 代表《管理学报》，Journal4 代表《经济管理》）之间的均值、标准差和皮尔逊零阶相关系数。表 13-3 显示理论探索与理论开发的相关系数为-0.08（p<0.01），表明我们构建的这两个维度基本上是相互独立的，而且这一结果非常显著。从统计意义上来看，这一结果优于科奎特和萨帕塔·费兰（2007）类似的结论，同时也证明了我们所建立的二维模型在横坐标与纵坐标上的可行性与科学性。

表 13-3　描述性统计与相关系数

	Mean	SD	1	2	3	4	5	6	7	8	9
1. Citation	13.13	27.27	1.00								
2. Year	3.68	1.69	-0.44***	1.00							
3. Method	0.79	0.42	0.08***	-0.02	1.00						
4. Theoexploit	3.38	1.46	0.06**	0.11***	0.42***	1.00					
5. Theoexplor	3.11	1.07	-0.06	0.17***	-0.26***	-0.08***	1.00				
6. Journal1	0.18	0.38	0.23***	-0.05	-0.16***	-0.09***	0.23***	1.00			
7. Journal2	0.20	0.40	0.13***	-0.06*	0.17***	0.20***	0.03	-0.23***	1.00		
8. Journal3	0.39	0.49	-0.17***	0.14***	-0.09***	-0.18***	-0.03	-0.37***	-0.40***	1.00	
9. Journal4	0.24	0.42	-0.13***	-0.07**	0.09***	0.01	-0.19***	-0.26***	-0.28***	-0.44***	1.00

注：***p<0.01，**p<0.05，*p<0.1。

对于中国管理研究的道路选择途径，由图 13-1 的假设模型和表 13-2 的数据分布基本可以表明，基于理论探索与理论开发的视角，康庄大道与羊肠小道这两条路径难以覆盖中国管理研究所有的知识贡献途径，综合之道与发现之道是客观存在的研究现象。在综合之道的文献中，如江诗松、龚丽敏和魏江（2011）基于对吉利公司的纵向单案例研究，探讨了后发企业如何在复杂而冲突的制度环境下实现能力追赶，在借鉴与拓展制度理论、资源基础观和动态能力理论的同时，构建了"转型经济背景下后发企业能力追赶的共演模型"，从而解释了转型经济背景下后发企业如何通过各种方式管理复杂的制度环境，以及实现技术和市场能力的追赶。而潘持春（2009）在研究工作满意度和组织承诺对管理人员离职倾向的影响时，既没有明显基于具体的管理理论逻辑，也没有基于本土的样本数据提出概念之间的新关系，或者提出新的管理概念与构念，因此可以认为属于发现之道的类型。

　　更进一步地，我们通过 STATA 软件在表 13-4 中列出了主要的回归分析结果，估计了"康庄大道"（Road1）、"羊肠小道"（Road2）、"综合之道"（Road3）与"发现之道"（Road4）分别与文章被引频次的回归系数。从结果可以看出，控制变量——发表时间（Year）、时间的平方项（Yearsqr）、研究方法（Method）、期刊种类（Journal1、Journal2 和 Journal3，参照组为 Journal4）——均与因变量被引频次（Citation）显著相关，相关系数都非常显著（除《管理学报》相对于《经济管理》的 p 值小于 0.05 外，其他的 p 值都小于 0.01），而且这些结果均非常稳健。对于我们的自变量，即不同的道路选择，当中国管理学者选择"康庄大道"而不选择其他三条路径时，其文章的平均被引频次要比其他三条道路的总体平均被引频次高出 3.9（p<0.05）。而当学者无论选择"羊肠小道""综合之道"还是"发现之道"之中的任何一条道路时，都会比其他三条道路的总体平均被引频次低，（但是这三项结果均不显著，p 值都大于等于 0.1）。这一结论初步说明了在所选择的 2009—2014 年时间跨度内，学者之所以非常青睐"康庄大道"，很可能是因为这条道路可以为其文章带来更高的被引频次，从而使其文章更受学术界的欢迎。虽然康庄大道的普遍化使得本土管理学者深刻意识到如果只重视这条道路，那么中国管理研究将长期被锁定在西方的理论与管理议题上，长期下去会不利于中国管理学话语权的建立与合法性的巩固，但是表 13-2 与表 13-4 的结果均表明，在 2009—2014 年这六年时间内，中国管理学者还是青睐这条路径，即使学者选择了"羊肠小道"，也没有像选择"康庄大道"那样可以为文章带来更高的被引频次和更大的学术影响力。与此同时，我们也发现"康庄大道"主要是对已有的西方管理理论的应用，而很少对中国本土的管理理论（如和谐理论、中国式管理、东方管理学、和合管理等）进行应用、检验与完善。这在很大程度上说明了在此六年时间内，学者可能认为本土新构建的管理理论还不够完善，对本土新构建的管理理论依然缺乏

信心，也很可能体现了中国管理学者在制度压力下的无奈；另一方面，鉴于目前国内外众多管理学者都认为中国管理研究更多地偏向"康庄大道"，但其结论主要局限于理论探讨与思辨研究以至于缺少实证证据，研究通过回归模型与相关数据分析为其提供了经验支持，同时证明了"康庄大道"顾名思义，确实已经成为中国管理学者的首选之路。

表 13-4　文章被引频次与各种道路选择的多元回归分析

	（1）	（2）	（3）	（4）	（5）	（6）
	use_road00	use_road01	Use_road02	use_road03	use_road04	use_base1
VARIABLES	Citation	Citation	Citation	Citation	Citation	Citation
Constant	34.69***	34.21***	35.46***	34.74***	35.18***	38.18***
	（3.763）	（3.761）	（3.874）	（3.765）	（3.799）	（4.059）
Year	−13.79***	−13.71***	−13.77***	−13.77***	−13.82***	−13.70***
	（2.045）	（2.041）	（2.045）	（2.046）	（2.045）	（2.043）
Yearsqr	0.99***	0.97***	0.98***	0.97***	0.98***	0.97***
	（0.281）	（0.281）	（0.281）	（0.281）	（0.281）	（0.281）
Method	6.30***	5.56***	5.65***	6.26***	6.70***	5.37***
	（1.714）	（1.739）	（1.879）	（1.716）	（1.766）	（1.906）
Journal1	21.13***	21.48***	21.43***	21.35***	20.72***	21.64***
	（2.226）	（2.226）	（2.255）	（2.247）	（2.266）	（2.301）
Journal2	12.79***	12.55***	12.78***	12.97***	12.50***	12.63***
	（2.124）	（2.121）	（2.124）	（2.139）	（2.145）	（2.150）
Journal3	4.39**	4.54**	4.49**	4.48**	4.26**	4.60**
	（1.844）	（1.841）	（1.848）	（1.848）	（1.849）	（1.853）
Road1（康庄大道）		3.90**				
		（1.635）				
Road2（羊肠小道）			−1.51			−4.18*
			（1.791）			（2.147）
Road3（综合之道）				−1.43		−4.15*
				（1.936）		（2.273）

续表

	（1）	（2）	（3）	（4）	（5）	（6）
	use_road00	use_road01	Use_road02	use_road03	use_road04	use_base1
Road4（发现之道）					-1.52 (1.590)	-3.66^{**} (1.862)
R-squared	0.278	0.282	0.278	0.278	0.279	0.282
N	1115	1115	1115	1115	1115	1115

注：①实证研究方法可分为定性与定量研究两种类型（Usdiken, 2014），"0"代表定性研究（如案例研究），"1"代表定量研究（如多元回归分析）。

②对于管理学权威与核心期刊的回归，《经济管理》期刊作为参照组，Journal1 为《管理世界》，Journal2 为《南开管理评论》，Journal3 为《管理学报》。

③在回归模型（6）中，将 Road1（康庄大道）作为参照组。

④表中括号内数字为标准误；*** $p<0.01$, ** $p<0.05$, * $p<0.1$。

表 13-4 中的回归模型（6）也显示，如果论文的质量用被引频次来表明的话，相对于"康庄大道"，当学者选择"羊肠小道""综合之道"或者"发现之道"任何一条路径时，都会降低其文章的质量与学术影响力。由非标准化回归系数可以看出，相对于"康庄大道"，"羊肠小道"的论文平均引用次数会降低约 4.2 次（$p<0.1$）；"综合之道"的论文平均引用次数会降低约 4.2 次（$p<0.1$），这一结论与科奎特和费兰（2007）的类似结果相左；而"发现之道"（不重视管理理论的探索与开发，即不重视理论创新，但更追求解决实际问题，发现实践规律）的论文平均引用次数会降低约 3.7 次（$p<0.05$）。值得注意的是，从表 13-3 的描述性统计结果可知，当平均被引频次为 13.13，标准差为 27.27 时，被引频次分别下降 4.2 次和 3.7 次，会对研究成果产生显著的影响。这也再次证明了，尽管近年来探索本土管理理论的呼声从未间断，学者们也强调开展本土管理理论研究的重要性与必要性，但"康庄大道"确是目前中国管理学者的首要选择，而其他道路的价值及其对文章质量的影响尚未充分被管理学者开发出来。

因此，通过数据分析，我们发现中国管理学学者在中国管理研究的道路选择上没有完全走在中国管理理论与管理的中国理论这两条学者耳熟能详的道路上，而是同时有着其他道路的选择，如选择"发现之道"——发现中国管理实践的规律、解释中国实践难题等。即便如此，在"康庄大道"样本数据中，管理学者对于理论的开发、检验与完善，主要还是针对西方管理理论，或认为中国转型期的经济与管理特征为拓展西方理论提供了天然场所与重要机遇，或认为这些理论在中国转型时期的特殊管理情境中是否仍具有解释效力尚需探讨，这也是为何无论是西方的范式理论还是命题理论，都在中国管理研究领域中获得越来越广阔的空间与合法的扩散渠道。

　　虽然对新理论的验证是理论发展与获得合法性的重要渠道①，但是在我们收集的文献中很少有学者对中国已经开发的本土理论与模型进行复制与验证，只有极少数学者对和谐管理、家长式领导等理论进行了检验（且也多为同一研究团队成员的工作），几乎没有学者涉及诸如和合管理理论、中国式管理理论以及其他本土管理理论的验证，而且在理论构建方面，几乎很少有文章提出新的理论解释逻辑（why）这一最为重要的理论元素，也很少有学者基于中国传统文化构建新的管理理论。而现有最高程度的理论构建文章主要是通过案例研究开发理论模型，但是这些新的理论模型几乎与中国传统文化相关性并不高，而更多是与已有文献和中国现代的特殊管理实践相关。一方面，这种现象充分说明了在 2009—2014 年间，对于中国本土管理理论的探索，中国传统文化还难以单独支撑中国的管理理论构建；另一方面，这也说明了中国管理学者不应该完全依赖于中国传统文化，而应该充分地、有机地结合中国近现代管理实践从而提出新的管理理论。但是，仍需指出的是，这些新的理论模型在首次提出后，还很少看到有后续的检验与完善的相关研究，似乎只在首次发表后便被搁置，也并未得到相应的巩固与发展。从另一角度来看，可以认为这些新的本土理论还只是停留在"个体层面"，尚未上升至"团体层面"与"社区层面"，尚未真正实现从个体、团体到学术社区的"跨层次对话"②。

---

① Tsang, E. W. K, Kwan, K. M., "Replication and Theory Development in Organizational Science: A Critical Realist Perspective", *Academy of Management Review*, Vol. 24（4），1999；Hambrick, D. C., "The Field of Management's Devotion to Theory: Too Much of a Good Thing?", *Academy of Management Journal*, Vol. 50，2007.

② 贾良定、尤树洋、刘德鹏等：《构建中国管理学理论自信之路——从个体、团队到学术社区的跨层次对话过程理论》，《管理世界》2015 年第 1 期。

二、进一步的讨论

1. 求真之道：为全球管理知识做出贡献

知识不仅是社会进步与国家发展的重要力量，也是中国管理学科不断取得进步，并得以巩固其合法地位的工具与基本保障。对于管理学科而言，管理理论与管理实践分别代表不同的知识体系①：实践知识是为了知晓如何处理具体的管理情境问题，往往直接面向真实的管理实践，具有个体性的特征；而理论知识是为了解释管理实践的本质，更加追求知识的概括性与一般性，经常将具体的管理实践问题视为理论的具体应用，因此，越与情境无关，这些理论知识就越具有普适性②。

管理学者对管理理论的重视，是理论探索与理论开发的具体应用与体现。虽然管理理论对于管理学科的建设乃至世界话语权的获取至关重要，而且在现阶段的制度压力下③，理论的诱惑力将使得管理学者继续对之持之以恒，但是致力于中国管理研究的学者应该追问是否所有的管理实践现象背后都一定蕴藏着构建本土管理理论的重大机遇。由于东西方文化巨大差异而导致的中国独特管理实践与管理现象，其所根植与嵌入的文化情境也一定与西方迥然有别，但是有些比较新颖的现代管理实践很有可能有悖于管理中人性的基本假设，也未必与时俱进④，所以这些管理实践可能就不值得，也不一定蕴藏着创造和探索新的本土管理理论的可能性。因此，我们认为无论学者是选择中国管理理论还是管理的中国理论等路径，都不能忽略其他的知识创造与贡献途径，尤其是不能忽略第四条道路——发现之道的选择，因为正是不同学者同时追求不同的管理理论创新途径之间，以及追求理论创新与直面

---

① Van de Ven, A. H., Johnson, P. E., " Knowledge for Theory and Practice ", *Academy of Management Journal*, Vol. 31（4）, 2006.

② Aram, J. D., Salipante, P. F. J., " Bridging Scholarship in Management: Epistemological Reflections ", *British Journal of Management*, Vol. 14, 2003; Van de Ven, A. H., Johnson, P. E., "Knowledge for Theory and Practice", *Academy of Management Journal*, Vol. 31（4）, 2006.

③ Barney, J. B., Zhang, S. J., "The Future of Chinese Management Research: A Theory of Chinese Management versus A Chinese Theory of Management", *Management and Organization Review*, Vol. 5（1）, 2009.

④ 章凯、张庆红、罗文豪：《选择中国管理研究发展道路的几个问题——以组织行为学研究为例》，《管理学报》2014 年第 10 期。

管理实践之间，分别形成了无形的张力，这些张力是促进管理学科科学发展的健康之路与求真之道。

我们研究的目的不是关注中国管理研究的理论构建与理论检验水平，而是希望上升至更高的层面，关注中国管理研究的宏观道路选择问题。我们认为，康庄大道、羊肠小道、综合之道与发现之道都是学者可以选择的知识创造与发掘管理新知的有效途径，学者不应该将中国管理研究过于绝对化和局限化，不能只定位在"康庄大道"与"羊肠小道"路径上，而忽视了其他有效的路径选择，中国管理学者应该更加综合与辩证地看待中国管理研究道路选择的问题。虽然有不少学者认为，中国管理研究的路径选择是关注管理理论的创新，最终目的或是拓展现有理论，追求管理理论的普适性；或是构建新的本土管理理论，从而追求理论的情境适应性，但是这些论断是基于一个非常强的前提假设，即当西方管理理论不能解决中国管理实践问题时，就应当构建本土的管理理论。但仔细分析便会发现，这可能是一个非此即彼的伪命题，因为中国管理研究不只是包含理论创新研究，还应当包括非理论的探索研究，而且当西方管理理论不能很好地解释中国情境下的管理问题时，也并不意味着一定非要开发本土管理理论[①]，其他备选方案还可以是寻找和发现中国管理实践的特殊实证规律[②]、直面中国管理实践[③]、提供管理咨询等等。一方面，当中国管理学者过于追求"康庄大道"时，即使这是通往普适性管理理论的重要途径，也可能会使得中国管理研究被继续掣肘于西方管理议题而失去增强中国管理学科合法性的机遇；当中国管理学者过于追求"羊肠小道"时，虽然有利于解决本土管理问题与增强中国管理学科的合法性，但是很可能形成短期导向的问题，从而导致忽视中国管理学科长期科学发展的问题出现，如失去中国管理学科的世界话语权等。然而，当过度追求管理理论的探索与开发（无论是"康庄大道""羊肠小道"还是"综合之道"）而忽视第四条道

---

① Tsang, E. W. K., "Chinese Management Research at a Crossroads: Some Philosophical Considerations", *Management and Organization Review*, Vol. 5 (1), 2009；武亚军：《基于理论发展的管理研究范式选择与中国管理学者定位》，《管理学报》2015 年第 5 期。

② Tsang, E. W. K., "Chinese Management Research at a Crossroads: Some Philosophical Considerations", *Management and Organization Review*, Vol. 5 (1), 2009.

③ 齐善鸿、白长虹、陈春花等：《出路与展望：直面中国管理实践》，《管理学报》2010 年第 11 期。

路——"发现之道"时，也可能会出现另一种短板，即由于管理理论的过度繁衍，从而可能会进一步裂化已经支离破碎的管理学科，因为薄弱的或者错误的理论既会阻碍好的理论的发展[1]，也会妨碍科学的进步[2]，甚至一个错误管理的中国理论将会比初期没有这个理论时带来更大的危害性[3]。因此，若是过于强调对管理理论的关注而忽视管理研究的其他方面，可能只会让中国管理学科在因为缺乏理论自信时不得不探索新理论以增加世界话语权的时候，因为不恰当的管理理论的过度繁殖，导致中国管理学科更加缺乏自信，甚至很有可能导致中国管理学科朝着更加碎片化的方向发展，也很有可能在无形中拉大理论与实践的距离，继续动摇中国管理学科的合法地位，甚至是陷入孔茨教授十分担忧并试图竭力避免的"管理理论丛林"困境。因此，中国管理研究需要辩证地看待不同理论创新道路之间以及理论与实践的关系，不仅需要慎重对待不同的理论探索与理论开发途径之间的张力[4]，追求各种理论创新道路之间的有机平衡，还需要辩证对待理论与实践之间的必要张力[5]，同时追求理论与实践的相互制约与相互促进的有机平衡。由此，我们提出"中国管理研究道路选择与知识创造模型"，认为追求管理新知、创造与传播管理知识、为全球管理知识做出贡献[6]，才是中国管理研究求真之道的最终目的，如图 13-2 所示。

---

[1] Arend, R. J., "Tests of the Resource-based View: Do the Empirics Have Any Clothes?", *Strategic Organization*, Vol. 4 (4), 2006.

[2] Pfeffer, J., "Barriers to the Advance of Organizational Science: Paradigm Development as a Dependent Variable", *Academy of Management Review*, Vol. 18 (4), 1993.

[3] Tsang, E. W. K., "Chinese Management Research at a Crossroads: Some Philosophical Considerations", *Management and Organization Review*, Vol. 5 (1), 2009.

[4] Suddaby, R., "Editor's Comments: Why Theory?", *Academy of Management Review*, Vol. 39 (4), 2014; Van de Ven, A. H., Johnson, P. E., "Knowledge for Theory and Practice", *Academy of Management Journal*, Vol. 31 (4), 2006.

[5] Bartunek, J. M., Rynes, S. L., "Academics and Practitioners are Alike and Unlike: The Paradoxes of Academic - Practitioner Relationships", *Journal of Management*, Vol. 40 (5), 2014; Fabian, F. H., "Keeping the Tension: Pressures to Keep the Controversy in the Management Discipline", *Academy of Management Review*, Vol. 25 (2), 2000.

[6] Tsui, A. S., Schoonhoven, C. B., Meyer, M. W., et al., "Organization and Management in the Midst of Societal Transformation: The People's Republic of China", *Organization Science*, Vol. 15 (2), 2004.

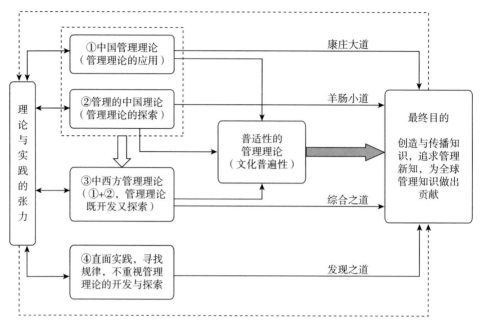

图 13-2 中国管理研究道路选择与知识创造模型

资料来源：作者绘制。

2. 管理理论的普适性过程

将科学的普遍原理和具体实践相结合，是社会科学乃至任何科学都必须遵守的基本思想原则。因此，虽然由于中西文化情境差异而导致中国管理实践必然会有别于西方管理实践，但是不同的管理实践并不意味着存在不同的管理理论，相反，实践背后可以存在共同的理论[①]。几乎所有学者都一致认为，中国管理理论这条"康庄大道"是为了检验西方管理理论在中国的适用性，着眼于对现有理论的应用与开发[②]，其最终目的都是为了增强西方管理理论的普适性。对于管理的中国理论这条"羊肠小道"，强调中国独特的历史、文化与传统[③]，是为了构建诞生于本土的管理理论，但是过于强调这

① 章凯、张庆红、罗文豪：《选择中国管理研究发展道路的几个问题——以组织行为学研究为例》，《管理学报》2014 年第 10 期。

② Barney, J. B., Zhang, S. J., "The Future of Chinese Management Research: A Theory of Chinese Management versus A Chinese Theory of Management", *Management and Organization Review*, Vol. 5 (1), 2009.

③ Barney, J. B., Zhang, S. J., "The Future of Chinese Management Research: A Theory of Chinese Management versus a Chinese Theory of Management", *Management and Organization Review*, Vol. 5 (1), 2009.

条道路的合法性，会导致中国管理学者只关注中国管理情境和实践与西方管理情境和实践的差异，而忽视了中西方管理实践中相同的部分①，从而使中国管理学科国际化与本土化之间产生显著的冲突②。既然诞生于西方本土的管理理论可以被世界认可，甚至有些管理理论已经逐渐被世界范围内的管理学者认可，具备了理论普适性的特征；而且全世界的管理学者都在应用诞生于西方的又在全世界范围广泛传播的管理理论知识，因此没有任何理由可以证明由中国本土诞生的管理理论不能像已有的西方管理理论那样，发展成为被全世界管理学者都认可的管理理论。梁剑平（2009）的观点——"美国理论起源于文化特殊性视觉并主要采用美国数据验证这些理论，但并没有妨碍美国研究者将这些理论定位为放诸四海而皆准。……同样道理，除非有相反的证据，并没有任何理由妨碍中国研究者在中国情境中提出具有普遍性的理论。"——在很大程度上也佐证了这一观点。因此，我们认为管理的中国理论这条"羊肠小道"也应该可以发展为普适性的管理理论。

任何管理理论的发展都具有阶段性的特征。从西方管理理论的演变过程来看，不难得知，理论的发展过程大致是基于这样的轨迹：西方管理理论（主要是美国）——管理理论（部分理论逐渐被世界范围内的管理学者接受）——对已有的西方管理理论进行应用与开发——其他国家开始借鉴（如中国管理理论之路）。从理论研究主体的能动性来看，理论体系的形成是一个由个体学者思维开始，到学术团体整合，再到学术社区辩证的动态与跨层次制度对话过程③，这一对话过程不受地域限制，是一个管理理论从特殊到一般、从文化特殊性到文化普遍性，以及从主位到客位的普适性过程。从理论自身的演变特性来看，管理理论的发展分为三个阶段，即理论情境化或情境理论化、理论抽象化以及理论普适化。④ 因此，无论是"康庄大道"

---

① Johns, G., "The Essential Impact of Context on Organizational Behavior", *Academy of Management Review*, Vol. 31 (2), 2006.

② 章凯、张庆红、罗文豪：《选择中国管理研究发展道路的几个问题——以组织行为学研究为例》，《管理学报》2014年第10期。

③ 贾良定、尤树洋、刘德鹏等：《构建中国管理学理论自信之路——从个体、团队到学术社区的跨层次对话过程理论》，《管理世界》2015年第1期。

④ 章凯、张庆红、罗文豪：《选择中国管理研究发展道路的几个问题——以组织行为学研究为例》，《管理学报》2014年第10期。

"羊肠小道"，还是"综合之道"，都只是理论阶段性特征的具体体现，所以将理论付诸实践，在实践中不断检验理论，实现理论的不断完善与升华，从而追求管理理论的一般性与普适性，才是这些不同的理论创新道路的最高发展形态。由此，我们提出推论 1。

推论 1：中国管理学者正在尝试的"康庄大道"——中国管理理论，"羊肠小道"——管理的中国理论，以及"综合之道"——同时较高程度地追求理论探索与理论开发等理论创新途径，这都是通往普适性管理理论的可行路径。

3. 各种理论创新道路之间的必要张力

现实具有复杂性与多面性，希冀管理理论对动态的管理实践与组织提供一致性和稳定性的解释是不现实的。[①] 普尔和范德维勒（Poole 和 Van de Ven，1989）认为，组织理论只能对现实与管理实践提供不完整的、内部一致性的解释，因此，一个好的管理理论一定是对管理实践进行有限的、相对精确的阐述，而不是试图覆盖现实的全部维度，否则势必会失去管理理论固有的简约性特征。另外，管理者的有限理性特征导致任何管理研究都不是价值无涉的，也不可能实现对真实管理世界的完全反映，所以任何一种管理理论对管理实践进行的理论化阐述，都只能是对实践的一种片面解释，体现了理论构建者个人的价值主观性。[②] 因此，同时追求各种不同的理论视角与理论解释，实现不同的管理理论在互相竞争的同时也互相补充、互相揭示，有利于共同呈现较为真实、较为全面、较为动态的管理实践，而追求这些不同的理论观点的协同效应，不仅更有利于揭示管理世界与现象的真实面目，更有利于中国管理学者更全面、更系统地认识正处于转型时期的中国特殊的管理实践与现象，也有利于创造与传播新的管理知识。

作为一种特殊的知识体系[③]，管理理论在不同学者的视角中却有着不同的地位与作用。苏达比（Suddaby，2014）认为，管理理论作用与价值大致

① Poole, M.S., Van de Ven, A.H., "Using Paradox to Build Management and Organization Theories", *Academy of Management Journal*, Vol. 14 (4), 1989.

② Van de Ven, A.H., Johnson, P.E., "Knowledge for Theory and Practice", *Academy of Management Journal*, Vol. 31 (4), 2006.

③ Van de Ven, A.H., Johnson, P.E., "Knowledge for Theory and Practice", *Academy of Management Journal*, Vol. 31 (4), 2006.

体现在四个方面，即知识积累（knowledge accumulation）、知识抽象（knowledge abstraction）、价值规范（normative value）与知识合法化（legitimate knowledge）。虽然这些不同观点对管理理论的认识及其价值主张互相迥异，甚至互相矛盾，但是学者不应该纠结于这四种不同的理论价值体现，因为它们之间的相互斗争（competition）和张力（tension）正是产生有效知识的重要途径。① 因此，中国管理研究较高程度的理论探索与开发过程——无论是"康庄大道""羊肠小道"，还是"综合之道"——本身就是积累、抽象、规范和合法化的知识价值的重要体现，学者不应该提倡将来使得某一种理论创新途径占据绝对的主导地位而忽视其他理论创新路径，因为真正的知识创造来自不同理论之间相互斗争而形成的无形张力。

无论是对世界范围的管理研究"从匀质化到多元化"的呼吁②，还是中国管理学科科学的发展，对现实世界、管理实践与现象进行理论化提炼、概括并形成多元化的观点与理论，本身是一个必要的过程，因为抽象能力（abstraction）与一般化概括能力（generalization）是人类在文明化进程中的固有的能力与天生的活动，理论建构作为这种抽象能力的一种方式，是知识创造与积累的重要形式③。这些多元化的理论、模型与观点之间互相比较、互相竞争的目的并不是为了生产管理理论本身，也不仅仅是探索新的管理理论抑或是应用、开发与完善已经存在的理论，而是为了创造管理新知与传播更多的科学知识，从而帮助人类更好地理解和解释外部的真实管理世界。因此，我们提出第二个推论。

推论 2：中国学者正在努力尝试的中国管理理论、管理的中国理论以及其他的理论创新路径，都是通往普适性管理理论的可行道路。但是这些不同的理论路径都是中国管理学者为全球管理知识做出贡献的中间途径，而不是中国管理研究的最终目的。共同追求这些有益的、互相竞争的多元化理论创新道路，从而使得它们之间达到有机的动态平衡，可以形成促进中国管理研

---

① Suddaby, R., "Editor's Comments: Why Theory?", *Academy of Management Review*, Vol. 39 (4), 2014.

② Tsui, A. S., "From Homogenization to Pluralism: International Management Research in the Academy and Beyond", *Academy of Management Journal*, Vol. 50 (6), 2007.

③ Suddaby, R., "Editor's Comments: Why Theory?", *Academy of Management Review*, Vol. 39 (4), 2014.

究理论探索与开发的张力，从而促进中国管理学科科学的发展，进而有利于科学知识的发掘与促进，有利于为全球管理知识做出贡献。

4. 理论与实践之间的必要张力

无论是对全球的管理学者还是中国管理学者，理论与实践，以及科学严谨性与实践相关性一直都是学术界与实践界持续关注与争论的话题①，也是中国管理研究的基本出发点与研究目的②，即使中国管理理论与管理的中国理论这两条理论创新道路被巴尼和张书军（2009）提出后在国内外学术共同体内受到一定程度的认可，而且在很大程度上为中国管理研究的前进方向提供了重要参考价值。这种科学严谨性与实践相关性之间的争议难以消除③，但正是这种争议产生对二者同时追求的共同压力，进而在二者之间产生张力，形成促进管理学科健康发展的基石④，这种必要的张力对中国管理研究释放出促进中国管理学科科学发展的正能量，充分体现了"管理学发展的两条路线：一条是科学化路线；另一条是人文化路线……这两条路线在向未来的延展中，不管哪一条，只要单兵突进发展迅速，另一条就会产生一种矫正效应。正面上的不相交，却在事实上互相把对方拉到自己影响力所及的范围内。尽管二者的基本倾向是互相排斥对方，却正是因为排斥而产生引力，从而调整着管理学的发展方向"⑤。

然而，从目前的研究来看，无论是中国管理理论、管理的中国理论，抑或如我们识别出的综合之道、冯·格利诺和蒂加登（2009）的"康庄大道与羊肠小道的折中"、梁剑平（2009）的"其他三种理论视角"（开发普适性的管理理论、融合中西方的管理理论与中西管理理论的动态互动）、章凯等（2014）的"发展理论的路径模型"、赵曙明和蒋春燕（2009）的"两条道路的交叉"等，不难看出这些都只是较高程度的管理理论开发与探索

---

① Van Aken, J. E., "Management Research as a Design Science: Articulating the Research Products of Mode 2 Knowledge Production in Management", *British Journal of Management*, Vol. 16 (1), 2005; 高良谋、高静美：《管理学的价值性困境：回顾、争鸣与评论》，《管理世界》2011 年第 1 期。

② Von Glinow, M. A., Teagarden, M. B., "The Future of Chinese Management Research: Rigour and Relevance Redux", *Management and Organization Review*, Vol. 5 (1), 2009.

③ 高良谋、高静美：《管理学的价值性困境：回顾、争鸣与评论》，《管理世界》2011 年第 1 期。

④ 高良谋、高静美：《管理学的价值性困境：回顾、争鸣与评论》，《管理世界》2011 年第 1 期。

⑤ 刘文瑞：《管理思想演变中的张力》，《管理学家（实践版）》2012 年第 12 期。

的具体体现，这些不同途径的基本出发点和最终目的都还是理论创新。虽然
中国管理学科需要借助理论创新提高其世界话语权与其合法性地位，但是对
理论价值的过度强调很可能会限制管理理论不同的子群体之间知识的有效流
动与传播，过度的关注理论探索与开发可能会使已有的、已经较为碎片化的
学术共同体更加碎片化，这种对理论的过分关注而忽视其他非理论性的研究
最终可能会限制管理知识的有效创造。① 同样地，针对管理的中国理论这条
道路，曾俊华（2009）对本土管理理论可能的过度探索与繁衍提出了更具
讽刺意味的观点——"因此，如果理论创新方法（管理的中国理论）在世
界范围内备受推崇，我们将很快看到的不仅是'管理的中国理论'，而且是
不同国家和地区（如上海和苏格兰）的管理理论。作为整体的管理学科，
这样的发展健康吗？"近年来，已经有学者另辟蹊径，开始提倡除理论创新
之外的其他管理研究途径，如提倡顶级管理学期刊应该给予那些数据集有趣
和重要的发现相对更高的评价，尽管这样的文章其理论贡献不能即刻显现或
是其研究发现不能融入目前的理论架构之中。② 其实，关注管理实践、直面
中国管理实践并不只局限在理论创新上，中国管理学者或者还可以采取汉布
里克（Hambrick，2007）和曾俊华（2009）等学者的建议，或者尝试寻找
与发掘中国管理实践中特殊的实证规律，如描述性统计研究、"雾霾调查报
告"之类的发现研究，以及曾俊华（2009）关于迷信与商业决策的关系之
类的探索性发现研究等，因为很多时候一项重大研究发现往往是基于真实的
实践与现象而实现突破的，与实践结合最为紧密，对人类实践、人类生活的
改善更具有影响力。这样的研究思路无论是对自然科学还是社会科学都是一
样的，对于管理学这门实用性很强的学科应该更是如此。

　　我们认为，中国管理研究应该包括理论与非理论研究，既包括理论创新
研究，又包括管理实践的揭示与探寻，而理论与实践之间的必要张力是管理
学者为全球管理知识做出贡献的前提条件，因为有效的科学追求是对知识生

---

① Suddaby, R., "Editor's Comments：Why Theory？", *Academy of Management Review*, Vol. 39（4），2014.

② Hambrick, D. C., "The Field of Management's Devotion to Theory：Too Much of a Good Thing？", *Academy of Management Journal*, Vol. 50, 2007；Tsui, A. S., "From Homogenization to Pluralism：International Management Research in the Academy and Beyond", *Academy of Management Journal*, Vol. 50（6），2007；高良谋、高静美：《管理学的价值性困境：回顾、争鸣与评论》，《管理世界》2011 年第 1 期。

产系统的共同的、制度性的承诺（a collective and institutionalized commitment to a system of knowledge production）。若过度强调与关注理论的开发与探索，而忽视了其他重要的知识创造途径①，无形中只会导致管理学科出现更加碎片化趋势的可能性，同时可能使得管理范式更加难以建立与保持一致性，也可能会更加动摇中国管理学科在中国乃至世界社会科学研究中的合法地位。因此，作为时代的弄潮儿，中国管理学学者应该更加全局地思考管理理论在中国管理研究中的重要作用，并充分认识到追求科学知识并为全球管理知识宝库贡献自己的力量才是我们为学的最重要目标。中国管理学学者应该承认，对科学的追求以及对知识的创造与贡献，不应只是开发中国管理理论与探索管理的中国理论，因为理论只是知识生产这个科学系统的一个产物与反映。② 任何一种理论创新途径都只是知识生产、积累、传播与共享的中间途径与过程，而绝不是最终目的和归宿，中国管理学学者应该关注理论对于科学探索与知识创造的价值，也应该至少同等程度地关注知识创造与积累的其他有效途径，这些理论与非理论研究相辅相成，殊途同归，其间的张力应该是与全球管理知识形成良性的知识循环，互相促进，如图 13-2 所示。因此，我们提出推论 3。

推论 3：中国管理研究不应该只存在理论创新的道路——无论是中国管理理论和管理的中国理论，还是同时较高程度的理论探索与理论开发——还应该存在除此之外的其他路径选择，如描述性实证研究、发现中国管理实践的特殊规律等。这些理论与非理论的管理研究相辅相成，在共同推进中国管理研究与中国管理学科学发展的同时，也在无形中形成了促进理论与实践有机互动的张力，更有利于为全球管理知识做出贡献。

---

① Suddaby, R., "Editor's Comments: Why Theory?", *Academy of Management Review*, Vol. 39 (4), 2014.

② Suddaby, R., "Editor's Comments: Why Theory?", *Academy of Management Review*, Vol. 39 (4), 2014.

第十四章

中国管理学本土化的讨论、分析与研究

　　"管理学本土化""管理学在中国""中国管理学"是中国管理学发展过程中始终不能回避或绕开的重要命题，其中又有"管理学中国化""中国管理学构建"等多种提法。在第五章曾经提到过，围绕这一命题的关注和关切集中在"两个相辅相成的问题上：第一，在研究工作科学化的进程中出现'洋八股'的现象，忽略了对实践问题的研究——与管理学科的特性和本质有所背离；第二，在研究工作国际化的进程中放松了对中国问题的探讨——完全地模仿、照搬，与传统的中国哲学思想、思考方式，特别是与国情有所背离"①。我们也知道，对于管理学发展问题的研究和讨论不仅仅体现在管理学中，类似的问题在其他学科，诸如哲学、经济学、社会学等社会科学中都同样存在，只是因各个学科之间在学科发展过程、历史传统等方面的差异而有所不同，管理学似乎更为突出而已。

第一节　相关问题的讨论回顾

　　在前面有关中国管理学的研究中已经或多或少地对相关问题进行了讨论，为便于更为深入地进行分析与讨论，现将有关问题的讨论再集中回溯，以便更好和更深入地进行研究与讨论。

---

　　①　摘自本书第五章第二节中对中国管理学发展的阶段性回顾内容。

一、历史的回顾

西方文化知识在明朝开始进入中国，也就出现了"向西方学习""西方化"，以及东西文化的区分和对垒的问题①，这也是被人们描述为"西学东渐"的过程。钱乘旦和许洁明在他们所著《英国通史》的"前言"中讲道："对中国人来说，英国是最早出现在我们面前的西方国家，也是迫使中国打开国门的第一个国家，对此，我们抱着复杂的心情。……英国开创了世界的一种新文明，这种文明对多数国家来异质的，不接受它不可能，接受它却又很痛苦。""在世界所有国家中，大概只有英国在产生并发展这种文明时，社会所经历的震荡最小，世人所感受的心理落差也最少。用学术的话语来说：英国是一个'原生型'的或'自发型'的现代化国家，'原生型'或'自发型'国家非常少，寥寥无几；多数国家是'派生型'或'触发型'，是被迫进入现代化的，其历史的自然进程被打断，被迫走上一条它原本也许根本不会走的路，所以，心理上的迷惘是可想而知的，历史上的震动也特别大。"② 作为具有五千年历史与文化从未曾中断的中国来讲，产生这样的"迷惘"和受到的"震动"之强是不难想象的。从近代一百多年的历史看，这一过程经历了学习科学技术、改良政治制度和批判自我文化的三个阶段，对应的历史事件就是洋务运动、戊戌变法、辛亥革命和五四运动③，也始终伴随着如何学习、看待西方文化与中国（东方）文化的问题，甚至出现不时的纠结和纷争。更为具体地讲就是西方文化与中国（东方）文化孰优孰劣，在优与劣的辨别和判定下，究竟应该"中体西用"，还是"西体中用"，甚至诸如完全否定向外国学习、"全盘西化"等其他的选择。由于近代中国所处的特殊历史环境，在学习过程中加上了数千年的民族和文化情节，因此也显现出与其他国家不太一样的争论与辨析。这如同梁漱溟认为的"别的民族不感受东西文化问题的紧迫，而单单对中国人逼讨一个解决！可见这个

---

① 梁漱溟：《东西文化及其哲学》，中华书局 2018 年版，第 3—4 页。

② 钱乘旦、许洁明：《英国通史》，上海社会科学院出版社 2012 年版，第 1 页。

③ 梁漱溟：《东西文化及其哲学》，中华书局 2018 年版，第 4—6 页；李泽厚：《中国现代思想史论》，生活·读书·新知三联书店 2008 年版，第 334 页。

问题在中国绝不是远的问题而是很急迫的问题了"①。

二、港台学者谈管理本土化的工作

2001 年 5 月 20—22 日在香港城市大学开过"第一届华人管理本土化国际学术研讨会",会后由香港城市大学商学院华人管理研究中心内部出版了会议论文集《华人管理本土化之开拓》一书,其中有会议的发起者之一的香港城市大学商学院副院长游汉明教授撰写的论文《华人管理营销本土化研究之众生相》,文章开篇就以"绪言:本土化之萌芽"为题,对 2001 年之前的华人管理学本土化工作进行了较为详细的回顾。

游汉明研究的主要方向是市场营销,所以在这篇文章的开头就讲道:"在近代华人社会里,华人管理营销(以下简称"管理")本土化的活动远在七十年代末期便已经开始。当时的活动主要集中在港台两地。"② 文章回顾了华人管理本土化过程中论点不够一致的两派的学术观点:有一派认为管理并无地域之分,不应在日本称日本管理,而在中国就叫成中国管理;而另一派认为由于文化因素会对人的思想和行为有极其重要的影响,而出现根据地域(如国家)不同的管理学,如中国的华人管理或中国式管理,亦有称为管理学本土化或本土管理学。游汉明认为持有后一种认识的活动较为积极和活跃,对后期的影响更为深远。

游汉明在回顾中还介绍到,香港中文大学闵建蜀在 1982 年以本土化的概念编写了市场管理的教材,并于 1984 年举办了有关"中国式管理"的研讨会,大陆著名的学者蒋一苇参加了会议。1987 年、1988 年,游汉明在香港浸会大学主办过两次有关香港管理情况的研讨会,1994 年游汉明在香港城市大学举办了"中国式企业管理之理论化"的研讨会,大陆学者陈炳富、黎红雷、王竞,香港学者闵建蜀、冼日明、陈兴龙、陈志辉、曾自信,台湾学者黄俊英,新加坡学者王昭虎等人参加了会议。1996 年,香港城市大学商学院成立了华人管理研究中心,并于 1997 年、1999 年举办了第一、二届

---

① 梁漱溟:《东西文化及其哲学》,中华书局 2018 年版,第 16 页。
② 游汉明:《华人管理营销本土化研究之众生相》,载游汉明主编:《华人管理本土化之开拓》,香港城市大学商学院华人管理研究中心 2001 年版,第 1 页。

"华夏文明与现代管理"研讨会。[①]

　　这篇文章中还介绍了中国台湾地区管理本土化的研究情况。游汉明认为："（中国）台湾（地区）管理本土化的发展实受了当时台湾心理学本土化的影响。"[②]在中国台湾地区的管理学界，台湾政治大学杨必立 1974 年率先开始编写本土案例。20 世纪 80 年代是中国台湾地区管理/营销本土化运动的丰收期。在这一期间出版的教材和著作有曾仕强的《中国管理哲学》（1981）、《中国的经营权管理》（与刘君政合著，1983）、《中国的经营理念》（1984），陈国钟的《中国式经营管理哲学与营销管理艺术》（1983），杨国枢、曾仕强的《中国人的管理观》（1988）。台湾成功大学的陈正男举办了第一届、第二届"两岸中国文化与经营管理"研讨会。[③]

　　游汉明在文章中指出，进入 20 世纪 90 年代，本土化的著作更为丰富。这里有曾仕强的《掌握中国人性的管理法》、《圆通的人际关系管理法》（1992）、樊和平的《中国人文管理》（1995）、成中英的《C 理论：易经管理哲学》、游汉明的《消费者行为在中国》（英文版，1995）、李少明等的《中国的改革与工商经营》（2000）。

　　面对管理学界较为丰厚的研究学术成果，游汉明认为："管理本土化的发展愈来愈蓬勃，参与的人愈来愈多，可是发展的方向依然不前，并令人有原地踏步的感觉。"他认为，出现的问题主要体现在"重复前人的研究工作：这主要的原因是撰文的人没有对文献进行应有的追（述）和评核，故根本不知道其他学者已经对同类的课题作出研究。本土研究缺乏扎根的基础：不少学者在对基本概念认识不足的情况下进行实证调研，于是研究成果缺乏效度和信度，徒然浪费金钱、时间和精力。过度注重研究方法，而不寻求充分掌握对本土文化的认识：于是虽有堂皇的研究报告，但内容却缺乏解

　　① 游汉明：《华人管理营销本土化研究之众生相》，载游汉明主编《华人管理本土化之开拓》，香港城市大学商学院华人管理研究中心 2001 年版，第 1—11 页。

　　② 游汉明：《华人管理营销本土化研究之众生相》，载游汉明主编：《华人管理本土化之开拓》，香港城市大学商学院华人管理研究中心 2001 年版，第 2 页。

　　③ 从网上可以查询到的资料显示，该会议后来成为台海两岸管理学界研究管理学本土化重要的学术平台，成功大学后续分别与华东理工大学、中国人民大学、武汉大学、四川大学、中国科技大学、山东大学、浙江大学、南开大学、中山大学等学校合作举办了"两岸中国文化与经营管理"研讨会，取得了较为丰硕的学术成果。"两岸中国文化与经营管理"会议在 2010 年之后再也没有见到相关的报道。

释力，无法与本土情况接轨"①。

游汉明根据自己多年的研究和观察，以"对本土化研究之热忱""研究方法之能力""对中华文化之认识""对研究本土化之目的"为指标勾勒了"管理本土化之众生相"（见表14-1）。

表14-1　管理本土化之七大众生相

	对本土化研究之热忱	本土化研究方法之能力	对中华文化之认识	对研究本土化之目的
绿杨型（秋千型）	低	一般较弱	弱	不确定
吸星大法型	不确定	弱	弱	弱
内功型	强	不确定	强	强
外功型	不确定	强	一般较弱	强
阴阳互补型	不确定	中	中	中
随波逐流型	变动	弱	弱	没有
汉奸型	低	不确定	一般较弱	不重要

参考资料：游汉明：《华人管理营销本土化研究之众生相》，载游汉明主编：《华人管理本土化之开拓》，香港城市大学商学院华人管理研究中心，2001年，第7页。

游汉明对"管理本土化之七大众生相"分析的结论是："我们很难说这七大类研究者哪一类较为成功。但是我们可以从众生相中找到三个重点。第一，汉奸型不可当。……做汉奸的只是利字当头，根本不知仁义为何物。第二，我们不要忽略：阴阳互补型在研究方法之能力和对中华文化之认识这两点的评分只是中等，故此这类型实在并非理想。但是，要找到一些能同时具备'内功型'和'外功型'优点的研究者实在凤毛麟角。作为研究华人管理本土化的学者，应向这理想进发，不断改造自己。内功型的多培养研究方法之能力；外功型者则须加强对中华文化之认识。第三，这分类的结果可以协助研究者作自我检讨之用。其实每一类别各有长短，每位研究者可了解自己属于哪一类而加以改进。研究者可以通过了解自己而不断进步，这样才能对华人管理本土化的研究作出更大的贡献。"②

---

① 游汉明：《华人管理营销本土化研究之众生相》，载游汉明主编：《华人管理本土化之开拓》，香港城市大学商学院华人管理研究中心2001年版，第3页。

② 游汉明：《华人管理营销本土化研究之众生相》，载游汉明主编：《华人管理本土化之开拓》，香港城市大学商学院华人管理研究中心2001年版，第7—10页。

　　研究"社会理论本土化"的中国台湾地区学者叶启政教授结合社会学的发展历程，从另一个层面解释了对这一问题的认识。他借用社会学的理论认为，在任何社会中，人与人之间存在优势与劣势之分，也就形成了优与劣不同的统制关系，以至于在社会结构中存在可以向其他区位"施以影响"的中心区域，这就是"中心—边陲"现象。①受这一社会特征的影响，"纵然中国文化传统已有颇具规模之高超的人文化成的文化成就，但是，19世纪以来，此一文化传统，碰上了西方具有高度生机控制性的科学文化，立刻就挡不住而逐渐瓦解，而使得整个社会沦为世界体系的边陲地带"②。"在工业化的过程中，技术与知识的结合是一种必然的导向。基于这个理由，一个边陲社会向中心社会学习技术时，势必连带地学习它们背后用以支撑的知识体系。说来，这是何以边陲社会的知识体系（或学术体系）深具移植性格的基本历史背景条件。"③叶启政认为，近现代以来，政府大力推行的留学制度，以及在"教育现代化"鼓吹下，"移植中心社会的学术制度与采纳中心社会的知识体系"，"模仿中心社会的教育制度"，如大学里面模仿西方发达国家（主要是美国）的课程设置，大量使用外文教材就是这一方面的体现。④作为中国台湾地区的社会学学者所讲的主要是中国台湾地区社会学的情况，但他运用社会学的理论解释中国台湾地区作为一个边陲地带社会学的发展过程和特点，也应该反映了中国进入近现代社会以来，一些学科领域，特别是人文社会科学上体现的特征。叶启政的分析也透析出社会学本土化工作中文化层面的思考，甚至就是憋屈，这在中国管理学改革开放以来的发展历程中也有所反映与体现，也对"管理学的本土化"问题出现的背景具有一定的解释性。

　　应该看到，随着中国大陆经济的迅速发展，国际地位的大幅度提升，管理学学科的发展与壮大，有关管理学本土化问题研究的学术中心逐渐转移到了中国大陆，这既可以从徐淑英教授将其研究工作的重点向中国大陆转移中看到端倪，也可以在随后的介绍中发现这一趋势。

---

① 这一观点在第十二章第二节曾经介绍过，可以认为这一观点与西方学者的研究成果有关。
② 叶启政：《社会理论的本土化建构》，北京大学出版社 2006 年版，第 40 页。
③ 叶启政：《社会理论的本土化建构》，北京大学出版社 2006 年版，第 38 页。
④ 叶启政：《社会理论的本土化建构》，北京大学出版社 2006 年版，第 43 页。

三、中国管理学本土化的工作

20世纪70年代后期起，我国管理学学科伴随着改革开放的大潮开始起步，得到了迅猛的发展，结合中国共产党的革命传统、社会主义革命与建设的经验，在全面引进西方发达国家管理思想、理论和实践的同时，参与中国管理学建设工作的第一代学者就高度注意到了要科学地把握西方管理理论与中国管理实践的问题。如马洪先生在为当时开始大量引进、翻译的《国外经济管理名著丛书》所撰写的前言中就强调指出："即使对国外经济管理中可资借鉴的地方，我们也不能盲目照搬，而必须从我国的国情出发，经过我们的分析和消化，为我所用，制定出一套适合我国情况的经济管理的科学制度。""理论是实践经验的总结、概括和提高，缺乏丰富的社会主义经济管理经验，缺乏对这些经验的科学总结，就难以提出深刻反映社会主义经济管理客观规律的社会主义经济管理理论。"[1] 长期在经济管理部门工作，具有丰富经济管理实践经验，并在改革开放初期多次组织和参与出国考察的袁宝华先生，在他担任中国人民大学校长期间的1983年1月提出了中国管理学科发展的目标："以我为主，博采众长，融合提炼，自成一家"。结合前面对中国管理学科发展历程的回顾可以看出，虽然在20世纪70年代末至80年代初中国管理学才刚刚起步，但一批经历过革命斗争，参与社会主义革命和建设实践工作的学者既清醒地认识到中国的改革开放离不开全面、系统地引进西方科学管理的思想、理论和方法，也更为清楚地认识到中国管理学的发展必须坚持理论与实践相结合，在认真、全面吸收各国先进管理思想、理论，乃至方法的同时，要紧密地结合中国的实践，逐渐形成自我的，也就是有中国社会主义特色的管理学思想、理论和方法。这不仅是实践性很强的管理学学科的需要，也是社会科学发展规律的体现，更是经过数十年中国革命斗争和社会主义革命、建设千锤百炼得到的真理。

但是，由于学科的建设不是易事，更由于管理学的发展过程受到学科发展基础薄弱，缺乏学术传统的积淀，少有学术泰斗、标杆的引导，受学科自身发展特点，特别是美国管理学学科学术思想的影响，以及社会主义市场经济建设过程中一些消极因素对学科发展的影响，中国管理学在这个已有基本

---

① 马洪：《国外经济管理名著丛书》前言，中国社会科学出版社1982年版，第14、16页。

结论的问题上出现了明显的摇摆和彷徨。

记得本研究课题负责人在参加教育部财经政法处 2000 年组织的一次全国性的《管理学》课程骨干教师进修班讲课时，一位在重点高校工作，并在管理学界具有较高声望的学者在讲课时就说到，目前中国管理学教师队伍的整体素质不够高，很多人都是在自己原学科（这位老师本科是学数学的）混不下去了就跑到管理学来找饭吃。当前的科学研究质量也不高，缺乏科学性的研究，如果哪一天，管理学的论文大部分人看不懂了，管理学就实现科学化了。[①] 当然，这位教授的说法引起的是听课年轻老师们的一片笑声。在随后我的讲课中，一些老师要我对上述老师的提法进行评价。由于我本科是学工科的，所以对第一个问题表示了不可置否的赞同，但也讲到了管理学界存在许多本科阶段不是学习管理专业，但后来却成为了管理学界的著名人物，如泰罗、法约尔、巴纳德、德鲁克、波特、明茨伯格、西蒙等都是如此，这应该也是管理学学科教育、研究工作中的一个鲜明特点。对于第二个看法，我认为，这位老师的看法既值得注意，但也有一些过于绝对。管理学在一定程度上是具有大众科学特点的学科，大企业的管理人员要学习，小企业（哪怕是一个小餐馆、理发店）的老板要学习，想成为企业家或管理人员的年轻人也要学习，当然，作为一门学科，开展深入的研究，撰写大多数人看不懂的科学研究论文可以是一部分学者的选择，但将管理学放进学术的象牙塔与社会隔绝不应是学科发展唯一甚至是主要的选择方向。在本书第五章可以看到，21 世纪以来是管理学学科在中国获得正式认可后（教育部、国务院学位办在 1998 年正式将管理学上升为一个学科门类）得到快速发展的时期，但这位老师在全国《管理学》课程骨干教师进修班上提出的问题具有一定的代表性，反映出那一阶段中国管理学界对管理学学科教师队伍素质的普遍关注，对科学研究成果不够规范的担忧。

伴随着这样的担忧和疑虑，中国管理学界开始了"科学化"的征程，这就是前面已经提到了的以徐淑英教授为代表的在中国管理学界普及组织与管理研究实证方法工作的推进。中国管理学界应该记得，21 世纪初始的几年中，有关组织与管理研究实证方法（包括各种统计、计量方法软件，如

---

① 由于历史久远，已经记不得原话了，这里仅为大意。

SPSS、SAS、Eviews 等）的各类教师培训班在全国遍地开花，一批港台地区的学者、海外的留学人员承担了主要的授课工作。希望在国外重要期刊发表论文，提高科学研究档次，改变管理学界长期多使用思辨方法，缺乏科学性研究的憧憬和认识，在相关制度设计的鼓励、制约中，以及一些具有数理、工科背景计量方法掌握较好学科老师的推动下，迅速成为中国管理学界的基本共识和学习、模仿的共同行为。这是中国管理学界教育、科研发生重大变化的"拐点"。观察这个转变及其"明显"的效果，可在具有代表性的教育部设置的"高等学校科学研究优秀成果奖（人文社会科学）"获奖名单中看到这一变化和趋势，并得到佐证。

从表 14-2 中可以看到，在 2011 年公布的"第五届高等学校科学研究优秀成果奖（人文社会科学）"获奖名单中，管理学一等奖中没有英（外）文（注：这里的划分是以获奖成果名单中所介绍的成果名称为英（外）文）发表并获奖的成果出现，在获得二等奖的 16 篇成果中有 2 篇是英文的，三等奖的 38 项成果中有 1 篇是英文的。而在随后的 2013 年、2015 年第六、七届"高等学校科学研究优秀成果奖（人文社会科学）"获奖名单中出现了较为明显的变化（见表 14-2）。

表 14-2　教育部第五、六、七届"高等学校科学研究优秀成果奖（人文社会科学）"各学科获奖英（外）文成果分布情况一览表

	第五届（英文成果/全部成果）	第六届（英文成果/全部成果）	第七届（英文成果/全部成果）
一等奖	统计学：1/1	管理学：2/5	管理学：1/5
			逻辑学：1/1
二等奖	管理学：2/16	管理学：3/23	管理学：3/27
	语言学：2/11	语言学：1/15	语言学：1/16
	世界历史：1/3	经济学：3/40	经济学：3/30
	经济学：4/48	心理学：1/4	法学：3/20
	法学：1/12	—	社会学：1/8
	社会学：1/6	—	心理学：4/5
	教育学：1/17	—	统计学：2/2
	—	—	交叉学科：1/8

续表

	第五届（英文成果/全部成果）	第六届（英文成果/全部成果）	第七届（英文成果/全部成果）
三等奖	管理学：1/38	管理学：14/45	管理学：23/51
	语言学：2/19	哲学：1/30	哲学：1/26
	经济学：2/61	逻辑学：1/2	中国文学：1/44
	法学：2/35	语言学：4/27	外国文学：3/15
	港澳台问题研究：1/2	外国文学：1/10	历史学：1/33
	—	经济学：3/91	考古学：1/2
	—	法学：5/39	经济学：9/89
	—	心理学：3/8	政治学：1/15
	—	统计学：1/3	法学：3/44
	—	交叉学科：2/18	社会学：1/18
	—	—	教育学：1/47
	—	—	心理学：3/9
	—	—	体育学：2/11
	—	—	统计学：1/6
	—	—	交叉学科：7/30
合计：	21/635	45/830	78/908

注：表中只统计了各个学科获得一、二、三等奖项目中有英文成果的奖项数和奖项总数。
资料来源：教育部网站（http://www.moe.gov.cn/）。

更为具体地讲，从表 14-2 中可以看出在 2001—2015 年三届教育部"高等学校科学研究优秀成果奖（人文社会科学）"的评审中，以英（外）文发表，并获得奖项的成果在学科分布和数量上都有明显的增加。这反映出，中国人文社会科学研究工作国际化的趋势增强，并取得了一定数量具有国际研究水平的优秀研究成果。表 14-3 是管理学、经济学和法学在这三届获奖项目数、英（外）文成果获奖项目及其所占比例的比较表，从表中可以很清楚地发现这三大社会科学学科之间的差异。在第五届"高等学校科学研究优秀成果奖（人文社会科学）"的获奖成果中，虽然获奖项目数、英（外）文成果获奖项目数存在一定的差异，但英（外）文成果获奖项目数在学科获奖总数中所占的比例分别为 5.5%、5.4% 和 6.1%，大致相同；但在随后的第六届、第七届中，经济学和法学在英（外）文成果获奖项目数及其所占比例上保持着基本的稳定，而管理学是一枝独秀，在英（外）文成果发表获奖项目数及其所占比例上均保持着大幅度增长的趋势，英（外）文成果发表获奖项目数均达到了两位数（19 个和 27 个），增长幅度高达 26% 和 32.5%。更需要注意的是，每届参与评奖工作的评委都是由教育部邀请，并在当届没有参与申报奖项的各个学科有较高学术地位的优秀学者组成，所以对获奖项目最终选择的结果应该是该学科领军人物对研究成果选择偏好与倾向性的反映，体现出对该学科科研成果优劣判断的基本价值倾向。根据这一判断，可以明确地得出以下结论：在这三大社会科学学科都存在国际化倾向的同时，学科发展历史更短、相对缺乏底蕴的管理学学科把英（外）文发表的科研成果视为优秀成果的认可度最高，这应该既展现了徐淑英教授为代表的研究团队 1999 年开始在中国大陆地区开始推进管理学学科研究工作科学化、国际化所取得的显著成果（工作成果显现与工作推行存在滞后性。还要注意到，徐淑英教授的工作不仅推动了中国管理学科学化、国际化的发展，也在改变管理学对科研成果优劣的价值判断），更反映出将国外杂志上发表的论文或研究成果视为学科的优秀成果在中国管理学界已经形成了基本的共识。

表 14-3　第五、六、七届"高等学校科学研究优秀成果奖（人文社会科学）"管理学、经济学、法学获奖英（外）文成果比较表

评奖的届数	管理学			经济学			法学		
	获奖项目（个）	英（外）文发表获奖项目（个）	英（外）文发表项目获奖所占比例	获奖项目（个）	英（外）文发表获奖项目（个）	英（外）文发表项目获奖所占比例	获奖项目（个）	英（外）文发表获奖项目（个）	英（外）文发表项目获奖所占比例
第五届	54	3	5.5%	112	6	5.4%	49	3	6.1%
第六届	73	19	26%	136	6	4.4%	65	5	7.7%
第七届	83	27	32.5%	135	12	8.9%	67	6	8.9%

注：获奖项目为评奖中当届该学科获奖的全部奖项数。
资料来源：教育部网站（http://www.moe.gov.cn/）。

　　但是，一篇被中国管理学界经常提到的论文讲述了两个论文作者研究工作中现实与预期出现偏差的问题："近年的一篇论文①查阅了发表在六大领先管理期刊《美国管理学会学报》（*Academy of Management Journal*）、《管理科学季刊》（*Administrative Science Quarterly*）、《国际商业研究杂志》（*Journal of International Business Studies*）、《应用心理学杂志》（*Journal of Applied Psychology*）、《组织科学》（*Organization Science*）和《战略管理杂志》（*Strategic Management Journal*）上以中国为样本的文章，证实了这一趋势。在这 6 本期刊上发表的 259 篇文章中，只有 10 篇介绍了关于中国情景下的管理新知识。95%以上的文章都在讨论和使用文献著述中流行的主题和理论，它们通常与中国毫不相干。如果文章不提样本的收集地，读者甚至不知道研究是在中国开展的。"② 这是徐淑英教授在批评"学术同质化"问题时所列举的例子。在探讨学术界应该如何追求"经济目标"和"社会目标"的问题时，徐淑英同样发现了中国管理学界普遍存在的问题："作为一个社会主义国家和新的研究情境，我们曾经预期，中国的管理研究受传统或现有制度规范的约束会更少，而且在研究的影响类型上会更加多样化。利用沃尔什（Walsh）等人在研究中采用的方法论，我们分析了 2005—2012 年间在六大领先管理期刊（AMJ、ASQ、JAP、JIBS、OrgSci 和 SMJ）上发表的包含中国样本的 312 篇文章。我们还分析了 2005—2012 在 MOR 上发表的 134 篇文章，以及 1983—2012 年间在三大中国领先期刊上发表的 2388 篇文章。结果令人震惊，对经济影响的强调不但居主导地位，而且在中国期刊上表现得更为突出。从组织和个人两个层面来看，中国期刊上 94%的研究侧重经济影响，而在六大英文期刊以及 MOR 中这一比例分别为 82%和 69%。"③ 在徐文分析样本所选的时间窗口与三届"高等学校科学研究优秀成果奖（人文社会科学）"评选工作中对研究成果发表的时间要求大致相近的条件下，她发现了两大问题：研究成果脱离中国国情，"通常与中国毫不相干"；有悖于

　　① Jia, L. D., You, S. Y., Du, Y. Z., "Chinese Context and Theoretical Contributions to Management and Organization Research: A Three-Decade Review", *Management and Organization Review*, Vol. 8（ISI）, 2012.

　　② 徐淑英：《科学精神和对社会负责的学术》，《管理世界》2015 年第 1 期。

　　③ 徐淑英：《科学精神和对社会负责的学术》，《管理世界》2015 年第 1 期。

社会主义制度特色，"强调增进企业的经济财富（及股东财富），且经常以牺牲其他利益相关方的利益为代价"，就更进一步发现和说明存在的问题了。问题的发现虽不能因此就简单地否定管理学学科在这三届获奖的科研成果，但徐淑英教授研究工作中具有代表性的大样本，结合管理学研究工作中世界性趋势分析所得出的结论，却能够提醒中国管理学界需要思考的问题，是否在大至学科评价标准的规范与确立，科学研究路径的选择，小至各类评奖指标的界定与工作过程中，特别是在重要的学术奖项的评审、国家基金科研项目立项的工作中，区分发表在国外优秀期刊和发表在祖国大地上的成果的作用、效果和差异不仅会影响学界学术的风气，而且还会影响学科发展的方向。

类似问题的揭示和发现成为中国管理学在经过 20 余年发展后，中国管理学界一批学者发出需要进行管理学本土化强烈呼吁的重要起因。

这一时期国内外学者对中国管理学界存在的问题，特别是对科学研究是否脱离实践，是否应该实现或回归本土化研究，中国管理学究竟应该选择什么方向和道路发展进行了全面、深刻的反思，甚至对一边倒的批评进行过介绍，也是在介绍中已经提到，中国管理学界自从改革开放恢复、发展以来一直伴随着自我的批评与反思，但引起规模很大，关注十分聚焦的反思应该是前面提到过的一个人、一本杂志、一批学者和与这一个人、一本杂志和一批学者参与的几个会议。

2007 年，已经在国家自然科学基金委管理科学学部主任岗位上工作了三年的郭重庆院士，在《中国科学院院刊》第 2 期上发表了题为《中国管理学界的社会责任与历史使命》的文章，并被《管理学报》2008 年第 3 期全文转载。该文以中国正处于伟大的历史变革时期，正面临着规模空前的经济转型和社会公平的挑战为分析背景，在积极评价了科技界、经济学界和社会学界所取得成果的同时，指出"中国管理学界的历史传承较少，近 20 年来埋头引入消化西方管理学的理论、方法、工具，略显稚嫩，对中国经济与社会发展的管理实践插不上嘴，需求不足与供给不足同时存在，问题是摆脱自娱自乐尴尬处境的出路何在？"[1] 借助冯友兰先生发展中国哲学"照着讲"

---

① 郭重庆：《中国管理学界的社会责任与历史使命》，《管理学报》2008 年第 3 期。

转到"接着讲"的思想，他认为中国管理学界也到了"接着讲"的阶段，因而提出了"三个接着讲"："接着中国传统文化讲"，"接着西方管理学讲"，"接着中国近现代管理实践讲"，并要求"中国管理学界应直面中国管理实践"，"多做些中国管理实践的实证研究"，"队伍建设培育科学精神和科学方法"，"建立科学的学术评价体系"。有人认为，郭重庆对中国管理学科发展的建议和思考将成思危先生提出的中国管理科学的发展战略目标"提高水平，走向世界"，明确为"立足中国，走向世界"。①

创刊于 2004 年 7 月的《管理学报》是这一次管理学本土化学术活动重要的推动者和实践者。《管理学报》在办刊的初期就十分明确地将杂志定位于："功能定位——管理学在中国发展的反映者与推动者；内容定位——全方位、大视野、好问题、真争鸣；读者定位——在中国实践与中国文化的基础上构建管理学的管理学者和企业家。""确立了'中国'、'实践'、'文化'3 个办刊关键词，从此走上差异化之路。"② 本研究工作的负责人曾受《管理学报》编辑部的邀请参加过杂志办刊初期的一些会议或座谈会。记得在一次座谈会上，在生产作业排序、计算机集成制造系统（CIMS）和现代生产管理方面有着重要贡献的一位学者讲到，我一辈子研究生产作业的优化排序，但在企业生产中很少用到。去美国问过一些企业的管理人员，他们熟悉的就是德鲁克，而不是别人。一位研究运筹学的老师指着《管理学报》上发表的一篇由当时已经开始申报院士的学者与他人合作的文章讲，这篇文章我看到一半就发现推导出现了错误。这些在管理学界能够经常听到的意见和看法应该对《管理学报》的办刊思想有所影响。更为确切地讲，是受到郭重庆，以及郭重庆所代表的国家自然科学基金委员会管理科学部对中国管理学发展方向与定位认识、建议的影响，《管理学报》在刊物的栏目中先后设立了"中国管理论坛""学术探索""中国管理理论介绍""中国管理学派园地"，最后在 2007 年定格为"管理学在中国"，还设立了为了便于学术交流性争论和发问的栏目"争鸣与反思"。杂志这些栏目的设立不仅很快凝聚了一批中国管理学界的学者，发表了一些批评意见较为尖锐、探索性较

---

① 本刊特约评论员：《试问管理学——管理学在中国侧议》，《管理学报》2007 年第 5 期。

② 张金隆、蔡玉麟、张光辉：《百期奠基 十年筑梦——〈管理学报〉十年回顾》，《管理学报》2014 年第 3 期。

强、学术思想较为深邃的文章，也使管理学报成为研究和探讨中国管理学发展的重要学术阵地（见表14-4）。

表14-4　2008—2019 年《管理学报》有关栏目发表文章数量一览表

	2008	2009	2010	2011	2012	2013	2014	2015	2016	2017	2018	2019	合计
管理学在中国	17	26	34	58	50	46	45	42	46	33	33	41	430
争鸣与反思	0	0	0	9	5	10	5	2	6	25	7	2	69
直面中国实践管理研究专辑	0	0	22	0	0	0	0	0	0	0	0	0	22
合计	17	26	56	67	55	56	50	44	52	58	40	43	564

注：统计假设有关"中国·实践·管理""管理学在中国"问题探讨的文章主要发表在《管理学报》以上3个栏目，数据来源见《管理学报》各年总目次。

在国家自然科学基金委员会管理科学部的支持下，《管理学报》2007 年9 月与西安交通大学中国问题研究中心共同发起，并于 2008 年 7 月与其他 4家单位在西安交通大学召开了第一届"管理学在中国"学术研讨会（该学术研讨会已经连续办了 9 届）；2010 年 11 月与中国科学院数学与系统科学研究院共同主办了"中国·实践·管理"论坛（该论坛已经连续举办了 7届）；2012 年 1 月与南开大学共同主办了以"探讨'组织创新与人力资源管理变革'"学术前沿的第一届"中国人力资源管理论坛"（该论坛已经连续举办了 4 届）；2014 年 2 月与武汉大学经济与管理学院共同主办了首届"中国本土管理研究论坛"（该论坛已经连续举办了 3 届）。这些紧扣"中国""管理""人""本土""实践"的会议主题词在"严守法约尔定义的管理边界"的基础上，积极、有效、大力地推动了对中国管理学科发展方向、路径和方法在本土、实践方面的研究工作，在一定程度上引发了中国管理学界对中国管理学科走过道路的反思，以及对未来发展方向的思考。上述每个会议都会在参会的论文中评选优秀论文，并把优秀论文列为《管理学报》优先发表的论文。这一制度设计也为杂志获得本土化研究的优秀稿源提供了保证。

在《管理学报》刊登和以上各个会议提交的文章中，有一些作者的观点是值得回顾和介绍的。刘源张院士在第二届"中国·实践·管理"论坛上以与会议同名的议题作了大会发言。虽然我们都知道，刘源张院士是中国著名的质量管理专家，曾经为推进中国企业的质量管理工作作出过很大的贡献，但他在发言中却把自己看作非管理学术圈的人。他在肯定自然科学和技术科学、理论与实践方面"大大接近"的同时，认为管理学依旧存在理论与实践脱节的问题，这也就是举行会议讨论这个"老、大、难"问题的原因。刘源张院士认为要回答学术研究和实践工作中所谓的"用"是"一道难题"，但有三个"绝不是"："第一，绝不是在所谓的顶级期刊上发表文章。第二，绝不是哗众取宠，以求得一官半职。第三，绝不是形成'学派'，拉山头当大王，以此成为'大家'的捷径。""'用'是要让组织、社会、国家感到有用，能解决它们的问题，能促进它们的发展，能增长它们的效益和福利，能有助于达成它们的和谐。"他认为"时代感，使命感，科学感"产生的过程是，"首先领会领导的意图，再来摸清群众的情绪，最后选用科学的方法"，并视为"中国管理实践的指导思想"，认为当前在高校里的青年学人缺乏"三感"，"'科学感'也许有，不过它不是为'时代'和'使命'服务的"。刘院士还以《管理学报》2009 年一篇对 CSSCI 2005 — 2006 年我国管理学研究热点分析的文章为例说："不管怎么说，当我看到那篇 CSSCI 关键词的调查时，我真的感到，中国管理学离实际太遥远了。说实话，那头 10 位的文章，我很少阅读，偶尔翻翻，不是'外国人嚼过的馍'，就是'无的放矢'。"虽然刘源张院士将问题出现的原因归结于"时代潮流太急功近利"，"加上高教当局的瞎指挥"产生的"指挥棒"，但他认为，"自己的信念也是一个关键因素"，要认识到："中国是处于一个什么样的时代，是一个急需软实力的时代"，"外国人解决不了中国的管理问题，更不会为中国培养软实力"。①

《管理学报》编辑部以本刊特约评论员（以下简称"评论员"）的名义发表过两篇似在探讨问题，实在总结问题发现，特别是为了引导问题讨论深入的文章。在 2007 年 9 月发表的《试问管理学——管理学在中国侧议》一文中，评论员借助德鲁克对管理活动的认识和界定，从涉及管理学的名词术语（如管理学与管理科学、管理现象与管理活动、管理学与一般管理学、指导性与实践性、管理文化与组织文化、管理哲学与管理学），以及国家自

---

① 刘源张：《中国·管理·实践》，《管理学报》2012 年第 1 期。

然科学基金委员会管理科学部科研经费（讨论了管理科学部的战略目标、学科结构）入手分析后发问："对于我国的管理实践，德鲁克的管理学是否足够？如果是肯定的，我国管理学者的任务是什么？如果答案是否定的，就应该全面研究管理科学、管理技术与管理艺术，创建能够指导我国管理实践的完整的管理理论——这一理论的学科架构是怎样的？经过严密审定的名词术语之间的逻辑联系是怎样的？学术界与企业界脱节的历史性痼疾怎样才能消除？实业界和行政系统能够经常而简便地将其运用于日常的管理工作中吗？这些都是'管理学在中国'应该回答的问题。"① 经过 6 年的审稿、编辑工作，以及多个学术会议的组织、参与和学术交往，《管理学报》2013 年第 4 期又发表了评论员文章《再问管理学——"管理学在中国"质疑》。文章"通过对管理学的 3 个视角（场域、属性、路径）以及对研究管理学的主体（管理学者）的 2 个视角（使命、品格）的反思，试图勾勒出我国管理理论研究的现状和亟待解决的问题"②。在对管理学的"场域"分析中，评论员认为，管理学的核心范畴少有问津，出现了"泛化和空洞化"，究其原因主要是研究对象未统一；理论与实践研究区分不够；国家教育部门学科设置和科研基金管理部门在立项工作中的"推波助澜"作用。分析管理学的属性时，评论员提出了"管理学有基础理论吗？"的质疑。在分析中，评论员认为，其原因是管理学中难见布什模型中的基础理论；管理学究竟是科学研究还是应用研究也分不太清楚；还以十分委婉的批评口吻认为国家自然科学基金委管理科学部在多年资助的项目中"很难找出基础研究的痕迹"。评论员以"有中国管理学吗？"的诘问方式提出了中国管理学者的使命，即理论探索的路径问题。评论员一方面认为伴随着西方管理学的"水土不服"和中国"管理实践活动的丰富和管理经验的积累"，国家自然科学基金委管理科学部制定的战略规划，进入 21 世纪后"'中国管理学'在学界的广泛影响已经形成，是值得深入讨论的"；另一方面由于"名词术语界定不清""理论的丛林""人性假设未能接近人性的真相""快速变化的环境"等因素的影响，而出现了诸如是否存在"普世的管理理论？"是否"需要按国别

① 本刊特约评论员：《试问管理学——管理学在中国侧议》，《管理学报》2007 年第 9 期。

② 本刊特约评论员：《再问管理学——"管理学在中国"质疑》，《管理学报》2013 年第 4 期。

（文化）再去构建管理学？"界定不清晰管理学的基本概念"能够建出严谨的管理知识体系吗？"等问题。在对管理学者工作的探讨中，评论员以德鲁克、马奇对管理学的认知和学术生涯为例，向中国管理学者提出了两个需要探讨的问题：管理学者能否脱离实践，需不需要"自我管理"。并随后提出了中国的管理学者应该反诘自问的问题，自己进行的研究是"出于兴趣（求真）"，还是"处于生存（求生）"？"做过自己了无兴趣的研究吗？""我坚守'以文会友'，从未通过任何形式的物质手段营建过自己的社会关系吗？""我国几个管理学术组织（一级学会）应该长期共存吗？""谁来评价各自的学术活动成效呢？""何时能整合成一个学术共同体呢？""管理理论创新者与做应用研究的学者的关系究竟是怎样的？"这些诘问或问题尖锐地触及了中国管理学界存在的不足，以及中国管理学者目前内心的深层思考。文章在最后提出"管理学发展的这些基本问题是互相关联的。它们的相互影响不仅最终决定了管理学的形态、特征与发展方向，而且决定了管理教育的目标、方法与内容"。《管理学报》发表的这两篇评论员文章无论是在当时，还是在现在都产生了（着）很大的影响，如通过中国知网可以发现，到 2019 年 7 月底，《试问管理学——管理学在中国侧议》一文下载量为 756 次，被引用 18 次；《再问管理学——"管理学在中国"质疑》一文下载量为 4175 次，被引用 24 次。从整体上看这两篇文章也存在某些不足，文章正如作者自己说到的"限于学识力难从心"一样，尚需在管理学的理论与知识体系的系统性，以及对管理学学科的基本属性上进一步深究，还过多地倚重于德鲁克的思想和理论；站在旁观者的角度观察问题，而没有依仗自我的学术思想，特别是学术立场阐述问题，如在广征博引中过多地引用了相互矛盾的概念或定义；也不时有用自然科学研究的坐标系考察管理学学科问题的出现；提出的诸多问题，虽能引人思考，但出于以上原因，其结果没有达到梳理、归纳、收敛的目的，并可能引起了更多的歧义、争论和质疑。

　　《管理学报》结合中国管理学发展问题设置的栏目，加上前述的四个会议支持，很自然地聚集了一批关注中国管理学本土化问题的学者（见表 14-5），从这张挂一漏万的表格中可以看出，当今一批活跃在管理学研究，特别是管理学本土化研究的学者（包括这些学者带领的学术团队）都活跃在《管理学报》搭建的这个平台上。从表 14-5 可以看出，在 2010—2014 年间论文发表数量出现峰值后，在《管理学报》发表的文章有一定的下降趋势，一些曾经活跃在管理学研究，特别是管理学本土化研究的学者还有淡出的现象。

表 14-5　在《管理学报》上发表论文较为集中的学者名单
及其时间分布（2008—2019 年）

人名	2008	2009	2010	2011	2012	2013	2014	2015	2016	2017	2018	2019	合计
陈春花	1	—	4	5	3	5	4	—	1	2	2	1	28
郭　毅	—	1	3	—	—	1	1			1			7
韩　巍	1	2	—	3	2	2	1	1		3		1	16
蓝海林	2	1	2	3	4	2	2				2		19
李　平			2										4
罗家德				1	1	1							6
吕　力	—	2	2	5	3	5	2	3	2	1		1	26
齐善鸿	—	3	3	3	2	3		2	1	1			22
苏敬勤	1	2	2	4	2	5	4	2	2		3	2	30
孙继伟	—	3	3	2	1					1			13
席西民		2	3	1	5	2	5	2	1	4	—	1	26
章　凯	—				1		1	1		1			5
张玉利	1		—	2		2	1	4	4	1	1	—	17
合计	6	15	26	27	26	29	27	18	8	16	10	11	219

注：以上按发表文章作者人名出现统计（个别文章按本人的认识没有列入统计，如后面提到的 38 位学者联名发表的文章），并按姓名汉语拼音字母顺序排序。
资料来源：中国知网（http://www.cnki.net/）。

　　由齐善鸿、白长虹、陈春花、陈劲等 38 位学者在《管理学报》2010 年第 11 期上发表的倡议性文章《出路与展望：直面中国管理实践》中，以较为犀利的笔锋、较为尖锐的诘问发出了众人的呼吁："中国管理科学的研究要直面管理实践。从读者、研究者、学生、主管机构、社会评论者的困惑出发，反思管理科学发展存在的问题，主张管理科学研究要重新思考管理的本质，使之从异化中走出来，强化对实践问题的研究，从中提炼真正的科学理论问题，既可以用理论指导实践，也可以服务于中国管理科学体系的创建。"[①]

———————

　　① 齐善鸿、白长虹、陈春花等：《出路与展望：直面中国管理实践》，《管理学报》2010 年第 11 期。

该文在中国管理学界引起了较大的关注和回应，到 2019 年 7 月底，文章已经被下载 2402 次，引用 54 次。

在中国管理学的发展中，席酉民教授是一个需要关注的人物。他长期担任高校的领导工作，先后承担过民营企业、中国管理学等重点课题的研究，并与企业有过长时间的合作和科学研究的经历。由于其学习、研究和工作的经历，他与其研究团队在中国管理学的发展问题上提出了不少真知灼见，许多意见十分中肯，建议也极其精准。如他与学生韩巍在看到、听到郭重庆有关中国管理学的批评与建议后表达了自己的看法：作为国家自然科学基金委管理科学学部的主任，虽郭重庆并不是严格意义上的管理学者，但"这一中国管理学界社会责任和历史使命的呼吁，足以让人振奋，也足以令我们汗颜"①。也指出："'接着中国传统文化讲，接着西方管理学讲，接着中国近现代管理实践讲'，可以说是一个非常系统的认识框架。但《使命》（注：指郭文《中国管理学界的社会责任与历史使命》）中对此框架所涉及的一些足以引发争议的重大问题，却没有提供较为详尽的解释。"他们在随后的分析中认为："'三个接着讲'，应该是我们努力的方向，但只有我们认真回答了与之对应的三个问题，'对待传统文化，是典籍还是现实？''对待西方管理，是单一还是多元？''对待管理实践，是真相还是影像'，这条路才走得坚实。"在"高度认同"和"非常欣赏"《使命》文中提出的"对管理学'致用之学'的定位"和"中国管理学术的'评价体系'问题"的同时，他们也认为《使命》文中提出的"有可能首先突破的学科"和"寻找科学前沿，寻找科学领袖"存在"很大的问题"，也不是很赞同管理学科出现的问题仅仅归咎于"大环境的评价体系出了毛病"，而认为"今天的中国管理学术界恰恰不应该忙于'寻找科学前沿'，寻找'科学领袖'，如果能深刻反思我们今天存在的问题，广开言路，认真研讨可能的发展方向，百花齐放、百家争鸣，有了公平竞争、平等交流的研究气氛，相信学术前沿和学术领袖会自然地涌现"。"只有认真分析中国管理学界的基本状况，分析该系统中相关者的利益格局，找到关键的驱动力，针对其中存在的问题提出对

---

① 韩巍、席酉民：《"中国管理学界的社会责任与历史使命"——一个行动导向的解读》，《管理学家（学术版）》2010 年第 6 期。

策，做出哪怕是局部的改变，就有可能激发出更多的具有'科学精神'、掌握'科学方法'的研究者"①。在分析了依据国家自然科学基金委管理科学学部当前对中国管理学科划分的管理科学与工程、工商管理、宏观管理与政策的特点后，韩巍与席酉民构建了描绘"中国管理学术生态圈"的结构图（见图 14-1）。

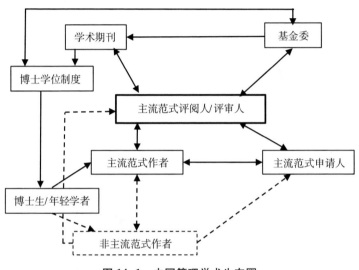

图 14-1　中国管理学术生态圈

资料来源：韩巍、席酉民：《"中国管理学界的社会责任与历史使命"——一个行动导向的解读》，《管理学家（学术版）》2010 年第 6 期。

　　结合图 14-1，韩巍、席酉民认为："只有学者群体能通过共享'特定'的学术标准，以论文评阅人和课题评审人——'把关者'的角色直接或间接地主导学术杂志的论文发表和基金委的课题申请，并通过对'合乎学术标准'的'论文'和'课题'的筛选强化了这一体制刚性。我们必须指出，所谓'学者群体'并非指所有的'体制内研究者'，更不用说'体制外研究者'，恰恰是那些持有'应用数学范式'和'狭隘的实证研究范式'的主流范式学者（显然，这只是中国管理学发展的一种'巧合'），包括他们的追随者，才是中国管理学术真正的主宰者。""中国特有的管理研究技术路线，

①　韩巍、席酉民：《"中国管理学界的社会责任与历史使命"——一个行动导向的解读》，《管理学家（学报）》2010 年第 6 期。

严重的路径依赖，片面强调国际接轨，高校的量化评价倾向和主要由国家自然科学基金委管理学部为管理研究提供资助等一系列因素共同造成了中国管理学术界'脱离现实'、'方法取向'，以'实证研究（包括应用数学范式）'为法定范式的特殊格局。"①

　　结合前面对管理学学科在教育部"高等学校科学研究优秀成果奖（人文社会科学）"获奖成果中可能存在问题的分析，我们既可以证实韩巍、席酉民文章分析的合理性，也可以从这里寻找到管理学学科在三届教育部"高等学校科学研究优秀成果奖（人文社会科学）"中以外文发表的成果获奖较多的原因。外文发表成果获奖管理学学科与经济学学科、法学学科出现统计差异现象应是中国管理学界学术价值取向所致，更是管理学界必须引起高度注意和需要认真分析的问题。

　　著名的美国管理学者巴尼教授和中山大学管理学院张书军副教授（注：该文发表时）在组织管理研究 2009 年第 3 期上发表了《中国管理研究之展望——中国管理理论与管理的中国理论》一文。这应该是对中国管理学建设和发展，以及对中国管理学界学术思想有较大影响的文章。这里除了巴尼的学术影响之外，更为重要的是文章对中国管理学的发展路径进行了明确的划分。作者在文章的摘要中就讲道："中国管理学术的发展存在两种可能演进路径：第一，发展中国管理理论——侧重于在中国背景下运用与完善其他情景中发展出的管理理论。从这个意义上讲，正在兴起的中国经济给验证与完善通用的管理理论提供了一个天然实验室。第二，发展管理的中国理论——着力于对中国独有的管理现象给出解释。为更好地阐释中国现象，该路径应摆脱西方学者设定议题的制掣，而由中国学者自主、创建性地开发研究议题。"对于中国管理理论的研究，文章指出，对西方理论的深刻理解"是发展中国管理理论的先决条件"，这一看法与我们长期以来的观点相同。随后文章对中国管理理论研究的三种类型：用中国现象印证既有的理论；发现可能存在的与西方理论相矛盾的中国现象，但在证明中发现矛盾并不存在；运用西方理论发现了与理论矛盾的中国现象确实存在，并进行了分析，

---

① 韩巍、席酉民：《"中国管理学界的社会责任与历史使命"——一个行动导向的解读（学术版）》，《管理学家》2010 年第 6 期。

认为："第三类研究是可能最具有价值的研究"。但"如果此中国管理理论路径被采纳了，这个新的理论不能只在中国情景下具有适用性。任何这类新的理论都必须包含既有理论，并且在西方情景和中国情景下都同样适用"。文章在随后的分析中认为"致力于发展中国管理理论，也有着一些其他意蕴"，它们是，需要在"最具世界影响的学术期刊上发表文章"，"遵循当前科学实践和文章发表的一些习俗"，"超越制度规范发展中国管理理论的努力多半是不容易成功的"，"需要从那些精通西方理论的资深学者身上获得一些基本指导"。作者还认为，"选择这条路径导致中国学者的研究议程被西方学者的以往理论和研究所设定"。"也没有理由先验地认为理解中国现象的最佳工具是那些脱胎于西方经验的理论。"这就很自然地引出了另一种研究的路径——管理的中国理论。巴尼和张书军认为，现在的管理理论"从某种意义上说是管理的美国理论"，但"'先动者优势'迫使世界范围的学者要对理论的美国版本做出回应：或者拓展它，或者反驳它"。发展管理的中国理论具有可行性，但"发展一个用于研究中国管理的中国式独特路径是相当富有挑战性的。当只能用中式套路来理解（尤其是不能用发端于西方经验的理论来理解）中国现象时，管理的中国理论才可能最具有生命力，也才可能产生最为丰硕的成果"。随后，文章作者还对中国管理学学者今后的路径选择提出了建议：认同两种路径存在的必要性和可行性；两条路径上的学者需要相互学习；在制度压力下坚持中国管理理论的研究存在合理性和重要性。[①]

该文的意义是，结合管理学学科发展的世界趋势探讨了一个十分重要的问题，虽然在全球都存在着管理学的某国理论一统天下的现象，但其他国家结合本国实际情况构建管理学理论存在着合法性和可能性，两者并存，或两条路径并行从理论上、实践上，甚至哲学层面都存在着合理性。文章的某些观点和看法尚存在值得商榷的地方，如在研究和分析中国管理理论问题时，前述的这一结论"如果此中国管理理论路径被采纳了，这个新的理论不能只在中国情景下具有适用性。任何这类新的理论都必须包含既有理论，并且

---

① Jay B. Barney、张书军：《中国管理研究之展望——中国管理理论与管理的中国理论》，《组织管理研究》2009 年第 3 期。

在西方情景和中国情景下都同样适用"① 就值得进一步思考。作为社会科学的管理学，其应该存在着具有科学性、普适性的理论，但在中国情景下构建，并得到运用的理论是否都能推而广之，特别是一定要在"西方情景"中得到检验才能算为"新的理论"，就值得细细品味和推敲了。因此在前面的章节中我们也结合巴尼、张书军的论文讨论了多条研究道路存在的可能性。

第二节　中国管理学本土化工作的研究与分析

在我们的分析中可以体会到，无论是艰苦卓绝的中国革命，还是成就辉煌的中国社会主义革命与建设都在用铁的事实讲述着、证明着世界上的先进思想与理论，在社会发展的进程、社会科学领域的研究中必然存在着与国家、民族情景、实践相结合的问题，也都会在结合过程中产生本土化，甚至出现具有一国、一民族特色的思想、理论，包括研究路径和方法的差异。这个道理在中国管理学界，特别是在近十多年中已经有了一定的共识，这就是近些年来中国管理学界希望学者们更多地关注中国各类组织，尤其是企业管理实践工作的发展，实现管理学学科研究的本土化。但在前面我们也看到，虽有领导者的呼吁，也有国家基金的规划设计，更有诸多学者们的强烈呼吁，但为什么在中国管理学界还会出现一边倒情景下的争议不断，甚至争而难决，决而难行，甚至背道而驰的现象呢？这是在我们的研究工作中应该和必须回答的问题。

一、学界中管理学本土化认知与分析

中国的管理教育恢复、重建始于 20 世纪 70 年代末至 80 年代初，20 世纪 80 年代中期进入快速发展的时期，在国家科学研究、教育部门的大力支持、帮助下，经过中国管理学界（包括外国学者、境外华人学者）几代人的持续努力，中国管理学的软硬件设施建设得到了突飞猛进的发展，"应该说其基本骨架已经搭起，已经走过了以学习、借鉴、模仿，从文本到文本写

---

① Jay B. Barney、张书军：《中国管理研究之展望——中国管理理论与管理的中国理论》，《组织管理研究》2009 年第 3 期。

读书报告的阶段，中国管理学和管理教育已经成熟，这应是个基本评价"。
"现在面临着后 20 年的路如何走的问题。"① 郭重庆结合自己的工作和感受
讲道："'基金委'管理科学部每 5 年开始都进行战略研究，作有限资助领
域研究，寻找科学前沿，我们在仰望天空，苦苦地寻找星星，但我总感觉不
到我们管理科学领域的星星在哪里？"并明确地提出："后 20 年中国管理学
发展的战略目标：建立中国现代管理学，将管理学中国化。"② 正如前面所
述，郭重庆在工作岗位上的感受，对中国管理学界的企盼，以及在期刊论文
和会议报告上的呼吁，激发了中国管理学界的积极反思和热烈回应，引发了
探讨中国管理学发展道路的讨论，即有关中国管理学理论本土化的探索。

对于探索管理学理论的本土化工作，在中国管理学界存在着不同的提
法，如中国管理学（Chinese Management）、中国本土管理学（Chinese Indig-
enous Management）、中国本土管理研究（Indigenous Management Research in
China）、中国管理理论的本土研究（Indigenous Research in Chinese Manage-
ment）、管理学在中国（Management in China）、中国管理实践（the Chinese
Management Practice）等。目前看，用得较多，且基本形成共识的是"中国
本土管理研究"或"本土管理研究"。

"本土化（indigenization）"不是一个起源于管理学学科发展过程中的新
概念，应该早在"中体西用"和"西体中用"的争论中就有它的影子出现，
甚至不仅出现在学术之争中，还往往会上升到政治或意识形态的层面。

作为中国台湾地区社会学领域本土化的倡导者之一的叶启政教授认为：
"陆柏舍（Jan J. Loubser）以为，本土化乃意指针对社区之紧要功能的所有
面向，包含以平等、互惠的基础与其他社区产生关联的能力，而使得一个族
国（nation）之社会社区（societalcommunity）的发展具自赖、知足与自尊
（易言之，自主与自立）特征者。""基本上，'本土化'乃是一个具特定空
间蕴涵之关系性的激活式活动，指向的是一个地区之自主性的追求和肯定，
也是主体性的形塑和展望。"③ "'本土化'可以说是一种具有着特定意识指
向的实践行动，它所以会被提出，是因为外来文化力量的冲击很大，大到足

---

① 郭重庆：《中国管理学界的社会责任与历史使命》，《管理学报》2008 年第 3 期。
② 郭重庆：《中国管理学者该登场了》，《管理学报》2011 年第 12 期。
③ 叶启政：《社会理论的本土化建构》，北京大学出版社 2006 年版，第 56 页。

以使得该社会原有的感情表现以及思考认知理解模式，以及因此而形塑的身心状态，明显地受到严重的威胁。进而，威胁影响所及，使得一些人（甚至大部分人，尤其所谓的知识分子）主观上深刻地感受到，外来的感知模式（特别是其所依附的知识体系），不但无法贴切而恰适地满足他们对现象的理解和感应，而且甚至挑引起强烈的文化认同危机感。"① 在叶启政的解释中可以看出，中国台湾地区社会学的"本土化"既有学科发展的内在需要，也有十分明显的本土文化的捍卫意识。

在井润田等人的研究中列举了他们所收集的有关"本土研究"的定义。"TSUI 将'本土研究'定义为'使用本地的语言、本地的研究对象和附有本地意义的构念对本地现象进行的科学研究。这些研究旨在检验或构念能够解释、预测本地社会文化背景下的特殊现象或相关现象的理论。'""LEUNG 等对本土的定义则更广泛，建议任何针对本土概念或采用本土视角的研究都可以被称为本土研究。"在文章中，井润田等还认为，任何研究都具有本土化的特征，且现在多用的本土化研究是与主流研究相对的，且具有意识形态上的意义。②

徐淑英与张志学所撰写的文章《管理问题与理论建立：开展中国本土管理研究的策略》是一篇影响很大，并有一定引领性的文章。从中国知网上可以查到，至 2019 年 7 月，以同样题目在《南大商学评论》（2005 年）和《重庆大学学报（社会科学版）》（2011 年）发表的论文，下载总量达到3254（1897+1357）次，引用更高达 179（108+71）次。该文认为，"中国的本土管理研究的本质就是在开展学术研究中考虑到中国的具体情况，从而拓展已有的理论甚至建立新的管理理论"③。"本土化的特征是指，在这些研究中，情境因素无论作为自变量还是调节变量已经明显地成为理论建构的因素之一。"在分析"全球管理知识的现状"时，文章指出，西方学者，尤其是美国学者为管理知识做出了贡献，现今世界上 100% 的管理学和心理学权威刊物、80% 的社会学刊物、50% 的经济/金融刊物"出版于美国，其余来

① 叶启政：《社会理论的本土化建构》，北京大学出版社 2006 年版，第 77 页。

② 井润田、卢芳妹：《中国管理理论的本土研究：内涵、挑战与策略》，《管理学报》2012 年第11 期。

③ 徐淑英、张志学：《管理问题与理论建立：开展中国本土管理研究的策略》，《南大商学评论》2005 年第 4 期。

自欧洲，没有一份亚洲的期刊"。通过对已经发表的研究亚洲管理文章的统计分析，人们发现，"多数研究局限于简单的比较和相关分析，无法为了解潜在的过程和偏态以及独特的样本提供新的见解"，"亚洲学者对本土关联性的关注是以牺牲研究的严谨性为代价的"。在探讨"建立全球管理知识的方法"中，结合"考虑情境因素的研究中的情境化""针对具体情境的研究中的情境化""高水平本土研究的必要性"的分析提出了几个较为重要的定义（看法），将普遍知识定义为"适用于不同国家的，用相同的预测变量解释和预测某种给定现象的研究发现"；"建立全球管理知识需要更加针对具体情境的研究（context-specific research）——或称为本土研究（indigenous research）——包括了超越现有理论的更高层次的情境化"；"要对全球知识做出贡献，并促进全球的学术对话，研究者要确保针对具体情境的研究，是通过明显的情境化而与现有知识积累联系起来的，也需要在理论建构和研究过程中仔细考虑如何进行情境化"；"最高层次的情境化是通过用新观察体现熟悉点的理论的策略来实施的"；"高水平的本土研究是使用本土语言和具有本土意义的构念对本土现象进行的科学研究，旨在检验或建立能够解释并预测特定社会文化环境下的特定现象的理论"。文章在分析的基础上介绍了三种全球管理的知识体系（见图14-2）。在提出"开展高水平的本土研究"的工作建议后，文章在结论中进行了概括："新学派要获得认可，必须在创新性（新颖的、独特的和不同的）和连贯性（同那些为主流学者熟知的知识框架的联系）两方面同时具有较高水准。不过，较连贯性而言，未来的全球管理知识对创新性要求更高。"在2011年发表的文章的结尾，徐淑英、张志学这样讲道："从管理研究的历史来看，已经得到的研究成果与全球管理知识还相距甚远，尤其缺乏关于中国企业管理的知识。令人高兴的是，近年来学界在这些方面取得了显著的进步。中国管理研究国际学会的成立，《中国管理研究》（IACMR）达到全球SSCI第15名的引用影响都表示，国际认可在中国背景中进行高水平的本土研究，这为中国的研究者提供了为全球管理知识作出贡献的机会。"①

---

① 徐淑英、张志学：《管理问题与理论建立：开展中国本土管理研究的策略》，《重庆大学学报（社会科学版）》2011年第4期。

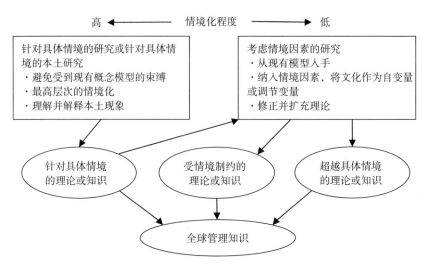

图 14-2　建立全球管理知识体系的几类研究

资料来源：徐淑英、张志学：《管理问题与理论建立：开展中国本土管理研究的策略》，《南大商学评论》2005 年第 4 期。

　　在前面的研究中已经讲过，我们不能随意否定徐淑英教授在中国管理学科发展过程中作出的阶段性贡献，我们也可以从这两篇较有影响的论文中感到，徐淑英在引领中国管理学界走向科学化后很快就敏锐地发现了问题：科学化的引领可能会导致中国管理学偏离本土化，偏离实践的研究，她及时地发出了呼吁，并带领自己的团队开始了本土化研究的工作，如 2004 年、2008 年由她主编，北京大学出版社出版的论文集《中国企业管理的前沿研究》和《中国民营企业管理和绩效》。但同时也可以发现，徐淑英所提倡的本土化研究还仅仅或多囿于学术研究的领域，最为注重的还是"同那些为主流学者熟知的知识框架的联系"、国外的学术性权威杂志、SSCI 的排名，而没有在与本土研究密切相联系的实践领域真正的亲力、亲为和发力；虽发出了开展扎根研究的号召，但目的依然是研究成果在国际权威期刊的发表，在与中国管理学理论本土化十分重要的企业管理实践领域依然缺乏引领。《管理学报》2015 年以编辑部的名义征集对徐淑英访谈的问题时，我曾经提出了一个问题：请问徐老师，您和您的研究团队的研究成果是否在中国企业中推行过？你们的研究成果有没有在中国企业管理实践中得到成功的典型实例？遗憾的是后来在《管理学报》发表的《中国本土管理研究的理论与实践问题：对徐淑英的访谈》的文章中没有见到我所希望提出的这个问题。但我依然认为，这个问题应该是一个很好的问题，不仅仅是徐淑英教授，也是我们中国管理学界时时应该扪心自问的问题。

李平也是一位有着海外求学、从教经历，并积极参与管理学本土化研究的学者。李平认为，本土研究有益，重要；但又因本土研究定义不清，愿景不明而使"本土研究面临着相当大的挑战"。李平对本土研究的定义是："总体而言，但凡涉及某个独特的本土现象或该现象中的某个独特元素，并且以本土视角探讨其本土性（主位）意义以及其可能普适性（客位）意义的研究，便是本土研究。判断是否本土研究可以简练地依据该研究中是否涉及至少一个本土自身独特（即非引进）的理念或变量而定。"[①] 李平认为，本土研究包括四个维度：是什么（研究对象），为什么（研究角度），怎么做（研究范式）和为何用（研究应用），并"采用以上四象限"建立了"本土研究的4个标准"（见表14-6）。

表14-6　单一国别本土研究的分类框架

	应用式学习［初级］ ［范式和结果］	箭头表示 动态趋势	探索式学习［高级］ ［范式和结果］	箭头表示 动态趋势
单向的/独立式影响［初级］［目标和目的］	西方主位作为研究客位： ［非本土：阶段1］ 应用现存西方理论 （作为"进口"的简单客位） 验证/改良西方理论	→ ↓	东方主位作为研究主位： ［强本土：阶段3］ 构建新颖的东方理论 （"无贸易"的独立主位） 完善/补充或者超越/取代西方理论	↓
双向的/共享式影响［高级］［目标和目的］	西方客位转向东方主位： ［比较式弱本土：阶段2］ 寻找东方独特性 （作为"出口"的适度主位） 比较/修订西方理论	→	东西双方研究客位与主位并重： ［全球多文化式本土：阶段4］ 整合东西方理论 （主位/客位平衡"贸易"） 将多元主位理论整合为主客位一体	

资料来源：李平：《中国管理本土研究：理念定义及范式设计》，《管理学报》2010年第5期。

---

① 李平：《中国管理本土研究：理念定义及范式设计》，《管理学报》2010年第5期。

对照自己构建的四维表格，李平认为，多数对中国的研究还停留在第一阶段。且此类研究"几乎无法更好地解释本土现象及元素的理论意义"；第二阶段被认为是具有"一定潜在价值"，"较之进步"的阶段；第三阶段是"崛起的研究范式"；第四阶段则是"用全球统一的视角"整合阶段 2 与阶段 3，"类似于 Morris 等的主位——客位整合"。在分析了本土研究理念定义的争论焦点，提出了本体研究的范式和本土研究范式设计的争论焦点以后，李平给出了自己的研究结论：本土研究必须采用本土的中国管理研究角度，探讨解释本土现象及其元素的独特性；本土研究不排除情景化研究；本土研究应该成为中国管理学界的核心任务；中国管理学界与国际标准接轨和将本土研究独特性转化为国际优势是中国管理研究的长期目标。①

李平研究的理论基础是他自己一直在讲的："本土管理研究必须与中国传统哲学研究紧密结合，必须深深地扎根于中国传统哲学之中。"② 并将中国传统哲学称为"智慧哲学"，西方哲学称为"知识哲学"，由于中西哲学之间存在差异，所以可以实现互补。人们评价说，李平对中国道家、儒家和禅宗的智慧哲学诠释可以概括为三个方面，"以'道'的概念为其本体论；以'阴阳平衡'为其认识论；以'悟'为其方法论"③。由于多种原因，如对中国传统哲学的定义，"道""儒""禅宗"的哲学区分和哲学贡献，对中国（传统）哲学与西方哲学的差别的界定和内涵的提炼等都不是易事，所以在这方面研究既少有学者参与，也容易招致批评和引来争议，如与李平曾同在丹麦哥本哈根商学院的李鑫。李平对开展这方面的研究也有自己的评价："华人学者中研究中国传统哲学在管理研究方面的应用之人寥寥无几，而且主要在海外。例如，应用阴阳哲学于管理研究方面的主要华人学者仅有陈明哲、房晓辉和笔者，而且都是海外华人学者；应用悟性思维于管理研究方面的华人学者仅有笔者一人。"④ 我们认为，虽然哲学是任何学科方法论的基础，也影响着各个学科，包括管理学学科的发展，甚至是主导逻辑，但由于中国管理学界的绝大多数人很少在哲学领域有着深厚的学术功底，特别

---

① 李平：《中国管理本土研究：理念定义及范式设计》，《管理学报》2010 年第 5 期。
② 李平：《中国本土管理研究与中国传统哲学》，《管理学报》2013 年第 9 期。
③ 李鑫：《中国本土管理研究的 X 整合主义》，《管理学报》2015 年第 2 期。
④ 李平：《中国本土管理研究与中国传统哲学》，《管理学报》2013 年第 9 期。

少有在这个领域卓有成效的研究成果，如何运用中国（传统）哲学和西方哲学来解决中国管理学发展中的问题尚需谨慎和尚待时日。

依据"基础性、相关性和应用性"，由徐淑英、任兵和吕力任主编的翻译论文集《管理理论构建论文集》中收录了16篇论文，其目的在于"致力于向中国管理学者介绍发展（构建）理论的哲学与方法"。该书收录的文章都比较新颖，2000年以后发表的论文就有11篇，2011年之后的有7篇。在该书的引言部分，主编之一任兵教授在探讨"如何构建更有解释力的管理理论？在构建新理论时，我们可以遵循哪些原则？"问题时，提出了6点看法：（1）理论基础要紧密联系实际。"只有做到以'实践意义'为中心，以构建'地方知识'为先，本土管理研究才能有机会发展出联系实际的理论；有了联系实际的理论，才能更好地服务于实践"。（2）抓住"本土"。"理论联系实际要求研究者要抓住本土要素，特别要突出本土现象中的历史、语言、经验和文化内涵"。（3）掌握"合适"的方法。"在多种方法之间，我们提倡'归纳'的方法。归纳的方法注重观察事实数据，提炼基于事实数据的抽象概念和关联系统"。（4）提升理论的"品质"。"本书的目的是提倡'构建'理论，即以发展新理论为目标。但本书并不是鼓励我们构建'更多的'理论，而是构建'好的'理论。"（5）好理论的品质除了"相关性"和"有效性"外，还有"两个判断理论'品质'的标准"。（6）准确性和洞见；保持"开放"。"我们的想法是，面对未知世界，唯有保持开放，才能接近真相。"①

在这本书中可以较为深刻地感受到，目前在管理学科教学、科研中逐渐担任重任的中国中青年学者在管理学本土化问题的探索中有了新的认识，已经将"实践意义"和"地方知识"为先作为构建管理学本土化理论的第一原则，并希望结合西方理论构建的前期工作，科学、系统地研究和建立与实践发生联系，具有中国情景特色的管理学理论。但通观具有介绍、概括编辑该书愿景和内容作用的引言全文还是能够感觉到，虽然认识到中国管理学发展的生命力，理论的构建或突破必须依赖对实践问题和中国知识的关注，甚至要用上本土的历史、语言、经验和文化，但工作的重心还是在于提升研究

---

① 徐淑英、任兵、吕力主编：《管理理论构建论文集》，北京大学出版社2016年版，第1—17页。

工作的质量，希望侧重、关注实践，或对实践问题的探讨，或者更好地沿用科学的方式（这包括对相关问题的定义，分析的框架和路径等）进行研究工作。

总而言之，中国管理学界希望在"接着讲"的过程中突出本土化工作的呼声十分强烈，但目前困扰工作发展和前进的问题主要是两个：（1）本土化工作究竟能否在沿用西方（特别是美国）已经建立的对社会科学认知的体系、知识框架、研究路径乃至研究方法中实现；仅在追求学术研究成果，甚至是为了在国外发表高质量的学术论文期望中深化，甚至有所建树？（2）在中国管理学界对什么是本土化，本土化的工作应该植根于什么理论、什么文化传统（分支），本土化的整体工作究竟应该如何推行还存在较大争议的情况下，能否有效地齐心协力实现管理学的本土化？从历史看，从现实看，从管理学学科、社会科学发展的历程看，这两个问题既是中国管理学界必须回答的问题，但也是目前不容易回答的问题，甚至就是羁绊着管理学本土化发展的问题。

二、中国实业界的"西风东渐"

2011 年，由王雪莉、赵纯均等编著的《西风东渐：西方管理对中国企业的影响》一书由机械工业出版社出版。这是由国务院发展中心、中国企业联合会、清华大学联合发起的"中国式企业管理研究丛书"中的一本。虽然这本书出版已经过去了多年，但对改革开放以来中国企业、中国企业家全面学习、借鉴、接受和反思西方管理理论过程的描述、分析和总结依然值得关注。

前面已经讲到，在改革开放之前，中国不存在真正意义上的企业，大量存在的工厂只能视为计划经济指令和政府调控下的"生产车间"，所以面对社会主义市场经济的推行，企业在适应"优胜劣汰、适者生存"的激烈市场竞争中逐渐被转变为独立经营的实体。在这快速的转变过程中，对于绝大多数企业来说是一场痛苦的蜕变和浴火重生，这也决定了，当时的中国企业在这一转变进程中能够学习、模仿、借鉴、接受的理论只能是在当时已经过近 70 多年锤炼和发展，并已形成较为成熟体系的西方企业管理思想、理论和方法。这一现实既为管理学学科发展进程中所必须的本土化工作埋下了伏笔，也增添了管理学本土化工作在实践中突破的难度。

在《西风东渐：西方管理对中国企业的影响》的"引言"中简略地描述了中国企业学习的过程，在 20 世纪 70 年代末期中国实行改革开放后，中国经济以及中国企业都得到了快速的发展，并得出了较为实事求是，且也较为乐观的看法："但同西方上百年精炼出的企业管理思想相比，中国企业在管理理论、管理技术和管理方法等各方面都还存在着明显的差距，还只能算是学生。西方管理思想对中国的企业产生影响的历史进程是从 1978 年改革开放开始的，近几十年来，借鉴了西方近代管理思想精华的中国企业迅速发展壮大，从开始被动的模仿学习到现在的主动接受创新，中国企业伴随着市场经济的逐渐成熟，在不断成长着，一批成功的企业造就了一批极有创新精神的企业家，也诞生了属于中国企业自己的管理思想和管理哲学。"①

《西风东渐：西方管理对中国企业的影响》一书从"什么最成功、最西方、最中国式""西方管理思想与方法对中国企业产生影响的时间维度和媒介维度""西方管理思想与方法对中国企业影响的内容维度、途径维度和结果维度"几个方面，运用实证研究的方法，对"西风东渐"的"影响"进行了分析与研究。为聚焦于我们的研究工作，在下面的介绍中，将仅撷取"西方管理对中国企业的影响"内容进行介绍和评价。

在"什么最成功、最西方、最中国式"问题的分析中，研究者通过 4 个问题向在清华大学学习的 EMBA 学员（在中国管理学界一般会在研究工作中将这一群体视为代表着中国企业家的样本群体——作者注）发放了 345 份问卷，并对企业高层管理者和管理研究者进行了近 50 次的访谈。调查结果发现在"最适合中国企业的西方管理方法"问题上，回答差异比较大。可以概括出来的六个方面是体制建设，包括信息化管理、法人治理结构、营销管理、平衡计分卡、财务分析与财务管理方法、战略管理、组织行为管理、质量管理等 44 个选择；管理思想与工具，包括六西格玛、精细化管理、KPI 管理、TQC、韦尔奇的差异化管理、SWOT 战略分析、德鲁克的管理方式等 43 个选择；人力资源，包括股权激励、薪酬制度、职业经理人的选聘

---

① 王雪莉、赵纯均等编著：《西风东渐：西方管理对中国企业的影响》，机械工业出版社 2011 年版，第 1 页。

方法、建立企业文化与伦理、发挥 CEO 的作用等 21 个选择；文化精神，包括企业文化、严谨、以人为本、正确的价值观、强执行力、竞争战略等 16 个选项；战略规划，包括企业发展战略、制定科学的战略规划等 5 个选择；经营策略，包括扁平化管理、企业信息化、理性数据分析、遵循市场规律、资本运作等 36 个选择。这样的回答确实是令人失望的，也正如作者总结的："上述的划分是非常简单的，分类也并不严谨，但是被调查者的反馈一方面体现了被调查者对西方管理思想与方法的了解程度参差不齐，另一方面又体现出西方管理思想与方法对中国企业管理的各个方面，各个层次都有所影响的现状。"[①] 在调查中，94.91% 的受访者认为存在中国式管理，具有中国特色的管理存在于企业领导人的个人素质、决策模式、管理重心、家族式管理、非理性管理、重视关系。中国式管理的思想主要来自中国古代的哲学思想，以及对西方管理的学习。5.09% 的受访者认为不存在中国特色的管理方式，理由是管理的实质或根源应该是相同或相似的，中国式管理是融入不同文化形成的，不存在纯粹的中国式管理。值得注意的是，在"中国企业成功的最关键因素"的调查中，对企业外部因素的排序是政府（处理好与政府的关系、政府政策、政府环境、政府效率等）以 151 次被提及列为第一因素，国家宏观环境（政治体制、经济体制、中国经济政策和政治稳定等）以 133 次被提及列为第二要素，市场因素、发展机遇、国际化被提及次数分别为 57、25、20 排列在第三、四、五位。而在企业内部因素的排序上，企业家个人能力、企业管理、人才、企业发展战略、创新、技术与知识产权、企业内部机制分别被提及的次数为 116、74、59、51、49、37、34 排列在第1—7 位。从对"企业外部因素"和"企业内部因素"的排序中可以清楚地了解到中国的企业家群体将政府、政府的行为视为企业发展最为重要的外部因素，将个人能力看成企业发展最为重要的内部因素，而将国家宏观环境、市场因素、发展机遇和国际化放在外部因素的第 2—5 位，将战略、创新、技术与知识产权放在内部因素的第 5—7 位，与西方企业在管理的指导思想里、工作中、行为上存在差异，也反映了中国的企业家群体对中国政治、经

---

① 王雪莉、赵纯均等编著：《西风东渐：西方管理对中国企业的影响》，机械工业出版社 2011 年版，第 39 页。

济体制和社会主义市场经济建设工作的认知，乃至对中国文化层面的把握，形成了西方管理学理论不易解释的问题与行为。但这是因发展阶段形成的暂时性问题，还是永恒的现实；是中国企业管理因为与西方企业管理思想、理论和行为存在差异而需要构建理论体系实现本土化的本质所在，还仅仅是目前研究或实践工作中需要关注的一些情景因素，显然也是中国管理学界需要认真辨析与思考的问题。

在"西方管理思想与方法对中国企业影响的时间维度和媒介维度"问题的分析中，研究者将西方管理思想与方法影响中国的时间分为三个阶段：（1）1978—1990年，西方管理思想早期的引入——扫盲阶段。在这一阶段典型的工作和事件有：中国工业科技管理大连培训中心的建立，高等院校1978年、1979年组建、恢复管理专业，各个省份相继成立经济管理干部学院，合资、技术引进和企业高管人员出国考察，《国外经济管理名著丛书》的出版，18种科学管理方法与技术的推行。（2）1990—2000年，西方管理思想与方法广泛传播与使用——模仿与学习阶段。这一阶段更多的世界管理书籍出版，更多的跨国公司进入中国，它们的管理理念和模式成为中国企业学习的标杆，促进了管理咨询，特别是国外咨询公司在中国的业务拓展。（3）2001—2010年（注：该书编辑出版时），西方管理思想与方法的谨慎使用——融合阶段。这一阶段的转变主要体现在中国企业经历了从"拿来主义，全盘接受"到"西为中用，中西结合"，开始提炼自己的管理特色，一批优秀的企业（如联想、海尔、华为、万科、格力、百度等）的管理模式开始进入中国管理学者和媒体的视野。研究者发现，西方管理思想与方法在中国传播的媒介在这三个阶段存在差异，但在第二、三个阶段，西方管理思想与方法呈现系统化、多元化的特点。这些媒介主要是：国内工商管理教育和培训产业的发展，西方企业管理书籍的翻译出版，西方学者到中国的教学，国内外管理咨询业的发展，跨国公司人才的溢出和管理经验的输出，各种国际标准认证体系的推进和出国考察工作。①

在"西方管理思想与方法对中国企业影响的内容维度、途径维度和结

---

① 王雪莉、赵纯均等编著：《西风东渐：西方管理对中国企业的影响》，机械工业出版社2011年版，第44—47页。

果维度"的研究中，研究者在 2008 年 6 月至 2009 年 2 月之间向清华大学经济管理学院的 MBA、EMBA 和 EDP 学员随机发放了"西方管理思想对中国企业影响调查分析"问卷。研究者问卷调查后发现，中国企业管理者最为熟悉的管理思想与方法是 SWOT 战略分析、ERP、MBO（目标管理）、CRM、TQC 与 TQM、决策树、BSC（平衡记分卡）、PDCA 循环等 17 种，分析的结论是："对于西方管理知识尚处于认知阶段，大多数还未进入到深入了解和使用的阶段。"[①] 在对中国企业管理者不同价值观念对西方管理思想与方法的认同差异分析中，研究者发现："可以认为，持普遍主义、分析型、依序处理这类偏西方价值观的管理者，对西方管理思想与方法的认知都显著，持重视整合、集体主义、外部导向、相信赋予地位的传统价值观管理者，也同样对西方管理工具认知显著，但对于西方管理思维方式的认知显著性较低。总体来说，持不同价值观念的中国管理者，对西方管理工具的认知都比较显著，这说明无论价值观如何，学习西方管理工具是潮流所在，中国管理者接受西方管理工具的障碍并非来自于价值观的差异；但持有不同价值观念的中国管理者，对西方管理思维方式的认知程度有差异，这说明在思想层次上，中国管理者的认知受到价值观的影响，持传统价值观的认知较不显著，持西方观念的较为显著，这也是价值观的思想性和固定性的验证和体现。"[②] 这一研究结论很有意义，这表明，在中国企业管理者的群体中对西方管理思想和方法的接受与运用存在着差异，这也为中国管理理论的本土化工作提供了可以参考的路径。关于类似的问题中国人民大学章凯教授在研究工作中结合调查后得出的结论是："要解决道路选择问题，首先要明确一个重要的逻辑前提，即是否存在普适性的管理理论。目前对于这一问题的回答有三种典型的观点：（1）管理实践是具体的、历史的，管理具有艺术性，没有规律可循，不需要追求理论；（2）普适的管理理论是一定存在的，这种理论体系建立完善之后，可以应用于不同文化下的管理实践，对认识和引导东西方管理实践都具有一定的适用性；（3）管理是一种文化现象，不存

[①] 王雪莉、赵纯均等编著：《西风东渐：西方管理对中国企业的影响》，机械工业出版社 2011 年版，第 79 页。

[②] 王雪莉、赵纯均等编著：《西风东渐：西方管理对中国企业的影响》，机械工业出版社 2011 年版，第 90—91 页。

在脱离具体文化的普适性管理理论，管理理论具有情境性、文化性。针对这3种不同的观点，笔者通过对几家管理学院（商学院）的师生进行调查，结果表明，只有极少数人支持第1个选项，在校研究生大多数选择第3个选项，而 MBA、EMBA 学员中的绝大多数和大部分教师选择第2个选项，但也有不少教师选择第3个选项。由此可见，观点一基本没有市场，故不再讨论；观点二和观点三谁是谁非，在学术界存在较大的争议。"[①] 章凯等的研究结论可能存在一定的争议，但具有一定社会生活经验的老师们，以及具有管理实践经验的 MBA 学员，特别是 EMBA 学员的结论更有说服力，因为这个结论来自于实践，也就是自己社会的阅历，上课学习后将所学知识（注：从目前看，中国管理学课堂所传授的知识基本是美国的管理思想与理论）与实践工作体会的比较。

在我们给企业管理博士生开的《管理学理论专题》教学中曾举了一个实例，就是德鲁克有关收购与兼并一个企业后必须注意的工作建议与联想收购 IBM 公司 PC 事业部后的一系列安排的对比，我们就发现，德鲁克的理论知识与实践工作是多么的一致和具有指导作用（见表 14-7）。反映出通过实践工作或对实践工作观察提炼、抽象形成的原理可以指导实践，也应该是德鲁克为什么能得到学术界、实业界共同认可与尊重的原因。

表 14-7　德鲁克关于企业收购兼并工作的建议与
联想收购 IBM 公司 PC 事业部后的工作措施

德鲁克对企业收购兼并工作的建议	联想收购 IBM 公司 PC 事业部的思考与措施
并购企业只有彻底考虑了它能够为被并购的企业作出什么贡献，而不是被并购企业能为并购企业作出什么贡献时，并购才会成功。并购企业的贡献可以是多种多样的，包括管理、技术或销售能力，而绝不仅仅是资金。企业要想通过并购来成功地开展多种经营，需要有一个团结的核心，有共同语言，从而将它们结合为一整体。	联想面临的最大问题是中美民族文化的冲突问题。中国管理者倾向于更加专权，中国人看中谦虚，美国人看中自信，而民族文化是很难改变的，重要的是相互理解，互相尊重。 新联想董事长杨元庆给自己和 CEO 史蒂芬·沃德处理关系时约法三章——"相互坦诚、相互尊重、相互妥协"，对于这一基础文化双方是完全认同的。 联想集团并购 IBM 公司 PC 部门完成后，首先对

① 章凯、张庆红、罗文豪：《选择中国管理研究发展道路的几个问题 ——以组织行为学研究为例》，《管理学报》2014 年第 10 期。

续表

德鲁克对企业收购兼并工作的建议	联想收购 IBM 公司 PC 事业部的思考与措施
就是说，并购与被并购的企业之间应有共同的文化，或者至少在文化上有一定的联系。 并购必须是情投意合。并购企业必须尊重被并购企业的产品、市场和消费者。 并购企业必须能够向被并购的企业提供高层管理人员，帮助被并购的企业改善管理。在并购的第一年内，要让双方企业中的大批管理人员受到破格晋升，使得双方企业的管理人员相信，并购为他们提供了个人发展的机会。	高层组织机构进行整合。原联想 CEO 杨元庆接任董事长，新联想 CEO 一职由 IBM 公司高管、个人系统集团资深副总裁史蒂芬·沃德接任，在新联想的 13 位高级管理层里，原联想和 IBM 公司 PC 旧部的比例为 7：6，与双方股权的比例非常相似。 联想集团在中国市场的运营能力非常强，IBM 公司则在全球市场上有很强优势。从而在新联想的架构里中国区的运营还是由原联想的人管理，而在新产品开发及全球市场销售和营销方面则是由原 IBM 公司高管人员负责，同时人力资源系统负责人也由 IBM 公司的原高管担任。 新联想的管理团队架构特点是，外部管理以外方为主，内部管理偏财务方面以中方为主。整个人力资源格局呈现"拼盘"特点。在管理运行架构上，IBM 公司原高管团队保留着对新联想全球业务很高程度的经营权力。新联想的通知说，留下来的员工将保留原来在 IBM 公司的一切待遇不变。

资料来源：彼得·德鲁克：《管理的前沿》，上海译文出版社 1999 年版；联想收购 IBM 的 PC 事业部的网上资料（见 http://blog.sina.com.cn/s/blog_4cf83160010007ot.html）等。作者整理制表。

在课题研究中，为了解中国企业管理人员在其工作中获取管理知识的渠道，并对赵纯均、章凯的结论进行验证。我们曾于 2016 年 6—7 月在两个上市公司中向中高层（主要为中层）管理人员发放了调查问卷，主要目的是想了解相关人员的基本情况，获取管理知识的渠道，以及对中外经济学家和管理学家的了解情况。调查的方法是当场发放问卷，填写完后立即收回。此次我们共发放了问卷 52 份，收回 47 份。相关的统计数据见表 14-8。

表 14-8　调查对象的基本情况与获取管理知识的渠道

问卷的问题	指标	统计量
性别	男 女	33 14
从事管理工作年限	1—5 年 6—10 年 11—15 年 15 年以上	2 10 8 27

续表

问卷的问题	指标	统计量
本科学习专业	理科 工科 人文 社会科学	17 7 10 13
接触、了解管理知识的原因 （多选）	工作需要 专业学习需要 自己有兴趣	43 24 21
接触、了解管理知识的途径 （多选）	学校系统学习 公司培训 自己学习	21 39 37

资料来源：作者整理。

　　调查"对中外经济学家和管理学家的了解情况"是想结合我们在日常接触企业管理人员时发现的一个有一些奇怪的现象：虽然中国管理学发展已经 40 余年，培养了大批各个层次的学生，每年也受到各类课题和经费的资助，有很多书籍出版、论文发表、高层次的学术会议举行，但中国的企业管理人员一般都对外国的管理学家熟悉，却很少有人知道中国的管理学家，其中又以大陆地区的管理学界的学者为甚。我们在问卷中设置了四个问题（见表 14-9）。

表 14-9　调查问题的基本分析

问题	问题选项	统计量	问卷中所列举知晓人名字（数量）
您知晓世界上著名的管理学家吗？如果了解，请告诉您了解的管理学家的名字（不超过 3 人）	了解 不了解	21 26	德鲁克（17），波特（4），韦尔奇（3），艾默生（2），巴斯（1），彼得斯（1），戴明（1），法约尔（1），卡内基（1），孔茨（1），劳伦斯（1），松下幸之助（1），泰罗（1）
您知晓世界上著名的经济学家吗？如果了解，请告诉您了解的经济学家的名字（不超过 3 人）	了解 不了解	14 33	亚当·斯密（9），凯恩斯（5），马克思（4），李嘉图（3），恩格斯（1），格林斯潘（1），马歇尔（1）
您知晓中国著名的管理学家吗？如果了解，请告诉您了解的管理学家的名字（不超过 3 人）	了解 不了解	12 35	曾仕强（8），余世维（7），陈春花（2），白崇贤（1），成中英（1），杜维明（1），鞠强（1），毛泽东（1），任正非（1），石滋宜（1），张瑞敏（1）

续表

问题	问题选项	统计量	问卷中所列举知晓人名字（数量）
您知晓中国著名的经济学家吗？如果了解，请告诉您了解的经济学家的名字（不超过3人）	了解 不了解	27 20	郎咸平（11），厉以宁（11），吴敬琏（10），林毅夫（5），张五常（4），于光远（3），张维迎（3），樊纲（2），李稻葵（2），吴晓波（2），陈志武（1），钱颖一（1），谢伏瞻（1），杨小凯（1），左小蕾（1）

资料来源：作者整理。

从以上整理的内容中不难发现，我们的调查验证了我们在日常与企业管理人员打交道时发现的奇怪现象：中国企业的管理人员对国外管理学家的了解超过对自己国家管理学家的了解；中国企业的管理人员对国内的经济学家的了解超过对国外的经济学家的了解；由于企业对企业管理人员的培训多邀请具有“短平快”特点的培训机构开展培训，一批“实战型培训专家”在企业管理人员心目中印象更加深刻，中国台湾地区的学者占有一席之地。唯一被企业管理人员所记得的中国大陆管理学者是陈春花，她是一位以长期参与管理实践工作，而同样在管理学界较为知名的教授。这个调查的样本很小，但类似的问题应该在中国各类组织的管理人员中存在。

也是同样的目的，为了解毕业同学的情况，特别是他们在大学学习管理知识和在职场磨砺中的学习过程，便于与大多数非管理专业毕业的职场管理人员进行比较，我们还利用武汉大学企业管理专业1988级同学在2018年10月举行的进校30周年的聚会再一次发放了问卷。

武汉大学企业管理专业1988级的同学在武汉大学工商管理学科发展中是较为特殊并具有一定代表性的一个班级。1988年，武汉大学管理学院结合学科建设的发展、人才市场的需要将从1981年开始招收的管理类本科经济管理专业改为企业管理专业①，并开始招收理科生。这个班级在校期间曾因在德智体美各个方面成绩突出被评为湖北省优秀班集体，更为特别的是，这届学生在经过4年的企业管理专业知识学习1992年毕业分配时，恰逢邓小平发表南方谈话，迈出校门就碰上了中国又一次改革开放的热潮，踏上

①　1998年后企业管理专业调整为工商管理专业。

了社会主义市场经济建设的伟大征程。

这届学生学习的是企业管理专业，武汉大学作为教育部的直属高校在该专业上缺少行业或地方的专业特色，毕业的同学没有像管理学院国际金融和工商行政管理专业毕业的学生那样，几乎可以直接进入银行系统或工商行政管理部门，而是跟随分配与自我就业双轨制的分配政策零零散散地撒在了市场上（同学们的说法，如参加聚会活动的 27 位同学在毕业分配时就有 22 位同学进入了各类企业）。经过 26 年的市场磨砺，这个班的同学目前已经拥有了三家上市公司，两位同学成为武汉大学校董事会的成员；同学们年平均收入达到了 57.4 万元人民币①，其中还有多位拥有千万元、亿元级资产的企业家；还有一个有趣的现象，这个班的同学到目前没有一个出国（这在武汉大学的本科毕业生中十分罕见）学习或工作，但他们的孩子几乎都在国外求学。我们感觉这个班级群体应该具有较强的代表性，具有研究的价值。

问卷是参加聚会前在学校设计的，于 2018 年 10 月 2 日上午进行座谈会前发放。该班毕业时有同学 41 人（男生 34 人，女生 7 人），此次参加活动的共有 27 人（具体情况见表 14-10），他们主要的工作地点集中在湖北、广东、北京、上海、大连、宁波等地。同学们对问卷的回答十分认真，问卷完成后全部收回。后在分析中发现，有少数同学在回答中有未填、漏项的问题出现，考虑到人数不多，对分析结果无重大影响，就没有简单地作为废卷处理，只在备注栏中进行了说明。

表 14-10　武汉大学 1988 级企业管理专业毕业生问卷调查的统计分析

一、个人的基本情况

问题	指标	统计量	备注
1. 性别	男 女	20 7	
2. 目前的工作单位	政府部门 制造类企业 服务类企业 教育部门 其他类型组织	1 7 15 1 2	一人未填

---

① 这里根据问卷调查的情况进行了简单的处理：100 万元以上取 100 万元，50 万—100 万元的取 75 万元，20 万—49 万元的取 35 万元，20 万以下的取 10 万元，然后分别乘以该收入区间的人数，加总，然后除以统计人之和。

续表

问题	指标	统计量	备注
3. 目前工作单位的资本属性	国有单位 民营单位 外资（合资）单位 社团组织	10 12 4 1	
4. 目前所在单位的工作岗位	政府部门 企业 教育部门 其他类型的组织	局级（1）、处级（0）、科级（0） 高层管理（10）、中层管理（6） 教授（1） 高层管理（5）、中层管理（3）	一人未填
5. 目前个人的年收入水平	100 万元以上 50 万—100 万元 20 万—49 万元 20 万元以下	5 9 9 4	

二、毕业后的个人学习、工作经历

6. 大学毕业后，个人的学习经历	本科 本科—硕士 本科—硕士—博士 本科—硕士—博士—博士后	13 11 2 1	
7. 参加工作后，个人的工作经历（在①政府、②国有企业、③民营企业、④外（合）资企业、⑤教育部门、⑥其他单位中进行选择，并按时间顺序排列）	国有企业：4 国有企业—民营企业：5 国有企业—外（合）资企业—民营企业：3 国有企业—民营企业—国有企业—民营企业：1 国有企业—民营企业—国有企业—外资（合资）企业：1 国有企业—其他单位—民营企业：1 国有企业—民营企业—外资（合资）企业—国有企业：1 国有企业—其他单位（会计师事务所）—民营企业：1 国有企业—民营企业—其他单位（行业协会）：1 教育部门—政府—教育部门：1 民营企业—外（合）资企业：1 外（合）资企业—政府—国有企业：1 外（合）资企业：1 外（合）资企业—民营企业：1 政府：1 政府—民营企业：1 （注：两人未填）		

三、对自己选择管理专业学习成长的感悟与认识

	非常重要	重要	一般	不重要	非常不重要
大学的环境与氛围	16	9	2	—	—
工作的环境与氛围	14	11	2	—	—
老师的言传身教	13	13	1	—	—
学习的专业知识	7	16	4	—	—
个人的才智	10	15	2	—	—
个人的努力	19	7	1	—	—

四、作为企业管理专业毕业的学生，在四年的大学学习中，你认为在随后的工作中起到不同程度作用的课程（类）

	非常重要	重要	一般	不重要	非常不重要
外语	3	16	7	1	—
数学（统计）	2	17	6	1	1
经济学理论	11	11	5	—	—
管理学理论	13	12	2	—	—
会计、财务类课程	13	11	3	—	—
市场营销	9	12	6	—	—
人力资源管理	5	15	7	—	—
企业战略管理	15	8	4	—	—
西方经济流派	1	—	—	—	—

注：表格中课程类的空白处可选择你自己认为影响较大的课程（整理时为区别用楷体注明）。

五、对中外著名经济学家与管理学家的了解认知

问题	调查人数	所列举熟悉人员的名字	备注
你最为熟悉的外国管理学家（不超过3人）	27	德鲁克（16），韦尔奇（4），稻盛和夫（3），乔布斯（2），松下幸之助（2），波特（1），福特（1），明茨伯格（1），圣吉（1），斯隆（1），舒尔茨（1），熊彼特（1），扎克伯格（1）	未填写6人
你最为熟悉的外国经济学家（不超过3人）	27	凯恩斯（12），亚当·斯密（12），李嘉图（4），萨缪尔森（3），巴菲特（2），弗里德曼（2），纳什（2），奥斯特罗姆（1），恩格尔（1），费雪（1），曼昆（1），格鲁克（1），熊彼特（1）	未填写4人

问题	调查人数	所列举熟悉人员的名字	备注
你最为熟悉的中国经济学家（不超过 3 人）	27	吴敬琏（16），厉以宁（15），林毅夫（5），郎咸平（5），樊纲（3），谭崇台（3），张维迎（3），巴曙松（2），李崇淮（2），杨小凯（2），董辅礽（1），华生（1），茅于轼（1），毛振华（1），孙冶方（1），肖灼基（1），许小平（1），张培刚（1），张五常（1）	未填写 1 人
你最为熟悉的中国管理学家（不超过 3 人）	27	雷军（3），马云（3），甘碧群（2），马化腾（2），曾仕强（2），陈春花（1），李崇淮（1），厉以宁（1），李晓红（1），柳传志（1），吕军（1），宁高宁（1），任正非（1），谭崇台（1），谭力文（1），王安石（1），王方华（1），王会生（1），吴敬琏（1），夏书章（1），张居正（1），张瑞敏（1），周三多（1）	未填写 10 人

注：人名按姓氏汉语拼音排列，人名后括号中显示的数字是被调查人员所列举的该人的次数总和。
资料来源：作者整理。

通过整理问卷信息可以发现，由于在毕业分配时就存在由分配机制产生的一定随机性，同学们在职场的身份与工作单位的变化就有较好的说服力和佐证性：

（1）同学们的个人情况。从表 14-9 中可以看到，在市场的磨砺和历练过程中，27 位同学的人生轨迹变化与中国社会主义市场经济推进的历程十分吻合：在服务性行业工作的同学越来越多，有 16 人（将教育部门归类为服务行业），占比达到 61.5%；进入民营企业、外资（合资）企业工作的同学达到了 16 人，比例为 59.2%。与刚刚走出校门参加工作时相比，在民营和外资（合资）企业的仅有 4 人，比例为 14.8%。通过问卷还可以观察到，管理专业的学习基本确立了同学们的人生定位。除了 6 位同学毕业后始终如一地在一个单位工作外，绝大多数同学都不断地在各类组织中"流动"，"流动"过 3 次以上（含 3 次）的同学为 10 人，达到 37%，在企业工作（包括在高校管理类专业工作）的同学高达 24 人，为 88.9%，在人生的转换中，同学们都取得了自我的发展与进步，工作在各类组织高层岗位（含组织高管、局级、教授岗位）的同学为 17 人，比例达到了 67%。这进一步肯定了管理学学科发展的作用，企业管理专业设置的意义，以及对同学们人生发展的终极影响。①

（2）对专业学习的认识。虽然企业管理专业的学习影响着同学们的人生，但究竟哪些个人成长的环境因素，哪些专业知识对人生的发展有影响、有意义是我们关切的另一问题。在问卷中可以看到，同学们对学习、工作的影响因素，包括对所学专业的课程体系都抱有积极、正面的认识。在对个人学习、工作的环境因素分析中，同学们对大学的学习环境，毕业后的工作环境，老师的为人师表，学习的专业知识都认为十分重要，对"个人的努力"选项重要性的认识特别看重，认为"特别重要"的同学高达 70.3%，这应该是同学们年近"知天命"之时对人生的认识。在对于自己大学的课程体系，同学们还是提出了很多十分中肯的意见（见本书第十五章），但从问卷中也可以看到，对经济学、管理学基础理论的学习，对涉及企业管理知识体系的职能管理课程都感觉较为重要，认为"非常重要""重要"的同学均达到 20 人以上，占据了绝大多数。其中对会计与财务类课程、企业战略管理认知度更高，这明显与他们的日常工作，特别是与身居组织高管的工作性质有着密切的联系。

（3）对中外著名经济学家与管理学家的了解认知。这是问卷设计十分重要的一部分，原因前面已经提到，这里希望通过比对，检验是否经过管理类专业深造的大学生群体是否存在差异，在走向社会后伴随着自己的成长又是如何获取自己需要的知识。与本次问卷调查前面几项的答案相比，所得到的结果有些出人意料。填写问卷的 27 位同学都是经过企业管理专业四年系统培训，毕业后大都在企业管理一线工作的人员，但填写的结果与预先的判断有较大的差异。与表 14-8 所得到的结果相比，整体上看经过专业教育的学生对两大学科的国内外名家的知晓程度高于企业管理人员，如罗列的人数更多，一些不易被人们了解的外国经济学家（如纳什、费雪）也都被列入。但十分遗憾的是我们依然看到，同学们对国内外管理学家的了解程度依然较差，又以对国内管理学家的了解更弱。从这样的结果中我们得到这样的看法：同学们在学校学习的时候，缺乏对管理学思想、理论的深入学习，对管理思想的发展历程缺乏了解，这反映出当年企业管理专业课程体系设置存在

---

① 各项比例与填写此项的同学总数有关。

的不足，也是管理学专业新建过程中出现的问题；同学们列举的国内外管理学家不少都是企业家（如列举的国外的 13 人中有 7 位是企业家，列举的国内的也有 6 位企业家），这反映出他们还未能有效地区分企业家与管理学家之间的区别，也说明他们在日常的工作中可能更多从优秀企业家的实践中寻找激励自己的地方，从中获取的管理知识更多，以致认知更深；在罗列自己所熟悉的中国管理学家的名单中，我们看到了甘碧群、周三多、陈春花、王方华等教授，但所获得的认同感不高（根据人名后括号里的数字推断），可能还是受求学阶段所在学校的影响，在中国本土化各管理学理论已经有所建树的领军人物，以及当前活跃在管理学（包括各职能管理）理论前沿的重要学者基本不被经过四年管理专业学习，并从事企业管理工作的同学们所认识，还有 10 位同学放弃了这一选项的回答。究其原因应该是，已经建构出一定理论体系的本土化学派还没有得到管理学界学术界，更没有得到实业界普遍甚至基本的认同，因而也就没有进入教材、课堂，甚至培训的市场，目前活跃在中国管理学理论前沿的不少学者恐还处在"自说自话"的论坛上、课题里和论文中，缺乏与实践的密切联系和由此得来的对企业管理人员有所帮助、可供学习、启发和指导的思想与理论。

从前面分析和罗列事实所讲到的原因中可以作出大致的判断，中国的企业走向市场成为真正的法人，中国企业的管理人员为适应迅速改变的宏观环境和满足自我竞争的需要，最为直接和有效的学习方式还是学习十分成熟的西方管理理论和方法，中国的管理理论界和教育界也很快地从西方（主要是美国）引进了大量的经典理论、复制了教育体系，在满足了中国经济转型过程中人们对管理知识需求的同时，也让西方的管理理论、方法及其相关学者的思想逐渐地进入课堂、管理实践，甚至人们的思想中。在现实中，人们都知道在中国，西方的管理思想和方法在运用中必须结合中国的实际情况，但从目前看，人们还是认为西方的管理学思想和方法更为系统、更为专业、更为理论化、更为熟悉，也就更为好用，中国的管理学界还没有产生可以取代、匹敌，甚至可以让各类组织管理人员得到深层启发，留下记忆，或可以指导他们的管理工作中方便实用的理论体系和方法。这些问题既为管理学理论的本土化带来了难度，也在一定程度上表明，在管理学中应该存在组织管理学理论的一般性理论或普适性理论。

《西风东渐：西方管理对中国企业的影响》一书还列举了一些中国著名的企业家学习的历程和认识，也是很好的例证。虽然列举的企业家很少，却因较为著名，而有较强的代表性。从中可以发现，他们都有学习西方管理思想和方法的经历，如张瑞敏在回答"你的管理思想是从哪里来的"问题时讲到，一方面是看书学习，举出的例子先是松下幸之助，后是德鲁克。任正非认为，我们与西方公司最大的差距在于管理，"在管理改进和学习西方先进管理方面，我们的方针是'削足适履'，对系统先僵化、后优化、再固化。我们切忌产生中国版本、华为版本的幻想"。柳传志最佩服的 CEO 是通用电气的韦尔奇，并认为自己做的很多事情都是从西方企业的实践中学来的，联想所取得的成就可以说很大程度上归功于不断地学习西方先进的管理经验与自身探索相结合，企业管理中西合璧是方向。中国老一代著名的企业管理者在自我的学习过程中，对西方管理思想和方法也都有不同的认识，这既是该研究工作所揭示的企业家个人价值观的影响所致，也应该与企业所处的行业与产品所在的主要市场有关。①

在该书的最后，研究者列举了西方管理思想与方法给中国企业带来的九大变化：企业观；企业治理或者公司治理观；抛弃"人治"实行法制的管理思维方式；整合式的系统思维不断让位于分析式的还原思维；激励方式——物质激励主导，代替了精神激励主导；领导力——崇拜企业家精神和高层管理者的领导作用；在人岗匹配与晋升中能力主义几乎完全替代了论资排辈的顺序主义——人力资源市场的建立与运用；管理手段——从重视定性到重视定量；对资本的逐利性从排斥到全面接受——资本市场的建立与运作。

在该书中，研究者的基本结论是，随着改革开放的深入与发展，西方的管理思想和方法很快通过多种渠道进入中国，中国的企业管理人员对西方的管理思想和方法的学习态度、方式是不断变化的，这种变化也随着企业管理人员的个人偏好、企业区域分布和企业资本属性的差异存在区别。在对待西方管理思维和管理方法上，该研究还将青睐美国管理思想的称为"普遍主

---

① 王雪莉、赵纯均等编著：《西风东渐：西方管理对中国企业的影响》，机械工业出版社 2011 年版，第 123—134 页。

义"，相对地将偏好中国管理思想的叫做"特殊主义"，产生差异的影响因素也同以上分析相似。从深层次看，对上述问题的认识对中国管理学的本土化问题是有影响的。我们的调查工作也从侧面证实了这样的看法，以及章凯教授调查的结果。

第三节　马克思主义的中国化
——可以借鉴的思想与路径

前面已经多次提到，中国共产党领导的中国革命和社会主义革命与建设的成功是马克思主义思想与理论指导革命成功的典型事件，也是起源于欧洲的西方理论在一个半殖民地半封建国家中实现"本土化"的过程。这一过程和成功的事实能否给我们管理学界的管理学理论本土化工作带来什么启示呢？对这一问题的分析，在中国共产党十九大召开后更有特殊的意义。

一、马克思主义中国化的概念

作为伟大的马克思主义者，毛泽东既是一位将马克思主义思想、理论与中国革命、社会主义革命与建设紧密结合的实践者，更是一位将马克思主义中国化的领导者。他于1938年10月在中国共产党第六届中央委员会扩大会议上的政治报告《论新阶段》中对"马克思主义中国化"的概念进行了界定："共产党员是国际主义的马克思主义者，但是马克思主义必须和我国的具体特点相结合并通过一定的民族形式才能实现。马克思列宁主义的伟大力量，就在于它是和各个国家具体的革命实践相联系的。对于中国共产党说来，就是要学会把马克思列宁主义的理论应用于中国的具体的环境。成为伟大中华民族的一部分而和这个民族血肉相联的共产党员，离开中国特点来谈马克思主义，只是抽象的空洞的马克思主义。因此，使马克思主义在中国具体化，使之在其每一表现中带着必须有的中国的特性，即是说，按照中国的特点去应用它，成为全党亟待了解并亟须解决的问题。"[①] 这是学者，特别

---

① 《毛泽东选集》第二卷，人民出版社1991年版，第534页。新中国成立后重新出版《毛泽东选集》时，为避免国外的误解和曲解，将"马克思主义的中国化"改为"使马克思主义在中国具体化"，实际上这两者的含义是相同的。

是中国哲学界认为的"科学的界定"①。

武汉大学哲学学院汪信砚教授在论文《马克思主义中国化思想的源流》中认为："马克思主义中国化思想直接来源于马克思、恩格斯、列宁等马克思主义经典作家的马克思主义民族化，但它的形成是'五四'新文化运动以后中国马克思主义者、中国共产党人长期艰辛探索的结果。"②

该文中讲道，"早在青年时代，马克思就曾表示：'我不主张我们竖起任何教条主义的旗帜'"。"马克思在致达哥贝尔特·奥本海姆的信中说：'正确的理论必须结合具体情况并根据现存条件加以阐明和发挥'"。"马克思明确反对把他'关于西欧资本主义起源的历史概述彻底变成一般发展道路的历史哲学理论'，反对那种认为'一切民族，不管它们所处的历史环境如何，都注定要走这条道路'的看法，强调'一切都取决于它所处的历史环境'"。"恩格斯更为明确地指出：'马克思的历史理论是任何坚定不移和始终一贯的革命策略的条件；为了找到这种策略，需要的只是把这一理论应用于本国的经济条件和政治条件'"。"俄国文学家和翻译家阿·沃登曾回忆说：'恩格斯希望俄国人——不仅仅是俄国人——不要生搬硬套马克思和他（恩格斯）的话，而要根据自己的情况像马克思那样去思考问题，只有在这个意义上'马克思主义者'这个词才有存在的理由。'""列宁认为，'对具体情况作具体分析'是'马克思主义的精髓'和'马克思主义活的灵魂'"。"我们决不把马克思的理论看作某种一成不变和神圣不可侵犯的东西；恰恰相反，我们深信，这只是给一种科学奠定了基础，社会党人如果不愿落后于实际生活，就应当在各个方面把这门科学推向前进。我们认为，对于俄国社会党人来说，尤其需要独立地探讨马克思的理论，因为它所提供的只是总的指导原理，而这些原理的应用具体地说，在英国不同于法国，在德国又不同于俄国。"列宁还曾对共产国际第三次代表大会决议完全照搬俄国革命经验的问题进行了严肃的批评："完全是根据俄国条件写出来的"、"俄国味太浓了"，这样的结果就是"我们自己给自己切断了今后走向成功的道路"，这表明"我们不懂得，应该怎样把我们俄国的经验介绍给外国人"。

① 陶德麟、何萍主编：《马克思主义哲学中国化：历史与反思》，北京师范大学出版社 2007 年版，第 5 页。

② 汪信砚：《马克思主义中国化思想的源流》，《武汉大学学报（人文科学版）》2008 年第 6 期。

"总之，如果说马克思、恩格斯根据马克思主义的理论本性和内在要求而提出了马克思主义民族化的基本原则，那么，列宁则结合东方各国的特点，特别是俄国革命的实际系统地阐述了马克思主义民族化的思想，它们构成了马克思主义中国化思想的理论源泉。"①

也正是遵循了马克思、恩格斯和列宁"马克思主义民族化"的思想，特别是列宁将马克思主义在俄国革命实践中的运用，中国共产党人在长期的革命实践中经过血与火的斗争，逐渐将马克思主义与中国的实际相结合，加以解释和运用，取得了革命的成功与胜利。"马克思主义中国化即把马克思主义与中国的具体实际相结合，向来都是在一定的思想指导下进行和不断向前推进的。对于这种实际地指导和规范着马克思主义中国化的思想，我们称之为马克思主义中国化的思想。"② 更为明确地讲，这个思想就是毛泽东思想，邓小平理论，以及后来确立的"三个代表"重要思想、科学发展观、习近平新时代中国特色社会主义思想。这也就是习近平在中国共产党成立95周年庆祝大会上讲到的："我们取得的一切成就，是一代又一代中国共产党人同中国人民接续奋斗的结果。以毛泽东同志、邓小平同志、江泽民同志为核心的党的三代中央领导集体，以胡锦涛同志为总书记的党中央，团结带领全党全国各族人民，战胜了一个个难以想象的困难和挑战，使中华民族迎来了实现伟大复兴的光明前景。"

二、管理学本土化工作中存在的疑惑或问题

在前面的研究中已经多次讲到，由于在中国管理学的发展过程中存在着自身的一些特点和问题：学科历史较短，从改革开放的20世纪70年代才全面引入；伴随着巨大的市场需求和恢复性的特点，管理学学科的发展取得了几乎超越其他任何学科发展的速度，同时也出现了师资队伍参差不齐，生师比过高的问题；学科缺少对自身发展影响重大的历史积淀、学术传统，缺少共识性强、并具有标杆作用的学术带头人的问题；受市场经济一些负面影响的冲击，在学科发展的过程中存在急功近利，功利色彩较为突出，发展战略

---

① 汪信砚：《马克思主义中国化思想的源流》，《武汉大学学报（人文科学版）》2008年第6期。
② 汪信砚：《马克思主义中国化思想的源流》，《武汉大学学报（人文科学版）》2008年第6期。

不够明晰的问题。这些问题既被管理学科的业内人所认识，也实实在在地影响着中国管理学的成长与发展。但这样一些问题的解决究竟是在管理学学科本土化的工作中坚持国际化、学术化为主要目标和基本目的过程中实现本土化，还是在坚持实践导向的工作和过程中实现本土化；究竟什么才是中国管理学本土化的目标，甚至如何实现也存在着明显或隐含的分歧，深究还可以发现，这些问题和争论出现的根源来自管理学学科自身学科属性的理解差异，西方（主要是美国）管理学界学术思想的影响，以及中国管理学自身发展存在的问题所致。

三、社会科学本土化问题一直是重要的命题

管理学的本土化，乃至社会科学本土化，或是否要建立具有中国特色的管理学理论，乃至建立具有中国特色的社会科学理论在中国应该不是一个需要反复讨论的问题。只要回顾中国共产党在革命斗争与社会主义革命和建设中成长壮大，最后取得胜利的经历就很容易知道，实现国外先进理论与中国国情、实际相结合是我党进行艰苦卓绝斗争取得新民主主义革命斗争、社会主义革命与建设胜利的最为重要的宝贵经验，也是从毛泽东开始一代又一代中国领导人反复强调的基本问题。

毛泽东在中国革命初期就有针对性地批评了一些有关中国革命不正确的认识："他们的这种理论的来源，主要是没有把中国是一个许多帝国主义国家互相争夺的半殖民地这件事认清楚。"[①] 他还以"中国革命斗争的胜利要靠中国同志了解中国情况"为题讲道："共产党的正确而不动摇的斗争策略，决不是少数人坐在房子里能够产生的，它是要在群众的斗争过程中才能产生的，这就是说要在实际经验中才能产生。因此，我们需要时时了解社会情况，时时进行实际调查。"[②] "马克思主义者认为，只有人们的社会实践，才是人们对于外界认识的真理性的标准。""人们要想得到工作的胜利即得到预想的结果，一定要使自己的思想合于客观外界的规律性，如果不合，就会在实践中失败。""辩证唯物论的认识论把实践提到第一的地位，认为人

---

① 《毛泽东选集》第一卷，人民出版社 1991 年版，第 98 页。
② 《毛泽东选集》第一卷，人民出版社 1991 年版，第 115 页。

的认识一点也不能离开实践，排斥一切否认实践重要性、使认识离开实践的错误理论。"① 在谈及学习马克思主义思想与中国革命实践相结合时，多次提醒、教导、指导全党改变学习方式，科学地引导革命走向成功。这对于我们开展理论与实践的结合，中国管理学的本土化工作是有重要的指导意义和借鉴意义的。毛泽东认为："人的正确思想是从哪里来的？是从天上掉下来的吗？不是。是自己头脑里固有的吗？不是。人的正确思想，只能从社会实践中来，只能从社会的生产斗争、阶级斗争和科学实验这三项实践中来。人们的社会存在，决定人们的思想。而代表先进阶级的正确思想，一旦被群众掌握，就会变成改造社会、改造世界的物质力量。"② "人的社会实践，不限于生产活动一种形式，还有多种其他的形式，阶级斗争，政治生活，科学和艺术的活动，总之社会实际生活的一切领域都是社会的人所参加的。" "马克思主义者认为，只有人们的社会实践，才是人们对于外界认识的真理性的标准。实际的情形是这样的，只有在社会实践过程中（物质生产过程中，阶级斗争过程中，科学实验过程中），人们达到了思想中所预想的结果时，人们的认识才被证实了。人们要想得到工作的胜利即得到预想的结果，一定要使自己的思想合于客观外界的规律性，如果不合，就会在实践中失败。"③ 这应该是毛泽东的认识论和方法论。毛泽东为配合 1931 年初至 1934 年底中国共产党党内两条路线斗争重要问题的讨论，发表了诸如《改造我们的学习》、《整顿党的作风》和《反对党八股》等重要文章，详细地阐明了他本人对待学习马克思主义经典理论与中国实际相结合，推进中国革命的观点与方法，纠正了中国共产党内在一定时期存在主观主义、宗派主义倾向和作为这两种倾向表现形式的党八股问题，也为中国共产党在革命时期和今后工作中确立了学习的基本态度和立场。毛泽东认为："不注重研究现状，不注重研究历史，不注重马克思列宁主义的应用。"都是"极坏的作风"，"害了我们的许多同志"。"对于自己的历史一点不懂，或懂得甚少，不以为耻，反以为荣。特别重要的是中国共产党的历史和鸦片战争以来的中国近百年史，真正懂得的很少。……有些人对于自己的东西既无知识，于是剩下了希腊和

---

① 《毛泽东选集》第一卷，人民出版社 1991 年版，第 284 页。
② 《毛泽东文集》第八卷，人民出版社 1999 年版，第 320 页。
③ 《毛泽东选集》第一卷，人民出版社 1991 年版，第 283、284 页。

外国故事，也是可怜得很，从外国故纸堆中零星捡来的。"毛泽东还认为，在学习上有两种相对立的态度，一种是主观主义的态度；另一种是马克思列宁主义的态度，而在后一种态度下，"就是不要割断历史。不单是懂得希腊就行了，还要懂得中国；不但要懂得外国革命史，还要懂得中国革命史；不但要懂得中国的今天，还要懂得中国的昨天和前天。在这种态度下，就是要有目的地去研究马克思列宁主义的理论，要使马克思列宁主义的理论和中国革命的实际运动结合起来，是为着解决中国革命的理论问题和策略问题而去从它找立场，找观点，找方法的"①。毛泽东希望，"我们所要的理论家是什么样的人呢？是要这样的理论家，他们能够依据马克思列宁主义的立场、观点和方法，正确地解释历史中和革命中所发生的实际问题，能够在中国的经济、政治、军事、文化种种问题上给予科学的解释，给予理论的说明。我们要的是这样的理论家"。"真正的理论在世界上只有一种，就是从客观实际抽出来又在客观实际中得到了证明的理论，没有任何别的东西可以称得起我们所讲的理论。"②

"摸着石头过河"是邓小平的认识论和方法论，这里面蕴涵着深刻的哲理：由于中国的国情决定了中国不可能简单地模仿或照搬其他国家的经验，也因此就导致了几乎过去的武装斗争、社会主义革命，现在的社会主义建设道路、方法的寻求只能在实践中去探索和总结。如他在1991年南方谈话中就讲过："我们改革开放的成功，不是靠本本，而是靠实践，靠实事求是。"③邓小平还认为，"中国革命为什么能取得胜利？就是以毛泽东同志为首的中国共产党人，独立思考，把马列主义的普遍原理同中国的具体情况相结合，找到了适合中国情况的革命道路、形式和方法。十月革命的胜利也是列宁把马克思主义的原理同俄国革命的实践相结合的结果。所以，一个国家的革命要取得胜利，最根本的一条经验就是，各国共产党应该根据自己国家的情况，找出自己的革命道路。""我们多次重申，要坚持马克思主义，坚持走社会主义道路。但是，马克思主义必须是同中国实际相结合的马克思主

---

① 《毛泽东选集》第三卷，人民出版社1991年版，第797、798、801页。
② 《毛泽东选集》第三卷，人民出版社1991年版，第814、817页。
③ 《邓小平文选》第三卷，人民出版社1993年版，第382页。

义，社会主义必须是切合中国实际的有中国特色的社会主义。"① "关于谁来决定国际古典的共产主义的原则中哪些适用于中国。十一年前，中国共产党第七次全国代表大会确定了这样的原则，即马克思列宁主义的普遍真理与中国革命的具体实践相结合，以此来指导我国的革命，指导我国的建设。" "中国怎样才能比较快地消灭封建主义、资本主义，实现社会主义和共产主义呢？这就必须研究本国的特点。离开本国的特点去硬搬外国的东西，这条普遍真理就不能实现。" "我还想向朋友们讲一点，根据我们的经验，普遍真理与具体实际，二者结合很不容易。"② 这里，邓小平不仅指出了理论与实践结合的重要性，不能照搬国外现存的普遍真理，需要走自己的路；也强调了理论与实践结合的困难性，这是中国革命和社会主义革命与建设过程中得到了多次验证的问题，也对建立具有中国特色的管理学理论体系，即管理学的本土化工作具有指导意义。

江泽民在纪念毛泽东诞辰 100 周年的讲话中指出："毛泽东同志最伟大的历史功绩，是把马克思列宁主义基本原理同中国具体实际结合起来，领导我们党和人民，找到了一条新民主主义革命的正确道路，完成反帝反封建的任务，结束了中国半殖民地半封建社会的历史，建立了中华人民共和国，确立了社会主义制度。接着，他又从中国实际出发，开始探索社会主义建设的道路。"③ "以毛泽东同志为主要代表的中国共产党人，根据马克思列宁主义的基本原理，对中国长期革命和建设实践中的一系列经验进行理论概括，形成了适合中国情况的科学指导思想，这就是毛泽东思想。毛泽东同志把马克思列宁主义基本原理同中国具体实际结合起来，使马克思列宁主义在中国深深地扎下了根。毛泽东思想是完整的科学思想体系。它在新民主主义革命，社会主义革命和社会主义建设，革命军队建设、军事战略和国防建设，政策和策略，思想政治工作和文化工作，党的建设等广泛的方面，以独创性的理论，丰富和发展了马克思列宁主义。毛泽东思想的活的灵魂，是贯穿所有这些方面的立场、观点、方法。"④

① 《邓小平文选》第三卷，人民出版社 1993 年版，第 27、63 页。
② 《邓小平文选》第一卷，人民出版社 1994 年版，第 258、259、260 页。
③ 《江泽民文选》第一卷，人民出版社 2006 年版，第 341 页。
④ 《江泽民文选》第一卷，人民出版社 2006 年版，第 344 页。

　　胡锦涛同志在中共中央政治局的学习中指出："中国特色社会主义道路，是我们党在长期实践中经过艰辛探索而逐步开辟出来的，是一条实现中国繁荣富强和中国人民幸福安康的正确道路。只有坚持走中国特色社会主义道路，才能发展中国、振兴中国。只有坚持走中国特色社会主义道路，才能实现全面建设小康社会的宏伟目标和中华民族的伟大复兴。"① "当今世界和中国的实践都表明，一个国家要实现经济社会发展、实现长治久安，必须找到一条既适合自己国情、又符合时代要求的发展道路。从改革开放的伟大实践中，从历史比较和国际观察中，我们更加深刻地认识到，中国特色社会主义道路是我国进一步实现民族振兴、国家富强和人民幸福的必由之路、成功之路、胜利之路。"② "只有善于科学总结经验、注重认真学习经验，才能把中国特色社会主义道路坚持好、发展好。社会主义是在实践中不断发展的，也是在总结经验中不断前进的。善于总结和学习经验，是我们党的光荣传统，是推进马克思主义基本原理同中国具体实际相结合的重要途径。"③

　　"鞋子合不合脚，自己穿了才知道。"这句既十分贴近生活常识，也颇有哲理的生动比喻是习近平经常说的话。这句话强调了一个国家发展的道路应该由本国的人民来作出选择，也告诉我们任何制度、理论、方法的选择只能通过实践进行检验。习近平认为："中国特色社会主义，是科学社会主义理论逻辑和中国社会发展历史逻辑的辩证统一，是根植于中国大地、反映中国人民意愿、适应中国和时代发展进步要求的科学社会主义，是全面建成小康社会、加快推进社会主义现代化、实现中华民族伟大复兴的必由之路。" "世界在变化，中国也在变化，中国特色社会主义也必须随着形势和条件的变化而向前发展。只有不断与时俱进，中国才能充满活力。我们愿意借鉴人类一切文明成果，但不会照抄照搬任何国家的发展模式。中国的改革是中国特色社会主义制度的自我完善和发展。只有走中国人民自己选择的道路，走

<hr>

① 江金权主编：《伟大工程谱新篇——胡锦涛总书记抓党建重要活动纪略》，人民出版社 2007 年版，第 221—222 页。

② 江金权主编：《伟大工程谱新篇——胡锦涛总书记抓党建重要活动纪略》，人民出版社 2007 年版，第 222 页。

③ 江金权主编：《伟大工程谱新篇——胡锦涛总书记抓党建重要活动纪略》，人民出版社 2007 年版，第 222 页。

适合中国国情的道路，最终才能走得通、走得好。"①

毛泽东等领导人的这些看法既是马克思主义的精髓和中国革命与建设的成功经验，更是他个人革命实践的体会。虽然马克思主义的理论与管理学的理论在研究的对象、实现的目标、运用的方法等方面存在差异，但作为经过实践检验的马克思主义中国化成功的方法，毛泽东等领导人总结的重要经验、基本原则和学习国外先进思想、理论的具体方法是否值得我们管理学界关注和参考？特别是结合前面马洪、袁宝华、刘源张、郭重庆等前辈所希望、所期盼的中国管理学发展的远期目标、需要关注的问题、应该扭转的方向也与毛泽东等领导人所讲的高度一致，这应该不是简单的巧合。这也为实现中国管理学本土化需要突出与实践的结合，并优先注意与实践结合的导向指出了基本的方向。

在前面的研究中已经多次讲到，由于管理学研究的主要领域涉及人类的组织体系，研究的是有关人类组织的效率与效果问题，因此可以认定，管理学科从整体上看是社会科学研究工作中一个重要的领域和学科。管理学学科属于哲学社会科学的范畴也在中国管理学界形成了基本的共识，管理学研究"充满了'社会科学'色彩"②；"管理学研究则较接近人文科学"；"绝大多数学者会认为，管理学尤其是工商管理或公共管理一定属于社会科学"。③

我们也看到，改革开放以来，历届中央领导都十分重视哲学社会科学的发展，近几年更是这样。如在 2016 年 5 月 17 日中央召开的哲学社会科学工作座谈会上，习近平谈道："一个没有发达的自然科学的国家不可能走在世界前列，一个没有繁荣的哲学社会科学的国家也不可能走在世界前列。坚持和发展中国特色社会主义，哲学社会科学具有不可替代的重要地位，哲学社会科学工作者具有不可替代的重要作用。""历史表明，社会大变革的时代，一定是哲学社会科学大发展的时代。当代中国正经历着我国历史上最为广泛

① 中共中央文献研究室编：《习近平关于实现中华民族伟大复兴的中国梦论述摘编》，中央文献出版社 2013 年版，第 26、27 页。

② 韩巍、席酉民：《"中国管理学界的社会责任与历史使命"——一个行动导向的解读》，《管理学家（学术版）》2010 年第 6 期。

③ 吕力、田甜、方竹青：《双重压力下的主流管理学及 IACMR：问题与反思》，《管理学报》2017 年第 4 期。

而深刻的社会变革，也正在进行着人类历史上最为宏大而独特的实践创新。这种前无古人的伟大实践，必将给理论创造、学术繁荣提供强大动力和广阔空间。这是一个需要理论而且一定能够产生理论的时代，这是一个需要思想而且一定能够产生思想的时代。"在谈到哲学社会科学发展的问题时，习近平认为，要"加快构建中国特色哲学社会科学……按照立足中国、借鉴国外，挖掘历史、把握当代，关怀人类、面向未来的思路，着力构建中国特色哲学社会科学，在指导思想、学科体系、学术体系、话语体系等方面充分体现中国特色、中国风格、中国气派"。构建中国特色哲学社会科学，一是要体现继承性、民族性。要善于融通马克思主义的资源、中华优秀传统文化的资源、国外哲学社会科学的资源，坚持不忘本来、吸收外来、面向未来。坚定中国特色社会主义道路自信、理论自信、制度自信，说到底是要坚定文化自信，文化自信是更基本、更深沉、更持久的力量。二是要体现原创性、时代性。我们的哲学社会科学有没有中国特色，归根到底要看有没有主体性、原创性。只有以我国实际为研究起点，提出具有主体性、原创性的理论观点，构建具有自身特质的学科体系、学术体系、话语体系，我国哲学社会科学才能形成自己的特色和优势。我国哲学社会科学应该以我们正在做的事情为中心，从我国改革发展的实践中挖掘新材料、发现新问题、提出新观点、构建新理论，加强对改革开放和社会主义现代化建设实践经验的系统总结，加强对发展社会主义市场经济、民主政治、先进文化、和谐社会、生态文明以及党的执政能力建设等领域的分析研究，加强对党中央治国理政新理念新思想新战略的研究阐释，提炼出有学理性的新理论，概括出有规律性的新实践。① 从这里可以看到，我国的领导人不仅将哲学社会科学的发展提升到了国家发展，迈入世界强国的高度去认识，也十分具体地指出了建立具有中国特色的哲学社会科学的基本目标和具体要求。

　　2017 年 5 月 16 日中共中央印发了《关于加快构建中国特色哲学社会科学的意见》，更为具体地指出："要加快构建中国特色哲学社会科学学术体系。扎根中国大地，突出时代特色，树立国际视野，继承和弘扬中华优秀传统文化，积极吸收借鉴国外有益的理论观点和学术成果，融通各种资源，不

---

① 习近平：《在哲学社会科学工作座谈会上的讲话》，人民出版社 2016 年版。

断推进知识创新、理论创新、方法创新，提升学术原创能力和水平，推动学术理论中国化。"①

　　看到这些在血与火、失败与成功中总结出的经验以及中共中央的要求和建议，我们应该更为清晰地认识到，在实现中国管理学本土化，乃至建立具有中国特色的管理学的工作中，虽然中国管理学存在着通过科学化和国际化提高学术研究水平，进一步追赶世界管理学理论研究前沿的命题和战略目标，也有加强对国情、社情和各类组织，特别是企业运行实际情况的了解，在实践工作中开创中国管理学理论体系的思考和路径选择，但孰重孰轻，谁主谁从呢？长期研究马克思主义哲学中国化问题的陶德麟指出："马克思主义中国化并不是在书斋里按照'学科分类'进行的'纯学术'研究过程，而是党和人民通过实践解决中国实际问题的过程。"② 结合前面介绍过的诸如管理学发展的历史过程、郭重庆的呼吁、诸多管理学者的呐喊，以及近年来中国管理学界对管理实践的重视和强化管理学本土化研究的倾向，应该认识到，作为一个发展时间很短，缺乏学术积淀和传统，且基本照搬西方（特别是美国）管理学学科研究与教育模式发展起来的中国管理学，需要重点强调与实践相结合的问题，甚至可以讲，中国管理学的后续发展必须倚重与实践问题的结合，将研究和教育的重点工作放在与实践问题的结合上，以扭转过于脱离国情、脱离实践的学科发展倾向，以此为突破，在管理学本土化和建设具有中国特色的管理学学科基础上实现国际化，在管理学本土化和建设具有中国特色的管理学科上做出切实的努力。

---

① 《中共中央印发〈关于加快构建中国特色哲学社会科学的意见〉》，《光明日报》2017 年 5 月 17 日。
② 陶德麟、何萍主编：《马克思主义哲学中国化：历史与反思》，北京师范大学出版社 2007 年版，第 5 页。

第六编

结语：为建立具有中国特色的管理学而努力

第六编是我们研究工作的最后一编，本编作为结语编以"中国特色管理学发展的思考与建议"为题讨论了三个问题：结合第五编的讨论，围绕中国管理学发展的路径选择问题，进一步进行了分析和探讨；围绕雷恩的文化分析框架，试探地提出了中国管理学发展需要注意的影响因素和分析框架；最后围绕中国特色管理学的发展研究提出了我们的思考与建议。

第十五章

中国特色管理学发展的思考与建议

"发展研究"是本书研究的最后一个关键词，也是课题资助方和课题设计者最为关注和希望通过研究回答的问题。综合前面的研究、分析与结论，我们认为，伴随着中国的崛起、国际地位的提高、各类组织的发展、管理学学科发展的逐渐成熟，顺应中国管理学界本土化的强烈意愿和呼声，结合中国国家发展和历史的要求，中国管理学界可以，且应该在总结40余年学科发展的基础上，进一步加深管理学发展历史、思想史和理论的研究，结合各类组织管理的实践工作，开展管理学的本土化建设，开创建立具有中国特色的管理学，争取管理学在提高理论水平、指导实践工作中取得更快的进步和发展，在诸多的学科中占有自己的一席之地，并在世界管理学的讲坛上介绍、讲述具有中国特色的管理学思想、理论，发出自己的声音。

第一节　中国管理学研究与实践
问题的分析与建议①

管理学是一门致用的学科。自学科成立以来，管理学研究与管理实践的关系一直都是管理学界学术共同体与管理实践界普遍关注的研究议题。对这一议题进行探讨，不仅攸关管理学的未来发展与范式成熟，还是管理研究工

---

① 本节的主要部分作为课题研究的中期成果已在《管理世界》2017年第3期上发表。

作的基本出发点。因此，理论与实践的关系必然是伴随改革开放 40 多年来中国管理学学科建设与可持续发展的核心关切点。

一、时代背景

作为社会科学中的一门新兴与应用学科，管理学自诞生之日起发展到现在，就因一直处于常规科学的前阶段①而备受争议（Kuhn，2012），并深陷合法性危机当中。因为要同时满足科学严谨性与实践相关性的双重标准与矛盾，管理理论与管理实践之间的关系与鸿沟一直都是管理学共同体不得不直面与关注的话题。对于管理学这门具有一定特殊性的社会科学，已有越来越多的学者对学术知识与管理实践的脱节表示不满与担忧。与此同时，也有越来越多的证据表明，管理学术知识正在远离管理实践而不是帮助管理者解决实践问题。因此，越来越多的学者开始呼吁弥合科学严谨性与实践相关性，消除管理学术知识与实践应用知识之间的藩篱，或强调"引入知识转变价值链"②，或强调"创造引爆点"③，或创造衔接科学严谨性与实践相关性的"大帐篷"④，或强调走出管理学术的"封闭循环"⑤ 而增加管理实践效用的"第二环"⑥，或强调追求"巴斯德象限"⑦，或强调理论创新的"实践理性"而不是"科学理性"⑧，或强调培养"双元教授"⑨，或强调开展

---

① Pfeffer, J., "Barriers to the Advance of Organizational Science: Paradigm Development as a Dependent Variable", *Academy of Management Review*, Vol. 18 (4), 1993.

② Thorpe, R., Eden, C., Bessant, J., et al., "Rigour, Relevance and Reward: Introducing the Knowledge Translation Value-Chain", *British Journal of Management*, Vol. 22 (3SI), 2011.

③ Rynes, S. L., "Afterword: to the Next 50 Years", *Academy of Management Journal*, Vol. 50 (6), 2007.

④ Gulati, R., "Tent poles, Tribalism, and Boundary Spanning: The Rigor-relevance Debate in Management Research", *Academy of Management Journal*, Vol. 50 (4), 2007.

⑤ Hambrick, D. C., "1993 Presidential Address: What if the Academy Actually Mattered?", *Academy of Management Review*, Vol. 19 (1), 1994.

⑥ Vermeulen, F., "'I Shall Not Remain Insignificant': Adding a Second Loop to Matter More", *Academy of Management Journal*, Vol. 50 (4), 2007.

⑦ Tushman, M., O'Reilly, C., "Research and Relevance: Implications of Pasteur's Quadrant for Doctoral Programs and Faculty Development", *Academy of Management Journal*, Vol. 50 (4), 2007.

⑧ Sandberg, J., Tsoukas, H., "Grasping the Logic of Practice: Theorizing through Practical Rationality", *Academy of Management Review*, Vol. 36 (2), 2011.

⑨ Markides, C., "In Search of Ambidextrous Professors", *Academy of Management Journal*, Vol. 50 (4), 2007.

"模式2"① 与"模式1.5"② 类型的管理研究，或强调"参与式学术"③，或强调开展"循证管理"④，等等。

　　然而，由于管理学属性使然，以及发展中国家学者们为追求其发展的业绩和地位，均在加快其管理学术国际化的步伐并纷纷效仿西方主流的研究范式⑤，导致理论与实践，以及科学严谨性与实践相关性的关系与矛盾绝非是西方发达国家（尤其是美国）管理学的特殊现象，已然成为一个全球化与举世关注的议题，尤其是在中国的管理学界更为突出。因此，伴随中国改革开放历史进程而不断成长的中国管理学，在取得进步与迅猛的发展时，其科学严谨性与实践相关性问题也逐渐开始体现出来，并逐渐被本土管理学者持续关注，甚至有学者认为这个问题在中国比在西方更为普遍，也更为严重⑥。更有甚者，20世纪以来一些较有影响力的管理学学术论文，已经开始公开批评引领中国管理学发展的顶级管理学期刊——如《管理世界》《南开管理评论》《管理科学学报》等——为了追求科学严谨性水平的提高与学术范式国际化进程的加速⑦，越来越模仿西方的主流研究范式而对中国管理实践或"插不上嘴"、或熟视无睹，这一追求科学严谨性而牺牲实践相关性的现象在中国管理学术界似乎已经到了无所不在的地步。因此，为了解决这一难题，中国管理学者除了提倡借鉴西方弥合科学严谨性与实践相关性方法以

　　① Gibbons, M., Limoges, C., Nowotny, H., et al., *The New Production of Knowledge: The Dynamics of Science and Research in Contemporary Societies*, London: Sage, 1994.

　　② Huff, A. S., "Changes in Organizational Knowledge Production", *Academy Of Management Review*, Vol. 25 (2), 2000.

　　③ Van de Ven, A. H., Johnson, P. E., "Nothing is Quite so Practical as a Good Theory", *Academy of Management Journal*, Vol. 14 (4), 1989; Van de Ven, A. H., *Engaged Scholarship: A Guide for Organizational and Social Research*, Oxford: Oxford University Press, 2007.

　　④ Rousseau, D. M., "Is there Such a Thing as 'Evidence-Based Management'?", *Academy of Management Review*, Vol. 31 (2), 2006.

　　⑤ Barney, J. B., Zhang, S. J., "The Future of Chinese Management Research: A Theory of Chinese Management versus A Chinese Theory of Management", *Management and Organization Review*, Vol. 5 (1), 2009.

　　⑥ 吕力：《管理科学理论为什么与实践脱节——论管理学研究中"求真"与"致用"的矛盾》，《暨南学报（哲学社会科学版）》2011年第3期；孙继伟、巫景飞：《管理学研究者客户迷失的判定、原因及出路》，《管理学报》2009年第12期。

　　⑦ 特约评论员：《再问管理学——"管理学在中国"质疑》，《管理学报》2013年第4期；夏福斌：《管理学术期刊的职责和使命——基于管理研究与实践脱节的分析》，《管理学报》2014年第9期。

外，还主动呼吁"直面中国管理实践"①，"中国管理学者该登场了"②，管理学者与管理实践者进行共同语言的意义建构③，多种研究范式的综合运用与跨学科研究机构的成立④，"管理者即研究者"⑤，管理学术期刊专业化发展⑥，管理研究技术化⑦等途径。

二、问题分析

正如前面的分析，中国管理学研究与实践平衡目前依然存在以下的主要问题：一是没有系统区分管理学学术知识与管理实践知识⑧这两个系统的不同，因为现有研究似乎主要关注从管理学者到管理实践者的单向线性知识流动，尚未充分考虑管理学主体与客体之间知识的双向流动，尤其是从管理实践者到管理学者的逆向知识流动，主动去观察、了解和学习中国各类组织管理活动中呈现的生动经验，鲜活知识。二是对科学严谨性与实践相关性的内涵和外延的理解均不够清晰与系统，很少有文献从二者各自的不同维度分别探讨相关的关系，导致对科学严谨性的认识，或等同于理论逻辑是否扎实，或等同于研究方法是否严谨；而对实践相关性的认识，或认为为了解决具体的、临时的、直接的管理实践难题，或认为是出于组织长远发展和竞争能力的考虑，也正如奥吉尔和马奇所言："实践相关性的定义是模糊的，相关测量是不准确的，而且其意义是复杂化的。"⑨ 三是现有的相关研究——无论是中

---

① 齐善鸿、白长虹、陈春花等：《出路与展望：直面中国管理实践》，《管理学报》2010 年第 11 期；曹祖毅、伊真真、谭力文：《回顾与展望：直面中国管理实践——基于"中国·实践·管理"论坛的探讨》，《管理学报》2015 年第 3 期。

② 郭重庆：《中国管理学者该登场了》，《管理学报》2011 年第 12 期。

③ 臧志、沈超红：《管理研究者和实践者共同语言的构建》，《管理学报》2011 年第 6 期。

④ 彭贺：《管理研究与实践脱节的原因以及应对策略》，《管理评论》2011 年第 2 期。

⑤ 彭贺：《作为研究者的管理者：链接理论与实践的重要桥梁》，《管理学报》2012 年第 5 期。

⑥ 夏福斌：《管理学术期刊的职责和使命——基于管理研究与实践脱节的分析》，《管理学报》2014 年第 9 期。

⑦ 吕力：《管理科学理论为什么与实践脱节——论管理学研究中"求真"与"致用"的矛盾》，《暨南学报（哲学社会科学版）》2011 年第 3 期。

⑧ Van de Ven, A. H., Johnson, P. E., "Knowledge for Theory and Practice", *Academy of Management Journal*, Vol. 31 (4), 2006.

⑨ Augier, M., March, J. G., "The Pursuit of Relevarce in Management Education", *California Management Revtiew*, Vol. 49 (3), 2007.

国还是西方，无论是管理学顶级期刊还是普通期刊——主要是基于思辨研究与主观探讨，非常缺乏系统的、比较客观的经验证据的实证研究支持，导致相关的研究结论过于碎片化。四是相关文献主要是基于静态的横截面分析，多是基于对现状问题的探讨与解决，而不是从动态的发展逻辑进行纵向历史分析，导致研究结论缺少从动态演变的视角的窥探，因此，很难基于历史演变的视角预测未来的客观趋势与规律。五是没有系统区分管理学不同研究领域——如战略管理、组织行为、国际企业管理、人力资源管理、公司治理等——中科学严谨性、实践相关性以及二者关系的特质，因为不同研究领域的理论、方法与管理实践不仅内容有异，研究层次也较为不同，而且对组织中最为重要的要素——"人"——的侧重点也不尽相同，所以导致科学严谨性与实践相关性的关系也是不同的，故不能以偏概全。正因为如此，作为西方管理学范式的积极引入者和"追赶者"，以及在深刻的历史转型时期内，中国管理研究的科学严谨性与实践相关性及其关系问题可能表现得更为淋漓尽致，更需要予以关注，也更加刻不容缓与亟待解决。

三、外国管理学界优秀学者的分析

中国管理学界普遍有这样的认识，即从管理学发展的历史看，西方第一代管理学家往往是一批实践者，如泰罗、法约尔、巴纳德等人，而随后的管理学家逐渐被来自校园的学者们所替代，因而在20世纪70年代后期才逐渐进入管理学学科的中国学者应该更多地注重学科现实发展的特点从事科学研究，时代不可能倒转，反之则为逆学科发展的潮流而动。我们在研究工作中发现，这个看法似乎还不甚全面，也可能因此看法影响到中国管理学的本土化，乃至管理学学科的发展。在我们的研究中发现，不论是前人还是后者，只要是著名的管理学者都基本有实践的过程和特点，在职业生涯中完全没有实践过程的学者十分罕见。我们的研究工作取之于两个样本：一个是从英国学者斯图尔特·克雷纳1998年所编著的《终极的管理大师》(*The Ultimate Business Guru*) 一书中挑选的20名著名的管理学家；另一个是我们基于2001—2012年SMJ上发表论文的情况，跟踪企业战略管理理论前沿与演进工作中对这一阶段10位著名企业战略管理理论研究者的分析。

1. 来自克雷纳《终极的管理大师》的分析

撰写管理学领域重要人物或大师的书不在少数，但我们选择克雷纳所撰写的《终极的管理大师》的考虑是，克雷纳是英国人，在全世界选择管理大师时应该比管理大师群星璀璨的美国学者更加中立。克雷纳还撰写了《管理百年》一书，对管理学科发展的历史有较为清晰的了解。我们在克雷纳所选择的50名管理大师中选出了20人。其中，在他划分的四类人物中的顾问类（如卡内基、德鲁克等10位）选出了十分有名，并在理论上有很大贡献的4位（钱皮、戴明、德鲁克、彼得斯），高层管理者类（如巴纳德、法约尔等10位中）仅选了在管理理论上有重要贡献的2位（法约尔、巴纳德），学者类（如安索夫、阿吉瑞斯等28名）中根据学科（专业）的分布，特别是知名度选择了14位（安索夫、钱德勒、福莱特、哈梅尔、赫茨伯格、科特勒、勒温、马斯洛、梅奥、波特、明茨伯格、沙因、圣吉、韦伯），放弃了在历史人物（如孙子等2位）中的挑选，一共20位（见表15-1）。有意偏重于学者类是为了更好结合我们研究的目的，探寻管理学界学者类的大师级人物在治学过程中有什么基本特点，又有哪些值得我们借鉴。

表 15-1　20 位著名管理学家基本情况一览表

姓名	专业背景	工作阅历	理论贡献
Igor Ansoff	斯蒂文斯技术学院工程硕士，布朗大学应用数学博士	RAND Corporation、洛克希德公司副总裁、卡内基—梅隆管理研究生院、范德比尔特大学任教	公司战略管理理论
Chester Barnard	哈佛大学经济学肄业生	美国电报电话公司工作、新泽西贝尔公司副总裁、美国财政部部长特别助理	管理学理论
James Champy	麻省理工学院土木工程学士、硕士，波士顿大学法学博士	CSC 咨询集团总裁，CSC Index 国际管理咨询公司创始人，佩罗系统顾问公司董事长	企业再造理论
Alfred Chandler	在哈佛大学获得硕士、社会学博士学位	二战中服役，后在麻省理工学院、霍普金斯大学、哈佛大学任教，哈佛大学商学院任教	企业史
W. Edwards Deming	怀俄明大学电子工程学士，科罗拉多大学数学物理学硕士，耶鲁大学数学物理学博士	美国农业部公务员，曾为美国人口普查首席统计学家，参与美国企业质量管理、日本工业重建和质量管理工作，纽约大学任教	质量管理

续表

姓名	专业背景	工作阅历	理论贡献
Peter Drucker	在奥地利和德国受教育，法兰克福大学法学博士	曾在银行、保险公司和跨国公司任经济学家与管理顾问，参与企业咨询工作。在贝宁顿学院、纽约大学、克莱蒙特大学任哲学、政治学、管理学任教	管理学理论
Henri Fayol	法国圣埃蒂安国立矿业学院毕业	法国矿业公司工程师，公司总经理	管理学理论
Mary Parker Follett	塞耶学院和哈佛大学安内克斯学院学习哲学和政治学	无公司或组织管理工作和组织咨询经历	管理理论、人力资源管理理论
Gary Hamel	安德鲁斯大学毕业，密西根大学国际商业博士	医院的行政工作、Strategos 战略咨询公司总裁、伦敦商学院任教	企业战略管理理论
Frederick Herzberg	纽约市立学院本科毕业，匹兹堡大学科学和公共卫生硕士，匹兹堡大学博士	在美国和其他 30 多个国家从事管理教育和管理咨询工作，犹他大学、凯斯大学任教	激励理论（双因素理论）
Philip Koteler	芝加哥大学经济学硕士和麻省理工学院的经济学博士、哈佛大学博士后	西屋公司分析员、美国和外国大公司在营销战略和计划、营销组织、整合营销上的顾问、西北大学凯洛格管理学院任教	市场营销理论
Kurt Lewin	柏林大学心理学博士	柏林大学、康奈尔大学、麻省理工学院任教，爱荷华大学儿童福利研究站工作	心理学理论
Abraham Maslow	威斯康辛大学心理学博士	哥伦比亚大学、布鲁克林大学、布兰迪斯大学任教，曾在加州马斯洛桶业公司、电子公司工作	行为科学理论
Elton Mayo	澳大利亚阿福雷德大学逻辑学和哲学硕士	昆士兰大学、宾夕法尼亚大学、哈佛大学任教，霍桑试验的负责人	工业心理学、行为科学理论
Henry Mintzberg	麦吉尔大学工程学、麻省理工学院管理学博士	加拿大国家铁路公司从事操作研究工作，参加企业调研，麦吉尔大学、枫丹白露欧洲工商管理学院任教	管理学、企业战略管理理论
Tom Peters	康奈尔大学土木工程学士、硕士，斯坦福大学工商管理硕士、博士	当过军人，在华盛顿医药执行代表处、麦肯锡咨询公司工作，后成为独立咨询人员	管理学理论

续表

姓名	专业背景	工作阅历	理论贡献
Michael Porter	普林斯顿大学航天即机械工程学士，哈佛大学工商管理硕士、应用经济学博士	担任许多美国和国际大公司的竞争战略顾问，作为顾问为美国和外国政府制定经济政策，哈佛大学商学院任教	企业战略管理理论
Edgar H. Schein	芝加哥大学学士，斯坦福大学心理学硕士，哈佛大学社会心理学博士	参与过朝鲜战争的战俘遣返工作，实战派管理咨询专家，麻省理工学院斯隆商学院任教	组织心理学理论
Peter Senge	斯坦福大学航空及太空工程学士，麻省理工学院硕士，管理学博士	培训与咨询公司"创新协会"共同发起人，参与国际知名公司的辅导、咨询和策划，麻省理工学院任教	管理学理论
Max Weber	德国海德堡大学学习法律，柏林大学博士	服过兵役，当过杂志编辑，组织过政党，柏林大学任教	社会学、组织理论

资料来源：［英］斯图尔特·克雷纳：《大师：世界50位管理思想家》，万卷出版公司2005年版。另参阅了相关网站资料。

　　结合我们查找到的资料与克雷纳的分析，可以得到具有意义的启示：在诸多管理大家中，美国人占压倒性的优势，当代管理思想家只有一小部分人是欧洲人、日本人。经理人行业基本是美国模式，美国管理模式主宰了20世纪。这种压倒性的优势不仅与美国在全球的经济优势与企业发展水平超前的现实有关，也与受这些因素推动的美国管理教育水平相关，所以具有较高水平的美国管理学界的思想、理论体系、研究方法必然对各国管理学界产生重要影响，中国也不会例外。

　　这些著名的管理学家都经历了良好的训练。基本都曾经在世界上著名的大学学习，学者群体中的管理学家，绝大多数都在世界著名大学经历过博士阶段的深造。这说明管理大师们除了自我的聪明才智和努力外，良好的、长时期的教育培训十分重要。上文所列出的20位管理学家中，只有福莱特暂时没有发现有参加过咨询、组织管理等实践性的工作，其余19位都有组织管理、咨询工作或其他社会工作的经历。这一特点也被克雷纳所发现，他讲道："管理大师们往往有大致的背景，他们倡导的理论常常大同小异。他们的成长之路一般是从某家美国商学院起步（首选是哈佛），到把论文发表在某家权威的美国商业杂志，再任职于某家大名鼎鼎的咨询公司。成功之路是一个漫长的过程……"①这个结论基本体现了世界著名的管理学者都有极为相似的勤奋学习——科学探索——参与实践的学业发展之路。大师们的成功之路、发展路径似乎也在证明管理学学科存在着自我特殊的学科特色和学习规律，也对后来者提出了不同于其他社会科学的特殊要求——参与实践，强化自我对组织运行、管理工作中许多深奥、隐形问题的认识和理解，并在其中获取对管理真谛的深入把握和推进自己的研究工作。在管理理论的发展过程中，诸如德鲁克的《公司的概念》、明茨伯格的《管理和你想象的不一样》、波特的《国家竞争优势》等研究成果都有这样明显的特点。②

2. 来自对《战略管理期刊》（SMJ）的分析

2013 年，我们以《战略管理期刊》（*Strategic Management Journal*，SMJ）2001—2012 年的文献为基础，利用文献科学计量的方法，在前人研究的基础上，希望进一步寻找战略管理在新千年的前沿和演进规律。该研究的部分成果以《21 世纪以来战略管理理论的前沿与演进——基于 SMJ（2001—2012）文献的科学计量分析》为题发表在《南开管理评论》2014 年第 2 期上。在因字数限制未发表的研究成果中我们按照成果中心性排名形成了排在前十位的作者，并收集统计了他们的国别、性别、学位分布、工作经历、主要任职机构和研究领域（见表 15-2）。

从表 15-2 中可以看出，这 10 位影响力最大的战略管理学者中共有 9 位男性，凯瑟琳·M. 艾森哈特（Kathleen Eisenhardt）是唯一的女学者。除了伯格·沃纳菲尔特（Birger Wernerfelt）出生在丹麦外，其他的学者均来自美国，而这位唯一出生在丹麦的学者也是美国哈佛大学的博士，还在美国MIT 的斯隆学院执教。从而再一次证明美国学者在战略管理领域的绝对垄断优势，也更进一步说明美国在管理学学科领域的世界领先地位。

与克雷纳研究得出的结论相似，这些著名学者的学术背景都十分显赫，他们都曾经在世界上，特别在美国最好的大学学习深造过。作为专业的战略

① ［英］斯图尔特·克雷纳：《大师：世界 50 位管理思想家》，万卷出版公司 2005 年版。
② 谭力文：《管理学学科发展路径的选择》，《皖西学院学报》2016 年第 4 期。

管理的研究者，这10位学者的本科专业差异很大，但硕士专业开始都逐渐回归到与战略管理学术思想有联系的专业，且都拥有博士学位，接受了高水平的经济或管理知识系统性的科班培养。从学位分布的情况还可以看出，优秀的战略管理理论学者一般都经过经济学的学习（有5位学者是经济学博士，1位是经济学硕士），这也可以解释战略管理理论，乃至管理学理论在其发展过程中一直受到经济学科的较大影响的原因。

表15-2　战略管理理论10位高影响作者学术、工作背景一览表

姓名、性别、国别	学习背景	学术、工作背景	研究领域
Jay Baney Male U.S.	杨百翰大学理学学士 耶鲁大学文学硕士 耶鲁大学管理科学与社会学博士	学术工作：加利福尼亚州立大学洛杉矶分校，德克萨斯大学A&M分校，俄亥俄州立大学费雪尔商学院，犹他州立大学商学院工作，教授。 实践工作：在加州大学洛杉矶分校担任助理教授期间，跟随同事比尔开展咨询工作，后自身开展咨询。曾为惠普、德州仪器等全球20多个著名公司提供过咨询指导。	企业资源和能力与持续竞争优势
David Teece Male U.S.	坎特伯雷大学学士 宾夕法尼亚大学文学硕士 宾夕法尼亚大学经济学博士	学术工作：加利福尼亚州立大学伯克利分校哈斯商学院工作，教授。 实践工作：咨询工作：1988年，蒂斯与其他加州大学伯克利分校的教授成立了法律与经济咨询团队，为经济案件提供专家证词。创建咨询机构：2010年，蒂斯创建伯克利研究集团，提供专家咨询服务。	技术创新和知识产权，全球市场和组织，人力资本和商业组织
Michael Porter Male U.S.	普林斯顿大学机械和航空工程学士 哈佛大学工商管理硕士 哈佛大学经济学博士	学术工作：哈佛大学商学院工作，教授。 实践工作：咨询工作：在多家美国知名企业、跨国公司担任战略顾问，美国里根政府的产业竞争委员会主席，参与多个国家经济战略计划制订。1983年与同事共同创立战略咨询公司摩立特集团（Monitor Group）。参与企业工作：担任赛默飞世尔科技公司、参数技术公司两家公司的董事。	竞争战略，企业、地区和国家竞争力

续表

姓名、性别、国别	学习背景	学术、工作背景	研究领域
Bruce Koght Male U.S.	加利福尼亚州立大学伯克利分校政治学学士 哥伦比亚大学国际商务硕士 麻省理工学院国际管理与财务博士	学术工作：宾夕法尼亚大学沃顿商学院，欧洲工商学院，哥伦比亚大学商学院工作，教授。 实践工作：Sanford Bernstein 公司的领导教授和道德董事；3I 信息公司的董事会成员。	全球网络治理，公共经济政策和意识形态
Oliver Williamson Male U.S.	麻省理工大学理学学士 斯坦福大学工商管理硕士 卡内基—梅隆大学经济学博士	学术工作：宾夕法尼亚大学，加州大学伯克利分校哈斯商学院工作，教授。 实践工作：在学习期间曾当过工人，取得学士学位后在美国政府部门任项目工程师。在华盛顿担任了反托拉斯部长的特别助理，其间曾不同程度参与 30 多个反垄断调查工作。	企业、市场、混合和公共机构的经济理论以及对公共政策和商业策略的应用
Richard Nelson Male U.S.	俄亥俄州奥伯林学院学士学位 耶鲁大学经济学博士	学术工作：卡内基—梅隆大学 Oberlin 学院，耶鲁大学，哥伦比亚大学、曼彻斯特大学曼彻斯特创新研究所工作，教授。 实践工作：担任兰德公司经济研究师和分析师。肯尼迪总统的经济顾问委员会的资深会员。	工业，经济增长，企业理论和技术变革
Kathleen Eisenhardt Female U.S.	布朗大学机械工程学士 计算机系统硕士 斯坦福大学组织行为学博士	学术工作：斯坦福大学工程学院工作，教授。 实践工作：曾在多家公司开展咨询工作，主要在电信和网络、软件、计算、生物技术、互联网和半导体行业领域。通用汽车科技咨询委员会的成员，是美国美华集团公司的董事会成员。	战略和组织，特别是在技术型公司和快速行业
James March Male U.S.	威斯康辛大学政治科学学士 耶鲁大学政治科学硕士 耶鲁大学政治科学博士	学术工作：卡内基理工学院，加州大学欧文分校，斯坦福大学工作，教授。 实践工作：1984 年到 1994 年是罗素鼠尾草基金会（Russell Sage Foundation）的成员，从 1991 年到 1993 年成为董事会主席。还担任过太阳液压有限公司（Sun Hydraulics Corporation）的董事会成员（1989 — 1992 年，1996 — 2000 年）。1994 年到 2000 年他担任花旗集团（Citigroup）行为科学研究委员会的主席。	组织中的风险承担、决策制定、学习和领导力，组织行为学

姓名、性别、国别	学习背景	学术、工作背景	研究领域
Wesley Cohen Male U.S.	耶鲁大学跨学科（经济学、非洲历史与人类学）学士 耶鲁大学经济学硕士 耶鲁大学经济学博士	学术工作：哈佛商学院，卡内基—梅隆大学，杜克大学福库商学院工作，教授。 实践工作：在国家科学院的委员会担任了五年研究知识产权政策的主要编辑，他也为知识产权有关的法律问题提供咨询。	战略，技术与知识管理，技术变革经济学
Birger Wernerfelt Male Danish	哥本哈根大学哲学学士 哥本哈根大学经济学硕士 哈佛大学工商管理博士	学术工作：哥本哈根大学，美国密歇根大学，美国西北大学，麻省理工大学斯隆商学院工作，教授。 实践工作：1978—1981 年担任 A/S CREOLE 的战略计划副总裁，后任教。	交易服务的选择方式

资料来源：根据相关学校网站资料及其他网络资料整理而成。

　　另外一个值得关注的是，虽然这些学者均在大学工作，但这些学者同样也都有社会兼职职位或参与过咨询项目，就是在中国被认为追求学术美好境界的典型代表马奇也有在社会研究机构或企业工作的经历。由此可以再一次得到启示，作为一门"知行合一"的学科，实践经验对战略管理的发展，对管理学学科的发展，对管理学知识的了解和把握，对在高校从事管理学学科研究和教学工作的教师都有着十分重要的作用；也说明管理学学科理论的进步、思想的传播依然需要专业研究者的不懈努力，通过实践经验的总结，理论的抽象，科学范式的建立，思想的传播推动学科的发展。这应该既揭示了管理学学科知识学习、研究的特点，也解释了虽然管理学似乎在走向"科学"的阶段，但杰出的学者依然行走在学科发展内在应有的道路上。

四、建议与展望

　　科学严谨性与实践相关性的平衡是管理学取得科学进步的重要前提，而转型时期的中国管理学的健康发展与"科学革命"更是需要从个体、团体、学术社区甚至制度等多个层面系统与辩证地看待、促进与保持二者的有机关系与差序平衡。结合之前对经典管理学理论的梳理、分析和对管理学概念与主导逻辑的认识，以及对优秀学者学术经历的追溯，我们建议：

第一，要系统深入关注二者各自背后的科学哲学逻辑。科学严谨性与实践相关性分属科学系统与实践系统，这两个系统因为"自我参照"（self-referential）与"自我再生"（autopoietic），在价值观、规则、信念、假设等方面存在根本性的差异①，所以可能导致二者在某些层面或可以弥合②，在另外一些方面或不可以弥合，或需要保持必要的张力。因此，在中国管理学者在关注对二者的弥合尝试时，需要首先厘清科学严谨性与实践相关性背后对应的科学系统与实践系统的不同哲学范畴，更为辩证与客观地看待二者之间的平衡与动态关系。

第二，要区分科学严谨性的理论（theory）维度与方法（method）维度，以及科学知识对管理实践的直接效用与间接效用。对于科学研究而言，理论的严谨性与研究方法的严谨性要求并不一样，而且二者存在一定程度的有机关联③，因此，中国管理学学术共同体在讨论严谨性的科学知识对管理实践的效用与价值时，需要首先界定甚至是全面考虑科学研究的严谨性维度。另外，学者也需要知晓有哪些管理知识具有明显的直接使用价值，可以直接指导与改善具体的管理实践活动，但间接效用可能并不明显，如显性知识；而有些科学研究则对管理者的间接效果比较显著但直接效用可能不明显，如隐性知识；甚至有些科学研究的直接效用与间接效用因为可以互相转化而处于动态的进程中，如"知识创造的螺旋模型"中显性知识与隐性知识之间的"外部明示"（externalization）与"内部升华"（internalization）④。因此，中国管理学者在尝试平衡科学严谨性与实践相关性的关系时，应该也同时关注科学知识的直接效用与间接效用以及二者之间的动态关系，甚至应该从科学严谨性与实践相关性各自的不同维度综合与系统地考虑二者

---

① Kieser, A., Leiner, L., "Why the Rigour-Relevance Gap in Management Research is Unbridgeable", *Journal of Management Studies*, Vol. 46 (3), 2009.

② Hodgkinson, G. P., Rousseau, D. M., "Bridging the Rigour-Relevance Gap in Management Research: It's Already Happening!", *Journal of Management Studies*, Vol. 46 (3), 2009.

③ Van Maanen, J., Sorensen, J. B., Mitchell, T. R., "The Interplay between Theory and Method", *Academy of Management Review*, Vol. 32 (4), 2007.

④ Nonaka, I., "A Dynamic Theory of Organizational Knowledge Creation", *Organization Science*, Vol. 5, 1994.

的平衡议题。

第三，要深入界定不同学科与领域背景下的科学严谨性与实践相关性关系。管理活动本质上是与"人"打交道，因此，科学研究的价值往往最终体现在对"人"以及由"人群"之需要[1]而构成的组织的效用的改善上。在管理的不同职能活动"计划—组织—领导—控制"等各个环节中，组织对人的功能的侧重往往迥异，所以在管理学的不同学科或者学术领域中，如企业的战略管理、人力资源管理、组织行为学、财务管理等，对拥有管理实践效用属性的科学知识的要求往往不同，目前已有学者认为战略管理更加面向具体的管理实践[2]，也有学者对 AOM 各领域做了一个统计分析，认为在AOM 的所有分支领域中，人力资源管理的科学严谨性与实践相关性的关系与其他领域是不同的[3]。因此，中国管理学者对科学严谨性与实践相关性的关系探讨，需要首先界定所创造的科学知识具体指向的管理活动特征。

第四，要辩证看待不同的"道路选择"背景下的科学严谨性与实践相关性的关系。除了不同的研究领域会导致科学知识与实践知识的关系体现一定的"权变性"之外，从管理知识的创造与生产的角度来看，中国管理研究的康庄大道与羊肠小道[4]以及文化双融路径[5]等不同的道路选择往往对转型时期中国的管理情境关注维度不同，而且对情境下的管理实践的关注程度也不同，因此中国管理学者在研究道路上的不同选择，要求管理知识的实践效用与价值充分体现面向不同维度的情境与不同程度的管理实践的差异性。虽然条条道路通罗马，但是不同的道路选择需要与管理实践保持有差异的平

① Barnard, C. I., *The Functions of the Executive*, Cambridge: Harvard University Press, 1968.

② Durand, R., Grant, R. M., Madsen, T. L., "The Expanding Domain of Strategic Management Research and The Quest for Integration", *Strategic Management Journal*, Vol. 38 (1), 2017.

③ Rynes, S. L., "Afterword: to the Next 50 years", *Academy of Management Journal*, Vol. 50 (6), 2007.

④ Barney, J. B., Zhang, S. J., "The Future of Chinese Management Research: A Theory of Chinese Management versus A Chinese Theory of Management", *Management and Organization Review*, Vol. 5 (1), 2009; Tsui, A. S., "Editor's Introduction-Autonomy of Inquiry: Shaping the Future of Emerging Scientific Communities", *Management and Organization Review*, Vol. 5 (1), 2009.

⑤ Chen, M. J., "Becoming Ambicultural: A Personal Quest, and Aspiration for Organizations", *Academy of Management Review*, Vol. 39 (2), 2014; 刘林青：《用"心"研究不觉累——评〈学术创业：动态竞争理论从无到有的历程〉》，《中大管理研究》2016 年第 3 期。

衡状态。

第五，要提高相关课题研究的客观性程度与科学化水平。理论与实践的关系，科学严谨性与实践相关性的平衡，一直都是国内外学者广泛关注与探讨的研究议题。自从 21 世纪以来，相关研究更可谓琳琅满目，层出不穷，但是目前学者对之研讨还主要局限于思辨性质的定性研究，这在国内学术共同体中更为明显，导致相关的研究结论很难统一，甚至相互矛盾。因此，时代要求中国管理学者提高对这一议题开展研究的科学严谨性程度与说服力，试图在理论与方法上均有所突破，或可将多元回归分析、案例研究、动态演变分析等具体的研究方法，或可将心理学、经济学、管理学中的具体理论更深地纳入这一领域，从而不仅得出更加客观与一致的研究结论，又为在世界范围内对这一议题进行深入的研讨奠定坚实的理论基础，并提供方法论层面的具体经验。因为中国的问题往往也是世界的问题，所以中国情境下的科学严谨性与实践相关性平衡的探索，除了具有主位（emic）特征以外，还一定具有普遍性的、可被借鉴的客位知识（etic）积累。

最后，要充分考虑转型时期中国特色的历史与制度环境，进一步体现中国特色。中国管理学真正走向科学，真正将其管理思想与管理理论用以指导国家建设和企业成长，真正成为社会发展的巨大动力，并真正被认为是"兴国之道"是在改革开放以后。改革开放以来中国文化与制度环境的演变，不仅塑造了中国独特的管理思想与管理知识[1]，也同样培育了中国独特的管理实践[2]。因此，中国管理学者需要扎根于本土特殊的文化与制度环境，开展可以充分体现中国传统文化与哲学底蕴，尊重中国管理学历史演变的客观特征的科学严谨性与实践相关性的关系平衡科学研究。中国的历史转型时期为深入探究这一课题提供了绝佳的机遇，而对这一课题的深入探讨，既可以体现中国特色，又可以为全球管理知识做出价值贡献。

---

[1] Wren, D. A., Bedeian, A. G., *The Evolution of Management Thought*, 6th edition, New York: John Wiley & Sons, 2009.

[2] Barkema, H. G., Chen, X., George, G., et al., "West Meets East: New Concepts and Theories", *Academy of Management Journal*, Vol. 58 (2), 2015.

第二节 中国特色管理学发展的影响因素分析

中国的管理学顺应着社会主义市场经济的发展，在管理学界的共同努力之下取得了长足的进步，成为一个发展最快、体系基本健全的学科门类，也是国家、部门各类基金不可忽略的资助对象，为社会培养了大量的管理人才，出现了一定数量体现国际一流水平的研究成果。但同时我们也应该看到中国管理学发展过程中存在的问题：发展历史短，缺乏积淀和学术标杆性成果与代表人物，伴随着全面引进和吸收西方（主要又是美国）管理学思想、理论和学科体系，逐渐走向与其趋同，甚至唯其马首是瞻的现象，随之出现了背离管理学特点脱离实践、脱离国情的问题。由于这些现象和问题的存在，管理学的发展与其他学科相比存在一些更需要认真探讨的深层次问题，这些问题既影响着中国管理学的发展，也在影响着中国管理学界自身的学术地位和社会影响。

我们关注到近年有关哲学社会科学发展重要会议上管理学科的展现状况，如在2016年5月17日习近平主持召开的哲学社会科学工作座谈会上，中国社科院研究员汝信、北京大学国家发展研究院教授林毅夫、中国社科院马克思主义研究院研究员钟君、敦煌研究院研究员樊锦诗、复旦大学中国研究院教授张维为、北京师范大学文学院教授康震、中国政法大学教授马怀德、武汉大学马克思主义学院教授沈壮海、国防大学战略研究所教授金一南、中国人民大学重阳金融研究院研究员王文先后代表他们自己所在的学科——哲学、经济学、科学社会主义、历史学、政治学、文学、法学、马克思主义理论、军事学等学科和领域，介绍了学科和领域近期的进展情况，并就如何推动哲学社会科学工作创新发展提出了各自的意见和建议。在这个重要的会议上没有管理学的专家被邀汇报管理学研究进展和创新发展的问题。在2017年2月27日中共中央、国务院印发的《关于加强和改进新形势下高校思想政治工作的意见》中有这么一段十分重要的话："要发挥哲学社会科学育人功能。强调要加强哲学社会科学学科体系建设，积极构建中国特色、中国风格、中国气派的哲学社会科学学科体系，强化马克思主义理论学科的引领作用，支持有条件的高校在马克思主义理论一级学科下设置党的建设二级学科，实施高校马克思主义理论人才支持培养计划，积极推进学术话语体系创新，加快完善具有中国特色和国际视野的哲学、历史学、经济学、政治学、法学、社会学、民族学、新闻学、人口学、宗教学、心理学等学科，努力建设一批中国特色、世界一流的哲学社会科学学科。"① 作为一个学科门类的管理学在文件中没有体现，其一级和二级学科也没有被列入，有人认为这是不经意的遗漏或疏忽，但我们认为可能事出在管理学科特性的认识与由此产生的学科分类上。分析起来，如果是有关人士认为管理学不属于哲学社会科学，而将其划入了工程技术类或自然科学类，那应该是我们管理学界在学科定位上存在谬误所致；如果是管理学尚属年轻，影响不大，还未入流，尚未对中国的社会、经济发展产生影响或引领作用，从而未能引起相应的注意和关注，那就是我们努力不够，甚至就是发展方向存在着问题。当然，这仅仅是一种推断，或者就是误判，但我们觉得已经出现的此类问题应该引起中国管理学界的高度注意。

一、中国特色管理学的分析框架

在我们课题的研究和分析过程中，特别是为了把握住"改革开放以来"课题立意的时间窗口，我们选用了丹尼尔·A. 雷恩在管理思想史研究中提出的文化分析框架，并认为，中国改革开放伟大事业从政治、经济、技术、文化各个方面推动了社会文化的变化，从而带来了组织体系、管理行为和管理思想的变迁，引起了从上到下对管理学科的重视，管理学科得以恢复与快速发展。结合前面的研究成果（如第八章构建的理论框架模型），参考课题任务的要求开展"发展研究"，特别是结合中国已经形成自我特色发展之路的国情，我们认为，雷恩的分析框架是有其基础意义与参考价值的。从更大的范围和更深的层次来看，在建立具有中国特色的管理学的工作中，我们应该十分关注中国的历史、中国的国情、中国是一个举足轻重的大国等特殊因素，结合中国国情、世界发展格局、管理学和与之相互影响的其他学科的理论发展、中国传统文化四个方面的问题来进行分析，这对于建立具有中国特

① 《中共中央、国务院印发〈关于加强和改进新形势下高校思想政治工作的意见〉》，中国政府网，2017 年 2 月 27 日。

色的管理学有着更深刻和远大的意义（见图15-1）。

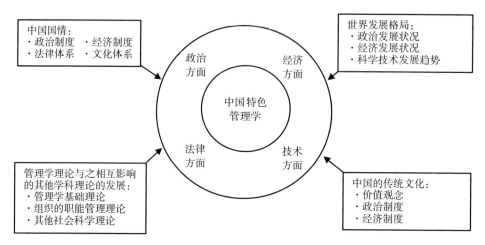

图 15-1　中国管理学发展研究影响因素分析

这是因为经过一百多年的理论研究、实践检验，管理学的理论体系、研究对象已经基本确立，各类组织的职能管理理论和体系也基本建立，在指导各类组织建设、发展，培养组织的管理人员上发挥着很大的作用，依然会是管理学发展必须参考的基础；中国是一个具有5000多年文明历史的古国，中华文化从未中断，文化底蕴深厚，哲学思想、管理理念丰富，是管理学发展过程中重要的思想源头；中国是一个处在高度开放、高速发展中，并正在融入世界的发展中大国，在社会文化体系发展变化的过程中，必然会受到世界政治、经济、技术发展趋势和各国文化的影响；中国是一个社会主义国家，在政治、经济、法律制度体系各方面正在寻求结合国情的社会主义特色发展道路，这是中国管理学在今后发展中长时期内需要思考的问题，对于相对较为年轻、缺少学术积累与传承的中国管理学术界更是时时需要思考的问题。上述四个方面的问题及其之间的交互作用，会对中国管理学的未来发展产生持续、重要的影响。

二、中国特色管理学发展研究的影响因素分析

1. 管理学和其他理论的发展

在前面的研究中已经指出，在组织的管理行为研究中，应该区别管理学

基础理论和组织的管理理论、职能管理理论，这是因为管理学的基础理论可以适用于任何组织，而组织的管理理论会因其组织的使命、社会职能不同，以及因这些特定因素决定的职能管理理论而只能适用于特殊的组织。如以法约尔为代表所构建的管理学一般理论可以适用于任何组织，但我们也必须注意到，作为一位来自企业家的第一代管理理论构建者，他是结合自己在企业的管理工作开展研究的。这也就是说，法约尔是依据企业这类组织的运行抽象建立了组织管理的一般理论，如他对管理职能的概念抽象、特点界定和管理一般原则的提出，对管理职能中计划、组织、指挥、协调、控制要素的概括，但根据企业运行特点设计的由商业、会计、财务、技术和安全等职能管理组成的企业组织管理理论就只能在企业这类组织管理中使用。我们也曾指出，正是没有有效地对管理学基础理论、组织管理理论和职能管理理论进行层次区分，不仅造成了对"人"的研究和对"物"的研究未能有效分辨，并在很大程度上影响了管理学的研究和发展，造成了管理学科学性的混沌。

在中国，管理学理论的早期研究中已有人注意到了这种区分的重要性。如周三多教授在他的《管理学：原理与方法》教材中就指出："管理工作的共性是建立在各种不同的管理工作的特殊性之上的。就管理的特殊性而言，工厂不同于商店，银行不同于学校，学校也不同于医院，政府不同于军队，军队更不同于学术团体……有多少种解决这些特殊问题的管理原理和管理方法，由此也就形成各种不同门类的管理学。……但是这些专门管理学中又都包含着共同的普遍的管理原理和管理方法。这就形成了本课程——管理学的研究对象。所以，管理学是以各种普遍适用的原理和方法作为研究对象的。"[①] 这一看法与前面已经介绍过的德鲁克的思想是一致的，即既然在组织管理中管理者有较为相似和共同的行为，也就必然会有研究共同行为的理论出现和存在，为此周三多还给出了一个图形加以说明（见图15-2）。这也是我们已经十分熟悉的，虽然各类组织在不断的变化，不同类型的组织管理活动也会顺应着这些变化而做出一些调整，但只要是构建组织的管理学理论，就始终离不开法约尔所提出的以研究人、组织、组织中的人这三个重点问题，摆脱不了计划、组织、领导和控制这一工作逻辑和分析框架。

---

① 周三多主编：《管理学——原理与方法》，复旦大学出版社1993年版，第29—30页。

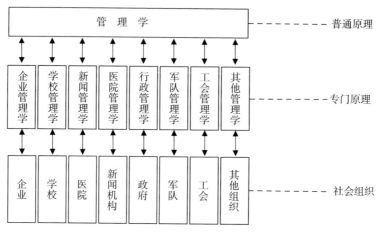

图 15-2　管理学关系图

资料来源：周三多主编：《管理学——原理与方法》，复旦大学出版社 1993 年版，第 30 页（图与图中文字稍有改动）。

从图 15-2 中还可以看到，管理学的三重结构都应具有动态性，且存在相互的影响。如管理学的基础理论（图 15-2 中的普通原理）是根据组织的运行特点从人、组织、组织中的人三个方面，围绕着管理工作的基本职能计划、组织、领导和控制开展研究，三个方面的研究重点和四个要素的管理职能分析框架会保持基本的稳定，但人、组织、组织中的人必定随着科学技术、政治、经济等多方面的变化而变化，也就必然对管理职能工作的内容产生影响。如信息技术的发展会减少组织运行的交易成本和管理成本，影响到组织边界的扩张或收缩，沟通的效率；人工智能的发展会增加对人思考、行为的了解，增强对组织中基本元素——人的分析，更为有效地对人进行配置；大数据的使用会强化对市场供给与需求趋势变化的了解，增强人们对环境的分析与把握，帮助管理人员进行决策和安排计划；人们生活水平的提高会改变人们需求的变化，影响人们参与组织的愿望，领导模式的变化。不同类型的组织管理学（图 15-2 中的专门原理）应该是结合组织使命和运行特征，结合管理学基础理论和具有自身功能管理特点所构建和编写出的管理学，它们显然会伴随着组织的变化而出现变化，如希望打赢信息化与高科技条件下战争的军队，就不会再以步兵为主要的兵种，而会走向集成，形成多军种的集团军，这必然会对下至战士，上至指挥员的知识结构、行动能力、指挥水平提出更高的要求；随着科学技术的发展，互联网、大数据的运用，信息会更加透明，市场竞争会更加激烈，企业的组织形态会发生变化，知识的作用会显现，掌握了知识的人员会增加，职能管理的内容会发生相应的变化。社会组织是人群围绕某一目标的集合。德鲁克就曾发现，随着社会的发展和进步，各类组织会顺应人们的需求快速的发展。如在我国坚持和完善中国特色社会主义制度、推进国家治理体系和治理能力现代化的进程中，必然会进一步地科学调整组织的功能、管理的幅度和层级，也会对政府中的各级公务员的素质和能力提出更高的要求；又如伴随着全世界科学技术的高速发展，带动各个国家或地区产业升级换代的过程中，一些组织会高速发展，一些组织会萎缩，甚至会消失。如近十多年发展迅速的提供搜索引擎服务的百度、网上及移动商务的阿里巴巴、互联网增值服务的腾讯，以及自营式 B2C 购物网站京东都以全新的业态、商业模式、管理形式出现在人们的视野中，但伴随着这类企业的发展，一些企业，特别是一些实体店发展却遇到了挑战。基础理论、具有组织特色管理理论的变化必然带来各类组织职能管理工作的变化，在前面对管理学基础理论、组织管理学变化的介绍中已经涉及了组织的职能工作可能或必然出现的变化。

根据认识论，管理学作为社会科学会随着社会的演变而变化，既要回答各类组织发生变化的各种问题，也会通过研究成果引领各类组织的发展。从上面的分析中可以看出，各类组织受人、组织、组织中的人的变化的影响是影响各类组织管理学理论，乃至推进管理学基础理论的发展的根本原因，随之响应产生变化的管理学基础理论、各类组织管理学理论和职能管理理论会经过分析和探讨形成新的理论，并通过实践的检验建立反映变化的理论，周而复始，循环往复。

在本书第二章曾经讲过，由于管理学是一个开放性的系统，存在多学科、多理论对组织的关键要素人、组织、组织中的人进行研究，如社会学、心理学、人类学、组织理论，甚至生物学、医学等，并在交叉的研究中形成交叉性和边缘性的学科。这些学科的发展，这些学科研究者对组织管理的关注也一定会影响到管理学相关理论的发展与变化，这是管理学理论发展中十分显著的特点。

2. 中国国情

这是一个需要重点思考和讨论的问题，更是中国管理学发展过程中有所忽视，而需要重视和关注的问题。在我们的研究中，中国国情特指 1949 年中华人民共和国成立以来由政治制度、经济体制、法律体系和文化理念所构成的国家情况。从历史看，中国共产党的历程可分为夺取政权的革命时期和之后的社会主义革命和建设时期，而在社会主义革命和建设时期，共和国的发展历程可以分为"改革开放前和改革开放后两个历史时期，这是两个相互联系又有重大区别的时期，但本质上都是我们党领导人民进行社会主义建设的实践探索"①。在目前和今后较长一段时期内，中国的国情特点可以用一个词组"发展中的社会主义大国"进行描述。"发展中"意味着中国还处在社会主义初级阶段，成为一个发达国家、世界强国还要做出持续的努力，需要较长的时间；"社会主义"意味着中国的发展之路将与许多被认为"成功国家"的发展、发达之路不同，会依据马克思主义所确立的纲领、原则，以及建党、建国以来革命与建设中总结的经验和由此确定的道路去走有自己特色的发展之路；"大国"意味着中国是一个既有着历史积淀，幅员广袤，人口众多，区域经济资源、发展程度存在梯度差异的国家，也是一个具有举足轻重影响的世界性大国。"发展中的社会主义大国"的国情决定了中国的发展之路既会吸收人类发展过程中的先进经验，如市场经济的建设、法治的完善、现代企业制度的建立；也会有着全新的探索，如社会主义市场经济的建设、共产党领导下的法治建设、社会主义市场经济条件下企业经营管理的特色等都是前无古人成功做过，而我们国家必须推进的工作。这也决定了在这一过程中必然不能简单地照搬一些发达国家的"成功经验"，也就会在一定的时间内存在"摸着石头过河"探索特征，存在尝试、试错的特点，会有失误，更会有反复的可能性。"对的就坚持，不对的赶快改，新问题出来抓紧解决。恐怕再有三十年的时间，我们才会在各方面形成一整套更加成熟、更加定型的制度。在这个制度下的方针、政策，也将更加定型化。"②

准确地把握，甚至理解中国的现实国情，回顾、了解中国共产党的领导

---

① 《习近平谈治国理政》，外文出版社 2014 年版，第 22 页。
② 《邓小平文选》第三卷，人民出版社 1993 年版，第 372 页。

人在民主革命和社会主义革命与建设时期对中国国情的分析和认识是十分重要的。

毛泽东认为："中国虽然是一个伟大的民族国家，虽然是一个地广人众、历史悠久而又富于革命传统和优秀遗产的国家；可是，中国自从脱离奴隶制度进到封建制度以后，其经济、政治、文化的发展，就长期地陷在发展迟缓的状态中。这个封建制度，自周秦以来一直延续了三千年左右。""自从一八四〇年的鸦片战争以后，中国一步一步地变成了一个半殖民地半封建的社会。自从一九三一年九一八事变日本帝国主义武装侵略中国以后，中国又变成了一个殖民地、半殖民地和半封建的社会。""既然中国社会还是一个殖民地、半殖民地、半封建的社会……所以，现阶段中国革命的性质，不是无产阶级社会主义的，而是资产阶级民主主义的。""因为既然在现阶段上的中国资产阶级民主主义的革命，不是一般的旧式的资产阶级民主主义的革命……那末，中国革命的终极的前途，不是资本主义的，而是社会主义和共产主义的，也就没有疑义了。""我们可以明白，整个中国革命是包括资产阶级民主主义性质的革命（新民主主义的革命）和无产阶级社会主义性质的革命、现在阶段的革命和将来阶段的革命这样两重任务的。而这两重革命任务的领导，都是担负在中国无产阶级的政党——中国共产党的双肩之上，离开了中国共产党的领导，任何革命都不能成功。"[①] "三次革命的经验，尤其是抗日战争的经验，给了我们和中国人民这样一种信心：没有中国共产党的努力，没有中国共产党人做中国人民的中流砥柱，中国的独立和解放是不可能的，中国的工业化和农业近代化也是不可能的。"[②] "我们有许多宝贵的经验。一个有纪律的，有马克思列宁主义的理论武装的，采取自我批评方法的，联系人民群众的党。一个由这样的党领导的军队。一个由这样的党领导的各革命阶级各革命派别的统一战线。这三件是我们战胜敌人的主要武器。"[③]

邓小平认为："我们的现代化建设，必须从中国的实际出发。无论是革命还是建设，都要注意学习和借鉴外国经验。但是，照抄照搬别国经验、别

---

① 《毛泽东选集》第二卷，人民出版社1991年版，第623、626、646—647、650、651页。
② 《毛泽东选集》第三卷，人民出版社1991年版，第1097—1098页。
③ 《毛泽东选集》第四卷，人民出版社1991年版，第1480页。

国模式，从来不能得到成功。这方面我们有过不少教训。把马克思主义的普遍真理同我国的具体实际结合起来，走自己的道路，建设有中国特色的社会主义，这就是我们总结长期历史经验得出的基本结论。"① "靠的是什么？靠的是马克思主义，是社会主义。人们说，你们搞什么社会主义！我们说，中国搞资本主义不行，必须搞社会主义。如果不搞社会主义，而走资本主义道路，中国的混乱状态就不能结束，贫困落后的状态就不能改变。所以，我们多次重申，要坚持马克思主义，坚持走社会主义道路。但是，马克思主义必须是同中国实际相结合的马克思主义，社会主义必须是切合中国实际的有中国特色的社会主义。" "什么叫社会主义，什么叫马克思主义？我们过去对这个问题的认识不是完全清醒的。马克思主义最注重发展生产力。我们讲社会主义是共产主义的初级阶段，共产主义的高级阶段要实行各尽所能、按需分配，这就要求社会生产力高度发展，社会物质财富极大丰富。所以社会主义阶段的最根本任务就是发展生产力，社会主义的优越性归根到底要体现在它的生产力比资本主义发展得更快一些、更高一些，并且在发展生产力的基础上不断改善人民的物质文化生活。……贫穷不是社会主义，更不是共产主义。"② "现在我还想提出一个新的要求，这不仅是专对新干部，对老干部也同样适用，就是要学习马克思主义理论。或者会有同志问：现在我们是在建设，最需要学专业知识和管理知识，学马克思主义理论有什么实际意义？同志们，这是一种误解。马克思主义理论从来不是教条，而是行动的指南。它要求人们根据它的基本原则和基本方法，不断结合变化着的实际，探索解决新问题的答案，从而也发展马克思主义理论本身。"③ "革命是解放生产力，改革也是解放生产力。……社会主义基本制度确立以后，还要从根本上改变束缚生产力发展的经济体制，建立起充满生机和活力的社会主义经济体制，促进生产力的发展，这是改革，所以改革也是解放生产力。" "要坚持党的十一届三中全会以来的路线、方针、政策，关键是坚持'一个中心、两个基本点'。不坚持社会主义，不改革开放，不发展经济，不改善人民生活，

---

① 《邓小平文选》第三卷，人民出版社 1993 年版，第 2—3 页。
② 《邓小平文选》第三卷，人民出版社 1993 年版，第 63—64 页。
③ 《邓小平文选》第三卷，人民出版社 1993 年版，第 146 页。

只能是死路一条。基本路线要管一百年，动摇不得。"①

江泽民认为："中国共产党的八十年，是把马克思列宁主义同中国实践相结合而不断追求真理、开拓创新的八十年，是为民族解放、国家富强和人民幸福而不断艰苦奋斗、发愤图强的八十年，是为完成肩负的历史使命而不断经受考验、发展壮大的八十年。"②"八十年的实践启示我们，必须始终坚持马克思主义基本原理同中国具体实际相结合，坚持科学理论的指导，坚定不移地走自己的路。这是总结我们党的历史得出的最基本的经验。马克思主义是我们认识和改造世界的强大思想武器，是指导中国革命、建设和改革的行动指南。马克思主义不是教条，只有正确运用于实践并在实践中不断发展才具有强大生命力。以毛泽东同志为核心的第一代中央领导集体和以邓小平同志为核心的第二代中央领导集体，带领我们党坚持把马克思列宁主义基本原理同中国具体实际紧密结合，形成了毛泽东思想、邓小平理论。这两大理论成果，是中国化了的马克思主义，既体现了马克思列宁主义的基本原理，又包含了中华民族的优秀思想和中国共产党人的实践经验。……在新的历史时期，坚持马克思列宁主义、毛泽东思想，关键要坚持用邓小平理论去观察当今世界、观察当代中国，不断总结实践经验，不断作出新的理论概括，不断开拓前进。"③"马克思主义具有与时俱进的理论品质。如果不顾历史条件和现实情况的变化，拘泥于马克思主义经典作家在特定历史条件下、针对具体情况作出的某些个别论断和具体行动纲领，我们就会因为思想脱离实际而不能顺利前进，甚至发生失误。这就是我们为什么必须始终反对以教条主义的态度对待马克思主义理论的道理所在。"④"现在，我们发展社会主义市场经济，与马克思主义创始人当时所面对和研究的情况有很大不同。我们应该结合新的实际，深化对社会主义社会劳动和劳动价值理论的研究和认识。"⑤

胡锦涛认为："必须把坚持马克思主义基本原理同推进马克思主义中国化结合起来，解放思想、实事求是、与时俱进，以实践基础上的理论创新为

---

① 《邓小平文选》第三卷，人民出版社 1993 年版，第 370—371 页。
② 《江泽民文选》第三卷，人民出版社 2006 年版，第 270 页。
③ 《江泽民文选》第三卷，人民出版社 2006 年版，第 270—271 页。
④ 《江泽民文选》第三卷，人民出版社 2006 年版，第 282—283 页。
⑤ 《江泽民文选》第三卷，人民出版社 2006 年版，第 286—287 页。

改革开放提供理论指导。三十年来，我国改革开放取得伟大成功，关键是我们既坚持马克思主义基本原理、又根据当代中国实践和时代发展不断推进马克思主义中国化，形成和发展了包括邓小平理论、'三个代表'重要思想以及科学发展观等重大战略思想在内的中国特色社会主义理论体系，赋予当代中国马克思主义勃勃生机。"①"马克思主义只有同本国国情和时代特征紧密结合，在实践中不断丰富和发展，才能更好发挥指导实践的作用。党的十一届三中全会重新确立了党的思想路线，这就是：一切从实际出发，理论联系实际，实事求是，在实践中检验真理和发展真理。在改革开放实践中，我们坚持解放思想和实事求是的统一，大力发扬求真务实精神，不断深化对共产党执政规律、社会主义建设规律、人类社会发展规律的认识，自觉把思想认识从那些不合时宜的观念、做法、体制的束缚中解放出来，从对马克思主义的错误的和教条式的理解中解放出来，从主观主义和形而上学的桎梏中解放出来，以实践基础上的理论创新回答了一系列重大理论和实际问题，为改革开放提供了体现时代性、把握规律性、富于创造性的理论指导，开辟了马克思主义新境界。中国特色社会主义理论体系是马克思主义中国化最新成果，是党最可宝贵的政治和精神财富，是全国各族人民团结奋斗的共同思想基础，是扎根于当代中国的科学社会主义。"②

习近平认为："党和国家的长期实践充分证明，只有社会主义才能救中国，只有中国特色社会主义才能发展中国。只有高举中国特色社会主义伟大旗帜，我们才能团结带领全党全国各族人民，在中国共产党成立100年时全面建成小康社会，在新中国成立100年时建成富强民主文明和谐的社会主义现代化国家，赢得中国人民和中华民族更加幸福美好的未来。""中国特色社会主义是由道路、理论体系、制度三位一体构成的。……中国特色社会主义道路，是实现我国社会主义现代化的必由之路，是创造人民美好生活的必由之路。中国特色社会主义道路，既坚持以经济建设为中心，又全面推进经济建设、政治建设、文化建设、社会建设、生态文明建设以及其他各方面建设；既坚持四项基本原则，又坚持改革开放；既不断解放和发展社会生产

---

① 《胡锦涛文选》第三卷，人民出版社2016年版，第156—157页。
② 《胡锦涛文选》第三卷，人民出版社2016年版，第157页。

力，又逐步实现全体人民共同富裕、促进人的全面发展。中国特色社会主义理论体系，是马克思主义中国化最新成果，包括邓小平理论、'三个代表'重要思想、科学发展观……中国特色社会主义制度，坚持把根本政治制度、基本政治制度同基本经济制度以及各方面体制机制等具体制度结合起来，坚持把国家层面民主制度同基层民主制度有机结合起来，坚持把党的领导、人民当家作主、依法治国有机结合起来，符合我国国情，集中体现了中国特色社会主义的特点和优势，是中国发展进步的根本制度保障。"① 习近平认为，人类社会发展的事实证明，依法治理是最可靠、最稳定的治理。提出"我们要以宪法为最高法律规范，继续完善以宪法为统帅的中国特色社会主义法律体系，把国家各项事业和各项工作纳入法制轨道，实行有法可依、有法必依、执法必严、违法必究，维护社会公平正义，实现国家和社会生活制度化、法制化"②。在省部级主要领导干部学习贯彻十八届四中全会精神全面推进依法治国专题研讨班开班式上的讲话中习近平提出，"党的十八大以来，党中央从坚持和发展中国特色社会主义全局出发，提出并形成了全面建成小康社会、全面深化改革、全面依法治国、全面从严治党的战略布局。这个战略布局，既有战略目标，也有战略举措，每一个'全面'都具有重大战略意义。全面建成小康社会是我们的战略目标……全面深化改革、全面依法治国、全面从严治党是三大战略举措……要把全面依法治国放在'四个全面'的战略布局中来把握，深刻认识全面依法治国同其他三个'全面'的关系，努力做到'四个全面'相辅相成、相互促进、相得益彰"。习近平在纪念马克思诞辰 200 周年大会上的讲话中更为明确地指出："实践证明，马克思主义的命运早已同中国共产党的命运、中国人民的命运、中华民族的命运紧紧连在一起，它的科学性和真理性在中国得到了充分检验，它的人民性和实践性在中国得到了充分贯彻，它的开放性和时代性在中国得到了充分彰显！实践还证明，马克思主义为中国革命、建设、改革提供了强大思想武器，使中国这个古老的东方大国创造了人类历史上前所未有的发展奇迹。历史和人民选择马克思主义是完全正确的，中国共产党把马克思主义写在自己

① 《习近平谈治国理政》，外文出版社 2014 年版，第 7、8、9、9—10 页。
② 《习近平谈治国理政》，外文出版社 2014 年版，第 140 页。

的旗帜上是完全正确的，坚持马克思主义基本原理同中国具体实际相结合、不断推进马克思主义中国化时代化是完全正确的!"

在以上十分简略的回顾中我们可以清晰地看到，中国共产党人不论是在民主革命时期，还是在社会主义革命和建设时期，其指导思想一直是十分明确和一贯的，这就是十分注意将马克思主义作为自己的指导思想，十分注意结合中国的国情探讨中国的革命与建设的发展道路，十分注意将马克思主义的思想、理论结合中国的国情、实际实现马克思主义的中国化，十分注意结合社会的发展与进步不失时机地分阶段引领中国社会的发展，十分注意在国家的发展中把对人民的关注与利益放在十分重要的位置。更为具体地讲就是，坚持党在各项工作中的领导作用，坚持用马克思主义作为各项工作的指导思想，坚持社会主义道路的选择，坚持依靠广大人民群众。虽然对新中国发展道路的探索还在进行，但在70多年的探索和实践中已经形成了十分鲜明的，具有自我特色的国家建设与发展之路的认识：总依据——社会主义初级阶段，总体布局——"五位一体"（经济建设、政治建设、文化建设、社会建设、生态文明建设），总的任务——实现社会主义现代化和中华民族伟大复兴。

在长期斗争和社会主义革命与建设中形成的这些思想、理念、经验和传统构成了适合我国现实国情的指导思想、具体的政策、法律的理念，也就成为影响管理学长期发展需要考量的文化体系中最为重要的因素。如习近平在中共十九大报告中将坚持党对一切工作的领导、坚持以人民为中心、坚持全面深化改革、坚持新发展理念、坚持人民当家作主、坚持全面依法治国、坚持社会主义核心价值体系、坚持在发展中保障和改善民生、坚持人与自然和谐共生、坚持总体国家安全观、坚持党对人民军队的绝对领导、坚持"一国两制"和推进祖国统一、坚持推动构建人类命运共同体、坚持全面从严治党这"十四个坚持"作为新时代坚持和发展中国特色社会主义的基本方略。从这一基本方略中，我们可以发现中国社会主义道路与其他国家，特别是与西方发达国家社会、政治、经济、法律等方面所走过的道路存在重大的差异；也可以发现，在中国特色管理学的建设过程中，所必须思考的"中国特色社会主义文化"的基本内涵；更可以发现，中国目前根据国情所选择的社会主义市场经济发展之路是有别于西方发达国家的，所以西方管理学界根据他们自己的国情所建立的理论和方法可以学习、可以借鉴、可以注意到管理学理论中科学性和由此决定的普适性思想与理论，但决不能直接照搬和简单套用，否则一定会出现"南橘北枳"的现象，"邯郸学步"的结果。这应该是中国特色管理学思想、理论建设的重要基础与出发点。

3. 中国传统文化

中国是一个有着5000多年历史的文明古国，也是世界上唯一一个具有悠久历史且没有中断过的文明和文化传统的国家。冯友兰先生曾指出："哲学是对人生的系统反思。人在思想时，总不免受到生活环境的制约，处于某种环境之中，他对生活就有某种感受，在他的哲学思想里就不免有些地方予以强调，而另一些地方又受到忽略，这些就构成了他的哲学思想特色。"① 他认为，中国人的"生活环境"——中华民族的地理环境、经济背景，对中国的哲学思想产生了重要的影响。

具有5000多年文化积淀的中国传统文化在社会的演进中一直被人们所重视，探讨其在社会进步与发展中的作用和影响。但在研究工作中，人们对传统文化在中国社会发展中是如何发生作用，特别又在哪些方面产生具体的、现实的作用还一直存在争议，尚未得出明确结论。我们十分清楚地看到，管理学在其发展过程中也一直深受着各国、各地区、各民族文化的影响，如中国的国家管理、军事斗争的思想、谋略无不受到中国传统文化的影响；20世纪70—80年代针对日本战后快速崛起研究中被管理界重视的企业文化、精益生产也充分体现了日本传统文化的影响；在人们探讨"四小龙"的发展时也有不少学者认为这应该归功于华人文化、儒家思想。传统文化在管理学的本土化工作中也一直扮演着十分重要的角色，伴随着中国管理学的发展，出现了有一定影响的东方管理学、和谐理论、道本管理、和合管理、C理论等思想和理论。这些思想和理论的最大特点是几乎无一例外地希望在学术探讨和理论构建中建立与中国传统文化的联系，并从中获取思想营养，甚至理论基础。这些理论的构建虽尚需进一步完善，特别要经过实践的检验，但为中国管理学的本土化进行了有益的探索和铺垫。我们可以亲身感受到在我们的国度中，大至国家治理，小至各类组织管理，甚至人与人的交往

① 冯友兰：《中国哲学简史》，新世界出版社2004年版，第9页。

都充满着中国特有的文化、价值取向，乃至习俗和习惯。这也告诉我们，中国传统文化在今后很长一段时间会对中国管理学的发展，特别会在管理思想、管理理论、管理模式、管理方法等管理学理论涉及的重要领域，以及各类组织管理实践工作中产生重要、持续的影响。

在我们的研究探讨管理学的本土化问题时，曾经讲到近现代以来由于多种原因，特别是伴随着中国国运的兴衰，在对中国传统文化的分析上产生过多次讨论与争论。基本的规律似乎是国运不济时就反思、批判传统文化，国运兴旺时就回顾、赞美传统文化。

文化，"指一个社会中的价值观、态度、信念、取向以及人们普遍持有的见解"①。"所谓一家文化不过是一个民族生活的种种方面。总括起来，不外三方面：（一）精神生活方面，如宗教、哲学、科学、艺术等。宗教、文艺是偏于情感的，哲学、科学是偏于理智的。（二）社会生活方面，我们对于周围的人——家族、朋友、社会、国家、世界——之间的生活方法都属于社会生活一方面，如社会组织、伦理习惯、政治制度及经济关系。（三）物质生活方面，如饮食、起居种种享用，人类对于自然界求生存的各种事。"②

《新民主主义论》是毛泽东在陕甘宁边区文化协会第一次代表大会上的讲演，也是毛泽东全面谈及中国近代文化特征和学习、吸收、剔除近代文化方法的一篇重要文章。毛泽东认为："我们共产党人，多年以来，不但为中国的政治革命和经济革命而奋斗，而且为中国的文化革命而奋斗；一切这些的目的，在于建设一个中华民族的新社会和新国家。在这个新社会和新国家中，不但有新政治、新经济，而且有新文化。这就是说，我们不但要把一个政治上受压迫、经济上受剥削的中国，变为一个政治上自由和经济上繁荣的中国，而且要把一个被旧文化统治因而愚昧落后的中国，变为一个被新文化统治因而文明先进的中国。""一定的文化（当作观念形态的文化）是一定社会的政治和经济的反映，又给予伟大影响和作用于一定社会的政治和经济；而经济是基础，政治则是经济的集中的表现。这是我们对于文化和政治、经济的关系及政治和经济的关系的基本观点。""这样说来，问题是很

---

① ［美］塞缪尔·亨廷顿、劳伦斯·哈里森主编：《文化的重要作用——价值观如何影响人类进步》，程克雄译，新华出版社 2010 年版，第 9 页。

② 梁漱溟：《东西文化及其哲学》，中华书局 2010 年版，第 20 页。

清楚的，我们要革除的那种中华民族旧文化中的反动成分，它是不能离开中华民族的旧政治和旧经济的；而我们要建立的这种中华民族的新文化，它也不能离开中华民族的新政治和新经济。""在中国，有帝国主义文化，这是反映帝国主义在政治上经济上统治或半统治中国的东西。这一部分文化，除了帝国主义在中国直接办理的文化机关之外，还有一些无耻的中国人也在提倡。一切包含奴化思想的文化，都属于这一类。在中国，又有半封建文化，这是反映半封建政治和半封建经济的东西，凡属主张尊孔读经、提倡旧礼教旧思想、反对新文化新思想的人们，都是这类文化的代表。帝国主义文化和半封建文化是非常亲热的两兄弟，它们结成文化上的反动同盟，反对中国的新文化。"毛泽东还认为："马克思说：'不是人们的意识决定人们的存在，而是人们的社会存在决定人们的意识。'"他又说："'从来的哲学家只是各式各样地说明世界，但是重要的乃在于改造世界。'这是自有人类历史以来第一次正确地解决意识和存在关系问题的科学的规定，而为后来列宁所深刻地发挥了的能动的革命的反映论之基本的观点。我们讨论中国文化问题，不能忘记这个基本观点。"毛泽东认为，对于反动文化应该打倒，否则新文化不可能建立；对于外国的文化应该排除糟粕，吸取精华；对于中国灿烂的古代文化的态度是，"中国的长期封建社会中，创造了灿烂的古代文化。清理古代文化的发展过程，剔除其封建性的糟粕，吸收其民主性的精华，是发展民族新文化提高民族自信心的必要条件；但是决不能无批判地兼收并蓄。必须将古代封建统治阶级的一切腐朽的东西和古代优秀的人民文化即多少带有民主性和革命性的东西区别开来"。毛泽东认为，中国的新政治、新经济、新文化都是从古代的旧政治、旧经济、旧文化发展来的，必须尊重自己的历史，不能割断历史，但不能颂古非今，赞扬任何封建毒素。"对于人民群众和青年学生，主要地不是要引导他们向后看，而是要引导他们向前看。"①

文化建设也是习近平一直关注的问题，他向全党发出了要坚定道路自信、理论自信、制度自信、文化自信的号召，并认为："文化自信，是更基础、更广泛、更深厚的自信。在 5000 多年文明发展中孕育的中华优秀传统

---

① 《毛泽东选集》第二卷，人民出版社 1991 年版，第 663—664、694—695、664、707—708 页。

文化，在党和人民伟大斗争中孕育的革命文化和社会主义先进文化，积淀着中华民族最深层的精神追求，代表着中华民族独特的精神标识。我们要弘扬社会主义核心价值观，弘扬以爱国主义为核心的民族精神和以改革创新为核心的时代精神，不断增强全党全国各族人民的精神力量。"① 他十分具体地讲道："要讲清楚中华优秀传统文化的历史渊源、发展脉络、基本走向，讲清楚中华文化的独特创造、价值理念、鲜明特色，增强文化自信和价值观自信。要认真汲取中华优秀传统文化的思想精华和道德精髓，大力弘扬以爱国主义为核心的民族精神和以改革创新为核心的时代精神，深入挖掘和阐发中华优秀传统文化讲仁爱、重民本、守诚信、崇正义、尚和合、求大同的时代价值，使中华优秀传统文化成为涵养社会主义核心价值观的重要源泉。要处理好继承和创造性发展的关系，重点做好创造性转化和创新性发展。"② 在中共十九大报告中习近平进一步阐述了他对现阶段中国文化发展的认识："发展中国特色社会主义文化，就是以马克思主义为指导，坚守中华文化立场，立足当代中国现实，结合当今时代条件，发展面向现代化、面向世界、面向未来的，民族的科学的大众的社会主义文化，推动社会主义精神文明和物质文明协调发展。"

　　在以上的论述中可以看出，毛泽东对中国文化，特别是对近代中国文化的形成和特点，以及兼收并蓄工作都有明确的分析和认识；习近平在中国发展的新阶段，将中国的文化建设提升到了促进和加深自信的高度，把对中国文化的自信视为道路、理论、制度自信的基础，对中国文化的内涵、继承和创新也做出了明确的要求。

　　到目前，中国管理学界对中国文化的研究一方面是在研究、梳理中国的传统文化甚至哲学思想，构建属于中国管理学的理论；另一方面也在现实中观察中国管理者的行为，推断、判定和检验中国传统文化对中国管理者管理行为的影响和作用。从目前的成果看来，中国管理学界在这两方面都取得了成果，诸如前述的各种理论；在从管理者行为中抽象出来的，并得到国际管理学界认同的中国管理行为中具有解释性的重要因素——家庭、关系和面

① 《习近平谈治国理政》第二卷，外文出版社2017年版，第36—37页。
② 《习近平谈治国理政》，外文出版社2014年版，第164页。

子。但从目前的情况看，对于前者，芮明杰认为："中国的管理学界也有学者比较早地提出自己的基于中国人文社会情境的管理理论与方法，如和谐管理、东方管理、人本管理、管理创新等等，这些理论虽然也试图科学化体系化，某些观点也的确新颖，但总体上看尚欠完善，实践指导意义与可操作性不强，因而在中国的影响力还很不够。"[①] 这些理论"在世界管理理论知识体系中的贡献及其话语权依然微乎其微"[②]。对于后者，似乎又过多地囿于中国的传统，虽在一定程度上反映了现实的情况，但缺乏深刻的分析和指导作用，缺少理论的重复检验，更少见在各类组织实践环节中运用这些研究成果。如何从中国的传统文化中提取精华，剔除糟粕，实现既符合管理科学规律，又能满足中国未来发展的升华依然是一个不易进行的工作，中国的管理学界对此要有充分的认识和准备。

4. 世界发展格局

虽然中国的发展选择依据国情走自己的道路，但我们也看到中国的发展离不开世界，世界的变化也影响着中国。从共和国发展的历史看，这里面有国际形势变化对我国发展道路的影响，也有我们对国际形势发展自我判断产生的影响。

前面已经讲到的我国在新中国成立初期选择的"一边倒"是当时帝国主义国家敌视、封锁我们的必然选择；20 世纪 60—70 年代提出要立足于"早打，大打，打核战争"，对我国的工业布局产生了重要的影响；而在 20 世纪 70 年代后期认为世界会有一个较长的和平建设时期，中国的工业布局在沿海地区铺开，并先后建立了多个特区，促使中国经济快速发展。从中国管理学发展的过程看更是这样，如果没有改革开放，没有社会主义市场经济的建设，没有认识到企业是决定着国民经济健康程度的细胞，中国管理学的恢复、重建和发展必定成为不可能的事件。这些实例都表明，虽然中国走在自己选择的具有中国特色的社会主义大道上，但世界发展的格局和趋势、我们对世界格局和趋势的判断都会影响着我们，这在改革开放 40 多年来，中国已经全面融入世界后更是如此。

---

① 芮明杰主编：《管理实践与管理学创新》，上海人民出版社 2009 年版，第 13 页。
② 谢永珍：《反思与超越：中国本土管理研究的道路自信与价值诉求》，《济南大学学报（社会科学版）》2017 年第 3 期。

伴随着中国经济的快速发展，国家实力的增强，"一带一路"建设的推进，对全世界影响程度的加大，中国在受到世界上其他国家和人民重视、尊重的同时，也必然会受到一些国家，如美国、印度等的仇视、嫉妒和恐惧，所以必然也会出现对中国的打压、封锁、围堵等现象。如不按加入 WTO 的约定承认中国是一个市场经济国家，多国依然不平等地对中国产品开展倾销调查，美国在南海实施所谓的"南海自由航行"、抵近侦察等行为，特朗普的"美国优先"政策的推行，美国在涉及技术转让、知识产权和创新领域对中国启动贸易调查，挑起经贸摩擦等。这些不是偶然出现，或就是一个人带来的问题，这应该视为近一个时期世界上经济保守主义思想泛滥，一些国家提倡贸易保护主义政策，对中国迅速崛起的恐惧和认识变化等带来的一系列政治、经济的变化，也必然会影响中国的改革开放发展、企业经营战略和行为的制订，从而对中国管理学的思想、理论发展产生影响。

第三节　建立具有中国特色管理学的思考与建议

综合以上的分析，我们认为，管理学作为一个社会具有强烈需求，发展很快，但缺乏学科积淀、标志性成果和领军人物，并在发展方向上存在着一定争议的学科，在今后的发展中需要在以下方面加以注意。

一、管理学外部环境的营造

不论是国家自然科学基金委管理科学部前主任郭重庆院士，还是诸多管理学界学者在讨论、分析中国管理学的问题时，在很多场合、很多时候都提到了管理学发展外部环境的营造问题。这一问题的产生除了中国教育普遍存在着一些发展过程中亟待解决的问题外，管理学与其他社会科学学科相比，正如前面所讲到的由于发展时间短，成长速度快，缺乏学科的历史积淀与传统，更无学科不可撼动的学术泰斗、楷模和标杆可学习与借鉴，因而缺乏可循的学术规范，甚至学术伦理与道德的可复制性等原因，所以在学科发展过程中更难以被人们认可，更容易产生一些问题，或受到学科发展独大的美国学术界，甚至西方极端自由学术思想和市场经济不良因素或风气的影响。

首先我们应该看到，在 1998 年的学科专业调整中将管理学从经济学、工程类等学科门类中划分出来，上升为一个独立的学科门类是中国管理学界长期努力的重大成果，也是我国学科门类设置的重大进步。但我们也可以发现，目前管理学划分的情况依然存在问题，一是与国际上较为通行的划分标准不够一致，且在划分的内在标准上也不够一致，其中主要的问题是没有严格按照管理学理论研究的对象和范畴进行科学的划分。如在五个一级学科的划分中，工商管理和公共管理研究的对象十分明确，前者的研究对象是营利性组织，主要是企业；后者的研究对象是非营利性组织，重点是政府，这与国际上的分类十分一致。农林经济管理研究的对象明确，但明显缺乏对某类组织的研究，而具有行业（或产业）经济的特征，若把农林经济管理拆分来看，对农林行业中企业的研究可归类到工商管理学，对农林行业行政管理的研究则可以划入公共管理学，而对农业或林业产业发展的研究和产业政策的制定则应该划入到应用经济学的分支产业经济学中。图书馆、情报与档案管理的研究对象也较为明确，但其中显然存在区分度不够明确的地方，因为图书馆是一类非营利性的组织，而情报和档案管理则应该划入到组织中物一类的职能工作中。管理科学与工程是最早开始建立，且主要起源于我国工科院校的管理类专业，一直被认为是管理学中萌动最早、科学性最强的分支学科，但在今后的发展过程中可能还需要对其研究的对象，即究竟是管理科学方法的一般研究，还是对何类组织进行研究需要继续凝练。[①] 另一个就是前面已经提到过的问题，我们是否应该在研究工作中注意组织运行中对物的管理和对人的管理的区别。诸多管理学家和经济学家已经注意到了在组织，特别是在企业这一类组织运行过程中，管理是一类涉及人的特殊活动，其他的工作多涉及物的活动，且很早就谨慎地加以区分。从目前我国管理学界普遍的研究情况（包括对现行学科划分中管理学门类的分类）看，我们没有对此加以注意，往往就在自我的不经意中将管理学（学科）视为一个可以包容万人、万物、万事的理论大筐、研究大筐、工作大筐、问题大筐，这不仅使管理学界的研究工作失去内涵、失去边界、失去对象，也使我们在研究过程中容易丧失科学性，从而带来了对自己所在学科自信的缺失，也就十分容

---

① 谭力文：《改革开放以来中国管理学发展的回顾与思考》，《武汉大学学报（哲学社会科学版）》2013 年第 1 期。

易地滑入所谓的艺术境界，普遍的随意境地。国务院学位委员会有关学科划分对中国管理学界研究工作的区分具有决定性的影响，因此建议，随着国家教育事业的发展，需要对 1998 年管理学门类中一级、二级学科的设置开展认真的研究，进行科学的划分，以利于中国管理学的健康、顺利发展。

可能也正是管理学一级、二级学科设置中存在的问题就带来了研究领域不清晰，甚至可以说是混沌的问题。如本书第五章中讲到的国家自然科学基金委管理科学部资助领域与国家社科基金管理学资助领域间的划分问题，似乎尚缺乏科学性，国家社科基金管理学资助的领域也过于杂乱，缺乏资助相关领域间明确的划分。马克思曾明确对人类的管理活动作过这样的描述，一切规模较大的直接社会劳动或共同劳动，都或多或少地需要指挥，以协调个人的活动，并执行生产总体的运动；对同样的问题法约尔也说过，管理职能只是作为社会组织的手段和工具，管理职能只是对人起作用。将管理学科的研究领域定位于人、组织和组织中的人是始终需要注意的问题，它既是管理学科研究的核心问题，也是由此而确定的学科边界。

还有就是，由于管理学在中国发展的历史较短，也容易出现一些与其他学科不一样的问题。如在前面所讲到的教育部组织的"高等学校科学研究优秀成果奖（人文社会科学）"评奖中出现的管理学与其他同类学科有所差异的现象，应该能够说明一些问题。还有就是管理学界，甚至领军人物存在对自我研究领域、对象模糊不清的现象，如我曾向一位管理学界的"长江学者"请教他的研究方向是什么时，得到的回答是：我什么问题都研究。这位管理学界领军人物的回答确实使我有些震撼，因为这样的回答既违背了一位优秀学者应该具备的虚怀若谷的基本品质，也违背了"闻道有先后，术业有专攻"的基本规律。这种现象可能是十分特殊的例子，但也从一定程度上反映出管理学，乃至管理学界不够成熟的现象。所以我们认为，国家教育和科研基金的主管部门应该根据中国管理学发展特点进行具体的指导和帮助，在进一步厘清学科特点和研究领域的过程中，修订管理学一级、二级学科专业目录，改进科研项目申报类别中包含的内容，调整项目批准、结项，特别是奖项评审的标准，真正回归到管理学应该研究的主要问题上。

二、学科发展的定位

学科发展的战略最重要的层面是确定学科的自我定位，即管理学作为一个学科门类，在今后一段时间应该如何定位其研究的领域和选择突破口呢？

德鲁克在自誉为"'第一本'将管理视为一个整体的管理书籍"——《管理的实践》中讲道："谈管理时必须将三个方面都纳入考虑：第一是成果和绩效，因为这是企业存在的目的；第二必须考虑在企业内部共同工作的人所形成的组织；最后则要考虑外在的社会——也就是社会的责任。"① 他还认为："管理不仅是'企业管理'，而且是所有现代社会结构的管理器官，尽管管理一开始就将注意力放在企业"。②

根据德鲁克的看法，可以将管理学科发展的研究领域与重点定位于两个层面（领域）：宏观的组织管理，重点是政府的运行；微观的组织管理，重点是企业的运营。

1. 宏观的组织管理

从前面中国特色管理学发展研究的影响因素分析中已经知道，中国宏观的组织管理是具有鲜明特色的。在新中国成立之前，毛泽东认为："我们的共产党和共产党所领导的八路军、新四军，是革命的队伍。我们这个队伍完全是为着解放人民的，是彻底地为人民的利益工作的。"③ "西方资产阶级的文明，资产阶级的民主主义，资产阶级共和国的方案，在中国人民的心目中，一齐破了产。资产阶级的民主主义让位给工人阶级领导的人民民主主义，资产阶级共和国让位给人民共和国。""资产阶级的共和国，外国有过的，中国不能有，因为中国是受帝国主义压迫的国家。唯一的路是经过工人阶级领导的人民共和国。"④ "人民民主专政的基础是工人阶级、农民阶级和城市小资产阶级的联盟，而主要是工人和农民的联盟，因为这两个阶级占了中国人口的百分之八十到九十。推翻帝国主义和国民党反动派，主要是这两

---

① ［美］彼得·德鲁克：《管理的实践》，机械工业出版社 2006 年版，"扉页"第 1 页。
② ［美］彼得·德鲁克：《管理的实践》，机械工业出版社 2006 年版，"扉页"第 3 页。
③ 《毛泽东选集》第三卷，人民出版社 1991 年版，第 1004 页。
④ 《毛泽东选集》第四卷，人民出版社 1991 年版，第 1471 页。

个阶级的力量。由新民主主义到社会主义，主要依靠这两个阶级的联盟。"①邓小平在改革开放初期总结了1957年下半年直至1976年"左"的问题带来的重大损失时，对我国党和国家领导制度的改革问题进行了十分深刻的探讨："我们进行了二十八年的新民主主义革命，推翻封建主义的反动统治和封建土地所有制，是成功的，彻底的。但是，肃清思想政治方面的封建主义残余影响这个任务，因为我们对它的重要性估计不足，以后很快转入社会主义革命，所以没有能够完成。现在应该明确提出继续肃清思想政治方面的封建主义残余影响的任务，并在制度上做一系列切实的改革，否则国家和人民还要遭受损失。"②"从党和国家的领导制度、干部制度方面来说，主要的弊端就是官僚主义现象，权力过分集中的现象，家长制现象，干部领导职务终身制现象和形形色色的特权现象。"③"我们要充分发挥社会主义制度的优越性，当前和今后一个时期，主要应当努力实现以下三个方面的要求：（一）经济上，迅速发展社会生产力，逐步改善人民的物质文化生活；（二）政治上，充分发扬人民民主，保证全体人民真正享有通过各种有效形式管理国家、特别是管理基层地方政权和各项企业事业的权力，享有各项公民权利，健全革命法制，正确处理人民内部矛盾，打击一切敌对力量和犯罪活动，调动人民群众的积极性，巩固和发展安定团结、生动活泼的政治局面；（三）为了实现以上两方面的要求，组织上，迫切需要大量培养、发现、提拔、使用坚持四项基本原则的、比较年轻的、有专业知识的社会主义现代化建设人才。"④习近平在中共十九大报告中结合改革开放以来的新发展、新特点谈道："坚持新发展理念。发展是解决我国一切问题的基础和关键，发展必须是科学发展，必须坚定不移贯彻创新、协调、绿色、开放、共享的发展理念。必须坚持和完善我国社会主义基本经济制度和分配制度，毫不动摇巩固和发展公有制经济，毫不动摇鼓励、支持、引导非公有制经济发展，使市场在资源配置中起决定性作用，更好发挥政府作用，推动新型工业化、信息化、城镇化、农业现代化同步发展，主动参与和推动经济全球化进程，发展

① 《毛泽东选集》第四卷，人民出版社1991年版，第1478—1479页。
② 《邓小平文选》第二卷，人民出版社1994年版，第335页。
③ 《邓小平文选》第二卷，人民出版社1994年版，第327页。
④ 《邓小平文选》第二卷，人民出版社1994年版，第322页。

更高层次的开放型经济，不断壮大我国经济实力和综合国力。"

　　结合以上领导人的阐述与分析可以看到，中国宏观组织的运行，也就是政府的管理还有改进和发展空间。围绕着组织管理活动涉及的人、组织和组织中的人这些基本问题，如何在学习他国政府管理理论知识与实践行为的同时，保持我国的基本特色和社会基础特征；更为有效地建立中央与地方、条条与块块之间的协调机制，解决存在的协同不够、相互羁绊的问题；根据中国的传统文化特点，实现与大生产的科学体系与文明的对接，使公有经济、民营经济和其他经济成分协调发展，激发各类市场主体的活力；探讨更为有效地选拔、考核、监督公务员和各级领导干部的机制，实现共和国的长治久安；进一步地探讨已经取得很大成功的政府这只"看得见的手"与市场这只"看不见的手"的结合机制，并随着中国的经济发展与国际形势的变化寻求具有普适性的经济发展道路。在这一方面，国家自然科学基金委管理科学部前主任郭重庆院士提出可能首先突破的学科是宏观管理与政策，其原因是因为中国的经济与社会热点问题多、需求急迫，是有一定道理的。

　　2. 微观的组织管理

　　列宁、毛泽东、邓小平等都对发端于产业革命中企业管理的科学管理思想予以充分的肯定，并认为可在苏维埃政权、社会主义国家学习、借鉴并加以推行。伴随着改革开放事业的推进、企业被视为国民经济细胞学得到认可，特别是社会主义市场经济的确立，中国的微观组织管理——企业管理取得了快速的进步，出现了诸如华为、海尔、美的、格力、吉利、阿里巴巴、腾讯、娃哈哈等国际知名的民营企业，也涌现了一批跻身于世界500强的国有企业。更为重要的是，伴随着一大批成功的国有企业与优秀的民营企业的出现，也涌现了一批叱咤风云、驰骋在国内外市场的企业家。虽然在中国管理学界普遍认为，依靠企业家（实践者）研究管理学理论的时期已经过去，管理学理论的研究已经进入（学者们）科学研究的时代，但由于中国管理学的重建、恢复，特别是取得长足的进步与发展只有40多年，并经历了中国从计划经济逐步转向社会主义市场经济的复杂纷呈、跌宕起伏的过程，所以在近期依靠一批完整地走过这些历程的企业家来总结他们在经营管理过程中对企业管理理论与实践的认识，总结经验与得失极其重要和具有意义。如在改革开放40多年的巨大变化中他们如何在"摸着石头过河"的工作中体会和把握中国的传统文化、时代变化、政府与市场的退进与交互作用、国内与国际市场的差异等外部因素；如何根据企业的不同时期资源的状况制订发展战略；如何结合国情灵活地运用管理的普适性理论和方法；又是如何科学灵活地处理人、组织与组织中的人之间的关系。这项工作可以很好地弥补中国管理学在发展过程存在的诸如脱离实践的一些问题，更可以为中国管理学科的建设、发展提供可遵循的思想火花、理论探索。这一代企业家正在逐渐老去，是应该注意完成，甚至是必须进行这一带有抢救性质的工作。这样的事情有过先例，如著名民族资本家卢作孚就曾被重庆大学商学院聘为教授，主讲工商管理学，还撰写、出版过《卢作孚业务管理》（又名《工商管理》）这样的书籍。[①] 需要注意的是，这项工作的进行只能就像泰勒、法约尔、巴纳德一样靠企业家们亲力亲为去完成，依靠学者、记者或传记作家都难以完成这一工作，因为他们没有这样的经历和内心感悟，更缺少优秀企业家对管理理论与实践结合的深刻认识。但这项工作的开展是不容易的，其原因是我们的企业家有无这样的认同，甚至就是历史责任感，特别是有无对自己实践过程中丰富的实践经验进行思想提炼与理论抽象的能力。我们建议，开展基础性理论研究的国家自然科学基金委员会和全国哲学社会科学办公室可以开展这一工作，各大管理（商）学院的领导与学者也应该对此项工作加以重视。

除此之外，如何在科学研究的推进中兼顾与各类组织管理实际的结合，如何在国际化的过程中突出本土化是宏微观组织管理工作都需要特别强调的，更是社会科学研究必须重视的问题。

三、教学体系的完善

在前面的分析中讲到，由于组织管理工作的科学化发端于产业革命中崛起的一些西方国家，但系统的完善、全面的发展是在美国。这除了美国的经济发达，在19世纪末期就确立了其雄踞世界的头号强国地位，并有一批十分优秀的企业和多种组织外，还有就是在全球领先和优秀的高等教育体系，

---

① 李占才主编：《十字路口：走还是留？民族资本家在1949》，山西人民出版社2009年版，第60—61页。

特别是与管理学思想、理论、研究方法密切相关的管理学学科。在这样的现实条件下，全球几乎所有的后起国家，包括改革开放的中国向西方发达国家，特别是向美国学习、借鉴、模仿或照搬西方（美国）管理学的思想、理论、研究方法，甚至教育体系、课程设置，这些都没有大错。但问题就是在借鉴、学习之后是要以此为巅峰唯其马首是瞻，以此为学科发展，特别是衡量的标准完全照搬，不可越雷池一步；还是在系统了解、熟悉掌握的基础上结合国情、企业的资源配置进行必要的调整、适当的改造，即在符合市场经济运行规律、企业经营规则和管理思想、理论科学性的基础上进行完善？

这个问题是一个具有前沿性，甚至挑战性，并具有争议的问题。在前面的研究中已经有所揭示，面对仅具有 40 多年学科发展史的中国管理学界，又特别是在年轻的教师群体中更是不易讨论的问题。

这是因为，我们必须承认，经过 100 多年的理论发展、实践检验，在管理学基础理论、各类组织管理理论和各类组织职能管理理论等方面，基本的理论、基本的概念、基本的分析思路和理论框架、基本的研究方法上已经具有一般解释性、普适性和科学性的科学特征，也是各国在学习过程中应该基本遵循、主要参考的知识体系；但又必须承认和认识到，管理学作为一门社会科学，在各个国家学习、借鉴时，也必须结合国情、组织的特色进行改造，使之能在具体的环境、工作加以运用。这个道理在中国这个具有 5000多年深厚文化积淀和悠久历史、根据历史进程选择走上社会主义道路、根据马克思主义中国化的理论建立的国家，在一个有着 14 亿人口、56 个民族的国度中更应如此。

但十分明显的问题就在于具有科学性、一般性和普适性的管理基础理论、各类组织管理理论和各类组织职能管理理论如何与一个国家的国情、企业的情况实现有效的契合，甚至是无缝对接。邓小平曾经讲过马克思主义中国化的工作不易。我们看到，中国共产党是通过多次的探索、多次的失败，无数先烈流血牺牲才实现了马克思主义的中国化，取得了中国革命的胜利，也才逐渐探索到社会主义建设的基本方向和道路。我们也看到，同样是社会科学学科的经济学、法学，甚至人文社会学科的哲学、历史学等学科也一直存在着学术思想、学术立场的激烈交锋，从一定层面看是在理论的分析和探讨中应该选择哪个学术思想、理论和方法的学术之争，深层次看就是现实中国的政治、经济、文化的发展之路应该选用哪个思想和理论作为指导。还有就是，从现实看，西方的理论，如经济学、管理学理论虽在许多时候也曾遇到了不可解释的问题，也有采用后遭到重大失败的例子，但人们也很容易将这些理论看作是一部分国家取得成功，居于发达地位时采用的理论，也是一部分新型工业国家取得成功所选用的理论，从而产生迷信和依赖感；相比较而言指导中国取得社会主义建设时期，特别是改革开放以来重大成功的指导思想、一系列政策和做法多还是在"摸着石头过河"中渐进的总结，试错中上升的经验，一些还在不断完善，一些还在继续检验中。对西方发达国家，也就是资本主义制度成功的解释有20世纪初期马克斯·韦伯在《新教伦理与资本主义精神》中所讲到的，新教教义（更为具体是加尔文教派的教义）促进了现代资本主义的产生和兴旺，这属于文化层面的基础性解释，虽存在广泛的争论，但也得到了较为广泛的认同。相比较而言，对中国改革开放取得重大成功和胜利的原因解释、理论分析尚未出现如此系统性的论证，并被人们普遍认同的确定性的思想、理论和结论。所以我们经常看到的学术交锋，如张维迎教授与林毅夫教授有关中国产业政策的争论及经济学界的评价，中国管理学界在管理学本土化问题探讨中存在的种种歧义都应该是这方面问题的反映。

当然，我们在本课题的研究中还难以对上述问题进行更全面、更深层次的探讨（更为全面和更为深层次的探讨还需要依靠社会主义市场经济建设成功实践的重复检验，基础理论的探索与突破，多学科的研究），但应该认识到，我们有理由坚持中国特色社会主义的道路自信、理论自信、制度自信、文化自信，并在自信的基础上开展中国管理学的研究，实现中国管理学的本土化，需要在管理学的教学体系中进行必要的改革，以达到建立具有中国社会主义特色的管理学的目的。这条道路可能是漫长的，但愿景、使命与目标却是明确和清晰的。

教学体系事关管理学目前学生的培养，未来师资队伍的建设，也是管理学发展思想、教学理念体现最为完善的地方，因此必须给予关注。由于我们的研究团队都是从事工商管理研究与教学的，也考虑到不论是在工商管理或管理科学与工程学科上有所建树的管理（商）学院，都会在管理学最有代表性的 MBA、EMBA 人才培养上交汇，所以我们以工商管理的教学为例进行研究和探讨。

　　目前从各个学校管理（商）学院设置的本科生、MBA 教学方案看，基本是根据美国教学体系设置教学方案。通过一系列参照国际标准（如 AACSB（国际高等商学院协会）、EUQIS（欧洲管理发展基金会）、AMBA（英国工商管理硕士协会））颁布的标准，进一步强化了中国管理学教育体系的国际性、规范性，即西方性（如曾听说，在某个大学经济与管理学院的 MBA 国际论证中，外方专家提到了一个问题：为什么你们开设了经济学，还要开设政治经济学）。在现行的管理学工商管理一级学科的教学方案中，除了公共课以外，一般都在设置管理学、经济学、战略管理一般性课程之外，根据企业的重要职能，设置了会计学、财务管理、市场营销、人力资源管理、生产（质量）管理、物流管理、创业管理等课程，还根据学校的历史、学科传统或自我的市场定位设置了具有行业特色或资产特点的课程，如国际企业管理、中小企业管理、民营企业管理、行业特色的职能管理和技术类课程等。这样的教学安排和设计十分标准，也是国际上通行的，但可以进一步探讨和研究的问题是如何在学习、借鉴西方管理学教学体系时，不要或不能简单地忽略他们的教学体系后面隐含的国情，以及由此决定的教育思想和理念，如何更好地体现具有中国文化传统和现实发展状况的管理思想和管理特色。

　　以使用的教材为例，也可以清楚地看到一些端倪。由于外国（主要是美国）的教材在质量上，特别是在更新速度上高于和快于中国的一般教材，加上书商的营销力度，外国（主要是美国）教材在管理学教学中的使用十分普遍和广泛。在外国（主要是美国）教材长期的使用中，老师们也逐渐熟悉和习惯使用这些教材。这些教材中一般不存在恶意，也多讲理论和方法，但肯定也是结合外国（主要是美国）国情的产物。如美国企业战略管理理论创始者安索夫在其重要著作 Corporate Strategy：An Analytic Approach to Business Policy for Growth and Expansion 的"序言"中讲道：这本书关注的是美国社会经济环境中企业战略的制定。所提出的概念和方法适用于其他环境和其他类型的机构。然而，方法、术语、实例和概念都来自美国的商业场景。[1]　就

---

[1]　Ansoff, H. I., *Corporate Strategy：An Analytic Approach to Business Policy for Growth and Expansion*, New York：McGraw Company, 1965, Preface vii.

是很好的一个例子。

安索夫在美国的"社会经济环境"和"商业场景"的分析中也讲到诸如经济的增长，人口的变化，行业的竞争等问题，但这一切都会隐含在美国学者的基本逻辑——对私有制与市场充分竞争的认可与拥戴。更需要注意的是，就是这一本在企业战略管理领域具有开创性的著作中对企业战略管理的分析，还受到了撰写、出版时20世纪60年代美国国情的影响。安索夫这本书有一个图形，两个表格应该是十分经典和我们熟悉的（见图15-3、表15-3），没有列入的表格就是目前国内一些教材和论文仍在使用的"Principal decision classes in the firm"（公司中决策的类型）。有一定启发的是，在图15-3和表15-3中，多次出现"多元化"（diversification）的字样，特别在图15-3中，按照企业战略管理工作的步骤定下了战略目标和内外环境的分析之后，战略的安排就是是否多元化，以及随后的扩张或多元化战略的选择。相比于其他的企业战略管理模型，安索夫所给出的选择确实太少，也不满足市场其他情况下需要作出的其他选择（如稳定或收缩战略）。是安索夫作为企业战略管理的先驱者，理论还不够完善，或不了解其他战略？我们又能否将这个模型作为企业战略管理的经典模型简单地照搬或使用呢？答案必然是否定的。因为了解美国经济史的人都会知道，在20世纪50—60年代的美国被人们誉为"黄金十年"，经济增长良好，市场环境十分宽松，当时美国的企业管理人员基本都是根据市场增长的情况选择增长（扩张或多元化）战略，作为研究企业战略管理理论的安索夫也就必然会结合他所观察到的企业行为开展研究，进行总结了。但是这类扩张战略，特别是企业跨行业的多元化战略在20世纪80年代遭到了美国管理学界的批评，如果我们在自己的教学过程中没有注意到这些时代的特点和理论特色，就可能出现不易理解，甚至谬误。如表15-3在我国的一些教材或论文中就作为一般的理论被加以使用[①]。如果不是很好地了解安索夫列出这个矩阵的大背景（美国当时的国情，以及国情对企业经营活动，乃至安索夫自我观察的影响），就不易将这个表格讲好，也更难理解安索夫的战略制定过程的基本逻辑。如在迈克尔·波特的著作中，他在

---

① 中国企业管理百科全书编辑委员会、中国企业管理百科全书编辑部编：《中国企业管理百科全书》（上），企业管理出版社1984年版，第587页。

"绪论"中也讲道："本书汲取了我在产业经济学和经营战略方面的研究成果以及我在哈佛商学院工商管理硕士生和经理班教学中的经验。"① 该书"绪论"中的图 2 应该就是波特根据哈佛商学院另一位企业战略管理理论先行者肯尼思·安德鲁斯（Kenneth R. Andrews）的理论所构建的分析图形。这都说明，作为我们熟知的美国企业战略管理的大家，其著作也是自己在美国大学工作的积累，甚至会继承自己所在商学院研究的传统和风格。

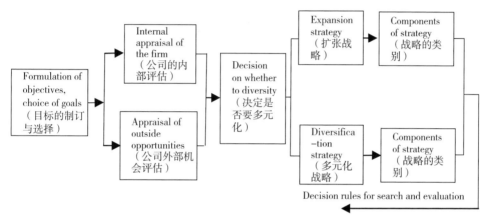

图 15-3　Decision schematic in strategy formulation（战略形成的决策示意图）

资料来源：Ansoff H. I. ，*Corporate Strategy*：*An Analytic Approach to Business Policy for Growth and Expansion*，McGraw Company，New York，U. S，1965，p. 27.

表 15-3　Growth vector components（增长矢量矩阵）

Product 产品 〳 Mission 使命	Present 现时产品	New 新产品
Present 现时使命	Market Penetration 市场渗透	Market Development 市场开发
New 新的使命	Market Development 市场开发	Diverslflcation 多元化

资料来源：Ansoff，H. I. ，*Corporate Strategy*：*An Analytic Approach to Business Policy for Growth and Expansion*，McGraw Company，New York，U. S，1965，p. 109.

---

① ［美］迈克尔·波特：《竞争战略》，华夏出版社 1997 年版，第 3—4 页。

这些事实都很好地说明了这样的事实和道理，即使是国外经典的著作、最好的教材，也离不开对自己所在国的研究，更要受到自己国家政治、经济等时代发展因素的影响，也会带有西方学者一般笃信的学术立场和观点。

在本书第十四章中曾经介绍过针对武汉大学管理学院 1988 级企业管理专业毕业生的问卷调查，我们为探求管理学科，特别是工商（企业）管理专业未来的发展，设计了征求同学们对学科和专业意见的栏目，同学们也积极发表了自己的意见（见表 15-4）。

表 15-4　武汉大学 1988 级企业管理专业毕业生问卷调查中对管理学科、专业发展的建议

五、根据在武汉大学四年的学习和二十六年的社会磨砺，你认为武汉大学管理学科，特别是工商（企业）管理专业还需要在哪些方面做出更大的努力？有何建议？

建　议	1. 联系实际，紧扣发展。 2. 增强统计、财务等知识的学习；重视学以致用，以实用为主，重视实操能力；增强文字综合能力，逻辑分析能力的提升训练。 3. 在微观企业管理方面还可以有更细致科目的研究。 4. 理论与实际的结合；要么更深，要么更专。 5. 在创业、创新方面多学科融合方向做出更多的尝试和创新。 6. 建议教学与实体企业建立更加紧密的合作互动关系，让理论与实践更紧密结合，互相促进。 7. 加强实际案例学习；加强实习锻炼；加强课题研究。 8. 基础理论对工作后的思维非常重要。 9. 技术创新与交易模式创新发展迅速，管理学应更多与实际应用相结合，跟上时代发展的需要。 10. 密切关注国家经济政策走向，理论密切联系实际。 11. 建议学科设计、教学进一步增强国际化、市场化、实践化。 12. 武汉大学管理学科应该在前 2 年学习数学，将管理学、经济学的基础学科系统学完，大三、大四应该更多地结合实际的现实企业案例，有针对性地结合每位学生的特长和发展定位，系统深化地准备学习课程，如市场营销、财务管理、企业战略，研究案例学习。 13. 理论联系实际的教育方式比较好。一门课程在学习理论的同时拿出一定的课时到企业或公司实践，这样能及时掌握。同时邀请相关企业管理人员参与讲座互动。 14. 加强民营企业管理方面知识。 15. 紧跟时代变化，与时俱进；基础专业的研究；国际交流强化。 16. 我们是企业管理专业，根据我二十多年的社会磨砺，建议在课程设置上，加强财务管理、核算方面的课程，宏观上增加企业战略管理、行业分析等专业（知识）。这样便于同学们做懂财务，能看懂行业，看懂经济的管理者。 17. 国际化，突出优势，网络教育。 18. 有条件的情况下，让学生多到企业中实践，将理论与实际联系起来；开放性学习，让学生更多涉猎其他专业知识，为进入社会打好基础。

资料来源：作者整理。

　　以上一共有18条看法与建议是按一人一条整理的，归纳这些意见总体上看是希望加大实践的机会，加深知识的学习，改变课堂与社会、书本与实际、理论与实践脱节的现象，结合学生的个人能力更精细化的进行培养与定制。从我们的教学管理与教学经验中可以知道，目前的工商管理专业最大的问题是市场定位不够准确，即很难给学生讲清楚他们毕业后应该从事什么工作，特别是与职能管理专业（像会计、财务管理、市场营销、人力资源管理等）相比，市场的求职岗位更不明确；还有就是学生们谈及的企业管理运行的知识在课堂上基本做到了面面俱到，但知识的深度确实不够，也就是在"深"与"专"上缺乏计划的安排与思考。结合本书第五章的分析会感受到以上问题既是老的也是不易解决的，主要的原因是愿意接受大学生实习的企业不多，老师主要的精力集中在理论探讨方面，少有时间去结合实际探索企业运行中的管理问题。类似的问题在本科生的学习期间就有所反映，但1988级同学们在他们多年的社会实践与个人成长中再一次提及的问题值得注意，也是在今后的教学过程中值得考虑改进的工作。

　　以上讨论的问题是中国管理学界长期关注的问题，但由于多种原因也长时间存在着一定的忽视，更多反映的是对西方研究方法的熟悉、崇拜与跟随。作为课题的研究者有这样的感受，虽然我国具有5000多年历史，大家都认同积淀的文化悠久，底蕴深厚，但究竟如何影响，又在哪些方面产生影响确实还没有得到普遍认同，如同马克斯·韦伯所撰写的《新教伦理与资本主义精神》这样的书籍（当然这本书的相关结论也有争议）还很罕见，看到更多的是我们自我的否定和无穷的争论。2017年8月29日，习近平在中央全面深化改革领导小组第三十八次会议上强调，必须深化对改革规律的认识和运用，总结运用好党的十八大以来形成的改革新经验，再接再厉，久久为功，是十分深刻的。这两年参与过两本涉及管理学课程书籍的审读工作。在学习和审读过程中，我就深深地感到，中国管理学界如何在尊重西方管理学理论的科学性、普适性的基础上，结合中国的传统文化和现实国情，撰写出具有中国特色、时代特点的基础理论书籍真不容易，这既是40多年在现行科研制度、教学条件下催生的管理学现状的体现，也是40多年来全面引进、复制，甚至照搬西方（主要是美国）教学体系的结果，更是在此教学体系中教师队伍现状的反映。

四、教师队伍的培养

任何工作，重要的是人，是掌握了科学思想、熟悉科学规律、具有事业感和责任心的人，教育的发展与学科的建设更是这样。因此，在回顾中国管理学40多年发展历程中，我们发现，也必须承认这样的现实，也就是我们多次提到的对中国管理学现状的分析和问题的探讨：管理学由于发展时间短，成长速度快，缺乏学科的历史积淀与传统，更无学科不可撼动的学术泰斗、楷模和标杆，教师队伍年龄结构较为年轻，学源结构较为复杂，因而缺乏可循的学术规范，甚至学术伦理与道德的可复制性，出现了一些其他学科少见的乱象，如概念不够清楚、边界不够明朗、范式不够清晰、学术不够规范、研究较为杂乱，甚至存在一定的随意性等问题。也讲到，虽然中国管理学界深感学科发展存在的问题，也不时发出呐喊和呼吁，但受多种原因的影响和制约，还没有见到明显的成效。还有一个可以进一步探讨的问题，这就是由于其他人文社会学科发展的历史久远，积累丰厚，更有学贯东西、了解国情、难以撼动的学术泰斗级人物作为楷模，还有一批既深刻了解西方理论，又熟知马克思主义学术立场和思想的学术队伍存在，如经济学科就有诸如陈岱孙、张培刚、孙冶方、宋涛、董辅礽、厉以宁等。经济学中有西方经济学和政治经济学之分，哲学有西方哲学与马克思哲学之别，虽不能简单将其比喻为两军对垒，但学术立场的差别，基础理论的不同可以起到相互纠偏、相互批评、相互补充、相互完善的作用。而不论是从学术队伍看，还是从学术立场看，在管理学科研和教学队伍中就少有这样的学术达人，甚至这样的学科布局。这些问题是否存在，是否是中国管理学发展需要重视的问题，我们认为需要在比较中探讨，在今后管理学的发展过程中加以注意。

在管理学教师队伍的建设工作中，我们认为可以从以下几个方面入手。

第一，要注意对现有管理学教师队伍的建设和培养，当前要特别注意学科带头人的培养。在前面的介绍中讲到，伴随着市场需求的强烈扯动，中国管理学得到了超常、迅猛的发展，也使管理学的教师数量迅速增长，但如何结合管理学的特点对教师队伍中学缘结构复杂、研究领域宽泛、缺乏学术积淀、少有泰斗学习借鉴等因素形成的问题加以解决，重要的是从人抓起，从师资队伍抓起，从学术带头人抓起。2006 年度国家最高科学技术奖获得者——李振声院士曾经介绍过自己成长的经历，1951 年他从山东农学院毕业后到中国科学院工作，在新来成员的培训中，他聆听了钱三强、艾思奇、华罗庚等著名学者的报告。后来他回忆说，在钱三强的报告中，他学会了怎样做研究，知道了科学发现是一连串的事情，认真完成基本训练，就为以后的工作打下了基础；在艾思奇的报告中，他懂得了如何少犯错误，知道了对于科学研究来说，人的认识如果能正确反映客观规律，那就是正确的认识，否则就是错误的；在华罗庚的报告中，他了解到要谦虚学习一辈子，知道了天才在于积累，聪明在于勤奋，要学会读书，要能将一本厚书读薄。虽然目前中国管理学的教师一般都有博士学位，不少还有海外学习的经历，都经历过较为良好的专业知识培训和科学的训练，但根据前面的分析，特别是要进一步解决好中国管理学发展中存在的问题，建立具有中国特色的管理学，仅进行专业培训可能还难以解决积累、现实和发展中的问题，培训工作应该像中国科学院过去组织的培训工作一样，不仅是专业培训，更为重要的是学术思想、学术立场和学术方法的培训，大师级人物参与的引领性培训。由于管理学的教师队伍庞大，所以我们建议要从管理学现有一级、二级的学科带头人抓起，从"双一流"学校的管理学科抓起，从长江学者、杰青人员等优秀人员抓起，争取在 3—5 年内完成这个十分重要的工作，为管理学的发展打下良好的基础。培训中可以考虑安排中国文化传统、中国哲学、中国特色社会主义理论与实践、经济思想史、管理思想史、管理学经典著作精读、优秀企业家和一些优秀学者的经验介绍等课程或讲座。重点解决对中国传统文化精髓与思想、中国特色社会主义、经济思想、管理思想的了解，补上对中国文化、中国国情了解的短板，补上对经济思想、管理思想、新中国发展历史知识掌握的不足。在学习过程中，逐渐完成管理学两个"一论两史"教材的编写工作：撰写出体现人类组织管理理论科学传统与发展规律，具有中国特色的管理学理论、管理史、管理思想史；结合 100 多年以来管理学经典理论，反映中国共产党成立 100 年、新中国成立 70 年在革命斗争和社会主义革命与建设事业中的成功经验，具有中国社会主义特色的管理学理论、管理史、管理思想史。并在此基础上逐渐撰写出各类组织的管理学理论和各类组织的职能管理理论，形成体现中国 5000 多年历史和现实国情的理论体系、教材体系，形成真正的中国管理学理论，从根本上提升中国管理学的实力，真正获取在世界范围管理学界的话语权。

第二，尊崇管理学发展的规律和科学性，做好中国管理学顶天立地的工作。2017 年，浙江大学管理学院院长吴晓波教授在《着力构建中国特色管理学体系》的文章中提出了构建适应中国经济发展与国家进步的中国特色管理学体系。吴晓波也发出了"中国管理学该登场"的呼唤，他认为，要深入企业，沉到底，顶到天，用科学的态度和方法去揭示真理、诠释真理、普及真理。① 这是十分正确的意见，中国管理学界要解决目前脱离管理实践的问题，最为重要的是要真正地到社会中去，到自己研究领域的组织中去，真正地参与组织的管理工作，在社会中、组织中、自己亲身历练的管理工作中去体会管理在组织中的功能与作用，做好管理工作的基本要求和条件，而不仅仅是去调研，去收集资料、数据撰写论文、编写案例，走马观花、浮光掠影、蜻蜓点水似地开展工作。管理学的科学性具有通过实践去体会何为管理，也只能在自己亲身经历的管理工作中才能悟到何为管理，管理的奥秘和管理为什么难以精确，难以有唯一的结论，"全部是尺度问题"，是科学与艺术的结合。我们应该看到，同样与人打交道，且同样具有因人而产生个性化特点受到影响的法学和医学，其学科的老师多为律师、多为临床医生的现象是否对我们管理学的教师和研究者有所启示。本课题负责人在参加武汉大学经济与管理学院青年教师讲课比赛的评比工作时就发现一个很有趣的现象，讲经济学的年轻教师往往有明显的竞争优势，而讲管理学的年轻教师却往往在竞赛中难以得到很高的名次。究其原因则十分简单：经济学科的老师讲课时很自然和很容易地结合自己买房、奶粉、猪肉、大蒜、生姜等人生的亲身经历讲解供求关系、需求与供给弹性、政府与市场在资源配给中的作用；而管理学老师却少有管理经验，多用企业，甚至《三国演义》、《西游记》或网上的故事、例子讲何为管理、协作的重要、领导的责任，相比之下，何为生动与呆板，何为真实与虚构，何为贴近与远离实践，谁又更易讲课精彩或乏味就不难理解了。与此同时，还要加强对一百多年以来管理学、经济学经典理论、管理学思想史、经济思想史的学习，缺乏经典理论的学

---

① 吴晓波：《着力构建中国特色管理学体系》，《学习时报》2017 年 6 月 28 日。

习，缺乏管理思想、经济思想的熏陶应该是管理学界老师们存在的问题，这在我们对 1988 级企业管理专业同学的调查中也有所发现。我们应该细细体会熊彼特的学术人生感悟："'科学的'经济学家和其他一切对经济课题进行思考、谈论和著述的人们的区别，在于掌握了技巧或技术，而这些技术可分为三类：历史、统计和'理论'，三者合起来构成我们的所谓'经济分析'。""在上述基本学科中，经济史——是它造成了当前的事实，它也包括当前的事实——乃是最重要的。我愿立即指出，如果我重新开始研究经济学，而在这三门学科中只许任选一种，那么我就选择经济史。我有三条理由：首先，经济学的内容，实质上是历史长河中的一个独特的过程。如果一个人不掌握历史事实，不具备适当的历史感或所谓历史经验，他就不可能指望理解任何时代（包括当前）的经济现象。其次，历史的叙述不可能是纯经济的，它必然要反映那些不属于纯经济的'制度方面的'事实，因此历史提供了最好的方法让我们了解经济与非经济的事实是怎样联系在一起的，以及各种社会科学应该怎样联系在一起。第三，我相信目前经济分析中所犯的根本性错误，大部分是由于缺乏历史的经验，而经济学家在其他条件方面的欠缺倒是次要的。"① 我们应该充分认识到，管理学在属性上应该归于社会科学，是研究人、组织、组织中的人的学科，虽然具有科学性和普适性的理论，但其发展、思想的变化离不开社会这个舞台，离不开社会发展历史这块背景，如果简单地抽去，将会十分苍白和缺乏解释性；若缺乏对经典理论中形成的对人、组织、组织中的人研究结论的熟练掌握，没有把握管理学经典理论中对人、组织、组织中的人在科学与艺术"边沿性"特征分析的结论，了解管理学科学性与艺术性的分界线，也就容易在科学性的追求中失去管理学真正的科学性、实践的解释力，沉沦为自娱自乐的工作，毫无意义的事情，这类问题已经可以在我们的调查中，甚至学者的自我工作中发现与感知。也就是说，中国管理学界既要加强管理学经典理论的学习，从中把握管理理论、管理思想的精髓，捕捉到艺术、尺寸之外举一反三，能"以不变应万变"的理论基础；又在实践的工作中去体会管理在组织中的魅力和巨大的作用，体会到科学、严谨之外的艺术、分寸作用。我们认为，只有这

① ［美］约瑟夫·熊彼特：《经济分析史》第一卷，商务印书馆 1991 年版，第 31—32 页。

样，中国的管理学界才能做到既顶天，又立地，才能在国家发展的宏大事业中贡献力量，才能在中国社会发展中有自己的立足之地，通过"博采众长，融合提炼"的扎实工作，实现"以我为主，自成一家"的最终目的，在世界管理学界形成中国学派。求真之道不是在康庄大道、羊肠小道、综合之道或者发现之道中进行简单的抉择，而是在学科整体上继续选择多元化的路径，并保持理论与理论之间以及理论与实践之间的必要张力。"上山千条路，共仰一月高"是管理学界爱说的一句话，也是社会科学，特别是管理学真理追索与探讨的真实写照，但对中国管理学界来讲，科学研究道路千万条，夯实基础、结合国情与实践是最重要的一条。

第三，处理好传统文化、现实国情和发展远景之间的辩证关系，为中国管理学的建设提供丰富的思想源头。传统文化是中国管理思想丰富的源泉，也一直在中国各类组织的管理实践活动中发挥着作用，也是中国学者构建中国管理学理论重要的思想宝库，更是各国研究中国管理活动的兴趣点和关注的地方。但我们看到，由于中国文化历史久远、博大精深、流派甚多，其中不乏丰厚的治国治家、修身养性的思想，也有浓厚的农耕文化、淡薄科学的色彩，甚至有依据时代、君王要求修改、编撰的结果。加上近现代一百多年以来不时发起的对中国传统文化和思想的批判，甚至否定，以致究竟什么是中国文化的核心观念，究竟什么是让中华民族生生不息、薪火相传的经典，究竟什么是中国文化传统与时代精神、未来发展相互融合、相互促进的精髓，虽有不少总结和描述，但仍需详细研究和科学论证。比如，在不少对中国管理思想的研究中往往运用中国哲学的思想，但金岳霖先生曾尖锐地指出："中国哲学非常简洁，很不分明，观念彼此联结，因此它的暗示性几乎无边无涯。结果是千百年来人们不断加以注解，加以诠释。很多独创的思想，为了掩饰，披上古代哲学的外衣；这些古代哲学是从来没有被击破，由于外观奇特，也从来没有得到全盘接受的。……不管出于什么现实的原因，这样的中国哲学是特别适宜于独创的思想家加以利用的，因为它可以毫不费力地把独创的思想纳入它的框子。"[1] 冯友兰也有相同的认识："中国哲学家

---

[1] 金岳霖：《中国哲学》，载郭齐勇主编：《中国哲学史经典精读》，高等教育出版社 2014 年版，第 23—32 页。

的语言如此不明确，而其中所含的暗示几乎是无限的。"① 也有学者将《易经》作为中国管理思想重要的源头，但胡适先生早在他的成名之作《中国哲学史大纲》的"导言"中就提到："至于《易经》更不能用作上古哲学史料。《易经》除去《十翼》，止剩得六十四卦，六十四条卦辞，三百八十四条爻辞，一步卜筮之书，全无哲学史料可说。"② 人们一般认为文化是国家、民族经济发展重要的影响因素，因此有更多的人将儒学视为中国管理思想的源泉，甚至被推崇为整个东亚经济起飞的思想与文化力量，但我们也看到，在 20 世纪 80—90 年代许多人将"四小龙"经济起飞的原因归结于儒家思想之后，历史学家章开沅先生却在分析中提出："这表面似乎是过分强调了文化因素的作用，实际上却是在这些国家和地区经济起飞以后才在儒家文化方面寻找理论解释，或者至少是以经济起飞为鼓吹所谓'新儒学'提供实例根据。我曾多次到香港、新加坡等地考察，也曾向这些国家和地区的专家学者广泛求教，试图能多少发现一些儒学对于振兴经济的神奇作用。但是很遗憾，也可能是由于自己'冥顽不化'，我很难得出'儒学导致经济起飞'的结论。我的初步认识是：这些国家和地区的经济起飞，主要取决于机遇、市场、决策与机制，与儒家文化并没有多少直接关联。"③ 当然哲人们的认识可能会带有历史的痕迹，也可能囿于自我的学术立场和个人的认识，但这些颇具结论性的看法和判断也应该引起中国管理学界的重视，因为在哲学、历史层面，相对而言，绝大多数学者还缺乏如此深厚的学术功底。

习近平曾经讲到，一个国家实行什么样的主义，关键要看这个主义能否解决这个国家面临的历史性课题。历史和现实都告诉我们，只有社会主义才能救中国，只有中国特色社会主义才能发展中国，这是历史的结论、人民的选择。这应该是伴随着改革开放发展起来的中国管理学界所注意的问题。中国的现实国情既有中国传统文化的影响，更是历史和人民的选择，中国未来的发展必将在中国梦的实现过程中继续坚持中国共产党的领导，坚持走中国特色社会主义道路，协调推进全面建设社会主义现代化国家、全面深化改

---

① 冯友兰：《中国哲学简史》，新世界出版社 2004 年版，第 10 页。

② 胡适：《中国哲学大纲·导言》，载郭齐勇主编：《中国哲学史经典精读》，高等教育出版社 2014年版，第 12—20 页。

③ 章开沅：《离异与回归——传统文化与近代化关系试析》，湖南人民出版社 1988 年版，第 11 页。

革、全面依法治国、全面从严治党战略布局，树立创新、协调、绿色、开放、共享的发展理念，统筹推进经济、政治、文化、社会、生态文明建设。所以中国管理学界在自己的研究过程中，不仅要注意中国的文化传统，更要注意结合现实的国情、未来的发展，做到厚今薄古，引导人们向前看。如在对国际管理学界认同的"家庭""面子""关系"对中国组织管理的影响的研究中，我们既要看到它们确实存在，也要看到它们也是中外学者观察很久的"古老"现象，更要注意到它们在现实中国社会主义建设中的消极甚至逆向作用，更是中国走向法治、走向现代化的过程中需要逐渐用法治、制度制约的潜在影响力量或问题。如果不注意到这些必然的变化，我们就有可能会受困于一些现实的问题，而得出有失偏颇的结论。如在探讨中国人的人际关系时就有学者提出："我们有三个根深蒂固的观念，很不容易改变：第一，法是死的，人是活的。第二，天下事好像没有什么是不能变通的。第三，法由少数人订立，由一个人修改。"① 也有人认为："中国人的管理学不在于好的规划，成功的战略，有效的政策，有力的监管，而在于成功的关系管理，以营造一个互信、和谐的环境，做到可以'放'的境界。"② 武汉大学的人文社会科学资深教授陶德麟指出："中国传统哲学无论蕴藏着多么丰富的智慧，毕竟是中国自然经济的理论形态，就其固有的整体形态来说是与世界的现代化进程相悖的，不能从根本上解决中国现代化的问题，即使以现代西方哲学的某些丰富来加以诠释，使它成为新儒学，也不可能触动它的根本观念，以儒学的根本观念来指导中国的现代化是不现实的。"③ 我们认同陶德麟先生的看法和认识，也认为，这应该是中国管理学在管理理论"中国化""本土化"工作中需要注意的问题。我们应该承认，现实的中国管理学界在中国哲学、中国文化、中国历史等领域与管理思想、理论结合方面尚缺乏积淀，更缺少领衔的学者，所以在一方面深入探讨传统文化对中国管理思想影响的同时，更要注意夯实对中国文化有着重要影响的中国哲学、中国文化和中国历史的思想、理论精髓的学习、分析、理解和把握，加快前述的

① 曾仕强：《圆通的人际关系》，北京大学出版社 2010 年版，"引言"第 8 页。
② 罗家德、曾明彬：《中国人的管理学》，吉林出版集团有限责任公司 2010 年，第 37 页。
③ 陶德麟、何萍主编：《马克思主义哲学中国化：历史与反思》，北京师范大学出版社 2007 年版，第 627 页。

培训工作，结合现实，特别是未来进行认真的学习和思考。这既是中国管理学界的现实工作，更是历史的任务。

五、学术国际化工作的推进

在前面的分析中已经看到，中国管理学在起步阶段就注意到了引进西方（主要是美国）的管理名著，参考了美国的办学体系，还在随后的科学研究工作中基本照搬了美国的研究模式，教育体系，按照美国的模式设立了各类学位，也基本复制了美国的课程设置、教学理念、教学方法，乃至学科发展评价标准，这也就是近一个时期管理学界不断发出管理学中国化、本土化呼吁的重要原因。但我们也应该看到，也就是在这样的全面、快速引进、照搬或复制中，中国管理学得到了迅猛的发展：建立、完善了中国管理学的科学研究、教育体系；培养了大量的社会主义市场经济建设急需的人才；承担了大量管理学科学研究、企业实践的课题工作；在管理学的各个学科领域建设、培养了一批优秀的教师队伍，在世界上开始崭露头角。我们在学生的培养过程中，可以感受到经过一百多年发展起来的较为系统、完备和科学的西方科学管理体系便于教学；也会感受到西方的一些理论有其一定的前瞻性、理论性，理论较为深厚，分析框架较为细腻，便于研究；进入研究生阶段的学生在学习过程中也经常感受到读外文的经典论文更加严谨、更具科学性和启发性，便于有效地入门和深入学习。这些已经在中国管理学发展中具有意义的工作历程、所获经验不能随意忘记和放弃，在随后管理学的中国化、本土化的工作中，在具有中国特色管理学的建设中，仍需要继续以开放的态度学习西方的管理学思想、理论和方法，只有在中国化、本土化的过程中坚持国际化，在国际化的工作中高度注意中国化、本土化，增强与国外学者的交流，开展结合中国国情、各类组织管理实践的深入研究，才能在国力提升的过程中解决实际需要的问题，真正提高中国管理学术界的水平，也才能在中国进入世界强国之林的同时提升中国管理学界的话语权，展现具有中国社会主义特色的中国管理学界的风采。

结　　语

在我们完成课题研究，提交结题报告时，适逢中国共产党第十九次代表大会胜利召开。习近平同志代表第十八届中央委员会向十九大代表大会作了《决胜全面建成小康社会，夺取新时代中国特色社会主义伟大胜利》报告。在报告中，习近平向全党、全国提出："经过长期努力，中国特色社会主义进入了新时代，这是我国发展新的历史方位。""中国特色社会主义进入新时代，意味着近代以来久经磨难的中华民族迎来了从站起来、富起来到强起来的伟大飞跃，迎来了实现中华民族伟大复兴的光明前景；意味着科学社会主义在二十一世纪的中国焕发出强大生机活力，在世界上高高举起了中国特色社会主义伟大旗帜；意味着中国特色社会主义道路、理论、制度、文化不断发展，拓展了发展中国家走向现代化的途径，给世界上那些既希望加快发展又希望保持自身独立性的国家和民族提供了全新选择，为解决人类问题贡献了中国智慧和中国方案。""中国特色社会主义进入新时代，我国社会主要矛盾已经转化为人民日益增长的美好生活需要和不平衡不充分的发展之间的矛盾。""围绕这个重大时代课题，我们党坚持以马克思列宁主义、毛泽东思想、邓小平理论、'三个代表'重要思想、科学发展观为指导，坚持解放思想、实事求是、与时俱进、求真务实，坚持辩证唯物主义和历史唯物主义，紧密结合新的时代条件和实践要求，以全新的视野深化对共产党执政规律、社会主义建设规律、人类社会发展规律的认识，进行艰辛理论探索，取得重大理论创新成果，形成了新时代中国特色社会主义思想。"新时代的到来，新时代社会矛盾的转化，以及新时代的要求，特别是围绕建立新时代中国特色社会主义思想的要求，中国管理学界应该有所行动，结合习近平新时代中国特色社会主义思想，结合夺取新时代中国特色社会主义建设伟大胜利，实现中华民族伟大复兴的中国梦，结合新时代社会矛盾的新变化，结合新时代的工作与任务，深入实际，深入自己研究的组织管理领域扎扎实实地开展教学与研究活动，为建设具有中国特色的管理学作出我们的积极贡献。

与此同时，建立具有中国社会主义特色的"世界一流大学和一流学科建设"（双一流）已经正式开启，一批国内著名高校的管理学一级学科和新的学科类别："工商管理""公共管理""图书情报与档案管理""农林经济管理""管理科学与工程""商业与管理"等作为一流学科列入了建设名单。《光明日报》评论员在公布"双一流"高校名单时提到："中国有独特的历史、独特的文化、独特的国情，决定了我们必须走自己的高等教育发展道路。扎根中国大地办大学，就要积极探索世界一流大学建设的中国道路中国模式，使我国高等教育发展方向同我国发展的现实目标和未来方向紧密联系在一起，为人民服务、为中国共产党理政服务，为改革开放和社会主义现代化建设服务，在服务中体现大学的价值追求。"① 习近平在主持召开哲学社会科学工作座谈会时也指出："当代中国正经历着我国历史上最为广泛而深刻的社会变革，也正在进行着人类历史上最为宏大而独特的实践创新。这种前无古人的伟大实践，必将给理论创造、学术繁荣提供强大动力和广阔空间。这是一个需要理论而且一定能够产生理论的时代，这是一个需要思想而且一定能够产生思想的时代。"我们相信，在新一轮具有特殊意义的世界一流高校、一流学科建设工作中，特殊的历史时期、特殊的历史要求、特殊的发展使命和愿景必然提出新的更高要求，中国管理学也会和应该根据新的要求开展学科建设，完成符合历史使命的具有中国社会主义特色的学科建设任务。

在完成书稿和修改的过程中 2020 年初经历了新冠疫情的暴发和抗击疫情的全民阻击战。作为身在武汉市的高校教师亲身体会到了这场战役的凶险与艰辛，看到和感受到了无数可歌可泣的白衣战士、解放军、志愿者、企业家，特别是为疫情的防控作出重大牺牲的武汉人民的巨大贡献，更深深地感受到了我们国家的文化精髓、制度优势。也发现了正如习近平所指出的"这次疫情是对我国治理体系和能力的一次大考，我们一定要总结经验、吸取教训。要针对这次疫情应对中暴露出来的短板和不足，健全国家应急管理体系，提高处理急难险重任务能力。这次疫情暴露出我们在城市公共环境治理方面还存在短板死角，要进行彻底排查整治，补齐公共卫生短板"等问题的存在。这些问题的解决、整治和补齐需要我们管理学界进一步加强政府治理体系和治理能力的研究，进一步推进各级、各类组织加强科学管理思想的学习，为全面地提高国家以及各类组织管理水平、管理工作的效率、效果做出我们管理学界的更大贡献。

---

① 本报评论员：《建设中国特色的"双一流"》，《光明日报》2017 年 9 月 22 日。

参 考 文 献

中文文献

［1］［美］埃德加·斯诺笔录:《毛泽东自传》,中国青年出版社 2013 年版。

［2］［英］安德泽杰·胡克金斯基:《管理宗师:世界一流的管理思想》,东北财经大学出版社 1998 年版。

［3］鞍钢史志编纂委员会编:《鞍钢志（1916—1985)》下卷,人民出版社 1994 年版。

［4］［美］C. I. 巴纳德:《经理人员的职能》,中国社会科学出版社 1997 年版。

［5］包玉泽、谭力文:《管理时尚研究述评》,《外国经济与管理》2008 年第 2 期。

［6］包玉泽、谭力文、刘林青:《管理时尚在中国传播的多案例文献计量研究》,《情报杂志》2010 年第 6 期。

［7］包玉泽、谭力文、王璐:《管理创新研究现状评析与未来展望》,《外国经济与管理》2013 年第 10 期。

［8］包玉泽、谭力文、许心:《中国的管理创新机制——基于改革开放后管理思想发展的研究》,《管理学报》2014 年第 10 期。

［9］本力、曹毅编:《经济学之路》,浙江大学出版社 2011 年版。

［10］本刊特约评论员:《试问管理学——管理学在中国侧议》,《管理学报》2007 年第 5 期。

［11］本刊特约评论员：《再问管理学——"管理学在中国"质疑》，《管理学报》2013 年第 4 期。

［12］本报评论员：《建设中国特色的"双一流"》，《光明日报》2017 年 9 月 22 日。

［13］［美］彼得·德鲁克：《从资本主义到知识社会》，载［美］达尔·尼夫主编：《知识经济》，珠海出版社 1998 年版。

［14］彼得·德鲁克：《管理的前沿》，上海译文出版社 1999 年版。

［15］［美］彼得·德鲁克：《管理的实践》，机械工业出版社 2013 年版。

［16］［美］彼得·德鲁克：《德鲁克管理思想精要》，机械工业出版社 2008 年版。

［17］［美］彼得·德鲁克：《管理：使命、责任、实务》，机械工业出版社 2009 年版。

［18］［美］彼得·德鲁克：《公司的概念》，机械工业出版社 2006 年版。

［19］薄一波：《若干重大决策与事件的回顾（修订本）》（上、下卷），人民出版社 1997 年版。

［20］曹祖毅、伊真真、谭力文：《回顾与展望：直面中国管理实践——基于"中国·实践·管理"论坛的探讨》，《管理学报》2015 年第 3 期。

［21］曹祖毅、谭力文、贾慧英等：《中国管理研究道路选择：康庄大道，羊肠小道，还是求真之道？——基于 2009—2014 年中文管理学期刊的实证研究与反思》，《管理世界》2017 年第 3 期。

［22］蔡玉麟：《也谈中国管理研究国际化和管理理论创新——向张静、罗文豪、宋继文、黄丹英请教》，《管理学报》2016 年第 8 期。

［23］［美］Colquitt，J. A. 、Zapata-Phelan，C. P. 、张杨等：《管理研究中理论构建与理论检验水平的变化趋势：基于〈美国管理学会学报〉50 年历程的分析》，《管理世界》2011 年第 6 期。

［24］车尧、王广宇、张皓月：《我国管理咨询市场现状分析研究》，《图书情报工作》2011 年第 12 期。

［25］陈春花、赵曙明、赵海然：《领先之道》，中信出版社 2004 年版。

［26］陈春花：《当前中国需要什么样的管理研究》，《管理学报》2010年第 9 期。

［27］陈春花、刘祯：《中国管理实践研究评价的维度——实践导向与创新导向》，《管理学报》2011 年第 5 期。

［28］陈春花、宋一晓、曹洲涛：《中国本土管理研究的回顾与展望》，《管理学报》2004 年第 3 期。

［29］陈佳：《我国管理咨询业现存问题及原因分析》，《情报探索》2007 年第 4 期。

［30］陈佳贵主编：《新中国管理学 60 年》，中国财政经济出版社 2009年版。

［31］陈佳贵：《管理学百年与中国管理学创新发展》，《经济管理》2013 年第 3 期。

［32］陈明哲：《文化双融：一位管理学者的反思与行践》，《管理学家》2014 年第 5 期。

［33］陈明哲：《学术创业：动态竞争理论从无到有的历程》，《管理学季刊》2016 年第 3 期。

［34］陈清泰主编：《重塑企业制度——30 年企业制度变迁》，中国发展出版社 2008 年版。

［35］陈启杰：《中国工商管理类专业教育教学改革与发展战略研究（之二）》，高等教育出版社 2002 年版。

［36］陈晓萍、徐淑英、樊景立：《组织与管理研究的实证方法》，北京大学出版社 2012 年版。

［37］陈悦、陈超美、胡志刚等：《引文空间分析原理与应用：CiteSpace 实用指南》，科学出版社 2014 年版。

［38］陈昭全、张志学、David Whetten：《管理研究中的理论建构》，载陈晓萍、徐淑英、樊景立主编：《组织与管理研究的实证方法（第二版）》，北京大学出版社 2012 年版。

［39］成中英、晁罡、姜胜林等：《C 理论、C 原则与中国管理哲学》，《管理学报》2014 年第 1 期。

［40］崔淼、李鑫、苏敬勤：《管理创新研究的国内外对比及其启示》，《管理学报》2015 年第 7 期。

［41］［美］达尔·尼夫：《知识经济》，珠海出版社 1998 年版。

［42］［美］黛安娜·克兰：《无形学院——知识在科学共同体的扩散》，华夏出版社 1988 年版。

［43］［美］丹尼尔·A. 雷恩：《管理思想的演变》，中国社会科学出版社 2000 年版。

［44］［美］丹尼尔·A. 雷恩：《管理思想史（第五版）》，中国人民大学出版社 2009 年版。

［45］［美］丹尼尔·A. 雷恩、阿瑟·G. 贝德安：《管理思想史（第六版）》，中国人民大学出版社 2012 年版。

［46］《邓小平文选》第一、二卷，人民出版社 1994 年版。

［47］《邓小平文选》第三卷，人民出版社 1993 年版。

［48］杜义飞：《衍生企业组织演化：驱动与约束的权衡——来自企业纵向事件抽取与趋势分析》，《南开管理评论》2011 年第 4 期。

［49］段锦云：《家长式领导对员工建言行为的影响：心理安全感的中介机制》，《管理评论》2012 年第 10 期。

［50］［美］F. W. 泰罗：《科学管理原理》，中国社会科学出版社 1984 年版。

［51］冯友兰：《中国哲学简史》，新世界出版社 2004 年版。

［52］傅治平：《精神的升华——中国共产党的精气神》，人民出版社 2007 年版。

［53］高良谋、高静美：《管理学的价值性困境：回顾、争鸣与评论》，《管理世界》2011 年第 1 期。

［54］高良谋、胡国栋：《管理移植与创新的演化分析——基于鞍钢宪法的研究》，《中国工业经济》2011 年第 11 期。

［55］高尚全、陆琪：《邓小平与社会主义市场经济》，《人民日报》2014 年 10 月 30 日。

［56］龚小军、李随成：《管理理论的实践相关性问题研究综述》，《管理学报》2011 年第 5 期。

［57］陈晓田：《管理科学发展战略与"十一五"优先资助领域遴选研究总体思路与安排（摘录）》，《管理学报》2005 年第 2 期。

［58］郭咸纲：《西方管理学说史》，中国经济出版社 2003 年版。

［59］顾基发：《物理事理人理系统方法论的实践》，《管理学报》2011年第 3 期。

［60］郭重庆：《中国管理学界的社会责任与历史使命》，《管理学报》2008 年第 3 期。

［61］郭重庆：《中国管理学者该登场了》，《管理学报》2011 年第 12 期。

［62］顾海良：《"一论二史"：中国特色"系统化的经济学说"的学理依循》，《光明日报》2017 年 7 月 11 日。

［63］顾远东、彭纪生：《组织创新氛围对员工创新行为的影响：创新自我效能感的中介作用》，《南开管理评论》2010 年第 1 期。

［64］韩巍：《"管理学在中国"——本土化学科建构几个关键问题的探讨》，《管理学报》2009 年第 6 期。

［65］韩巍：《管理学在中国：学术对话及意义生成》，《管理学报》2015 年第 8 期。

［66］韩巍、赵向阳：《"非科学性"让管理研究变得更好："蔡玉麟质疑"继续中》，《管理学报》2017 年第 2 期。

［67］韩巍、席酉民：《"中国管理学界的社会责任与历史使命"——一个行动导向的解读》，《管理学家（学术版）》2010 年第 6 期。

［68］何炼成主编：《中国经济管理思想史》，西北工业大学出版社 1988年版。

［69］和谐管理研究课题组：《和谐管理理论的研究框架及主要研究工作》，《管理学报》2005 年第 2 期。

［70］［美］赫伯特·西蒙：《管理行为——管理组织决策过程的研究》，北京经济学院出版社 1988 年版。

［71］［美］赫伯特·A. 西蒙：《管理行为（第四版）》，机械工业出版社 2004 年版。

［72］［美］赫伯特·A. 西蒙：《管理决策新科学》，中国社会科学出版

社 1982 年版。

［73］［法］H. 法约尔：《工业管理与一般管理》，中国社会科学出版社 1982 年版。

［74］［法］亨利·法约尔：《工业管理与一般管理》，机械工业出版社 2013 年版。

［75］何菊：《传教士与近代中国社会变革：李提摩太在华宗教与社会实践研究（1870—1916）》，中国社会科学出版社 2014 年版。

［76］胡福明：《实践是检验真理的唯一标准》，《人民日报》1978 年 5 月 12 日。

［77］胡寄窗：《中国近代经济思想史大纲》，中国社会科学出版社 1984 年版。

［78］《胡锦涛文选》第三卷，人民出版社 2016 年版。

［79］胡适：《中国哲学大纲·导言》，载郭齐勇主编：《中国哲学史经典精读》，高等教育出版社 2014 年版。

［80］黄光国：《"主/客对立"与"天人合一"：管理学研究中的后现代智慧》，《管理学报》2013 年第 7 期。

［81］黄宏、盖立学主编：《大庆精神》，人民出版社 2012 年版。

［82］黄速建、黄群慧等：《管理科学化与管理学方法论》，经济管理出版社 2005 年版。

［83］黄如金：《和合管理与"蓝海战略"》，《经济管理》2005 年第 24 期。

［84］黄如金：《和合管理的价值观体系》，《经济管理》2006 年第 12 期。

［85］黄如金：《和合管理：探索具有中国特色的管理理论》，《管理学报》2007 年第 2 期。

［86］贾良定、尤树洋、刘德鹏等：《构建中国管理学理论自信之路——从个体、团队到学术社区的跨层次对话过程理论》，《管理世界》2015 年第 1 期。

［87］贾旭东、谭新辉：《经典扎根理论及其精神对中国管理研究的现实价值》，《管理学报》2010 年第 5 期。

［88］《建国以来重要文献选编》第十一册，中央文献出版社 1995 年版。

［89］江金权主编：《伟大工程谱新篇——胡锦涛总书记抓党建重要活动纪略》，人民出版社 2007 年版。

［90］江诗松、龚丽敏、魏江：《转型经济背景下后发企业的能力追赶：一个共演模型——以吉利集团为例》，《管理世界》2011 年第 4 期。

［91］《江泽民文选》第一、三卷，人民出版社 2006 年版。

［92］蒋一苇：《我的经济改革观》，经济管理出版社 1993 年版。

［93］Jay B. Barney、张书军：《中国管理研究之展望——中国管理理论与管理的中国理论》，《组织管理研究》2009 年第 3 期。

［94］金岳霖：《中国哲学》，载郭齐勇主编：《中国哲学史经典精读》，高等教育出版社 2014 年版。

［95］井润田、卢芳妹：《中国管理理论的本土研究：内涵、挑战与策略》，《管理学报》2012 年第 11 期。

［96］［日］今井正明：《改善：日本企业成功的奥秘》，机械工业出版社 2010 年版。

［97］费孝通：《乡土中国》，人民出版社 2008 年版。

［98］［英］弗兰克·帕金：《马克斯·韦伯》，译林出版社 2011 年版。

［99］［澳］理查德·特拉海尔：《埃尔顿·梅奥：人道主义的倡导者和促进者》，华夏出版社 2008 年版。

［100］李超平、时勘：《变革型领导的结构与测量》，《心理学报》2005 年第 6 期。

［101］李德昌：《势科学视域中管理系统的逻辑机制——从整体直觉到逻辑演绎的中国管理学研究》，《管理学报》2008 年第 6 期。

［102］李怀祖编著：《管理研究方法论（第 2 版）》，西安交通大学出版社 2004 年版。

［103］李平：《中国管理本土研究：理念定义及范式设计》，《管理学报》2010 年第 5 期。

［104］李平：《中国本土管理研究与中国传统哲学》，《管理学报》2013 年第 9 期。

［105］李四海：《管理者背景特征与企业捐赠行为》，《经济管理》2012年第 1 期。

［106］李维安：《管理学科的发展趋势与启示》，《南开管理评论》2012年第 1 期。

［107］李鑫：《中国传统哲学与本土管理研究：讨论与反思》，《管理学报》2013 年第 10 期。

［108］李鑫：《中国本土管理研究的 X 整合主义》，《管理学报》2015年第 2 期。

［109］李鑫：《谦虚谨慎或者骄傲自负：中国本土管理研究的心态问题》，《管理学报》2016 年第 1 期。

［110］李雪：《咨询的真相：新华信管理咨询的故事》，机械工业出版社 2004 年版。

［111］李垣、杨知评、王龙伟：《从中国管理实践的情境中发展理论——基于整合的观点》，《管理学报》2008 年第 4 期。

［112］李占才主编：《十字路口：走还是留？民族资本家在 1949》，山西人民出版社 2009 年版。

［113］李泽厚：《中国现代思想史论》，生活·读书·新知三联书店2008 年版。

［114］厉以宁：《中国经济学应加强历史研究和教学》，《人民日报》2017 年 6 月 13 日。

［115］梁漱溟：《东西文化及其哲学》，中华书局 2018 年版。

［116］刘林青：《用"心"研究不觉累——评〈学术创业：动态竞争理论从无到有的历程〉》，《中大管理研究》2016 年第 3 期。

［117］刘林青、甘锦锋、杨锐：《探寻中国管理国际研究的"无形学院"——基于 SSCI 期刊（1978~2010 年）的社会网络分析》，《管理学报》2014 年第 9 期。

［118］刘林青、梅诗晔：《管理学中的关系研究：基于 SSCI 数据库的文献综述》，《管理学报》2016 年第 4 期。

［119］刘文瑞：《管理思想演变中的张力》，《管理学家（实践版）》2012 年第 12 期。

［120］刘源张：《中国的全面质量管理（TQC）——特征、成就和期待》，《中外管理导报》1990 年第 4 期。

［121］刘源张：《感恩录：我的质量生涯》，科学出版社 2011 年版。

［122］刘源张：《中国·管理·实践》，《管理学报》2012 年第 1 期。

［123］卢芳妹、井润田、尹守军：《中国管理本土研究的困境与路径》，《管理学报》2013 年第 12 期。

［124］陆文兵：《邓小平 66 年前的鲁山思考：市场经济不可少》，《郑州晚报》2014 年 8 月 21 日。

［125］陆亚东：《中国管理学理论研究的窘境与未来》，《外国经济与管理》2015 年第 3 期。

［126］陆亚东、符正平：《"水"隐喻在中国特色管理理论中的运用》，《外国经济与管理》2016 年第 1 期。

［127］罗珉：《中国管理学反思与发展思路》，《管理学报》2008 年第 7 期。

［128］罗旭：《机器人能与人谈恋爱吗》，《光明日报》2017 年 9 月 14 日。

［129］罗家德、曾明彬：《中国人的管理学》，吉林出版集团有限责任公司 2010 年版。

［130］吕力：《深度情境化与诠释：管理学的质性研究方法》，《科学学与科学技术管理》2012 年第 11 期。

［131］吕力：《管理学研究的"精一"、"双融"和"经世致用"：对陈明哲的访谈》，《管理学报》2016 年第 1 期。

［132］吕力、田巍、方竹青：《双重压力下的主流管理学及 IACMR：问题与反思》，《管理学报》2017 年第 4 期。

［133］吕力：《管理科学理论为什么与实践脱节——论管理学研究中"求真"与"致用"的矛盾》，《暨南学报（哲学社会科学版）》2011 年第 3 期。

［134］［美］迈克尔·波特：《竞争战略》，华夏出版社 1997 年版。

［135］［美］马丁·基恩：《咨询的谎言：走进谎言的城堡发现咨询的真相》，机械工业出版社 2006 年版。

［136］马洪：《国外经济管理名著丛书》前言，中国社会科学出版社 1982 年版。

［137］［德］马克思：《资本论》第一卷，人民出版社 2004 年版。

［138］《毛泽东文集》第七、八卷，人民出版社 1999 年版。

［139］《毛泽东选集》第一、二、三、四卷，人民出版社 1991 年版。

［140］潘持春：《工作满意度和组织承诺对管理人员离职倾向的影响》，《经济管理》2009 年第 3 期。

［141］彭贺：《管理研究与实践脱节的原因以及应对策略》，《管理评论》2011 年第 2 期。

［142］彭贺：《作为研究者的管理者：链接理论与实践的重要桥梁》，《管理学报》2012 年第 5 期。

［143］［法］皮埃尔·莫兰：《亨利·法约尔的现实性或失去的机会》，载［法］H. 法约尔：《工业管理与一般管理》，中国社会科学出版社 1998 年版。

［144］［美］D. 普赖斯：《小科学，大科学》，世界科学社 1982 年版。

［145］齐善鸿、白长虹、陈春花等：《出路与展望：直面中国管理实践》，《管理学报》2010 年第 11 期。

［146］齐善鸿、曹振杰：《道本管理论：中西方管理哲学融和的视角》，《管理学报》2009 年第 10 期。

［147］钱乘旦、许洁明：《英国通史》，上海社会科学院出版社 2012 年版。

［148］钱颖一：《理解现代经济学》，《经济社会体制比较》2002 年第 2 期。

［149］强志源：《现代西方管理咨询业的发展及其启示》，《南开经济研究》2000 年第 4 期。

［150］青岛市工商行政管理局史料组编：《中国民族火柴工业》，中华书局 1963 年版。

［151］任兵、楚耀：《中国管理学研究情境化的概念、内涵和路径》，《管理学报》2014 年第 11 期。

［152］芮明杰主编：《管理实践与管理学创新》，上海人民出版社 2009

年版。

[153]［美］塞缪尔·亨廷顿、劳伦斯·哈里森：《文化的重要作用——价值观如何影响人类进步》，新华出版社 2010 年版。

[154]上海社会科学院经济研究所经济史组编：《荣家企业史料》（上册），上海人民出版社 1962 年版。

[155]［美］斯蒂芬·P. 罗宾斯等：《管理学（第 9 版)》，中国人民大学出版社 2008 年版。

[156]［英］斯图尔特·克雷纳：《大师：世界 50 位管理思想家》，万卷出版公司 2005 年版。

[157]［英］斯图尔特·克雷纳：《管理百年》，中国人民大学出版社 2013 年版。

[158]［美］托马斯·库恩：《科学革命的结构》，北京大学出版社 2003 年版。

[159]苏东水：《弘扬东方管理文化　建立中国管理体系》，《复旦学报（社会科学版)》1992 年第 3 期。

[160]苏东水、赵晓康：《论东方管理文化复兴的现代意义》，《复旦学报（社会科学版)》2001 年第 6 期。

[161]苏东水：《东方管理学》，复旦大学出版社 2005 年版。

[162]苏勇、刘国华：《中国管理学发展进程：1978—2008》，《经济管理》2009 年第 1 期。

[163]隋杨、王辉、岳旖旎等：《变革型领导对员工绩效和满意度的影响：心理资本的中介作用及程序公平的调节作用》，《心理学报》2012 年第 9 期。

[164]孙继伟：《管理理论与实践脱节的界定依据、深层原因及解决思路》，《管理学报》2009 年第 9 期。

[165]孙继伟、巫景飞：《管理学研究者客户迷失的判定、原因及出路》，《管理学报》2009 年第 12 期。

[166]孙继伟：《论管理学界的价值迷失——实践迷失和客户迷失的深化研究》，《管理学报》2010 年第 8 期。

[167]孙继伟、巫景飞：《论管理学界的研究方法迷失——实践迷失、

客户迷失、价值迷失的继续研究》,《管理学报》2011 年第 2 期。

［168］谭劲松:《关于中国管理学科定位的讨论》,《管理世界》2006 年第 2 期。

［169］谭劲松:《关于管理研究及其理论和方法的讨论》,《管理科学学报》2008 年第 2 期。

［170］谭力文:《论管理学的普适性及其构建》,《管理学报》2009 年第 3 期。

［171］谭力文:《中国管理学构建问题的再思考》,《管理学报》2011 年第 11 期。

［172］谭力文:《改革开放以来中国管理学发展的回顾与思考》,《武汉大学学报 (哲学社会科学版)》2013 年第 1 期。

［173］谭力文:《管理学学科发展路径的选择》,《皖西学院学报》2016 年第 4 期。

［174］谭力文、丁靖坤:《21 世纪以来战略管理理论的前沿与演进——基于 SMJ (2001—2012) 文献的科学计量分析》,《南开管理评论》2014 年第 2 期。

［175］谭力文、宋晟欣:《管理学本土化问题研究的分析与再思考》,《管理学报》2015 年第 7 期。

［176］唐宁玉主编:《组织行为与管理》,北京师范大学出版社 2012 年版。

［177］陶德麟、何萍主编:《马克思主义哲学中国化:历史与反思》,北京师范大学出版社 2007 年版。

［178］田国强:《现代经济学的基本分析框架与研究方法》,《经济研究》2005 年第 2 期。

［179］［美］托马斯·W. 李:《组织与管理研究的定性方法》,北京大学出版社 2014 年版。

［180］［美］W. 理查德·斯科特、杰拉尔德·F. 戴维斯:《组织理论:理性、自然与开放系统的视角》,中国人民大学出版社 2011 年版。

［181］王凤彬、陈建勋:《动态环境下变革型领导行为对探索式技术创新和组织绩效的影响》,《南开管理评论》2011 年第 1 期。

［182］王辉、忻蓉、徐淑英：《中国企业 CEO 的领导行为及对企业经营业绩的影响》，《管理世界》2006 年第 4 期。

［183］王钦、黄群慧：《企业管理学研究前沿：知识来源、具体问题与判断标准——关于企业管理学研究前沿问题的问卷调查分析》，《经济管理》2004 年第 2 期。

［184］汪信砚：《马克思主义中国化思想的源流》，《武汉大学学报（人文科学版）》2008 年第 6 期。

［185］汪信砚：《人文学科与社会科学的分野》，《光明日报》2009 年 6月 16 日。

［186］王雪莉、赵纯均等编著：《西风东渐：西方管理对中国企业的影响》，机械工业出版社 2011 年版。

［187］魏峰、袁欣、邸杨：《交易型领导、团队授权氛围和心理授权影响下属创新绩效的跨层次研究》，《管理世界》2009 年第 4 期。

［188］武汉大学经济与管理学院史编辑委员会编：《武汉大学经济与管理学院史（1893—2013）》，武汉大学出版社 2014 年版。

［189］吴羹梅口述，许家骏、韩淑芳整理：《铅笔大王：吴羹梅回忆录》，中国文史出版社 2015 年版。

［190］吴隆增、刘军、梁淑美等：《辱虐管理与团队绩效：团队沟通与集体效能的中介效应》，《管理评论》2013 年第 8 期。

［191］武亚军：《基于理论发展的管理研究范式选择与中国管理学者定位》，《管理学报》2015 年第 5 期。

［192］吴晓波：《着力构建中国特色管理学体系》，《学习时报》2017年 6 月 28 日。

［193］吴娱：《试论情报用户研究中受众理论的引入》，《情报理论与实践》2003 年第 3 期。

［194］《习近平谈治国理政》，外文出版社 2014 年版。

［195］《习近平谈治国理政》第二卷，外文出版社 2017 年版。

［196］习近平：《在哲学社会科学工作座谈会上的讲话》，人民出版社2016 年版。

［197］席酉民：《中国工商管理类专业教育教学改革与发展战略研究

（之一）》，高等教育出版社 2002 年版。

［198］席酉民、尚玉钒：《和谐管理理论》，中国人民大学出版社 2002 年版。

［199］席酉民、韩巍：《中国管理学界的困境和出路：本土化领导研究思考的启示》，《西安交通大学学报（社会科学版）》2010 年第 2 期。

［200］席酉民、韩巍、尚玉钒：《面向复杂性：和谐管理理论的概念、原则及框架》，《管理科学学报》2003 年第 4 期。

［201］席酉民、肖宏文、郎淳刚：《管理学术与实践隔阂：和谐管理的桥梁作用》，《管理科学学报》2008 年第 2 期。

［202］席酉民、肖宏文、王洪涛：《和谐管理理论的提出及其原理的新发展》，《管理学报》2005 年第 1 期。

［203］席酉民、张晓军：《从实践者视角看管理研究的价值和范式》，《管理学报》2017 年第 3 期。

［204］夏福斌：《管理学术期刊的职责和使命——基于管理研究与实践脱节的分析》，《管理学报》2014 年第 9 期。

［205］谢慧娟、王国顺：《社会资本、组织学习对物流服务企业动态能力的影响研究》，《管理评论》2012 年第 10 期。

［206］谢佩洪：《基于中国传统文化与智慧的本土管理研究探析》，《管理学报》2016 年第 8 期。

［207］谢佩洪、魏农建：《中国管理学派本土研究的路径探索》，《管理学报》2012 年第 9 期。

［208］谢永珍：《反思与超越：中国本土管理研究的道路自信与价值述求》，《济南大学学报（社会科学版）》2017 年第 3 期。

［209］谢智勇：《我看 QC 小组与“以人为本”的企业文化》，《第三届广西青年学术年会论文集（自然科学篇)》，2004 年。

［210］萧冬连：《中国改革初期对国外经验的系统考察和借鉴》，《中共党史研究》2006 年第 4 期。

［211］徐碧琳、李涛：《基于网络联盟环境的工作满意度、组织承诺与网络组织效率的关系研究》，《南开管理评论》2011 年第 1 期。

［212］许涤新、吴承明主编：《中国资本主义发展史》第三卷，社会科

学文献出版社 2007 年版。

[213] 许德音、周长辉：《中国战略管理学研究现状评估》，《管理世界》2004 年第 5 期。

[214] 徐少春：《全球化时代的中国管理模式》，《管理学报》2009 年第 12 期。

[215] 徐淑英、刘忠明主编：《中国企业管理的前沿研究》，北京大学出版社 2004 年版。

[216] 徐淑英：《中国管理研究的现状及发展前景》，《光明日报》2011 年 7 月 29 日。

[217] 徐淑英：《科学精神和对社会负责的学术》，《管理世界》2015 年第 1 期。

[218] 徐淑英、吕力：《中国本土管理研究的理论与实践问题：对徐淑英的访谈》，《管理学报》2015 年第 3 期。

[219] 徐淑英、任兵、吕力主编：《管理理论构建论文集》，北京大学出版社 2016 年版。

[220] 徐淑英、张志学：《管理问题与理论建立：开展中国本土管理研究的策略》，《重庆大学学报（社会科学版）》2011 年第 4 期。

[221] 叶启政：《社会理论的本土化建构》，北京大学出版社 2006 年版。

[222] 游汉明：《华人管理营销本土化研究之众相》，载游汉明主编：《华人管理本土化之开拓》，香港城市大学商学院华人管理研究中心 2001 年版。

[223] 尤树洋、贾良定、蔡亚华：《中国管理与组织研究 30 年：论文作者、风格与主题的分布及其演变》，《华南师范大学学报（社会科学版）》2011 年第 4 期。

[224]［美］约瑟夫·熊彼特：《经济分析史》第一卷，商务印书馆 1991 年版。

[225]《袁宝华文集》第一卷，中国人民大学出版社 2013 年版。

[226] 原葆民：《对管理二重性的一种误解》，《经济研究》1986 年第 2 期。

［227］臧志、沈超红:《管理研究者和实践者共同语言的构建》,《管理学报》2011 年第 6 期。

［228］曾垂凯:《情感承诺对 LMX 与员工离职意向关系的影响》,《管理评论》2012 年第 11 期。

［229］曾仕强:《中国式管理》,中国社会科学出版社 2005 年版。

［230］曾仕强:《圆通的人际关系》,北京大学出版社 2010 年版。

［231］［美］詹姆斯·马奇、赫伯特·西蒙:《组织》,机械工业出版社 2008 年版。

［232］张德主编:《组织行为学》,高等教育出版社 2011 年版。

［233］张闯、庄贵军、周南:《如何从中国情境中创新营销理论? ——本土营销理论的建构路径、方法及其挑战》,《管理世界》2013 年第 12 期。

［234］张钢选编:《管理学基础文献选读》,浙江大学出版社 2008 年版。

［235］张金隆、蔡玉麟、张光辉:《百期奠基　十年筑梦——〈管理学报〉十年回顾》,《管理学报》2014 年第 3 期。

［236］张金隆、杨妍:《"中国实践管理"相关研究热点分析》,《管理学报》2012 年第 3 期。

［237］张静、罗文豪、宋继文、黄丹英:《中国管理研究国际化的演进与展望——中国管理研究国际学会(IACMR)的发展范例与社群构建》,《管理学报》2016 年第 7 期。

［238］张晒:《从文本中心主义到历史语境主义:语境、概念与修辞》,《理论月刊》2013 年第 5 期。

［239］张生太、梁娟:《组织政治技能、组织信任对隐性知识共享的影响研究》,《科研管理》2012 年第 6 期。

［240］张玉利:《管理学术界与企业界脱节的问题分析》,《管理学报》2008 年第 3 期。

［241］张玉利、李静薇:《基于实践的学术问题提炼与中国管理模式总结》,《管理学报》2012 年第 2 期。

［242］张志学、鞠冬、马力:《组织行为学研究的现状:意义与建议》,《心理学报》2014 年第 2 期。

［243］章凯、罗文豪、袁颖洁：《组织管理学科的理论形态与创新途径》，《管理学报》2012 年第 10 期。

［244］章凯、罗文豪：《科学理论的使命与本质特征及其对管理理论发展的启示》，《管理学报》2015 年第 7 期。

［245］章凯、张庆红、罗文豪：《选择中国管理研究发展道路的几个问题——以组织行为学研究为例》，《管理学报》2014 年第 10 期。

［246］章开沅：《离异与回归——传统文化与近代化关系试析》，湖南人民出版社 1988 年版。

［247］赵纯均、吴贵生主编：《中国高校哲学社会科学发展报告（1978—2008）：管理学》，广西师范大学出版社 2008 年版。

［248］赵良勇、齐善鸿：《直面实践的管理研究与德鲁克之路》，《管理学报》2016 年第 11 期。

［249］赵靖主编：《中国经济思想通史续集：中国近代经济思想史》，北京大学出版社 2004 年版。

［250］赵民：《2000 中国管理咨询业发展的回顾》，《中外管理导报》2000 年第 12 期。

［251］赵乃瑄：《科学基金对社会科学研究作用的统计分析研究》，《情报理论与实践》2004 年第 5 期。

［252］郑绍濂：《管理学科的发展：回顾与展望》，《高校社会科学研究和理论教学》1998 年第 Z2 期。

［253］《中国工业统计年鉴 2016》，中国统计出版社 2016 年版。

［254］中国工商行政管理代表团：《美国怎样培养企业管理人才》，中国社会科学出版社 1980 年版。

［255］中国企业管理百科全书编辑委员会、中国企业管理百科全书编辑部编：《中国企业管理百科全书》（上），企业管理出版社 1984 年版。

［256］中共中央文献研究室编：《习近平关于实现中华民族伟大复兴的中国梦论述摘编》，中央文献出版社 2013 年版。

［257］《中共中央印发〈关于加快构建中国特色哲学社会科学的意见〉》，《人民日报》2017 年 5 月 17 日。

［258］《中共中央、国务院关于加强和改进新形势下高校思想政治工作

的意见》，中国政府网，2017 年 2 月 28 日。

[259] 周建波：《中国管理研究需要普适性与情境性创新——缘起蔡玉麟先生〈也谈中国管理研究国际化和管理理论创新〉》，《管理学报》2016 年第 9 期。

[260] 周三多主编：《管理学——原理与方法》，复旦大学出版社 1993 年版。

[261] 周三多等：《中国管理学教育三十年回顾》，《光明日报》2008 年 12 月 23 日。

[262] 朱镕基：《管理科学，兴国之道》，载《朱镕基讲话实录》第二卷，人民出版社 2011 年版。

英文文献

[1] Abrahamson, E., "Management Fads and Fashion: The Diffusion and Rejection of Innovation", *Academy of Management Review*, Vol. 16 (3), pp. 586–612, 1991.

[2] Abrahamson, E., "Management Fashion", *Academy of Management Review*, Vol. 21 (1), pp. 254–285, 1996.

[3] Abrahamson, E., Fairchild, G., "Management Fashion: Lifecycles, Triggers and Collective Learning Processes", *Administrative Science Quarterly*, Vol. 44 (4), pp. 708–740, 1999.

[4] Agarwal, R., Hoetker, G., "A Faustian Bargain? The Growth of Management and its Relationship with Related Disciplines", *Academy of Management Journal*, Vol. 50 (6), pp. 1304–1322, 2007.

[5] Aiken, L. S., West, S. G., *Multiple Regression: Testing and Interpreting Interactions*, Thousand Oaks: Sage Publications, 1988.

[6] Aiken, L. S., West S. G., *Multiple Regression: Testing and Interpreting Interactions (New edition)*, Thousand Oaks: Sage Publications, 1991.

[7] Alatas, S. F., "Academic Dependency and the Global Division of Labour in the Social Sciences", *Current Sociology*, Vol. 51 (6), pp. 599–613, 2003.

［8］Alston，J. P. ，"Wa，Guanxi，and Inhwa：Managerial Principles in Japan，China，and Korea"，*Business Horizon*，Vol. 32 （2），pp. 26-31，1989.

［9］Anderson，J. C. ，Gerbing，D. W. ，"Structural Equation Modeling in Practice：A Review and Recommended Two-Step Approach"，*Psychol Bull*，Vol. 103 （3），pp. 411-423，1988.

［10］Anderson，R. E. ，Hair，J. F. ，*Multivariate Data Analysis* ，London：Prentice-Hall，1998.

［11］Andors，S. ， "China's Industrial Revolution：Politics，Planning，and Management，1949 to the Present"，New York：Pantheon Books，1977.

［12］Ansari，S. M. ，Fiss，P. C. ，Zajace，E. J. ， "Made to Fit：How Practices Vary as They Diffuse"，*Academy of Management Review*，Vol. 35 （1），pp. 67-92，2010.

［13］Ansoff，H. I. ，*Corporate Strategy：An Analytic Approach to Business Policy for Growth and Expansion*，New York：McGraw Company，1965.

［14］Aram，J. D. ，Salipante，P. F. J. ，"Bridging Scholarship in Management：Epistemological Reflections"，*British Journal of Management*，Vol. 14，pp. 189-205，2003.

［15］Arend，R. J. ，"Tests of the Resource-Based View：Do the Empirics have any Clothes?"，*Strategic Organization*，Vol. 4 （4），pp. 409-422，2006.

［16］Augier，M. ，March，J. G. ，"The Pursuit of Relevance in Management Education"，*California Management Review*，Vol. 49 （3），pp. 129-146，2007.

［17］Babcock，W. A. ，"Case Study Research：Design and Methods-YIN，RK"，*Journalism Quarterly*，Vol. 62 （3），pp. 689-690，1985.

［18］Bacharach，S. B. ，"Organizational Theories：Some Criteria for Evaluation"，*Academy of Management Review*，Vol. 14，pp. 496-515，1989.

［19］Barkema，H. G. ，Chen，X. ，George，G. ，et al. ， "West Meets East：New Concepts and Theories"，*Academy of Management Journal*，Vol. 58 （2），pp. 460-479，2015.

［20］Baldridge，D. C. ，Floyd，S. W. ，Markoczy，L. ， "Are Managers

From Mars and Academicians From Venus? Toward an Understanding of the Relationship Between Academic Quality and Practical Relevance", *Strategic Management Journal*, Vol. 25 (11), pp. 1063–1074, 2004.

[21] Barnard, C. I. , *The Functions of the Executive*, Cambridge: Harvard University Press, 1968.

[22] Barney, J. B. , "Firm Resources and Sustained Competitive Advantage", *Journal of Management*, Vol. 17 (1), pp. 99–120, 1991.

[23] Barney, J. B. , "The Resource–based Model of the Firm: Origins, Implications and Prospects", *Journal of Management*, Vol. 17 (1), pp. 97–98, 1991.

[24] Barney, J. B. , Zhang, S. J. , "The Future of Chinese Management Research: A Theory of Chinese Management versus A Chinese Theory of Management", *Management and Organization Review*, Vol. 5 (1), pp. 15–28, 2009.

[25] Barney, J. B. , Ketchen, D. J. , Wright, M. , "The Future of Resource – Based Theory: Revitalization or Decline?", *Journal of Management*, Vol. 37 (5SI), pp. 1299–1315, 2011.

[26] Baron, R. M. , Kenny, D. A. , "The Moderator–Mediator Variable Distinction in Social Psychological Research: Conceptual, Strategic, and Statistical Considerations", *Journal of Personality and Social Psychology*, Vol. 51 (6), pp. 1173–1182, 1986.

[27] Bartunek, J. M. , "Academic Practitioner Collaboration Need Not Require Joint or Relevant Research: Toward a Relational Scholarship of Integration", *Academy of Management Journal*, Vol. 50 (6), pp. 1323–1333, 2007.

[28] Bartunek, J. M. , Rynes, S. L. , "Academics and Practitioners are Alike and Unlike: The Paradoxes of Academic–Practitioner Relationships", *Journal of Management*, Vol. 40 (5), pp. 1181–1201, 2014.

[29] Bassey, M. , *Case Study Research in Educational Settings*, Buckingham, UK: Open University Press, 1999.

[30] Beamish, P. W. , "The Characteristics of Joint Ventures in the People's Republic of China", *Journal of International Marketing*, Vol. 1,

pp. 29-48, 1993.

[31] Beamish, P. W. , Bapuji, H. , "Toy Recalls and China: Emotion vs. Evidence", *Management and Organization Review*, Vol. 4 (2), pp. 197 - 209, 2008.

[32] Bedeian, A. G. , "Improving the Journal Review Process: The Question of Ghostwriting", *American Psychologist*, Vol. 51 (11), pp. 1189 - 1189, 1996.

[33] Bender, J. , Bijsterveld, M. , "Leaning on Lean: The Reception of a Management Fashion in Germany", *New Technology Work and Employment*, Vol. 15 (1), pp. 50-64, 2000.

[34] Bennis, W. G. , O'Toole, J. , "How Business Schools Lost Their Way", *Harvard Business Review*, Vol. 83 (5), pp. 96, 2005.

[35] Bhatia, A. , "Critical Discourse Analysis of Political Press Conferences", *Discourse & Society*, Vol. 17 (2), pp. 173-203, 2006.

[36] Birkinshaw, J. , Mol, M. J. , "How Management Innovation Happens", *MIT Sloan Management Review*, Vol. 33 (4), pp. 81-88, 2006.

[37] Birkinshaw, J. , Hamel, G. , Mol, M. J. , "Management Innovation", *Academy of Management Review*, Vol. 4, pp. 825-845, 2008.

[38] Birkinshaw, J. , Healey, M. P. , Suddaby, R. , et al, "Debating the Future of Management Research", *Journal of Management Studies*, Vol. 51 (1), pp. 38-55, 2014.

[39] Birnbaum, R. , "The Life Cycle of Academic Management Fads", *The Journal of Higher Education* , Vol. 71 (1), pp. 1-14, 2000.

[40] Blau, P. M. , *Exchange and Power in Social Life*, New York: Routledge, 1964.

[41] Bliese, P. D. , "Within-group Agreement, Non-independence, and Reliability: Implications for Data Aggregation and Analysis", in Klein K. J. , Kozlowski S. W. J. (eds.), *Multilevel Theory, Research, and Methods in Organizations: Foundations, Extensions, and New Directions*, San Francisco: Jossey-Bass, 2000.

［42］ Bohl, D. L. , Luthans, F. , "To Our Readers", *Organizational Dynamics*, *Vol.* 25 (2), pp. 2-3, 1996.

［43］ Boisot, M. , Child, J. , "The Iron Law of Fiefs: Bureaucratic Failure and the Problem of Governance in the Chinese Economic Reforms", *Administrative Science Quarterly*, Vol. 33 (4), pp. 507-527, 1988.

［44］ Boisot, M. , Child, J. , "From Fiefs to Clans and Network Capitalism: Explaining China's Emerging Economic Order", *Administrative Science Quarterly*, Vol. 41 (4), pp. 600-628, 1996.

［45］ Boyle, T. P. , "Intermedia Agenda Setting in the 1996 Presidential Election", *Journalism and Mass Communication Quarterly*, Vol. 78 (1), pp. 26-44, 2001.

［46］ Braxton, J. M. , Hargens, L. L. , "Variation among Academic Disciplines: Analytical Frameworks and Research", in Smart J. C. (ed.), *Higher Education: Handbook of Theory and Research*, New York: Agathon Press, 1996.

［47］ Brickley, J. A. , Smith C. W. , Zimmerman, J. L. , "Management Fads and Organizational Architecture", *Journal of Applied Corporate Finance*, Vol. 10 (2), pp. 24-39, 1997.

［48］ Brislin, R. W. , "Back-Translation for Cross-Cultural Research", *Journal of Cross-Cultural Psychology*, Vol. 1 (3), pp. 185-216, 1970.

［49］ Brunsson, N. , "The Standardization of Organizational Forms as a Cropping - up Process", *Scandinavian Management Journal*, Vol. 13 (3), pp. 307-320, 1997.

［50］ Burns, J. M. , *Leadership*, New York: Harper & Row, 1978.

［51］ Burt, R. S. , *Structural Holes: The Social Structure of Competition*, Cambridge MA: Harvard University Press, 1992.

［52］ Burt, R. S. , Hogarth, R. M. , Michaud, C. , "The Social Capital of French and American Managers", *Organization Science*, Vol. 11 (2), pp. 123-147, 2000.

［53］ Camp, R. C. , *Business Process Benchmarking: Finding & Implementing Best Practices*, New York: Asqc Quality Press, 1995.

[54] Campbell, J. P. , "The Role of Theory in Industrial and Organization-al Psychology", in Dunnette, M. D. , Hough, L. M. (eds.), *Handbook of In-dustrial and Organizational Psycholog*, Palo Alto, CA: Consulting Psychologists Press, 1990.

[55] Carson, P. , Lanier, P. , Carson, K. , et al. , "Clearing a Path through the Management Fashion Jungle", *Academy of Management Journal*, Vol. 43 (6), pp. 1143-1158, 2000.

[56] Chandler, A. D. , *The Visible Hand* , Cambridge, MA: Belknap Press, 1977.

[57] Cheng, B. S. , Wang, A. C. , Huang, M. P. , "The Road More Popular versus the Road Less Travelled: An Insider's Perspective of Advancing Chinese Management Research", *Management and Organization Review*, Vol. 5 (1), pp. 91-105, 2009.

[58] Chen, C. C. , Chen, Y. R. , Xin K. , "Guanxi Practices and Trust in Management: A Procedural Justice Perspective", *Organization Science*, Vol. 15 (2), pp. 200-209, 2004.

[59] Chen, C. C. , "New Trends in Rewards Allocation Preferences: A Si-no-US Comparison", *Academy of Management Journal*, Vol. 38, pp. 408-408, 1995.

[60] Chen, M. J. , "Becoming Ambicultural: A Personal Quest, and As-piration for Organizations", *Academy of Management Review*, Vol. 39 (2), pp. 119-137, 2014.

[61] Chen, M. J. , "Competitive Dynamics: Eastern Roots, Western Growth", *Cross Cultural & Strategic Management*, Vol. 23 (4), pp. 510 -530, 2016.

[62] Chen, C. M. , "CiteSpace II: Detecting and Visualizing Emerging Trends and Transient Patterns in Scientific Literature", *Journal of the American Society for Information Science and Technology*, Vol. 57 (3), pp. 359 - 377, 2006.

[63] Chen, C. , Ibekwe-SanJuan, F. , Hou, J. , "The Structure and

Dynamics of Cocitation Clusters: A Multiple – Perspective Cocitation Analysis", *Journal of the American Society for Information Science and Technology*, Vol. 61 (7), pp. 1386–1409, 2010.

[64] Chen, C. C. , Chen, X. P. , Huang, S. S. , "Chinese Guanxi: An Integrative Review and New Directions for Future Research. " *Management and Organization Review*, Vol. 9 (1), pp. 167–207, 2013.

[65] Child, J. , *Management in China During the Age of Reform*, Cambridge: Cambridge University Press, 1996.

[66] Child, J. , "Context, Comparison, and Methodology in Chinese Management Research", *Management and Organization Review*, Vol. 5 (1), pp. 57–73, 2009.

[67] Child, J. , Yuan, L. , "Institutional Constraints on Economic Reform: The Case of Investment Decisions in China", *Organization Science*, Vol. 7 (1), pp. 60–77, 1996.

[68] Chuang, A. , Hsu, R. S. , Wang, A. C. , et al. , "Does West Fit with East? In Search of a Chinese Model of Person–Environment Fit", *Academy of Management Journal*, Vol. 58 (2), pp. 480–510, 2015.

[69] Cohen, J. , "The Cost of dichotomization", *Applied Psychological Measurement*, Vol. 7 (3), pp. 249–253, 1983.

[70] Cohen, W. M. , Levinthal, D. A. , "Absorptive Capacity: A New Perspective on Learning and Innovation", *Administrative Science Quarterly*, Vol. 35, pp. 128–152, 1990.

[71] Cohen, D. J. , "The Very Separate Worlds of Academic and Practitioner Publications in Human Resource Management: Reasons for the Divide and Concrete Solutions for Bridging the Gap", *Academy of Management Journal*, Vol. 50 (5), pp. 1013–1019, 2007.

[72] Cole, R. E. , "Managing Quality Fads: How American Business Learned to Play the Quality Game", *American Journal of Sociology*, Vol. 22 (6), pp. 529–531, 1999.

[73] Coleman, J. S. , "Social Theory, Social Research, and a Theory of

Action", *American journal of Sociology*, Vol. 91 (6), pp. 1309-1335, 1986.

[74] Colquitt, J. A., George, G., "From the Editors: Publishing in AMJ - Part 1: Topic Choice", *Academy of Management Journal*, Vol. 54 (3), pp. 432-435, 2011.

[75] Colquitt, J. A., Zapata-Phelan, C. P., "Trends in Theory Building and Theory Testing: A Five-Decade Study of the Academy of Management Journal", *Academy of Management Journal*, Vol. 50 (6), pp. 1281-1303, 2007.

[76] Colier, D., "The Comparative Method: Two Decades of Change", in Rustow D. A., Erickson K. P. (eds.), *Comparative Political Dynamics: Global Research Perspectives*, New York: Harper Collins, 1991.

[77] Corley, K. G., Gioia, D. A., "Building Theory about Theory Building: What Constitutes a Theoretical Contribution?", *Academy of Management Review*, Vol. 36 (1), pp. 12-32, 2011.

[78] Cotton, C. C., Mckenna, J. F., Van Auken, S., et al., "Action and Reaction in the Evolution of Business School Missions", *Management Decision*, Vol. 39 (3), pp. 227-233, 2012.

[79] Crainer, S., *The Management Century*, New York: John Wiley & Sons Inc., 2000.

[80] Crane, D., "Social Structure in a Group of Scientists: A Test of The 'Invisible College' Hypothesis", *American Sociological Review*, Vol. 34, pp. 335-352, 1969.

[81] Crane, D., *Invisible Colleges: Diffusion of Knowledge in Scientific Communities*, Chicago: Chicago University Press, 1972.

[82] Currie, W. L., "Revisiting Management Innovation and Change Programs: Strategic Vision or Tunnel Vision?", *The International Journal of Management Science*, Vol. 27, pp. 647-660, 1999.

[83] Czarinawska, B., Joerges, B., "Travels of Ideas", in Barbara Czarniawska, Guje Sevo'n (eds.), *Translating Organizational Change*, New York: Walter De Gruyter, 1996.

[84] Damanpour, F., Wischnevsky, J. D., "Research on Innovation in

Organizations: Distinguishing Innovation-generating from Innovation-adopting Organizations", J*ournal of Engineering and Technology Management*, Vol. 23, pp. 269-291, 2006.

[85] Daft, R. L. , Lewin, A. Y. , "Can Organization Studies Begin to Break out of the Normal Science Straitjacket? An Editorial Essay", *Organization Science*, Vol. 1 (1), pp. 1-9, 1990.

[86] Daft, R. L. , Lewin, A. Y. , "Rigor and Relevance in Organization Studies: Idea Migration and Academic Journal Evolution", *Organization Science*, Vol. 19 (1), pp. 177-183, 2008.

[87] Davis, L. , North, D. , *Institutional Change and American Economic Growth*, Cambridge: Cambridge University Press, 1971.

[88] Davies, H. , Leung, T. K. , Luk, S. T. , et al. , "The Benefits of 'Guanxi': The Value of Relationships in Developing the Chinese Market", *Industrial Marketing Management*, Vol. 24 (3), pp. 207-214, 1995.

[89] Davis, G. F. , "Do Theories of Organization Progress?", *Organizational Research Methods*, Vol. 13, pp. 690-709, 2010.

[90] Davis, G. F. , Marquis, C. , "Prospects for Organization Theory in the Early Twenty-First Century: Institutional Fields and Mechanisms", *Organization Science*, Vol. 16, pp. 332-343, 2005.

[91] Deephouse, D. L. , Heugens, P. P. M. A. R. , "Linking Social Issues to Organizational Impact: The Role of Infomediaries and the Infomediary Process", *Social Science Electronic Publishing*, Vol. 86 (4), pp. 541 - 553, 2009.

[92] Deutsch, M. , *The Resolution of Conflict: Constructive and Destructive Processes*, New Haven: Yale University Press, 1977.

[93] Déjean, F. , Gound, J. P. , Leca, B. , "Measuring the Unmeasured: An Institutional Entrepreneur Strategy in an Emerging Industry", *Human relations*, Vol. 57 (6), pp. 741-764, 2004.

[94] Devers, C. E. , Misangyi, V. F. , Gamache, D. L. , "Editor's Comments: On the Future of Publishing Management Theory", *Academy of Man-*

agement Review, Vol. 39 (3), pp. 245-249, 2014.

[95] Dimaggio, P. J. , Powell, W. W. , "The Iron Cage Revisited: Institutional Isomorphism and Collective Rationality in Organizational Fields", *American Sociological Review*, Vol. 48, pp. 147-160, 1983.

[96] Dimaggio, P. J. , "Interest and Agency in Institutional Theory", in Zucker, L. G. (eds.) *Institutional Patterns and Organizations: Culture and Environment*, pp. 3-22, 1988.

[97] Dimaggio, P. J. , "Comments on ' What Theory is Not ' ", *Administrative Science Quarterly*, Vol. 40 (3), p. 391, 1995.

[98] Dougherty, D. , "Grounded Theory Research Methods", in Baum, J. A. C. (eds.), *Companion to Organizations*, Oxford: Blackwell Publishers, 2002.

[99] Drucker, P. F. , "The Discipline of Innovation", *Harvard Business Review*, Vol. 63 (3), pp. 67-72, 1985.

[100] Drucker, P. F. , "The Coming of the New Organization", *Harvard Business Review*, pp. 45-53, 1988.

[101] Dubin, R. , *Theory Building*, New York: Free Press, 1969.

[102] Dubin, R. , *Theory Development*, New York: Free Press, 1978.

[103] Durand, R. , Grant, R. M. , Madsen, T. L. , "The Expanding Domain of Strategic Management Research and The Quest for Integration", *Strategic Management Journal*, Vol. 38 (1), pp. 4-16, 2017.

[104] Dyer, J. H. , Nobeoka, K. , "Creating and Managing a Highperformance Knowledge-sharing Network: The Toyota Case", *Strategic Management Journal*, Vol. 21 (3), pp. 345-365, 2000.

[105] Earley, P. C. , "Social Loafing and Collectivism: A Comparison of the United States and the People's Republic of China", *Administrative Science Quarterly*, pp. 565-581, 1989.

[106] Edmondson, A. C. , Mcmanus, S. E. , "Methodological Fit in Management Field Research", *Academy of Management Review*, Vol. 32 (4), pp. 1155-1179, 2007.

[107] Eggers, J., Kaplan, S., "Congnition and Renewal: Comparing CEO and Organizational Effects on Incumbent Adaptation to Technical Change", *Organization Science*, Vol. 20 (2), pp. 461-477, 2009.

[108] Eisenhardt, K. M., "Building Theories from Case Study Research", *Academy of Management Review*, Vol. 14 (4), pp. 532-550, 1989.

[109] Everett, M., *Social Network Analysis*, London: Sage, 2002.

[110] Fabian, F. H., "Keeping the Tension: Pressures to Keep the Controversy in the Management Discipline", *Academy of Management Review*, Vol. 25 (2), pp. 350-371, 2000.

[111] Fang, T., "Yin Yang: A New Perspective on Culture", *Management and Organization Review*, Vol. 8 (1SI), pp. 25-50, 2012.

[112] Farh, J. L., Earley, P. C., Lin, S. C., "Impetus for Action: A Cultural Analysis of Justice and Organizational Citizenship Behavior in Chinese Society", *Administrative Science Quarterly*, pp. 421-444, 1997.

[113] Fornell, C., Larcker, D. F., "Evaluating Structural Equation Models with Unobservable Variables and Measurement Error", *Journal of Marketing Research*, Vol. 18, pp. 39-50, 1981.

[114] Foss, N. J., "The Emerging Knowledge Governance Approach: Challenges and Characteristics", *Organization*, Vol. 14 (1), pp. 29-52, 2007.

[115] Gadamer, H. G., *Wahrheit und Methode: Grundzüge Einer Philosophischen Hermeneutik*, Tübingen: Mohr, 1975.

[116] Gadamer, H. G., *Truth and Method*, New York: The Continuum Publishing Company, 1993.

[117] Gantman, E. R., Parker, M., "Comprador Management?: Organizing Management Knowledge in Argentina (1975-2003)", *Critical Perspectives on International Business*, Vol. 2 (1), pp. 25-40, 2006.

[118] Gebauer, H., "Explore the Contribution of Management Innovation to the Evolution of Dynamic Capability", *Industrial Marketing Management*, Vol. 40 (8), pp. 1238-1250, 2011.

[119] Ghoshal, S., "Bad Management Theories are Destroying Good Man-

agement Practices", *Academy of Management Learning & Education*, Vol. 4 (1), pp. 75-91, 2005.

[120] Gibbons, M., Limoges, C., Nowotny, H., et al., *The New Production of Knowledge: The Dynamics of Science and Research in Contemporary Societies*, London: Sage, 1994.

[121] Giddens, A., *The Constitution of Society*, *Outline of the Theory of Structuration*, Berkeley: University of California Press, 1984.

[122] Glaser, B. G., Strauss, A. L., *The Discovery of Grounded Theory: Strategies for Qualitative Research*, New York: Routledge, 1967.

[123] GFoodrick, E., "From Management as a Vocation to Management as a Scientific Activity: An Institutional Account of a Paradigm Shift", *Journal of Management*, Vol. 28 (5), pp. 649-668, 2002.

[124] Grafstrm, M., Windell, K., "The Role of Infomediaries: CSR in the Business Press During 2000 - 2009", *Journal of Business Ethics*, Vol. 103 (2), pp. 221-237, 2011.

[125] Granovetter, M., "Economic Action and Social Structure: The Problem of Embededness", *American Journal of Sociology*, Vol. 91 (3), pp. 481-510, 1985.

[126] Granovetter, M., *Getting a Job: A Study of Contacts and Careers*, Chicago: The University of Chicago Press, 1985.

[127] Greve, H. R., "Performance, Aspirations and Risky Organizational Change", *Administrative Science Quality*, Vol. 44, pp. 58-86, 1998.

[128] Griffith, B. C., Mullins, N. C., "Coherent Social Groups in Scientific Change: 'Invisible colleges' Maybe Consistent Throughout Science", *Science*, Vol. 197, pp. 959-996, 1972.

[129] Gulati, R., "Tent Poles, Tribalism, and Boundary Spanning: The Rigor - relevance Debate in Management Research", *Academy of Management Journal*, Vol. 50 (4), pp. 775-782, 2007.

[130] Guo, C., Miller, J. K., "Guanxi Dynamics and Entrepreneurial Firm Creation and Development in China", *Management and Organization Re-*

view, Vol. 6 (2), pp. 267-291, 2010.

[131] Gupta, A. K., Smith, K. G., Shalley, C. E., "The Interplay Between Exploration and Exploitation", *Academy of Management Journal*, Vol. 49, pp. 693-706, 2006.

[132] Guthrie, D., "The Declining Significance of Guanxi in China's Economic Transition", *The China Quarterly*, Vol. 154, pp. 254-282, 1998.

[133] Hackman, J. R, Oldham, G. R., *Work Redesign*, Reading, MA: Addison-Wesley, 1980.

[134] Hackman, J. R., Wageman, R., "Total Quality Management: Empirical, Conceptual, and Practical Issues", *Administrative Science Quarterly*, Vol. 40 (2), pp. 309-342, 1995.

[135] Hambrick, D. C., "1993 Presidential Address: What if the Academy Actually Mattered?", *Academy of Management Review*, Vol. 19 (1), pp. 11-16, 1994.

[136] Hambrick, D. C., "The Field of Management's Devotion to Theory: Too Much of a Good Thing?", *Academy of Management Journal*, Vol. 50, pp. 1346-1352, 2007.

[137] Hambrick, D. C., Chen, M. J., "New Academic Fields as Admittance-Seeking Social Movements: The Case of Strategic Management", *Academy of Management Review*, Vol. 33 (1), pp. 32-54, 2008.

[138] Hamel, G., "Competition for Competence and Interpartner Learning within International Strategic Alliances", *Strategic Management Journal*, Vol. 12 (1), pp. 83-103, 1991.

[139] Hamel, G., "The Why, What, and How of Management Innovation", *Harvard Business Review*, Vol. 84 (2), pp. 72-84, 2006.

[140] Hammer, M., Champy, J., *Reengineering the Corporation: A Manifesto for Business Revolution*, London: Nicholas Brealey, 1993.

[141] Harder, M., *Internal Antecedents of Management Innovation*, Dissertation of the Degree of Doctor at Copenhagen Business School, 2011.

[142] Hwang, K. K., "Face and Favor: The Chinese Power Game", A-

merican Journal of Sociology, Vol. 92 (4), pp. 944-974, 1987.

[143] Helfat, C., Peteraf, M. A., *Cognitive Capabilities and the Micro-foundations of Dynamic Managerial Capabilities*, Academy of Management Conference, Montreal, Canada, 2010.

[144] Hellgren, B., Lowstedt, J., Puttonen, L., et al., "How Issues Become (Re) Constructed in the Media: Discursive Practices in the Astra Zeneca Merger", *British Journal of Management*, Vol. 13 (2), pp. 123-140, 2002.

[145] Heusinkveld, S., Benders, J., "On Sedimentation in Management Fashion: An Institutional Perspective", *Journal of Organizational Change Management*, Vol. 25 (1), pp. 121-142, 2012.

[146] Hidalgo, C. A., Klinger, B., Barabasi, A. L., et al., "The Product Space Conditions the Development of Nations", *Science*, Vol. 317 (5837), pp. 482-487, 2007.

[147] Hitt, M. A., Bierman, L., Shimizu, K., et al., "Direct and Moderating Effects of Human Capital on Strategy and Performance in Professional Service Firms: A Resource-based Perspective", *Academy of Management Journal*, Vol. 44 (1), pp. 13-28, 2001.

[148] Ho, David, Y. F., "On the Concept of Face", *American Journal of Sociology*, Vol. 81 (4), pp. 846-866, 1976.

[149] Hodgkinson, G. P., Rousseau, D. M., "Bridging the Rigour-Relevance Gap in Management Research: It's Already Happening!", *Journal of Management Studies*, Vol. 46 (3), pp. 534-546, 2009.

[150] Hofstede, G., *Culture's Consequences: International Differences in Work-Related Values*, Thousand Oaks: Sage Publications, 1980.

[151] Hofstede, G., Minkov, M., *Cultures and Organizations*, London: McGraw-Hill, 1991.

[152] Hofstede, G., "Cultural Constraints in Management Theories", *The Academy of Management Executive*, Vol. 7 (1), pp. 81-94, 1993.

[153] Hofstede, G., *Culture's Consequences - Comparing Values, Behaviors, Institutions and Organizations Across Nations*, Thousand Oaks, CA: Sage

Publications, 2001.

[154] Hoskisson, R. E., Eden, L., Lau, C. M., et al., "Strategy in Emerging Economies", *Academy of Management Journal*, Vol. 43 (3), pp. 249-267, 2000.

[155] Hoskisson, R. E., Hitt, M. A., Wan, W. P., et al., "Theory and Research in Strategic Management: Swings of a Pendulum", *Journal of Management*, Vol. 25 (3), pp. 417-456, 1999.

[156] Huczynski, A. A., *Management Gurus: What Makes Them and How to Become One*, London: Thomson Business Press, 1996.

[157] Huff, A. S., "Changes in Organizational Knowledge Production", *Academy of Management Review*, Vol. 25 (2), pp. 288-29, 2000.

[158] Hwang, K. K., "Face and Favor: The Chinese Power Game", *American Journal of Sociology*, Vol. 92 (4), pp. 944-974, 1987.

[159] James, H. S., Klein, P. G., Sykuta, M. E., "The Adoption, Diffusion and Evolution of Organizational Form: Insights from the Agrifood Sector", *Managerial and Decision Economics*, Vol. 32 (4), pp. 243-259, 2011.

[160] Jensen, M. C., Meckling, W. H., "Theory of the Firm: Managerial Behavior, Agency Costs and Ownership Structure", *Journal of Financial Economics*, Vol. 3 (4), pp. 305-360, 1976.

[161] Jia, L. D., You, S. Y., Du, Y. Z., "Chinese Context and Theoretical Contributions to Management and Organization Research: A Three-Decade Review", *Management and Organization Review*, Vol. 8 (1SI), pp. 173-209, 2012.

[162] Jing, R. T., Van de Ven, A. H., "A Yin-Yang Model of Organizational Change: The Case of Chengdu Bus Group", *Management and Organization Review*, Vol. 10 (1), pp. 29-54, 2014.

[163] Judge, T. A., Cable, D. M., Colbert, A. E., et al., "What Causes a Management Article to be Cited - Article, Author, Or Journal?", *Academy of Management Journal*, Vol. 50 (3), pp. 491-506, 2007.

[164] Johns, G., "The Essential Impact of Context on Organizational Be-

havior", *Academy of Management Review*, Vol. 31 (2), pp. 386-408, 2006.

[165] Katila, R., Ahuja, G., "Something Old, Something New: A Longitudinal Study of Search Behavior and New Product Introduction", *Academy of Management Journal*, Vol. 45 (6), pp. 1183-1194, 2002.

[166] King, A. Y. C., "Kuan-hsi and Network Building: A Sociological Interpretation Daedalus", Vol. 120 (2), pp. 63-84, 1991.

[167] Kipping, M., "American Management Consulting Companies in Western Europe, 1920 to 1990: Products, Reputation, and Relationships", *Business History Review*, Vol. 73 (2), pp. 190-220, 1999.

[168] Kieser, A., "Rhetoric and Myth in Management Fashion", *Organization*, Vol. 4 (1), pp. 49-74, 1997.

[169] Kieser, A., Leiner, L., "Why the Rigour - Relevance Gap in Management Research is Unbridgeable", *Journal of Management Studies*, Vol. 46 (3), pp. 516-533, 2009.

[170] Knudsen, T., Levinthal, D. A., "Two Faces of Search: Alternative Generation and Alternative Evaluation", *Organization Science*, Vol. 18 (1), pp. 39-54, 2007.

[171] Kogut, B., Singh, H., "The Effect of National Culture on the Choice of Entry Mode", *Journal of International Business Studies*, Vol. 19 (3), pp. 411-432, 1988.

[172] Kogut, B., Zander, U., "Knowledge of the Firm, Combinative Capabilities, and the Replication of Technology", *Organization Science*, Vol. 3 (3), pp. 383-397, 1992.

[173] Koontz, H., "The Management Theory Jungle", *Academy of Management Journal*, Vol. 4 (3), pp. 174-188, 1961.

[174] Koontz, H., "The Management Theory Jungle Revisited", *Academy of Management Review*, Vol. 5 (2), pp. 175-187, 1980.

[175] Koontz, H., Weihrich, H., *Management*, New York: McGraw - Hill, 1993.

[176] Kuhn, T. S., *The Structure of Scientific Revolutions*, Chicago: Uni-

versity of Chicago Press, 1962.

[177] Kuhn, T. S., "The Essential Tension: Tradition and Innovation in Scientific Research", in Taylor C. W., Barron F. (eds.), *Scientific Creativity: Its Recognition and Development*, New York: Wiley, 1963.

[178] Laaksonen, O., "The Management and Power Structure of Chinese Enterprises during and after the Cultural Revolution with Empirical Data Comparing Chinese and European Enterprises", *Organization Studies*, Vol. 5 (1), pp. 1-21, 1984.

[179] Lammers, C. J., "Sociology of Organizations Around the Globe, Similarities and Differences Between American, British, French, German and Dutch Brands", *Organization Studies*, Vol. 11 (2), pp. 179-205, 1990.

[180] Law, K. S., Wong, C. S., Wang, D. X., et al., "Effect of Supervisor-subordinate Guanxi on Supervisory Decisions in China: An Empirical Investigation", *International Journal of Human Resource Management*, Vol. 11 (4), pp. 751-765, 2000.

[181] Lawler, E. E., Mohrman, A. M., Mohrman, S. A., et al., *Doing Research That is Useful for Theory and Practice* (2nd ed.), Lanham, MD: Lexington Books, 1999.

[182] Lawrence, P. R., Lorsch, J. W., *Organization and Environment: Managing Differentiation and Integration*, Homewood: Irwin, 1967.

[183] Lee, D. Y., Dawes, P. L., "Guanxi, Trust, and Long-Term Orientation in Chinese Business Markets", *Journal of International Marketing*, Vol. 13 (2), pp. 28-56, 2005.

[184] Lee, D. J., Pae, J. H., Wong, Y. H., "A Model of Close Business Relationships in China (guanxi)", *European Journal of Marketing*, Vol. 35 (1/2), pp. 51-69, 2001.

[185] Lee, J., Lee, J., Lee, H., "Exploration and Exploitation in the Presence of Network Externalities", *Management Science*, Vol. 49 (4), pp. 553-570, 2003.

[186] Leung, K., "The Glory and Tyranny of Citation Impact: An East

Asian Perspective", *Academy of Management Journal*, Vol. 50 (3), pp. 510-513, 2007.

[187] Leung, K., "Never the Twain Shall Meet? Integrating Chinese and Western Management Research", *Management and Organization Review*, Vol. 5 (1), pp. 121-129, 2009.

[188] Leung, T. K. P., Lai, K. H., Chan, R. Y., et al., "The Roles of Xinyong and Guanxi in Chinese Relationship Marketing", *European Journal of Marketing*, Vol. 39 (5/6), pp. 528-559, 2005.

[189] Leung, T. K. P., Wong, Y. H., Wong, S. S., "Study of Hong Kong Businessmen's Perceptions of the Role 'Guanxi' in the People's Republic of China", *Journal of Business Ethics*, Vol. 15 (7), pp. 749-758, 1996.

[190] Lewin, A. Y., Long, C. P., Carroll, T. N., "The Coevolution of New Organizational Forms", *Organization Science*, Vol. 10 (5), pp. 535-550, 1999.

[191] Li, J. J., Poppo, L., Zhou, K. Z., "Do Managerial Ties in China always Produce Value? Competition, Uncertainty, and Domestic vs. Foreign Firms", *Strategic Management Journal*, Vol. 29 (4), pp. 383-400, 2008.

[192] Li, P. P., "Toward an Integrative Framework of Indigenous Research: The Geocentric Implications of Yin-Yang Balance", *Asia Pacific Journal of Management*, Vol. 29 (4), pp. 849-872, 2012.

[193] Li, J. T., Tsui, A. S., "A Citation Analysis of Management and Organization Research in the Chinese Context: 1984 to 1999", *Asia Pacific Journal of Management*, Vol. 19 (1), pp. 87-107, 2002.

[194] Li, F. J., Yu, K. F., Yang, J. X., et al., "Authentic Leadership, Traditionality, and Interactional Justice in the Chinese Context", *Management and Organization Review*, Vol. 10 (2), pp. 249-273, 2014.

[195] Lin, C. Y. Y., Chen, M. Y. C., "Does Innovation Lead to Performance? An Empirical Study of SMES in Taiwan", *Management Research News*, Vol. 30 (1/2), pp. 115-132, 2007.

[196] Liu, L. Q., Mei, S. Y., "Visualizing the GVC Research: A

Co-Occurrence Network Based Bibliometric Analysis", *Scientometrics*, Vol. 109 (2), pp. 953-977, 2016.

[197] Lovett, S., Simmons, L. C., Kali, R., "Guanxi versus the Market: Ethics and Efficiency", *Journal of International Business Studies*, Vol. 30 (2), pp. 231-247, 1999.

[198] Luo, Y. D., "Guanxi and Performance of Foreign-invested Enterprises in China: An Empirical Inquiry", *Management International Review*, Vol. 37 (1), pp. 51-70, 1997.

[199] Luo, Y. D., "Guanxi: Principles, Philosophies, and Implications", *Human Systems Management*, Vol. 16 (1), pp. 43-51, 1997.

[200] Luo, Y. D., *Guanxi and Business*, Singapore: World Scientific Publishing Co. Pte. Ltd., 2000.

[201] Luo, Y. D., Huang, Y., Wang, S. L., "Guanxi and Organizational Performance: A Meta-Analysis", *Management and Organization Review*, Vol. 8 (1SI), pp. 139-172, 2012.

[202] Luo, Y. D., Peng, M. W., "Learning to Compete in a Transition Economy: Experience, Environment, and Performance", *Journal of International Business Studies*, Vol. 30 (2), pp. 269-295, 1999.

[203] Markoczy, L., Deeds, D. L., "Theory Building at the Intersection: Recipe for Impact or Road to Nowhere?", *Journal of Management Studies*, Vol. 46 (6), pp. 1076-1088, 2009.

[204] March, J. G., Simon, H. A., *Organizations*, New York: John Wiley and Sons, 1958.

[205] March, J. G., "Exploration and Exploitation in Organizational Learning", *Organization Science*, Vol. 2 (1), pp. 71-87, 1991.

[206] March, J. G., "Parochialism in the Evolution of a Research Community: The Case of Organization Studies", *Management and Organization Review*, Vol. 1 (1), pp. 5-22, 2005.

[207] March, J. G., "Ideas as Art Interview by Dane Cutu", *Harvard Business Review*, Vol. 84 (10), pp. 82-89+148, 2006.

[208] Markides, C., "In Search of Ambidextrous Professors", *Academy of Management Journal*, Vol. 50 (4), pp. 762–768, 2007.

[209] Mazza, C., Alvarez, J. L., "Haute Couture and Pret-a-Porter: The Popular Press and the Diffusion of Management Practices", *Organization Studies*, Vol. 21 (3), pp. 567–588, 2000.

[210] McCabe, D., "Waiting for Dead Men's Shoes: Towards a Cultural Understanding of Management Innovation", *Human Relations*, Vol. 55 (5), pp. 505–536, 2002.

[211] McCabe, D., "Factory Innovations and Management Machinations: The Productive and Repressive Relations of Power", *Journal of Management Studies*, Vol. 37 (7), pp. 931–954, 2000.

[212] Mccain, K. W., "Mapping Authors in Intellectual Space: A Technical Overview", *Journal of the American Society for Information Science*, Vol. 41 (6), pp. 433–443, 1990.

[213] McCain, K. W., "Mapping Authors in Intellectual Space: A Technical Overview", *Journal of the American Society for Information Science*, Vol. 41 (6), pp. 433–443, 1990.

[214] McGrath, R. G., "No Longer a Stepchild: How the Management Field Can Come into its Own", *Academy of Management Journal*, Vol. 50 (6), pp. 1365–1378, 2007.

[215] McKinley, W., Mone, M. A., Moon, G., "Determinants and Development of Schools in Organization Theory", *Academy of Management Review*, Vol. 24 (4), 634–648, 1999.

[216] Mckinley, W., Moon, G., "Determinants and Development of Schools in Organization Theory", *Academy of Management Review*, Vol. 24 (4), pp. 634–648, 1999.

[217] McLoughlin, I., Harris, M. (eds.), *Innovation Organisational Change and Technology*, London: International Thomson Business Press, 1997.

[218] Merton, R. K., *Social Theory and Social Structure*, Free Press, 1968.

［219］ Merton, R. K., *The Sociology of Science: An Episodic Memoir*, Carbondale: Southern Illinois University Press, 1977.

［220］ Meyer, K. E., "Asian Management Research Needs more Self-Confidence", *Asia Pacific Journal of Management*, Vol. 23 (2), pp. 119 – 137, 2006.

［221］ Meyer, J. W., Rowan, B., "Institutionalized Organizations: Formal Structure as Myth and Ceremony", *American Journal of Sociology*, Vol. 83 (2), pp. 340–363, 1977.

［222］ Miller, K. D., Tsang, E. W. K., "Testing Management Theories: Critical Realist Philosophy and Research Methods", *Strategic Management Journal*, Vol. 32 (2), pp. 139–158, 2011.

［223］ Millington, A., Eberhardt, M., Wilkinson, B., "Gift Giving, Guanxi and Illicit Payments in Buyer-Supplier Relations in China: Analysing the Experience of UK Companies", *Journal of Business Ethics*, Vol. 57 (3), pp. 255–268, 2005.

［224］ Miner, J. B., "The Rated Importance, Scientific Validity, and Practical Usefulness of Organizational Behavior Theories: A Quantitative Review", *Academy of Management Learning and Education*, Vol. 2 (3), pp. 250–268, 2003.

［225］ Mintzberg, H., "The Strategy Concept I: Five Ps for Strategy", *California Management Review*, Vol. 30 (1), pp. 11–24, 1987.

［226］ Mintzberg, H., *Managers, Not MBAs: A Hard Look at the Soft Practice of Managing and Management Development*, San Francisco: Berrett-Koehler Publishers, 2004.

［227］ Mol, M. J., Birkinshaw, J., "The Sources of Management Innovation: When Firms Introduce New Management Practices", *Journal of Business Research*, Vol. 62 (12), pp. 1269–1280, 2009.

［228］ Mone, M. A., McKinley, W., "The Uniqueness Value and Its Consequences for Organization Studies", *Journal of Management Inquiry*, Vol. 2 (3), pp. 284–296, 1993.

[229] Morgan, R. M., Hunt, S. D., "The Commitment-Trust Theory of Relationship Marketing", *Journal of Marketing*, Vol. 58 (3), pp. 20 – 38, 1994.

[230] Mulkay, M. J., "Three Models of Scientific Development", *Sociological Review*, Vol. 23 (3), pp. 509-526, 1975.

[231] Mulkay, M. J., Gilbert, G. N., Woolgar, S., "Problem Areas and Research Networks in Science", *Sociology*, Vol. 9 (2), pp. 187 – 203, 1975.

[232] Nag, R., Hambrick, D. C., Chen, M. J., "What is Strategic Management, Really? Inductive Derivation of a Consensus Definition of the Field", *Strategic Management Journal*, Vol. 28 (9), pp. 935-955, 2007.

[233] Nee, V., "Organizational Dynamics of Market Transition: Hybrid Forms, Property Rights, and Mixed Economy in China", *Administrative Science Quarterly*, Vol. 37 (1), pp. 1-27, 1992.

[234] Nelson, R. R., Winter, S. G., *An Evolutionary Theory of Economic Change*, Cambridge: Belknap Press, 1982.

[235] Nerur, S. P., Rasheed, A. A., Natarajan, V., "The Intellectual Structure of the Strategic Management Field: An Author Co-Citation Analysis", *Strategic Management Journal*, Vol. 29 (3), pp. 319-336, 2008.

[236] Nerur, S., Rasheed, A. A., Pandey, A., "Citation Footprints on the Sands of Time: An Analysis of Idea Migrations in Strategic Management", *Strategic Management Journal*, Vol. 37 (6), pp. 1065-1084, 2015.

[237] Newman, M. E. J., Girvan, M., "Finding and Evaluating Community Structure in Networks", *Physical Review E*, Vol. 69 (2), pp. 26 – 113, 2004.

[238] Nijholt, J. J., Heusinkveld, S., Benders, J., "Handling Management Ideas: Gatekeeping, Editors and Professional Magazines", *Scandinavian Journal of Management*, Vol. 30 (4), pp. 470-484, 2014.

[239] Nonaka, I., "A Dynamic Theory of Organizational Knowledge Creation", *Organization Science*, Vol. 5, pp. 14-37, 1994.

［240］Nonaka, I., Takeuchi, H., *The Knowledge - Creating Company*, New York: Oxford University Press, 1995.

［241］Nonaka, I., *Leading Knowledge Creation*, Plenary Speech at 32nd Hawaii International Conference on System Sciences, 1999.

［242］North, D. C., "Five Propositions about Institutional Change", in Jack Knight, Itai Sened (eds.), *Explaining Social Institution*, Ann Arbor: University of Michigan Press, 1995.

［243］North, D. C., *Institutions, Institutional Change and Economic Performance*, Cambridge: Cambridge University Press, 1990.

［244］Nunnally, J. C., Bernstein, I. H., *Psychometric Theory*, New York: McGraw-Hill, 1978.

［245］Ortmann, G., *Formen der Produktion*, Wiesbaden: VS Verlag für Sozialwissenschaften, 1995.

［246］Oswick, C., Fleming, P., Hanlon, G., "From Borrowing to Blending: Rethinking the Processes of Organizational Theory Building", *Academy of Management Review*, Vol. 36 (2), pp. 318-337, 2011.

［247］Palmer, D., "Taking Stock of the Criteria We Use to Evaluate One Another's Work: ASQ 50 Years Out", *Administrative Science Quarterly*, Vol. 51 (4), pp. 535-559, 2006.

［248］Palmer, D., Dick, B., Freiburger, N., "Rigor and Relevance in Organization Studies", *Journal of Management Inquiry*, Vol. 18 (4), pp. 265-272, 2009.

［249］Park, S. H., Luo, Y. D., "Guanxi and Organizational Dynamics: Organizational Networking in Chinese Firms", *Strategic Management Journal*, Vol. 22 (5), pp. 455-477, 2001.

［250］Patton, M. Q., *How to Use Qualitative Methods in Evaluation*, London: Sage Publications Inc., 1987.

［251］Pellegrini, E. K., Scandura, T. A., "Paternalistic Leadership: A Review and Agenda for Future Research", *Journal of Management*, Vol. 34 (3), pp. 566-593, 2008.

［252］Pelz, D. C. , "Some Expanded Perspectives on Use of Social Science in Public Policy", in Yinger J. M. , Cutler S. J. （eds. ）, *Major Social Issues*: *A Multidisciplinary View*, New York: The Free Press, 1978.

［253］Peng, M. W. , *Business Strategies in Transition Economies*, Thousand Oaks, CA: Sage, 2000.

［254］Peng, M. W. , Lu, Y. , Shenkar, O. , et al. , "Treasures in the China House: A Review of Management and Organizational Research on Greater China", *Journal of Business Research*, Vol. 52 （2）, pp. 95-110, 2001.

［255］Peng, M. W. , Luo, Y. D. , "Managerial Ties and Firm Performance in a Transition Economy: The Nature of a Micro-macro Link", *Academy of Management Journal*, Vol. 43 （3）, pp. 486-501, 2000.

［256］Peng, M. W. , "Institutional Transitions and Strategic Choices", *Academy of Management Review*, Vol. 28 （2）, pp. 275-296, 2003.

［257］Peng, M. W. , "Outside Directors and Firm Performance During Institutional Transitions ", *Strategic Management Journal*, Vol. 25 （5）, pp. 453-471, 2004.

［258］Peng, M. W. , Heath, P. S. , "The Growth of the Firm in Planned Economies in Transition: Institutions, Organizations, and Strategic Choice", *Academy of Management Review*, Vol. 21 （2）, pp. 492-528, 1996.

［259］Penrose, E. T. , *The Theory of the Growth of the Firm*, New York: John Wiley, 1959.

［260］Pettigrew, A. M. , "Management Research after Modernism", *British Journal of Management*, Vol. 12 （SI）, pp. 61-70, 2001.

［261］Pfeffer, J. , Sutton, R. I. , *Hard Facts, Dangerous Half Truths and Total Nonsense*: *Profiting from Evidence Based Management*, Cambridge: Harvard Business School Press, 1999.

［262］Pfeffer, J. , "Barriers to the Advance of Organizational Science: Paradigm Development as a Dependent Variable", *Academy of Management Review*, Vol. 18 （4）, pp. 599-620, 1993.

［263］Pfeffer, J. , "Mortality, Reproducibility, and the Persistence of

Styles of Theory", *Organization Science*, Vol. 6 (6), pp. 681-686, 1995.

［264］Pfeffer, J. , "Modest Proposal: How We Might Change the Process and Product of Managerial Research", *Academy of Management Journal*, Vol. 50 (6), pp. 1334-1345, 2007.

［265］Pfeffer, J. , *The Management Theory Morass: Some Modest Proposals*, in J. Miles (Ed.), *New Directions in Management and Organization Theory*, Cambridge: Cambridge Scholars Publishing, 2014.

［266］Pfeffer, J. , Salancik, G. R. , *The External Control of Organizations: A Resource Dependence Perspective*, New York: Harper & Row, 1978.

［267］Podsakoff, P. M. , MacKenzie, S. B. , Lee, J. Y. , et al. , "Common Method Biases in Behavioral Research: A Critical Review of the Literature and Recommended Remedies", *Journal of Applied Psychology*, Vol. 88 (5), pp. 879-903, 2003.

［268］Podsakoff, P. M. , Organ, D. W. , "Self-reports in Organizational Research: Problems and Prospects", *Journal of Management*, Vol. 12 (4), pp. 531-544, 1986.

［269］Poole, M. S. , Van de Ven, A. H. , "Using Paradox to Build Management and Organization Theories", *Academy of Management Journal*, Vol. 14 (4), pp. 562-578, 1989.

［270］Porter, L. W. , McKibbin, L. E. , *Management Education and Development: Drift or Thrust into the 21st Century?*, Hightstown: McGraw - Hill Book Company, 1988.

［271］Porter, M. E. , *Competitive Strategy*, Free Press: New York, 1980.

［272］Porter, M. E. , "The Competitive Advantage of Nations", *Harvard Business Review*, Vol. 68 (2), pp. 73-93, 1990.

［273］Porter, M. E. , "What is Strategy?", *Harvard Business Review*, Vol. 74 (6), pp. 61-78, 1996.

［274］Polyrat, K. , Aledn, D. L. , "Self-construal and Need-for-cognition Effects on Brand Attitudes and Purchase Intentions in Response to Comparative Advertising in Thailand and the United States", *Journal of Advertising*, Vol. 34

(1)，pp. 37-48，2005.

[275] Price，D. J. D.，*Science Since Babylon*，New Haven：Yale University Press，1963.

[276] Price，D. J. D.，*Little Science*，*Big Science*，New York：Columbia University Press，1965.

[277] Ralston，D. A.，Van Thang，N.，Napier，N. K.，"A Comparative Study of the Work Values of North and South Vietnamese Managers"，*Journal of International Business Studies*，Vol. 30（4），pp. 655-672，1999.

[278] Ramos-Rodriguez，A. R.，Ruiz-Navarro，J.，"Changes in the Intellectual Structure of Strategic Management Research：A Bibliometric Study of the Strategic Management Journal，1980-2000"，*Strategic Management Journal*，Vol. 25（10），pp. 981-1004，2004.

[279] Redding，S. G.，*The Spirit of Chinese Capitalism*，Hawthorne，NY：Walter de Gruyter，1990.

[280] Rodrigues，S. B.，Gonzalez Duarte，R.，de Padua Carrieri，A.，"Indigenous or Imported Knowledge in Brazilian Management Studies：A Quest for Legitimacy?"，*Management and Organization Review*，Vol. 8（1），pp. 211-232，2012.

[281] Rogers，E. M.，*The Diffusion of Innovations*，New York：Free Press，2003.

[282] Rosenbusch，N.，Brinckmann，J.，Bausch，A.，"Is Inovation always Beneficial? A Meta-analysis of the Relationship Between Innovation and Performance in SMEs"，*Journal of Business Venturing*，Vol. 26（4），pp. 441-457，2010.

[283] Rossem，A.，*Classic*，*Fads and Fashions in Management：A Study of Management Cognition*，Ghent University，2006.

[284] Rousseau，D. M.，Sitkin，S. B.，Burt，R. S.，et al.，"Not so Different after All：A Cross-disciplinary View of Trust"，*Academy of Management Review*，Vol. 23（3），pp. 393-404，1998.

[285] Rousseau，D. M.，Fried，Y.，"Location，Location，Location：

Contextualizing Organizational Research", *Journal of Organizational Behavior*, Vol. 22 (1), pp. 1–13, 2001.

[286] Rousseau, D. M., "Is There Such a Thing as 'Evidence–Based Management'?", *Academy of Management Review*, Vol. 31 (2), pp. 256–269, 2006.

[287] Rovik, K. A., "From Fashion to Virus: An Alternate Theory of Organizations Handling of Management Ideas", *Organization Studies*, Vol. 32 (5), pp. 631–653, 2011.

[288] Rynes, S. L., "Afterword: To the Next 50 Years", *Academy of Management Journal*, Vol. 50 (6), pp. 1379–1383, 2007.

[289] Rynes, S. L., Bartunek, J. M., Daft, R. L., "Across the Great Divide: Knowledge Creation and Transfer Between Practitioners and Academics", *Academy of Management Journal*, Vol. 44 (2), pp. 340–355, 2001.

[290] Sandberg, J., Tsoukas, H., "Grasping the Logic of Practice: Theorizing through Practical Rationality", *Academy of Management Review*, Vol. 36 (2), pp. 338–360, 2011.

[291] Sahlin–Andersson, K., "Imitating by Editing Success: The Construction of Organizational Fields and Identities", in Barbara Czarniawska, Guje Sevo'n (eds.), *Translating Organizational Change*, New York: Walter De Gruyter, 1996.

[292] Scandura, T. A., Williams, E. A., "Research Methodology in Management: Current Practices, Trends, and Implications for Future Research", *Academy of Management Journal*, Vol. 43 (6), pp. 1248–1264, 2000.

[293] Scapens, R. W., "Researching Management Accounting Practice: The Role of Case Study Methods", *British Accounting Review*, Vol. 22 (3), pp. 259–281, 1990.

[294] Schumpeter, J. A., *The Theory of Economic Development*, Cambridge: Harvard University Press, 1934.

[295] Scott, J. E., "Facilitating Interorganizational Learning with Information Technology", *Journal of Management Information Systems*, Vol. 17 (2), pp. 81–113, 2000.

［296］ Scott, W. R. , *Institutions and Organizations*, New York: Sage Publications, 2001.

［297］ Scott, S. G. , "Bruce R. A. Determinants of Innovative Behavior: A Path Model of Individual Innovation in the Workplace", *Academy of Management Journal*, Vol. 37 (3), pp. 580–607, 1994.

［298］ Shafique, M. , "Thinking inside the Box? Intellectual Structure of the Knowledge Base of Innovation Research (1988–2008)", *Strategic Management Journal*, Vol. 34 (1), pp. 62–93, 2013.

［299］ Shapiro, D. L. , Kirkman, B. L. , Courtney, H. G. , "Perceived Causes and Solutions of the Translation Problem in Management Research", *Academy of Management Journal*, Vol. 50 (2), pp. 249–266, 2007.

［300］ Shenkar, O. , Von Glinow, M. A. , "Paradoxes of Organizational Theory and Research: Using the Case of China to Illustrate National Contingency", *Management Science*, Vol. 40 (1), pp. 56–71, 1994.

［301］ Shoemaker, P. J. , Vos, T. P. , *Gatekeeping Theory*, New York: Routledge, 2009.

［302］ Shoemaker, P. J. , Reese, S. D. , *Mediating the Message*, New York: Longman, 1996.

［303］ Simon, H. A. , *Administrative Behavior*, New York: Maimikkan, 1947.

［304］ Simon, H. A. , *Administrative Behavior (Fourth Edition)*, New York: The Free Press, 1997.

［305］ Skocpol, T. , "Sociology's Historical Imagination", in Theda Skocpol (eds.), *Vision and Method in Historical Sociology*, Cambridge: Cambridge University Press, 1984.

［306］ Slappendel, C. , "Perspectives on Innovation in Organization", *Organization Studies*, Vol. 17 (1), pp. 107–129, 1996.

［307］ Small, H. , "Co-citation in the Scientific Literature: A New Measure of the Relationship between Two Documents", *Journal of the American Society for Information Science*, Vol. 24 (4), pp. 265–269, 1973.

[308] Small, H., "Co-Citation Context Analysis and the Structure of Paradigms", *Journal of Documentation*, Vol. 36 (3), pp. 183-196, 1980.

[309] Smith, L. T., *Decolonizing Methodologies: Research and Indigenous Peoples*, New York: Zed Books Ltd. , 1999.

[310] Smith, K. G. , Hitt, M. A. , *Great Minds in Management: The Process of Theory Development*, Oxford: Oxford University Press, 2005.

[311] Smith, W. K. , Lewis, M. W. , "Toward a Theory of Paradox: A Dynamic Equilibrium Model of Organizing", *Academy of Management Review*, Vol. 36 (2), pp. 381-403, 2011.

[312] Stake, R. E. , "The Art of Case Study Research", *Modern Language Journal*, Vol. 80 (4), pp. 556-557, 1995.

[313] Staw, B. M. , Epstein, L. D. , "What Bandwagons Bring: Effects of Popular Management Techniques on Corporate Performance, Reputation and CEO Pay", *Administrative Science Quality*, Vol. 45 (3), pp. 523-556, 2000.

[314] Stephen, S. S. , Marshall, R. S. , "The Transaction Cost Advantage of Guanxi-Based Business Practices", *Journal of World Business*, Vol. 35 (1), pp. 21-42, 2000.

[315] Strang, D. , Macy, M. W. , "In Search of Excellence: Fads, Success Stories, and Adaptive Emulation", *American Journal of Sociology*, Vol. 107 (1), pp. 147-182, 2001.

[316] Strang, D. , Meyer, J . W. , "Institutional Conditions for Diffusion", *Theory & Society*, Vol. 22 (4), pp. 487-511, 1993.

[317] Strange, D. , Soule, S. A. , "Diffusion in Organizations and Social Movements: From Hybrid Corn to Poison Pills", *Sociology*, Vol. 24 (1), pp. 265-290, 1998.

[318] Styles, C. , Ambler, T. , "The Coexistence of Transaction and Relational Marketing: Insights from the Chinese Business Context", *Industrial Marketing Management*, Vol. 32 (8), pp. 633-642, 2003.

[319] Su, C. , Littlefield, J. E. , "Entering Guanxi: A Business Ethical Dilemma in Mainland China", *Journal of Business Ethics*, Vol. 33 (3),

pp. 199-210, 2001.

[320] Su, C., Sirgy, M. J., Littlefield, J. E., "Is Guanxi Orientation Bad, Ethically Speaking? A Study of Chinese Enterprises", *Journal of Business Ethics*, Vol. 44 (4), pp. 303-312, 2003.

[321] Suddaby, R., Hardy, C., Huy, Q. N., "Where are the New Theories of Organization?", *Academy of Management Review*, Vol. 36 (2), pp. 236-246, 2011.

[322] Suddaby, R., "Editor's Comments: Why Theory?", *Academy of Management Review*, Vol. 39 (4), pp. 407-411, 2014.

[323] Sutton, R. I., Staw, B. M., "What Theory is Not", *Administrative Science Quarterly*, Vol. 40, pp. 371-384, 1995.

[324] Tahai, A., Meyer, M. J., "A Revealed Preference Study of Management Journals Direct Influences", *Strategic Management Journal*, Vol. 20 (3), pp. 279-296, 1999.

[325] Teece, D. J., Pisano, G., Shuen, A., "Dynamic Capabilities and Strategic Management", *Strategic Management Journal*, Vol. 18 (7), pp. 509-533, 1997.

[326] Thompson, J. D., "On Building an Administrative Science", *Administrative Science Quarterly*, Vol. 1 (1), pp. 102-111, 1956.

[327] Thorpe, R., Eden, C., Bessant, J., et al., "Rigour, Relevance and Reward: Introducing the Knowledge Translation Value-Chain", *British Journal of Management*, Vol. 22 (3), pp. 420-431, 2011.

[328] Triandis, H. C., *Individualism & Collectivism*, New York: Routledge, 1995.

[329] Tsai, W., Su, K. H., Chen, M. J., "Seeing Through the Eyes of a Rival: Competitor Acumen Based on Rival-Centric Perceptions", *Academy of Management Journal*, Vol. 54 (4), pp. 761-778, 2011.

[330] Tsang, E. W. K., "Can Guanxi Be a Source of Sustained Competitive Advantage for Doing Business in China?", *The Academy of Management Executive*, Vol. 12 (2), pp. 64-73, 1998.

[331] Tsang, E. W. K, Kwan, K. M. , "Replication and Theory Development in Organizational Science: A Critical Realist Perspective", *Academy of Management Review*, Vol. 24 (4), pp. 759-780, 1999.

[332] Tsang, E. W. K. , "Chinese Management Research at a Crossroads: Some Philosophical Considerations", *Management and Organization Review*, Vol. 5 (1), pp. 131-143, 2009.

[333] Tsang, E. W. K. , "Toward a Scientific Inquiry into Superstitious Business Decision-Making", *Organization Studies*, Vol. 25 (6), pp. 923-946, 2004.

[334] Tsang, E. W. K. , "Superstition and Decision-Making: Contradiction or Complement?", *Academy of Management Executive*, Vol. 18 (4), pp. 92-104, 2004b.

[335] Tsui, A. S. , "Editor's Introduction-Autonomy of Inquiry: Shaping the Future of Emerging Scientific Communities", *Management and Organization Review*, Vol. 5 (1), pp. 1-14, 2009.

[336] Tsui, A. S. , "Contextualizing Research in a Modernizing China", in Huang, X. , Bond, M. (eds.), *Handbook of Chinese Organizational Behavior: Integrating Research, Theory and Practice*, Northamton: Edward Edgar Publishing Limited, 2012.

[337] Tsui, A. S. , Farh, J. L. L. , "Where Guanxi Matters: Relational Demography and Guanxi in the Chinese Context", *Work and Occupations*, Vol. 24 (1), pp. 56-79, 1997.

[338] Tsui, A. S. , Pearce, J. L. , Porter, L . W. , et al. , "Alternative Approaches to the Employee-Organization Relationship: Does Investment in Employees Pay Off?", *The Academy of Management Journal*, Vol. 40 (5), pp. 1089-1121, 1997.

[339] Tsui, A. S. , "Contributing to Global Management Knowledge: A Case for High Quality Indigenous Research", *Asia Pacific Journal of Management*, Vol. 21 (4), pp. 491-513, 2004.

[340] Tsui, A. S. , "Contextualization in Chinese Management Research",

Management and Organization Review, Vol. 2 (1), pp. 1-13, 2006.

[341] Tsui, A. S. , "From Homogenization to Pluralism: International Management Research in the Academy and Beyond", *Academy of Management Journal*, Vol. 50 (6), pp. 1353-1364, 2007.

[342] Tsui, A. S. , "Editor's Introduction-Autonomy of Inquiry: Shaping the Future of Emerging Scientific Communities", *Management and Organization Review*, Vol. 5 (1), pp. 1-14, 2009.

[343] Tsui, A. S. , Jia, L. D. , "Calling for Humanistic Scholarship in China", *Management and Organization Review*, Vol. 9 (1), pp. 1-15, 2013.

[344] Tsui, A. S. , Schoonhoven, C. B. , Meyer, M. W. , et al. , "Organization and Management in the Midst of Societal Transformation: The People's Republic of China", *Organization Science*, Vol. 15 (2), pp. 133-144, 2004.

[345] Tushman, M. L. , Anderson, P. , "Technological Discontinuities and Organizational Environments", *Administrative Science Quality*, Vol. 31 (3), pp. 439-465, 1986.

[346] Tushman, M. L. , Rosenkopf, L. , "Executive Succession, Strategic Reorientation and Performance Growth: A Longitudinal Study in the U. S. Cement Industry", *Management Science*, Vol. 42 (7), pp. 939-953, 1996.

[347] Tushman, M. , O'Reilly, C. , "Research and Relevance: Implications of Pasteur's Quadrant for Doctoral Programs and Faculty Development", *Academy of Management Journal*, Vol. 50 (4), pp. 769-774, 2007.

[348] Usdiken, B. , Wasti, S. A. , "Preaching, Teaching and Researching at the Periphery: Academic Management Literature in Turkey, 1970 - 1999", *Organization Studies*, Vol. 30 (10), 1063-1082, 2009.

[349] Usdiken, B. , "Between Contending Perspectives and Logics: Organizational Studies in Europe", *Organization Studies*, Vol. 31 (6), pp. 715-735, 2010.

[350] Usdiken, B. , "Centres and Peripheries: Research Styles and Publication Patterns in 'Top' US Journals and Their European Alternatives, 1960-2010", *Journal of Management Studies*, Vol. 51 (5), pp. 764-789,

2014.

[351] Uzzi, B., "Social Structure and Competition in Interfirm Networks: The Paradox of Embeddedness", *Administrative Science Quarterly*, Vol. 42 (1), pp. 35-67, 1997.

[352] Vaccaro, I. G, Jansen, J. J. P., Van Den Bosch, F. A. J., et al., "Management Innovation and Leadership: The Moderating Role of Organizational Size", *Journal of Management Studies*, Vol. 49 (1), pp. 28-51, 2012.

[353] Van Aken, J. E., "Management Research as a Design Science: Articulating the Research Products of Mode 2 Knowledge Production in Management", *British Journal of Management*, Vol. 16 (1), pp. 19-36, 2005.

[354] Van de Ven, A. H., "Nothing is Quite so Practical as a Good Theory", *Academy of Management Review*, Vol. 14 (4), pp. 486-489, 1989.

[355] Van de Ven, A. H., *Engaged Scholarship: A guide for Organizational and Social Research*, Oxford: Oxford University Press, 2007.

[356] Van de Ven, A. H., Johnson, P. E., "Knowledge for Theory and Practice", *Academy of Management Journal*, Vol. 31 (4), pp. 802-821, 2006.

[357] Van de Vijver, F. J. . R., Leung, K., *Methods and Data Analysis for Cross - Cultural Research*, New Delhi: SAGE Publications, Incorporated, 1997.

[358] Van Maanen, J., Sorensen, J. B., Mitchell, T. R., "The Interplay Between Theory and Method", *Academy of Management Review*, Vol. 32 (4), pp. 1145-1154, 2007.

[359] Vergne, J. P., "Toward a New Measure of Organizational Legitimacy: Method, Validation, and Illustration", *Social Science Electronic Publishing*, Vol. 14 (3), pp. 484-502, 2011.

[360] Vermeulen, F., "I Shall Not Remain Insignificant: Adding a Second Loop to Matter More", *Academy of Management Journal*, Vol. 50 (4), pp. 754-761, 2007.

[361] Verneulen, F., "On Rigor and Relevance: Fostering Dialectic Progress in Management Research", *Academy o f Management Journal*, Vol. 48

(6), pp. 978-982, 2005.

[362] Vogel, R., "The Visible Colleges of Management and Organization Studies: A Bibliometric Analysis of Academic Journals", *Organization Studies*, Vol. 33 (8), pp. 1015-1043, 2012.

[363] Von Glinow, M. A., Teagarden, M. B., "The Future of Chinese Management Research: Rigour and Relevance Redux", *Management and Organization Review*, Vol. 5 (1), pp. 75-89, 2009.

[364] Walder, A. G., "Local Governments as Industrial Firms: An Organizational Analysis of China's Transitional Economy", *American Journal of Sociology*, Vol. 101 (2), pp. 263-301, 1995.

[365] Wallace, W. L., *The Logic of Sience in Sociology*, Chicago: Aldine Transaction, 1971.

[366] Walker, R. M., Damanpour, F., Devece, C. A., "Management Innovation and Organizational Performance: The Mediating Effect of Performance Management", *Journal of Public Administration Research and Theory*, Vol. 21 (2), pp. 367-386, 2010.

[367] Wang, C. L., "Guanxi vs. Relationship Marketing: Exploring Underlying Differences", *Industrial Marketing Management*, Vol. 36 (1), pp. 81-86, 2007.

[368] Warner, M., *The Management of Human Resources in Chinese Industry*, London: Macmillan, 1995.

[369] Warren, D. E., Dunfee, T. W., Li, N., "Social Exchange in China: The Double - Edged Sword of Guanxi", *Journal of Business Ethics*, Vol. 55 (4), pp. 353-370, 2004.

[370] Weick, K. E., "What Theory Is Not, Theorizing Is", *Administrative Science Quarterly*, Vol. 40 (3), pp. 385-390, 1995.

[371] Wernerfelt, B. A., "Resource-based View of the Firm", *Strategic Management Journal*, Vol. 5 (2), pp. 171-180, 1984.

[372] Westphal, J. D., Deephouse, D. L., "Avoiding Bad Press: Interpersonal Influence in Relations Between CEOs and Journalists and the Conse-

quences for Press Reporting About Firms and Their Leadership", *Organization Science*, *Vol.* 22 (4), pp. 1061–1086, 2011.

[373] Whetten, D. A. , "What Constitutes a Contextualized Theoretical Contribution?", *The Academy of Management Review*, Vol. 14 (4), pp. 490–495, 1989.

[374] Whetten, D. A. , "An Examination of the Interface between Context and Theory Applied to the Study of Chinese Organizations", *Management and Organization Review*, Vol. 5 (1), pp. 29–55, 2009.

[375] Whetten, D. A. , Felin, T. , King, B. G. , "The Practice of Theory Borrowing in Organizational Studies: Current Issues and Future Directions", *Journal of Management*, Vol. 35 (3), pp. 537–563, 2009.

[376] Whetten, D. A. , Rodgers, Z. J. , "Useful Research: Advancing Theory and Practice Book Review", *Administrative Science Quarterly*, Vol. 57 (4), pp. 700–703, 2012.

[377] Whetten, D. A. , "What Constitutes a Contextualized Theoretical Contribution?", *The Academy of Management Review*, Vol. 14 (4), pp. 490–495, 1989.

[378] White, D. M. , "The 'Gate Keeper': A Case Study in the Selection of News", *Journalism and Mass Communication Quarterly*, Vol. 27 (4), pp. 69–76, 2014.

[379] White, S. , "Rigor and Relevance in Asian Management Research: Where Are We and Where Can We Go?", *Asia Pacific Journal of Management*, Vol. 19 (2–3), pp. 287–352, 2002.

[380] Whitley, R. , "The Management Sciences and Managerial Skills", *Organization Studies*, Vol. 9 (1), pp. 47–68, 1988.

[381] Willams, R. , "Management Fashion and Fads: Understanding the Role of Consultants and Managers in the Evolution of Ideas", *Management Decision*, Vol. 42 (6), pp. 769–780, 2004.

[382] Williams, W. D. , "Origin and Impact of Color on Consumer Preference for Food", *Poultry Science*, Vol. 71 (4), pp. 744–746, 1992.

[383] Williamson, O. E. , *Markets and Hierarchies: Analysis and Antitrust Implications*, *New York: Free Press*, 1975.

[384] Williamson, O. E. , *The Economic Institutions of Capitalism: Firms, Markets, Relational Contracting*, New York: Free Press, 1985.

[385] Wischnevsky, J. D. , Damanpour, F. , "Radical Strategic and Structural Change: Occurrence, Antecedents, and Consequences", *Academy of Management Annual Meeting Proceedings*, Vol. 44 (1-2), pp. 53-80, 2008.

[386] Wong, Y. H. , Chan, R. Y. K. , "Relationship Marketing in China: Guanxi, Favouritism and Adaptation", *Journal of Business Ethics*, Vol. 22 (2), pp. 107-118, 1999.

[387] Wren, D. A. , Bedeian, A. G. , *The Evolution of Management Thought*, New York: John Wiley & Sons, 2009.

[388] Wright, M. , Filatotchev, I. , Hoskisson, R. E. , et al. , "Strategy Research in Emerging Economies: Challenging the Conventional Wisdom-Introduction", *Journal of Management Studies*, Vol. 42 (1), pp. 1-33, 2005.

[389] Xiao, Z. X. , Tsui, A. S. , "When Brokers May Not Work: The Cultural Contingency of Social Capital in Chinese High-tech Firms", *Administrative Science Quarterly*, Vol. 52 (1), pp. 1-31, 2007.

[390] Xin, K. R. , Pearce, J. L. , "Guanxi: Connections as Substitutes for Formal Institutional Support", *Academy of Management Journal*, Vol. 39 (6), pp. 1641-1658, 1996.

[391] Yan, A. , Gray, B. , "Bargaining Power, Management Control, and Performance in United States – China Joint Ventures: A Comparative Case Study", *Academy of Management Journal*, Vol. 37 (6), pp. 1478-1517, 1994.

[392] Yang, M. M. H. , *Gifts, Favors, and Banquets: The Art of Social Relationships in China*, Ithaca: Cornell University Press, 1994.

[393] Yeung, I. Y. , Tung, R. L. , "Achieving Business Success in Confucian Societies: The Importance of Guanxi (connections)", *Organizational Dynamics*, Vol. 25 (2), pp. 54-65, 1996.

[394] Yin, R. K. , *Case Study Research: Design and Methods*, London:

Sage, 1994.

[395] Yin, R. K. , *Applications of Case Study Research* (*Applied Social Research Methods*), California: Sage Publications Inc. , 2002.

[396] Yin, R. K. , "Enhancing the Quality of Case Studies in Health Services Research", *Health Services Research*, Vol. 34 (5), pp. 1209-1224, 1999.

[397] Zahra, S. A. , Newey, L. R. , "Maximizing the Impact of Organization Science: Theory-Building at the Intersection of Disciplines and/or Fields", *Journal of Management Studies*, Vol. 46 (6), pp. 1059-1075, 2009.

[398] Zavyalova, A. , Pfarrer, M. , Reger, R. K. , et al. , "Managing the Message: The Effects of Firm Actions and Industry Spillovers on Media Coverage Following Wrongdoing", *Academy of Management Journal*, Vol. 55 (5), pp. 1079-1101, 2012.

[399] Zbaracki, M. J. , "The Rhetoric and Reality of Total Quality Management", *Administrative Science Quarterly*, Vol. 43 (3), pp. 602-634, 1998.

[400] Zhang, Y. Y. , Dolan, S. , Lingham, T. , et al. , "International Strategic Human Resource Management: A Comparative Case Analysis of Spanish Firms in China ", *Management and Organization Review*, Vol. 5 (2), pp. 195-222, 2009.

[401] Zhang, Y. , Zhang, Z. G. , "Guanxi and Organizational Dynamics in China: A Link Between Individual and Organizational Levels", *Journal of Business Ethics*, Vol. 67 (4), pp. 375-392, 2006.

[402] Zhang, Y. , Waldman, D. A. , Han, Y. L. , et al. , "Paradoxical Leader Behaviors in People Management: Antecedents and Consequences", *Academy of Management Journal*, Vol. 58 (2), pp. 538-566, 2015.

[403] Zhao, S. M. , Jiang, C. Y. , "Learning by Doing: Emerging Paths of Chinese Management Research", *Management and Organization Review*, Vol. 5 (1), pp. 107-119, 2009.

[404] Zuccala, A. , "Modelling the Invisible College", *Journal of the American Society for Information Science and Technology*, Vol. 57 (2), pp. 152-168, 2006.

中英文人名对照表

英文名	中文名
Abraham H. Maslow	亚伯拉罕·H. 马斯洛
Aichia Chuang	庄瑗嘉
Aimin Yan	阎爱民
Alexandre D. P. Carrieri	亚历山大·D. P. 卡里里
Alfred D. Chandler	艾尔弗雷德·D. 钱德勒
Ambrose Yeo-chi King	杨志金
Amy Shuen	艾米·舒恩
An-Chih Wang	王安智
Andrew G. Walder	魏昂德
Andrew H. Van de Ven	安德鲁·H. 范德文
Andrew M. Pettigrew	安德鲁·M. 佩蒂格鲁
Anil K. Gupta	阿尼尔·K. 古普塔
Anne S. Tsui	徐淑英
Annick Van Rossem	安尼克·范·罗瑟姆
Anthony Giddens	安东尼·吉登斯
Arie Y. Lewin	乐文睿
Arthur G. Bedeian	阿瑟·G. 贝德安
Barbara Gray	芭芭拉·格雷
Barry M. Staw	巴里·M. 斯塔
Behlül Üsdiken	贝勒·乌斯迪肯

续表

英文名	中文名
Birger Wernerfelt	伯格·沃纳菲特
Bor-Shiuan Cheng	郑伯埙
Brian Rowan	布赖恩·罗文
Brickley A. James	布里克利·A. 詹姆斯
Burrhus Frederic Skinne	伯尔赫斯·弗雷德里克·斯金纳
Carroll L. Shartle	卡罗尔·L. 沙特尔
Cesar A. Hidalgo	塞萨尔·A. 伊达尔戈
Chao C. Chen	陈昭全
Cheng Lu Wang	王成路
Chester C. Cotton	切斯特·C. 科顿
Chester I. Barnard	切斯特·I. 巴纳德
Chris Argyris	克里斯·阿吉里斯
Christina E. Shalley	克里斯蒂娜·E. 沙利
Chung-Ming Lau	刘忠明
Cindy P. Zapata-Phelan	辛迪·P. 萨帕塔·费兰
Claes Fornell	克拉斯·福内尔
Claude Michaud	克劳德·米肖
Cliff Oswick	克里夫·奥斯威克
Cornelis J. Lammers	科尼利斯·J. 拉默斯
Cutler Pelz	卡特尔·佩尔茨
Cynthia Hardy	辛西娅·哈代
Daniel A. Levinthal	丹尼尔·A. 利文索尔
Daniel A. Wren	丹尼尔·A. 雷恩
David A. Ralston	大卫·A. 罗斯顿
David A. Whetten	大卫·A. 惠顿
David Deeds	大卫·迪兹
David J. Ketchen	大卫·J. 凯奇
David J. Teece	大卫·J. 蒂斯
David Lamond	大卫·兰蒙德
David Strang	大卫·斯特朗

续表

英文名	中文名
David Yau-Fai Ho	何友晖
Denis Y. L. Wang	王誉龙
Denise M. Rousseau	丹尼斯·M. 罗素
Derek J. deSolla Price	德里克·J. 德索拉·普莱斯
Diana Crane	戴安娜·克莱恩
Donald C. Hambrick	唐纳德·C. 汉布里克
Douglas McGregor	道格拉斯·麦格雷戈
Douglass C. North	道格拉斯·C. 诺斯
Edith Tilton Penrose	伊迪丝·蒂尔顿·彭罗斯
Ekin K. Pellegrini	艾金·K. 佩莱格里尼
Elizabeth Goodrick	伊丽莎白·古德里克
Elton Mayo	埃尔顿·梅奥
Eric Abrahamson	埃里克·亚伯拉罕森
Eric W. K. Tsang	曾俊华
Ernesto R. Gantman	埃内斯托·R. 甘特曼
Everett M. Rogers	埃弗里特·M. 罗杰斯
Flora F. Gu	顾秀莲
Frederick Herzber	弗雷德里克·赫茨伯格
Frederick Winslow Taylor	弗雷德里克·温斯洛·泰罗
Frizy Roethlisberger	弗里茨·罗特列斯伯格
Gary Hamel	加里·哈默尔
Gary Johns	加里·约翰斯
Gary P. Pisano	加里·P. 皮萨诺
Gautam Ahuja	高塔姆·阿胡雷
Geert Hofstede	吉尔特·霍夫斯塔德
Geerte Slappendel	吉尔特·斯拉彭代尔
Geoffrey Fairchild	杰弗里·费尔柴尔德
Gerald F. Davis	杰拉尔德·F. 戴维斯
Gerald R. Salancik	杰拉尔德·R. 萨兰奇克
Gerard George	杰拉德·乔治

续表

英文名	中文名
Gerard Hanlon	杰拉德·汉隆
Gordon Redding	戈登·雷丁
Gregory Fairchild	格里高利·费尔柴尔德
Günther Ortmann	冈瑟·奥尔特曼
Harbir Singh	哈比尔·辛格
Harold Koontz	哈罗德·孔茨
Harry G. Barkema	哈里·G. 巴克玛
Harry C. Triandis	哈里·C. 川迪斯
Henry Mintzberg	亨利·明茨伯格
Herbert A. Simon	赫伯特·A. 西蒙
Hogo Munsterberg	雨果·明斯特伯格
Howard Davies	霍华德·戴维斯
Ian McLoughlin	伊恩·麦克劳林
Ignacio G. Vaccaro	伊格纳西奥·G. 瓦卡罗
Ikujiro Nonaka	野中郁次郎
Irene Y. M. Yeung	杨艾琳
Irving Fisher	欧文·费雪
J. Richard Hackman	J. 理查德·哈克曼
Jacob Cohen	雅各布·科恩
James C. Anderson	詹姆斯·C. 安德森
James A. Champy	詹姆斯·A. 钱皮
James Coleman	詹姆斯·科尔曼
James G. March	詹姆斯·G. 马奇
James O' Toole	詹姆斯·奥图尔
James P. Walsh	詹姆斯·P. 沃尔什
James P. Womack	詹姆斯·P. 沃麦克
Jan J. Loubser	简·J. 陆柏舍
Jane S. Mouton	简·S. 穆顿
Jason A. Colquitt	杰森·A. 科奎特
Jay B. Barney	杰伊·B. 巴尼

英文名	中文名
Jay William Lorsch	杰伊·威廉·洛尔希
Jeffrey Pfeffer	杰弗里·菲佛尔
Jiatao Li	李家涛
Jiing-Lih Larry Farh	樊景立
John B. Miner	约翰·B. 迈纳
John Child	约翰·柴尔德
John F. McKenna	约翰·F. 麦肯纳
John Meyer	约翰·梅耶
John Nash	约翰·纳什
Jon P. Alston	乔恩·P. 阿尔斯顿
Jone L. Pearce	乔恩·L. 皮尔斯
Jos Benders	乔斯·班德斯
Joseph F. Hair	约瑟夫·F. 海尔
Jules Henri Fayol	朱尔斯·亨利·法约尔
Julian Birkinshaw	朱利安·伯金肖
Jum C. Nunnally	朱姆·C. 纳纳利
Karl E. Weick	卡尔·E. 威克
Katherine R. Xin	忻榕
Katherine W. McCain	凯瑟琳·W. 麦凯恩
Kathleen M. Eisenhardt	凯瑟琳·M. 艾森哈特
Kelemen M. Bansal	科莱曼·M. 班萨尔
Ken G. Smith	肯·G. 史密斯
Kenneth J. Arrow	肯尼斯·J. 阿罗
Kenneth R. Andrews	肯尼斯·R. 安德鲁斯
Kieser Alfred	凯瑟尔·阿尔弗雷德
Kjell Arne Røvik	杰克尔·阿恩·罗维克
Klaus Weber	克劳斯·韦伯
Kuo-hsien Su	苏国贤
Kurt Lewin	库尔特·勒温
Kwang-kuo Hwang	黄光国

续表

英文名	中文名
Leland Bradford	利兰·布雷德福
Leona S. Aiken	利昂娜·S. 艾肯
Liangding Jia	贾良定
Linda T. Smith	琳达·T. 史密斯
Livia Markoczy	利维娅·马尔凯
Lyndall Fownes Urwick	林德尔·福恩斯·厄威克
Malcolm Warner	马尔科姆·华纳
Mark A. Huselid	马克·A. 胡塞利德
Mark Granovetter	马克·格兰诺维特
Mark J. Zbaracki	马克·J. 扎巴拉克
Mark Newman	马克·纽曼
Mark P. Healey	马克·P. 希利
Mark Van Bijsterveld	马克·范·比耶斯特维尔德
Marshall Scott Poole	马歇尔·斯科特·普尔
Martin Everett	马丁·埃弗里特
Martin Harris	马丁·哈里斯
Martin Parker	马丁·帕克
Mary Ann von Glinow	玛丽·安·冯·格利诺
Mary B. Teagarden	玛丽·B. 蒂加登
Mary Parker Follete	玛丽·帕克·福莱特
Matthew L. Meuter	马修·L. 梅特
Max Boisot	马克斯·博伊索
Max Weber	马克斯·韦伯
Mayfair Mei-hui Yang	杨美惠
Megan B. Kogut	梅根·B. 寇伽特
Michael A. Hitt	迈克尔·A. 希特
Michael E. Porter	迈克尔·E. 波特
Michael J. Mol	迈克尔·J. 摩尔
Michael W. Macy	迈克尔·W. 梅西
Michael W. Morris	迈克尔·W. 莫里斯

续表

英文名	中文名
Michelle Girvan	米歇尔·吉尔万
Mie Augier	米·奥吉尔
Mike W. Peng	彭维刚
Mike Wright	麦克·莱特
Ming-Jer Chen	陈明哲
Min-Ping Huang	黄敏萍
Mitchell R. Hammer	米切尔·R. 汉默
Morton Deutsch	莫顿·多伊奇
Muhammad Shafique	穆罕默德·沙菲克
Niles Brunsson	尼尔斯·布伦森
Oded Shenkar	奥德·申卡尔
Oiva Laaksonen	奥伊瓦·拉辛伦
Oliver E. Williamson	奥利弗·E. 威廉姆森
P. Christopher Earley	P. 克里斯托弗·厄利
P. W. （Paul）Beamish	P.W. 包铭心
Paul D. Bliese	保罗·D. 布莱斯
Paul E. Johnson	保罗·E. 约翰逊
Paul J. DiMaggio	保罗·J. 迪马吉奥
Paul R. Lawrence	保罗·R. 劳伦斯
Paula Phillips Carson	宝拉·菲利普斯·卡森
Peggy Sue Heath	佩吉·苏·希思
Peter F. Drucker	彼得·F. 德鲁克
Peter Fleming	彼得·弗莱明
Peter M. Blau	彼得·M. 布劳
Peter Ping Li	李平
Peter Senge	彼得·圣吉
Philip M. Podsakoff	菲利普·M. 波扎科夫
Quy Nguyen Huy	阮贵辉
Ralph M. Stogdill	拉夫·M. 斯托格第
Ramos-Rodriguez	拉莫斯·罗德里格斯

续表

英文名	中文名
Rensis Likert	伦西斯·里克特
Reuben M. Baron	鲁本·M. 巴伦
Richard M. Cyert	理查德·M. 赛尔特
Richard R. Nelson	理查德·R. 纳尔逊
Richard W. Brislin	理查德·W. 布里斯林
Richard Whitley	理查德·惠特利
Rick Vogel	里克·沃格尔
Riita Katila	里塔·卡提拉
Robert Dubin	罗伯特·杜宾
Robert E. Hoskisson	罗伯特·E. 霍斯基森
Robert I. Sutton	罗伯特·I. 萨顿
Robert K. Yin	罗伯特·K. 殷
Robert King Merton	罗伯特·金·默顿
Robert Owen	罗伯特·欧文
Robert R. Blake	罗伯特·R. 布莱克
Robert Tannenbaum	罗伯特·坦南鲍姆
Roberto G. Duarte	罗伯托·G. 杜特
Robin M. Hogarth	罗宾·M. 霍加斯
Roger Putnam	罗杰·普特南
Ronald S. Burt	罗纳德·S. 伯特
Rovik Kjell Arne	罗维克·凯尔·阿恩
Roy Suddaby	罗伊·苏达比
Ruiz-Navarro	鲁伊斯·纳瓦蒂
S. Arzu Wasti	S. 阿尔祖·瓦斯蒂
Samuel B. Bacharach	塞缪尔·B. 巴卡拉克
Seung Ho Park	朴胜浩
Shahzad M. Ansari	沙赫扎德·M. 安萨里
Shujun Zhang	张书军
Shuming Zhao	赵曙明
Shunyan Jiang	蒋春燕

续表

英文名	中文名
Shuyang You	尤树洋
Sidney G. Winter	西德尼·G. 温特
Sridhar P. Nerur	斯利达尔·P. 内鲁尔
Stefan Heusinkveld	斯蒂芬·休斯金维尔德
Stephen Andors	斯蒂芬·安道斯
Stephen S. Standifird	斯蒂芬·S. 斯坦迪福德
Steve Lovett	史蒂夫·洛维特
Stuart Crainer	斯图尔特·克雷纳
Stuart Van Auken	斯图尔特·范·奥肯
Suzana B. Rodrigues	苏珊娜·B. 罗德里格斯
Syed F. Alatas	赛义德·F. 阿拉塔斯
T. K. P. Leung	梁剑平
Terri A. Scandura	特里·A. 斯堪杜拉
Thomas S. Kuhn	托马斯·S. 库恩
Thomas W. Dunfee	托马斯·W. 杜纳威
Timothy Richard	李提摩太
Brian Uzzi	布雷恩·乌齐
Van deWiele	范德维勒
Victor H. Vroom	维克托·H. 弗鲁姆
Victor Nee	倪志伟
W. Richard Scott	W. 理查德·斯科特
Wageman Ruth	瓦格曼·鲁斯
Walter W. Powell	沃尔特·W. 鲍威尔
Warren G. Bennis	沃伦·G. 本尼斯
Warren H. Schmidt	沃伦·H. 施密特
Wenpin Tsai	蔡文彬
Wesley M. Cohen	韦斯利·M. 科恩
Xiao-Ping Chen	陈晓萍
Yadong Luo	陆亚东
Yi Zhang	张毅

英文名	中文名
Yitzhak Fried	伊扎克·弗里德
Yuan Lv	吕源
Yunzhou Du	杜运周
Zhixing Xiao	肖知兴

后　　记

　　经过十年的努力，终于完成了 2010 年立项的国家社科基金重大项目"改革开放以来中国管理学的发展研究"的研究工作，并顺利通过结题，形成书稿，还有幸入选了 2019 年"国家哲学社会科学成果文库"。即将付梓之际，作为课题的首席专家和本书的主要作者，希望在此简略地介绍我们的工作历程，并对课题研究中各个阶段参与工作的老师、同学及支持和帮助我们的人们表示深深的感谢。

　　记得还是在 2010 年 9 月 20 日，当年的国家社科基金重大项目（第二批）的招标公告发布，我在浏览时看到编号为 90 的"改革开放以来中国管理学的发展研究"这一选题。当时由于年龄原因我在 2010 年招收了一届博士生后就失去了继续招生的资格，虽感觉到这个选题很好，与自己多年的研究、教学工作关联度也很高，但考虑到没有博士生的协助，单凭自己孤军奋战难以完成这样重大的课题研究，因此也就放下了申报的念头。也就是在这个时候，已经毕业的博士生，在武汉大学经济与管理学院工作的刘林青教授、在华中农业大学经济管理学院工作的包玉泽副教授多次在我身边劝说：您带我们一起申报吧，应该有成功的希望！他们的劝说打动了我，10 月的一个晚上，我们在武汉大学经济与管理学院 A516（我们企业战略管理研究所的办公室）开会启动申报工作，当晚的讨论十分顺利，很快就形成了课题的基本构思、研究工作的逻辑框图和大致的分工。这个晚上参加讨论的除了我与刘林青、包玉泽两位外，还有代伊博、孔刚等在校的博士生。

2010 年 12 月初，我接到了去北京进行课题答辩的通知，我与刘林青教授在京西宾馆参加了我国著名管理学专家周三多教授领衔的专家组的答辩。12 月 27 日经过公示后获批立项，2011 年 1 月 6 日接到全国哲学社会科学规划办公室课题批准立项的书面通知。

2011 年 3 月 12 日上午，在武汉大学经济与管理学院举行了课题开题论证会，专家组组长是南京大学陈传明教授，专家组成员有：西南财经大学工商管理学院罗珉教授、华中科技大学管理学院田志龙教授、《管理学报》蔡玉麟执行主编、武汉大学哲学学院郭齐勇教授、武汉大学经济与管理学院王永海教授。在我进行了有关课题研究工作的汇报后，各位专家对我们对课题的认知、分析的框架、研究的思路作了充分的肯定，提出了很好的改进意见。

正如我在前言中写到的，课题的研究工作不是容易的，要想在"丛林"，甚至混沌的管理学理论中厘清主要的理论逻辑和可探寻的学术之路异常的艰难。我们的研究工作只能在一系列经典著作和前沿文献的阅读中汲取营养，在企业的调研中获取灵感，在与同行的探讨中得到指点，在不断的努力中寻找路径。在近七年的研究工作中，刘林青教授、包玉泽副教授、卫武教授、陈立敏教授及我自己都围绕课题的研究发表了一定数量的论文，带领学生参加了一系列围绕中国管理学问题研究的重要学术会议、企业的调研，吴欢伟副教授在英国访学期间给我提供了英国商学发展的资料。我的学生（因获得国家社科基金重大课题又批准我在 2013 年、2014 年招收了两届硕士、博士研究生）何中兵、孔刚、张菁、程广华、曹祖毅、宋晟欣、张毅恒、伊真真、曹文祥、赵瑞；刘林青教授的学生甘锦锋、梅诗晔、谭畅、杨锐、张亭、吴汉勋、韩菲颖；包玉泽副教授的学生许心、柴改仙、黄小倩、庄丽媛、高丹阳、王美娟、于颖、周怡、牛梦洁、谢金薇等都积极地协助老师们开展了课题的研究工作，并取得了一定的研究成果。

2017 年 11 月，我们向国家社科基金委提交了课题结题报告，并于 12 月以免检的方式通过鉴定。

又经过近两年的时间，我们在课题结题报告的基础上经过修改、完善，于 2019 年 10 月向全国哲学社会科学工作办公室提交了 2019 年"国家哲学社会科学成果文库"的申请书与书稿，并在 2020 年 10 月正式入选。

　　《改革开放以来中国管理学的发展研究》一书是集体的成果，谭力文教授撰写了前言、第一编、第二编、第五编的第十四章、第六编第十五章的第二、三节；刘林青教授负责第三编的撰写，其中刘林青撰写了第六章的第一节，刘林青、甘锦锋和杨锐提供了第六章第二节的内容，曹祖毅提供了第六章第三节的内容，刘林青、梅诗晔完成了第七章第一节的内容，谭力文、伊真真、效俊央提供了第七章第二节的内容，曹祖毅提供了第七章第三节的内容，刘林青根据书稿的需要进行了整理和完善；包玉泽副教授撰写了第四编，其中王美娟为第九章、黄小倩为第十一章的部分内容提供了初稿；曹祖毅副教授为第五编的第十二、十三章以及第六编第十五章的第一节提供了初稿，由谭力文、包玉泽进行了后期的整理与编写。湖北经济学院谈多娇教授翻译、审阅了书稿的英文书名和目录。谭力文教授负责整体编纂工作。

　　本书在我们心仪的人民出版社出版。在向人民出版社申请出版的过程中得到了人民出版社，特别是本书的责任编辑陈登先生的大力支持和帮助。在陈登编辑的指导下，谭力文教授，刘林青教授及学生闫小斐、杨理斯、沈梦云、蔡春华、熊伟、陈逸婧、王威然、胡适，包玉泽副教授及学生邵征西、张庆飞、李丹凌参加了书稿后期的修改工作。

　　就是这样一批又一批的学生，和作为老师的我们一起坚守在管理学理论研究与探索的学术阵地上，薪火相传，努力工作，才使我们经历了如同梦幻式的科学研究历程。

　　在本书即将出版之际，我们要向全国哲学社会科学办公室、武汉大学人文社会科学研究院、武汉大学经济与管理学院的相关领导和工作人员、武汉大学经济与管理学院工商管理系的老师们表示感谢，没有你们十年来的支持与帮助，我们是难以完成课题的研究和本书的编写工作的；感谢参加课题答辩和课题开题论证会的各位专家，你们的建议和意见已经融入了我们的思想与文字；感谢参与2019年"国家哲学社会科学成果文库"评审的各位专家们，你们在评审中对本书给予的肯定，特别是提出的意见，对我们都是极大的帮助。感谢人民出版社的领导，特别是为本书的编校出版付出努力与心血的责任编辑陈登先生。

　　我们深深地知道，现在奉上的书稿只是我们研究工作中的认知与思考，只是抛砖引玉，希望得到管理学界同仁们的批评、建议，让我们携手努力，为中国管理学的发展，为具有中国特色管理学的发展贡献我们的力量。这不仅是我们一直以来的认知，更是此时此刻发自我们内心的感悟。

谭力文

辛丑年清明于珞珈山

责任编辑:陈　登
封面设计:肖　辉　汪　阳
版式设计:肖　辉　周方亚

图书在版编目(CIP)数据

改革开放以来中国管理学的发展研究/谭力文,刘林青,包玉泽 著.—北京:
　人民出版社,2021.4
(国家哲学社会科学成果文库)
ISBN 978－7－01－023278－2

Ⅰ.①改…　Ⅱ.①谭…②刘…③包…　Ⅲ.①管理学-发展-研究-中国-现代
Ⅳ.①C93

中国版本图书馆 CIP 数据核字(2021)第 053970 号

改革开放以来中国管理学的发展研究
GAIGE KAIFANG YILAI ZHONGGUO GUANLIXUE DE FAZHAN YANJIU

谭力文　刘林青　包玉泽　著

人民出版社 出版发行
(100706　北京市东城区隆福寺街 99 号)

北京盛通印刷股份有限公司印刷　新华书店经销

2021 年 4 月第 1 版　2021 年 4 月北京第 1 次印刷
开本:710 毫米×1000 毫米 1/16　印张:41.25
字数:632 千字

ISBN 978－7－01－023278－2　定价:150.00 元

邮购地址 100706　北京市东城区隆福寺街 99 号
人民东方图书销售中心　电话 (010)65250042　65289539